慈雲尊者神道著作全集

慈雲尊者神道著作全集

目次

神道編第五

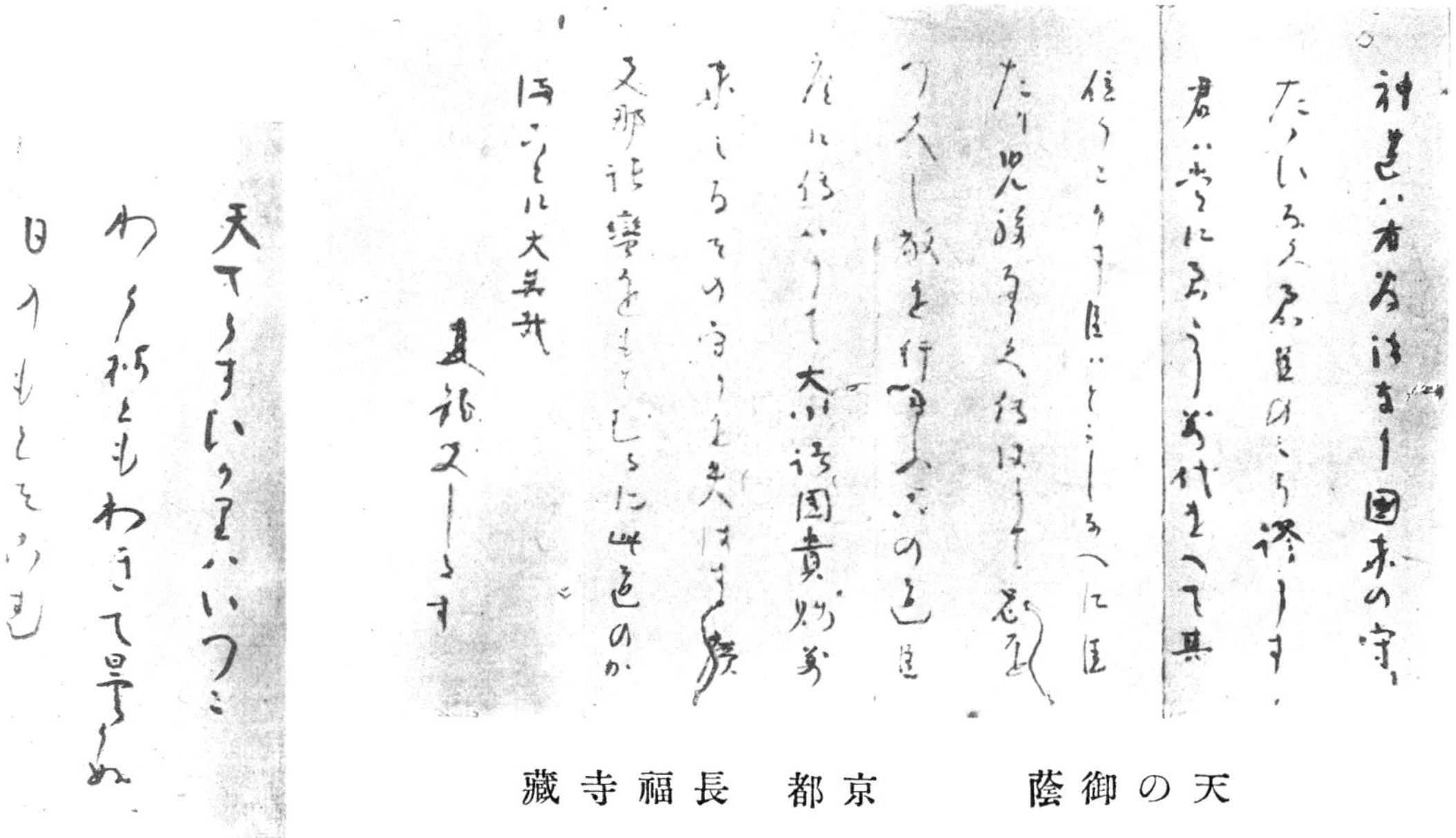

天の御陰　　京都　長福寺藏

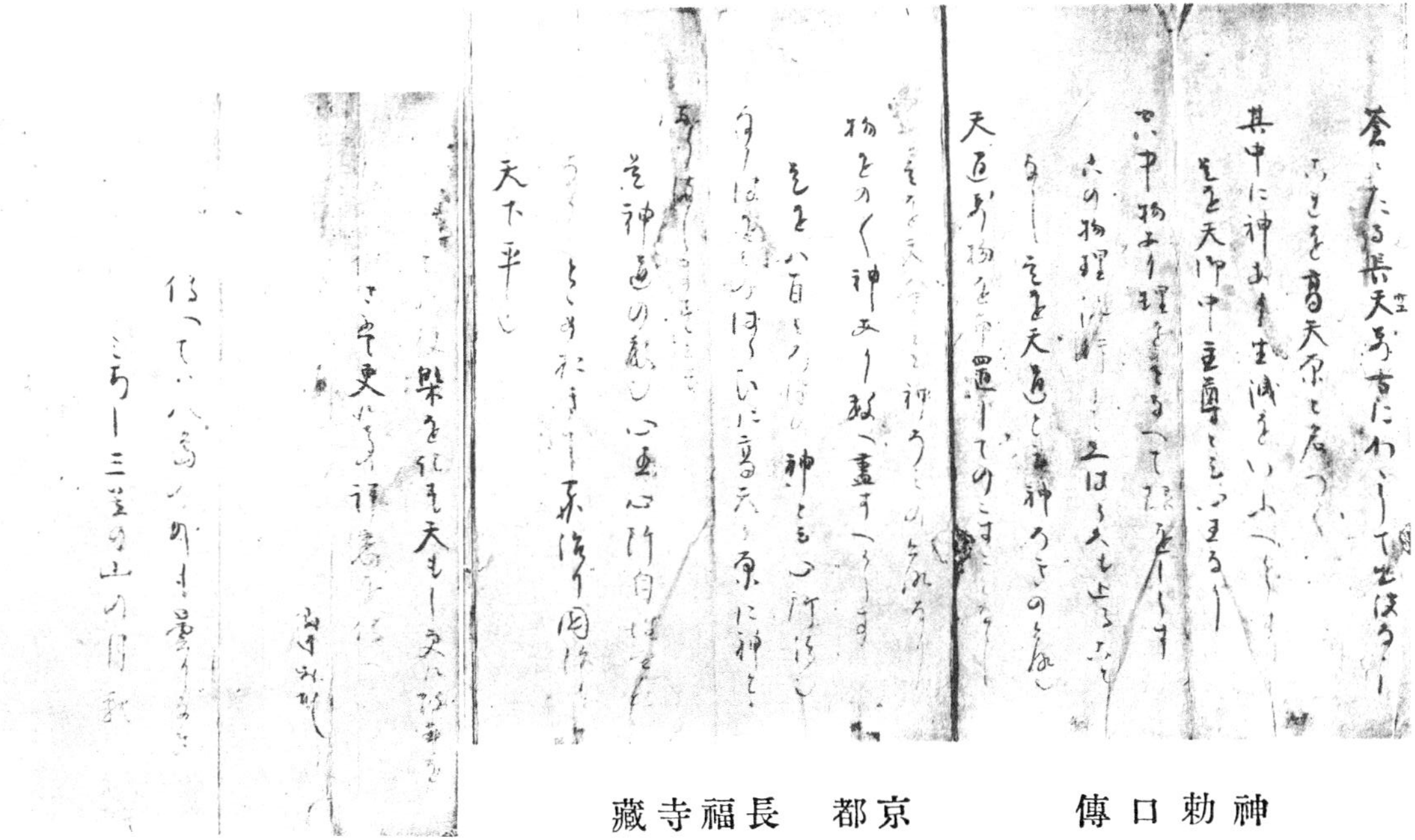

神勅口傳　　京都　長福寺藏

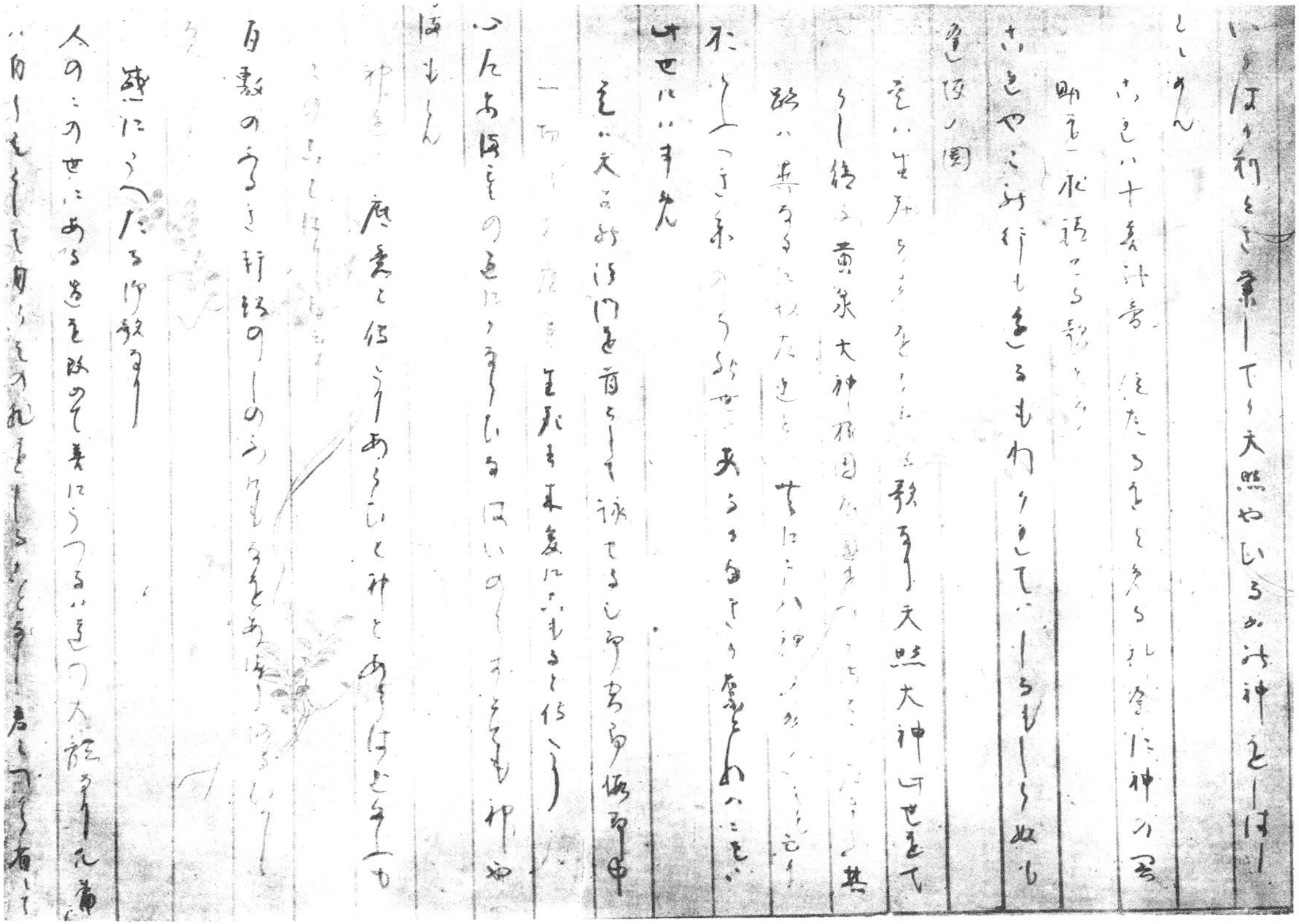

神道國歌　河内 高貴寺藏

開闢
神代
國

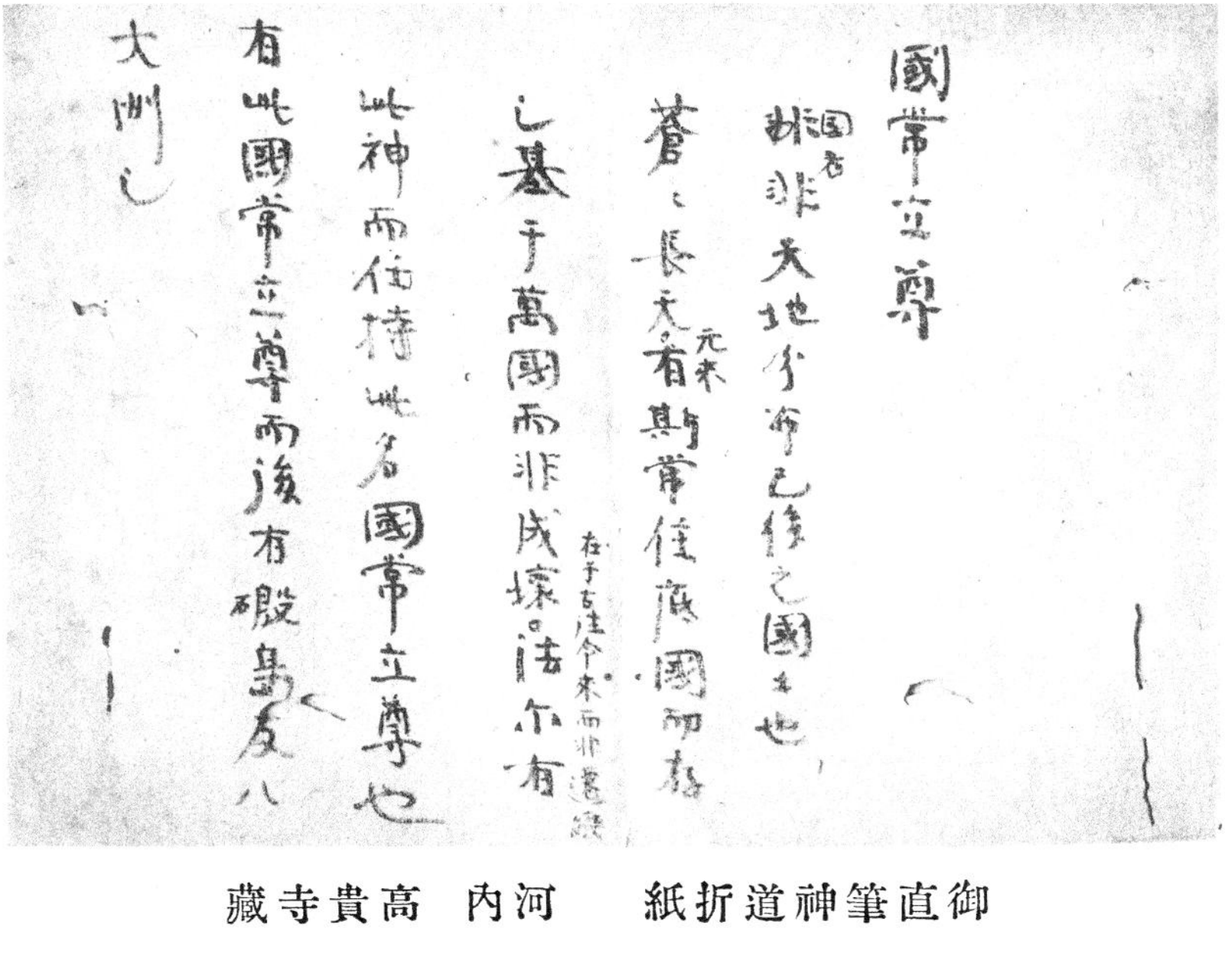

國常立尊
國者非天地分判已後之國也
蒼々長天有斯常住處國而存
之基于萬國而非成壞之法爾有
在于古往今來而非遷變
此神而依持此名國常立尊也
有此國常立尊而後有磤馭島及八
大洲之

御直筆神道折紙　河内　高貴寺藏

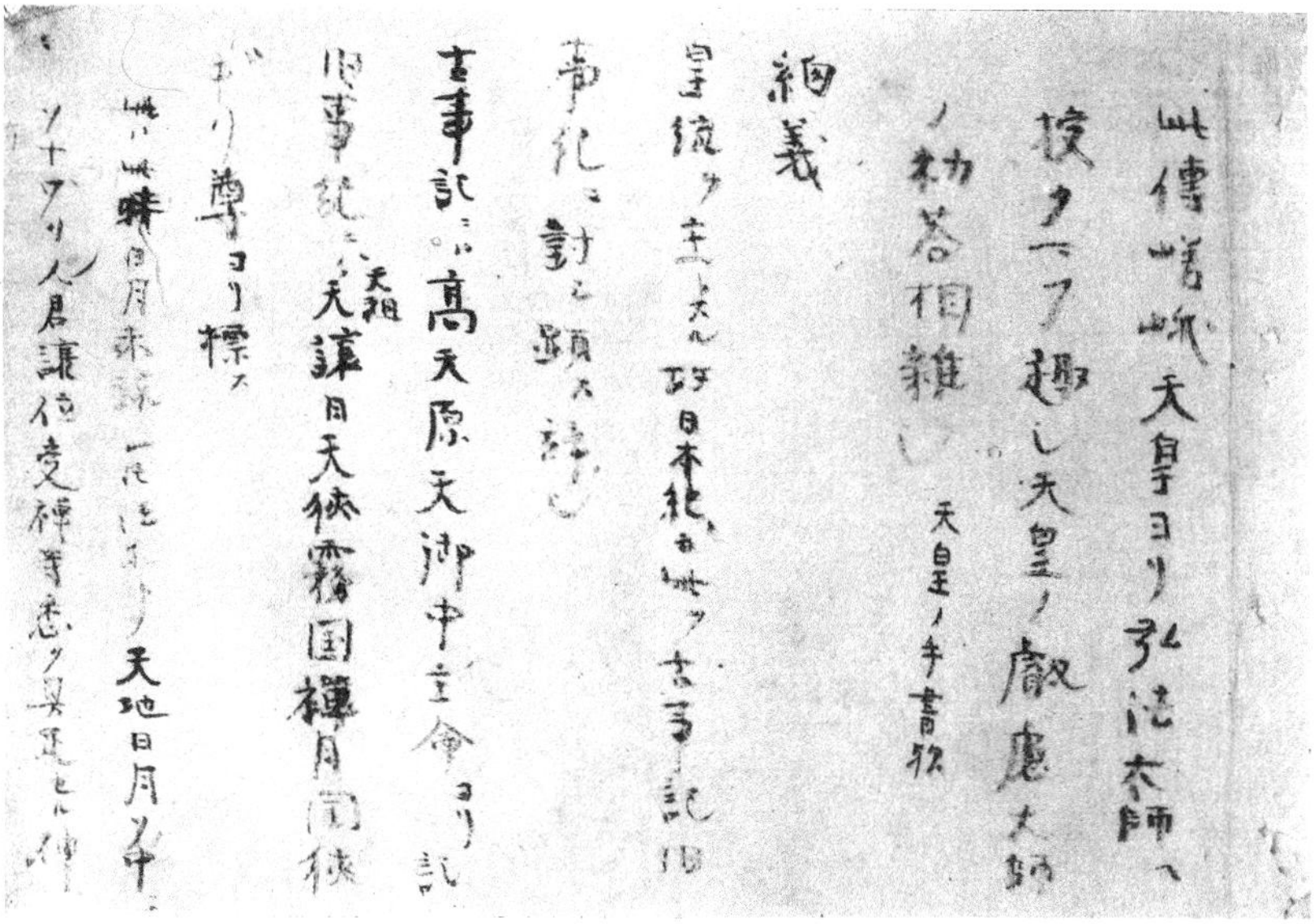

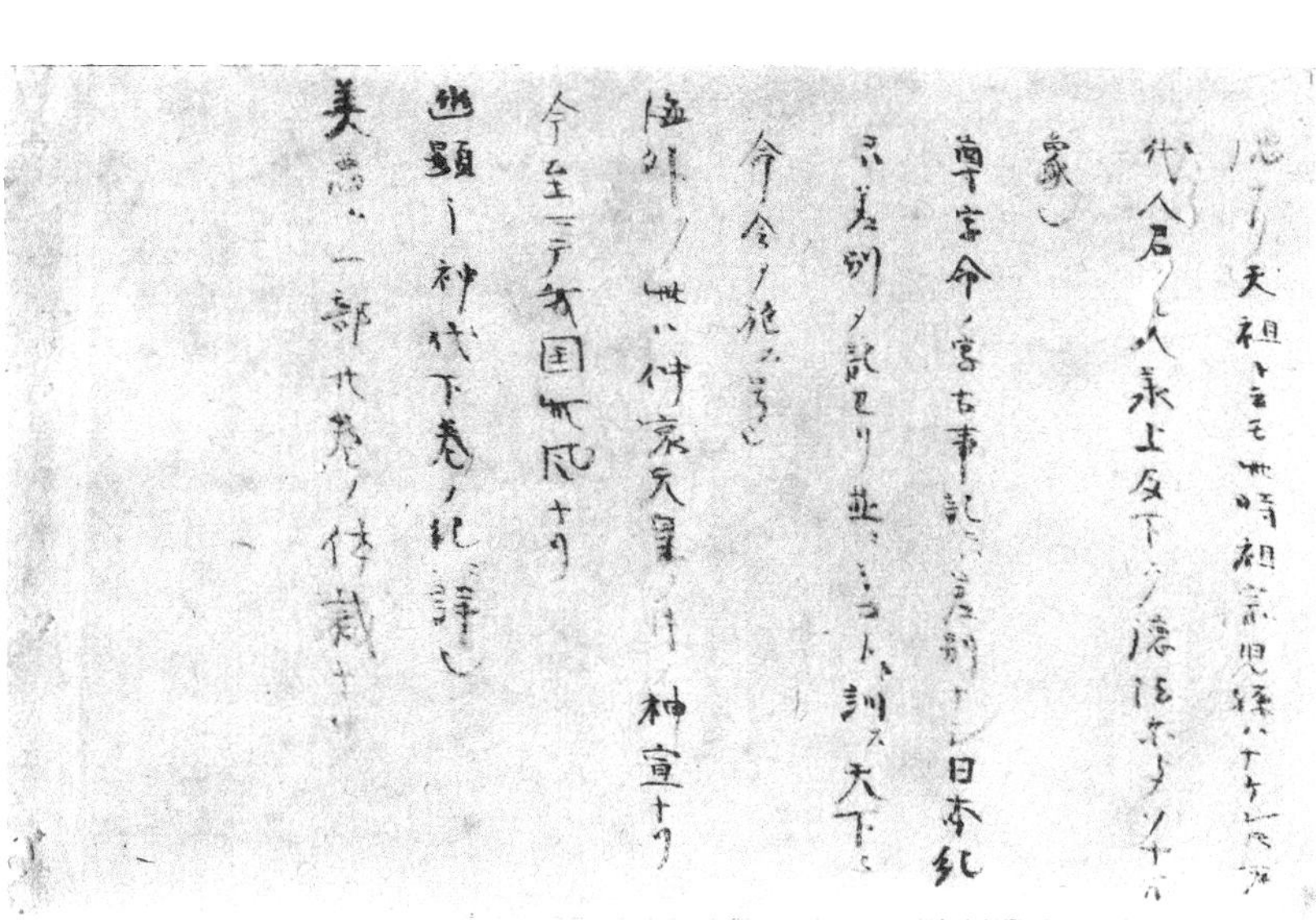

日本紀神代折紙記　河内　高貴寺藏

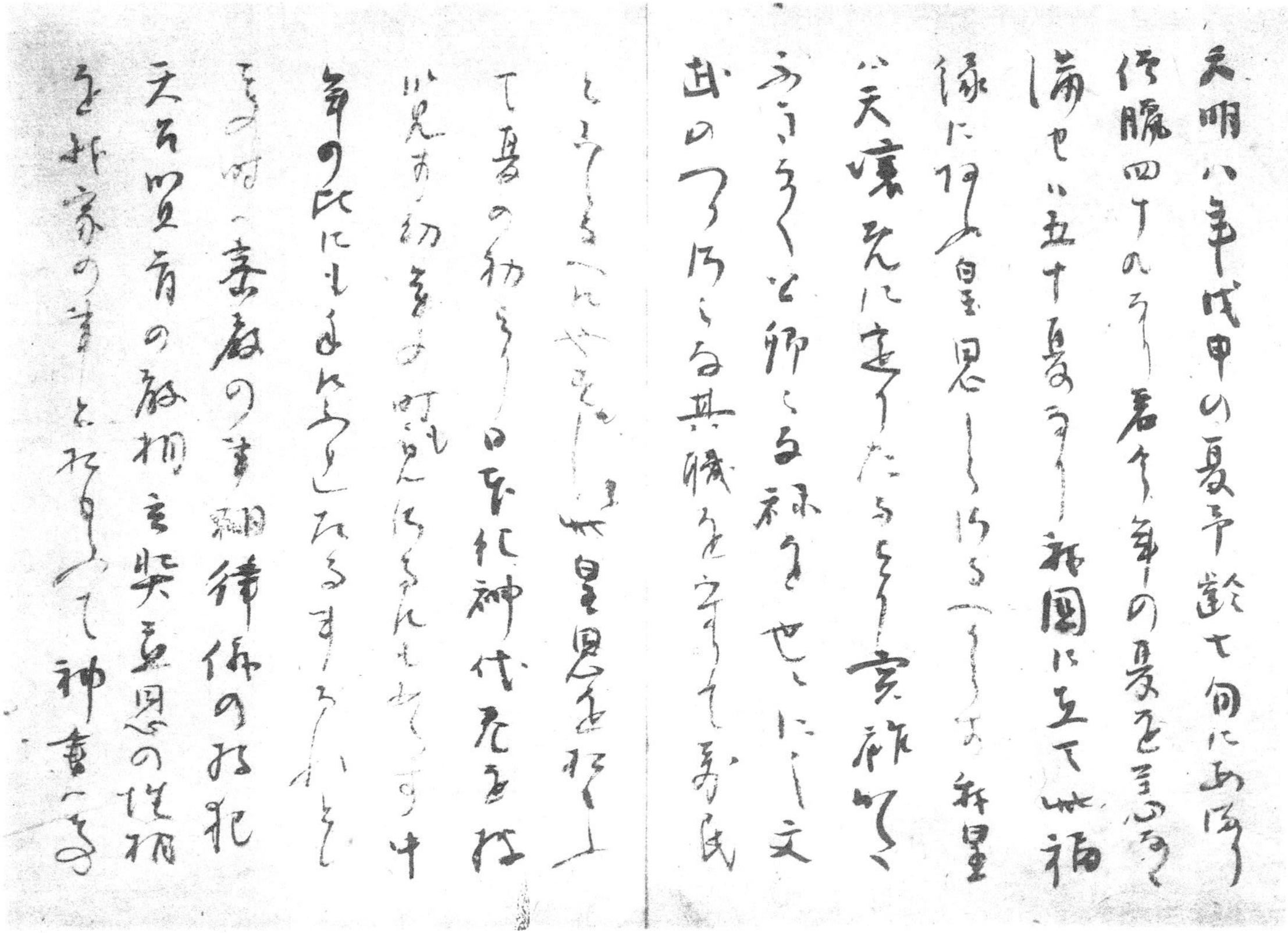

無題抄　河内高貴寺藏

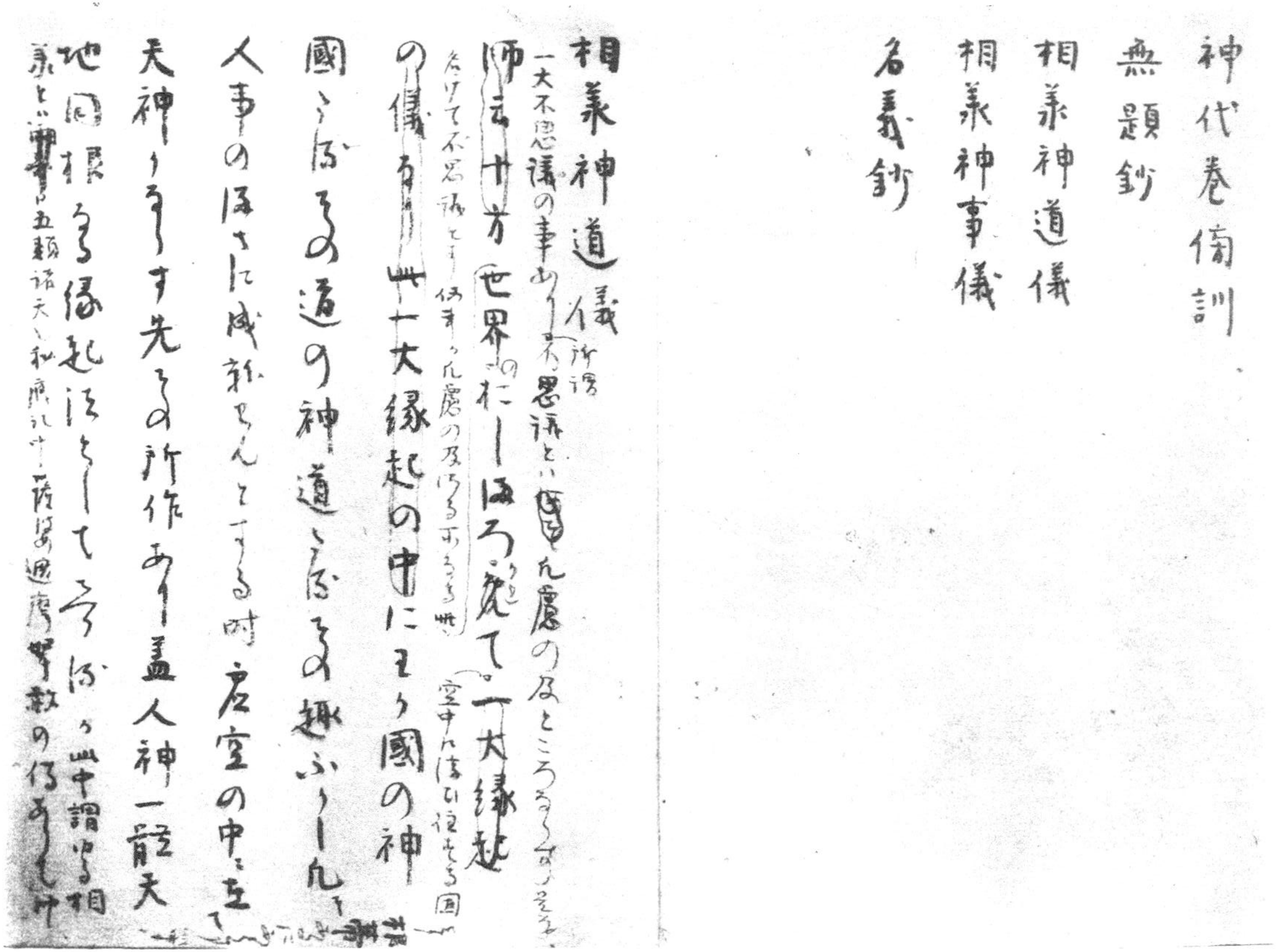

相承神道儀

河内　高貴寺蔵

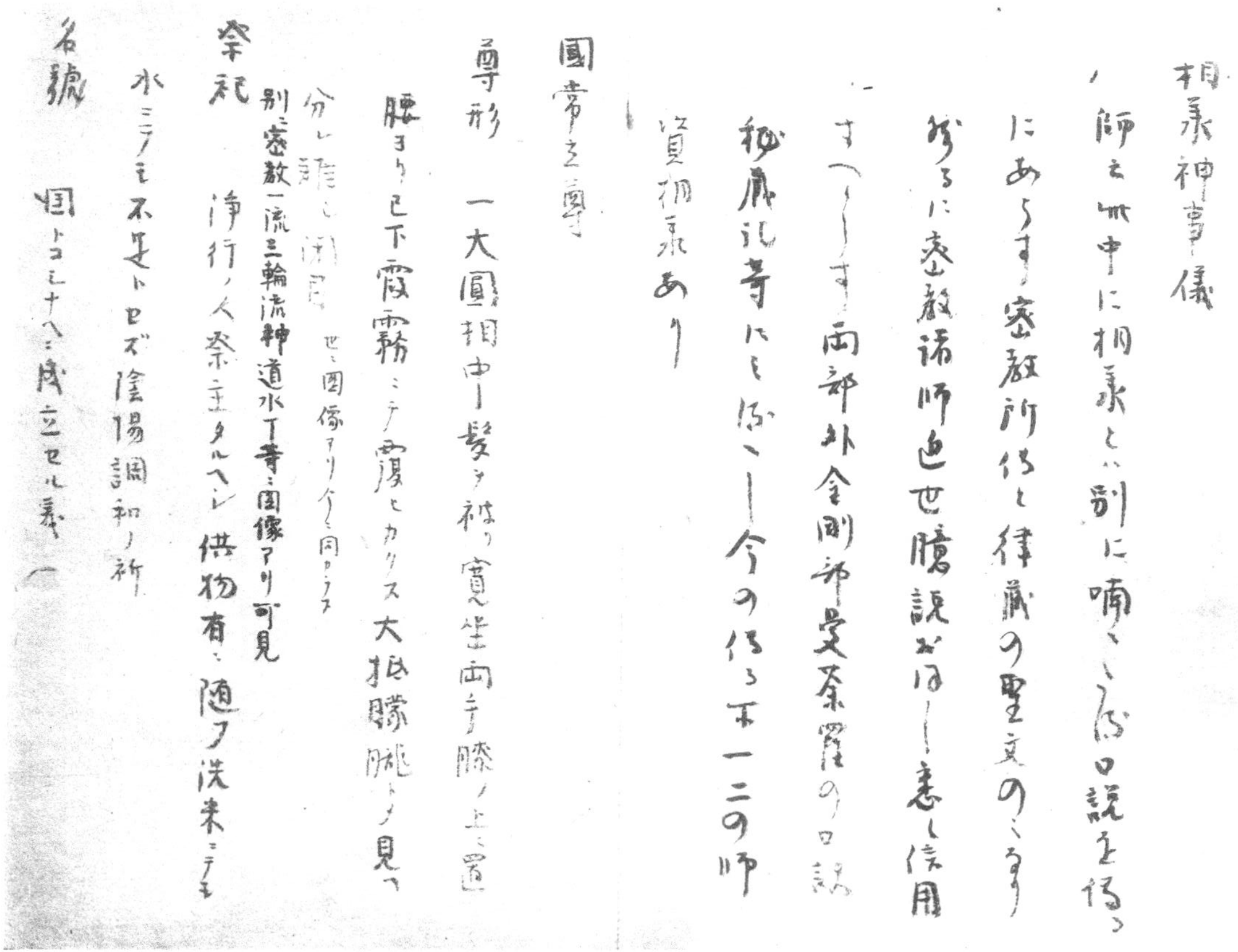
相承神事儀
一、師資の中に相承といふ別に喃々たる口說を傳ふ
にあらす密教所傳と律藏の聖文のごとく
然るに密教諸師近世臆說おほし悉く信用
すへからす兩部外金剛部曼荼羅の口訣
秘處にも寺にも傳ふ今の傳ふ所一二の師
資相承あり
國常立尊
尊形　一大圓相中ニ髮ヲ被リ寶坐ニ兩手膝ノ上ニ置
腰ヨリ已下霞霧ニテ覆ヒカクス大抵膝ハ隱レ見ヘ
分ト離レ開目　セニ圖像アリ分ニ同カラズ
別ニ密教一流三輪流神道水丁寺ニ圖像アリ可見
祭祀　淨行ノ人祭主タルベシ供物有ニ隨テ洗米ニテモ
水ニテモ不足トセズ陰陽調和ノ祈
名號　國トコタチヘニ成立セル尊一

相承神事儀　河内　高貴寺藏

名イミ十稱タヘ名

天御中主尊　一天地ヲオレ丸ヲテ此神体ヒ例セハ楪ム丿舜君多神ﾅﾘ
云古今日オレ通ヲ起隅テ云ヘカラス

日本書紀又曰高天原所生神名曰天御中主尊

有人云国常立尊ハ皇代之元祖ヒ天御中主尊ハ君臣丿元

祖ヒト此義未審君臣丿元祖ナラハ其君丿元祖タル廸ニテ

言ハ国常立ハ無用ナル□

今謂唯本説ニヨリテ天原所生丿第一神ト仰奉ヘキ

天トハ道ニ是高天原ヒ御トハ統御丿義ナレハ統テ高天原

ヲ攝御ヒ主テナルヘヒ中トハ我国ハ天柱卓立ヲ外国ヲモ

我用トナス神風ナレハ此治字ヲ取用不既ニ治字ノ取用

用スルナ以ハ漢字丿義ヲモ取用スヘシ中庸ニ中也者天下之大

本ヒト同ヲ致中和天地位焉萬物育焉ト此神丿德ニ依テ聞

ヲシ朱子丿章句ニ中者不偏不倚無過不及之名ト此義モ定

ヘキヒ主字書ニ君ヒ叢伊舒ハ賢良策ヘ行高而恩厚知明而

意美ナリト文寧ヒ守ヒ宗ヒ此等丿義アトリ合テ知ヘシ

高皇産霊尊　此ハ高天原有情非情ヲ生育スルヲ爭神体トス　下賀茂

高ハ道ニヨリ高天原ヒ処ニ御丿稱ス皇古事記ニ御丿字ヲ用ユ上

丿御中主丿御同ヒ此紀ニハ皇ヲ用ユ皇ハ叉那ハ天皇氏人皇

氏地皇氏丿三皇ト稱スルヨリ秦始ニ皇テ此ハ廣ク皇帝

ト稱ス含人親王モ皇丿字ヲ用ヒシヨリ看ル始テ用タル丿

德ヲ顯シ玉フナルヘシ産ハ産生丿義ナリ生育丿德モ此ヨリ

神名稱儀　河内　高貴寺藏

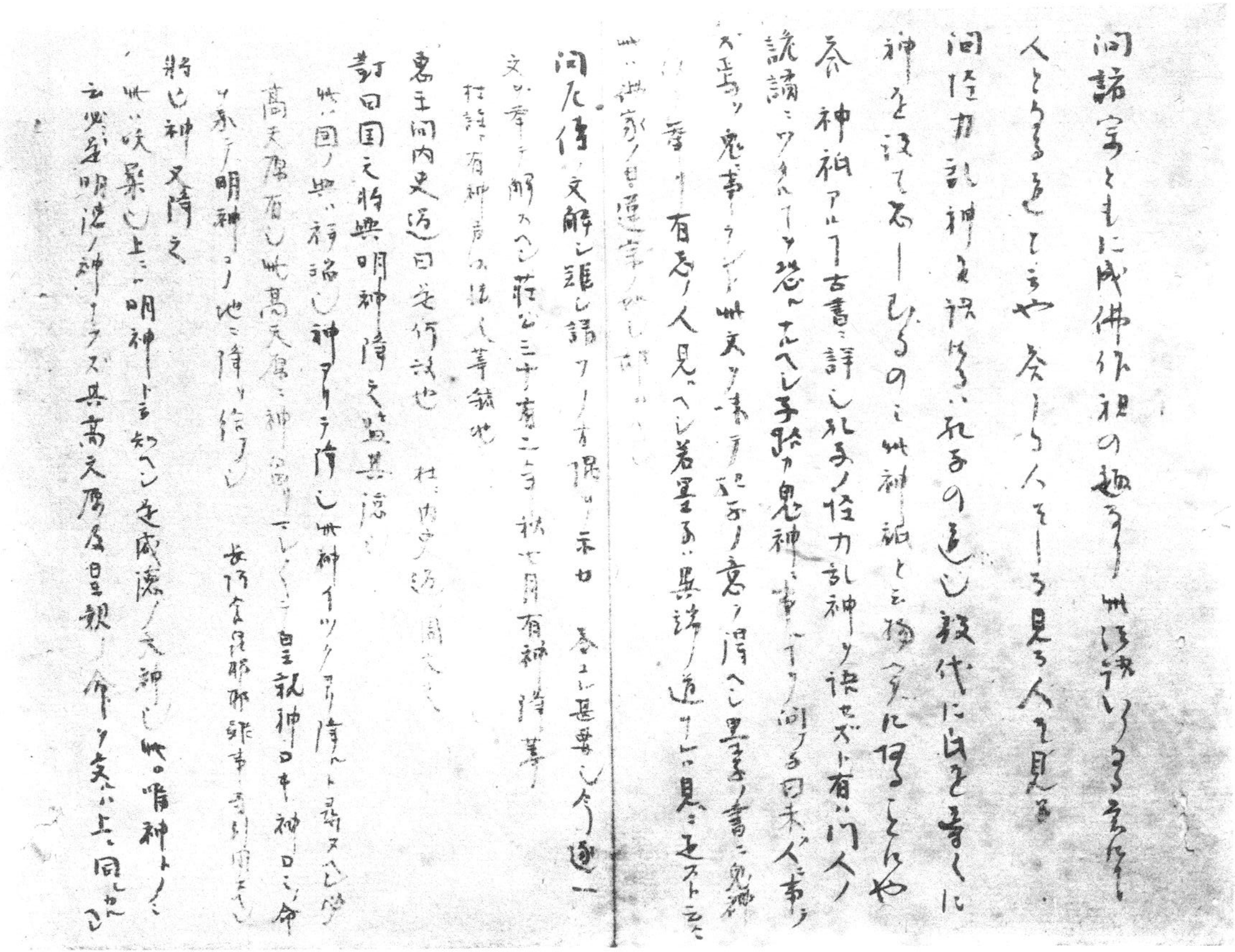

問決　　河内　高貴寺藏

稍三昧耶戒　師説依允果式而有差排

示名盟神事 約　ウクヒノカンタサ

持金剛衆　比札取掛上座執大麻小麻

讃衆　天竜八部諸不用鈍体

・儀式加東寺結縁汀

・大阿闍梨入堂加持高座入幕洒水結界

・振鈴　八聲

乞戒師来白　式アリ　受者入幕

次以香水灑新阿闍梨 并 諸受者

先須浄身口意浄三業真言曰

[illegible]

次禮聖衆 拜　普禮真言曰

[illegible]

次勧請　或依神名帳又用廿二社等

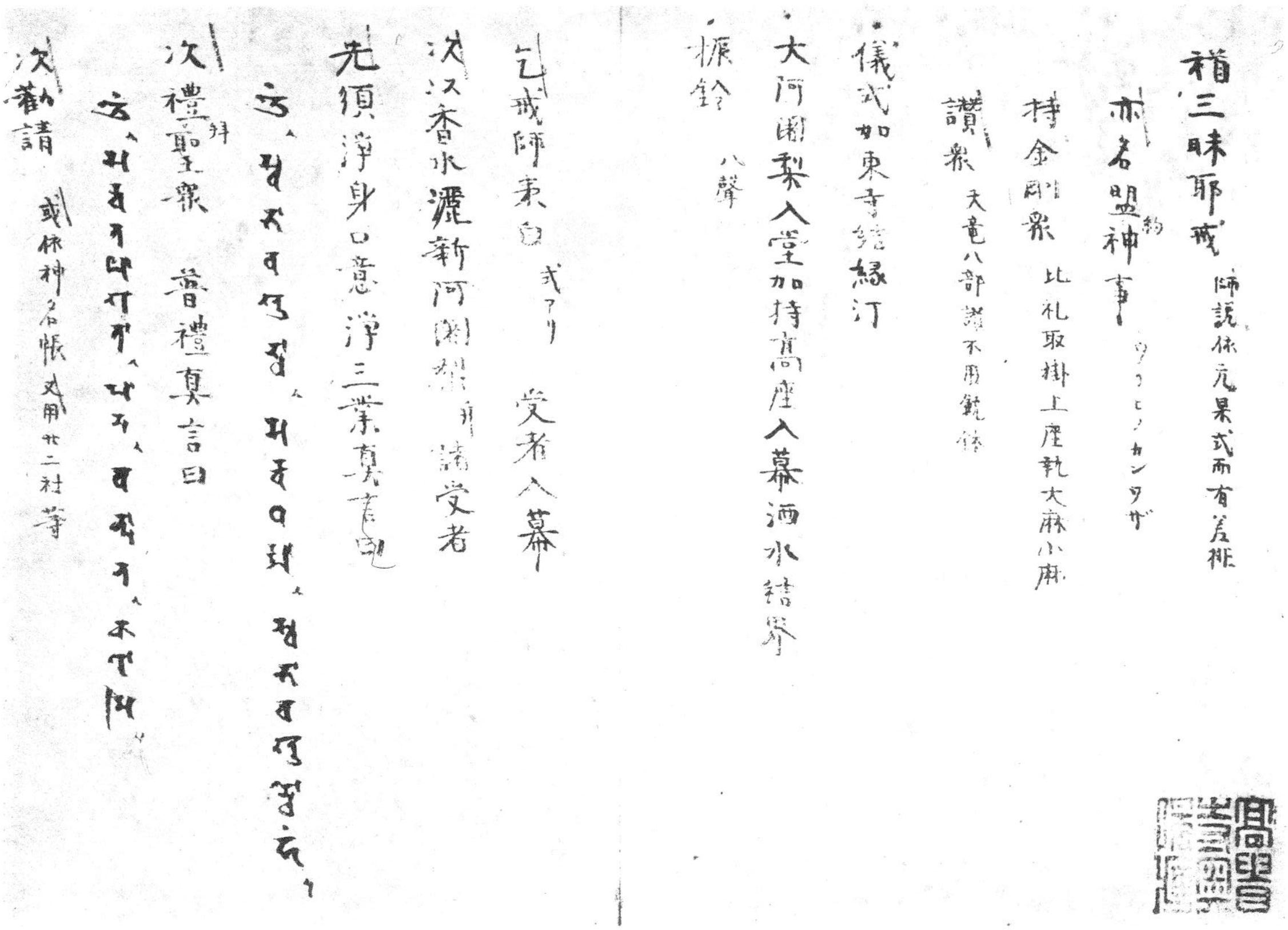

神道三昧耶戒

河内　高貴寺藏

神儒偶談刊行緒言

此書一たび出でゝ皇道の基を高くし。神聖なる　皇祖の遺訓を擎げ。赫々として天地に遍く。潤々として蒼生を利し。法を萬世に垂れ規を世界に示す。一個の赤心洋の東西に則とるべく。八咫の寳鏡陸の南北に耀かすべし

既に成る所あり未だ成らざる所ありの神語は。末代受用不盡の格言にして。之を太古に稱へられ。世界文明の進運を豫言し。自今已後幾千萬歳を經るも。これに異なることなからん。故に所謂成る所と成らざる所とは。常に世界に相並行せる者といふを得べし

然り而して吾國皇統の聯綿近く　皇宗即位より算ふるも。既に二千五百七十年の今日に至る。豈短かしとせんや。是即ち吾子孫王たるべきの國なりと宣らせ給ふ　皇祖天照皇太神の神敕。遠く太古に放ち

たまひし一言にして。力あること斯の如し。これを廣き世界に復見ること能はざるもの。宇内の宗國として誇り盡すこと能はず。道の本源爰に立ち。而して海外も亦吾用となる。これを近時に見るに。世人多くは其根本を誤り。吾國を以て新進國とし。俄に勃興して始めて世界强國の列に入るものとせり。上古既に道の本源確立せり。新進國とは何の謂ひぞや。開國已來他の屈辱を受けしことあらず。强國の名固より當然とす。物質の開化にして未だ成らざる所あるものは。海外を吾用とするの便法。古へより既に開けたり。要は只一個の赤心。即きよき心これなり。此一個の赤心を以て士農工商の心となさば。宇宙の千狀萬態悉く淸らかに。懸空の一球五大皆穩に。何の憂慮をか用ゐん。萬國平和會議も或は用なきに至らん

前陳の意義自ら本書中に詳かなり。然るに飜て裏面より今日世道人心の狀態を熟察するに。此一個の赤心なるもの。果して那邊に存在せ

るや。若不幸是を認むるに苦しむが如き事あらんか。蓋し國危からんのみ。今幸に　聖天子上に在し允文允武なり。今日救はずんば。復何れの日か之を救はん

此書慈雲大和上寶曆四年の著述なり。這般之を世に公にせんとす。希くは日本國民たるもの深く心して此書を閲讀精究あらまほしと爾云

明治四十三年三月十七日

慈雲大和上傳戒第四世七十二翁

葛城神下山高貴寺　戒心謹識

凡例

一本書は當寺所藏の寫本（筆者不明）と。高井田長榮寺所藏本によりて智滿和上が直寫せられたるものとを比較して訂正したるものなり。今これを公にするに當り。尊者起草の稿本と對校するを得ざるを遺憾とす

一本書の原本には。いづれも標目なく章段なく又振假名なし。且又漢字以外は凡べて片假名なり。今讀者の便を計りて。章段の大意を一句に標出し。段落を分ち句點を附し振假名を加へ。且假名は平假名に改めたり

一又原本の誤字等は。筆者の寫し違ひと覺ぼしきものを訂正したる以外は。輕々に一字一句を增減せず。一に原本の面目を存したり

一本文中に引用ありし三紀を始め六經四書等の如き。一一各原書と

對照して誤脫等を訂正したれども。尚多少の遺漏なきを保せず。讀者幸に諒せよ

一老衲が本書の出版を思ひ立ちしは。實に明治九年なりき。烏兎匆々三十年。今や機緣漸く熟し公刊するを得るに當り。智滿和上の直寫本を貸與せられたる和田大圓師。及び出版上の便宜を與へられし神戶森本慶明師。竝に尊者の信者北里龍堂。及び故湯田默仙の兩居士が。筆寫校訂對照等の任に當られしを感謝するものなり

戒心又識す

目次

上の卷

佛法の似せそこなひ
誠に聖人の言なり
孟子を讀む心得
此むかう村を見よ
一個の赤心と君臣の大義
或有所成或有不成の詳說
孝といふ名さへ末が末なり
翁と村老との對話を聞く
耳を取て鼻をかむ譬
佛法とはいかに
佛法は治國に用なき歟
眞の孝養の道
我國の孝子の例

天命
禎祥と妖孽
河圖と神道
洛書と神道
紫の朱を奪ふをにくむ
是も亦國賊か
武運長久の兆
誠の經濟
天に順じて天命を受く
國柱陰神陽神
海外も我用となる

下の卷

農の國本たること

神儒偶談

故慈雲飲光尊者著　仗人戒心校訂

發端

甲戌の春三月初頃。先生予を召して云。此春は幸に無事也。芳野の花を見に往ばやと思ひ立たり。我に從ん者は汝かと。吾小子先生の此命を聞て。自ら子路が雛形の想を生じ嬉く思ひ

(冠注)公冶長子曰道不行。乘桴浮于海。從我者其由與。子路聞之喜。子曰由也好勇過我。無所取材(冠注已上)

頓て行裝して從ふ。三日に京を發足し。其日浪花に到る。途中舟行。杜子美が。江碧鳥愈白。山青花欲然の景色なり

(冠注)杜甫客中之作。江碧鳥愈白。山青花欲然。今春看又過。何日是歸年(冠注已上)

日暮攝州大阪八軒家に着く。浪花の學を好む人兩三輩。待迎て饗應す。その翌日は留られて詩を詠じ文を論ず。五日未明。浪花を發して天王

寺に詣し。平野を經て河内の境剛林寺に詣し。譽田の陵を拜し。壺井通法寺を經。叡福寺に詣し。陵を拜し。山田の邑を經て和州當麻寺の麓に宿す。六日晩景。山に到る。誠に名にしあふ景色なり。遠く見れば絹を滿山に覆ふ如く。近くよれば風に隨ふ淡雪の如し。路遠くわけ入て。爰許仙境かと疑はるゝ處にて。先生盃を銜で。百歳曾テ無シ二百歳ノ人一。能ク向テ二花前ニ一幾回カ醉ンと唱て。吾小子と倶に醉ヒ臥シたり

（冠注）宴城東莊。崔敏童。一年始テ有リ二一年ノ春一。百歳曾テ無シ二百歳ノ人一。能ク向テ二花前ニ一幾回カ醉ン。

十千沽テレ酒ヲ莫レ辭コトレ貧ヲ（冠注已上）

相共に醒て看れば。日既に沒して側ラ一人の行客なし。歸リなんとて路をたどるに。來し方を失ひ黄昏に暨べり。山中に一夜明すべきならねば。若や人家も有ナん。杣人の假の屋もがなと。遙に望ムに。峰にそうて火の見ゆる處あり。たどり行き。からうじて二十餘家計の村に至れり。其ノ中ノ一家に至り一夜の宿を請ふ。主人出遇て何くの人ぞと問ふ。京の者なり

花を尋て路に迷へり。主人その小兒に命じて云く。汝翁の許に至り京人の路に迷へるあり。翁の庵に一夜を宿し給ふべきや。答を聞キ歸れよと。暫くありて小兒還り來り云フ。翁のたまう。賤がふせ屋なれども宿し參らすべしと。やがて主人相伴ひ往て宿せしむ。翁は七八十歲と見えたり。其ノ夜は圍爐裏により臥したり。明發に退《マカ》り出んとするに。夜より雨を催して雲まき雨灑ぎ。路ぬかりて出ツべきに艱む。翁慇懃に留メて云フ。此ノ村可キレ然雨具なし。更に宿し給へと。先生も此ノ言に力を得て其ノ日も亦止宿す。此ノ庵の體を見るに。わづか方丈ばかり。あやしき住居なれども。棚に若干の書あり。翁の自畫自贊と見えて壁に糊したり

錢ならば百の用にも使ふべし。老ぼれの身は半文錢に當らぬ

癸酉春九十六翁

と識シたり。傍に蠻圖の地球を糊して。上に一律一絕を題す

經緯方幅指ス二星辰ヲ一　政治文藻委ス二智人ニ一　意太ノ帝典唯ヽ襲《報イ》レ舊ヲ

拂朗ノ覇業更ニ開クレ新ヲ　萬邦ノ彊界山傍ヒレ海ニ　一樣ノ風光秋トレ與春

青眼面前千百歲　和ノレ花ニ徐ニ見ル太平ノ民

又

衣冠金革各ミ成スレ章ヲ　南斗北辰堪ヌレ指スニレ方ヲ　湖海山川千萬億

人ハ傳フ在リトニ聖主ノ封彊一ニ

先生これを看。高年大老。故有ルべき人と知る。改て禮度を調へ互に心緒を蘊まず。論語孟子より初て。老莊管晏。歷代諸史を談ずるに。掌を指スが如し。遂に神書三記。拾遺天書に及ぶ

(冠注)舊事記。推古天皇三十年二月聖德太子蘇我馬子等也　古事記。元明天皇和銅五年正月二十八日太朝臣安萬侶　日本紀。元正天皇、養老四年癸酉日舍人親王　古語拾遺。大同二年平城天皇に奏覽し奉る齋部廣成　天書十卷。桓武天皇延曆の頃藤原濱成不比等ノ曾孫ナリ(冠注巳上)

神道は異端なるか

先生云。それ道は人倫の外に有べきならねば。君臣父子夫婦昆弟朋友の道なり。此道は孔夫子を除てそれ誰ぞ。論語に攻乎異端斯害也已（攻ハ専治也）。この人倫より見れば。神道は我國の教と雖ども異端たるべきか

翁云。近世の儒者多は佛者を似せる癖あり。佛法の中に外道を排斥するに傚て。異端と云ことを論ず。朱子集註に。異端とは聖人の道に異にして。別に端を開を異端と名くと。（古ニ依バ異端ハ多端ナリ佛者流ノ外道ヲ斥ニ同ラズ）唐韓愈。宋の諸儒は老佛を排す。孟子の時は揚墨を斥く。孔子の時は誰を指して異端と云や。先生此答なし

我朝の萬邦に勝ること

翁云。論語に孔子魯侯に答て云。君君たり臣臣たり父父たり子子たりと。此中父子は恩に依て仕す。家の大本なり。君臣は義を以て本とす。國の綱紀なり。その君臣の道を言ば。我朝實に萬邦に勝るべし。是を外道と名くべからず。異端と謂べからず。支那に比對するに。天皇氏地皇氏人皇氏無懷氏葛天氏は

(冠注)史記索隱。一說三皇天皇地皇人皇爲三皇。既是開闢君臣之始(冠注已上)

假說にも有るべし。實事にもあるべし。荒昧の世なれば此を措て可なり。包犧氏八卦を畫せし已來。彷彿として數へ知るべし

(冠注)繫辭下。古者包犧氏之王天下也。仰則觀象於天。俯則觀法於地。觀鳥獸之文與地之宜。近取諸身。遠取諸物。於是始作八卦。以通神明之德。以類萬物之情(冠注已上)

その包犧氏沒して神農氏おこる。神農氏沒して黃帝軒轅氏おこる。衣裳を垂て天下治ると云へり

(冠注)律曆志。黃帝始垂衣裳有軒冕之服。故曰軒轅氏云云(冠注已上)

唐堯に至て側陋を擧て天下を舜に讓る。允執厥中の敎は道の在所とも云べし

(冠注)論語堯曰。咨爾舜天之曆數在爾躬。允執其中。四海困窮天祿永終(冠注已上)

然れども此堯の讓る。舜の受る。古今におし通ずる道にあらず。萬邦に

推通ずるの道に非ず。聖人至公の志は貴むべけれども。智愚賢不肖におし竝《ナメ》敎る大道とは云ふべからず。看よ。其ノ時九男二女をして舜に畎畝の中に事へしむると云ことなり。其ノ中丹朱こそおごり者にて。朋ニ淫シ于家ニ用テ殄ツ厥ノ世チと云フにも至るべし。娥皇女英は格別の嚚訟と云フことも聞えねば。九男の中一人二人相應の人物も有ルべし。先生いかに思ふや

(冠注)堯典ニ帝曰ク疇《タレカ》咨テ若《フ》レ時《ニ》登庸《セン》。放齊曰ク胤子朱啓明ナリ。帝曰ク吁《ア》、嚚《キン》訟可《ナランヤ》乎　左傳ニ。口不レ道ハ忠信之言ヲ曰フレ嚚ト　集註ニ。訟は爭辯ト(冠注已上)

先生云。二女すでに格別の奸曲も聞えねば。九男の中一人は中等の才有て輔ケて輔ケらるゝ人あるべき理なり

堯舜の禪讓を難ず

翁云。もし然らば堯に在て云ハば。舜を擧て高官大祿を與へ政を攝せしめ。九男の内その一人を簡び立てゝ可なり。側陋(ハ微賤ノ人也)をとり揚て帝位を讓れるは。我カ神道よりこれを看れば中道に違フと云フべし。孟子に天子不レ能ハ以テ天下ヲ與ルニ人ニ。舜相タルニ堯ニ二十有八載。非ス人之所ニ能ク為ス也。天也。堯崩シ三年之喪畢ル。

舜避堯之子於南河之南。天下諸侯朝覲者不之堯之子而之舜。訟獄者不之堯之子而之舜。謳歌者不謳歌堯之子而謳歌舜。故曰天也と。孟子はかく云れたれども。是にて天意とも決定し難し。其わけは。天命に順ずる者は必天福を受く。理の當然なり。その子商均の不肖なる。天福なきなり

（冠注）準曰。舜之德也雖言勝於堯不可劣。其子商均不肖也。丹朱者放齊言啓明於商均一人垂揚又々不肖也。實可謂無天福也（已上冠注）

禹の天下を保つも天命とも云ひ難し。其久しからずして羿。寒浞が亂おこりて。兒孫その禍にかゝるを以て可知なり

（冠注）襄公四年左傳。魏莊子曰。昔有夏之衰也。后羿自鉏遷于窮石。因夏人而代夏政。恃其射也不修人事。而信伯明氏之讒子寒浞殺羿烹之以食其子不忍食殺于窮門。下畧　右史索隱（已上冠注）

我朝瓊々杵尊。彥火火出見尊。鸕鷀草葺不合尊の天位を安じて。萬民を

撫育し。萬々世の後も君臣綱常の亂れざるに比せば。先生それ何れに從ふべきや

先生云。翁の言實に我ヵ胸襟を開く。萬國古今の格言なり。今數千歳の後に至ルも。我ヵ朝の支那に勝リて君臣綱紀亂レなきを知る。然るに我レ日本の人なれども外國に對して恥ッべきことあり。翁の衆聖人を蔑にするに非るを知る。予も本朝を蔑にするに非ず。理の當然を言フべし。男女の道は天地陰陽に相配して人倫の大節なり。儒者の教の如きは同姓を不レ娶ラ。わかれを謹ムなり。本朝鸕鷀草葺不合ノ尊の如きは。その姨玉依姫を娶リ

(冠注)日本紀神代卷ニ。彥波瀲武●●●●其ノ姨玉依姫ヲ爲レ妃ト(冠注已上)

仁德天皇の如きは。その妹矢田ノ皇女を娶る。我ヵ朝の君臣。この弊儀すくなからず。是も亦道ありと云フべきか

男女の道

翁云。先生我レ小人が衆聖人を蔑如せざるを知る。我ノ小人も亦先生の神祇を侮らず本朝先王に服從するを知る。試に自らこれを通ずべし

先生云。父子娶麀《女チ同フスル》は君子の齒せざる所なり。然れば姉妹夫を同《ウ》するも。其ノ道にあきたるに非るか。堯の二女を舜に妻す。聖人のなす所なり
(冠注)堯典　釐《メテ》降ノ二二女《ヲ》嬀汭一嬪《タラシム》二于虞一(冠注已上)
此ノ事印度も亦この例あり。鸕鷀草葺不合ノ尊その姨母を娶り給ふ。此は同姓に非れば諸史の中例あるべし。憶ふに御誕生のとき姉君に從ひ來りし玉依姫ならば。年齡不相應なり。同名異人と云《ハ》んも其ノ理あるべし。猶翁の所懷を聞ん
翁云。荒昧の世。禮度未《タ》とゝなはざる也。夫《レ》道の道たる構造し得べきに非ず。天地と共に生《レ》出で。日月と共に位す。事漸次に成る。天の道なり。昔(神代卷上)大巳貴命《オホアナムチノミコト》謂《テ》二少彦名命《スクナヒコナノミコトニ》一曰《ツ》。吾等《ワレラカ》所《ツクル》造之ノ國。豈《アニ》謂《イヘランヨクナレリト》二善成一之乎。少彦名命對《コタヘテ》曰。或《ハ》有《ナレルトコロアリ》レ所レ成。或《ハ》有《ナラサルトコロアリ》レ不レ成 文 書紀に注して云。是談也《ノヒノクダリハ》蓋有《シ》二幽《ン》深《フカキ》之致《ムネ》一焉と。それ陰陽昇降して天地位す。諸册二尊オノコロ島に降て化二竪天柱《チ》一 文(八州起源之章第一書ノ文チ思ヘ)化とは造化なり。竪とは卓立して不《カ》レ傾なり。此ノ天柱日月の係《リ》て運行する所な

り。天運の定りて變ぜざる所也。堯舜も不レ言ハ。仲尼も不レ述ヘ。聖人と雖も所レ不レ及歟。文獻足ざる故歟

（冠注）論語八佾　子曰。夏ノ禮ハ吾能ク言フレ之ヲ。杞ハ不レ足レ徵スルニ也。殷ノ禮ハ吾能ク言フレ之ヲ。宋ハ不レ足レ徵スルニ也。文獻不レ足ラ故也。足ラハ則吾能ク徵センレ之チ矣（已上冠注）

此ノ天柱の名目。支那にも一向不レ言ルハに非ず。淮南子に天柱をると云フは。是を指すなるべし

（冠注）共工氏仕ヘ二智刑ニ一以二強霸チ一而不レ王タラ。以レ水チ乘レシ木ニ乃與二祝融一戰フ。不レ勝タメ而怒ル。乃頭觸チ二不周山ニ一崩ス。天柱折レ地維缺ク。女媧乃鍊テ二五色ノ石チ一以テ補フレ天ヲ（已上冠注）

然るに彼ノ國に在ては。此ノ天柱折ると云フべし。君臣位を代ヘて古今亂亡多し。我國に在ては。此ノ天柱古今不易にして國家を鎭護す。此の國に受得て國柱と稱す。龍田に天御柱ノ社。國御柱ノ社ある是也。有人云。今民家に至るまで。家宅中心の柱を以て此を表す。名を易にかりて大極柱《タイゴクバシラ》と云フなり。虛空の長淸なる。高天原月の三讓して四時行ハれ百物生ず。伊勢に三

讓殿の額ありと云フ。有人論語の周泰伯の三タビ以テ天下ヲ讓ルと云フを以て附會するは可レ笑フなり

(冠注)内外宮。后稷泰伯と云論。筵隹秘傳問答(冠注已上)

爰に於て萬國の宗國として。皇祚天壤とゝもに不レ傾カ。予嘗て明師に隨て其ノ奥儀を受く。少命《スクナヒコナ》の有レ所レ成《ナレルトコロアリ》とは此ノ趣也。其ノ禮の節分。威儀の進退。物類の分附に至ては。衆賢の德を聚め萬邦の能を取て。此天柱を輔助す。我カ國の古風。婚嫁の道。若シ同母なれば。兄妹必ずその亂なし。若シ此ノ罪を犯セば。天命も人道も是を許さず。是レ天柱の卓立して古今不易なるなり。允恭天皇紀。輕ノ太子輕ノ皇女のこと。此に引ツべし。此を有所成と名く。其ノ異生の姉妹は。上古いまだ禮法の不レ立時は。天命も不レ違ハ人道も咎めず。有所不成の謂なり。仲哀天皇の時に至リ。海外を我カ用となすの神勅あり。神功皇后武内ノ宿禰。君臣同意あり。神勅を奉じて新羅を征す。果して三韓歸投して我カ國の用となる。神語に。應神天皇。聖德太子等。海外の文字を取リ

用ヒて。我カ國赤心の大道を傳へ。我カ朝の大禮を不緩ユルメ。更に支那儒生の節分を取て國風に隨ひ。その所不成を補ふ。允に厥ノ中を執ると云フべし。此に至て婚嫁の道。六親其ノ式定る。然ども亦支那の同姓を不娶ラと云フ如きには非ず。不娶ニ同姓ヲしてわかれを謹むは。あしきことには非れども。中道より言ハば。過たると云フべし。次第になりなりて。今翁が如き。少年より目に干戈を不見。此ノ天柱卓然として萬善あつまり助く。功ある者賞あり。罪あるもの罸あり。翁が如き小人も。惡事をなさねば。遂に囹圄の苦なく刑戮の患なく。誠に樂國の順民たる。神と君との惠なりなりて餘ぁりと云フべき歟。有所成の神語。翁は常に心肝に銘して忘られず。此ノ中有所不成の神語は。誠に日の未だ中せざる如く。月の未だ満せざる如く。彼ノ欹器の戒の如く。歴代の君上明臣相承ケ來て今日の太平となる

萬國の宗國

先生云。少彦名の神言。今日初て聞てその尊きことを知る。先年弱輩な

るとき神代ノ卷を拜覽せしなれども。擇ビて精クすること不レ能ハ。例の陋儒の癖として。耳を貴び目を賤シずるの習なり。少シは神道傳受と云フことも受ケしなれども。可レ然ル事とも思はれず。但支那中國の事のみ尤に思ひ。我カ國は反て狹小なる樣に思ひ。意を不レ留メ也。此ノ後は前非を改メこの癖を改むべし。然るに日本を萬邦の宗國と云フは。翁私の自負ならずや。其ノわけは萬國輿地の圖を見れば。この國東海中に僻處して蕞爾（音萃ーーハ小ナル貌）たる小國なり

（冠注）僻は陋也。又垂僻偏ー邪ー出ー非放（冠注已上）

朝鮮琉球には勝るべけれども。支那印度等に比すべきならず。韃靼。室韋等の半に不レ及ハ。その宗國たる其ノ説ありや

翁云。その國よりして言ハば。何れの國か中國ならざる。何れの國か宗國ならざる。支那に自ら中華と云フが如き是也。若シ支那の人。我ガ朝に來て自ら中國と稱せば。自夸（夸ハ呼瓜ノ切奢也）の謂也。天下の公言に非ず。今偏頗（ーーハ不正也）の情をすてゝ。唯ヌ道の在る處を知るべし。家に諸子あるが如き。才不才を論ずべから

ず。長兄を宗子とす。父の後を受《ル》を宗子と云《フ》。國も亦爾り。大小によらず。初に闢《ケシ》を宗國とす。開國の統を守《ル》を宗國とす。此《ノ》道の在《ル》處なり。この道の有《ル》處是《レ》中國なり。我《ガ》國最初に闢ける是《レ》宗國なり。凡そ此《ノ》道の大體は人に依て立つ。頭上《カミ》に位し足下《シモ》に居す。此《ノ》上下定りある。是を誠の道と云《フ》。我《ガ》神道。上に高天原あり。是《レ》神祇の止りますす處なり。下に根《ノ》國。底《ノ》國あり。是《レ》罪惡の者の罪過を淸《ム》る處なり。此を人事に移して君臣道定る。下庶民穢多乞食まで。其《ノ》分定るなり。大《ナル》矣哉。頭は上に位す。假令惡疾あるも。此を下に移すべからず。足は下に位す。假令肥白なるも。此を上に移すべからず。上下既に改易なければども。倶にこれ一身なり。痛癢《カユカリ》病痾疾寖染也患也急也痛傷也疼也みな同《シ》く保護すべし。支那には是を文字に移し。上より下を惠む邊に仁道を立つ。此《ノ》仁道既に立《タ》ば。此《ノ》道を認得する邊を仁德とす。士庶人も此《ノ》德あれば仁者なり。此《ノ》上下相交るに。事にふれて其《ノ》よろしきに適《フ》を義とす。此《ノ》道あやまらぬを義者と云《フ》なり。我《ガ》神國もとより仁義の名なし。唯ダ頭の上に位するを見て。君位の傾クべからざるを知る。天稚彦を見て知るべし。歴代叛臣の身を亡スを以て知ルべし。此ノ君臣分永く定りて移易すべからざるを知る。爰に於て臣庶たる者は君位を窺ふべからざるを知る。足下に居るを知て。臣庶其ノ分を知り。忠義を君上に罄スべきを知る。君たる者天に代て臣庶を撫育す。上下の分を混ずべからざるを知りて。君臣同一體の如し。臣庶忠義あれば君必ず此を賞す。君以下九字イ無怨悪あれば終身不。上下すでに定れば前後亦定る。祖父相うけ伯叔次序あれば。生れまゝにして道其ノ中に存す。此を文字にうつして支那に孝悌と云フなり

(冠注)孟子告子下ノ註ニ。陳氏曰ク。孝弟ハ者人之良知良能自然之性也(冠注已上)

前生を兄とシヒ後生を弟と云フ。既に兄弟あれば兄を宗家とす。神代の蹟を察するに。此ノ國初に闢く。その宗國たるを知るべし

決して誇説ならず

先生云。予日本人なり神代を信ず。若《シ》歐羅巴。亞墨利加等の人に向て言はゞ。信ずべきに非ず。その最初開けると云《フ》。自夸の説に非ることを得んや

翁云。此《ノ》難至要也。我言ん。先生これを難せよ。日何れの方より出る　先生云。言《フ》にも不及《ハ》東方より出《ツ》　翁云。萬物何に由て生じ。何に由て育す

先生云。言《フ》にも不及《ハ》。日光を受て生じ日光を受て長育す　翁云。我《カ》國の萬邦に先て成立せる。歐羅巴の人に對しても夸説ならざるなり

先生云。至《ル》矣哉。更に疑ふべきに非ず。然るに上の宗子の説に。父の後を受《ル》を宗子と云《フ》。此は我《カ》國の夸説ならずや

翁云。我《カ》國の開闢萬國の開闢たること明なり。國常立《ノ》尊よりして。國狹土。豊斟沼等。末《タ》父子有ざるの時なれども。其《ノ》系統相承る。忍穗耳《ノ》尊より男女婚嫁の式ありて。子孫相承《ツ》。此《ノ》宗國にして宗子相繼《ク》。實《ニ》是《レ》萬國の宗室にして萬世の君臨なり

六經論孟取捨するところを知れ

先生云。我國神道。三記の外に取用すべき書なし。支那の經史は衆聖人の手を經て。治具ことごとく張る。其國家人民を撫育せんとならば。六經論孟に依るべし。翁はいかんぞや

翁云。儒者の道。仲尼折衷す（中庸第三十章 斷其中）。仲尼は堯舜を祖述し（祖述ハ本也）文武を憲章す（憲章ハ法也）。支那の國俗に就て道を立るなり。周末戰國の時。燕王噲が子之に讓る。帝堯に倣ふなり。先生これを如何と思ふ。漢王莽自ら舜の後と稱し。劉氏はこれ堯の裔なれば（裔ハ末）。漢の天下は我王氏これを受べしと云。先生此を如何と思ふ。孟子（告子下）が曹交（曹君之弟）に告て。子堯の服を服し堯の言を誦し堯の行を行はゞ。是亦堯而已矣と謂れたれども（夫道若大路然、豈難知哉、人病不求耳、子歸而不求有餘師）。燕王噲を聖人とも思はれぬなり。王莽を有道の士とも思はれぬなり。是に依て見れば。堯舜を祖述しては。我國は治るべきに非ず。彼支那の如く。君は有功の臣を疑ひ。臣は天位を窺窬す

（冠注）踰牆曰窬。論語。其猶穿窬之盜（已上冠注）

此ノ風歴代改ヤらず。終に外國に奪ハれて蠻夷の民となる。此ノ中君有功の臣
を疑フは。宋主檀道濟を殺す如き是なり
(冠注)六朝宋文皇帝ノ臣檀道濟以說被收メ目光如炬ノ。脱幘ヲ投地ニ曰ク。乃壞ルト汝カ萬里ノ
長城ヲ云云(冠注已上)

臣天位をうかゞふは王莽。曹操已來。趙宋の大祖等。歴代みな然り。此に
よりて察するに。儒者の教その弊なきに非ず。我カ神道の如き。國常立ノ尊
より起り。初に乾道獨化す。次に陰神陽神德を顯し名を正す。人代これ
を受て。是を人事にうつして子孫眷屬を生成し長育す。この子孫ある
天地の道なり。父は子に讓るべし。子は父の業を守るべし。位ある家は
その位を踐ムべし。他人此ノ位に居ルは道に非るなり。それ月三讓して春は
夏に移る。その早春の梅花五月雨に楪子熟す。他物を以て是に代るに
非ず。又三讓して夏は秋に遷る。五月雨にとりし早苗は九月垂穗莫々
然なり。餘物の來り助クるにあらず。先生の意いかん。又支那の國たる。亞ア

西耶《シア》の東邊に居して一隅の僻地也。若《シ》前後を云《ハ》ば我の子弟なり。堯舜の聖と雖その道に乏しき。是に依《ル》べし。既に僻境なり。既に宗國に非ず。道も亦處に隨ふ。既に此《ノ》宗國を隔て海波數千里。我《ガ》神道彼《ノ》地に不《ル》傳《ラ》。誠に所由あるなり。既に其《ノ》道を聞《カ》ず。故に至公の志を行《ヒ》てこれを授けこれを受く。その授受一時に在《ノ志イ》ては可なり。此を萬世におし通じて道とすべき道には非ず。國君たるもの鑑むべき所也。大段如《シ》是《ノ》。其《ノ》條目に至ては儒道百家みな可《キ》取《リ》用《フ》也

大學の三綱領八條目

先生云。翁の教を聞《ク》に雲霧を開て日月を見《ル》が如し。二典三謨の格言ことごとく萬世の模範たれども

二典（冠注）ハ虞書。堯典。舜典　大禹謨。皐陶謨。益稷仲虺之誥（冠注已上）

神道不言の教より見れば。末が末と云《フ》て可也。湯武の民を塗炭に救《フ》も。我《ガ》國君臣の綱常より見れば。その慚《ハ》（愧也）德のことばも虛飾には非るべし

(冠注)孟子公孫丑之上。立於惡人之朝。與惡人言。如以朝衣朝冠坐於塗炭
成湯般桀于南巢。惟有慙德(已上冠注)

大段まことに他國儒道の比すべきならず。若條目に至て。大學の三綱領八條目の如きは。神慮にも叶ふべきや

翁云。我小人なり。治國平天下に至ては知るべき所ならず。されどもその學問を論ぜば。少壯の比。師に從て聞ところあり。今四書の中。程子の定る所の大學。その三綱領八條目は。入子盆を見る如く。古風を失て見づらき書となれり。凡そ天下國家を治る。誠意正心より起て。終り國家に及ふことにては有まじき理也。天下は天下にて自ら治り。國は國にて自ら亂れざる趣あるべし。衆小人が亂さねば國も天下も自ら治りたるものなるべし。大工が手斧始め木取より起て。次第に棟上屋根ふき壁の上塗の如には有まじき理なり。本文に。物格而後知至。知至而後意誠。意誠而後心正。心正而後身修。身修而後家齊。家齊而後國治。國治而後

天下平《ナリ》と云《フ》が如きは。且く漸次階梯を列するなり。傳文に至ては前後自ら齊整ならず。意に隨て釋成す
（冠注）傳文　康誥曰克明德と云より十章也（已上冠注）
說郛等《小說家ノ書也》の中に大學中庸を出す。此にて見れば。學庸ともに古書の體裁にて。其《ノ》中格言みな神慮にも叶ふべし。今趙宋伊洛の風となりては。世智辨聰の書となりて。神慮に叶ふべしとは思はれぬなり
先生云。此《ノ》大學これ學者の至要なり。詳に問決せんと欲す。翁も且く安眠せよ。我たまさか此《ノ》山中に來りしことなれば。此《ノ》邊山川の景象を看るべし
晩に至て同く爐邊に近して。先生問《フ》。大學の道と云《フ》は何事を指すや
翁云。大人の學なり。大人と云《ノ》は有土の君。若《シ》は輔相の臣なり。朱子の序に云々。皆これ安排布置暗推卜度なり

明德

問明德とは何ぞ

答萬民を救ふ德澤なり。此德澤。君の意に親疎偏頗あれば暗德なり。功を賞し勞を察して。愛すれども厚からず。疎けれども薄からず。是を明德とは云フなり。朱子の虛靈不昧以テ具ヘテ二衆理ヲ一而應ス二萬事ニ一と云樣なる六ケしき妄想は。神慮に叶ふべしとは思ハれぬなり。下の古之欲レ明ニセント二明德ヲ於天下ニ一者ハ。先ツ治ム二其ノ國ヲ一と云フにて知ルべし。天下の政をとる人。明に偏頗なき德澤を天下に彌明にせんとならば。先ツ其ノ居る國をよく治むべしと云フことなり。支那の文章は必ず前後照應す。意得て前後相照し。看ることゝ聞ケり。朱註に。使ムルナリ四天下之人ヲシテ皆有ラ三以テ明ニスル二其ノ明德ヲ一也と。此等みな唯タ言說のみにして實義に非ず。天下の人民に虛靈不昧などゝ云フこと。知ラして知ラすべきことならず。察するに佛家の法界の說を似せて。似せそこなひたるなり。大學を知ラんとならば。此ノ明德は君の德澤の偏頗私愛まじらぬことゝ知ルべし。是を天下に明にすとは山の奥までも此ノ惠ゆきわたるなり。此ノ大人の學。理窟めきたることにてはなし。唯タこれ國を治め天下を惠む

の道なり○下の財を生ずるに道ありと云《ヒ》○聚斂の臣をやしなはずと云《フ》（仁者以レ財發レ身○不仁者以レ身發レ財）
にて知《ル》べし○誠に大學は肝要の書なり
問在レ親レ民と○程子云親《ハ》當《ヘシ》ニ作《ル》レ新ニと○是はいかん
答云○此《ノ》むかふ村にて云《ハ》ば○初心なる者は新を好むなり○此《ノ》村少々餘財
ある者○或は子供を見習《ハ》すとて京大阪へ出し置《ソ》に○或は君子めきたる
人物になり○或は風雅めいたる人物になりて○たまさかには家をも保
ち得ぬ者あり○此《ノ》古めきたる野人こそ神慮に適《フ》べしと思《ハ》るゝなり○翁
が愚昧の心にて看れば○親の字のまゝこそよけれ○總じて大人は心の
淳直なるものなり○支那歴代の書を看るに○多く奸臣に欺《カ》れて暗君と
なる人多し○此《ノ》奸臣はとかく下の情の上《カミ》へ通せざる様に○上の恵の下《シモ》
へ通せざる様に計ふなり○是を壅蔽と云《フ》（壅音雍塞也　蔽遮蓋也）
（冠注）東方朔七諫不レ忍レ見《ルニ》君之蔽壅《チ》（已上冠注）
宋の賈似道が襄陽の敵に奪《ハ》れたるをも君に不レ告《ケ》○まことの事を君に

告る人を反て刑に陥レたる類なり。君たる人。民を親めば。此ノ類の壅蔽はなきなり

佛法の似せそこなひ

先生問。朱子闕文ありと思て補レ之ヲて云々。至リテハ二一旦豁然貫通スルニ一則衆物ノ表裡精粗無シレ不ルレ到ラ云々。これはいかん

翁答云。此等例の佛法を似せたる辭なり。儒書には堯舜已下終に豁然大悟底の模様なし。孔子の里仁曾子に一以テ貫クレ之ヲと告ルにも。曾子曰唯なり。唯說文諾也。增韻應聲也。曲禮心愼唯諾はたゞ答の辭なり。上に對しては唯と云ひ。下に對しては喩と云フ也。古今同轍なり。佛法には此ノ豁然と云フこともあるべし。臨濟錄等に「娘生下此十二字一本ナシにして使會るに非ず」體究煉磨して一朝自省すと云云。儒道に豁然貫通と云フこと。更にいらぬこと也。佛法の中には古今豁然として開解せる人多し。天台大師が法華三昧前方便の三昧を得てこれを惠思禪師に呈す。禪師印可して。汝ならずば得ること不レ能ハ。我ならずば證するに

人なし等。それより後。禪家の衆は此開解常談なり。儒者は堯舜このかた。一人のいつさとれりと云を不見。孔子も吾十有五而志于學。三十而立。四十而不惑。五十而知天命。六十而耳順。七十而從心所欲不踰矩と。これら竝に年の積るに隨て。智惠も德行も次第に增長せる狀なり。一旦豁然と云樣なることに非ず。省發せりと云ことにも非ず。とかく宋代伊洛の風は。佛法を似せて似せそこなへることゝ知べし

先生云。孔子(衛靈公下)の顏回に告る。行夏之時。乘殷之輅。服周之冕。樂則韶舞と。此等は神慮にも叶べきや（誠に聖人の言なり）
放鄭聲。遠佞人。鄭聲淫。佞人殆(冠注)(冠已注上)

翁云。誠に聖人哉。法爾として神慮にも相應すべし。我朝の如き。神代には支干の沙汰なし。神武天皇東征して橿原宮に即位し給ふ。辛酉の年と云。周の惠王の十七年なり

(冠注)周靈王二十一年魯ノ襄公二十二年孔子生ル。神武元年より凡百十年に
成る(冠注已上)

其ノ已前は年代深遠にして支干の尋ぬべきならねども。大巳貴の神裔大歳神あれば。歴數此に始マるべし。此ノ神に十六の御子あれば。十二支四神にも配すべし。其ノ前後衆多神祇十干等主方諸神も備ハるべし。神武帝已來。我國かの夏の時と符合するを以て。神代の暦數夏の時に異ならざることを知るなり。孔子。周人にして夏の時の可キ行フを知る。その言フところ。山海を隔て。此ノ神儀に同じきは貴むべし。殷輅周冕は彼に在ては可なり。我に在ては所用ならず。末代に至て唐禮隋樂の少分あるは。亦海外の我カ用となるなり

孟子を讀む心得

先生云。孔子に繼ぐ者は孟軻なり。其ノ言に。五畝之宅樹ルニ牆下ニ以シテ桑ヲ。匹婦蠶ハ之ヲ。則老者足ルニ以テ衣ルニ帛ヲ。其ノ五母鷄。二母彘。無シハ失フ其ノ時ヲ。老者足ルニ以テ無シ失フ肉ヲ矣。百畝

之田。匹夫耕《セハ》レ之。八口之家可二以《シテ》無一レ飢《ウルヿ》矣と。田里に此《ノ》制あり。老者にこの養ありて戸々凍餒なき。これを天下におし通ずるは文王の治なり

翁云。一時の政文王の仁心を見《ル》べし。その五畝の宅桑を樹る如き。今を以て見れば。木綿。紵布。〔音除也。俗作苧誤也〕吾等小民の煖《ヌクン》に衣るところなり。然るに土地に肥瘠〔音寂痩也〕あり。年々旱澇〔淫雨也〕あり。天の時に順ひ地の利を審にすべし。木綿は細民の利なれども。是もその生育せざる所あり。此《ノ》むかう村も山中なれば。木綿の種子はうゑても生育せず。その桑の如きも土地の宜に随ふべき歟。その土地の肥瘠のみならず。又人によりても山の幸。海の幸。兄弟といへども互に易れば其《ノ》幸を得ずと云《ヘ》り。此等のことは其《ノ》地の民に任すべし。聖代の政と雖も。天下に推《シ》なめて用ゆべきならず。神代巻に。乃《チ》以《テ》二粟《アハ》稗《ヒエ》麥《ムギ》豆《マメ》一為《シ》二陸田《ハタ》種子《ツモノ》一。以《テ》レ稲為《ス》二水田《タナツ》種子《モノ》一と。天照皇自ら水田陸田の種子を分別し給ふ神勅によりて仰ぎ察すれば。山海の幸。田園の利。この一言より流出して顯見《ウツシキ》蒼生《アヲヒトクサ》。各その處を得るの神慮歟。百畝の田

の如き。孟軻氏一書の中前後再三の文を見れば。悉く萬民をして一様の百畝に歸せしむるに似たり。此《ノ》下。愼子孟子告子下の教を見れば。諸侯を封ずるも百里には過さゞると見たり。若《シ》此を聖人の道と思て一途に依《ル》は。國家亂亡の兆なり。滕《ノ》文公を見て知るべし。後世には漢の王莽が如き鑑むべし。王莽はたとひ井田に依らずとも。長久に富貴を保《ツ》べきに非れども。此を以て其《ノ》大抵を知《ル》べし。明《ノ》建文君の如きは。叛逆の臣に非ず。暴惡の君に非ず。若《シ》太祖の成範を守らば。誠に動《キ》なき代なるべし。祖父の制度を狹小なりと思ひ。周禮によりて天下を治《メ》んとして。終に其《ノ》位を失ひ出亡せり。誠に憐むべし。方孝孺が如きも。不孝の子に非ず奸佞の臣には非れども。道をとり違《ヘ》て終に慘《イタム》刑音參愁也痛也に遇ふ。憐むべきなり。若《シ》方孝孺が爲に言《ハ》ば。建文君いまだ弱年なり。齊泰。黄子澄みな庸才なり。その時に當て。太祖の成典を少《シ》も改めず。惴々として是を守り薄氷を履《ム》が如く

詩（冠注）小雅。惴々小心如臨于谷。戰々兢々如履薄氷（冠已注上）
時の諸王多はこれ叔父也。君を誘て此を敬せしめ民を撫育せしめば。君も出亡の憂なく。我も十族の慘刑を免るべし。我國の神道右を左にうつさず。左を右にうつさず。先例を改めざるを主とす。是なり

龍むかう村を見よ

先生云。孟子（滕文公章上）に。龍子曰。治地莫善於助。莫不善於貢。貢者挍數歲之中以爲常。樂歲粒米狼戾。多取之而不爲虐則寡取之。凶年糞其田而不足則必取盈焉。爲民父母使民盻々（恨視貌）然。將終歲勤動不得以養其父母。又稱貸而益之。使老稚轉乎溝壑。惡在其爲民父母也と。龍子が言。民の父母と云べき乎』
翁云。大人君子の意は吾小人が知るべきならず。然るに今現事を以て看れば。此龍子に異なり。此むかう村。古より常免の處なり。土地も廣からず。免も高からず卑からず相應也。毎年村中父老言合せて。年貢を重んず。昏より起て。晴には山に入て薪を採り蕨を取り。雨には屨を織り

席を織て。これを近邑問屋なる家に運て錢財となす。これ若《シ》凶歳に遇ても年貢おこたらぬ計なり。此《ノ》年貢怠なきを以て。天へ事る道。君への忠義と心得て。男女とも晝夜こゝろ掛ること也。翁が見來りしより兩度飢饉にあひ。十餘度も凶年と云《フ》に値《ヘ》り。此《ノ》村に限りて年貢を缺《キ》しことなし。此《ノ》心得にて村中一人も餓死の者なし。其《ノ》餘の豊作の歳は。上の年貢皆濟し已て。私に父母を養ひ妻子を惠むにたる。近年に至ては村中皆豊饒なり。翁こそえこせぬ書物好にて餘財なき困窮者なれ。外は皆三年の畜積あり。此《ノ》近隣の村は多《ク》は毛《モ》見《ミ》取《トリ》の處なり。村民多く困窮して。時々此《ノ》村に來て財穀を借用す。此《ノ》所由《ワケ》多《ク》は懈怠による。其《ノ》懈怠の所由を問《ヘ》は。答て云。此《ノ》村は誠に極樂世界なり。我《ガ》邑は毛見取の處なれば。秋に至て兩三度の毛見を受く。先《ツ》その往來に數日を費して田業を廢す。役所の近處に旅宿す。館主酒肴を設て我等を待《ツ》。此にも非分の財を費す。役所へ出る時取次を賴む。此《ノ》取次に相應の音物をなし置《カ》ねば。

唯今は御用々々と云《テ》一兩日も延引す。此を患《ヒ》て平生に音信贈物をなし置《ク》なり。世に謂る賄賂此より起る。邑々多き中に。贈物の厚薄によりて。その差別出來ることなれば。他村より勝《レ》んとして。早《ハヤ》年々に增長に及《ツ》なり。その役人の送り迎へ。人夫を勞して多日田業を妨ぐ。その役人を迎へ來て。或は中食の處。止宿の處。此《ノ》費は循吏と貪吏とにより差排あれども。坐處を淨《ム》るは一也。常は山中の事なれば自作の席《ムシロ》にて足ることなれども。役人衆をもてなす事なれば疊を敷て饗應す。その疊工《タヽミヤ》を召《ツ》も。邊地なれば費多し。目の見る處に情うつる習にて。中家已上は奥には疊を敷《ク》樣になり來る。終に華奢の基となる。逐一に述《ヘ》がたし。要を取て云《ハ》ば。指《サヘ》手《テ》引《ヒク》手《テ》往來見《ミ》例《ナラヒ》。みな費用懈怠にして窮鬼の窟宅也。此《ノ》むかう村の正月の初日より十二月の晦日に至《レ》まで。純に農業山業を務て。親戚交り厚く隣里相助て。困窮不足の面目を見ぬは。實に羨《キ》ところなりと。又人情として非分に上の惠を願ひ。賄賂も此によりて事起ると云フことなり。于支那の歴史を看て。世に汚吏は多く循吏は少キを知ルべし。古今の人物。盜跖が徒は在々處々に在り。伯夷叔齊の類は固より麟角なり。或は酷吏に遇て。纔に旨に忤へば。捶打せられ縲絏せらる。動モすれば累月痛苦す。間々。一生廢人になりし者もあり。此等悉く造惡にも非ず。明初の姚廣が如キも有ルべきことなり。或は貪吏に遇て非分の財を失ふ。甚キに至テは家を毀ち子女を賣ることも見聞せり。小家なれども杜子美詩句園收ニ芋栗ヲ一未タ二全ク貧ナラ一と云て春秋を送りし者。俄に親眷みな眉をひそめ。牛部屋の傍。灰小屋の軒にうつる。小人なれども家門相和して穆々たりしに。親子兄弟互に啼泣して離別する者。多くはこれ毛モ見ミとりの村なり。此ノ近所のことには非ず。有ル村に常免の所の費用少く。懈怠の者も少きを羨んで常免を願ひ求む。不幸にして汚吏に遇ふ。其ノ吏領承して云。此ノ事は上たる役人の計にして。我等撃柝の者の許スべきに非ず。賄賂と云フには非れども。上たる諸役人をなびくるは黄金を用フべきとて。過分

の財を求め。其者遂に出奔せりと云ふことも聞り

一個の赤心と君臣の大義

先生こゝに至て席を避て稽首して云。龍子は古の賢者なり。孟子は古今の大才なり。其人だに此過あれば。我翁に過はずば一生を謬るべし。孔孟の言は何事も順ひ守るべく。今日まで我國日本は制度狹小にして。支那儒者の如くならず。若時を得て祿位にも登らば。一に儒者に依て。君を堯舜にし民を湯武にせんと思へり。今日始て大道を聞。心意豁然たり。誠に我國の貴きを知る

孟軻氏が盡心下「ことごとく書を信せば書なきに不如」と云ひ「我武成に於て二三策を取のみ」と云。此に依ば。孟軻氏の見る處。六經も悉くは不取なり。孟子のとき孔子を去ること不遠。かつ秦火未燔とき。その經典の不可信こと如是なり。我神書の如きは。句々至言なり神語なり。その廣博なることは。六經諸子に不如ども。その實の致は具りて缺ることなし。

儒典は五倫に就て教を立《リツ》す。神道は一箇の赤心。君臣の大義のみなり。此《ノ》一箇の赤心。家に在て孝なり。夫婦に在て和なり。隣里朋友に交て欺《ク》なし。今日にして見れば。孝悌忠信は教の末なり。此《ノ》君臣の道一たび立て萬國違はず。不孝の子有《レ》ば罪を加ふ。不義の夫婦あれば刑を加ふ。一として治らざるなし。且五倫の設け。父子あれば自ら昆弟の道は立《ツ》べし。父子の間。子に孝を教へ父に慈を誨る。譬《ヘ》ば猱に「木のぼり」を教へ。魚に游泳を教《フ》と云ふべし（潜二行水底一曰レ泳）

（冠注）邶風谷風。泳《シ》之游《ス》之　周南漢廣。漢之廣《キ》矣。不レ可レ泳《ク》思（冠注巳上）

況や朋友は道同じければ相比す。志通ずれば相遇ふ。此を君臣に比すべきならず。世に謂ゆる緣林の刎頸。博徒の斷金の類は。反て世教の害なり。又漢代に黨錮の災起り。其《ノ》後唐宋に至ても。動もすれば朋黨の論おこりて國政を亂し賢哲の放逐せらるゝこと。皆此《ノ》朋友と云《フ》より起りたるなり。唯《タ》道の綱要は君臣上下に存すべし。因に虞舜の登庸を論せば。釐《メテ》降《ノ》二女《ヲ》于媯汭（水名水北）嬪《セシム》于虞《ニ》と。虞舜の身に在ては。これは受て可なり。父母に不《ケ》告して娶《ル》も妨なきなり。愼《テ》徽《ヨクセハ》五典《ヲ》（五常）五典克《ク》從《ヒ》。納《ルヽ》于百揆《ニ》（揆度庶政之官）百揆時《ニ》叙《ツ》云々の如き

（冠注）百揆時《ニ》叙《テ》賓《ス》于四門《ニ》。四門穆々《タリ》。納《ルヽ》于大麓《ニ》。烈風雷雨弗《ハ》迷（冠注已上）

例の支那の癖として飾辭も有《ル》べけれども。萬世に聖人と稱する人なれば。左も可《シ》有《ル》と信ぜらるゝなり。帝曰《ク》。格（來也）汝舜詢（謀也）事考《ルニ》言《ヲ》乃《ナンヂノ》言底（致也）可《キコト》績《ナス》三載。汝陟《レ》帝位《ニ》。これ堯至公の志なれども。今神道を聞《ノ》に就て思へば。實に過擧なり。元來支那の風として。君臣の大義亂れ來りしにも有るべけれども。堯の德を以て此を舜に施す。此《ノ》時より此を改て萬々歳の則を壐《ル》べきなり。但《ヌ》時勢の然らしむる歟。實に可《ム》惜ことなり。舜讓于德弗《カ》嗣。まことに左あるべしと思《ハ》るゝなり。正月上日受《ク》終《リヲ》于文祖《ニ》。その時の勢知るべからざれども。若《シ》堯崩殂して四海八音を遏密（絶也止也靜也）するときに至ては

（冠注）ニ虞書。放勲乃殂落ス　同ニ。三載四海遏ニ密ス八音ヲ（冠注已上）

更に丹朱の喪に居る心緒を察すべし。勿論衆聖人を擇て其ノ側に置ツべし。若シ少分も悲哀の情を見ば。此より教導して其本心を得せしめば。尚一世の君たるべし。若シ暴逆にして一向輔佐するに堪ヘずば。九男の中一人を擇て此を帝位につけ。命を受ケ奔走して可なり。若シ庸才にして事に當て不堪ならば。自身は冢宰として萬機を統るも可なり。禹をして水を治めしめ。皐陶をして士師（五刑）たらしめ

（冠注）ニ尚書五刑。墨　涅頭　劓　截鼻　剕　刖足　宮　男失其勢女閉幽宮　大辟　死（冠注已上）

稷を農正（司従五品數五教）とし。夔に八音（樂師）を掌らしむ。大徳（論語子張）のりを不レ踰ヘ。小徳出入すとも可なり。此等の賢者をあげ用て其ノ左右に居リば。日々善にうつりて。堯の子の堯たるも無シと云ツべからず。若シ亦極頑嚚暴惡にして。朝に伯益（掌山澤之官）皐陶を髡し

（冠注）周禮三十六巻ニ。髡者ハ使レ守ラ積ヲ。漢ノ制ニ。髡ヲ爲ニ城旦舂ト（冠注已上）

夕に伯禹が家に放火せば。群臣と共に謀り。父祖の廟に告て其ノ位を斥け。別に其ノ弟を迎てこれを立ルも可なり。如レ此せば十人の中一人の助ケて輔ケらるゝ人も有べきなり。若シ十人が十人ながら一向暴悪にして。賢人の心を截リ。孕婦の腹をさかば。たとひ幼主なりとも其ノ孫を立つ。若シその中一人の明君を得ば。復百不足八十《モヽタラズヤソ》隈《クマ》に隠レ去り。（神代卷下五イ）君臣綱常の趣を萬々世に教ヘん。亦樂しからずや。若シまた我去ラば讒臣佞人の進マんことを憂ヘば。永く宰輔の位に在て。千官を進退し萬民を撫育す。威海外に加はり富宇内を保つて。尚ホ臣位に居して尚ホ正朔を奉ず。禹は水を治る功を以て大國に君臨せしめ。稷契《音泄》皐陶また此につぎて昇進せしむ。羿よく射るも此を田獵に施して。たゞ觀の美をなす。固より彼が窺窬を絶す。我カ兒孫の災患をなすべきに非ず。此を以て萬世に傳ふ。湯武も亦才に任じて用ゆ。伯夷叔齊も馬を扣て諫るに不レ及ハ。首陽山下に長く蕨を採ラしむべし。又粟を食せしむべし。仲尼これを祖述して萬世の師となる。秦ノ始

皇も其ノ典籍を燔クこと不レ能ハ。商鞅李斯もその政を易ルこと不レ能ハ。内にして
君臣綱常立すれば。外國も窺窬の情を絶す。今に至ルまで我ガ日本の如く。
萬世不易の君臣たるべし

或有所成
或有不成
の詳説

先生問。その言フところの或ハ有レ所レ成ル或ハ有レ不レ成ラの敎。その幽深〔舎人親王ノ語〕の趣有リと聞
く。更にこれを詳にせよ
翁云。我これを師に聞ケり。此ノ一言天の道にして。我ガ國の綱紀となる
（冠注）準曰。此ノ翁之言。山海得ニ其ノ位ヲ一。四時不レ失ハ二其ノ時ヲ一。四時ト者天子ノ事也。日本君臣
之道正ノ。而治國平天下之趣。可シレ謂レ盡クト二於一言ニ一（已上冠注）
それ天なるか。有リレ所レ成ル。山は高く海は深し。草木は春夏に茂盛して秋冬
に枯槁す。未ダレ成ラか有リレ所レ不レ成ラ。海外いまだ德澤にうるをはず。禮度文物未
だ詳悉ならず。昔時にして言ハば。其ノ有リレ所レ成ルとは。大已貴命ト與ニ少彦名ノ命一。戮《アハセ》
レ力ヲ一ニレ心ヲ經ニ營《ツクル》天下《アメノシタヲ》一。復タ爲ニ顯見《ウツシキ》蒼生《アヲヒトクサ》及ヒ畜産《ケモノノ》〔恩及ニ禽獸一なり〕一。則定ムニ其ノ療《チサムル》レ病之方ヲ一。又爲《メニ》レ攘《ハラハン》ニ

鳥獸昆虫之災異《ワザワヒ》ヲ則定《ム》ニ其ノ禁厭《マシナヒヤムル》之法《ノリ》ヲ一の類是也。或ハ有レ不ル成ラとは。幸《サキ》魂奇《ミタマクシ》魂《ミタマ》いまだ三《ミ》諸《ムロ》山に鎮座し給はず

(冠注)幸奇者。福德智惠也。大和三輪御供所三面大黑鼓袋打荷是是幸。大全體是術(已上)

(冠注)此ノ秋津洲いまだ天孫瓊々杵ノ尊の御宇とならざるなり。其ノ瓊々杵ノ尊の時に至ては。或ハ有リ所ル成ルとは。天尊位定り天《アマ》津《ツ》神《ヒモ》籬《ロキ》。天《アマ》津《ツ》磐《イハ》境《サカ》すでに起樹せるなり

(冠注)纂疏。二神籬ト者叢祠。磐境ト者兆域(已上)

或有リ不ル成ラとは。猶西鄙に居していまだ中國にのぞまず。皇祚諾尊の所生未だ全き磐境ならざるなり。其ノ神武帝に至ては。東征して大和に即位す。八社既に鎮して四方掌握に歸す。有ル所ル成なり

(冠注)高皇產靈　神皇●●魂留●●生●●●足●●●大宮賣

神　事代主神　御膳神(已上冠注)

その有リレ不ルレ成ラとは。金銀未だ具ハらず。文字典籍未だそなはらず。官階も唯タ大率を存する是なり。應神天皇より聖徳太子に至て。兵威海外を征して衆貨ことごとく備る。我ガ國に神道を詳にし。他邦に醫藥儒術を取來て。治具ことごとく備る。此ノ時有ルレ所レ成ルなり。然るに守屋蝦夷かはるがはる威を奮ひ。邊隅盜賊不レ絶エ。これ有ルレ不ルレ成ラなり。更に時勢を詳にしてその幽深を知ルべし。此ノ一言。事麁細にわたり勢内外を該維す。且く易を引て此を解せば。大極すでに立つ。有ルレ所レ成ルなり。兩儀いまた分れず。有ルレ所レ不ルレ成ラなり。然るに此ノ大極と兩儀と。前後を云フべからず一異を云フべからず。此ノ有リレ所レ成ルと有リレ所レ不ルレ成ラと。前後を云フべからず一異を云ノべからず。有ルレ所レ成ルときに當て自ら有ルレ所レ不ルレ成ラを知る。自滿の意を制して安逸に處せず。その兩儀既に分ルは有ルレ所レ成ルなり。四象未タレ兆サは有ルレ所レ不ルレ成ラなり。四象既に分布す。有ルレ所レ成ルなり。八卦未タレ立タは有ルレ不ルレ成ラなり

(冠注)大陽少陰。少陽大陰　乾兌離震。巽坎艮坤(已上冠注)

八卦既に布は有所成なり。十六卦三十二卦六十四卦未具。有所不成なり。六十四卦既に備る。有所成なり。彖象十翼未成は有所不成なり
（冠注）彖上下。象上下。繋辭。文言。説卦。序卦。離卦　本義曰。元亨利貞。文王所繋之辭以斷一卦之吉凶。所謂彖辭者也。謂陽爻爲九潜龍勿用。周公所繋之辭以斷一爻之吉凶。所謂爻之辭者也（冠已注上）

初より此に至るまで。或同一時。或異代異事にして。有所成の處に有所不成の誠存して不漏不缺。萬世に通じ貴賤に通じて。不可須臾離（中庸）の道となる也。更に之を詳にせば。乾の初九に潜龍勿用と。すでに是龍徳。これ有所成也。其用未施すべからず。潜り居て無爲なる。有所不成なり。九二に。見龍在田と云。有所成なり。利見大人と云。有所不成なり。若見大人有所成に至るなり。九三に。君子終日乾々。夕惕若。厲（危也）無咎は。君子有所成之位なり。夕惕若は有所不成こと可知なり。九四に。或は躍在淵は有所成なり。無咎は有所不成なり。九五に。飛龍在天は有所成也。利見大人は

有ル所不ル成ラなり。若シ大人を見ば有ルニ所成ルに至るなり。然ミ大人を見已て。更に
有ル所不ル成ラを知る
(冠注)九二云云　舜耕ス歴山ニ漁ス雷澤ニヲ以テミルベシ　九三云云　舜之玄徳外ニ
聞ル時也　九四云云　聖人之動無不ヿ時ナラ也。舜之歴試ノ時也　九五云云　聖
人既ニ得天位ヲ則利アリテ見ルニ在下ニ大徳之人ヲ與共ニ成スニ天下之事ヲ(冠已注上)
これ少彦名の教なり。上に言フところの堯の舜を獲たるが如き。正く此
に當るなり。堯をして此ノ少彦名の教を聞カしめば。支那萬世の盛事なる
べし。上九亢龍有リ悔。これ正く有ル所成ルの地に至て。有ル所不ル成ラの愼を知ルべ
き教なり
(冠注)上九云云　位之極。中正ノ者得時之極。過此則無矣(冠已注上)
支那に。神教未タ傳ラれども。易の一書天地を該羅して。自ら鬼神の致ムネに通
ひ。聖人の聰明なる。此ノ理の相應せるなるべし。更に智者擇て精くし。語
て詳にせよ

孝と云名さへ末が末なり

先生云。神代の教なる哉。然るに孝はこれ萬行の本なり。天下に父なきの子なければ一日も闕べからず。儒には孝經あり。神教にはその教を聞ず。これは我國の缺典とせんか

翁云。天下に父なきの子なければ。その道書典をかるべきならず。孝と云名も末が末なり。儒生の中にも。孟子などは此に達せり。彼に云く。人(盡心上)之所不學而能者。其良能也。所不慮而知者。其良知也。孩提之童。無不知愛其親也。及其長也。無不知敬其兄也と。不學而能者と云こと。我神道の教こゝに在なり。論語學而篇に。子夏曰。賢賢易色。事父母能竭其力。事君能致其身。與朋友交言而有信。雖曰未學吾必謂之學矣。以是可考之

(冠注)親親仁也。敬長義也。無他。達之天下也(已上冠注)

孝經を讀て而後に知べきの道に非ず。現事を以て察するに。孝子とて官邊より賞美を受る者。多は孝經を知ざる者なり。此を神道と云。誠は不學ところに道あり。もし書を讀て知べきは。道と稱すべきに不足

（冠注）王安石折趙抃曰。君輩坐不讀書耳。抃云。皐夔稷契何書可讀。王安石無對（已上冠注十八史畧文）

翁と父老との對話を聞く

其翌日隣村の父老兩三人來て翁に告て言。近年年貢の外に村の懸り物とて。動もすれば年貢に倍せることもあり。庄屋なる者常に云。田地方の諸役人多は薄祿なり。賄賂に似よりたる事もなければ。其父母を養に足ず。世の習にて次第に増長す。此その人に限るかと思へば。平役人は中役人に諂び。中役人は亦その上にへつらい。段々その上に達せねば。事に障ありて。それぞれの役つとまらぬ様になりゆくと云。我等此を難じて云。諸士の俸祿みな君より定め給ふ處。儒者にも上士は中士に倍す。中士は下士に倍す。下士と庶人の官に在とは祿を同す。我等下《シモ》農夫の産業に同せず。上《カミ》父母を養ひ下《シモ》妻子を育ふに足れり。賄賂に似たることは。少分は可なり。増長すべきに非ずと。庄屋云く。然らず。諸老。

時の風を察せよ。此ノ事をなさねば。近村みな塗炭となる。年々にかさ高になりゆくも時の勢なり。隣村より此ノ村は少し増し。次は此ノ村より隣村は少し増スと知ルべし。遂に二倍三倍に及ぶと。此頃内分を以て聞ク。庄屋に大なる私あり。上役人へ一分を遣せば二分となし三分となし。下を虐して自ら肥す。是を聞て近村少壯なる者黨を結て。庄屋が家を破却せんと企つ。若シ同心せずば。先ツその道理を聞カんとて。五六十人も詰かけたり。いかゞ道理を演て此ノ騷動を制すべきぞ

翁云。此は以の外のことなり。有ルまじきこと也。諸父老。彼ノ少壯の者に告よ。君は元首の如くなり。諸臣は股肱手足の如し。既に君の民なれば。いか樣の事あるとも。たとひ身命を喪失すとも。必ず君へ忠義を盡すべきなり。此ノ義納得ならば。其ノ君の股肱手足も潤澤ならしむべし。庄屋などは手足の爪の端なり。爪の端まで潤澤ならしむべし。我等小人。茯苓をほり枸《ク》杞《コ》子を摘て。これを補はゞ。五十日か七十日の勞なり。庄屋を潤すも君への奉公

と思ふべし。必ず率爾の事あるべからず。若シ率爾の事あらば。必ず上よりの咎めを受ツべし。それよりは五十日ばかり勞メ力ヲ。その償をなして可なるべし。諸父老。此ノ理を聞て尤なり。彼ノ無分別ものも此ノ理には必ス服従すべしと云て退ツを見る

先生側に在て悦て云。誠に庶人の君に忠ある。今の教の如くなるべし。我今翁に決せんことを欲す。唐ノ高宗出し因に。張孝藝が九世同居せるを聞て。其ノ家に入て親シく問フ。張孝藝忍の字百餘を書して上る。宋儒これを評して云。孝藝古の三老に比せず。高宗帝。忍不足の君に非ず。若シ臣が九世同居。家長その事を秉て。婦人事にあづからずと云はゞ。萬一帝の顧も有ルべしと。此ノ二途。翁は何れに從フべきぞ

（冠注）五雜爼拾四 三十七丁 浦江鄭氏對テ大祖之言ニ曰ク。臣同居無シ他。惟不ル聽カ婦人ノ言チ耳ト。此レ格言也。雖ニ百世ト可也（冠注已上）

翁云。我は張孝藝に従ふべし。上より問ふことあらば。下民はたゞ誠を

礬すべし。下として上の器量を計て安排布置すべきならず

耳を取て鼻をかむ譬

先生云。翁の言誠に予が肯綮（筋肉結處 筋肉ヲ通ルト云義）に當る。更に疑を決せんと思ふ。翁これを許せ。無住子の砂石集に。此ノ大海中、に阿字浮び出づ。天照皇。天ノ逆鉾を以て畫キなして國となさんと欲し給ふ。その時第六天ノ魔王來て云ク。君は佛子なり。必ず佛國となし給ツべし。此は我カ境界にて佛法の國となすべきに非ずと云フ。天照皇答て曰。我カ住處沙門を近づけず。亦佛法を言フまじと。魔王此によりて還り去る等。其ノ契約を神璽とす。今神前に僧尼を禁じ佛法を忌む。由來ありと云ヘり。此等の辭その理有ルべきや

翁頷を蹙めて云。今時の坊主衆。此様なることを言ひ出して氣の毒なり。日本書記。舊事古事等に第六天の魔王と云フもの終に見えず。阿字の浮びたると云フことも不レ聞カ。天ノ瓊鉾を以て滄海をコフロコフロにかきなし給ふは諾冊二尊なり。伊勢神前に僧尼を忌ミ。内外の忌言等は神事

の差排あるべし○又昔《シ》神前に大般若經納りしこと國史に處々見ゑたり○無住子は餘程古人なるが○それより後の坊主衆は○猶更に神道を佛法に引合せんとして○耳を取て鼻をかむと云《フ》譬の如《ク》なること多し○開闢のことを知《ラ》んとならば○三紀より外には有《ル》まじきぞ

佛法とはいかに

先生云○我も近世諸宗の坊主衆の云《フ》ところ○誠の道とは得おもはぬなり○坊主衆の云《フ》ことは且く措て○佛法と云《フ》ことは○いかなる道にてあるべきぞ

翁云○我少壯なる時○有識の僧に聞《キ》しことも有《レ》ども○その旨趣は不レ知なり○佛法は無漏道なり○我は有漏の人あり○佛法は無爲を主とす○我は有爲の人なり　先生云○しからば佛法を信せざるか　翁云○我その深奥を知らずと雖○その信ずべきを知る　先生云○既にその道を知《ラ》ずと云《ノ》に○又信ずべきを知《ル》と云《フ》○何ぞ言の矛盾するや

（冠注）尸子　鉢楯。楚國故事（冠注已上）

翁云。我古の鎌足公の名臣たるを信ず。鎌足公。興福寺を造営して氏寺とす。大乗院一乗院兩主。今に至る迄春日社に奉事す。我近古楠正成が智謀忠義を信ず。今河内の觀心寺に彼遺迹を見る。此文武大才。既に佛法に信歸す。我この兩君子に從事す。支那にては。唐の太宗千古の英主なり。天下を一統せる後。戰場大敵を亡せし處には。悉く寺を建立して僧を供養す。その太子高宗に命じて。母長孫皇后の爲に大慈恩寺を建る等。又衲衣を製して軍中常に頂受して。その加護を得る等なり

（冠注）智度論。五比丘曰。佛當着何等衣。佛言。應着納衣（冠注已上）

宋の大祖。太宗。明の大祖。太宗も。亦佛法歸依の人なり。我朝文臣武將。大率佛法を信せざるなし。彼智人等悉く服從することなれば。定て信ずべき事有べし。翁小人何ぞ異望有ん。但し坊主衆の勸を受て。講中に入て「カケ錢」は出さぬなり

佛法は治國に用なき歟

先生云。佛法既に無漏無爲ならば。治國平天下には用なきか

翁云。我レ是を師に聞ケり。瑜伽論第六十二卷に。彌勒菩薩佛説王政經を引て。末世治國の要を示せりと。又諸經論の十善。全くこれ治國平天下の道なりと。若シ無漏の人。願輪に乘じて世に權に現せば。その天下を治る。掌を指スが如くならん。大にして四海を靜めて干戈不レ動。小にして邑里清靜にして。囹圄空虚なるべしと聞けり

眞の孝養の道

先生云。孟《離婁》子に曾子の曾晳をやしなふ。必ず酒肉あり。徹するとき必所レ與ルを請フ。有リレ餘リやと問ヘば。必ずありと云フ。曾晳死して。曾元曾子を養ふ。必ス有リ二酒肉一。將ニレ徹セント不レ請ハ所レ與フル。有リレ餘リやと問ヘば亡シと云フ。將に以て復進メんとす。これ口體を養フ者なり。曾子の若きは可レ謂ツレ養フト志ヲ也と。今翁のオモ屋より翁を養ふを視るに。初日調味上品なり。いはゆる採リテ二於山一ニ美可シレ茹フと云フものなり。次の日は疏品なり。羹藜含ムレ糗チと云フべし

（冠注）送李愿歸盤谷序 韓退之 採於山美可茹、釣於水鮮可食 聖主得賢臣頌王子淵 ━━━ 者不足與論太牢之滋味（已上冠注）

まことに曾家の必有酒肉と云に異也。有合次第と思はる。初日は風味よく調へり。農隙《ヒマ》なれば主人意を調味に用ゆるなるべし。次日は快晴なれば山か田への營なるべし。その調味麁細同からず。此兩三日四五度の食時。翁餘有やと問に。或は有と答へ。或は亡と答へ。一定の軌轍なし。其容貌言語を察するに。互に一身の如し。是を以て察するに。翁の兒孫の孝行。曾元にまさるのみならず。曾子に比するに餘あり。大小の曾參。未だ構造を免れず。我神國の德風。大に海外諸蠻に異なるを知る

（冠注）上に孝は萬行の本。支那に孝經あるの問に答るに良能良知を以てせる折節。隣村の老夫來て少壯の黨を告ぐ。是に首は上に位し足は下に居るの道理を以て敎ゆ。こゝに本家より翁を養ふ。唯赤心を以てする神道須臾も離るべからざるを。先生目前に自得せる。此書の

書たるかな（冠已注上）

翁云。我ヵ家山野の一匹夫なり。何ぞ孔門の諸君子に比せん。然れども我レ樂とする所あり。ヲモ屋の主人は我姪《ヲヒ》なり。彼が父は我ヵ弟なり。此ノ村の處ノ法則として。近代より家を分たず。子供多ければ總領一人を立て。次は他家へ養子ならしめ。或は他處へ出す。江戸京大阪にて家を立て。富有になりたる者も多し。然るに此處の人は。誠の田舍の習せにて。京大阪へ出ることを根ノ國底ノ國に逐ひやらるゝ様に思ふなり。我リ弟は農業に健にして我ヵ父の心に適し。他處へ出さんと欲せず。故に我ヵ家を弟に讓りしなり。弟篤實者にて我に事ること父の如し。此は中年にて死せり。死せる時丁寧反覆して。今の主人忠次に翁を大切にせよと遺言せり。今の主人も。よく守て日々食を贈る。誠に一身の如し。主人の問訊は日々のこともあり。五日七日も不レ來ラこともあり。その日々來レも彼ノ用意に非ず。五日七日不レ來ラも疎略に非ず。誠に常の道たがはざるなり

我國の孝子の例

先生云。我鄙儒生にして道を談ずべき人品ならねども。神道赤心の道を以て。支那諸君子にも知せたきなり。大に人の謬を開くことなり。孝の一行は衆德の基する所。支那に孝經ありて喃々として敎る。多は僞學に墮す。且く一二を擧ば。漢戾太子は賢者なり。其武帝は英主なり。戾太子晨昏定省を怠る人に非ず

(冠注)曲禮　凡人子之禮。冬溫而夏淸。昏定而晨省。定安其所從也。省問其安否何如(已上冠注)

この孝經構造の體裁なり。此に依て行ふも眞僞知るべからず。遂に江充が讒を免れず。身不孝の名を負て鈇鑕を免れず。若翁の家風あらば。武帝と太子。終身一體の如く。たとひ百千の江充ありとも。其間に讒を容るゝこと不能なり。梁の昭明太子も賢者文才なり。武帝も亦英主なり。我國の一箇の赤心ならば。父子隔なく其憂死も有べからず。太子若世にあらば。侯景が亂も起るべからざるなり。これらみな支那の孝經。

我カ國の一箇の赤心に不レ及ハところなり。翁の意いかん
翁云。先生の言の如し。此ノ隣村に一の農夫あり。山中にては相應なる百姓なり。其ノ妻一子を產して死せり。今年十歳に滿せず。我に托して敎導せしむ。其ノ父後妻を娶る。名をおとよと云フ。其ノ兒これを母と云はず。おとよ殿と唱ふ。我レ敎ゆ。汝が父の妻とし給ふは。誰にもせよ汝が母なり。其ノ兒云。然ラば過ヤゆき給ふ實母は他人なりや。我レ云。實母は汝が實母。今の母は汝の義母なりと。兒云。二人の母あることは合點ゆかず。天を見るに一つの日一つの月なり。父は日の如く母は月の如し。天に第二の月を見ねば。我も二人の母有るべきならずと。此も小兒のたらぬ心から云フことなれば。先ツそのまゝになしおくなり。又大阪玉造の大和橋邊に。異名を二十四孝と呼ぶ者あり。本名は彥兵衛なり。此ノ者。兄弟二人。兄彥兵衛は其ノ父先妻の子なり。弟は後妻の子なり。彥兵衛繼母に事ヘて至孝なり。弟に家を讓て。我は後母と共に蟄居し。唯ダ孝行を樂として餘念なき

底なり○有る時鬼類に誘はれて○數日を經て不レ還ラ○數日の後近家の屋上に立テり○近隣の者これを助け下して臥さしむ○兩三日を經て正氣を得たり○これを問フに○初め長大の僧來て誘ひ去り○西國九州關東諸山みな歷覽す○我レその僧に告ぐ○僕は母に事ヘねばならぬ者なり○卿に隨て遊覽すべきに非ず○僧云く○汝が母は繼母なり○汝が事へずとも○その實子あり○我答ふ○實の母ならぬに由て○猶も孝行を盡すべきなり○僧乃ちつまはじきして云○此ノ者は吾黨に非ずと放チ去ルと見て○彼ノ屋上に在リしと○その者今現存なり○先生歸京の路次なり○尋問すべし○此ノ二人志性異なれども○全く我カ神國の風俗なり○まことに此ノ質有て孝經も其ノ用となる

天命

先生云○孔子○五十ニシテ而知ル二天命ヲ一と云フ○此ノ一事詳にせんと欲す

翁云○子は誠に好學ノ人なり○此ノ山中不自由なる處に逗留して○予が如き者に道を聞んとす○下問を耻チずと謂つべし

(冠注)論語公冶長。子貢問曰。孔文子衛大夫孔圉何以謂之文。子曰。敏而好學不恥下問。是以謂之文也(冠注已上)

予も昔此天命に疑ありて。師を尋てこれを決せり。此山中共に談ずべき人もなければ。唯一人この天命を樂て生涯を送る。今子が問。甚鄙懷にかなへり。予焉んぞかくさんや。論語に不知命無以爲君子と

(冠注)堯曰。結文不知禮無以立也。不知言無以知人也(冠注已上)

家に在て父兄在すときは。天命の蹟は知ずとも。其父兄の命にだに背かねば。自ら天命全きなり。君に仕て小身小祿なる者は。君の命。長上の命に違はざれば可なり。是も變に處しては。天命を知ざれば大に謬ること也。若小家に在ても。その家長として子弟眷屬を率ゆる者。國に在て有土の君。輔佐の臣たる者は。必ず心を此天命に用ゐざれば身を亡すにも至るなり。故に命を知ざれば。以て君子たること無と云へり。憲問に。道之將行也與命也。道之將廢也與命也。公伯寮其如命何と。これは

孔子。子路をして季氏に事へしむ。魯國に道を行ふ志なり。然るに讒者あ
りて子路を危くす。孔子天命に安んずるの辭なり
(冠注)公伯寮愬子路於季孫。子服景伯以告曰夫子固有惑志於公伯寮吾力
猶能肆諸市朝(冠注已上)
子罕言利與命與仁と。仲尼匏瓜に非ず。利と云ふものも折《をり》には言はねばな
らぬことなり。然れども常に言へば鄙俗におつるなり
(冠注)陽貨佛肸君子欲往の下に。吾豈匏瓜也哉。爲人繫而不食(冠注已上)
仁は孔門の主とする處なれば。言はねばならぬことなり。然れども常に
言へば理窟に墮るなり。戲に近し。命はこれ天の道なれば。猥に言へば天を
侮るに近きなり。論語の中大抵この例なり。孟子には。堯舜性者也。湯武
反之也。動容周旋中禮者。盛德之至也。哭死而哀非爲生者也。經德不回非
以干祿也。言語必信非以正行也。君子行法以俟命而已矣と。同莫非命也
須受其正。是故知命者不立乎巖墻之下と

（冠注）盡其道而死者正命也云云　朱子曰。牆之將覆者也（冠注已上）
論語に。伯牛有疾。子問之。自牖執其手曰。亡之命矣。斯人也而有斯疾也云云。陶淵明が子を誡る詩に。天命其如此。先銜盃中物と云が如き。此類みな天賦を受て自ら慰するの辭なり

（冠注）白髮被兩鬢。肌膚不復實。雖有五男兒。總不好紙筆。阿舒已二八。懶惰故無匹。阿宣行志學。而不愛文術。雍短年十三。不識六與七。通子垂九齡。但覓梨與栗。天運苟如此。且進盃中物（冠注已上）

大禹謨に。滿招損。謙受益。時乃天道と。老子に。功成名遂而身退者。天之道也と。此類命の字なけれども。天命の趣を述せる也。易の一書。大抵天命の趣なり。神書皆天命の定る處なり。中庸に國まさに興らんとするに必禎祥あり。國まさに亡んとするとき必妖孽ありと。此等の趣を察して天命を知るべきなり

（冠注）至誠之道。可以前知。國家云云　見乎蓍龜。動乎四體。禍福將至。善必先知

之チ。不善必先ツ知ル之ヲ。故ニ至誠如シ神ノ（已上冠注）

秦ノ始皇の時。泰山ノ神告テ云。明年祖龍死スと。その明年始皇沙丘に崩ず

（冠注）始皇本紀三十六年熒惑守リ心ヲ。有リ墜星下リ東郡ニ至テ地ニ爲ル石ト。黔首或ハ刻メ其ノ石ニ曰ク。始皇帝死而地分ント云云　秋使者從關東夜過華陰。平舒道有人持シ璧遮テ使者ヲ曰ク。爲君遺滈池君。因テ言テ曰ク今年祖龍死ス云云（已上冠注）

今予が聞ける所によりて言はゞ。始皇暴惡と雖。支那の主となるべきの德ある人なれば。神祇の告有リと思はるゝ也。始皇。此ノ時此ノ告を聞て謹愼に身を守り。長子扶蘇を召して左右におかば。秦代も急なる滅亡は有ルまじき也。但し是は予が妄想と云フも可なり。張子房（留侯世家）が圯上に黃石公に遇ふ。劉季の澤中に蛇を斬る。國まさに興んとする兆なり。此ノ劉季は漢の高祖なり。史記等に。季被リ酒ヲ夜徑リ澤中ヲ。有リ大蛇當ル道ニ。季拔キテ劍ヲ斬ル之ヲ。後人來リテ至ル蛇ノ處ニ。有リ老嫗夜哭ス曰ク。吾カ子ハ白帝ノ子也。化ノ爲リ蛇ト當ル道ニ。今赤帝ノ子斬ルト之ヲ。因テ忽チ不見云云

禎祥と妖蘖

先生云。此ノ二事は智謀の志の假托して民心を收るに非ずや

翁云。世の世智辨聰の者は。しか云フも可なり。中庸の國興ンとするとき禎祥ありと云を以て見れば。予は實事と思ふなり。彼ノ陳渉が謀とは天地懸隔なり

(冠注)陳渉世家ニ曰。乃チ丹ニ書ノ帛ニ曰ク陳勝王タラントク。置ニ人ノ所レ罾スル魚腹中ニ 云云 又間カニ令ニ呉廣ヲシテ之カニ次ノ近所ノ傍ノ叢祠ノ中ニ狐鳴シテ呼テ曰ク。大楚興ラン陳勝王タラント 云云 (冠注已上)

摠じて虚なることは。一時はそれにて事すむこと有れども。永く相續すべきならず。此ノ劉季の蛇を斬る。開國の君はこの禎祥あるべきなり。此ノ斬蛇の劔。後には秦の玉璽とともに傳國の寶となる。これを虚謀と云ノは。世智辨聰。天命を不レ知ラ者の言なり。綱目斷の如きは。予が取ラざる所なり。近世。織田何某は勇武の士なり。其ノ家名を興さんとす。井ノ口山に居す。いかなる意か有リけん。井ノ口の名を改めて岐阜とす。其ノ時ある老人眉を顰て井ノ口のかはるや小田の枯かゝりと。此ノ識者の言を聞クに

此ノ名と云フ物も大切なる事也。我國は我國の名あり。呼來りしを守る。天の道也。此を他國に取て改ルは。天命に背くなり。古人車を朝歌に避け。宿を栢人の村に避るも。天命に順ずと云フことなり

(冠注)縣ヲ言ヘハ勝母ト曾子不入ラ。邑ヲ言ヘハ朝歌ト墨子廻ス車ヲ　高祖本記ニ。高祖之東垣過ク栢人ヲ。趙相貫高等謀ル弑セント高祖ヲ。高祖心動ク因テ不留ラ(冠注已上)

明の建文君。方孝孺が。その大祖の不學なるを愧として。官名宮門の名を改む。實に身の滅亡を招く處なり。常途の父祖の成範は改易すべからず。支那邊隅なりと雖。その開國の主たる人は庸流に非ルこと必せり。兒孫として此を改む。固に暗君陋儒なり。是より古を云へば。河圖洛書皆天命の著明なるなり。宋代の杜鎬が。此レ聖人以テ神道ヲ設ツル教ヲ耳と云フは。固に宋代の人物なり。有道者の言に非ず

(冠注)十八史略ニ。王欽若曰ク。聖人以テ神道ヲ設ル教ヲ耳ト。於是自リ大中祥符以來數ミ有リ天書降ルコト(冠注已上)

論語にも。鳳鳥到らず河圖を出さず。我已ぬる哉と云を以て見れば。孔子は。河圖洛書も實事たるを知るなり。繫辭に。天生神物。聖人則之。天地變化聖人效之。天垂象見吉凶。聖人象之。河出圖洛出書。聖人則之と。彼宋人の言ところに異なり。後世には。元魏の開祖が天女を見る。明の太祖が護伽藍神の助を得る。竝に興國の兆なり。此禎祥のあらはるゝ所を以て推せば。積善の德なり。一朝一夕の故に非ず。書經（湯誓）論語（堯曰）などに。殷湯王が天帝に告る詞に。予小子履。敢用玄牡。敢昭告于皇々后帝と云は。天帝を指なり。此后帝と云。天帝と云こと。支那の書には分明なる典據なし。我國典によらば高天原の天神なり。有罪不敢赦。帝臣不蔽と。天神輔佐ありて明歷に鑑照し給ふなり。我國典に。神漏岐。神漏美命と云是なり。簡在帝心とは天神の感應なり。此天命を畏て。王侯は國を保ち。庶人は其身を全する也

（冠注）堯曰書大同小異　簡在帝心。朕躬有罪無以萬方。萬方有罪罪在朕躬

（冠注已上）

おふけなき言なれども。一例を擧ば。漢の末。三國の時。劉備は英傑なり。名分も帝冑なり。天命も有べき所なり。輔佐も豪傑なり。しかるに其子劉禪闇短にして。其子北地王湛にも不及。諸臣の中。關羽毀敗し。諸葛亮壽命なし。予を以て見れば。その劉璋を亡して自據りたること。神祇の惡む所。天命にそむく所なるべきなり。諸葛亮。英才なれども爰に闇は可惜なり。論語の「速ナラント欲スルコトナカレ。速ナラント欲スレバ大事ナラズ」と。誠に聖者の誨也

論語（冠注）子路。子夏爲莒父宰問政。子曰。無欲速。無見小利。欲速則不達。見小利則大事不成（冠注已上）

史記に。孔子爲兒嬉戲。常陳俎豆。設禮容と。此孔子の兒たる時よりして衆に異なる。何の處より承るぞ。若天より受くと云ば。神漏岐。神漏美之命。實に空しからぬなり

此ノ晩景に。近村の男と見えて廿歳餘ばかりなる少年。物案せる狀にて入來れり。翁と何か密談して。少し心解たる體なり。夜に入て又五十ばかりなる人入來れり。此も翁と密談して少し心解たる體なり。此ノ兩人オモ屋に止宿せり。先生是を如何なる事ぞと問フに。翁云。子に告クべきことならずと云フて不レ言ハ。後にその樣子を告る者あり。此ノ少年は近村に在て相應なる百姓の子なり。父の讓を受て家督をも相續せる者なり。後に來りし者は其ノ少年の叔父也。此ノ少年去々年同類の族より妻を得たり。此ノ女山野にては容色見苦からぬ者なり。其ノ父放逸の心にて此ノ娵《ヨメ》に密通せり。此ノ少年は其ノ後父に暇を乞ひて。六十六部回國せり。娵は其ノ後氣病を煩て年十八にて病死せり。父は其ノ後志を改め剃髪し。休甫と名を改め。坐禪の門に入れり。少年は三年の後。家に歸て能クその家を治め。父に孝養を盡せりと云フことなり。此ノ一件翁の計ひにや有ラん。よくも治マりたり。支那にて。程子朱子の計を受ケば。いかゞ有ラんと思ハルるなり

河圖と神道

先生問云。河圖洛書すでに天神物を生じて聖人これに則ると云フ。既に天と指し神物と標す。我神道より此を見ば。いかなる蹟あるべきぞ。又天垂レテ象ヲ見スニ吉凶ヲと云フことなれば。我高天原より化現せるに非ることを得んや。翁の意いかん

（冠注）天神道見て以聖人設レテ教ヲ天下服ス（已上冠注）

翁云。先生まことに一隅を擧れば。三隅を反する才なり。詩書六經に標する所の天と指し神と名る。皆我神道を除て外に有ルべきならず。我より此を見れば。河圖は（外宮圓形地ニ位シテ天ヲ照ス）瀛津鏡より象を顯して。庖羲氏の爲に八卦の基本となる。洛書は（内宮八葉形天ニ位シテ地ヲ照臨ス）邊津鏡より象を垂て。夏ノ禹王に洪範九疇を授く。翁何ぞ所懷をかくさん。先生先ツその所解を言フべし

周書

五行　五事　八政　五紀　皇極

三德　稽疑　庶徵　五福　六極

洪範九疇

五行　水○火○木○金○土　　五事　貌○言○視○聽○思

八政　食○貨○祀○司空○司徒○司寇○賓○師

五紀　歳○月○日○星辰○暦數　　皇極　皇建其有極

三德　正直○剛克○柔克　　稽疑　擇建立卜筮人

庶徵　雨○暘○燠○寒○風　　五福　壽○富○康寧○攸好德○考終命

六極　凶○疾○憂○貧○惡○弱

先生云○河圖の模たる

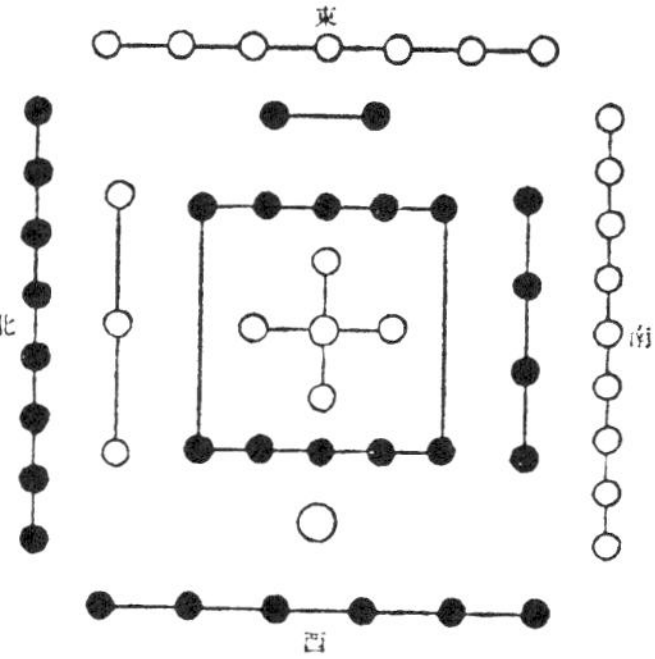

（冠注）仁者見之謂之仁。知者見之謂之知。百姓日用不知。故君子之道鮮矣（已上冠注）

係辭曰。一陰一陽之謂道文これ數を言の基なり。繼之者善也。成之者性也文萬物の情たる。夜に兆して晝に發す。朱子云。道具於陰而行乎陽と云是なり。此一陰一陽の道に順じて。これに繼ぐ者。往處として善ならざるなし。既にこれ善成立して性となるなり

又云。天一地二。天三地四。天五地六。天七地八。天九地十文朱子云。此言天地之數。陽奇陰耦。即所謂河圖者也。其位一六居下。二七居上。三八居左。四九居右。五十居中。就此章而言之。則中五爲衍母。次十爲衍子。次一二三四爲四象之位。次六七八九爲四象之數。二老位於西北。二少位於東南。其數則各以其類交錯於外也已上

天數五。地數五。五位相得而各有合。天數二十有五。地數三十。凡天地之數五十有五。此所以成變化而行鬼神也文朱子云。天數五者。一三五七九。皆

奇也。地數五者。二四六八十。皆耦也。相得謂一與二。三與四。五與六。七與八。九與十。各以奇耦爲類而自相得。有合謂一與六。二與七。三與八。四與九。五與十。皆兩相合。二十有五者。五奇之積也。三十者。五耦之積也。變化謂天一變生水而地六化成之。地二化生火而天七變成之。天三變生木而地八化成之。地四化成金而天九變成之。天五變生土而十化成之。鬼神謂凡奇耦之生成屈伸往來者。已上此朱子說可取。但鬼神を屈伸往來を以て解するは。未盡に似たり。已下係辭の文幽深。みな翁の所知なり。これを我神道より見ば如何ぞ

(冠注)神靈 ━ ━ ━ タルヲ知ラズンバ神靈ヲ知コトカタシ。奇耦往來ヲ鬼神ト云ハ未盡也。天照皇ノ日神タルヲ可辨。(已上冠注)

翁云。舊事紀(天神本紀)に云。天神御祖詔授天璽瑞寶十種。謂瀛都鏡《オキツカヽミ》。邊都鏡《ヘツカヽミ》。一。乃至天神御祖敎詔曰。若有痛處者。令茲十寶謂一二三四五六七八九十而布瑠部。由良由良止布瑠部。如此爲之者。死人反生矣と

(冠注)八握劒。生玉。死反玉。足玉。道反玉。蛇比禮。蜂比禮。品物比禮 ━ ━ (已上冠注)

此ヒフミヨイムナヤコト。佛家者流の陀羅尼の如く。唱る邊に功驗を得なり。河圖大衍の爲に基本となる。此中に五。誠に衍母たり。本にして地水火風空。しき浪よする伊勢に在ては。土宮。瀧宮。角宮。風宮。高宮の五宮なり。象を垂て五行とす。水火木金土なり。聖德太子。此五行の象を取て神明の故を誨ゆるなり

(冠注)故事也。顏子古曰。物無也故事也。人死而事滅也(冠注已上)

書紀云。而陽神左旋。三より二を得るなり。此を衍母とす。陰神右旋。四より一を得るなり。同これ衍母なり。分巡《メクリテ》國柱《クニノミハシラヲ》同會《アヒキヒトツヲモテ》一面《ニ》。おの〳〵五を得る。合して十となる。衍子なり。此に於て國土を生育し萬物を化成す。書紀に。時天神以太《フト》占《ウラ》而卜合之と。此等の趣きなり。六七上下相對は中間化育の象なり。八。左に在は雷神なり。九。右に居は檍原の九神なり。此に至て能事畢

(冠注)四神出生　第九一書。在首曰大雷。在胸曰火雷。在腹曰土雷。在背曰稚

雷在尻曰黒雷在手曰山雷在足曰野雷在陰上曰裂雷（已上冠注）

同第六一書。八十枉津日神。神直日神。大直日神。底津少童命。中津少童命。表津少童命。底筒男命。中筒男命。表筒男命（已上冠注）

この神祇。象を顯して支那に則を垂る。これを河圖とす。朱子の說取るべし。其中。二老位於西北。二少位於東南と云は疎失なり。陽西なるべからず。陰南なるべからず。此は河圖の東を主とするを謬れるに由るなり

洛書と神道

洛書は邊都鏡《へつかゝみ》より現ず。師說に。瀛都鏡《おきつかゝみ》は地に位して天を照す。邊津鏡《へつかゝみ》は天に位して地を照すといへり。其數戴九履一。左三右七。二四爲肩。六八爲足と云へり

洛書

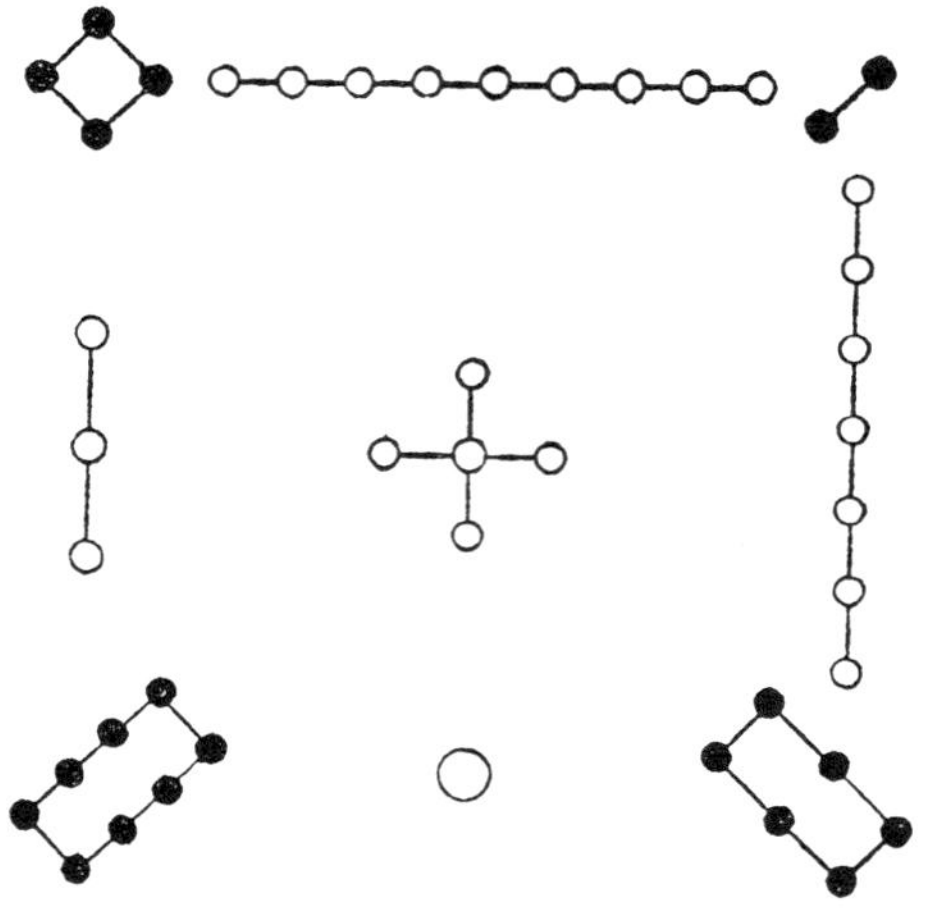

此ノ中隅は陰にして。正方及ヒ中は陽なり。正方五位。これ五嶽を表す

(冠注)泰華衡恒嵩ヲ五嶽トス。五雜組。以二今ノ天下之勢一チ論レ之ハ。當下以二天壽山一ヲ爲二北岳一ト。羅浮ヲ爲二南岳一ト。鐘山ヲ爲二東岳一ト。點蒼ヲ爲二西岳一ト。衡霍ヲ爲中岳上ト云云（已上冠注）

四隅は江淮河漢の象なり。且ツ隅の陰に随て水を洒ぐ。禹の治水の功なり。若シ成象に依ラば。水を治るは四裔にそゝぐべし。然るに支那は亞《ア》細《シ》亞《ヤ》

洲東裔の一邊なれば。其《ノ》水皆東南に洒ぐ。若《シ》洛書の成象を取《ラ》ば。雪山を中岳とす。泰山を北岳とす。楞伽を南岳とす。黑山を東岳とす。室韋の中山を西岳とすべし。黃河東北に洒ぎ。私多西北に洒ぎ。信度西南に洒ぎ。殑伽東南に洒ぐべし。彼を以て此に移す。禹貢に。九州攸同《キ》四隩旣《ニ》宅《ス》と云《フ》是なり。上下相對して十を成す。左右四隅竝に爾り。若《シ》その中を兼れば各十五を成す。月白黑の數に應ず。此を左右に兼て三十を成す。一月の日數なり。類にふれて解すべし。此《ノ》中位五。これを五行とす。八位。我《カ》八《オホ》大《ヤ》洲《シマ》を生育の象なり。五の數。八の數。萬化の基となる。此を天下《アメノシタ》豊あし原に移す。五はこれ素尊。八岐《ノ》蛇。奇《クシ》稻田《イナタ》姬《ヒメ》。手摩乳《テナツチ》。脚摩乳《アシナツチ》とす。八は八雲の神詠なり。此《ノ》神詠八大洲を平治するの象なり。巳《ニ》而素戔嗚《ノ》尊。遂《ニ》就《イテ》於《マシキ》根《ノ》國《ニ》

先生問。八雲の神詠は。素尊この五行八位の蹟を含《ン》て詠じ給ふか

翁答。しからず。八雲は唯《タ》雲なり。雲の重りたるを見て八雲と云《フ》。八重垣

は但垣なり。垣の重りたるに就て八重垣と云。此簡易のことば。天數に應じ地理に應じて。萬代の龜鑑となり兒孫の洪規たる。是神詠の徳なり。後に至て大已貴命。比々羅木之八尋矛を以。平國に少彦名命を得て成立せる處なり。事代《コトシロ》主神《ヌシノカミ》謂《カタツテ》使者《ツカヒニ》曰。今天神有此借問《トヒタマフ》之勅《ミコトノリ》。我父宜當奉避《ワカカソヨロシクサリマツルヘシ》。吾亦不可違《タカヒマツラシ》。因《ヨテ》於海中《ウミノナカニ》造《ツクリテ》八重《ヤヘ》蒼柴籬《アヲフシカキヲ》。踏船枻《フミテフナノヘヲ》而避《サリヌ》之と云。是なり。此數是を支那に傳ふ。洪範九疇彝倫攸敍と云り。（書經）事煩多なれば略す。先生思てこれを詳にせよ

（冠注）帝乃震怒。不畀《アタヘ》洪範九疇。彝倫攸斁《ヤフル》。鯀則殛死。禹乃嗣興。天乃錫禹洪範九疇彝倫攸敍《ツル》（冠注已上）

（紫の朱を奪ふをにくむ）

先生云。神祇の上にある。天命の嚴然たる。仰ぎ則るべき所なり。是に反して。我朝にて小知の事を害する。國賊とも名くべき人物有りと思はるゝなり。鄕愿を憎むは。其徳を害するを惡むなり。紫をにくむは。其朱

を亂すゆゑなり。此ノ國賊に就て我ガ疇昔の鄙懷を演フべし。翁も明誨を藏《カクス》ことなかれ

陽貨(冠注)ニ子曰。鄕愿ハ德之賊也。子曰。惡ム二紫之奪一レ朱チ也。惡ム三鄭聲之亂チ二雅樂ヲ一也。惡ム下利口之覆ス二邦家ヲ一者チ上(冠注已上)

翁云。先生試に言へ。我も所懷を述フべし

先生云。近世ある人經濟の書を著して。中華は萬國の則を取ルべき國なれば。我朝も中華を手本とすべしと。予翁の明誨を聞カざる已前には。支那はこれ邊隅と云フことを不レ知ラ。中國とも稱すべき樣に意得たれども。その國の風を看るに。豚を羹《アツモノ》にし犬を膾《ナマス》にす。君は臣を疑ひ臣は君を欺ク。歷代亂凶して。遂に外國順治。康熙兩帝の力を得て今且く寧居す。我本朝の皇統永く不レ動カ。文武みな歷世相承く。陪臣に至る迄其ノ君を君とし私を不レ顧ミ。國の廣さこそ支那に劣るべけれ。忠義は我カ國まさりたり。若シ一概に支那に則らば。恐くは今日の治世あるべからず。まして翁の

明誨を聞て。我國宗國たるを知る。萬邦若シわが國に則をとらば。たとひ夷狄も君君たり臣臣たり。父父たり子子たるべし。彼ノなまじいに書を讀む者。此ノ神國を鄙め他邦を美む。國賊に非ずや

翁云。子の所レ言フ至れり

先生云。或人道統の傳を述ヘて。堯舜より乃至孟子。孟子より程子朱子系統を引て。これを我國に繼カんと思ふ

(冠注)聖賢證語國字解ニ曰。帝堯。帝舜。禹王。湯王。文王。武王。周公。孔子。顏子。曾子。思子。孟子。程子。揚龜山。羅豫章。李延平。朱子。梅巖(已上冠注)

それ我國は神國なり。天照皇の神裔。歷世の天皇なり。代々の武將また帝裔なり。藤橘忌卜みな神裔也。諸民もまた神裔多し。詩經に他人を父と云フを嘆じ。孟子に喬木より幽谷に入ルを斥ふ。彼ノ道統の傳を云フ者の所爲。亦道の賊に非ずや

（冠注）滕文公上。吾聞ク下出テ二於幽谷ヲ一遷ル中于喬木ニ上者ヲ上。未ダレ聞カ下喬木ヨリ而入ル中於幽谷ニ上者ヲ上　小詩伐木ノ詩
チ以テ言フ也（已上冠注）

翁云。しかり。此ノ神國の人は外國蠻夷の系圖を繼ぐべきに非ず

先生云。これは佛家者流の血脈と云フを美しく思ひて。道統をまねて拵へたるなれば。佛門の血脈も是に類して國賊の種類なるか

翁云。佛門出家も釋迦如來の道をとり謬りて。種々の拵へ事ありと聞けども。彼は既に世外に道を學ぶことなれば。今の所論ならず。若シ佛法の邪正を詳にせんと欲セば。彼ノ道を學ヒ得て後の事也。翁は未だいとま有らず。我神國の民として。外國の系圖を繼カんと思ふ。不忠不義の最極歟。天主敎の類族と云フて可なり。此ノ道統の傳と云フこと。支那にても大家は笑フことなり。昔はなきことにて。唐ノ韓退之が文章の飾に。この趣を云ヒ出したるなり

（冠注）堯ハ以テレ是ヲ傳ヘ二之ヲ舜ニ一。舜ハ以テレ是ヲ傳ヘ二之ヲ禹ニ一。禹ハ以テレ是ヲ傳ヘ二之ヲ湯ニ一。湯ハ以テレ是ヲ傳ヘ二之ヲ文武周公孔

子。孔子傳二孟軻一。軻之死不レ得二其傳一焉（已上冠注）

元來宋朝伊洛の風として。佛法を羨みながら毀り。そしりながら似せる。畢竟じて程朱より後のことなり

是も亦國賊か

先生云。又國賊と稱すべきあり。昔馬子大臣が直駒《アタヘコマ》をして崇峻天皇を弑せしことあり。聖德太子。後國政を秉るとき。その誅罰を加へ給はず。これを或儒生八耳弑二天皇一と記せり。此趣を察するに。春秋。宣公二年秋九月晉趙盾弑二其君夷皐一とあり。其事跡左傳に詳なり。晉靈公不君なり。其大夫趙盾が諫言を憂て。これを殺さんと謀ること數度なり。趙盾幸に數度免れたり。崇峻天皇も不君なり。その時馬子執政の任にて。天皇に隨ざりしことあり。或時天皇自猪を截斷して奮て云。我こゝろに不レ適もの。此猪の如しと。其こゝろ正く馬子にあり。時に皇后は馬子が女なり。我父の殺害に遇べきを悲て。竊に其父馬子に告知しむ。馬子此を憂

て腹心の家臣直駒《アタヘコマ》を召して此ノ趣を語る。直駒《アタヘコマ》此ノことを聞て。此は我に任せ給ふべしと云フ。其ノ夜天皇の寢殿に入て天皇を弑す。馬子此を隱密にとり計ふ。然れども事大事なれば群臣知ラざる者なし。但タ時勢如何ともし難ければ。此ノ時誰も此を究明する人なし。其ノのち直駒いよいよ親昵の臣となりて。終に皇后に奸せり。馬子此を知て直駒を樹上に縛して。自ら弓箭を執て云ツ。汝我を思フと雖ども。正く天皇を弑するは汝なり。此ノ罪一箭を受クべし。汝下賤の身として忝クも皇后を汚す。此ノ罪一箭を受ツべし。汝は我カ臣僕として主人の女を汚す。此ノ罪一箭を受クべし。三箭を放て殺す。靈公は趙盾がいとこなる者。名を趙穿と云フ。此ノ者靈公を桃園に弑せり。趙盾は此ノ時國を去ラんとして。未タ境の山を超エざるに。靈公既に弑せられしと聞て歸れり。此を晉ノ大史董狐書して曰ク。趙盾殺ス二其ノ君ヲ一と。これを朝に示す。宣子これを見て曰ク不レ然と。對て曰ク。子正卿となりながらも亡ケテ不レ越エレ境ヲ。反ルモ不レ討タレ賊ヲ。非レ子ニ而誰ソ。宣子曰嗚呼我レ之懷ヒ矣。自ラ詒ル二伊ノ感ヒヲ一其我之謂ナリト矣。孔子曰董狐古之良史也。書法不隠。趙宣子古之良大夫也。爲法受悪と。詳《クハシク》は左傳を看るべし。筋の違たることなり。ことに董狐は晋の史官なり。その職なれば。何にもせよ國事は記せねばならぬ役なり。これを記するには。其國法あり。此董狐が國の正卿をも不憚して。法式の通りを記せしを。孔子も賞美せり。又趙盾が我當職の權威を不奮して。其法の惡名を受し寛容なるを。孔子賞美せるなり。春秋を記せるに。此兩人の美事を藏さず。董狐が記せしを用たる。孔子の筆法なり

説苑(冠注)曰。夫子行説七十諸侯。無定處。意欲使天下之民各得其所。而道不行。退而修春秋云云(冠注巳上)

彼陋儒は我等同前の陪臣の身なり。勿論天下の史官に非ず。誠に春秋を讀そこなひたるなり。儒者として春秋を見あやまる如是。世に聰明叡智の人まれなれば。書を見謬るは可許。自の才自の德を省みず。下賤の身として國の大議をはかり。忝も皇太子を侮り蔑にす。その罪莫大

なるべし。それ春秋とは王者の事なり。孔子周の衰世に生れ。東周の志あれども。七十二君皆言フべき所なし。父その子に弑せられ。君亦その臣に弑せらる。陳恒が齊君を弑せる時。孔子朝服して哀公に朝し。陳恒その君を弑す。これを討せんと請ふ

(冠注)憲問陳成子弑ス二簡公ヲ一‥‥(已上冠注)

哀公まことに君たるの器ならず。自ら義兵を擧るに心なし。君云ク。彼ノ三子に告よ。三子にゆきて告れども。三子も可せず。孔子は常に齊戰疾を愼む人なり

(冠注)述而　世家ニ曰ク所レ愼ム‥‥(已上冠注)

天下の大義すておくに不レ忍ヒ。君に告げ三子に告れども。竝に同志ならず。春秋の思ひ立チは。止むことを得ざるに起るなり。故に游夏の徒も一辭を賛すること不ル能なり

(冠注)孔子世家ニ。至リ於爲ルニ二春秋ヲ一。筆スヘキハ則筆シ。削ルヘキハ則削ル。子夏之徒不レ能賛スルコト二一辭ヲ一。弟子受ク二春

秋ヲ(冠注已上)

國政の褒貶は。文學の子游。子夏だにも。妄リに筆を下さぬ事なるに。後世の者の自ら分を不レ知ルこと如レ是シ。孟子に。王者のあと熄て詩ほろぶ。詩亡びて春秋おこる

(冠注)孟子離婁ニ。詩亡テ然ノ後ニ春秋作ル(冠注已上)

我朝は開闢已來王者のあと不レ熄マ也。詩は我朝にては歌なり。歴代の勅選。此ノしきしまの道ほろびざるなり。彼ノ下賤陪臣猥りに鹿言を記するは如何

翁云。しかり。上宮皇太子帝室の冑裔(音宙。胤也)なり。位東宮に居す。職攝政たり

(冠注)舜典　帝曰。夔命ノ汝ニ典リレ樂チ教シムニ冑子ニ云云　注ニ云ツ冑ハ長也(冠注已上)

我國禮樂の興る。此ノ君の力なり。十七憲法萬世政治の基本たり。仰で天意を察するに。歴代政を秉る(音丙。把也執也)人は天命の在ルところなるべし。天照皇。下地を照臨し給へば。天命なくして政を秉るべきならず。既に天命ある

政なれば。下位として上を議せば。天命に違すべし。孔子春秋の趣を察するに。天子を尊み。亂臣賊子の心を誅する外なし。今此者の志を看るに。自ら聖人孔子に擬して國柄を秉《ル》にあり。實は是孔門の罪人なり。入鹿將門にも類すべし

武運長久の兆

先生云。先に云ふ經濟家の中に。諸大名の參府往來。烏帽子垂衣にて其威儀をあらはし。從徒《トモ》を減じて費を省べきことゝ云へり。若《シ》その言の如くならば。若《シ》「キヲヒ組」の游侠あつまりて大名を制するとき敗闕不少《ラ》。今の武具嚴重なる。たとひ外國より看るとも。整々の軍と云《フ》べし。武運長久の兆なり。翁の意はいかん

翁云。しかるべきことなり

先生云。有人云《ク》。又諸侯の子孫斷絶して其世繼なきは。天より其國を凶《ホロボ》すなれは。天意に順じて養子相續を許すまじきと云り。翁の意いかん

翁云。天照皇既に忍穗耳ノ尊を養ヒて位に立テ給ふ。天命神慮仰ぎ則ルべき所なり

誠の經濟

先生云。如上の趣に依ラば。此ノ有人が如きは用るに不レ足ラ。用るに不ル足ラのみならず。國家を亂す兆なり。黃口の儒生とかくに支那の風を好ンで。及第を設け才を用ゆるの癖あり

（冠注）家語六　孔子見ル二羅スル雀ヲ者ヲ一。所ハレ得ル皆黃口小雀。夫子問テ曰ク。大雀獨不ハレ得何ソヤ也。羅スル者曰ク。大雀ハ善ク驚テ而難シレ得。黃口ハ貪テレ食ヲ而易シレ得云云（冠注已上）

我も論語の。耕スや餒その中にあり。學フや祿その中に在リと云フを信じて。學問を以て世に用ゐられて。祿を食ムべき志ありき

（冠注）論語衛靈公ニ。君子ハ謀テレ道ヲ不レ謀ラレ食ヲ。耕也餒在リ二其ノ中ニ一矣。學也祿在リ二其ノ中ニ一矣。君子ハ憂テレ道ヲ不レ憂ヘレ貧ヲ（冠注已上）

此度翁の敎を承て能々思へば愚の至りなり。又祿の爲に學問をなす。可

レ恥《ツ》の甚《シ》きなり。天の物を生《ス》るを見るに。馬の子は馬なり。牛の子は牛なり。同じ馬の子にも。駿馬の子多くつよし。駑馬の子多くよはし。此によらば貴人の子を貴く用ひ。その中に才を擇《ン》て事に任ず。我《カ》國の風。實に天道に順ずべし。道は我《カ》心を明にするに在《ル》べし。支那の及第を設けて士をとるの風ならば。人々皆徳行をすてゝ。唯《タ》文才技倆を事とす。孔子の學也祿在《リ》二其《ノ》中《ニ》一との給ふも。支那國の風によりて。一類懈怠の學者を進《ル》の詞なるべし。萬代萬國におし通じて道とすべき道には非るべし。農は國の本也。若《シ》人々農をすてゝ學問を事とせば。其《ノ》國いかんぞや。道をそこなう基也。其《ノ》中に若《シ》才子時に逢はず。郷里の鈍才上に用ゐらるゝを見ば。多《ク》は天を怨み人を咎るの懐あるべし。我《カ》國に在ては。今の諸侯多く皆開國忠義の家なり。今の公卿みな神裔皇孫にして民庶に墜《オチ》ざる家なり。我《レ》儕《ラ》下賤の肩を比《ス》べきことならず。整々たるかな我《カ》朝の風

翁云。先生の言の如し。誠の經濟は我國神勅にあり。天照大神因定ム二邑君ヲ一と

(冠注)四神出生ノ一書。乃以二粟稗麥豆ヲ一爲二陸田ノ種子ト一。以レ稻ヲ爲二水田ノ種子ト一。又 ❙ ❙ ❙

(已上冠注)

此ノ中すでにこれ君と稱す。今の邑長《ムラヲサ》。庄屋などを君と云フべきに非ず。正くこれ封建諸侯のことなるべし。天下の富を以て。此を天下と倶にす。一人の私ならず。此コに國の大小官の高下を不レ言ハ。まことに神勅なる哉。

此を支那に比對せば。三代の封建この神勅に近し。其ノ中。孟子告子下に。周公之封セラル二於魯ニ一。爲リ二方百里ト一也。地非ルニレ不レ足ラ也。而儉ス二於百里ニ一。太公封セラル二於齊ニ一也。亦爲リ二方百里ト一也。地非ルニレ不レ足ラ也。而儉ス二於百里ニ一と。朱註に。二公有リレ大ニ勳於天下ニ一。而其ノ封不レ過キ二百里ニ一と

(冠注)儉ハ朱子曰ク止テ而不ルレ過キ之意也(已上冠注)

周の一里。今の五町餘なれば。此等皆大國に非ず。今我ガ朝の諸侯。一郡の

主あり。一國の主あり。兩國の主あり。三國の主あり。それぞれ功に因て祿を受く。功大なれば祿も亦大なるべし。其ノ百里に限る。猶これ至公の政に非ず。秦ノ始皇周の微弱にこりて。封建を廢して郡縣とす。一人の威勢。一人の富有なり。天の道に非ず。漢ノ高祖に至て。秦の孤立の災を鑑て。子弟を大祿に封じ。功臣を大國に封ず。秦代に比すれば。やゝ道に近し。然るに功臣は或は謀叛し。或は疑を受て。みな相續せず。子弟諸王も。景帝の時に至て。七國の亂を起す

（冠注）景帝三年正月。吳王濞。楚王戊。趙王遂。膠西王卬。濟南王辟光。菑川王賢。膠東王雄渠反ス（冠注已上）

此等は彼ノ國元來君臣綱常の立タぬ國なれば。然るべきことなり。君臣の道だに全くば。大國も妨ケぬことなり。唐の柳子厚が如きは。固より道を知らずと云ふべし

天に順じて天命を受く

翁云。道の道たる人の人たる。天に順じて天命を受るにあり。外國にも聖主ありて萬民を撫育するには。必ず天を敬ひ鬼神を尊む。堯典に。乃ち羲和に命じて。欽て昊天の暦象日月星辰に若《シタカ》ふ。敬《ン》で人に時を授《ク》と。又分て羲仲に命じて嵎夷に宅して寅《ツヽシン》で出日を賓す。申《カサ子》て羲叔に命じて南交に宅《ラ》しめ南訛を平秩す。分て和中に命じて西に宅《ラ》しめ寅て納《ノル》日《シツ》を餞し。申《カサ子》て和叔に命じて朔方に宅《ラ》しめ朔易を平在す云云　帝曰。咨汝羲および和。朞三百有六旬有六日。閏月を以て四時を定め歳をなす。允に百工を釐む。庶績咸く熈《マル》と云《フ》。支那に我《カ》神書なけれども。天に順《ハ》んと欲するに。天象を考へ天の時に若《シタカ》ふて。國を治め萬民を撫育す。まことに聖人の志也。仲尼は堯舜を祖述する人なり

(冠注)中庸三十章《ニ》。仲尼祖述《シ》堯舜《チ》憲章《ス》文武《チ》　朱註《ニ》。祖述《ト》者遠《ク》宗《トスノ》其道《ヲ》。憲章《トハ》近《ク》守《ル》其《ノ》法《チ》(已上冠注)

易に至て陰陽の賾を攷《カンガヘ》て。天圓に地方なりと云《フ》。春秋二百四十二年の

間に。日蝕三十六を記して。君子の愼を示す。並に天に順ずるの志。亦聖人の述作なり。論語に。顔回に告て夏の時を行へと云フ。みなその趣なり。因《チナミ》に天地の蹟を論せば。歴代天の時を考へ。漢ノ洛下閎。唐ノ一行みな選述あり。元の郭守敬が授時暦に至て。暦法頗るとゝなふと云フべし。然るに天體を論ずるに三家有リと云フなか。宣夜は絶て師説なし。其ノ状を不レ可レ知ル。周髀之術。天は覆盆に似たりと云フ。渾天の説。天之形狀似タリ二鳥卵一ニと。近世大抵天は地外を包み。地は天の中心に在て塊然として不レ動カ。日月星辰。天に付て日夜に地を巡ると云フに不レ過ヤ也。今理を以て是を徴（證也）するに。易ノ係辭ニ天尊地卑と。これを君臣に喩ふ。此ノ暦學者の云如く。天常に周旋し地萬古動ぜぬならば。臣僕端拱無爲にして君王日夜に奔走せん乎。萬々此ノ理なし。近くこれを身に取ルに。一身動物なり。首上《カミ》に位し。足下《シモ》に居して。若シ上下分離すれば倶に死物に歸す。一體連屬して下に居するもの最《モ》動く。手は中に在《サイ》して動ク こと足より少く首より多し。此レ自然の道理我《ガ》國の神道也。此《ノ》神道を以て觀れば。天地ともに動物たり活物たり。天に依て地軸轉ず。地に依て天樞轉ず。互に運轉して且《ツ》も休せず。四時行《ハ》れ百物生る。此に由るなり。故に曰《ツ》。便《チ》以《テ》二磤馭盧島《オノコロシマ》一爲《シ》二國中之柱《ナカノミハシラト》一。而陽《チ》神《カミハ》左《ヨリ》旋《メグリ》。陰《ノ》神《カミハ》右《ヨリ》旋《メグル》。分《メグリテ》二巡國柱《ミハシラヲ》一。同《シク》會《アヒキ》二一面《ツオモテニ》一と。南面して居す。左《ハ》東右《ハ》西也。東に轉じて次南により。西に轉じて終り北。これを左旋とす。即順轉也「の」字を書する如し。日月五星二十八宿の運轉するを下地より窺《ニ》視る。北面して居す。左は西右は東なり。右の手を轉じて竪に「の」字を書す。これを右旋とす。即逆轉なり。大地の運轉する此《ノ》通りなり。此《ノ》國柱。その量大なることは大なり。但《ヌ》麁細を言べからず。左旋右旋まぎれ易し

（一本）

南面して居す。左《ハ》東右《ハ》西也。東に轉じて次《ニ》南により。西に轉じて終り北。これを左旋とす。即順轉也。の字を書する如し。日月五星二十八宿の運轉する。是の通りなり

此國《天イ》柱その量大なることは大なり。但シ麁細を言フべからず

南面の左は東右は西なり。右の手ノ在ル處に順じ西に轉じ。次に南により。東に轉じて終り北。これを右旋とす。

即逆轉なり。大地の運轉する。此ノ通りなり（一本巳上）

天地開闢陽神陰神の回れる。此ノ御柱也。御柱卓立して萬古不レ移ラ。日輪衆星の回轉はこの御柱に係るなり

國柱｜陰神陽神

先生問。此ノ國柱。現今有無如何

翁云。既に是レ國ノ柱。萬古卓立すべし

先生問。現今那方に在リや

答。北方なるべし

先生云。これ肉眼の所見ならず。奈何ぞ北方に在ルことを知る

答。現今北方雲凝リて雨を催すを見る。北方この大隔ありて雲氣離散せざるを知る

先生云。理極成なり。若シ東南の如く空虚ならば。北方雲氣垂滯の理なし。北方は既に明著なり。西方に雲壅滯して雨を催すは如何

答云。これ先に所ノ言フ陰神の右旋なり。陰神の右旋は地の運轉の先兆なり。大地運轉して西より東に旋る。雲氣この地氣に壅《フサガ》れて離散することを不レ得。雨を催す所由なるべし。總じて天地運轉。暦學者流の經緯門《周イ》を案じて。上の字竪。下ノ字横の文ある如く。天は國柱を左旋して五十年一周す。地自ら右に運轉して一晝夜に一周す。月讀ノ尊は海原《ウナハラ》潮《シホ》の八百《ヤホ》重ヘと相應して。地球と友なふて一月一周す。是レその大抵なり。此ノ天大イ地の運轉は日輪に係る。世の走馬燈《マハリトウロウ》の如し。中央の火氣を受て運轉して不ル止マレ也。但走馬燈は中央の火氣を受て其ノ四方をまはる。地球の運轉は此に異なり。日輪の陽氣を受ケ自ら回轉す。其ノ量を云ヘば。日輪は大なり地球

は小にして衆多あるべし。其神籬を設る。磐《イハ》境《サカ》を起す。並に此左右に則るべし。拍手神拜の式。みな由る所あるべし。天の明命を受け神の冥助を受く。暦術を定むる等は別にその式を學ぶべし。暦學の如き。我に此基ありて。聖德太子の時。外國の博士を召して我用となす。簠簋も用ゆべき。大衍暦授時暦も用ゆべし。此右旋左旋。支那にては白虎通に其趣あり。周禮に。保章氏天文を志す。鄭玄注。歳星爲陽右旋於天。太歳爲陰左旋於地。春秋傳。吳伐越。歳星所在伐之。必受其殃。是也と。此等支那にも髣髴として此右旋左旋の式を傳ふると見へたり。嘗てこれを佛門の人に問ふ。律相感通傳にも此趣ありと云。又蠻學に志すものに問ふ。外國にも地球旋轉の說ありて盈虛を精すと云へり。我國蠻人の說に地動の義を立る人あり。此は走馬燈の喩を丸《マル》うけにして。日。中天に位して不動。地は日輪を巡ると思へり。翁の說に比すれば大なる謬說なり。日輪既に廣大なり。地球も一晝夜に一匝を巡らば。迅疾なること大鵬鳥

の飛ように速也。萬々此理なし。この神代卷ありて。萬國の典籍に勝る
を知るべし。諸曆此日輪は動搖すくなく大地は旋轉すと云說。曆家及
佛家者流に不同。曆家は可知。佛者は日輪一晝夜に須彌を一旋すと云。
今の坊主衆の所言は。信ずるに不足とおもへども。古の源信僧都の三
界義等も通じて爾り。故に佛語も不信に及べり。後是を一學律の僧に
問に。その僧云。佛は一切智人なれば一切世界麁細みな不知ことなし。
此天文日月の運行。佛智何ぞ違ふべき。但教に大小あり。又佛滅人集の
法門あり。我華嚴經を拜覽するに。四十經第三十九卷。槃本十七帋左に。
譬如淨日放千光。不動本處遍十方。佛日光明亦如是。無去無來除世暗と。
此文俱舍等說相に不同なり。更に華藏世界品等によりて佛意を習學
すべしと。予此によりて思ふに。翁の所言その理有べき歟。學者の云と
ころ。周天三百六十五度四分度の一なり。その一度と云は。仰で天文を
看る。黃昏。星の初て見ゆるとき。昨日東方に見し星。今夕は少し進みて

見ゆるなり。日々如是。三百六十日にして餘あり。此を天度を談ずる初とす。此一度地上の三十里。支那里數三百五十里也。地球の量。本朝の一萬九百五十七里半也と云。近世天學を云者。竝に地球も圓形。海水相副て四面に人居すと云り。其說遊藝子六。季瑪《マ》竇《トウ》に起れり。支那の天圓地方の說に違す。翁の說に依ば。天圓は所論なし。地形は八楞八方なり。邊津鏡《カヾミ》の象なり。別に此を詳にすべし

海外も我用となる

先生云。上來の明誨大に吾胸襟を闢く。若翁をして天象を詳にし曆術を正さしめば。大に支那諸蠻に超過すべし。惜矣哉僻境に在て道の大體の世に弘通せざること

翁頭を掉て云。先生何ぞ其詞の陋なるや。天度の正しき我國に神道有て古來泯絕せず。推步盈虛曆數算計はみな末伎なり。蠻人の智惠にも及ところなり。彼郭守等を用て可なり。海外も我用となるは我國の規

度なり

先生云。天度も國の綱紀なり。翁これを末伎とす。翁の大要とする所は何ぞ

答父兄師長の誨を守り。これを後裔にのこす。翁もとより野人なり。鍤《スキ》を荷ひ斧を携て山野に從事す。これ我カ大道なり。天照大神の長用平用。これを受ケて生涯を全クし君上の貢を奉ず。我カ樂しみこれを大なりとす。詩賦文章諸藝諸伎は。一事の用なり

神儒偶談上了

西賀茂神光院和田智滿大和尚寫本奥書

明治四十年歳次丁未十月十三日以高井田長榮寺所藏ノ本ヲ。蓋シ本師ノ藏書ニテ而有リ納萃ノ記名。謹テ書寫ス焉。老眼老筆字形大小不齊ラ。不堪ヘ汗顏ニ也。然モ而

爲レ護二法寶藏一強作二此事一。原本蠹蝕不レ能レ使二他人寫一レ之。故自執レ筆書寫而已

七十三歳老比丘智滿

神儒偶談巻下

故慈雲飲光尊者著　侍人戒心校訂

農の國本たること

翁云。人君の大體。農の國の本たる。我《カ》國實に萬邦の宗源たり。書紀に。天照大神在《ノ》於天上《アメ》曰《ニノリタマハク》。聞《ク》葦原中《ツ》國有《ニ》保食神《ウケモチノカミ》。宜《ヘシイマシ》爾月夜見尊就候《ユキテミヨ》云云（月讀三讓シテ四時チナス。月讀尊降リ見ルナリ）廼《スナハチ》抜劍《ツルギヲヌキテ》撃殺《ウチコロシ》（秋ハ刑官ナリ。粛殺ノ氣。諸穀諸具ミナ熟ス）云云。天照大神復遣天熊人《アメノクマヒト》往看之《テミセタマヒキ》（和歌ニモ雨雲ノイナリト詠スル是也）是《ノ》時。保食神實已死矣《マコトニステニマカレリ》（舊穀ステニツクル是保食神死ストニナリト）唯其《ノ》神之頂化《イタヽキナリ》爲《ニ》牛馬《ト》（諸獸ノ中耕牛ハ國チ富ス至要。駿馬ハ武備ノ至要）云云。天熊人悉取持去而奉進之《タテマツル》（新穀チステニナルナリ）于時《ソノトキ》天照大神喜之曰《ヨロコハシテノリタマハク》。是物者則顯見蒼生《ウツシキアヲヒトクサノ》可食而活之也《クヒテイノモノソ》と。四書五經より諸子百家。みな治國平天下と云ざるなし。多《ク》は是《レ》空言なり。其《ノ》要は人君たる者。萬民を慈愛する。此《ノ》一事にして足れり。我《カ》神道に所謂《レ》一箇の赤心なり。天照大神天上に在て。うつしき阿烏比等久佐《アヲヒトクサ》と命ず。うつしきとは。億兆をいつくしみ。鰥寡をも侮らざるの御詞なり。食《クヒ》

而活《イク》べしとは。食を足すの政なり。闇君の民を看ること。草芥犬馬の如なるに異なり

(冠注)孟子離婁下。君之視臣如犬馬。則臣視君如國人。君之視臣如土芥。則臣視君如寇讎(已上冠注)

夏桀が。われ位に在ること日の如しと言は。自ら尊大にして。此民のうつしきを不知なり。殷紂が。炮烙の刑を作す。竝に此に同じきなり。此中。食而活とあれば。通じて一切人民を憐の御心なり。穀物に就て言ば農を國本とす。王者農を以て主とすれば。萬民おのづから安じ。其利商賈に歸すれば。上下交利を取て國危と云り

(定注)梁惠王上。孟子對曰。王何必曰利。亦有仁義而已矣。王曰何以利吾國。大夫曰何以利吾家。士庶人曰何以利吾身。上下交征利而國危矣(已上冠注)

乃以粟《アハ》稗《ヒエ》麥《ムギ》豆《マメ》為陸田種子《ハタツモノ》。以稲為水田種子《タナツモノ》と。此神敕まことに我國の國たる所なり。道の道たる此に在るなり。仁の仁たる此に在るなり。此

よりして看れば。萬國に道を立る。みな我カ神國より分付せる枝葉なり。支那に仁と云フは末が末なり。義と云ヒ禮と云フ。亦その末なり。儒の道を立る。又更に末なり。論語に子路が荷フレ蓧ヲ丈人に遇て問テ云ク。子見ルヤ二夫子ヲ一乎。丈人云ク。四體不レ勤メ。五穀不レ分タ。孰カ爲センニ夫子ト一と
（冠注）ニ陽貨子路從テ而後ル（已上冠注）

この神道より云ハは。此ノ丈人は道を知る人か。四體ある天の道なり。四體かけたるは廢人なり。四體有て動作ある天の道なり。若シ動作せざれば閑漢《ノラモノ》なり。地に五穀ある天の道なり。種殖せざるは天道にそむくなり。丈人は此ノ道の道たるを知れる歟。聖人と云フべし。神明の故にも近しと云フべし。孟子の時。爲ス二神農之言ヲ一許行あり。此等も。其ノ支流なる乎。その陳相と孟子との問答は。陳相が分上《ウヘ》なり。若シ許行と孟子と相對せば。別に理趣あるべきなり。此に於て我カ國にては。孟子も取ルべし許行も又取ルべし。荷フレ蓧ヲ丈人と孔子と。竝べ用フて妨なし。丈人は田土農事を司らしめ。孔子

は公卿の子弟に禮度を敎へしむべし。音樂は多く百濟より獻ずるを用ひ。文字は支那より來るに任せ。火術。自鳴鐘は蠻人の獻ずるに隨ひ。人參五味子は此を朝鮮に取る。唯國の御柱。卓立して。萬國みな我用となる

音樂のこと

先生云。音樂は多く百濟より獻ずるを用ゆと聞く。此樂支那三代の餘音にもやある。又是にて音樂大成すと云ふべきや。今の猿樂。能狂言の如き。また聖者の用ゆべきことにや

翁云。我小人。固より此僻境に生れて僻境に老ふ。音樂の如き知らざる所なり。しかし少壯の時大阪に遊ぶ。二月二十二日天王寺に詣して樂を聞く。その樂器衣裳の美。我ごとき野人は目を驚かす所なり。其聲韻を聞くに誠に耳を悅ばしむべし。然るに支那三代の樂は八音ありと聞く

（冠注）金石糸竹。匏土革木　　損ハ壎也。暴辛公燒土ヲ爲ル之ヲ。大サ如シ鵞卵ノ。銳上ニ平底ニ似タリ

稱鍾二六孔一。柷ハ狀如二漆桶一。方二尺四寸深一尺八寸云云　敔ハ狀如二伏虎一。背ニ刻ム二鉏鋙ヲ一有リ二二十七一云云（已上冠注）

此ノ天王寺の樂は金石等もなければ。全く三代の樂とは思はれぬ。百濟より獻せしと云へども。彼ノ國の樂とも思はれず。何故なれば。彼は僻境小國なり。この樂は盛典の餘風あるなり。その國に有ルべきならず。我レ嘗て彼ノ通使李東郭等に邂逅（ハ不レ期而會）す。熟〻かの人物を察するに。遙に我カ國より劣れり。彼ノ上官は我カ國の諸侯に比せず。其ノ下官は我カ國の奴僕より鄙きなり。相遇て對談せし中に。彼ノ國の人この樂に相應なるべきに非ず。因に語音樂のことに及ンで尋問ヒしに。李東郭等一向に知らざる所なり。彼ノ國の樂ならば少分は傳はるべきなれども。一向に知らざることなれば。其ノ國樂に非ること必せり。愚意の所レ在ルに。隋唐の世。西域諸蠻多く支那に往還せしと聞く。歷代外國傳等によりて察すれば。此等の樂は龜茲《音丘》于塡等の樂なるべし。三韓の人品と相應せず

考工記ニ曰ク。木鍾兩欒謂フ二之ヲ銑ト一。銑ノ間
（冠注）揚升庵曰ツ。西域有リ二龜茲國一。非ス二龜茲ニハ一也
謂フ二之ヲ于ト一（冠注已上）

又韓人今奏せる樂を聞クに。よくもその人品と相應せり。此レその國樂なるべし。今天王寺等樂人の傳フる樂は。當時支那より彼ノ國に傳ふるを。其ノまゝ我ガ國へ獻せしなるべし。それ故。樂に雅頌等歌ひ物不レ傳ヘ。唯タ鼓聲笛聲等のみなり。既に樂器あれば。うたひ物のなき理なし。此ノ時龜茲等の歌咏あるべきなれども。それは急に傳フべきことならず。故に支那よりも三韓に傳らず。それ故我ガ朝へも此ノ鼓聲笛聲舞の周旋をのみ傳へしなるべし。勿論全備せぬことなれば。其ノ舞の手。樂の譜。大抵相似たり。唯タ調子に緩急を別つのみなり。更に詳にするに。龜茲子塡のみならず。印度より傳ハりしにも有ルべしと思ハるゝことあり。我カ知ラざること故。詳には論じ難し。大要は彼ノ天王寺の樂。未レ成ラところなり。太子の時。萬機の暇にて往キとゞかぬと見へたり。猿樂の能。これも知ラぬことなれども。其ノ聲韻

これを禮に用て可なるべし。舜典に。詩言志歌永言。聲依永律和聲。八音克諧無相奪倫。神人以和と。蔡沈が集註に。大抵歌聲長而濁者爲宮。以漸而清且短則爲商爲角。爲徴爲羽。所謂聲依永也と

(冠注)帝曰夔命汝典樂教冑子。直而温寛而栗。剛而無虐簡而無傲●●●●

●夔曰。於予撃石拆石百獸率舞(已上冠注)

今猿樂の謠を聞に。濁聲がちなり。倫を相奪ぬと云には非れども。靡々の樂には非ず。同じ集註に。八聲既和。乃以其聲被之八音と云へり。今の猿樂。八聲の謠に依て。太皷大小鼓笛等を奏す。此によれば猿樂は還て音樂よりも近き所あるなり。音樂は雅頌等なければ。たとひ季札をして聽かしむとも。その治亂興亡不可知なり

(冠注)呉太伯世家　呉使季札聘於魯請觀周樂。爲歌周南召南。曰美哉始基之矣猶未也。然勤而不怨云云(已上冠注)

此よりして已下。箏紫琴。三絃等は論ずべからざる所なり。我朝王公大

臣この禮樂に志あらむ君子。今の音樂を地盤とし。今の舞の手を地盤とし。神代の歌謠を取來て雅頌となさば。我カ國の樂。三代にも勝ルべし。八州起元及盟約の章段。みな取用ヒて雅頌となすべき趣あり。文雅の人其ノ辭をつゞり。宮聲。商を伴ヒて角徵羽に透り。商聲は宮を輔ケて。これを角に傳へ徵に傳へ羽に傳へ。角徵羽各商を受て悉く宮聲に歸せしめ。是を金石等の八音に施して。我カ國の盛典となさば。誠に神人以テ和し百獸も率非舞フに至るべく。琴音おさまりて天下平ツの趣にて。大古の長生久視にも至るべきか

文字のこと

先生問て云。此ノ中。文字は支那より來るに任すと聞く。全く支那の文章を用ゆべき歟

翁答曰。しからず。唯タ我カ國上下貴賤におし通じて用に立ツべきを用ゆ。例を擧レば。かそいろはと云フを父母の二字にかへ。あめがしたを天下の二

字にかへ用れば。聞へ易し。橋《ハシ》端《ハシ》箸《ハシ》の如き。和語には差別あれども。國字にては混ず。漢字を用れば。其差別目にふれて分明なり。元來支那と我國と語勢自ら別なり。彼國は語顚倒す。多は用を先にして體を後にす。喫茶と云。打鐘と云類なり。我國は語正し。體用歷然たり。茶を喫せよ鐘を打せよと云類なり。彼地にも。たまさかには語路正きあり。論語に非夫人之爲慟而誰爲と云類なり。書經左氏にも此例多し

先進（冠注）　顏淵死。子哭之慟。從者曰子慟矣。曰有慟乎 ―― （冠注已上）

然れども語路元より別なれば。彼はかれ此はこれ。各用て唯事用に適するを取る。一筆啓上仕候とかき。乍恐以口上書奉願上候と書する如き。文字は是支那にして語路は我國なり。謂る萬國海外を我用となす是なり。初心なる者は全く漢文を學て。一詞の和習なからんことを欲す。謬れり。我國の怜悧なる者。日夜に彼國の典籍を讀て。心力を勞してこれを擬す。たとひ學び得るも平生に用なし。甚きに至ては。李于鱗が尺

牘などを模して。彼が文藻の卑陋なるを不レ知《ラ》。因《チナミ》に古今文藻を論せば。
書經五十餘章の中。二典三謨はまことに當時の盛典なり
（冠注）虞書　堯典。舜典。大禹謨。皐陶謨。益稷謨（冠注已上）
書經も後に至ては多《ク》は堯舜の言を模す。その味すくなし。然れどもみな模範とすべし。易は言々句々悉く味ありて。上下十翼まことに醇乎たる明教なり
（冠注）彖上下　象上下　繫上下　文言。說卦。序卦。雜卦（冠注已上）
我《カ》高天原のフトマニを寫《シ》て。斯《ノ》文藻となす。全篇すべて我《カ》用とすべし。詩三百十一篇。我國の和歌に比對して。全く取用して可なり。禮記は十に三四は用るも可なり。餘は多く不用の書也。春秋の一書。全くこれ孔子の志なり。我《カ》國に在ては不用の書なり。唯《タ》孔子の志を見るまでなり。孔子も文武周公の時に在《ラ》ば。此《ノ》述作あるべからず。王者のあと熄《ン》で。子弑《シ》レ父《ヲ》臣弑《スルヲ》レ君《チ》を見て。不レ得レ止《コトヲ》して作れるなり。支那に在ては切用の書也。

周禮。儀禮。太戴禮等。また少分取用して我《カ》用となす

（冠注）漢戴德。大戴禮（已上冠注）

司馬遷が史記に至て。事を記すること詳にして。人を傳ふること私なし。其《ノ》中前後矛盾の失あれども。取用すべき書也。左傳國語は此より高し。記事の模範なり。前後漢書は史記を承て述作す。取《リ》用《ル》も可なり。取《リ》不《ル》用《ヒ》も可なり。降《リ》て諸史に至ては。多《ク》は穢史と云《ノ》べし。叛臣の如き。不《レ》成《ラ》ば逆臣とす。若《シ》成れば高皇帝と稱し。天命を受ると云《フ》。神異等のことは論《述而》語の怪力亂神を不《レ》語《ラ》と云《フ》を見誤て。意得違《ヘ》て書せす。褒貶私あり事實混淆す。取用《レ》に不《ル》足《ラ》の書なり。歴代文章も此に準ず。後漢より對偶に墮《オチ》て六朝の文となる。染物屋の模《カタ》を見るが如し。唐に至て韓退之。柳子厚が如き。六朝の染物屋を賤《ン》じて。別に新意を出す。其《ノ》狀は。奴僕の衆事に奔走するが如し。温淳の氣象なし。其《ノ》孟東野を送る序の如き。鳴の字を用《ヒ》て關鎖をなす。素人《シロト》聞《キ》に面白き様なれども。元來文辭の體裁に非ず

（冠注）謝疊山曰。一篇僅三百三十四字。鳴字三十九。讀者不覺見其繁何也。句法變化凡二十九樣。有頓挫有升降有起伏有抑揚如屬峰疊巒如驚濤怒浪。無一句怠慢無一字塵埃。愈多愈可喜讀（冠注已上）

（衛靈公）孔子曰。辭達而已矣との金言に依て見よ。此等謂れざる閑言語を作して虚く一生を送る。最賤きは明文李攀龍等也。唯模擬（像也議也）を事として。章句支離として混然の氣象なし

（冠注）莊子養生主ウ三十支離のことあり（冠注已上）

譬ば小兒のつぎ〳〵の衣の如し。錦の切も有り。紗綾のきれも雜れる如し。上に擧る所は。竝に皆名家にして一時の俊才なれども。時に移され處に拘せられて（音居。止也）。自由の分なく。漸次に輕薄に走る。日本の人自ら萬邦に賢る（勝也）は。此文藻なきに由なり。若此等の文章を習て其體裁を模せば。支那より劣ること。更に二等三等なるべし。若日本にて事を記せんとならば。我知ところの文字は。文字にて書す。不知ところは假名を雜

へ書すべし。務メて事をかざらず。實を漏さず。德はそのまゝに傳へ。過は過を傳ふ。奇事は奇事を傳ふ。漢ノ高祖が。儒者を見れば其ノ冠を奪ふて溺せし氣象あるべし

(冠注)漢書ニ。高帝見レハ二儒冠ヲ一必溺スレ之ニ(已上)

舍人親王の日本書紀。誠に無るべからざるの書なり。その中。漢書等を模せしは一癖なり。其ノ一二を擧レば。牛酒をそなへると云フことなど。日本にて牛を食せし樣に見れば。たがふなり。東に向て讓ユこと三度。南に向て讓ること二度と記せられしは。漢ノ文帝のまねをしたる樣に見ゆる。左には非ず。唯タ讓あるを如カ此ノ記せしなるべし

(冠注)神武紀ニ。弟猾大ニ設ケ二牛酒ヲ一以テ勞ニ饗ス皇師ヲ一　繼體紀ニ。大男迹ノ天皇西向●●●●(已上)

日本紀を見ん者。此ノ意得有て見るべしと云へり。此等は古人の説なり。

又我カ國の事を記せんとならば。文體和習を避クべからず。地名は我カ地名

を用ゆべし。漢名を模すべからず。姓名は我《カ》姓名に因るべし。漢人に模すべからず。日本人の和習ある不《ル》妨《ケ》事なり。外國の人。若《シ》我《カ》國字を學ぶに志さば。此《ノ》國の語勢を學て解すべし。若《シ》語勢を不《ル》知《ラ》人は解すること不能《ハ》。これ我《カ》國の文章なり。若《シ》日本人にて。支那の如く文章を陳《ヘ》て。全く和習なからんと思ふ。愚の至《リ》なり。游泳を學《ヒ》て魚と淺深を較べ。奔走を習て馬と遲速を爭《フ》が如し。可《キ》笑《フ》なり。書の盤庚を看れば。和習の古文辭に近き所も有《ル》べし。因に論ず。此は前代より吟味ありしことなれども。今も。たまさか。その邪說に依る者あれば。再び擧るなり。國賊の中に。我《カ》國は呉泰伯の後裔にて東海の姬氏國と云《フ》と云へり。此は晉書に記せしことを見謬《リ》たるなり

(冠注)神宮秘傳問答にも。內宮を大伯とし外宮を后稷と云《フ》ことを破したり(已上冠注)

我朝は歷代大亂少ければ。支那國亂世には。多く彼《ノ》國の人歸投する。常

のことなり。秦の始皇の後。我朝の秦氏たり。漢靈帝の後。曹魏の亂を避て朝に歸投せしことあり。此等を以て見れば。或は呉人我朝に來て編戸の民となるも有べきなり。其者の後。晉に入て呉泰伯後と稱せしも或は有べし。たとひ泰伯直に我國に歸投せられたりとも。我國にては。編戸の民。或抱關擊折の臣僕たるべし

（冠注）孟子萬章抱❘❘❘❘（已上冠注）

我朝は決定他國の支族ならざることは。試に看よ。朝鮮は箕子が封ぜられたる國なれば。今に至るまで支那の言音にて。その國諺まじはりしと云。予少壯京都に寄宿せしとき相國寺心華院長老と對談して。朝鮮の國語を論せしに。爾也。我朝も王公大人の内に。泰伯の兒孫あらば。彼國の語勢あるべし。我國は語勢全く別なれば。我國東海日光の始て照す處にして。紛もなき日神の後胤なり。秦始皇が我國を慕ひて不老不死の藥を求しも。徐福が歸投せしも。あるべき理なり。論語子罕に。子九夷

に居んと欲す。或ひと曰。陋如之何。子曰。君子居之何陋之有と
(冠注)史記。以魯襄公二十二年庚戌歳十一月庚子生孔子於魯昌平郷陬邑
云云　此年周靈王二十一年。本朝第二代綏靖帝三十一年に當る(冠已注上)
支那の東に。我國を除て外に然るべき國なければ。孔子の慕はれたるは我朝なるべし。乘桴浮于海。從我者其由也與とあるも同條なるべし。孔子さへ君子これに居ると慕しから見れば。支那古今に志ある人は。皆我朝を慕ふこと可知なり。是も朱子の註には君子所居則化とあれども。此は文義に相應せず。若孔子が自身君子なれば往ところ化してよくなると云はゞ。大我慢者にて。聖人には非るなり。夫子は溫良恭謙讓と(學而)云ことなれば。その我慢は有まじき也。又孟子が。夫君子所過者化と謂れたれども
(冠注)盡心上　霸者民驩虞如也。王者民皥々如也の末の文也(冠已注上)
聖人居ばとて決定化すとも言れぬなり。孔子生れしより死する迄魯

人也。魯の三家。陽貨なども孔子に化せられたりとも見えず。又孔子の妻女。子思の妻。伋が母も離縁ありしより見れば。たとひ夫妻の間にても。化せられもせぬなり

（冠注）禮記檀弓上ニ子上之母死。而不レ喪セ。門人問ニ諸子思ニ一……（冠注已上）

總じて書は。ひいきなしに。平に文義を見るべし。さなければ見謬るなり

和歌はいかに

先生云。人は知らず。翁の言實に我カ痼疾に當る。我レ少年より文に志して。和習なき文章を書カんと思へり。今より始て文章の大體を知る。支那人より勝りたる文章に至るべし。諸葛亮が出師表の氣象かき出さるべし。扨さらば和歌にて我カ朝政務の補助として事治るべきか

（冠注）後出師表ニ。劉繇王朗各據リニ州郡ニ一。論シレ安ヲ言フレ計ヲ動スレハ引ニ聖人ヲ一。群疑滿チレ腹ニ衆難塞ルレ胸ニ。今歳不レ戰ハ明年不レ征セ。使ニ孫策ヲシテ坐ナカラ大ナラ一遂ニ并スニ江東ヲ一。此レ臣未レ解セ二也（冠注已上）

翁云。和歌にて國治ると云ノには非ず。歌は治國の花なり。天照大神に一首もなければ。人君たる人は。和歌を咏ずるも可なり。不レ詠セルも可なり。唯ヾ人民を慈愛して。うつしき蒼生と云フ心あれば。實の聖主なり。此にて經濟は滯リあるまじき也。論語にも。籩豆の事は有司存せりと云フは。細目はそれ〳〵の人を用ヒて可なるを云フなり。素盞嗚ノ尊より三十一字の咏あれば。棄ツまじきことなり

泰伯。(冠注)ニ曾子有レ疾リ孟敬子問フレ之ヲ。曾子言テ曰。鳥之將ニレ死セントノ其鳴コト哀シ。人之將ニレ死セントノ其言也善シ。君子之所ノレ貴フ乎道ニ者三ツ。動ノ容貌ヲ斯ニ遠ケ暴慢ヲ矣。正メ顔色ヲ斯ニ近クレ信ニ矣。出メ辭氣ヲ斯ニ遠ニ鄙倍ヲ矣。籩豆之事ハ則有司存セリ(冠注已上)

武備の肝要なること

先生云。此ノ慈愛の心にて萬般とゝなふべし。然るに數千歳の内には逆臣も有ルべし。此にも慈愛のみなるか

翁云。見ずや天照大神乃結レ髪爲レ髻。縛レ裳爲レ袴《チミクシヲアゲテミツラトナシミモヲヒキマツヒテハカマトナス》云云 武備の忘るべからざ

る可キレ知ル也。猶神書を見るべし。天下國家を治ること少も不ルレ缺ケ也。唯タ言簡に事幽なる故に。輕々に看過しては謬ることなり。愚なる人は。儒者は天下國家を治る道也と思ふ。大なる謬なり。天下は元來よく治りたる物なり。衆小人が思慮を用ヒて此を亂すなり。支那歴代の書を看るに。多クは邪智僻解。國家を亂す兆なり。假令夷狄の國に往クとも。我ガ國の一箇の赤心にて。上下貴賤みな滯リあるべからず。支那にて宋朝の天下尤羸劣なり。其ノ初開寡婦孤兒を欺キて奪ヒとる。其ノ中比に伊洛道學の起る。諸道の中に最劣なり。久しからずして中原を金に奪はれ。終に元に亡さる。その全盛と云フときも。歲幣を契丹に貢して虛シき年なし。此等みな道學邪智の國家の元氣を失するなるべし。試に看よ。致知格物と云ニ。一旦豁然と云ノ。何の用にか立ツべき。みな人を導キて妄想理窟に入ラしむる敎なり。明朝は宋代に比すれば。やゝ勝れり。然るに建文君の暗短なる。方孝孺が偏局なる。當時自ら災をとる。爾餘の諸君は。此ノ甚シきには至らねども。伊

洛道學の國を禍することを不知。亦依々栖々として遂に韃靼に亡さ
れたり。有智の者鑒むべき所なり

神明の故を知れ

先生曰。雲霧開て日月を見が如し。然るに此天道より法を受て人事を
守るは。支那にもせよ。我朝にもせよ。聖者の志なり。神祇の故を不知ば。
與に道を談ずべからず。請その大體を聞ん

翁云。我小人何ぞ神明の故を知ん。然れども我れ師より受て平生この
神德を仰ぐ。且くも緩《ユルカセ》にならぬ所あれば。我所懷を言べし。その取捨に
至ては先生の意にあるべし

それ道に二途なけれども事に差排あり。書紀に。高皇產靈尊。大巳貴命
に勅す。顯露《アラハ》の事《コト》宜是《コレ》吾孫《スメミマ》治《シラス》。汝《ハ》則可以治《シラス》神事《カミノコト》。是に依ば神と人と事
に差排あるを知る。此中。先神事を知て。此を人事に則るべし。古事記云。
天地《アメツチノ》初發《ハジメ》之時《トキ》。於高《タカ》天原《マノハラ》に成る神名《カミノミナハ》天之御中主神《アメノミナカヌシノカミ》。次《ツギニ》高御產巢日神《タカミムスヒノカミ》。次

神産巣日《ムスヒノ》神《カミ》。三記の中。古事記たゞ我《カ》國の古事を有《リ》のまゝ記すれば。初に此《ノ》三神を擧ぐ。舍人親王の本朝皇胤を主とすることは體裁別なり。神道を詳にせんとならば。先《ツ》古事記に依り。次に書紀を見るべし。神代卷に。于時天地《アメツチ》之《ノ》中《ナカニ》生《ナレリ》一物《ツノモノ》。狀《カタチ》如《シ》葦牙《アシカビノ》。便《チ》化《ナル》爲神《ト》。號《マウス》國常立尊《クニトコタチノミコト》。その高天原と指《ス》は。蒼々たる上天なり。此《ノ》中に物あり理あるなり。支那の書を我《カ》用として言《ヘ》ば。中庸に天《ノ》命これ性と云《フ》。性に率《循也》ふこれ道と云《フ》。道を脩るこれ敎と云《フ》。それよりして横說竪說して終に。上天のことは聲もなく臭もなし至れりと云へり。此《レ》謂る高天原也。この音聲もなく臭もなき上天は。死物か活物か。元來活物にして衆理を具《ヘ》て。のすことなし。理そなはれば物おのづから具《ハ》る。生成して止《マ》らず。是を蒼々たる長天物あり理ありとす。此を丸こかしにして神靈生ず。天御中主《ノ》尊なり。既にこれ活物なり。とこしなへに位して萬古うつらず。其《ノ》德むなしからず。生成して止《マ》ざる中神靈生ず。其《ノ》神を高御産巣日《ノ》神と云《フ》。神德測るべからず靈妙不思議なり。其ノ中神靈生ず。神產巢日ノ神と云フ。此ノ三神は陰陽昇降に非ずして。陰陽昇降の基となる。天地萬物に非ずして。天地萬物をのこすことなし。天ひとり天ならず。地を得て天の稱あり。地ひとり地ならず。天に應じて地體を成す。渾沌たる中に。天の基立ツべく地の體成すべし。于時一物生ず。狀葦牙の如し。便チ化して神となる。此ノ國常立ノ尊。大地國土の宗主なり。上の天御中主ノ神。高ムスビ神ムスビの神は。男女を言フべからず。例せば佛家者流の色界四靜慮天の如し。此ノ國常立に至て男神を成す。既に國常立といふ。大地を丸こかしに御神體とす。至らざる所なし。古今にわたりて神德とす。大地あらむ限リは壞滅を見るべからず。次ニ國狹槌ノ尊。國始て成立するの神なり。此も御神體大地に偏じて而も成立するの神德也。次ニ豊斟淳ノ尊。此は國豊饒なるべきの神なり。此も御神體大地と普ク して。至る處に萬物を生育する神德なり。此ノ三神。譬ヘば一室の中に三大燈を挑ツる如く。一々室に偏じて。而も其ノ體は別異也。此に至て陰陽兩儀その基を開く。泥土煑尊。沙土煑尊。天を受て地體を成す。此地また陰陽を含蓄す。陰陽相對。この男女二類の別ある所以なり。上の三神は三神ながら大地を御神體として相對すべきなし。故に並に陽神なり。此より已後は大地に在て兩々相對す。男女の儀あり。大戸之道尊。大苫邊尊。此は大地富饒の德。上の豊斟沼尊は乾道獨化の邊に基して。此大戸道大苫邊二尊は陰陽相輔の邊に相承なり。面足尊。惶根尊。はじめて人體に趣て面容具足の德あり。漸く人事の基となりて。謹愼のよそほひ有と云り。論語の視思明。聽思聰。色思温。貌思恭。言思忠。事思敬。疑思問。忿思難。見得思義等の言。此二尊より出べき也。次に伊弉諾尊。伊弉冊尊。誘ふ義といへり。上來陰陽わかるれども。其德內に基して外に顯れず。此諾冊二尊よりして萬化を誘引し給ふなり。古事記に。於是天神《アマツカミ》諸命以詔《モロモロノミコトモチテノリゴチテ》。伊邪那岐命《イサナキノミコト》。伊邪那美命《イサナミノミコト》。二柱神《フタハシラノカミ》脩理《ツクリ》固成《カタメナセ》是《コノ》多陀用弊流《タダヨヘル》之國《クニ》と。これ所謂天命の勅也。それ事には大小遲速あれども。悉く天命に非ることなし。此天命世智辨聰の者の窺ひ知るべき所ならず。聖人孔子の五十にして知る天命を云ふ可し貴。たゞよへる國と云ふ。佛經のそのとき此大地狀熟蜜の如しと云ふに符合す。書紀に。伊弉諾尊《イサナキノミコト》。伊弉冊尊《イサナミノミコト》。立於天浮橋《アメノウキハシ》之上《ウヘニ》共計曰。底下豈無國歟。廼以天之瓊矛。指下而探之。是獲滄溟《アヲウナハラ》。此は佛教の地輪の上。海水ありと云ふに符合す

天の瓊矛

先生問。この瓊矛と云ふ物何物ぞ。天地開闢の初。此國未成器物有るべきならず。理を以て言へるか

翁云。實にその物體有るべし。現存日向の國高千穗の峰に卓立せるに準ずるに。彼すでに物體存すれば。此何ぞ物體なからん。但曲士とともに談ずべからず

（冠注）莊子秋水。曲士不可以語於道（冠注已上）

此等の物具天然なり出で。弓矢耒耨も是より出來る也。蛇之麁正。天叢

雲ノ劔の如キも天然ニなり出て。世の刀劔これより出來るなり。其ノ矛鋒《ホコノサキ》滴瀝《ヨリシタヽル》之潮《シホ》凝成《コツテレリ》一島ニ。名ケテ之ヲ曰フ磤馭盧《オノコロ》島ト。二神《フタハシラノカミ》於テ是ニ降《アマクダリマシテ》居ス彼島《カノシマニ》。因テ欲ス共ニ爲《ミトノマクハヒシテ》夫婦ト產《ウマント》生洲國《クニツチヲ》と。これ陰陽昇降天地交泰。八世欲界男女會遇の兆なり

（冠注）纂疏ニ曰ク。乾下坤上ヲ曰フ泰ト。陽自リ下上テ陰自リ上而下ル。則交泰之道也云云（已上冠注）

萬邦萬類みな男女會遇陰陽相感ずる。此より兆せる也。此を婬事とするは謬なり。便チ以テオノコロ嶋ヲ爲ス國中ノ之柱《ミハシラ》ト。此ノオノコロ島爲リ國中ノ之柱ト。陰陽の旋行する所。日月の係る處也。佛門に須彌山と云フ是か。倶舍論等に。此ノ須彌の半腹に四天王居給ふ。其ノ壽は人間の五十年を一日一夜として五百歲の壽なりと。翁も。はじめ聞て虛說の樣に思ひしが。世に處して天地の運行を察するに。思ひ當ることあり。物の變化を見るに。五十年に一變すること多し。現に我カ園の竹。五十年六十年必ず竹厄あり。葉竹と苦竹と互に其ノ厄に遇ふ。此等も天數の在ることと思はるゝなり。須彌山の方位に依る事と思はるゝなり。此に依て思へば。天地の周

旋○地一日夜三百六十五度四分度の一を回る○日は五十年一回須彌を旋る○地球は此に隨ふ○孟子に○五百年にして聖人出ッと云フも○この天數なるべし○史記に○夫レ天運三十歳ニノ一小變シ○百年ニ中變シ○五百歳ニノ大變スと云云　史遷が私語には非ルべし○その百年中變とは○倶舍等の帝釋の壽命百年を一晝夜として千年也と云ノも○その道理あるべし○而ヲ陽神《カミハ》左旋《ヨリメグリ》○陰神《カミハ》右旋《ヨリメグリ》○分ニ巡《メグリテ》國柱《ノミハシラ》一○同ニ會《アヒキ》一面《カモテニ》一と○天左旋地右旋○四時行ハれ百物生スルの兆○今地上の蔓草○つるのめぐる○草木の根の分布する○此に基するなり○時ニ陰神《カミ》先唱《ツトナヘテノ玉ハク》曰○憙哉《アラウレシ》遇ニ可美少男《アヒヌウマシオトコニ》一焉○陽ヲ神《カミ》不レ悦《スノヨロコハ》曰ク○吾是《アレハコレ》男子《マスラヲナリ》○理當ニ先《コトハリマサニツ》唱《トナフイ》一○如何《カンソ》婦人《タオヤメノ》反先言《カヘツテサキタツコトヤ》乎○事既《コトステニ》不祥《サガナシ》○宜《ムヘ》ニ以改旋《テアラタメメクルヘシ》一○これは神事の規度にして人事の由て起る所なり○支那に夫唱婦へ和すと云フ○この道を注するなり○於是《コヽニ》二神《フタハシラカミ》却更《カエテニ》相遇《メグリアヒ玉ヒヌ》○是行也《コノタビハ》陽チ神《カミ》先唱《ツトナヘテノ玉ハク》曰○憙哉《アナウレシヤ》遇ニ可美女《アヒヌウマシオトメニ》少ニ焉○あやまちて改るの道なり○上一人より下士庶人に通ずべし

雌元と雄元

因《ヨテ》問《ヒテメ》二陰神《カミニ》一曰《ノ》。汝身《イマシカミニ》有《ル》二何成《ナニノナレルトコロ》一耶《カヤ》。對《ヘテク》曰。吾身《ワカミニ》有《アリ》二一雌元之處《ツノメノハシメトイフトコロ》一。陽神《チカミノ》曰《ク》。吾身《アカミニ》亦《マタ》有《アリ》二雄元《ヲノ》之處《ハシメトイフトコロ》一。この雌元と云《ヒ》。雄元と云《フ》。神祇の趣にして天地萬物の情となる。人間に男形女形ありて。音聲も志性もその分れある。是に由るなり。山に雄山雌山あり。大にして王公の國城を築く。小にして士庶人の屋宅を造る。田を闢き流を通ずる。此に順ずれば福壽を保ち子孫を安んず。そむけば災ありと云へり。瑣細の事の中に。我等野人これを受て竹の雌雄をわかち。雌竹をそだてゝ筍を得る。樹木の雌雄をわかちて山林を茂盛するなり。又神武帝の男軍女軍を陣して凶徒を征し給ふも。此に順ずる等なり。今世輕薄の者。この一段を以て男女婬事となし。甚《キ》は神秘と稱して傳授の儀をなす。清潔の神事を以て汚穢放逸の行儀を誘ふ。大罪人と云《フ》べし

思《オモフ》下欲以《テ》二吾身元處《アカミノハシメノトコロヲ》一合《アハセン》中汝身之元處《イマシカミノハシメノトコロニ》上。於《コヽニ》レ是陰陽始遘合《メヲテミトノタマハヒシテ》爲《ル》二夫婦《ナト》一。これ神祇の會遇。天氣降り降り。地氣のぼり〳〵。係辭に剛柔相推《ノ》變在《リ》二其中《ノニ》一と云《フ》に

同じ。已上は萬國に通ずべし。已下廣より狹に入り。我《カ》神國の基をなす。古事記に。如是言竟而御合生まる子淡道之穗之狹別島《アハジノホノサワケノシマ》。已下。舊事紀大抵同じ。並に神事をそのまゝに記せるなるべし。書紀には神號を畧す。それは皇胤を首として書せる書體なり。次生二伊豫之二名島一。此島者身《ミ》一而有二面四一。每レ面有レ名。故伊豫國謂二愛比賣一。讃岐國謂二飯依比古一。粟國謂二大宜都比賣一。土佐國謂二建依別一。此物あれば理あり。此國あれば神あり。左傳に晋平公病ある時。秦伯醫緩を使して病を問しむ。其未レ至とき。晋侯夢に二童子を見ると云。此理を考へ看よ。病は四大の不調より起り。或は調養の不順より起る。既に此病あれば此に鬼神生ず。これに由て見よ。萬物の基たる國土の生起するには。必ず神靈あるべきなり。更に有識の人に問ふべし。道の道たる其趣ふかし。支那は世智の國なり。神理にはうとし。孔子の子路の問にも答へざる是なり

先進(冠注)季路問レ事二鬼神一。子曰。未レ能レ事レ人。焉能事レ鬼。敢問レ死。曰。未レ知レ生。焉知レ死。

又述而不レ語ニ怪力亂神ヲとあるも此ノ趣なり。孔子も神なしと謂ヘるには非るなり。我國は邪智のなき國なれば。此ノ神明の守りある所以なり。一身四面と云フこと。凡愚肉眼の見るべきならず。我レこれを師に問ふ。師云。此等のこと。具に知ラんと欲せば。佛法密敎に入て傳フべきことなり。彼ノ寺に往て看るに。降三世明王と稱する四面なり。大梵天と稱する四面なり。彼ノ宗に委き傳あるべし。今先づ子が爲に例を擧レば。二十八宿の天に顯る。角亢氐房心尾箕。東方に列リて龍の象あり。此を青龍と云フ。斗牛女虛危室壁の七宿。南方に列リて鳥の象あり。この神を朱雀と云フ。奎婁胃昴畢角參の七宿。西方に列リて虎の象あり。これを白虎の神と云フ。井鬼柳星張翼軫の七宿。北方に列リて蛇の龜を纒ふ象あり。此を玄武と云フ。この四神の德。土御門家などに委しき傳あるべし。角亢氐房心尾箕の七德を合して一の青龍の神とす。一の青龍の德を分て角亢等の七宿とす。其ノ志性の差

（已上冠注）

別。感應の分位。宿曜經等の如し。此《ノ》四國の神體一體にして。國土を以て體とす。四面各々名あれば。神德の分位また別なり。有識の者とともに談ずべし。次《ニ》生《ウミタマフ》隱岐之三《ミツ》子《コノ》島《シマヲ》。亦《ノ》名《ナハ》天《アノ》之《ノ》忍《オシ》許《コ》呂《ロ》別《ワケ》

先生云。一身四面の深趣。初《テ》これを聞て。未《ダ》その詳なるに達せざれども。二十八宿と四神の開合を以て。髣髴として其《ノ》象を信ずべし。諾冊二尊。諸洲を生《ミ》たまふと云《フ》こと。未《ダ》その趣を得ず。此《ノ》二神既にこれ陰陽なればば。陰陽昇降の象を示して生と云《フ》か。又胞と云《フ》名目もあれば。人間産育の狀あるに似たり。是はいかに。有人が有土の君の其《ノ》國を治《ム》ることゝ解したれども。此等すべて臆斷にして神祇の故なりとは思はれず。請その兩端を扣《タヽイ》て誨へよ

翁曰。善かな。我むかし此を師に問ふ。師答云。此《ノ》人間は既に天地に參て三才と稱する物なり。陰陽二神は人に相似よりたる事と知《ル》べし。人間は天地の象たりと知《ル》べし。乾を父とし坤を母とす。父施して母此を受

く。陽神にその施す處あり。上に雄元と云フこれなり。陰神に受る所あり。上に雌元と云フ是なり。雌元うけ得て此を養育す。日夜に増長して。その象をなす。時至て顯現す。これを生と名づく。人倫の男女を生育するは此ノ象を全く受ケ得し象《カタチ》なり。譬ば旗雲空中に顯れて下土兵亂おこり。大白星中を過て國界安からざるが如し。今人間の產育全く神祇に非ずして神祇の象あり。諸冊二尊は人間の狀に非スして。人間萬邦の初開となる。智者沈思してその趣を知るべし

次生《ニウミ玉ノ》二筑紫《ツクシノ》島《シマ》一。此島《ノ》亦《モ》身一《ニシテ》而有《リ》二面《オモ》四《ヨツ》一。每《ニ》レ面有《リ》レ名。故《カレ》筑紫《ツクシノ》國《クニ》謂《ヲ》二白日別《シラヒワケト》一。今は兩國に分つ。筑前筑後この一神なり。豐國《トヨノクニ》謂《ヲ》二豐日別《トヨヒワケト》一。豐前豐後この神なり。肥國《ヒノクニ》謂《ヲ》二速日別《ハヤヒワケト》一。肥前肥後この一神なり。日向國《ムカノクニ》謂《ヲ》二豐久士比泥別《トヨクシヒチワケト》一。大凡神體たる。大小は緣に任《セ》て感ず。肉身の定量あるに同じからず。我《カ》國この神ある。開闢已來他國の侵擾（音饒。煩也亂也）を受ざる所以なり。元朝宋を滅して。其ノ威龜茲于塡等に被り。此ノ威勢を以て我《カ》國を窺ふ。其ノ猛將范文虎等に命じ

て大兵を率ゐ來る。その勢我《カ》國を取《ラ》んとするも。一夕の風浪に戰艦こ（音成。戰）

（船四方施版以禦レ矢者）とごとく覆沒して。その還る者わづかに三四人也と云《フ》。神の神たる。欺くべからざるなり

（冠注）人王九十代後宇多建治四年八月一日大風。蒙古の兵船破損（已上冠注）

（國體即神體）

舊事紀に。次《ニ》熊襲國《クマソノクニ》謂《ヒ》二建日別《タケヒワケ》一。次《ニ》伊岐島《イキノシマ》謂《ヒ》二天比登都柱《アメノヒトツハシラ》一。次《ニ》津島《ツシマ》謂《ヒ》二天之狹手依比賣《アメノサテヨリヒメ》一。次《ニ》大倭豐秋津島《ヤマトトヨアキツシマ》謂《ヒ》二天御虛空豐秋津根別《アマツミソラトヨアキツネワケ》一。次《ニ》生《ム》二六小島《ノコシマ》一。兒島《コジマ》謂《ヒ》二建日方別《タケヒカタワケ》一。次《ニ》小豆島《アヅキシマ》謂《ヒ》二大野手比賣《オホヌテヒメ》一。次《ニ》大島《オホシマ》謂《ヒ》二大多麻流別《オホタマルワケ》一。次《ニ》女島《ヒメシマ》謂《ヒ》二天一根《アメノヒトツネ》一。次《ニ》血鹿島《チカノシマ》謂《ヒ》二天之忍男《アメノオシヲ》一。次《ニ》兩兒島《フタコノシマ》謂《フ》二天兩屋《アメノフタヤ》一。上來我《カ》國の國體これ神體なること可《レ》知《ル》なり。大に支那諸蠻の比すべきならず。國すでに神國にして。人も亦神裔なり。我《カ》國に聖人なき。此に由るなり。譬《ヘ》ば月なき夜は衆星光彩を顯す如し。日月なければ爝火その光を見るべきが如し。天照皇大神下土を照臨す。堯舜の如きは。太玉《ノ》命。彦狹知の（紀伊國忌部祖）神に比す

べし
(冠注)降臨章二ノ一書ニ曰ク。紀伊ノ國忌部ノ遠祖手《タ》置《ヲキ》帆《ヲ》負《ヒノ》神ヲ定メテ為ニ作《カサ》笠《ヌイ》者ト。彦《ヒコ》狭《サ》知《シリノ》神ノ為ニ作《タテ》盾《ヌイ》者ト(冠注已上)

伏羲氏。女媧氏は。手力雄ノ命。天之鈿賣ノ命に比すべし。その聖人なき。實に我カ國の我カ國たる所なり。德不足なるに非ず。名の稱すべからざる也。又佛家者流の言を聞くに。支那の天台大師等。我カ國の弘法大師等。清淨法行經を引て佛世尊萬國を濟度し玉ふ大慈大悲あるに。支那は蔑《ビ》戾《レイ》車《シャ》の地なれば。人皆世智に過て正法に緣なし。是を以て光淨菩薩に命じて。孔子名は丘。字は仲尼として。彼ノ國に往て。先ツ仁義を敎へ。正法の緣をなさしめ。儒童菩薩に命じて。顏回字は子淵として。光淨と同シく。先ツ彼ノ國に往カしめ。迦葉菩薩に命じて。老子として。先ツ彼ノ國に往て虛無自然を示し。正法に入るの漸次方便を垂レたまふと云へり。此を偏頗なき沙門に問フに清淨法行經は僞經にて信用するに不レ足ラと答ふ。此ノ三菩薩の行化は僞說にもや有ルべきなれども。支那歷代の亂亡多く君臣位を安んせざる風儀を察すれば。菩薩の彼ノ國に生れて聰明叡智の聖人として。正法に導く階級をなし玉ふも。其の理有ルべき歟。我ガ國は邪智少き風土なれば。直に正智に入り。善惡業果の空しからぬ。此ノ心の消失せず。三世十方に達するにも契當すべきなり。朱子が大學の序に。一有下聰明叡智能ク盡二スノ其ノ性ヲ一者出ヅル中於其ノ間ニ上則。天必命レメ之ニ以爲二億兆之君師ト一云云 此に依れば支那にて聖人出レば。必ず天子とも成ルと見えたり。我ガ國にては。天子は日神の皇胤なり。諸侯は皆有功の兒孫なれば。聖人出ルも其ノ用なきに似たり。此は支那に順じて云フことばなり。實言ならば。聖人と云フ者必ず位に在ルに非ず。又必ず世に用ヒらるゝと云フには非ず。唯其ノ人の德にして。その人の自ら知るところなり。とかくに支那の癖として。祿を目がける故。小才の人も及第して用ゐらるれば大才聖人は天子ともなると思ふなり。

我ガ國より見れば賤しき心なり。中庸に。君子素二其ノ位ニ一而行フ。不レ願ハ二乎其ノ外ヲ一と。

此に依ば儒者も。古は祿を目がけるにも非ずと知るべし

中庸(冠注)君子素其位而行。不願乎其外。素富貴。行乎富貴。素貧賤。行乎貧賤。素夷狄。行乎夷狄。素患難。行乎患難。君子無入而不自得焉云云(已上冠注)

微生畝。孔子に謂て。丘何爲是栖々者與。無乃爲佞乎と云。荷蕢者が孔子の門を過て。有心哉擊磬乎と。磬聲を聞て其心有るを知る。常人に非ず。既而曰。鄙哉硜々乎莫己知也。斯已而已矣。深則厲淺則揭と

憲問(冠注)微生畝謂孔子曰。丨丨丨孔子曰。非敢爲佞也疾固也　同。子擊磬於衛。有荷蕢而過孔子之門者曰。丨丨丨子曰。果哉末之難矣(已上冠注)

この兩隱士は我神國の風なり。想ふに孔子は常人ならねば。神靈の應現せる歟とも思はるゝなり

海の神

書紀云。次生海。海神全く海を體とす。支那に北海若と云是類なり

(冠注)北海若　莊子秋水篇(已上冠注)

支那は摩地那の一邊にて。唯タ東海のみを見る。魯仲連が東海を踏ンで死せんと云フ是なり

史記（冠注）八十三趙平原君にあつて魏の新垣衍に説（冠注已上）

孔子（公冶長）乘レ桴ニ浮レ海ニと云フも。この東海なり。既に海一邊なれば。彼ノ國に王者は名山大川を祭ルとて。古書にも海を祭ること不レ見エ也。實は山河より上に海神を祭るべきなり。一書に號ス二少童命一ト云へり

山川草木の神

次ニ生レ川《タマフチ》。次ニ生レ山《タマフチ》。舜典に肆《ツイニ》（遂也）類二シ于上帝一ニ禋二シ于六宗一ニ。望二シ山川一ニ。徧二ス于羣神一ニ。此は舜の位を攝する。天下の大事なれば。是を上下四方の神祇に告るなり。此に類と云ヒ禋と云ヒ望と云ヒみなマツリの名なり。上帝は天帝と云フ。此ノ國にて言ハば。高天原の神漏岐。神漏美。天命を受る所なり。六宗は祭法に出づ。日月諸星水旱寒暑等なり。山川は此に生ずる所の神。彼ノ國は詳なることなけれども。天地の道たる。法爾として備ハり存ずるなり。彼にも聖人と

稱せらるゝ程の人は。此神の崇敬すべきことを知る也。論語に犂牛之（雍也ニ子謂仲弓曰）子騂且角《アカクシテツアラハ》。雖欲無用《モチヰルコト》山川其舍諸《ステンヤ》と。此も山川には其神ある趣なり。舜典に。歳二月東巡守。至岱宗。柴望秩于山川云云　柴は我國のカンカヽリの及所の禮なるべし

火處して神明憑談とせんか（冠注）（已上冠注）

それ地球日光を受て轉ず。日は太陽なり。神カカリを以て日神に告るの趣ある歟。一書に。山神等號山祇。水門神等號速秋津日命。次生木祖《タマフキノミオヤ》句々廼馳《ククノチ》。次生草祖《タマウクサノミオヤ》草野姫《カヤヌヒメ》。草木の神也。花嚴經に主藥神ある此類なりと云へり。大地よりして山川河海を分ち。山より草木を分つ。大小麁細おのづから神祇の依托する所なり。中庸に（十六章）子曰鬼神之爲德其盛矣乎。視之而弗見。聽之而弗聞。體物而不可遺と。文面我神道に近し。朱子が註などは大に異なるなり

日神と月神及其他の神

既《カクテ》而伊弉諾尊。伊弉册尊。共ニ議《ハカリテ》曰。吾《アレ》已ニ生《ウメリ》二大八洲ノ國。及《マタ》山川草木一。何ゾ不レ生二天《アメノ》下《シタ》之主者《キミタルモノ》一歟。於是《コヽニ》共ニ生《ウミマス》二日神一。號《マウス》二大日靈貴《オホヒルメノムチ》一。此子《ミコ》光華《ヒカリ》明彩《ウルハシク》。照二徹《テリトホラセリ》於六合《アメツチ》之内《ウチ》一。

文正くこれ日神なり。日神とは日輪に依托する神なり。天地萬神の主。萬世天皇の高祖なり。女體にして。その德宇宙を統御し玉ふと云へり。二神喜《コハシク》曰。吾息《アカミコ》雖レ多《オホシト》未レ有《アラ》二若此《カク》靈異《クシヒナル》之兒《ミコ》一。不レ宜《アラスヘキ》三久《ヒサシク》留《トヽム》二此國一。自《ラ》當三早《ニ》送《ル》二于天一云云すでに是レ日神也。日輪の地に墜《チ》ざる間は現存して不レ滅《セ》。永く皇國を守り。廣く萬民萬物を化育し玉ふ。謂ふに我《カ》國を主として遠く萬邦を憐み玉ふべきなり

(冠注)秘傳問答ニ曰。日神は南方火德なれば離卦☲に叶ひて陽中の陰也。月神は北方水德なれば坎の卦☵に叶ひ陰中の陽也　繫辭下ニ。陽ノ卦ハ多レ陰。陰ノ卦ハ多レ陽。其故何ゾ也。陽ノ卦ハ奇。陰ノ卦ハ偶。其ノ德行何ゾ也。陽一君而二民。君子之道也。陰二君而一民。小人之道也

○東方震☳△東南巽☴○北方坎☵

△南方離☲○東北艮☶△西方兌☱

○印は奇數陽卦也。△印は偶數陰卦也

準曰。易の兩說よし。然れども神道在て易顯はる。前後を知るべし

光杜多云。大陽の神靈なれば女體也と。更に此言可《シ》尊信《ス》(冠注已上)

次《ニ》生《ム》月神《ヲ》。其光彩亞日《ソノヒカリウルハシキヿツケリニ》。可《ヘシ》以配《テナラヘテ》日《ニ》而治《シラシム》。故亦送《ル》之于天《アメニ》文これ亦月神也。月輪に位して萬邦を照す。男體にして日神の輔佐なり。王族の世々天統を輔佐する。此に則るなり

次《ニ》生《ム》蛭《ヒル》兒《コヲ》。雖已三歲《ナルマデステニミトセニ》。脚猶《ホ》不立《タヽ》。故《カレ》載《ノセテ》之《ヲ》於天磐《アメノイハ》櫲《ク》樟《ス》船《フネニ》而順風放棄《カセノマニマニハナチステタマヒキ》文これ不才なれば。親子なれども不可用《フ》の敎なり。脚猶不立とは。實に痿躄なるか。或は才の不可用《フ》歟。天の磐《イハ》クス船亦神名なり。順風放棄。亦時に順じて棄おくなり。大抵上古自ら上古の詞あり。是を後世の詞に比するに同不同あり。神祇自ら神祇の事あり。此を人事に比するに同不同あり。これ神書を讀《ム》の眼目なりとす

次生素盞鳴《スサノヲノ》尊《ミコト》云云　遂逐之《ヤラヒタマヒキ》　是は暴悪なれば。親子と雖も擯出すべきの教なり。一書。伊弉諾尊曰。吾《アレ》欲《ノリ玉ヒ》生《マント》御宇《アメノシタシロシメス》之珍子《ウツノミコ》。乃以左手《ミテ》持白銅鏡《マスミノカヽミ》。則有化出《ナリマセル》之神《カミ》。是《コチ》謂《マヲス》大《オホ》日《ヒル》孁尊《メノミコト》云云　恭く文義を察するに。瓊矛を指下して是《コヽニ》獲《タリ》滄溟《チ》。こゝに左手白銅鏡を持して日神を獲。右手に白銅を持して月神を獲たまう。神事體裁。これを本位とすべし。我國三種の神器。傳國の大標たり。此白銅鏡は内侍所の鏡の基となりて。日神。月神。素尊を生じ。素尊の十握劔は寶劔の基として三女神生じ。五百《イホ》御統《ミスマル》は神璽の基として五男神を生ず。此基ありて後。瓊々杵尊天降給ふ時。天照皇。三種の神寶を授《ケ》玉ふと云《フ》こと也

生死の教　先生問。菊理媛《クヽリヒメノ》神《モ》亦有白事《マヲスコト》矣。伊弉諾尊聞而《キコシメシテ》善之《ホメタマフ》　文　この言いかなる詞と記せざれば。知るべからざる歟。既にこれ白《ス》事ある。其教たる尋ぬべき歟

翁曰。予嘗てこれを師に問。師云。これ死生の間なり。神代三記。句々竝に教也。此白事これ生死の教と傳來れり。既に生死の教なれば。此中深奧の趣あるべし。家語に。子貢孔子に問。死者有知歟無知歟。孔子答云云 此處家語ヲミルベシ

（冠注）家語致思。子曰。吾欲言死之有知。將恐孝子順孫妨生以送死。吾欲言死之無知。將恐不孝之子棄其親而不葬。賜不欲知死者有知與無知。非今之急。後自知之（冠注已上）

仲尼の言ざる所。子貢の知ざるところ。支那に在ては此道斷絕すと云も可なり。我神國。菊理《クヽリ》媛《ヒメ》。死生の中間に德を顯して。これを諸尊に白す。菊理《クヽリ》媛《ヒメ》に非れば白すこと不能。諸尊に非れば聞こと不能。諸尊これを聞得て死者の逐べからざるを知る。これを善として。乃散去矣。こゝに至て八雷神鬼も其力を用ゆる地なく。黄泉諸軍もその暴を縱にすることあたはざるなり。還來て其穢惡を滌と云。これ我國死穢を忌の徵《シルシ》

なり。大凡穢《ケガレ》悪のところ穢神あり。清潔の所清き神あり。穢神は災をなすこと多し。生路に生《イキ》神あり。死路に死《シニ》神あり。死神は災をなすこと多し。世間に人の縊死する樹木等には。其《ノ》處また縊死の人ありと云《フ》。此等は死神なり我國ノミナラズ支那ニモ是チ傳フルナリ此をさくるに道あり。此《ノ》菊理媛の白《ス》事にこもるべし。又傳屍病と云《フ》ことあり。多《ク》は家門斷絶するに及ぶ。これ又死神なり。此を避るに道あり。菊理媛の白事にこもるべし。又怨讎のもの死して形を顯すことあり。此も死神なり此ニ神ト云ハ上ヨリノ語便ニヨリテ神ト云ヘトモ此等ハ皆死鬼ト云ベシ此等みな黄泉の鬼軍の支族なり。是を拂ひ清《メ》て生路にうつる。菊理媛の徳仰《ツ》べし。此《ノ》死鬼を去て生氣に就く。此《ノ》界に長壽を得べし。この菊《ク》理《リ》媛《ヒメ》。白山權現として。左右は諸冊二尊也と云へり。又多賀《ノ》宮に壽命を請《フ》と云へり。死の穢を忌祓ふの趣。この菊《ク》理《リ》媛《ヒメ》の白事にこもるなり。その一日に千五百頭を生じ出す。この菊理媛の白事に由《ル》なるべし。徒然草の呼子鳥なく時。招魂の法を修すると云《フ》も。此《ノ》白事にこもるべし。此に至て我《カ》朝と支那と喪をおさむるに異なる所有《ル》を知《レ》なり。支那聖人の制には三年の喪あり。此《ノ》國にはなし。彼《ノ》國には不義不忠の習はせあるゆゑに。聖人それをして父母の恩を思はしめん爲の制なるべし。此《ノ》國は淳厚の風なれば固より三年の喪には及ばず。我《カ》朝の喪を治る。天子より庶人に達して。その滯なきなり

神代の巻盟約の章

先生曰。神代の巻を見るに盟約の章。文義最解しがたし。請《フ》指示せよ

翁云。我聞るまゝを告ぐべし。先生嘗て他人に諮問せることありや

先生曰。予嘗て神學者に隨て。その傳を受《ケ》たり。雄元雌元。直に男女の根門と云《ヘ》り。其《ノ》國常立尊は胎中初て娠む時と傳ふ。ウヒヂニ。スヒヂニの尊は。胎中に在て初て男女の別るゝを云《フ》。大トノヂ。大トマベの尊は。小兒の未だ婬情現せざる時を云《フ》と傳ふ。盟約の章に至て。天照皇。素尊。姉弟婬事會遇す。歛と云《フ》は男子の根にして。玉は女子の陰と云《フ》ことなり。

若《シ》其《ノ》說の如くならば。我《カ》國無禮無義。畜生國と云《フ》も可なり。退て察する
に左傳に。孔門の子貢。魯の哀公。邾の文公の會同を見て。二君みな禮に
違へり。倶に其《ノ》國を保《ツ》べからずと云《ヘ》へり
（冠注）定公十有五年邾《ノ》隱公來朝　今年公卒《ス》　哀公十年春邾《ノ》隱公來奔《ス》。齊《ノ》
甥也。故《ニ》遂《ニ》奔《ル》レ齊《ニ》也 子貢（冠注已上）
少しの禮に違するに一は其《ノ》命を不レ保《タ》。一は其《ノ》國を出奔せり。若《シ》姉弟濫
行あらば。その天命を全すべきに非ず。且《ツ》我《カ》國君臣の大節。萬邦に勝る
れば。その開祖この濫行あるべからず。此《ノ》たび邂逅翁に遇て。雄元雌元
唯《タ》陰德陽德を表して。そのミトノマグハヒ天地交泰の象たるを知る。
この盟約の章も。深奥の趣あるべしと思ふなり
翁云。滔々たる者天下皆是也。誠に悲むべきなり。始《メ》素盞嗚尊昇《リマス》レ天《アメニ》之時
溟渤《オホキウミ》以之《コノユヱニ》皷盪《トヽロニタ》。山岳《ヨヒヤマヲカ》爲レ之鳴呴《ナリホエキ》。此《レ》則《チ》神《リン》性《サカ》雄《タケ》健《キカ》使之然也《シカラシムルナリ》。大凡肉身は分段
さだまる。五尺の小身は五尺だけの能あり。目の見る所。耳の聞《ク》ところ。

大抵異ならず。化生の身はその力用量るべからず。墨子に。天下の治亂。山川の移轉。國の興亡。此神有てその災祥をなすと云る是なり。其心に随て廣狹大小その定りなし。溟渤の皷盪。山岳の鳴响。此神の雄健の性に由るなり。此章を解せんとならば。先肉身と化生身との異あるを詳にすべし。化生は忽然として形を顯す。その沒するときに忽然として沒す。今の世には深山大澤の中。天狗と云ものある此類なり。肉身は胎より生ず。人中なれば十月滿じて生ずる也。此胎生は死するとき必ず屍あり。現今に見るところなり。天照大神素知其神暴惡。至聞來詣之狀。乃勃然而驚曰。吾弟之來豈以善意乎。謂當有奪國之志歟。夫父母既任諸子各有其境。如何棄置當就之國。而敢窺窬此處乎 文 神は有爲法の中の神なり。有爲の法として。見ざる所は不知。知らざる所は疑あり。神明といへどもその疑あるなり。乃結髮爲髻。縛裳爲袴。便以八坂瓊之五百箇御統 御統此云美須磨屢 纏其髻鬘及腕。又背負千箭之靭 千箭此云知能梨 與五百箭之靭。臂着稜威《ツノ》之高鞆《タカトモ》稜威此云伊都振起《フリタテ》弓彇《ユハズ》急《トリシバリ》握劔柄《タカヒ》踏《フミ》堅庭《カタニハ》而陷股《フミイレムカモヽ》若沫雪《アハユキノ》以蹴散《クエハラヽカシ》蹴散此云倶穢簸羅々箇須奮稜威《フルハシイツ》之雄誥《ヲタケビ》雄誥此云烏多稽眉發稜威《オコノイツ》之嘖讓《コロヒ》嘖讓此云舉廬毘而徑詰問《タヽニナジリトヒタマヒキ》焉。この中結《ヒ》髪《ヲ》為《ス》髻《ト》は。我國《カ》の儀。男子は髻《ヨソホヒ》をなし女人は髪を垂《ル》と云ことなり。此《ノ》時天照皇女儀たれども。武備のために男儀をなし玉ふなるべし。縛《シ》裳《ヲ》為《ス》袴《ト》は男子は袴を着し女儀は裳を惹《ク》。今男装をなし玉ふなり。それ國界の初。百工いまだ調《ハ》ざる。人身化生のときは。身體おのづから光あり。化現の初。その光身を纏て衣服となる。是《レ》人天の福縁。畜類の裸形に異なる所以なり。此《ノ》時保食《ウケモ》神豊受姫。すでに蠶絲の縁起となひし時なれば。絹もあるべし。その布帛の短長は尋ぬべからず。今裳を縛て袴とすとあれば。裁縫せる裳には非ず。そのときは織《リ》成《シ》の絹。男子は此を縛して袴として着し。女子は腰に纏《ヒ》て裳となせるなるべし。今武備の故に縛して袴となし玉ふ。便以《チテ》八《ヤ》坂瓊《サカニ》之五百箇《イホツ》御統《ミスマルヲ》とは甲冑の基する所。我《ヲ》國武威の萬國に長たる兆なり。纏《フ》其髻鬘及腕《ヲ》。女儀の男装をなす。

神明の武備をとゝなう○その嚴然たること可レ思フ○後神功皇后の三韓を征し玉ふも○此に準せるなるべし○又背ニ負フ三千箭之靭ト與ニ五百箭之靭一○此ノ時百工の調せしを不レ聞カ○その靭誰人か造れる○縁起法あり○牛に角ある如く○狼に牙ある如く○諸國みなしかり○是レみな天地自然○高天原に乗理を備ヘて殘すことなし○理ひとり立タず○必ず物あり○此ノ時自然の武器あるなり○例せば高千穂の矛の如し○今人間に用ゆる武器は○此ノうつり來れる狀なり○臂ニ着稜威之高靭一振ニ起弓彇一○係レ辭弦《ツルカケテ》レ木爲《シ》レ弧《ユミトケツリテ》剡レ木爲《シ》レ矢《ト》○弧《コ》矢《シ》之利以威《チトス》ニ天下ヲ一○蓋シ取ニ諸睽《ケイニ》一と○柔進ンで上行す○木に弦《ツル》かくる也○中を得て剛に應ず等と云フ○並に高天原にこの理有て○此ノ物下界に現ずる象なり○急ニ握劔柄一云云上來は天照皇武備の裝束なり○此より後は素尊を對詰し玉ふ威容なり○自ら劔に手をかけ玉ふなり○堅庭を踏で股を陷ルは○力勢大地を穿ツなり○若ニ沫雪一とは大地も微塵となりて飛フ也○蹴散《クエハラ・カ》は威容のはげしきを云フ○論語に仁者の勇と云フ○是なるべし

憲問（冠注）子曰。有徳者必有言。有言者不必有徳。仁者必有勇。勇者不必有仁
（已上冠注）
稜威の雄誥は理を宣て告知せ玉ふなり。イツノコロビは直に呵責なり
素戔嗚尊對曰。吾《ヤツカレハ》元《ハシメヨリ》無黑心《キタナキコヽロ》。但父母已有嚴勅《イツクシキミコトノリ》。將永《ヒタフルニ》就《マカリナント》乎根國。如不與姉相見《モシスンハアネノミコトヽマミエ》。吾《ヤツカレ》何能敢去《イカンソクテマカランコト》。是以跋渉《フミワタリ》雲霧遠自來參《ヨリマヰキツ》。不意阿姉翻起嚴顏《オモハサリキアネノミコトカヘツテイカリタマハントハ》。この一段文義明なり。此中無黑心の一言。これ我神道の敎なり
于時天照大神復《マタ》問曰。若然者《シカラハ》將何以明《アカサント》爾之赤心《イマシカキヨキコヽロヲ》也。この一箇の赤心。我國の道なり。君たる人赤心を以て民庶に對せば。儒者の仁と云も外にはあるまじ。赤心を以て事をとり行はゞ。義と云も外には有まじ。孟子公孫丑上に。先王有不忍人之心。斯有不忍人之政矣。以不忍人之心行不忍人之政。治天下可運之掌上と。これ等格言なり。不忍人の一言にして足れり。其仁義禮智と云。孝悌忠信と云が如き。彼國風土に由て敎を設るの言な

り。我國に在ては。時に隨て言句の間に取《リ》用《フ》る也。一箇の赤心。君に對せば忠なり。父に對せば孝なり。子に對せば慈なり。夫婦相對し。朋友相對《ス》。唯この赤心にさへそむかざれば。萬國たとひ夷狄に往《ク》も可なり。此に反するを黑心と云。祓《フ》ひ清《メ》て高天原にとゞまるべし。此《ノ》赤心たがはざれば。天地をも感動すべし。故に將何以明爾之赤心と詰《ナジリ》たまふなり

對《ヘテ》曰《ク》。請《フ》與姉共誓《ニウケハン》。夫誓約《ウケヒ》之中《ミナカニ》（誓約之中。此云宇氣譬能美難箇）必當生子《ス》。如吾所生《ヤツカレウメラントコロ》是女《タヲヤメ》者則可以爲有濁心《リトキタナキコヽロ》。若是男《マスラヲナラハ》者則可以爲有清心《リトキヨキコヽロ》。それ天地生育の道。陰陽造化の趣き生成して且《ク》も休せず。一切虛空到る所として國土なきはあらず。一切國土往《ク》ところとして人物生せざるはなし。この虛空神祇に在ては高天原と稱す。因緣發起すれば左之右之《トニカクニ》みな神祇化現す。虛空窮りなければ神祇も其《ノ》數を知《ル》べからず。其《ノ》數あるは是《レ》天數のなす所なり。こゝに於て素尊天照皇に誓て。神の男女を以て徵とす（强テ女神アシク男神ハヨキト云ニハアラズ。唯誓言ノ徵チ定メ玉フナリ）

於《コヽ》ニ是天照大神乃《チ》索《コヒ》二取《トリ》素戔嗚ノ尊ノ十《ト》ツ握劒《カノツルキ》一。打《ウチ》折《ナツテナシ》爲《ミ》二三段《キタニ》一濯《フリスヽキ》二於天眞名井《アマノマナヰ》一。𪗾然《サカミニ》咀嚼《カンテ》而吹棄《フキウツル》氣噴《イフキ》之狹霧《ノサキリ》（𪗾然咀嚼。此云佐我彌爾加武。吹棄氣噴之狹霧。此云浮枳于都屢伊浮岐能佐擬理）所生《ウマル、》神號《カミノミナ》曰《フ》二田心姬《コリヒメ》一。次湍津姬《タキツヒメ》。次市杵島姬《イチキシマヒメ》。凡三女矣《スヘテミハシラノヒメカミ》。爰許に至て明にすべし。彼《ノ》邪義神學者の說は立《タ》ざるなり。素尊旣に約す。夫誓約之中必當レ生レ子。如《シ》二吾所レ生是女一則可三以爲二濁心一云云　若《シ》彼が云《ヘ》る如く姉弟夫婦ならば。此《ノ》三女も亦素尊の所生なり。何ぞ清《キ》心を證せん。大凡邪說をなす者。竝にこの類なり。此《ノ》中劒は勇の狀なり。素尊暴惡の氣は折《レ》ざることを不レ得。今爲二三段一と後の五百箇に對して八の數を成す。神道の成數なり。天眞名井。天文に依《ラ》ば井八星は天門を主るなり。凡《ソ》有《ル》レ所レ作《ス》必《ス》得二成就一《ヲ》と云《ヘ》り。神祇の德たる。大あり小あり。邪あり正あり。大抵は化生の神は其《ノ》德大に胎生の神は此に次《ツ》なり。此《ノ》中日神素尊共に化生なり。化生の神は神德を以て生ず。妙用測るべからず。胎生の神の嫁娶あつて產生するに異なり。其《ノ》化現の狀を言《ハ》ば。或は心より化す。或は物より化す。その跡は異なれども。妙用のあらはるゝは其ノ理一なり。譬ヘば詩人の詩を吟じ出す。歌仙の和歌を咏じ出す。その人の胸中より出て。人を感じ或は鬼神をも感せしむるに至る。肉身の人間も人に勝る者の實情よりおこる所は。些々の妙用なしと云フべからず。此を心化に喩フべし。名《メイ》鍛《カ》冶《ヂ》が刀劔をうち出す。魔鬼を退け身を守る用あるなり。此もかの實情よりおこりて。些々の妙用は無シと云フべからず。此を物より化するに比すべし。天照皇素尊實情亦心の顯るゝ所。其ノ御統寶劔の反作せる。寶劔三女神となり。御統五男神となる。三段三神。五百箇五神。その八を成してこの豊葦原の守となる。御統は甲冑の基なり。我國鎧の他邦に勝る。基する所此ノ段なり。寶劔に託して三女神化顯す。物に依て神を顯す。神に依て物も亦靈なり。我邦刀劔の他邦に勝れる兆なり。嘗て明《ミン》人の日本刀を詠ずる詩を看るに。一刀斷ツ猛虎チ等の句あり。又朝鮮人某が記せる懲毖録を見るに。人馬共に一刀に兩斷すと云て。日本の刀を嘆せり。これ等の深趣。まこ

とに支那邊陲（音垂邊也日本ニテモ蝦夷人ハ智解ナキカ如シ）の者の及フところにあらず。孔子の不レ語レ神
とある。尤のことなり。然れども神祇の德捗フべきならねば。易に至て其ノ
趣を筆し。詩書禮記等にその事例を述せるなり。彼ノ國も末の世ほど。漸
次に其ノ心あさはかになる歟。三代の書典は鬼神の說少なからず。左傳
等を見るべし。史記は。左氏に比すれば其ノ說不レ多カラ。宋朝に至て程子。朱子。
歐陽永叔。司馬君實等は。鬼神の故に不レ達セ。反て此を嫌ふ癖あり。程子が
視箴に。心兮虛。應レ物ニ無レ迹シ云云の如き。口つきは可レ聞ク樣なれども一向に
其ノ理なし。心はもと虛なりとばかりは許スべし。應レ物ニと云フも可レ許ス。あとな
しと云フは何事ぞや。この心は物に應じて跡ある物なり。論語の序に。程
子曰。頤自二十七八一讀ム二論語一ヲ。當時已ニ曉ル二文義一チ。讀コレ之ヲ愈久フノ但ヌ覺フ二意味深長一チと。看よ
程子も十七八始て論語を讀ミしこと。一生覺え居らるゝメからは。跡なし
とは云ハれぬなり。但口拍子を衒ヒて愚昧の者をたぶらかす辭也。宋儒道
學者の言フところ。十に五六は此ノ類なり。淺はかなる說多し。此ノ心は泥せ

ぬ物なり。此心の泯せざることを知て。始て共に神道を云べし。支那にも。蜀の關羽が吳の呂蒙に敗られて刑戮に死し。數百年を經て迫宋鹽池の一事より遂に靈異を著して。今に至て愈功驗ありと聞。愚なる者は。關羽悱憤英氣の在ところなれば。數百年を待べからずと思ふべきなれども。左にはあらず。彼高天原もとより人間の年月にあらず。此冥道に在て遲速を人間に比すべからず。我朝菅相丞も。筑紫卒去の後。數年を經て神威を顯す。此みな忠義赤心の泯せざる故に。緣來れば此神威あるなり。朱子の一氣飄然として泯然として盡ると云も曲談なり。極底下愚昧牛羊の如き者は。目に見ぬ事は總て無こと丶思ふべけれども。道の在ところは然らず。目に見る者は力用すくなく。目に見えぬ物は力用廣大也。同じ畜生の中にても。牛馬野猪羊の如き。目に見る者は。制伏して我用となすに勞なし。龍は目に見るべきならねば。制伏もなし難く。又雲をおこし雨を催す。その力用廣大なり。此を近く身に取て言はゞ。手足は目に見るべきなれば。大抵その力用量るべし。心相は目に見るべきならねば。その用亦廣大也。張子房が。謀を帷幄の中に運して。勝ことを千里の外に決すと。一人の心力百萬の强兵にも勝るべし。此に於て神德の神德たるを知る。彼高天原手にとるべきならず。神ロギ神ロミの命。耳に聞べきならねども。天命の定るところ。壽夭貧富これを受得る所。その力用廣大なり。我師より聞ところ如此。取捨は先生にあり

神道は易簡の教なり

先生云。予も今日より誠に我國の人たるを知る。今日まで支那と日本との中間人也。言は必孝悌忠信を教へ仁義禮智を以て誘ふ。この仁義禮智。孝悌忠信も。言まじきにはあらねども。我國に在ては我國の道を誘ふべきなり。今也海外化に沐し萬國朝宗す。此天壤の間に。宗國あることを知しめ。此人倫の中。眞天子あることを知しめ。神祇の教今に空

しからぬことを知ラしめんと欲す。いかゞ誘ヒて神慮に叶ふべきや

翁云。上に云フごとく。唯一箇の赤心これ我神道の敎なり。此ノ赤心天地の道なり。神明の敎なり。名目條目ありて。くだ〳〵しく敎を設ルに非ず。論語里仁語に。孔子曾子に告て。參ヤ乎我道一以テ貫ク之ヲと。子貢に告ルも此れに同じ。其の多く學て是を識《シル》すは。孔子の本懷にあらず

衞靈公（冠注）　子曰ク。賜ヤ也女《ナンヂ》以テ予ヲ爲ルニ多ク學テ而識ル之ヲ者カ與。對テ曰ク然リ非カ與。曰ク非也。予一以テ貫セリ之チ（已上冠注）

我神道は强て孔子の道に適ふを取ルにはあらざれども。彼ノ海外邊地の人も。古今聖賢と稱せらるゝ人は。自ら神慮にかなふなり。易係辭に。夫レ乾ハ確然示シニ人ニ易ヲ矣。夫レ坤ハ隤然示スニ人ニ簡ヲ矣と。此ノ中乾坤とは天地なり。確然は健なる趣き。示スニ人ニ易ヲとは。むつかしきことを捺るに非スと云フことなり。神道より看れば。天も一箇の赤心なり。此ノ赤心を人に與ヘて小兒の心とす。既に小兒の心なれば。五十年。百年唯この赤心也。人に易キを示すなり。そ

の仁義禮智と云。孝悌忠信と云は。一箇の赤心を文字に移して。横說竪說せるなり。孟軻氏云。（離婁下）大人者不失其赤子之心者也と。隤然は順なる姿。地の法として天に順ず。示人簡と云中には。仁義禮智等の學でしるすべき名目は有べからざるなり。支那の仁義と云だに乾坤天地の道にはあらず。其上惻隱の心。羞惡の心などの名目は。此簡易の中にはいらぬことなり。孟子すでに赤子之心の道たるを知る。此惻隱等の名目は假り設し辭なり。我國は直にこれ神國なり。直にこれ神裔なり。一箇の赤心。上一人より下士庶人に至り。上古神代より今日に至り。今日より去て萬々歲。まことに天壤とともにつくることなし

楊墨も亦可取か

先生云。天柱すでに立て。儒道百家みな取べしと聞く。その儒の道たる五經論孟は云に不及。左氏國語等並に格言多し。博物の君子は墨子楊朱子も可取か

翁云。今の佛家者流の宗旨がたまり。祖師びいきの如き。我師はその卑陋たるを知る。若シ神道に從事して儒を嫌ひ佛を憎む。儒家者流にして神を蔑にし沙門を妬む。竝に是彼ノ日蓮の徒なり。墨子が儉を守る。一日も緩にすべからざるの道なり。神祇德あるを誨ゆ。また我國の風なり。楊朱子が自爲の道また大なり。此ノむかう村。往古より傳ヘ來て。家長は家長の事あり。子弟は相關らず。子弟は子弟の事あり。各々孜々として怠なし。婦女は婦女の事あり。男子は相關らず。奴婢課を分て。奴は主人に從ひ婢は婦女に屬す。翁が看來リしより。内に閨門の亂なく。外に訟爭の患なし。正月元日より履一雙を織て。これを壁上に懸く。今年貢の初着なり。二日は蓆を織ル。第二着なり。三日快晴なれば斧を携ヘて山に入る。第三着なり。婦女紡績してこれを篋中に收ム。大抵春中の所作今年の貢辨ずべし。此ノ自然の道暗に楊子が道に合す。先生猶二書を看よ。實に取リ用テ無キ妨なり。孟子が。楊墨の道不止マば孔子の道不顯といへども。此ノ一村に

て云へば。互に不相害也。孟子また父を無し君を無すと云へども。二書みな君父に背の教に非ず

(冠注)天下之言不歸楊則歸墨。楊氏爲我是無君也。墨氏兼愛是無父也。無父無君是禽獸也(冠注已上)

翁此に至て謂ふ。孟軻氏。また胸中に日蓮種未泯歟。孔子の言には此卑陋なし。管子の書また國家の用あるべし。孔子は。その器小哉と。それ器の物たる。大小各々用ある習なれば。仲尼は管子をも可取歟

(冠注)八佾　子曰。管仲之器小哉。或曰管仲儉乎。曰管氏有三歸。官事不攝焉得儉。然則管仲知禮乎。曰邦君樹塞門。管氏亦樹塞門。邦君爲兩君之好有反坫。管氏亦有反坫。管氏而知禮孰不知禮(冠注已上)

孟子は。仲尼之徒。五尺の童子も五霸を稱することを恥づと云へれしなれども。論語には。管仲なくんば我左衽せんと云。又その仁にしかんやとあれば。五尺の童子は且置て。仲尼自ら稱せしなり

(冠注)梁惠王上　齊宣王問曰。齊桓晉文之事可得聞乎。孟子對曰。仲尼之徒無道桓文之事者。是以後生無傳焉。臣未聞之也。無以則王乎　集註。董子曰。仲尼之門五尺童子羞稱五伯云云

憲問　子曰。管仲相桓公。霸諸侯。一匡天下。臣到于今受其賜。微管仲吾其被髮左衽　同。子曰。桓公九合諸侯。不以兵車。管仲之力也。如其仁。如其仁

前漢書列傳二十六。有董仲舒傳　太全。新安陳氏曰。董子名仲舒。西漢廣川人。此語見漢書本傳　對江都易王問。粤有三仁而曰。仁人者正其誼不謀其利。明其道不計其功。是以仲尼之門五尺童子羞稱五伯。爲其先詐力而後仁義也(已上冠注)

總じて五霸の分を論ずる。孟子より末のことなり。仲尼ならば。管子も可取用と思はるゝなり。此等の事先生更に詳にせよ。老子の書たる。誠に聖者の志なり。これを師に聞けり。孔子は人道を說、稀に天道あり。老子

は首として天道を説出。少く人道あり。此天道元來人に相違せず。人道元來天に相違せず。その世を助け民に長たるに至ては一なりと。支那歴代を考るに。仲尼の道これを行ひたる君一人もなし。たまたま滕文公。孟子を師としてこれに依る。久しからずして覆滅す。漢王莽専ら孔子の道を行はんとす。固より其人に非ず。明建文君。方孝孺を師として此道を行はんとす。遂に出亡の災あり。老子の道は漢文帝。蕭何。曹參等。これに依て太平を致す。唐太宗。宋太祖等。管晏諸覇を主とす。亦しばらく太平を致す。此等の事實。君たる者の鑒むべき所也。孔子史記六十三謂弟子曰。鳥吾知其能飛。魚吾知其能游。獸吾知其能走云云至於龍吾不知其乘風雲而上天也。今見老子其猶龍乎と云り。朱子曰。孔子問禮於老子者。時老子嘗爲周柱下史。故問之。非問虚無之道と云は。亦これ日蓮が黨なり

神道と易

先生曰。係辭に。子曰知變化之道者。其知神之所爲乎と。此に依ば神道に

通ずるには易を學ンで近ヤ歟

翁云。此ノ理あり。伏羲に在ては我神道にも通せし人なるべし。初て兩儀を畫す。これ雄元雌元の狀なり。剛柔相推ノ變在リ其ノ中ニ矣と云ヒ。係辭ニ焉而命ス之動在リ其ノ中ニ矣と云フは。鶺鴒の狀ありて四象のおもむきなり。世の神學者この鶺鴒に就て大なる僻說を設く。先生の知ルところ也。此より八卦を成す。我ガ八の成數に相應す。まことに易は我國の敎に近し。神道の徑路と知ルべし。其ノ差排を言ヘば。神道は直に是レ神明の道なり。易は衆聖人の手を經て漸次に成立す。其ノ奇偶の理。動靜の姿。八卦を重て十六を成す。更に重て三十二。六十四となし。卦爻彖象を設ケて。文を尋ネ理を究め。神明の故に通ずべき書なり

我國に文字なし

翁又曰。我國に文字なし。文字なきを以て我國の國たるを知る。又典籍なし。典籍なきを以て我國の國たるを知る　先生こゝに於て茫然と

して自失する所あるが如し。暫クありて問ふ。文は貫レ道ヲの器なり。人間の禽獸に異なる。此ノ文字この道の存すればなり。今翁文字なきを以て我國の國たるを知ルと。此ノ一言予カ解せざる所なり　翁云。この一言。子が難ずべき所なり。試に問ハん。支那の文字何レの時に起る　先生云。黄帝の時倉頡が制せるなり　翁又問。倉頡何物を見て作れる　先生云。鳥跡　翁云。これこの鳥跡。わが神道の在ルところなり　爰に至て先生憮然として嘆じて云フ。誠なる哉。文字なきを以て我國の我國たるを知る。鳥跡より看れば。文字は末が末也。鳥跡實に文字の祖なり。鳥跡のみならず。北斗七星。天に在て文字の祖なり。山川人物。地に在て文字の祖なり。風雲雷霆。中に位して文字の祖なり。我國萬邦の宗國として神明の依託せる處。その文字なきを以て我國の我國たる所なることを知る。爰に至て更に口を開くところに非れども。語テ而詳ニスレ之ヲと云フ敎あれば。更に問決すべし。日本紀の本書。及ヒ一書。當時いかなる記録なりや　翁云。傳に此は家々の意おぼえにて。今商家の符帖の如くなる有リしを。安麻呂舎人等の取用せられし所なり。今時片かなにも平かなにも。への字を用フるは。上古へツ鏡のへを。其ノまゝ用フと云フことなり

我國に典籍なし

先生云。その典籍なきを以て我國の我國たるを知る。此ノ三記の如きは神明の趣きにて。孔子も言ハざる。子路も知ラざる程のことなれば。典籍たる最大なりとす。今典籍なしと言フは何ぞ

翁云。易ニ曰ク。古者包犧氏之王タル二天下一也。仰テハ則觀二象ヲ於天一。俯ノ則觀二法ヲ於地一。觀三鳥獸之文ト與二地之宜一。近ク取リ二諸ヲ身ニ一。遠ク取ル二諸ヲ物ニ一。於テレ是ニ始テ作シ二八卦ヲ一。以テ通ス二神明之德ヲ一文　三記の如きは。直にこれ神明の德風をあらはして。通人の解し得る所ならず。既に是レ解シ不レ得。これを典籍なしと云て可なり。それ故エ學に志す者。支那の典籍をのみ讀習ふ。七八歳より大學中庸論語孟子と目ならひ耳ならひて。先入の言主となる。支那を善國と思ひ。四書五經をのみ道の

正シきと思ひ。文章にまごはされて。還て我國を卑下に思ひ。彼國の人自ら中華と稱するに習て。中華と云フは支那のことと思ふ。我も少壯の時は其ノ惑ありしなり。中年已後偏頗の狹小なるに氣づいて。唯タ道理の正しきを主とし始て目のさむる如く。それより明師を尋て。神書の顧をも受ケしなり。今見れば支那の政刑我國より劣ること多し。刑法は堯舜のとき五刑を制す

（誠注）二書經。墨劓剕宮大辟（已上註）

其ノ宮刑の如きは。我國に不ル用レところなり。これ一事にても。我國の正シきことを知ルなり。先生も想ひ看よ。宮刑は見苦しき刑なり。今日本の武人にその刑を行はんとせば。自殺しても受ケまじきなり。支那の人はをめをめと受ケと見えたり。それよりして宮中に宦者と云フ者ありて。男女の間の使令を行ふ。漢已來唐朝宦者の害によりて世を亡すこと多し。唐ノ文宗の如き文雅の天子なり。宦者に制せられて自ら安んせず。中夜に

彷徨して自ら嘆息す。宋より明に及て宦者の害少なからず。英宗の蒙塵も王振に制せられてなり。その後劉瑾。魏忠賢等。君の明を覆ひ。忠良を害し民庶を虐して。遂に國の亡るに至る。我國は宮刑なければ此ノ類の害なし。天文家に宦者星ありと云ヘり。此は支那の國俗によりて名けしなるべし。我神書の中。天道をのみ明にせる書にして。其ノ中には見ざる所なり。唐虞の間より支那には此ノ癖あり。末代に至ては陵遲等の刑。殘忍なること甚し。此にても我朝の尊キを知ルべし。若シ宿福の士有て。神書の中一文一句を解キ得ば。實に包犧氏の志なり。此ノ一文一句。直にこれ天象なり。直に是レ地宜なり。支那典籍の比すべきならず。仁義禮智の基なり。既に比類ならざれば。我これを典籍なしと云フ。要を取て是を言ハば。我高天原。これ包犧氏の則を取ルところなり

我日神の日神たる所其一

先生云。天照大神以テ天狹《アマノサナ》田《タ》長《ナガ》田《タ》爲ス御田ト聞く。天尊の貴き。御田何の用

ぞ
翁云。此レ正しく我ガ日神の日神たる所なり。總じて國の亂亡は。上下相隔
りて上の惠み下に通ぜず下の情上に達せざるより兆す。下の情の上
に達せざるは。人君の自ら逸樂を好むより兆す。申子韓非子が如き。臣
は下に勞して君は上に逸すと云フ。天命にそむく所以なり
（冠注）申不害　韓昭侯ノ爲相　申子二篇。劉向云ク上下二篇　韓非は韓の諸
公子也。韓非子書二十卷。索隱ニ曰ク三十餘篇（冠注已上）
春秋の時。齊ノ田氏和齊君を海上に遷し一城に食せしむ。秦ノ趙高が二世
を欺て自ら相位を固うす。皆君たる者の逸樂を好むに由ルなり。天地の
間日月より貴キはなし。日月も運行して且ツも止マぬを見よ。上一人より下
士庶人に至るまで逸樂に敗れざるはなし。天の道たる。上も勞すべし。
下も勞すべし。論語に。人之言ニ曰ク爲ルレ君難シ爲ルレ臣不レ易カラ。如シ知ラハ二爲ルレ君之難キヲ一也不レ幾カラ二
乎一言ニシテ而興スニレ國ヲ乎と。孔子の格言なり

(冠注)ニ集註。幾は期也(冠注已上)

その衛靈公無爲而治者其舜也與。夫何爲哉恭己正南面而已矣と云。これは二十餘臣を得て各々其事をとり行はしめたるよそほひを云なり。舜なればとて南面垂拱のみには非ず

(冠注)ニ舜典　帝曰。咨汝二十有二人欽哉。惟時亮天功(冠注已上)

看よ斯人の斯世に在る。人は動物たり。動ざれば病を生ず。此飲食あり此大小便利あり。上下貴賤智愚みな同じ。是に於て明君の上に居る。逸樂の害を知る。故に自ら勞する所あり。勞苦過て自ら害するを知る。故に民を使ふも其勞を過すことなし。孟子が佚道を以て民を使へば不怨と云。格言なり

(冠注)孟子曰。以佚道使民雖勞不怨。以生道殺民雖死不怨殺者(冠注已上)

此國土は諸册二尊の生ずる所なり。此五穀は保食神の化する所なり。この農業全く神事なり。神事の中に最要なり。世の木綿《ユフ》襷《タスキ》を掛て祝す

ることのみ神事と思ふ。愚の至りなり。さはいへ今の世に君たる人の農民匹夫と並び耕すに非ず。有道の君この差排ありて農の國本たるを知る。孟子の易《メ》ニ其《ノ》田疇《チ》一薄《フス》ニ其《ノ》税斂《チ》一。民可《キ》レ使《ム》レ富《マ》也と。格言なり。民《ノ》富は國《ノ》富也。國富《マ》ば君位動《キ》なきなり。天上の狹田長田その趣しるべし

我日神の日神たる所　其二

先生云。天照大神方《マサニ》織《リツ》ニ神衣《カンミソ》一居《マス》ニ齋《イミ》服《ハタ》殿《トノ》ニ一云云　狹田長田あることは命を聞く。天上の尊主にして自ら織り玉ふは如何なる由ぞ

翁云。神衣とあるは自の御衣にも有《ル》まじ。又他人の爲に織《リ》玉ふにも非るべし。先神諾冊二尊等の孝養の御衣なるべし。萬乘の主といへども。先君孝養に身を勞する。天の道なり。昔時ある人。天子に父母なしとの一言は。君子の過と云《フ》ことも也。勿論是は時に當て不平の思召より出し事なれども。不平は不平。天子に父母ある也。孝養心を盡すべし。此を以て萬民を誘ふ。普天率土みな忠孝の民となる。天子に父母あり。その道

大なり。天子も孝養をつとむ。その孝養大なり。孝養に身を勞す。天の道なり。總じて支那の奸臣その君を欺く。明主ならざれば必ずその手裡に墮して其身を亡すに至るなり。事實の中に。唐玄宗は賢君なり。李林甫進で臣は勞すべく上は逸すべしと言て。自ら政事に勤勞す。誠に君子の過歟。玄宗この言に惑て聲色を以て自ら樂む。遂に天寶の亂を招て唐の代これより衰ふ。古今に奸曲の臣は務て君の聰明を覆ふ。君の聰明を覆はんとする者は。專下の情の上に達せず。上の惠の下に通せざるを計る。此謀多は聲色を進て其心を放蕩ならしむるなり。此心の物たる活物なり。善に移らざれば必ず惡に走る。逸居して勞を不知ゆゑに多く聲色に走る。一度聲色に走れば聲色その心となり。甚は聲色その政事となる。亡國に至るなり。故に明君は自ら勞することを知る。先祖に孝養を勤むることを知る。自ら聲色に走るいとまなし。聲色に走ざれば多は道に志す。一たび道に志せば。其道我心となる。道ある人に親む。誠に太平豊樂の兆なり。織ル神衣チ。其ノ神事大なり。支那には劉向が新序に。公儀子が其ノ織婦を逐フを記して美談とす。公儀子が意は民と利を争フを嫌ふなり。一分の志は嘉すべけれども大道を不レ知ラなり。天地の物を生ずる。生成して限リなき。天の道なり。一夫の耕す。一女の織る。みな天の明命なり。一夫の懈。一女の怠。この明命に違ふ。彼ノ小國の大夫自ら民庶に異なるを知る。其ノ器至小なるなり。萬世の大君。人神の主として自らその尊大に意なし。斯ノ天の明命を承ケて自ラ織リ神衣チ居ル齋服殿ニ。大に彼ノ小器量に異なり。一書には稚日女尊と記す。天照皇の妹なり。亦彼ノ公儀子に比すれば尊卑大に異なり

善惡相よる天の道なり

先生云。農と織との神事たる。誠に堯舜に勝れること遠し。我ガ今日より自ら神國の民として天命に適ふを知る。これ翁の賜なり。此によりて擴め充ツるに。大已貴命ヒイラギの矛を以て不順を制し玉ふ。經《フ》津《ツ》主《ヌシ》。武《タケ》

御甕槌《ミカツチ》の命の此ノ國を受玉ふ。武事も神事なり。少彦名ノ命蒼生の疾を除キ玉ふ。醫藥また神事なり。其ノ未レ成ところ支那の藥方を用ゆる。海外亦我ガ用となるなり。天照皇岩戸を閉《トサ》し玉ふ時。天兒屋禰ノ命等神樂をなし玉ふ。音樂歌舞も亦神事なり。その未レ成ラところ百濟等の樂を用ゆ。海外も亦我ガ用となるなり。神明に準じて行ふ。自ら天命を受く。誠に大なりとす。然ルに一の疑あり。素尊正く是レ天照皇の親弟として。春はしきまきし且その畔《アセ》を毀《チ》。秋は天斑駒《アメノフチコマ》をして田中に伏セしめ。乃至天斑駒《アメノフチコマ》を剝キて織殿に投納ルるに至る。既にこれ天孫なり親弟なり。何ぞ身行濁惡の此にいたるや

翁云。予もかつて此に疑ありき。此レ亦聞キし如く子に告ツべし。師云。善惡相よる。誠に天の道なり。世界の法として善あり惡あり。麁相に料簡せば。善のみにして惡なくば。世は清淨無爲なるべきと思ふべけれども。世界の法。法として然らず。善ある處に惡あり。此ノ惡によりてその善あら

はる。悪ある處必ず善あり。此ノ善によりて悪の作スまじきを知る。此ノ善悪萬國に推シ通じて道となり。古今におし通じて人天を利益す。大河の曲折あるが如く。竹の節あるが如く。悪なければ此ノ善成就せず。孟軻氏云。天マサニ大任ヲ此ノ人ニ下サントスル。必ズソノ身ヲ凍餓セシメ。其ノ心ヲウレヘシメテ忍ビガタキヲヨク忍バセテ。其ノ及バザル所ニ達セシムと云フ。此レなど天道に適ふ誨也。老子に不善人は善人の師なりと云フ。此ノ亦天命の在ルところ也

(冠注)告子下。天將ニ降サントレ大任ヲ於是ノ人ニ也。必ズ先ヅ苦メ其ノ心志ヲ。勞シ其ノ筋骨ヲ。餓シメ其ノ體膚ヲ。空乏セシ其ノ身ヲ。行ヒ拂亂ス其ノ所ニ爲ル。所以動シ心ヲ忍ビ性ヲ。曾益スル其ノ所ヲ不ル能ハ。老子廿七章。善人ハ不善人之師。不善人ハ善人ノ資(冠注已上)

此ノ素尊濁悪ありて天照皇仁恕の御心知ルべく。此ノ濁悪増長して岩戸を閉《トサ》し玉ふ。諸神はかりはかりて遂に素尊を根ノ國に逐ヒ降し玉ふ。道此に依て立つ。法此に依て定る。瓦礫なくば金銀珠玉の美なし。夜なくば晝

の明なるの尊《ヤ》を不知《ラ》。闇夜なくば明月の淸涼なるに樂なし。天道みな如《シ》是《ノ》。孔子の惡ヲニクム己甚《ハナタシ》キハ亂ナリと。これ格言なり。其《ノ》中に魯國に政をとるとき少正卯を誅するは。君子の過也。少正卯不義の婬せず刼盜せず人を殺さず。殺すべき條目に非ず。彼が心地の不善は我《レ》善人の助とすべし。神明天命の顧に依《ラ》ば。孔子もし少正卯を誅せずば。魯國大に治る功は遲けれども。國を去《ル》の事は有《ル》まじきなり。神明の道には麁言をも出さぬことなり。諾尊册尊絕妻の時に至て。此《ノ》國の人千頭を縊り殺《サ》んと玉《ノタマ》ふ時も。愛《ウツクシキ》也我《アカ》夫《ナ》君《セ》。愛《ウツクシキ》也我《アカ》妹《ナニモ》と。諾尊終身麁言なき知《ル》べし。此を神道とす。天命の在《ル》ところなり。又論語憲問に原壤夷《シテ》俟《ツ》。子曰《ク》幼《ニシテ》而不孫悌《ナラ》。長《ジテ》而無《シ》述《ブル》焉。老《テ》而不《ル》死《セ》。是《ナ》爲《ス》賊《ト》。以《テ》杖《ヲ》控《ク》其《ノ》脛《ヲ》と。これも我《カ》神國の敎より見れば。その量の小きに似たり。人を咎むるに幼年の事を云《ヒ》出すべきならず。又長じて述《フ》ることとなしと云《フ》も。强て咎むべき罪ならず。不才不能なるは唯《タ》可《シ》憐《ム》。若《シ》才ありても光をつゝみ能を匿して。世にあらはれんことを欲せざるも。其徳よみすべし。後の老而不死と云。尤君子の言とは思はれぬなり。朱子も此ところは笑止に思はれしか。微叩其脛と徽の字を加へられたり。吾國に儒者の道を用るには。支那に聖人と稱するは此般の人を稱する事と見定て用とすべし。我道大なり。國の御杜卓立して。不善人も善人の助となる。海外も我用となる。天地の間棄人なく棄物なし

斯翁の略歴

先生云。翁は年少の時他國にて學ぶや。此處に在て自ら究めたるや

翁云。此村大抵自の姓名をも記し得ぬことなり。我父學問の志ありて。我十六歳の時より京師に出して學業を勤しむ。我少々文字を讀は父の賜なり。一比は誤て我才ありと思ひ仕官して祿をも得べしと思へり。父大に怒て。汝は大盲目なり。吾汝に書を讀せるは道理を明にせしめんとなり。心要を知しめん爲なり。祿の爲に學か。米もらひ心なりと

呵す
(冠注)衛靈公　子曰ク。君子ハ謀テレ道ヲ不レ謀ラレ食ヲ。耕也餒在リ二其ノ中ニ一矣。學也祿在リ二其ノ中ニ一矣。君子ハ憂テレ道ヲ不レ憂ヘレ貧ヲ　呵と訶と同じ。大言ノ怒ル也責ル也(冠注已上)

此に恥て此ノ村に還り。古人を友とし。農隙には典籍を看テは一生これ大安樂人となる。左なくば今までの壽命有ルまじ。此ノ長壽も父の賜なり

先生問。翁少壯のときは妻女ありや

翁云。我レ二十五歳のとき我カ父この南村より女を迎ヘて我カ婦とす。十餘年同居せしなれども。我レに子なし。彼ノ妻また病死せり。親族なる者我に後妻を納レよとすゝむ。我これを師に問フ。師云。汝カ意に隨へ。道の在ルところを云はゞ汝に弟あり。弟に男子あり。家系斷絶に至らず。道を樂ンて可なりと。我レまた女子の側に在ルは道の妨なることを知る。春を送り夏を迎へ。風と雲とを友とし月と雪とを觀ものとす。此ノ樂は我カ師の恩頼也

(冠注)恩頼者御賜物殖レ也　曾根好忠　暇マナミカイナキ身サヘ急グカ

ナ。ミタマノフユトムベモ云フナリ　亡人ノ恩徳を報ずとて魂祭ル也

（已上冠注）

獨身獨居

先生云。我カ國諸册二尊より陰陽相交り。下禽獸蚊虻に至ルまで雌雄の交あり。これ天地の道なり。構造せる趣に非ず。孟軻氏（離婁上）すでに不孝に三ある。無レ後ヤを大なりとすと云フ。翁の中年より獨居せる。この道に背クにあらずや

（冠注）一阿レ意ニ曲從ノ陷ル親ヲ不義ニ。二家貧ク親老テ不レ爲ニ祿仕ヲ。三不レ娶無レ子ノ絶ツ先祖ノ祀ヲ一

（已上冠注）

翁云。此レ亦師に聞クことあり。道の在ルところなり。それ胎生の起る所。化生よりして來る。化生は是レ胎生の源なり。乾道獨化の三尊實に萬國の大父なり。ウヒヂニ。スヒヂニの二尊より。面足。惶根の二尊に至ルまでは。陰陽の徳を具ヘて未タその化用に不レ趣カ。これを蒼生萬類の爺嬢とす。大器は

おそく成る

(冠注)老子第四十一上士聞道章　大方無隅大器晩成。大音希聲大象無形。道隱無名。夫惟道善貸且成(冠注已上)

幾百萬歳その化用に趣かざる所。實に天壤つくることなきの皇圖を闢く。皇圖すでに立て生民各々その處を保ず。其國よりして此を云はゞ。四裔おの〳〵封疆あり。其家よりして是を云はゞ各々我門戸あり。孟軻氏が無後を云へるは。その門戸よりしてこれを云なり。論語に。四海みな兄弟なり。君子何ぞ兄弟なきを患んと云へるは。その道より此を云なり

(冠注)顏淵　司馬牛憂曰。人皆有兄弟。我獨亡。子夏曰。商聞之矣。死生有命富貴在天。君子敬而無失。與人恭而有禮。四海之內皆兄弟也。君子何患無兄弟也(冠注已上)

兄弟と兒孫と其倫また遠からず。孔子孟軻また同これ聖賢なり。道か

くの如し。今翁が身に取て云はゞ。我ヶ弟に男子あり。我ヶ父の後なしと云ヵべからず。更に其ノ源を尋ぬれば。此ノむかう村往古より別姓なし。二十餘家みな祖禰の家系なり。此ノ南村より婦を娶ルも亦此ノ村の法則なり。南村に女子を生ずれば我ヶ村の婦として外へ嫁せず。いつの時より名け初けん。南村を嬬《ツマ》里ヵと稱す。何を學ぶと云フこともなけれども。自ら支那の同姓を不レ娶ラの教にも叶ふ

(冠注)曲禮上ニ　取ルレ妻ニ、不レ取ラ同姓ヲ(已上冠注)

彼ノ邑に女子なければ。他家より養女して我ヶ聘を待つ。此ノ養子も天照皇の教と云フこともも不レ辨へ。たゞ田舍の習せ。堅くこれを守て異途なし。近く云ハは此ノ一村總じて無キレ後のうれへなし。遠く云ハゞ孔夫子の四海兄弟の教にて。道の在ルところ是レ兄弟なり兒孫なり。流レに從て降れば禽獸蚊虻に至る。若シ流に溯徊し源を尋ヌれば蠉飛蠕動と趣を同すべきならず。ウヒヂニ。スヒヂニ二尊は豊斟沼ノ尊に基す。源を尋ねたづねて國常立の

尊に至る

（冠注）上の門戸より云フと。國より云フとの詞を受て。こゝに至て門戸より云フときは蝦飛蠑動に至る。國より云フときは國常立に至る（冠注已上）

我ノこの誨に従て獨居高臥數十年の安樂世界なり。忝クも神慮を察せば浄行に在ルべし。其ノわけは倭姫ノ命よく天照皇に事ヘ奉りて已來。歴代の齋宮みな浄行在職なり。當代天子在位の間は都に還らず。此倭姫齋宮の浄行たるを以て。神慮の浄行に在ルを知ルべし

（冠注）道同じやうなれども。本末とわかるゝときは大に異也。依て浄行の尊きをしるべし（冠注已上）

彼ノ孟軻が趣に異なり。數十年を經て自ら男女の想を忘ると云フも可なり。おほけなき想を發して此ノ庵を名て蘆《アシ》芽《カビノヤ》亭とす

斯務の師　先生云。これ誠に我カ及ぶところならざれども。志は高キを貴ぶ。我も浄行

に志すべし

先生云。上來の明誨多く聞る所ありと云。翁の師とする所はいかなる人ぞ

翁云。我年三十餘山に入て鹿を逐ふ。おぼえず深く入る。遂にその鹿を失ふ。その側に草庵あり。齡六十餘と見えたる老叟あり。形相非常。はじめて拜して論語の五十知天命と云を問ふ。叟循々として教化し我愚朦をひらけり。爾後月に兩三度ばかり詣して疑を決す。今に現在なり。形相その始て見しときに異ならず

先生云。他日その師に見ゆべきや

翁云。妨あるべからず。先生は大か小か仕官の身にて。他日政にあづかるべき人なり。若道に達せば世人の幸なり。他日我ともに誘引すべし

結末

數日の寛談針芥相投じ。實に傾蓋にして舊識の如し。側に侍て聽受す。

夜の明る日の暮を不知。十五日夜相共に林下傍歩して月影を賞す。翌十六。此日快晴なり。先生いとまを告て出づ。翁送て二三里に及ぶ。翁わかれんとして口ずさみして云

よしさらば歸る袂にしたひゆけ
　吹とゞめ得ぬ花のしたかせ

先生沈吟躑躅し。一律を賦して遺し去る

三春行樂遠尋芳　神也誘余入上方　茅屋揚眉論孔墨
爐邊擁膝嘆縱橫　天門闢處徐回首　地脈攝來近指掌
但爲風塵緣未盡　簪纓且隔白雲鄉

歸路。淀の渡しにて先生に問て云。吉野の翁は如何なる人ぞや。先生云。我不知也。論語に隱居以求其志。行義以達其道。吾聞其語矣。未見其人也と。孔夫子に見せたき人なりと

（冠注）季氏　孔子曰。見善如不及。見不善如探湯。吾見其人矣。吾聞其語矣。隱

居以求其志。━━━（已上冠注）

西賀茂神光院和田智滿大和尚寫本奥書

享和三次歲癸亥正月謹寫之

明治四十年丁未十月廿日黃昏雨窓書寫之。其原本河內高井田寺所藏本師舊藏也。余也老矣根氣頗衰。況秋晴好時節爲他來訪數所妨。將以眼力衰夜間不能書寫。執筆僅時間。所以重數日也

同廿四日兩冊寫朱點及朱書畢

七十三翁智滿和南

編者曰。右神儒偶談二卷は尊者の撰なり。明治四十三年故戒心和尚校訂開版して廣く世に傳ふ。今彼の版本を原本とし。更に京都西賀茂神光院所藏の故和田

智滿大和尙書寫の本。幷に京都川勝寺村長福寺所藏の尊者の俗弟子源宣義書寫の本唯下卷あり上卷を闕くを以て。校合して之を出す

故戒心和尙開版の本には各章の標目を設け。之を欄外に置て一覽に便す。今亦之に隨ふ。又神光院の本は處々に冠注及び傍注を施し。引文の本據を示し。或は用語の字義を釋す。未だ其の誰人の手に成れるかを知らず。彼の本は元と高井田長榮寺所藏の享和三年書寫の本に依て寫せるものにして。享和三年は尊者尙ほ御在世の時なれば。其の冠注及び傍注は恐くは尊者の指授に基きて門弟の記入したるものならん歟。故に今之を存し。傍注は元の如く字傍に安き。冠注は今移して行間に置く

此書は寶曆四年甲戌尊者三十七歲の作なり。此中記する所多く神道折紙の意に依る。是れ古來相承の深旨にして。尊者一己の臆說に非ざるを知るべし

神致要頌

蒼々タル高天原《タカマノハラ》　了々タリ古今ノ道　上天ハ御中主《ミナカヌシ》　大地ハ國常立《クニトコタチ》
天地ハ是レ活物　萬物悉ク生育ス　初生ハ爲ニ獨化ト一　次ハ乾坤《アメツチ》相參《マシハル》
造化ハ諾冊尊《ナギナミノミコト》　受レ命ヲ在ニ瓊矛《ヌホコ》ニ一　浮橋《ウキハシ》得ニ滄溟《アヲウナハラ》ヲ一　磤馭盧《オノコロ》國ノ柱ナリ
左旋右旋分レ　雄元雌元應ス　洲島有リニ其ノ神一　鶺鴒發スニ靈機ヲ一
四大五行倶ナリ　山海有リニ方處一　天照皇ヲ爲シレ首ト　月讀《ツキヨミ》爲ニ輔佐ト一
蛭兒《ヒルコ》脚《アシ》不レ立タ　放棄ラレテ享ニ福祿ヲ一　暴惡ノ素戔嗚　斯レ爲ニ善人ノ副《タスケ》ト一
火産《ホノムスヒ》替ヘニ我カ愛ニ一　平坂《ヒラサカ》泉門《ヨミド》塞　菊理《クヽリ》啓キニ微言ヲ一　檍原《アワキカハラ》濯フニ不祥ヲ一
保食《ウケモチ》向ヘハニ山海ニ一　品物貯フニ百机ニ一　三讓告ケニ成功ヲ一　長田《ヲサタ》苗莫々タリ
溟渤《アヲキウミ》以鼓盪《トヽロキタヽヨフ》　吾《カ》弟《アセ》豈ニ善キ意ナランヤ　蹈ニ堅庭ヲ一陷レ股ニ　赤キ心共ニ盟誓《ウケヒ》ス
劔ノ段《キタ》化シ三女ヲ一　御統《ミスマル》生ス五男ヲ一　忍穗耳《オシホミヽ》創ムレ業ヲ　亦爲ルニ嫁姫ノ初ト一
長兄饒速日《ニギハヤヒ》　長髓《ナガスネ》奉ニ摩治《マチ》ヲ一　弟瓊々杵尊《ニニギノミコト》　木花《コノハナ》無戸室《ウツノムロ》

火《ホ》出《テ》見《ミ》山幸《ノサチアリ》　海《ワタ》宮《ツミ》配《ス》二豊《トヨ》玉《タマニ》一　葺《フキ》不《アヘ》合《ス》相《ヒ》繼《キ》　玉《タマ》依《ヨリ》生二四子《ナ》一

已來稱《シ》二人皇《ト》一　世教育《ス》二蒼生《ヲ》一　君位齊《ク》二天《アメ》壤《ツチト》一　臣職亦無《シ》レ窮《リ》

武威制《シ》二海外《ヲ》一　海外爲《ル》二我《ガ》用《ト》一　國界常《ニ》豊饒《ニメ》　人神本《ト》不二《ナリ》

寛政十年戊午正月四日艸　葛城山人

編者曰。右神致要頌一紙は尊者の撰なり。今古寫本三種を以て校合して之を出す

外題 比登農古乃世

人の此ノ世にある。誰か無病長壽を願はざるべき。然るに世に長壽なる人すくなく。短命なる者多し。誰か富貴智慧を願はざるべき。然るに世に貧賤なる者多く。富貴なる人すくなし。智慧ある人少く。愚昧なる者多し。是を年老たる人に問ふ。老人云ツ我ン是を知る。有智の師に聞ケり。人の此ノ世に在る。天命といふこと有ルべし。神祇の守《マモリ》と云フ事有ルべき理也。今現に見る所。日輪より貴きはなし。この日輪有て日神《ヒノカミ》ます。是レ萬神の主にして。此ノ國天子の祖なり。若し更に神祇の願を尋ねば。天地開闢より其ノ差別區々なるべし。長天を體とし給ふ神あり。是を天ノ御中主ノ尊と名く。續紀三十六柴原勝子公が表に。子公等之先祖伊賀都臣遠祖天ノ御中主ノ命二十世之孫云云と。此は天兒屋根ノ命を高皇産靈ノ尊の子と稱するに就て記せるなり。高皇產靈に后妃有て子孫相續せると云にあらず。高皇產靈勅して伊弉諾尊に天瓊矛を授給ふにて知るべし。又瓊々杵尊天降給ふ時。舊事紀三天神本紀ニ見ユ高皇產靈尊勅曰。我則起樹天津神籬《ヒモロキ》及天津盤境《イハサカ》於葦原中國《ナカツクニ》亦爲吾孫奉齋《マツランイツキ》矣云云の趣にて知べし

此神に次で高皇產靈尊　是天命の神なり。神漏岐《カミロキ》神漏美《カミロミ》と稱する也。

神皇產靈尊　支那にも我朝にも諸神の感あるは此神德といへり。古事記此三神を首とす

地を統《スヘ》て體とし給ふ神有。國常立尊と名づく。此神其跡より察すれば天御中主に次で成出給ふといふべし。しかるに神祇その顚ふかし。前後をいふべからず

此神に次で國狹槌《クニサツチ》尊。豐斟渟《トヨクンヌ》尊

日本紀此三神を首とす。易に大極と立る。此三神にあたる。紀には乾道獨り化すと云へり。老子に一二を生じ二三を生じ三萬物を生ずと云は。

其ノ跡より是を見るなり。神祇は人事いまだ兆《キザサ》ざる先に相感ずれば。此レ
こととなる也。人事三あらんとして。天道まづこの三神あれますとい
へり
次ニ埿《ウ》土《ヒヂ》煑《ニノ》尊。沙《ス》土《ヒヂ》煑《ニノ》尊
上の國常立も。大地有て後に其ノ神なり出テ給フにあらず。大地と神と前後
を云フべからず。この大地といふも人間肉眼の所見ならず。虚空界ある
處直に是レ世界海有る理なり。此ノ埿土煑。沙土煑の兩尊は。此ノ大地是レ土田
たるべき趣也。おのづから兩儀わかれば其ノ象ル二男女一也
次ニ大《オホ》戸《ト》之《ノ》道《ヂノ》尊。大《オホ》苫《トマ》邊《ベノ》尊
此ノ大地土田かならず萬物を發する趣をそなへたり。此を神徳とす
次ニ面《オモ》足《ダルノ》尊。惶根《カシコネノ》尊
面足ノ尊は世界ある所必衆生ある趣なり。この衆生面貌眼耳鼻舌身そ
なはるべし。惶根ノ尊は面容萬相の有る所。愼み守るの道あるべき理な

り。此ノ對。易の兩儀にあたる
次ニ伊《イ》弉《サ》諾《ナキ》。伊《イ》弉《サ》冊《ナミノ》尊
この二神陰陽升降萬物化成の位なり。此より四神生ず。易の四象の位なり
次ニ地水火風諸神あり
生をつかさどり給ふ神あり。多賀大神乃チ上の諸尊也。死をつかさどり給ふ神あり。泉《ヨモ》津《ツ》大神乃チ上の冊尊也
神祇の蹟より見れば。生死ともに神道也。陰陽ともに造化なり。且く人情に趣て生を歡び死をいとふ
五穀諸類の神あり。豊《トヨ》受《ウケ》大神等也
武事の神あり。松尾。鹿島。香取ノ諸神等なり。主方。主時。晝夜の諸神あり。山川草木屋宅城邑の神あり。財利農商河海舟車等皆神あり。下り至りて痘瘡産生。流行疾疫の神あり。婦女をつかさどる神あり。小兒をつかさ

ざる神あり。其《ノ》性善なる有《リ》。其《ノ》性悪なるあり。有徳沙門を敬ふあり。出家の形を嫌ふあり。總じていはゞ虚空界に遍滿して其《ノ》限《リ》を知《ル》べからず。天地に充塞して少しも空閑なし。縁あれば顯る。縁なければ隱る。人間の中報得として神類を目に見る者あり。人中善事あれば善神威光を増益し國治り民饒《ユタカ》也。世間悪業あれば悪神便《リ》を得て國を亂し時候を傷ふ。國に逆臣多し。家に諍爭たえず。荒振神と名る是なり。過を改め善に移るは道の大體なり。庸人は自ら是として其《ノ》過非を知らず。其《ノ》過を知るを明とす。此《ノ》神八《ヤ》十《ソ》枉《マカ》津《ツ》日《ヒノ》命なり。亦《ノ》名大《オホ》禍《マカ》津《ツ》日《ヒノ》神。非としらば自ら改むべし。此《ノ》神は神《カミ》直《ナホ》日《ヒノ》神。大《オホ》直《ナホ》日《ヒノ》神也。此《ノ》三神幷に日を以て稱す。日は明徳の象と知《ル》べし。諸尊その杖を以て投ぐ。是を岐《フナトノ》神といふ。其《ノ》帶を投ぐ。是を長《ナカ》道《チ》磐《ハノ》神といふ。其《ノ》衣《ミケシ》を投ぐ。是を煩《ワツラヒノ》神といふ。其《ノ》褌《ハカマ》をぬぎ給へば神あらはる。開《アキ》囓《クヒ》の神と云《ノ》。履を投ぐ。是を手《チ》敷《シキノ》神といふ。所《ノ》レ塞《ル》磐《イハ》石是を泉《ヨミ》門《トニ》塞《サマリマスカ》大神《ミ》といふ。智者類にふれて其《ノ》趣を得べし。天照大神は陽德君位にして女神なり。月讀ノ尊は陰德臣職にして男神なり。此ノ二神は善根仁慈の御意なり。蛭《ヒル》兒《コ》神は不才にして福祿あり。素盞嗚ノ尊は暴惡にして武勇なり。素尊根ノ國に就《ユカン》とトして姉君天照大神に別を告んとして。雲霧を跋涉して高天原に上り給ふ。此ノ神性として動作ごとに山崩れ海湧く。今の世にも所々に大山のくづれ海波の溢るゝ。此ノ神の餘烈なり。此ノ時天照大神驚《キ》給ひ武事のそなへをなし給ふ。素尊啓し給ふ。黒《キタナ》き心にあらず。赤《キヨ》き心にて姉君に見《エ》んとして。遠くこゝに來ると。天照大神曰《ク》。汝《ナ》が赤心何を以て證とせんと。素尊曰《ク》。盟《ウケ》約《ヒ》のしるしかならず神を生ずべし。其ノ神もし女神ならば黒心ありとおぼせ。若し男神ならば赤心なりとおぼせと。天照大神もまた其ノごとく誓ひて。素尊の手より十《ト》握《ツカ》の劒を乞取て打《チ》折《リ》て三段となし。天ノ眞《マ》名《ナ》井《ヰ》にそゝぎ。皓然咀嚼して噴《フキ》出し給ふ狹《サ》霧《キリニ》三女神出《テ》給ふ。上の山に山神あり。海に海神あるの趣。物あれば理そなはる。形あれば情そなはる。三段の劒三神となる。

酷《サカ》然《ミ》咀《カ》嚼《ミボフレ》是神ノ業《ワザ》なり。凡そ人の此ノ世にある。身口意の三業あり。善にまれ悪にまれ。此ノ三業これ造業の器なり。内に思ひ有て語にあらはれ動作にあらはる。智者は身の動作を見て其ノ意の趣く所をしる。支那に衛姫が齊ノ桓公の行歩を見て其ノ衛を伐つ心を察せるがごとし。音聲を聞てもその意の趣く所を知ルべし。此ノ酷《サカ》然《ミ》咀《カ》嚼《ミヨフ》。口業の動搖にして。神業の成立せるかたちなり

素尊又大神の纏ひ給へる五《イ》百《ホ》箇《ツ》御統《ミスマルノタマ》を乞取て天眞名井にそゝぎ。酷然咀嚼し。噴《フキ》出し給ふ狭《サ》霧《キリ》に五神現じ出給ふ。第一に忍《ナシ》穂《ホ》耳《ミヽノ》尊なり

神祇出生。上に同きなり。五神の數其ノ理深《シ》と云云

天照大神是を我子とおぼして養《ヒ》給ふ

是《レ》我《カ》國養子を以て家門を相續する縁事なり

成長ならせ給うて。千《チ》五《イ》百《ホ》秋《アキ》瑞《ミツ》穗《ホノ》國は我《カ》子孫長く君たるべき國ぞとて。高皇産靈ノ尊の命によりて天降《リ》給ふ。天ノ浮橋に至て御子出生し給ふ。

兄を饒速日《ニギハヤヒ》尊と云ひ。弟を瓊々杵《ニニギ》尊と云。御母は栲幡千々姫《タクハタチヂヒメ》也即ち高皇產靈尊の姫なり

此已前はみな化生なり。此時初て嫁娵の義ありて子孫相受く。是を胎生とす。此後より諸陵はじまるべし。神祇より次第に人事に移り來る趣なり。日本紀をよむ者。神祇は神祇の致《ムネ》を以て解すべし。神武天皇已來は人事を以て解すべし。其中此忍穂耳尊より鸕鷀草葺不合《ウカヤフキアヘズ》尊までは。まゝ人事と相應せる趣あり。神武天皇已來仲哀應神天皇に至迄。人事の中に神致相まじはる也

饒速日尊三十二伴神を率ひて天降給ふ。此時高皇産靈尊より十種瑞寶《トクサノカンタカラ》を受て河内國哮峰《イカルガ》に降給ふ。虚見津《ソラミツ》日本國《ヤマト》鳥見《トミ》の山にうつします。大和國長髓彦《ナガスネヒコ》の女《ムスメ》炊屋姫《カシヤヒメ》を娶て宇摩之摩治《ウマシマデ》命生れ給ふ。一説に此宇摩之摩治命後に藏王權現と稱す。河内國田井村に神現寺あり。此村古來藏王權現を氏神とす。又物部《モノヽベ》の祖神なり

饒速日ノ尊は炊屋姫懷孕にましまます時に崩じ給ふ。此ノ饒速日ノ尊。宇摩之摩治ノ命並に胎生の神なり。地上に饒速日ノ尊の陵なければ。神祇より人事に趣く時としるべし。總じて神壽は人間の年數を以て量リ知ルべきにあらず。天御中主ノ尊虛空と其ノ始終を同ジすといふべき也。國常立ノ尊は大地と同シき壽也。天照大神は日輪と同シき齡なり。下等の神祇鬼類は人間の壽に及ばざるも有リといへり。上位の神靈は起滅の邊際はかるべからず。稚日女《ワカヒルメ》尊高天原に在て天斑駒《アマノフチコマ》におどろきて神さり給ふといへども。神功皇后の御時三韓に趣き給ひ。現に今攝津國生田社にましますの類也

凡夫人間は生死に沒せられて。生れては死し死しては生れ。暫くも休《ヤスム》ことなし。生は死の縁となり。死は生の縁となる。若し上位の神祇賢聖は生死に自在を得て縁にまかせて起滅す。大海の波浪の如クにして。而《モ》虛空の清長なるがごとし

神代記下《ノ》巻。瓊々杵《ノ》尊日向襲《ソノ》高《タカ》千《チ》穂《ホノ》峰に降り給ふ。大《オホ》山《ヤマ》祇《ツミノ》神の女木《コノ》花《ハナ》開《サクヤ》姫《ヒメ》を娶て。火《ホノ》酢《ス》芹《セリノ》命。火《ホノアカリ》明。彦《ヒコ》火《ホ》々《ホ》出《デ》見《ミノ》尊等を得給ふ。此《ノ》彦火々出見《ノ》尊天孫として皇代の祖神なり。此《ノ》尊海《ワタ》宮《ツミ》に入て豊玉姫を娶り鸕《ウガ》鷀《ヤ》草葺《フキ》不《アヘ》合《ズノ》尊あれます。已上は神祇より人代に趣く義なり。神武天皇已来は唯人皇なり。神功皇后の時に至りて。天照大神。稚《ワカ》日《ヒル》女《メノ》尊。事《コト》代《シロ》主《ヌシノ》命。住吉明神と託有て寶の國をあたへ給ふ。此《ノ》寶の國といふは金帛のみをいふにあらず。文字禮度も皆これ寶なり。三韓服従の後。應神天皇に至て論語千字文の渡れる。又後詩經の渡りて我國の用となり。支那の文字をとり用ひて我國の用となす。神明より見れば。まことに寶なるべし」

此《ノ》人皇の御代となりても。元来人神相感ずる習なれば。上代神徳のむなしからぬこといちじるし。末の代に至ても誠の至れる所には神徳あらはるゝためし。松浦明神天満宮。近くは宇和島の活玉明神等なり。海外にも關羽が神威をあらはせしこと。支那には崇敬する

也

人神一致なれども幽顯みちことなり。事《コト》代《シロ》主命《ヌシノ》が高皇産靈尊の勅に随ひ給ひ。廣《ヒロ》矛《ホコ》を二神に授て百《モヽ》不足《タラス》八十《ヤソ》島《シマ》に退き給ふ。是より幽事は大己貴命《オホナムチノ》のつかさどりとして。顯事は天孫に譲《リ》給ふ。こゝに至て神業を幽事とし人事を顯事とす。本二つなき所におのづから二途あるを知るべし。猶神物官物其《ノ》わかちなく。八《ヤ》咫《タノ》鏡《カヽミノ》其殿を同し住せ給ふ。崇神天皇の時に至て。神威を恐れて始て宮居を別にし給ふ。其《ノ》後は神事王事愈相《イヨイヨ》わかちて二途同じからざるに似たり

此《ノ》二事相わかれて後《チ》人事を以て神威を感じ。神威を以て人事を成就す。海外に至《ル》まで此《ノ》道おのづから存して國家の成則となり。支那の書にては周禮等を見て其《ノ》趣に達すべし。支那の聖人は神祇と德を同すべきならねど。此《ノ》神德神威を同じく人にをしゆるは周公孔子の智なり。我國に在ては全く是れ神國にして。王公大人多く是《レ》神裔なり。其《ノ》歷

代政務武門の道。みな誠を首とし清心を前《サキ》とし。全く神道なり。此ノ神道天地の大體なれば海外も我ク用となる。周公孔子の道も。時に隨ひ事に隨てとり用ひて障碍なし。神祇の故凡庸の知ルべきならねば。賢聖の跡を尋て信を生ずべし

佛在世に婆羅門なる者あり。男子を得て皆夭死せり。第七に至りて亦男子を誕生す。此ノ兒のまた亡せんことを患ヒて。諸の道を教る人に詣して其ノ命を請ふ。諸の外道師みな其ノ道を知らず。終に世尊の所に詣して其ノ長壽を請ふ。世尊曰ク。人の壽夭みな受る所あり。是を轉ずる道なし。婆羅門憂悲し。遂に惡口して云ク。瞿曇自ら一切智人と稱し三界の大導師とほこる。此ノ小兒に壽を與フること不ン能ば。一切智人の徳何れの所にかある。世尊曰ク。汝惡口することなかれ。麁言は自ら過ト咎カをまねく。此に一途あり。此ノ兒を抱て城門に在て。出る人をも禮せしめ。入る者をも禮せしめよ。三日の內必一人の留て呪願する者あらん。此ノ言を憶して我に

告よと。婆羅門なる者其《ノ》敎のごとく。此《ノ》兒を抱て城門の邊《ホトリ》に在て。出入の人を禮敬せしむ。三日といふの日沒に及《ヒ》て一老人あり。杖を携《ヘ》て過ぐ。此《ノ》兒の禮敬せるを見て。暫く立とゞまり呪願して曰《ク》。此兒無病長壽と。徐々として過《キ》行く。婆羅門乃ち世尊の所に詣して此《ノ》事を告ぐ。世尊云《ク》。汝福利を得たり。此《ノ》兒八十歳の長壽を得べし。婆羅門問て云《ク》。彼《ノ》老人はいかなる人ぞ。世尊曰《ク》。彼は小兒を宰《ツカサト》る鬼神也。鬼神は法として二言なし。此《ノ》兒必《ス》長壽を得べしと。此等の緣事を以て鬼神の趣を信ずべき也

鬼神の人中に雜《マジハ》る。衆人誼雜の所には必《ス》あること也。此《ノ》事抱朴子にも見えたり

左傳《ニ》。晋《ノ》平公が病神を夢《ミ》しこと。皆人の口實とする所也。其《ノ》病は風寒暑濕か。或は身心の勞逸。諸の過不及によりて生ず。此《ノ》病既に達すれば道に入《ル》の初門なり

左傳處々に鬼神のことを記せり。總じて支那も古書には神鬼の事おほし。末の世になりて國史を修するに多く是を省く。正シく論せば史には常變ともに記すべし。自心の好惡によりて出沒あらば。穢エ史と云フて可也

神を祭る式。諸社に其ノ傳來あり。古より傳承せる式は皆用フべく。後世に改易するは惡し。國史に伊勢神宮等に。宮中より勅命有て。般若を轉讀し給ふこと處々に見えたり。光仁天皇五年に天下病疫して。天下の諸國に告げ。男女老少ともに起坐行歩咸く摩訶般若を念誦せしむと云云皆其ノ理あるべし。凡神祇は有爲法に屬す。有爲は必ス空無相を以て其ノ威曜を發すべし。般若の空を以て神威を增長する。喩ヘば天地相交りて萬化調ふ如く。君臣相和して國家清平なる如く。女人男子を得て家道齊整し。男子女人をえて子孫興盛なる。みな理の當然なり。士庶人は神前に詣して心經を讀誦する。皆理の當然也。神籬《ヒモロキ》磐境《イハサカ》の賾《アキロ》を存して。國

に國社あり。邑に村社あり。氏ある家には必氏神を祭る。其細民に至るまで家に神棚を設く。朝夕禮敬する。みな道の存する處也。其社地あるは古鎮座所なり。若社地なければ是を影向處とす。誠に整々たる我神國の風也。海外支那六經を首として歴代の正史。南蠻北狄東夷西戎ことごとく神靈を敬せざるなし。しかるに我國の詳悉なるには不如なり。誠に萬々世君臣其位みだれず。上下ことごとく豊饒。國界皆清平にして。海外も我用となる。誠に神國たる所以なり

寛政庚申春　　飲光敬識

首夏於北野寓閣謄寫之。草稿可再治也。袖本隱棲自觀再拜矣

編者曰。右比登農古乃世一卷は尊者の撰なり。今高貴寺所藏の古寫本并に勸修寺門跡和田大圓大僧正所藏の嘉永三年書寫の本を以て校合して之を出す

神道要語

眞正の大道もし世間に顯現せば神道となる。高天原と云ハ此ノ大道の所《トコロ》定れる名なり。天御中主ノ尊と云フは此ノ高天ノ原の靈をあらはせる名なり。國常立の尊と云フは此ノ道の大地と共に永久なる名なり。伊弉諾。伊弉冊尊と云フは一陰一陽萬物を生育する名なり。陽とは發動して事の始をなす。陰とは陽をうけて其ノ終を全ウするなり。萬物すでに生育して人これを掌どる。事にふれて道あり物に隨て其ノ教を設ク。是レ儒道の在るところなり。一陰一陽悉く自然の道なり。我朝に在て守屋が暴逆なるも。其ノ徒萬《ヨロツ》が忠義有り。萬が犬其ノ主人の志を全ウす。儒者是を受ケて君臣の道を立る。其ノ跡より是をいはゞ道の在ル處なり。此ノ父子君臣にて道は全きなり。更に夫婦昆弟朋友の道を立ツるは。面上の贅の如く。其ノ教無きにしかず。殊に朋友の交を立テて五倫となすは。後世叛逆の基となるなり。

大抵かくの如し。此《ノ》人間に在て其《ノ》道に志すならば。本心のおき處全く神道にあり。事の始末を全するに儒道を借り用《フ》べし。詳に云はゞ。家の禮度を立るは禮記の中を取捨して用《フ》るが如きなり。士農工商悉く互に相應して。此《ノ》男女あり。男女ありて後夫婦あり。夫婦有て父子あり。父子既に定《マ》れば。父母は慈悲。子は孝順。是《レ》大道の人倫にあらはるゝ象なり。儒者此を受て孝經などを製作す。其《ノ》跡よりいはゞ。此も亦道の在《ル》處なり。其《ノ》本より是をいはゞ。道の一變せるなり。故に世に孝行人と稱せられて官の褒賞を受《ク》る者。多くは孝經を讀《マ》ざる者なり。父子有て君臣あり。君臣既に位定れば。君は萬民を撫育すべし。臣は忠義を盡すべし。水の濕ある如く。火の燥氣ある如く。其《ノ》規條を立《ツ》べし。但し儒道は煩細の弊あり。煩細は反て敗の本なり。父子の間若し不孝の輩には孝經「を用《フ》べし。文王世子の式の如き。文王に在ては可也。若し通じて是に傚はゞ僞孝行となるなり。制度は春秋をも假り用て可なり。若し是に泥めば。彼の黄口儒生が八耳弑ス天皇チと記せし如く。聖人をまねして反て叛逆の張本となる。詩經亦諷詠の一助なり。論語亦佳言多し。其ノ中三分一は口拍子なることばあり。富ニメ而可クハ求ム。雖執鞭ノ士トモ我レ爲ン之チ。若シ不ンハ可ラ求ム則從ン吾カ所ニ好ムと云フが如きは實言なり。聖人の言と稱して可なり。富ト與ハ貴是レ人ノ所欲スル也。不メ以セ其ノ道ヲ而得レハ之ヲ不居ラと云フが如きは口拍子なり。貧ト與ハ賤是レ人ノ所悪ム也。不メ以セ其ノ道ヲ而得レハ之ヲ不去ラと云フが如きも亦然り。試に看よ貧賤も業報なり。貧賤なる者何處に往ても此ノ貧賤附キ纏ふべし。去リやうはあるまじきなり。少正卯を誅せし如き。皆刑戮の條目にあらず。原壌を打チしが如き。幼ニメ而不遜弟ナラと。人を咎ムるに子供の時の事迄を言ヒ出すべきにあらず。老テ而不ル死セ此ナ爲賊トと云フは一向に義理にあたらず。歯を尙フは天の道なり。此等口拍子が過キて道に背く言なり。其ノ外荀子が不欲は是を賞すといへども不盜マと云フがごとき。實に聖人の至言也。又我レ豈ニ匏瓜ならんやと言フがごときは實言也。此ノ取捨を知リて儒道を用フべきなり。神道の教幸《サキ》魂《ミタマ》奇《クシ》魂《ミタマ》の用所。術魂の故。皆至理あり。諸子百家の比すべきならず。此《ノ》神道無爲に趣けば佛法なり。歷代豪傑大人の信受する所なり。要を取て言《ハ》ば。道とは常住不變なるものなり。此《ノ》道天地と共になり出たる。我國の神道なり。人倫ありて後。衆多の聖人出《テ》て安排布置せる。是《レ》儒墨百家なり。此等の道理を知り。時に隨ひ事に應じて。取り用て妨《ケ》ざるを有道の人と名く

編者曰。右神道要語一卷は尊者の撰なり。高井田長榮寺所藏の古寫本雙龍尊者法語の終に之を載す。今此本。高貴寺所藏の古寫本及び勸修寺門跡和田大圓大僧正所藏の嘉永三年書寫の本。幷に活版の慈雲大和上法語集を以て校合し畢ぬ。文句少々出沒あり。今其の善きものに從ふ

開會神道

葛城光尊者口說

和上曰。我國神道あり。支那諸蠻に勝れり。然るに既にこれ神祇の趣なれば。神道と云ふ名も無かりしなれども。聖德太子海外を取り用ひて我が家具子となすの思あるあり。支那聖賢の書。應神天皇より已來の趣によつて大に儒道神道を起す。佛道も崇敬ありて。三道共に此の時より盛なり。此の時儒道に比して神道の名も立ちしことゝ云へり。神代の卷の伊弉諾尊。伊弉冊尊立《タヽシ》於天浮橋之上。共計曰。底下豈無國歟。廼以天之瓊矛《ホコナ》指下而探之。是獲滄溟《アヲウナハラヲ》。其矛鋒滴瀝之潮《シホ》。凝成一島。名之曰磤馭盧島。二神於是降居彼島。此をのころ島諸國を生給はんとして降下《クダリマ》す處なれば。小處に非ず。我家にては須彌山と傳るなり。今淡路島におのころ島と云ふ小島ありと云ふ。此には非るべし。因欲共爲夫婦《ミトノマグハイシテ》產生《ウマント》洲國《クニツチヲ》。便以磤馭盧島。爲國中之柱《ミハシラト》。而陽神《ヲカミハ》左旋。陰神《メカミハ》右旋。分巡國柱。同會一面《アヒキ》。時陰神先唱曰。憙哉《アナウレシヤ》遇可美《ウマシ》少男《ヲトコ》二焉。陽神不レ悦。曰。吾是男子。理當二先唱一。如何婦人反先レ言乎。事既不祥。宜二以改旋一。於是二神却更相遇。是行也陽神先唱曰。憙哉遇二可美《ウマシ》少女一焉。此文段見やすし。因問二陰神一曰。汝身有二何成一耶。對曰。吾身有二一雌元之處一。こゝに雌元と云。謂大地の象にして山陸河海の模様そなはる。陰神に此相を具足して萬國を生育する德を具へ給ふなり。陽神曰。吾身亦有二雄元之處一。思下欲以二吾身元處一合中汝身之元處上。こゝに雄元と云。正くこれ寶珠形。天の象。一切雄たる者の元本なれば雄元と云。於是陰陽始遘合爲二夫婦一。及レ至二產時一。先以二淡路洲一爲レ胞。意所レ不レ快。故名レ之曰二淡路洲一。廼生二大日本《ヤマト》豐秋津洲一。此正しく理趣會の法門。二根交會して五塵大佛事を得るの模様なり。理趣會は密教なれば五塵佛事を得て十七尊の曼荼を現ず。今此神道は有爲法なれば。此豐秋津洲等の八大洲を生ず。此れ神代卷の說なり。神道家流此文を解し謬り。唯是世間の人間交會を云と思ふ。其山川草木を生ずと云に至て。種々に傳受事を設て世人を誑す。殊に不レ知人豈ニ何に由てか山川草木を生ずる事を得んやと○吾ヵ密教の知見を以て見れば○即是レ世間相常住を顯はし○諸法本有の具德を顯現することを表す○其ノ始メ遘合メ爲ル二夫婦ト一と云フは○今の人間牛馬の會遇には非ず○理趣釋に云フところの二根交會なり○故にかくの如く說ケり○爰に知ンぬ○神道の高き○道教儒教の及ぶ處に非ず○その深意を得るに於テは○密教に入るに非ざれば是を知ること能はず○以て知るべし○吾が密教の最尊最上無比無等の教にて○有爲無爲諸法の決擇○內外諸道の說相○皆此より明なることを

受者　明堂諦濡律師　僧鳳嚴藏律師
　　　鳳寛鐶慶律師　彌寂龍道求寂
　　　祥蘂菩提華求寂

嘉永三年庚戌秋　沙彌密尊寫得了

編者曰。右開會神道一卷は尊者の說。受者某の記なり。但し詳に其の文體を察するに全く是れ尊者の筆なり。想ふに是れ初は聞書なれども。尊者添削し給へるに依て此の如し。然らば寧ろ尊者の記と稱すべき歟。今高貴寺所藏の古寫本及び勸修寺門跡和田大圓大僧正所藏の嘉永三年書寫の本を以て校合して之を出す

此中神代紀の文。原本には唯だ始と終とを二三字づゝ記して中間を略す。今讀者に便せんが爲に全文を書き入れたり。其の他は一も改めず

天の御蔭

神道は有爲法なり。國家の守りたがひなく君臣のみち謬らず。君は常に君たり。萬代をへて其《ノ》位うごかず。臣はとこしなへに臣たり。兒孫ながく傳はりて忠をつくし敬を行なふ。この道臣庶に傳はりて。大小諸國貴賤萬家みなその守りを失はず。廣《ク》支那諸蠻をもとむるに。此《ノ》道のかくの如く正しきを聞《カ》ず。此《ノ》君臣の道。家々におよんで夫婦の道となる。夫婦男女のみち天地日月に交りて國家の富榮となる。豊あし原の中つ國の名爰にありと云《ヘ》り。此《ノ》夫婦のみち父子の敎となる。四方津海八島の外も浪しづかなる。此によるなり。支那の聖人も此《ノ》道を心に得て敎を世に垂る。しかあれども元來その國邊陲にしてその民文華に走る。敎に五倫をつらね刑に五刑を設く。なを後代に朋黨の禍おこり宦官の害はなはだしく。終に外國に奪《ハ》れて聖者の後裔その臣僕となる。聖人は聰明睿智なれども。時にうつされところに轉じられて。しかざることあたはず。我朝元來聖人なし。謂る聖人なしとは。支那國より劣るにはあらず。國破れて忠臣をしる。家病《ン》で名醫あらはる。この神明の國日月の天にかゝりて。衆星その光を見ざるごとし。若《シ》聰明睿智の人を論ぜば。五百年間かならず其《ノ》人あるべし。これによりて見れば。國に聖人を稱するはその國の恥なり。天の物を生ずる。蘭蕙と荊棘とならび生じて相妨《ケ》ず。鸞鳳と鴟鴞ともに棲《ン》でおの〳〵その生育をとぐ。君子小人ならび用ひてみなその用あり。才能不才こと〴〵くそのところを得て生命を全《ッ》す。たゞ君命にそむく者。天道にそむく者。自ら神罰を蒙りて災害を招く。天網恢々疎にして漏さず。此《ノ》天道神祇もとより人わざを以て測り知《ル》べからず。故に支那の孔仲尼も。その門人子路に告《ヲ》ることあたはず。唯無爲常寂のなか佛世尊ありてその蹟に達し給ふなり。故に神道の致を尋ねば。佛法の趣を習ひ知《ル》べし。我朝歷代の皇王名臣の佛を信ずる。此によるなり。有爲を至ッして無爲に入る。經ノ中に十善これ菩薩の道場なりと云ヘり。十善とは王者の民を誘ふみちなり。菩薩とは如來正法の中に在リて一切衆生を救度するの人なり。かの道あるところ。天地の化育をたすけ神祇の威力を増益し。貴人爰に居してその位うごきなく。人民これを受て身をやすんじ家をたもつ。君子もしかり。小人もまたしかり。才能ある者も同じく。無能の者ことならず。小人もその禍をまぬかれ。聖人は自らその徳をあらはすことなし。まことに大矣哉

雙龍叟しるす

天てらすひかりはいづこわかねども。わきて曇らぬ日のもとぞこれ

編者曰。右天の御蔭一巻は尊者の撰なり。尊者御直筆の本京都長福寺に在り。今彼本に依て之を出す

神勅口傳

蒼々たる長天《空》萬古にわたりて出沒なし

これを高天原と名づく

其中に神あり○生滅をいふべからず

是を天の御中主《ノ》尊と云《フ》○心王なり

空中に物あり○理をそなへて限をしらず

この物理流行してしばらくも止ることなし○是を天道と云《フ》○神ろぎの命なり

天道萬物を布置してのこすことなし

是を天命と云《フ》○神ろみの命なり

物をの〳〵神あり○數へ盡すべからず

是を八百よろづの神といふ○心所法なり

なかつをみのはらひに。高天が原に神とゞまりましますと云フ
是レ神道の敎なり。心王心所自性空のなかにとゞめおきて家治り國治り天下平なり
まろかれたること雞子の如し
自性空中此ノ物あるなり
くゞもりて芽を含む
自性空中此ノ理存するなり。これを昔の事とのみおもへば。今日皆此ノ理あり。若シ人世に處して此ノ理をわきまへなば。生涯うれひなく生涯樂みありと云ヘり
清陽のもの天となり。重濁の者地となる
其ノとき誰か此ノ事を見てかくも傳へけるならん。爰に明かにして神ともなるべく
于レ時天地之中生ス二一物ヲ一狀如シ二葦芽ノ一便化ノ爲ルレ神ト

萬國の神體にして我日本の皇祚を開く。其天壤と共に盡ることな
き。爰に基するなり

國常立尊

虛空界のある處世界海なり。とこしなへに立て眞正法のよりどこ
ろたるべき。衆生利益の道場たるべく

次ニ國挾槌ノ尊。次ニ豊斟渟ノ尊

福分のはじめて基する。群生の此ところに在て無上道の因緣をな
すなり。萬邦未タひらけぬ。此ノ神すでに德を顯して高天原にとゞまり
まします

次ニ神います。埿土煑ノ尊。沙土煑ノ尊。次ニ神あり大戶之道ノ尊。大苫邊ノ尊。次ニ有リレ神
面足ノ尊。惶根ノ尊。次ニ有リレ神伊弉諾ノ尊。伊弉册ノ尊

乾坤之道相參而化と云ヽり。萬邦いまだ兆さぬさき此ノ陽神あり此ノ陰
神あり

天浮橋
易に天氣くだり降る地氣のぼり昇ると云《フ》に同じく○國の起るはじめ○此《ノ》すがたありて差排すべからず
をのころじま
自ら凝ると云ふ義にやあらん○須彌山の衆生福分によりて四寶所成なる○おもひ合すべし
國中之柱
一國の基する一家の起る○此《ノ》理に背《ケ》ば成就せずと云《フ》○一艸一木もしかなり○一事をおもひ立《ツ》もしかなり○易に大極をたつる○おもひ合すべし
陽神左旋○陰神右旋
一陰一陽相交るの趣○白虎通に天左旋地右周と云《フ》是なり○末世の天學者地球中に居て天其《ノ》外をまとふと云《フ》は曲談なるべし○地心にし

て天皮殼ならば天尊地卑の道にたがふ。上下雜亂するなり

陰陽初遘合《ミトノマグハヒ》爲《ナル》ニ夫婦《ト》一

一陰一陽まことに道と云《フ》べし。此《ノ》道今にうつり來て人間世界男女婚嫁の式となる。欲界の法なり

先《ツ》以ニ淡路洲《チ》一爲レ胞《ト》。廼《チ》生《ム》ニ大日本豐秋津洲《チ》一云云

已後はわが日本の初開なり。支那にいへる盤固王が事此《ノ》同時なるべし

次《ニ》生《ミ》レ海《チ》次《ニ》生《ム》レ川《チ》云云

大凡うむと云《フ》は父たるの德あれば稱すべし。一陰一陽うみを成立し。山を成立す。草木を成立す

於《テ》レ是《ニ》共《ニ》生《ム》ニ日神《ヲ》一云云

一須彌世界日のはじめてあらはるゝ。此《ノ》時なるべし。この日天おのころじまにかゝり在て。人間の五十年の間に一周す。佛說須彌の半

腹は五十年を以て一日とすと。是なるべし。八千の地球此ノ日光を受て晝夜旋轉す。此ノ地球の一周は人間の一晝夜なり。たとへば世の翫具のまはり燈籠の如し。此ノ日神あまねく萬國を照臨して我皇祚の元祖たり。此ノ日本國萬邦の祖國と云フべし

次ニ生ム二月神ヲ一云云

日神は女神にして月神は男體なり。易に陰卦は陽おほく陽卦は陰おほしと云フ。この理なり

次ニ生ム二蛭子ヲ一云云　順風ニ放チ棄ツ

不才はもちひざるの理なり。人世になりても此ノ理たがふべからずと云ヘり

次ニ生ム二素盞鳴ノ尊ヲ一云云

暴惡は罰すべき理なり

根ノ國

上天より下界を指す。或は新羅等の外國をさして云。兼良公地獄を名づくと云も。その理あるなり

白銅鏡《マスミノカヽミ》

凡そ物本有にして緣起す。緣起は本有を妨ずして。しかも常有ならず。本有は緣起を碍ずして而も不變なり。此ますみの鏡。天のぬぼこと共に天地に先つて則を垂るゝなり。是によらば神の訓は鏡の中略と云も破斥すべからず

稚産靈《ワカムスヒ》。此神頭上生《ヨリシ》蠶桑臍中生《ヨリス》五穀

古事記には和久産巣日神。此神之子豊宇毛毘賣神と云り。豊受とは今伊勢の外宮是なり。蠶桑五穀豊年を以相うくるも其理あるべし。今外宮の神官おほく此豊受宮を直に天御中主尊なりと云り。五部の書には此ことを記せり

次章云瑞珠盟約章と云り。舊事記も大同なり

近世人この章を解し謬る者おほし。大抵は三摩耶變じて羯磨形となる。別に其ノ趣を尋ぬべし

次を寶鏡開始章と云フ。天狹田長田

萬乘の富といへども農事を忘るべからず。韓非子が君は上に逸すと云ハ僻說なり。たとひ自ラ鋤を執ルにはあらね共。農民の勞をしるべし。神の人をめぐみ給ふ。君の民をいつくしみ給ふ。此ノ書にありて。六經諸子の及フところならざる。かくの如し

素盞嗚尊。春則重播種子且毀其畔。秋則放天斑駒使伏田中

これ素尊の惡行なり。しかるに過をみて仁をしる。貴人も寧居せぬを觀る。支那歷代の諸王の驕奢みづから其ノ身を亡ぼすに異なり

天照大神方織ル二神衣ヲ一居ス二齋服殿ニ一

此ノ中天子も自ら勞をとるを見る。又祖宗を敬ひ神祇を崇め給ふを見る。堯舜にまさること萬々なり

乃入リ二于天石窟一ニ閉テ二磐戸一ヲ而幽居ス焉

進を知て退をしらぬ者は天道に非ず。天照皇すでに忍穂耳ノ尊を得テ子となし給ふ。素尊更に暴惡なり。此ノ時天命に順じ人事に順ずべし。天石窟いかなる所にていかにしてかくれ住せ給ふことをしらねども。其ノ大抵父子兄弟の間その變に處するの道理なり。有人此ノ文を解する。天照皇慍を發して崩御ならせ給ふ。後に群臣その徳を慕ひて顯神明之憑談。このとき遺徳再び世にあらはるゝを引出し奉ると云フと謂ヘり。恐くは正解ならじ。唯かくれ居て世の政を聞しめし給ハぬなるべし

常闇ニシテ而不レ知ラ二晝夜之相代ルチ一

支那にてはいづれの代にかあらん。日光掩閉てあきらかならぬなるべし

八十萬神

天神地祇を總じて云フなるべし

天安河

詩に雲漢と云フ。我國人あまの川と云フ。諸ノ衆星あつまり布て河流のごとし。八月の槎に乘る。蜀嚴君平が天文を察する。その大抵を知ヨべし」

故思兼神云云

已下その義ふかく其ノ事いちじるし。別にその趣を解すべし

寶劔の章に。是ノ時素盞嗚尊云云

有人が解に。其ノ頃出雲ノ國に山田のおろちと云フ者あり。八郡の首領として人民を暴虐すと云ヘり。總じて凶暴の者をおろちとよび土蜘蛛と名づく。通式なり。今こゝは神代の事なれば人事を以テ測るべきならず。更に記すべし

天照大神之子正哉吾勝々速日天忍穗耳ノ尊

これ本朝養子にて家を繼クの式なり

娶高皇産靈尊之女栲幡千々姫云云

これ婚嫁のはじめなり。諾冊二尊は此ノ式に似たれども陰陽昇降の儀にして。男女婚嫁の基たれども人間夫婦の式にあらず。故にその生る子みな化生の儀なり。此ノ以後人間胎生のはじめと云フべし

遂ニ欲《ス》レ立《ント》ニ皇孫天津彦々火瓊《ニ》々《ニ》杵《キノ》尊《ヲ》一云云

已上は高天原の神儀にして。人事を以て差排すべからず。已下正しく天道に順じて天命をうく。萬古不易の皇祚を基す。これを支那に比する。彼ノ堯の君たる魏々乎として天の如く仁德ひろくほごこすも。此ノ神道より觀れば及バざるところありて。遂に支那歴代臣として天位を窺窬するの賊心をひらくと云フべし。若シ神德ます〱明かに皇道ます〱正しく。支那諸王も我朝に貢献し正朔をうけば。一天地の間君つねに君さして萬民を撫育し。臣とこしなへに臣として其ノ位に安んじ祿をたもち。諸民みな居をやすんじ福を享し壽をた

もつべしといへり

上來神勅に順じ相承の說をうけてその梗概を記す。天もし更に數年を假さば更にその詳悉を傳《フ》べきなり

𑖀𑖨𑖢𑖓

傳へては八島の外も曇りなき
　みちし三笠の山の月影

編者曰。右神勅口傳一卷は尊者の記なり。京都長福寺所藏の瑜伽戒本の裏に律法中興緣由記と神勅口傳とを記す。首尾悉く尊者の御直筆なり。今彼の本に依て之を出す。律法中興緣由記は前に既に毘尼編の中に出し畢ぬ

神道國歌

いかばかりよき業してか天照や。ひるめの神をしばしとゞめん

これは十善の帝位たるをよめる。神祭に神の冥助を求請せる歌と云ヘり

これやこの行ノも還るもわかれては。しるもしらぬも逢坂の關

是は生死去來をよめる歌なり。天照大神此ノ世をてらし給ふ。黄泉大神根國底國をつかさどりたまふ。其ノ跡は異なるに似たれども。共にこれ神のめぐみと云ヘり

おもふべき我のちの世はあるかなきか。なければこそは此ノ世にはすめ

是は天台の法門を首として詠せる也。即空即假即中。一切治生産業。生死去來。爰にこもると傳ヘたり

心だにまことの道にかなひなば。いのらずとても神やまもらん

神道の底意と傳ヘたり。あらひと神とあらはれ給ふもこのことはりと云ヘり

百敷のふるき軒端のしのぶにも。なをあまりあるむかしなりけり

感にたへたる御歌なり

人のこの世にある。過を改めて善にうつるは道の大體なり。凡庸は自ら是として。自らその非をしることなし。若シみづから省みてその非をしる事あらば。誠に明と云フべし

八十狂津日神これをつかさどりたまふ

非をしらば速に改むべし

神直日神これをつかさどり給ふ

改めては再びその跡をふむことなかれ。火を執て熱を知ルが如し。更にふたゝび過ツことなし

大直日神これをつかさどり給ふ

蒼々たる長天うまれて我ともなる。しばらくも離るゝことなし。是を道のあるところとす。中庸に。道はしばらくもはなるべからず。離《ル》べきは道にあらずと云《ヘ》り。華嚴經華藏世界品に。此《ノ》娑婆世界その狀虛空の如しと云《ヘ》り。大日經に。秘密主。心と虛空と菩提とは此《ノ》三無二なりと云《ヘ》り。有相執着の者。我相增長せる者は。三途の衆生なり。爰に死し彼許に生じて。その初をしることなく。その終をはかることなき。これを悠々たる生死の凡夫と名づく。穢をいとひ淨を欣ふも取捨の妄想也。上に求むべき菩提あり。下に度すべき衆生あるも。未《タ》その戲論の塲をまぬがれず。眞正に看來れば。虛空界あるところ。これ世界海なり。世界海あるところ。これ衆生界なり。此《ノ》衆生界に徧滿して諸佛の大悲行願のあるところ也。もし諸佛の數を問《ハ》ば。衆生の數を以て答《フ》べし。若《シ》衆生の限量を問《ハ》ば。虛空界を以て答《フ》べし。此《ノ》虛空界。そのはじめを云《フ》べからず。そ

の終を云フべからず。是を眞如海とす。我カ如來藏とす

すめば見ゆ濁ればかくるさだめなき。この身や水にうつる月影

此ノ歌よくかなへり。阿賴耶識の縁起にさも似たり

法性のむろとゝ聞ケどわれすめば。有爲のなみ風たゝぬ日もなし

此も賴耶の縁起と云ヘり

佛とは何かなるみの壚干潟。たゞそのまゝに沖津白浪

これは一分は取ルべし。誠のをもむきにはたがへり

まろかれやたゞまろかれや人ごゝろ。角あるときは物にかゝるぞ

まろくとも一角あれや人ごゝろ。餘りまろきはころびやすきぞ

此ノ二首ともに用ひて相さまたげずと云ヘり

天御中主尊

高天原を全ッしてその體とし給ふ神なり

高皇産靈尊

思兼ノ神○拷幡よろづ姫○天兒屋ノ命これより出ッと云ヘり○胎生に非ればその父と定むべきに非れども○人間生育の趣○この時より基せるを云フなり○大要は天命の出るところとしるべし

神皇産靈

これもその徳○象どり知ルべからず○人間生育のよりておこるところとしるべし

國常立尊

大地を體として神徳なる也

國狹槌尊○豊斟沼尊

大地成立の基として○萬物化育の理なり

うひぢにのみこと

すひぢにのみこと

男女にあらずして男女の基となる。陰陽未タわかれずして造化の根原たり

大苫邊みこと　大とのぢ尊

此、國ゆたかに足ルの神なり

面足尊　惶根尊

禮度の基として。人倫のをもむきをそなへたまへり

伊弉諾尊

伊弉冊尊

正しくこれ造化の神なり。八大洲を生じ給ふ。地水火風を生じ給ふ」

四神出生し給ふ。萬物生育し給ふ

天照皇大神

日の神なり。萬邦を照して。此、秋津洲皇王の元祖たり。跡を伊勢内宮

に垂《レ》たまふ

忍穂耳尊

此《ノ》時より夫婦嫁娵あり

瓊々杵尊

此《ノ》神より已來胎生也。西國日向高千穗に降りたまふ。すでに胎生なれば。崩じたまふて御陵あり。神代にして人皇の祖禰たり

右嵯峨天皇の御口授にして弘法大師に傳へたまふ。此神儀のあと密教兩部のおもむきに符合すれば。大師これを傳へて兩部習合の神道と云《ツ》也。天皇の御傳なれば御流神道とも稱する也

兩部に符合すれども。我《カ》國は我《カ》國の儀なれば。佛法をまじゆべからず。故に唯一神道とも稱する也。此《ノ》事弘法大師の千種の記にも見《エ》たり

神祇の威德を增長するは般若經を首とす。道理ある事なり。神祇は總じて有爲法なり。無相、法門を以て有爲を輔佐すと云へり。歷代國史にも此、事を記せり。天地相和す。陰陽相和す。みな道理ある事也。君臣相和すればその國治平也。民の情かみに通じ。君のみぐみ下にをよぶ。聖治の世なり。天氣くだり〳〵。地氣のぼりのぼる。易の泰卦の象なり。これをおしひろめ充て。無相の法門その有爲の神德をますべし

編者曰。右神道國歌一卷は尊者の撰なり。尊者御直筆の卷物一卷高貴寺に在り。
今彼の本に依て之を出す

神道折紙類聚目錄

九　胞　　十八　尋殿

十一　鵜鴿

神代四神出生之始八紙

一　生海山川　　二　樹

三　草　　四　天照皇

五　天地相去不遠

六　月讀　　七　蛭子

八　素尊

神代四神出生之末十四紙

一　根國　　二　軻

三　軻再　　四　稚產靈二通

五　葛　　六　三物

七　風　　八　吾已滄泉之竈

九　泉津平坂　　十　巨川

十一　泉門塞大神

十二　汝已見我情

十三　第六一書倉稻魂

十四　四神出生一書二章目

神代盟約十紙

一　靈運　　二　溟渤等

三　五百箇御統

四　黑心赤心　　五　盟約

六　十握劔　　七　天眞名井

八　皓然咀嚼　　九　原其物根

十　劔珠

神代岩戸十三紙外三紙合十六紙

一狹田長田　二四事
三以梭傷身　四閉岩戸
五可禱方　六長鳴鳥
七幣　八憑談
九端出繩　十千座置戸
十一彼神像　十二小瑕
十三四物　十四神功紀
十五白和幣○青和幣
附蘇民將來三章ノ用
神代八雲六紙外五魂四紙合十紙
一大蛇大意　二大蛇
三湯津爪櫛　四八雲別傳
五奇魂幸魂　荒魂

和魂　術魂初
同術魂後　六常世鄉
下卷
神代降臨章十七紙外荒神一紙合十八紙
一降臨大義　二瓊々
三高皇產靈　四天照大神
五葦原中國　六穗日
七無名雉　八事代主
九長田　十甕星
甕星カ、セ星　甕星再
十一三二一種
十二手置帆負○彥狹知

外題 神道折紙類聚上

神道入門折紙類集 雲傳

目録

裏書。是非二正流一。傍傳助話也

年中行事

地下年中行事

正月睦月也。年始親眷往來むつひ有云へり

二月來《キ》而《サ》更《ラ》來《キ》農隙也。親眷往來

三月彌《ヤ》生《ヨイ》艸木いよ〳〵生育

四月卯花月

五月早苗とり月

六月南《ミ》風《ナ》月《ツキ》

七月ふみ月。此月詩歌多し

八月葉おちそめ月

九月夜長月

十月神事なし月

十一月霜ふり月

十二月年忘《シワス》れ月。家に老人あればこれを慰ると云へり

鳥居

神門也○鳥居之内諸神充満ス

一鳥居内　雑眷属神

二鳥居内　執事諸神

三鳥居内　輔佐諸神

随テ天神地祇大小權實ニ

其ノ差排辨シ一定シ

玉籤祓　ロイ

初メ入ルヰノ譲ニス儀

後出ニハ受ルカ如シテ命

神代稚彦不報命セ○高皇有テ雉ノ頻使

集ル于門ノ湯津杜ノ樹ニ○黒木椴塗等有リ

多種八（四角角）

石ワクザシ

破風

随テ社傳ニ而可也

或ハ佛菩薩ノ前ニ立ツ鳥居ヲ○標ス即ノ有為ニ而入ヲ

無為ニ○古徳之玄旨也

平生慎テ事之機發チ出入スヘシ

幣　初　帛紙等

串（一尺二寸 木竹）　一尺三寸等

七種六様　三垂四垂

捧●

行●

各々随フヘシ其ノ社傳ニ

和幣紀　尼枳底《ニギテ》

幣帛　ミテグラ

磐戸入閉之時ヲ爲レ始ト也。此ノ段無シ二飲食之具一。傳ニ云。不レ御ヒ二段食ヲ一。但依ル二諸神之清心ニ一

古事記。布刀御幣　ミテグラ

垂古志殿　シダレシデ

拍手　随處

大小　小大

陽唱陰和スルヲ爲レ正ト

參時ハ是レ驚覺ナリ

退時ハ是レ告レ暇ヲ歡喜ナリ

奉幣供物祈請求願ノキ。同ニ膳夫《カシハテ》告ルヲレ成ルノ之式ニ一。故ニ名ク二拍手《カシハテ》ト一。退出ノ時ハ是レ事代主之神蹈テ二船枻ヲ一而避ルレ之。謂二天ノ逆手ト一云云

初ノ驚覺ハ則鈴鰐口亦通スルレ之ニ也

鈴ハ五十鈴河之縁

鰐ハ海宮之駿馬

注連

界畔也

端出之縄《シリクメナハ》　左縄端ヲ出ス

ロイ　常途ノ縒縄也。密教水丁介線ハ是レ左縒也

斯梨倶梅《シリクメ》者勿ニ復還一之義ナリ。端出ハ者用ヒテ而有ルレ餘之義ナリ

栲《タク》繩也。今用藁。亦附切紙

吉禮　三五七　凶禮　七五三

小麻

玉籤

散米

紙錢

馬形

五穀

花果

衣裳等

劒佩等

又依社傳而製作

大麻

國家之大禮

封建

賑民

征外夷

除危急等

又用隨處社傳　別册添

狛

高麗狛　コマモロコシノイヌ

守門。辟魔。應神天皇已來海外爲我用也。紫宸殿賢聖障子等。

亦此例也

豊磐間戸命　福左
櫛磐間戸命　智右

看督長

神使
稲荷之白狐
八幡宮之鳩
熊野之烏
山王之猿
春日之鹿
高野之犬
狼蛇

神拝　六方拝也

上方○高皇産靈尊　ロイ
下方○蛭子大神宮　ロイ
東方○天照皇大神宮　ロイ
西方○月讀尊　ロイ
南方○素盞嗚尊　ロイ
北方○豊受大神宮　ロイ
扇用二摺扇一　四處疊レ之
攝念

撫物

撫物　帛紙等○等身
人形
解縄
菅曾

別冊添

處位

主上

日至ル承明門時ノ御作法

天之八衢在リ于益人之所作

士○弓箭大事等

農○鋤鍬大事等

工○釿初等

商○隨風隨流大事等

醫○少名彥名大事等

卜○大占大事等

和歌○八雲傳等

音樂○絲竹大事等

諸伎○各々等

神職 齋宮子等○等內外忌詞 致齋散ー等

天宮 天文

曆術等

元服婚儀

乘舟車旅行

冠服入學等

處ー主上

祭祀シ神祇ヲ

謹テ守リ先王之道ヲ

知ル民之情ヲ

詳大臣之曲直才識。富以四海八隅之富為我富。不蓄私財。智以億兆臣民之智慧為我智慧。不誇我聰明。才藝用臣民之才藝為我才藝。有時詠和歌賦詩。亦不為能。如和歌我國之正風也。然天照皇不詠一首。如其用臣庶之才。如叛臣妻下照姫詠歌夷曲亦不遺也

天之御蔭。日之蔭かくり坐。是為平常之御慎也

國家之祈禱

處・沙門

道之大體（或為門師。或國師。尼則后妃之師也。）

禮度不錯　神事懸梯比禮等

法施不怠

伊勢參宮。若非受勅則於遙拜處而法施

不得帶劍持凡夫舍利而入鳥居。如佛舍利則有神感奇特。其無神感則凡夫舍利也。義不免汚穢。如津輕石則無所論也

處・沙門

神祇之法樂。須謹慎

涅槃經六念

念佛救世乃至

念天護法利群生

大般若十隨念

伊勢百官諸人不猥至神前之式。如世々勅書。若受勅命爲法樂必至神前。不然遙拜處而法施也。若至神前袈裟覆頭。是比禮取掛之禮式也。至温明殿亦爾。生我神國如來遺法値遇。神國恩知るべき也

處・武門

經津主神　火德。內ハ慈悲正直

神事也

武甕槌神

二神降到《クダリマシテ》出雲國五十田狹之小濱。則拔十握劒倒植《ツキタテ》於地踞其鋒端

武士臨事有勇氣也

星神。香々背男不服。遣倭文神建葉槌命則服

臨事而用文也。倭文神者文才之士

於孔舍衛坂會戰。有流矢中五瀬命肘。天皇憂之乃運神策曰。我是日神子孫而向日征虜《アタ》。此逆天道也　恐畏天道

不若退還示弱。禮祭神祇。背負日神之威。躍天之御蔭日之御蔭壓躡《オソヒフマン》。如此則曾不血

刃虜必自敗矣。僉曰然
俗云之大星傳。見其大體也。
雖是軍中之大綱。事之大小
時之遲速皆有此趣也
若受行軍之命。則祭天神地祇。其法
取之和漢諸名將也

處 ● 醫。少彦名命

神事也
一箇小男以白蘞皮爲舟。小男是淨
行之稱
艸根木皮可以療病
以鷦鷯羽爲衣

鳥毛獸皮可以避風寒時未有處
蠶
定其療病之方
藥方也。又外國爲我用
又爲禳鳥獸昆蟲之災異。則定其禁
厭法（禁厭之法周禮所出攻說也）
咒術也。又外國爲我用
國事也
大己貴命與少彦名命。戮力
一心經營天下
治國之事不異療一身。身無病時不如
要方藥。天下自治我亦自無爲。若有
風寒暑濕之侵。則用其方法而逐之。

若外賊有侵則針灸藥之當于其時
也。無此等侵則自安其身耳。若年穀
不實則賑救其民。亦加補劑亦在也」
醫門是俱治國之道也

處・相牛

保食神已死矣。唯有其神之頂化爲
牛馬
家將興。其牛有明淨之相。若主人運
傾。其牛有穢濁之色等
又支那有相牛經。此等幷黄
帝之遺式傳也
憐牛須如兒孫之想傳也

商賈戎社

謙下爲家守
祭神戎社
蛭子。事代主 幷爲戎社 又珍彦
大凡神祇依德依業不可言一異也。
所謂戎者非支那之東夷南蠻西戎
北狄之謂。但是市井田舍之稱。異于
權門貴戚之族也
蛭子三歲脚猶不立
不才得天福之象
載之天磐樟船
謙遜卑下堅固永久之象
順風放棄

順レ風ニ者順フ二天之時ニ一也。商賈財利ヲ為レ業ト。可シレ詳ニス二順フレ天ニ之趣ヲ一也

一書ニ。次ニ生ム二鳥ノ磐樟船ヲ一。輙チ以テ二此ノ船ヲ一載セテ二蛭子ヲ一順レ流《ナガレノマニ〳〵》放棄《ハナチヤル》

順フレ流ニ者地之利ナリ。商賈之法須ク詳ニス二此ノ趣ヲ一。支那卓王孫家スルノ二于臨邛ニ一之類

立身

天之御蔭

日之御蔭

君之御蔭

父之御蔭

師之御蔭

有テレ徳而陞リレ位ニ

有テレ功而受クレ祿ヲ

若シ自得揚々ナレハ必違フ二天命ニ一

鏡神體也

伊弉諾尊乃以テ二左ノ手ヲ一持ツ二白銅鏡《マスミノカミ》ヲ一。則有リ二化出《ナリイヅル》之神一。是ヲ謂フ二大日孁貴ト一。右ノ手ニ持ツ二白銅鏡ヲ一。則有リ二化出之神一。是ヲ謂フ二月弓尊ト一。又回レ首《カウヘ》ヲ顧眄之間ニ則有リ二化神一。是ヲ謂フ二素盞嗚尊ト一（此ニ云二顧眄一ト亦有二鏡之義一也）

靈鑑不ハレ昧本有也。下ノ一書ニ洗フ二左ノ眼ヲ一因テ以生ル神ノ號ヲ曰フ二天照大

神〇復洗右眼因以生神號曰
月讀尊云々洗者除垢之謂〇
義亦同持鏡也
日前宮及內侍所者修起也
舊事紀 鏡ノ中畧カミ神也 日神御像
紀一書〇思兼神云者有思慮智《オモヒハカリノサトリ》〇乃思而白曰《マヲシテマウサク》〇宜圖造《アラハシツクリテ》彼神之象《ミカタチ》而奉招禱《タテマツランヲキ》也〇故《カレ》即以石凝姥《イシコリトメ》為冶工《タクミ》〇採天香山《アマノカコヤマ》之金《カネ》以作日矛《ヒホコ》

鏡

諸尊執鏡生
天照皇〇月讀尊〇素尊等

靈鑑不昧應物而現
本有 神カミ〇鏡之中畧
修起 內侍所〇日前宮等

白銅鏡再

白銅鏡
八葉鏡也
帝釋天之所持
內侍所〇日前宮
伊勢內宮神鏡之元摸

神代開闢折紙六紙

外文字一紙

文字

應神天皇已還○海外為我用○亦我國之風也○日本紀本文是皇朝所傳○其時文字未定○如商賈有符牒也○稱一書者外家之所記○亦非有文字○如商家之符牒○應神天皇已來以支那文字為我言之符牒故○其顛倒錯置亦所不拘也

神代總義

皇統主とす○故國常立尊より記○海外を我用とす○引淮南子等○用史記漢書等文字○幽顯悉記○美惡不隱

混沌

不可言假託也○且依支那淮南子等文而出之

蘆芽

縁起總相

有神

無神

有邊○可美葦牙彥舅と云

無邊○如此紀

國常立尊

非天地分布之後國土○蒼々長天有斯常住底國而存○基于萬國而非成壞○有神而任持○此名國常立尊也

有此國常立尊而後有磤島及八大洲也

國狹槌尊

豐斟沼尊

此國未顯之時有成立之兆

有國豐溢之神德

一書中

天鏡《アメカヽミ》尊　國狹槌同位 神得名之徵

天萬《アマヨロヅ》尊　豐斟沼同位 萬物生育之徵

沫蕩《アハナキ》尊　泥土煑○大苦邊○面足同位 淡薄冲莫之狀

泥土煑尊
沙土煑尊　等

泥土煑尊　泥廣大 大人ウシ

沙土煑尊

大戸之道尊　舅《ヂ》ハ男稱

大苫邊尊　邊《ベ》ハ女稱

面足尊　面容具足

惶根尊　謹愼《カシコミ》《カシコマル》

造化未レ施之已前○陰陽未レ兆之

已前○有二此偶生之神一○而開二造化

陰陽之基一

伊奘諾尊

伊奘册尊

造化之神靈○陰陽之狀相

神代八洲起原十一紙

天浮橋

陰陽相通造化告功之趣也。有此理有此物。非肉眼之所見一生二。二生三。三生萬物諸冊二尊是洲壤之父母也。人間父（五行風神樹神等）母之元由也

瓊矛

高皇產靈尊之所賜。國土成立之標幟

非高千穗矛之類也

彼矛所賜于瓊々杵尊。此所賜于伊奘諾尊。彼平治豐葦原之標幟。此則爲天御柱而鎮御萬邦之寶器也。非肉眼所見。既非肉眼所見。則不得圖出示相也。有人圖之者妄也

與天浮橋俱是一具之神寶也。橋主通交紹絶之德。矛主決斷之德也

乃是和魂荒魂之元由也

滄溟

非肉眼所見之海水。非三災劫火之所壞。華嚴所謂華藏莊嚴世界海也。具如華藏世界品之說。相神書間有此深奥也。蟪蛄固不知春秋。不得輙示也。且說。若傳之於不信者。恐有神罰也

瓊矛後雄元之初兆。滄海後雌元之初兆

有此初兆。而展轉成造化之雌元雄元

矛滴凝成磤馭盧島者。後生八大洲諸島之初兆也。蠢《シヨウ》愚者以婬事解之

可鄙

磤馭盧島

陰陽二神所右旋左旋。日月星辰所回轉之處也。人間五十年爲此處一晝夜(以竹厄等測知之)造化所造之色體。三災劫火之所壞。或直爲天御柱。或戴天御柱

御柱

天御柱(古事記紀一書)

自然成立之邊

國御柱(日本紀)

爲國綱紀邊

一體二用 如前神漏岐。神漏美。龍田二社亦此加茂大已貴七名社云云

此處與易大極齊位

諸冊二尊之旋是兩儀也

大極殿象此云云

天津教

陽神不悦曰。吾是男子理當先唱。如何婦女反先言乎

造化二神亦例同於後人世。而立男唱婦順之教也

有過亦天津教也。過而不改則違于道也。過而速改之。萬古通天津教也

雌元雄元

造化之元由也

天地 日月

山川

陽日 陰日

陽山 陰山

陽火 陰火

雄風 雌風

樹之雌雄。竹之雌雄。人物禽獸之雌雄等。並皆由此雄元雌元而差別生也。萬國自此而成立。萬物自此而生育也。人世之善惡智愚貴賤等。亦由于此也

凸凹

尋二其ノ本一ヲ則瓊矛ヲ爲二此ノ雄ノ元一ト滄溟ヲ爲二此ノ雌ノ元一ト

男軍女軍　雌劒雄劒　雌黄雄黄

男女婬器。亦自二雄ノ元雌ノ元一而展轉シ來ル也。禽獸之牝牡雌雄。微細之螻蟻。一艸一木モ亦有二此ノ趣一也

夫婦遘合　ミトノマグハイ

造化之功その趣き幽深なり。此ノ夫婦遘合の文字を借ラざれば開示し難し

天地も活物なり。陰陽造化も活物也。上下相應し左右相伴なふ。易に天氣下降地氣昇上と云フ是なり。磁石の鐵を吸フが如く金石の火を出す如く。陽は陰の底下に徹して合一し。陰は陽の表裏に透て融會す。陰氣陽と合體して島となり。陽氣陰と合體して海水となる。大抵世界國土海水相半すと云り。八大洲或云一大地球者三山六海一平地々内人可居地半と海と前後を云ふべからず

御戸眞加へ
組戸

左旋
右旋

胞

天地生育不異于人間人間亦受天
地之精其理其事不相違也

胞

先以淡路島為胞　神明之遷談也
舊事紀吾恥《アハチ》
造化流行天命之體裁也
胞是胎衣兒之產生必相俱萬般之
成立必有斯規度也大而言之則饒
速日尊乘岩船而降河內哮峯《イカルカ》是吾
日本皇統之胞也由于斯而成立瓊
々杵皇孫神武天皇正大位於橿原
宮之鴻基也歷代之諸官邦君之起
家下至民庶之興業諸伎之藝業須
準而知焉支那周大王宅于岐山之
下而闢文武之成功漢劉季王于漢
中而後保支那一境歷世可知焉
譬《ヘハン》如造樓臺之指圖雛形也
後第八一書以磤馭盧島為胞者蓋
以淡路由良驛而為言也須本文為
正

八尋殿

八尺云尋又申手知尋然神代之事
非數量所測也觀猿田彥之鼻長《ハナノ》而
可知也

密教須彌頂建立道場。是五峯八柱
也
所觀本尊是本地身也。後々召請本
尊也
爲報身加持身也
此八尋殿與天柱
倶一具之神寶也

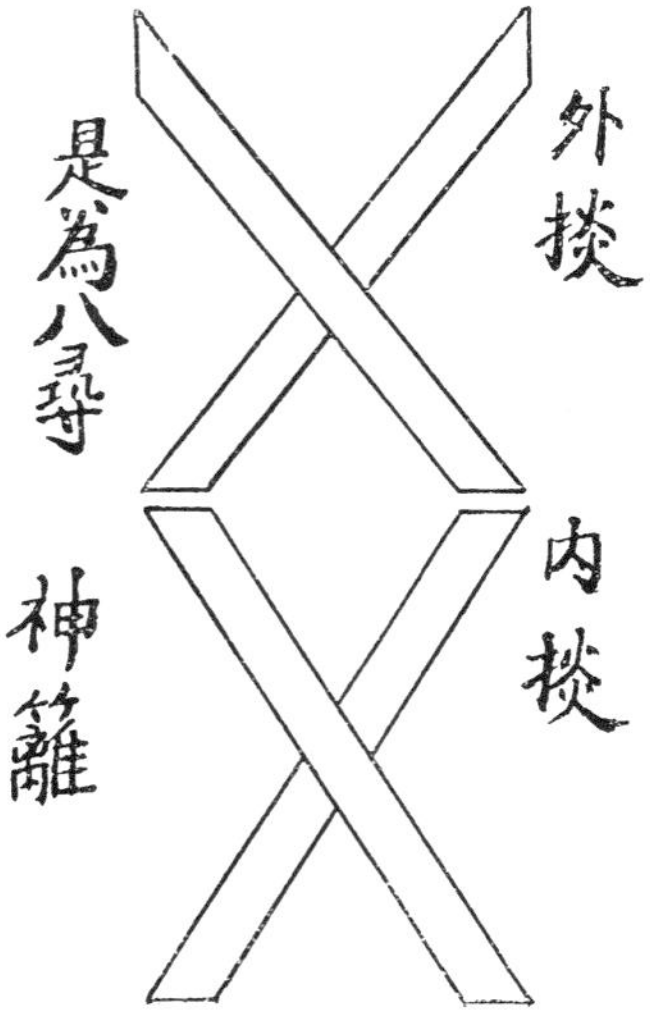

鶺鴒

陰陽昇降法爾相應。非學而知之道。
又日月未顯國土未生。非小鳥可有
之時也。此一書之趣。小鳥亦具陰陽
昇降動作之趣。而與一大造化倶矣。
故聖者見一鳥一獸一艸一木而知
天地之贖。管仲用老馬之智。亦此之
趣也。至于用之則童謠亦察。狂者之
言亦不棄云云　亦是天津教也　鶺
鴒社在于和州

神代四神出生之始八紙

生海山川

鹹海也

天地既成立之後雌元凹象再縁起生斯鹹海魚龍游泳風帆通行

海之利大矣哉《ナルカナ》此神稱海童《ワタツミ》也

肉眼之見三災之壞

山嶽也

天地既成立之後雄元凸象再縁起生斯山峰禽獸奔走叢林鬱茂

山之利大矣哉《ナルカナ》此神山神樹林神

也

生川

雌元凹象再々縁起山海既成水氣流通舟楫陞降橋梁通途

川河之利亦大也《ナルカナ》此神河伯諸

川神也

樹

句々廼馳

樹神

宿樹《ヤトリキ》

伊勢

榊

三輪　杉

住吉　松

柏楸　神事ニ用レ之

伊勢

　佛經中

菩提樹神

栴檀樹神

尼連禪河樹神

艸

草野姫

主藥神　花嚴

蓂莢ハ瑞草ナリ。堯時生ス二于庭ニ一。玉篇ニ。曆得レハ其ノ

分度ヲ一則蓂莢生ス二于階ニ一。月ノ一日ヨリ一莢生ス。

十六日ヨリ一莢落ツ

佛經ニ。白芥子ヲ以降ス二魔障ヲ一等。龍樹大士開ク二

鐵塔ノ一等

菅

曾

蘿《ヒカゲ》

葵　加茂

天照大神

女體

日神　非ス二日輪ニ一。日輪ハ是レ所依　非ス二日天子ニ一。日天子ハ是レ男體　如ニ華嚴世主妙嚴品ノ一。是十二天之一

我カ國皇統之始

諸神之主領
伊勢内宮
第一一書白銅鏡《マスミカヽミ》左手持化出
右手月弓尊
顧眄之間　素尊
此書略蛭子

天地相去不遠

天地同根也。人神一體也。至澆末走世智。是以天地相去遠而遠矣。人神相隔亦遠而遠矣。此時世智未顯思慮未巧。自是天地相去不遠也

月讀

男體
月神　非月輪　非月天子
三讓之德

蛭子

本文第三子　一書初子
三歳脚猶不立　不才之狀
順風放棄
第二書順流放棄不違地理也
順風是不違天時。放棄散地受福。散地故名戎。受福故賈家祭之　攝州
西宮

天磐樟船
此ノ船即神也。依正不二。天ハ是レ自然ノ義。
磐ハ是レ堅固ノ義。樟ハ是レ良材ナリ
饒速日ノ尊所乘ル亦同シ
吽字義ニ釋スル不動尊チ中ニ。高メ而不奢ラ
損而招ク盈テ云云

素盞嗚尊
暴惡丈夫
勇悍　安忍
常哭泣
根國ニ鎮座
出雲大社　大己貴亦同

幽事諸神之主
化生之神止ル于此ニ也。忍穂耳尊已下
有リ夫婦會遇。而瓊々杵尊。大己貴命
等。並ニ胎生也

神代四神出生之末十四紙

根國

消災禍除罪咎之地

如天神人間之一體相應受天命。人界根國相應一體消除罪咎也。現今人界失正氣之痛苦則地獄之猛火寒氷也

軻遇突智

陰氣蒸而發火。火發則焚物。焚燒則物盡也

造化之神初生淡路島。其心不快。是標憂苦之初。苦（下界有憂苦之元由）終生軻遇突智。陰所燔而死。標憂苦之終

島洲是陰。火是陽

陰陽造化之神。始終相對而顯生滅之元由

有國常立尊而後見淡路島及八大洲等也。有天常立尊而後見軻遇突智。級長津彦等神也

軻・・・再

大分則陰陽
　火水
　天地
主國稱之則國常立尊
主天稱之則天常立尊
細分則地水火風。此周遍廣大也。不可言滅與生。自本垂末則木火土金水。可言相生相剋

稚産靈

軻遇突智娶埴山姫生稚産靈（雖有娶字）
而實是造化之神
火生土

句々廼馳　木
軻遇突智　火
埴山姫　土
金山彦　金
罔象女　水
支那洪範　漢儒
六府　水火木金土穀
古事記云。和久産巣日神。此神之子豊宇氣毗賣神
此末人界受用也。天命發起
稚産靈是五穀蠶桑之神。豊受是豊年之神。祭之伊勢外宮也　親子一體
此紀不記豊受神。而下記保食神

人界受用
稚產靈ハ本ニノ而保食神ハ末也。伊勢ノ外宮ト
與二稻イ生ナリ一之別也
同　右ニ付
高皇產靈尊
天命ノ神也。儒典ニ天帝ト云フ。此ノ尊也。
人中ニ壽命福德子孫相續シ亦不ル二
相續セ一等。此ノ神に定る也
神皇產靈尊
此ノ神は大體高皇產靈と德を
同うするなり
稚產靈

已上を三產靈《ムスヒ》ノ神と云フ
豐受姬神
外宮の神也。五穀及ヒ蠶總じて
蒼生衣食之神なり
保食神
上ノ豐受の德。稚產靈《ムスヒ》の德を受
て人中にあらはれ玉ふなり。
牛馬等は稚產靈ノ德を受玉ふ
なり
穀物衣物等は豐受の德を受
玉ふなり
葛

天吉《ヨサ》葛《ツラ》　天は自然。吉は吉祥　葛は蔓生

此所云葛布也。通一切蔓生之神

鎮火祭　瓠川桒是也

天吉《ヨサ》葛《ツラ》　ヨシカヅラ

三物

吐　金山彥

小便　罔象女

大便　埴山媛

造化之神固非血肉身。總身總是神靈。所作悉是神事

三物有神力而有世界妙資緣。印度劫初梵王化生。至于末世而瞿摩夷

瞿模多羅具香氣之例

眞理則理趣般若色淸淨句是菩薩位。聲淸淨句是菩薩位云云

風

天地之噫氣也

神道是四大爲主。五行次于此。天地成立之後。地氣蒸陞爲風能動萬物。大而滿于宇宙。小而入毛孔。出入無間斷動靜有軌度。風之利大矣哉。此神級長彥級長戶邊也　所造之色有成壞

此四大成立之後。能分付五行也

伊勢風宮

龍田

能造ノ四大ハ

地　國常立。國狹槌。豐斟沼

水　滄溟

火　瓊矛《ヌホコ》　ホは火也。コは助聲　訓ホコル出于此

風　浮橋　橋通往還。風之功也

所造ノ四大ハ

地　磤馭盧。八大洲　埴山姫神　大山祇神等

水　海川　大綿津見等

火　軻遇突智。火產靈。八雷神

風　級長津彥等

第六之一書

倉稻魂命

豐受宮

稚產靈

吾已湌泉之竈

支那稗史昏迷湯之類

泉津平坂

俗ニ云フ死出山ト也。和歌ニ咏セリ之ヲ

口傳。支那招魂不レハ超此ノ山ヲ者或ハ是レ還生。若シ超エ此ノ山ヲ已レハ則無シ還生之事ト云云

支那招魂　楚詞

密家ニ呼子鳥啼ク時修スト招魂ノ法ヲ　徒然艸

巨川

乃向大樹放尿。此即化成巨川。和歌所詠三瀬河也。俗云三途河。女人渡之時。初會遇之男子出助と云 源氏ニ見たり

泉門塞大神

有此神。如支那泰山府君也

梵土奉敎官

僞經十王經中

泰江王 初江王等之例。可知

汝已見我情我復見

汝情

こゝろ者落著謂也

天命之道窮則變。是物之情也。治病不求于醫十分之功。使民不可使十分之勞。樂不極十分。樂極而哀情生。萬般有此趣。是天之道也。夫婦相敬相親須知其宜。不須至窮而變之情也。汝見我情者。死後胮脹之相已被見顯。故言亦汝情之窮如何底我當見之云云

神代盟約十紙

靈運

王者之興必有天運。此中初天神賜瓊矛。是爲膺運也。功成名遂當身可退之時也。是爲當還

此天津教通于萬國。通于萬代。造化之神靈不可言其限際也

日之少宮

日者太陽君之象。君而退去。是名少宮。大不同于周易亢龍有悔之悔也。比之於後之八重柴籬。狀同而趣異焉

溟渤皷盪山岳鳴响

神者聖而不可測之稱。其大小高下各有作用不可改易。素尊是極暴惡之神。舉動有山川震吼之相

如（智度論）大樹緊那羅王琴。亦如悅意歌聲。如緊那羅篋篌第一絃

此章大師兩部習合之元由。御流神道之本源也。我國密教弘傳由于此也

此章准於後々傳。若授受者須有簡擇矣

五百箇御統

神儀之物具皆有神德如密器亦如諸聖所持物具可例

屬于和魂

五男

五解脫輪　云云

三摩耶形　御統

羯磨形　五神

黑心赤心

天津教

超過于支那五常

簡而要庸夫愚婦可受行萬國萬世之大道也

盟約

請與姉共誓夫誓約之中必當生子

造化神靈有能生之德有能化之功發言則獲之（諸天ハ應念得王者ハ發言至長者ハ以財得庶人ハ用力得也）雖不如諸尊衆多顯現而既是化生之神亦有化生之德發其誠實言則必有其驗例有神仙五通人造設諸呪術制伏諸魔鬼亦有詠和歌而感鬼神之驗等（支那詩亦爾）若是男者則以爲有淸心此末世誓約

有神之元由
支那亦附也
深說則法曼也

十握劍

大凡事物成立必有其種子。下文原其物根是也
艸木之種世間現見。世界之種見華嚴例如岐神以杖爲種云云
劔厲于荒魂。有制斷用。既爲猛利之物不得不打折也
密教所謂三昧形云云
三段

示說。此章兩部習合之元由。配之于三部也

天眞名井

天文井宿八星 梵曆
主天門。凡有所作必得成就云云
一行疏曼荼 圭井神
神名式。丹後國丹波郡比沼麻奈爲之神社
水德。如大祓落多岐瀨織津姬。彼祓除。此成立
大祓流遣邊主河。此出生邊不須流遣。故云井

後沼奈井（亦相通 眞奈）
去來井是誘之邊用耳

齰然咀嚼

此神祇之功要不可妄傳
大祓哥呑 速秋津姫氣吹戸主吹棄云云
此其元由也
大祓所云祓除罪咎之神儀。此場則成立人天之神儀。道家吹氣制伏猛獸。又天台等呼吸除疾病等。此其元由也
密教亦有扣齒嚼唇之作法。須詳問決

吹棄氣噴之狹霧（造化之神所吐之氣起靄霧）
大祓氣吹戸主祓除風陰。此場則成立之風德

原其物根

人界禽獸。其胎生者父母肉血之餘分也。若廣亘物類。則腐艸爲螢蘋爲鱣。又雀入海中爲蛤。佐與姫化石。支那望夫石亦爾。印度數論亦爾。深山大澤實出龍蛇云云
天照皇所御五百箇瓊玉。開此國皇統之基
取而爲子我國養繼家系之元由。天

津教ナリ也

劔珠

女神得レ劔ヲ。劔ハ是レ雄元之等類ナリ。三段ニメ化ニ生スルハ三女神ヲ。陰陽昇降ナリ。男神得レ珠ヲ。珠ハ是レ雌元之等流ナリ。化ニ生スルハノ五男神ヲ亦是レ陰陽昇降ナリ。後之有テ夫婦ニ而有ル父子ノ之先徴也

神代磐戸章十三紙

外三紙附合十六通

狹田長田

狹田　如早苗之早

長田　廣長

福德之人自是良田隨逐之趣

如良田福祿官爵○容貌智慧伎藝○屋宅眷屬子孫亦爾○事々若如意則念天御蔭日御蔭君父之御蔭等○若不如意則知分而不妄動之天津教也」不羨他榮不妬他能○就中農是國本○雖邦君非自執鋤钁○而知稼穡之艱難○繼體紀戊辰詔曰○朕聞士有當年而不耕者○則天下或受其飢矣○女有當年而不績者○天下或受其寒矣○故帝王躬耕而勸農業○后妃親蠶而勉桑序云云

四事

春　重《シキ》播《マキ》種子　放其畔

如大祓中

秋　放班駒使伏田中

妨物之成立之義也。通一切
放戻新宮（化生神便不必臭穢。而自含汚穢理耳）
一切汚穢之事也
剝天班駒穿殿甍而投納。驚動他及
人民國界。不必是一事也
班是不純毛也

以梭傷身

日神之驚動。雖非如人類驚恐。天地
人神自有一體之感應。而如同憂喜
之狀也
以梭傷身者。化生之姿雖非肉血痛
苦。而上下相應一體之心性。自是苦

樂當相

神功紀　生田

稚日女尊（天照大神之分德　月讀尊之同位）
海外爲我用之輔佐
神代卷不記出化之事實
岩戸章一書曰。是後稚日女尊坐于
齋服殿。而織神之御服也
本書又見天照大神方織神衣居齋服殿云云
素戔嗚尊見之。即逆剝班駒投入之
殿內（本書即剝天班駒穿殿甍而投納）
稚日女尊乃驚而墮機。以所持梭傷

體而神退矣　本書是時天照大神驚動以稜傷身由此發慍云云

是則神德有大小之別。驚動有淺深之差

神代神退而人世顯威德。月讀死反之玉也。與天照大神威伏三韓。而還鎭座于攝州海濱。至于今海外之産物爲我國之受用。其文字典籍亦日用之要物也

一云。吾名向匱男《ムカヒツノチト》　向匱ハ對外夷之稱。男ト者雖女神而有勇健之名ナリ。後世男有女名女有男名之徵也

聞襲大歷　世所聞知如名

稱超十方之詞

五御魂《イツノミタマ》　十種神寶第五死反此玉之靈

速狹騰尊《ハヤサノホリ》　在于神代在齊機殿而驚神退之義

本書亦問之。除是神有神乎。答曰。幡《ハタ》

荻穗出吾《スヽキホニイテシアレ》也　先于此告仲哀天皇之詞

於尾田吾節之淡郡《アハノコホリ》所居有之也

於尾田吾。更に考べし

閉磐戸

秘說則堅固金剛界也。自受用三昧非他可見聞也

若爲初心者說之。則應云天上自有堅固宮殿。自有堅固門戸。

若更爲底下者說之。則應云閉口絶言而無敎勅之事云云

可禱之方

思兼神　智

手力雄神　勇

天兒屋命　太玉命

二神是近親之神。若配之則仁

德與福德也

右四神。國之大事掌之

香山之眞坂樹

此樹有通神之德

御統　八咫鏡　青白幣　物

此三種標內誠心

天鈿女命

內宣述情之委曲

茅纒之矟

眞坂樹之鬘

蘿之手繦

三物。資緣各不闕

長鳴鳥

常世之長鳴鳥

衆神憂愁之情不得默止。而發于吟

咏發于訴訟也

他傳並私說也

鷄報曉云云

庶民之嗽訴

世人以長鳴鷄配之者。牽合附會也。

又以後世木綿付鳥配之。亦不當也。
木綿付鳥則若世不靜謐以木綿付
鷄祭之。四方闕鷄有不違時之德故。
取于軍事不失時之義與今大不同
也

幣

神代之巻岩戸段
口云。和對麤細妙之義

青和幣
春　楸《カシハ》　俗カブテコブラ

白和幣
秋　木綿《ユフ》

同右に付

白和幣
青和幣
秋
春
金
木

又
通祓物《ハラヒモノ》
玉串

右河内國平岡之若宮
天押雲命
伊勢内外宮有玉串門云云

ミテグラ　手座

妙タヘ○テ

憑談

神明憑談《カミガヽリ》

火處火　ヒカゲカヅラ

榊　曲玉　劔　青白幣

槽　トドロカシ

并是無非神明之憑談也

ヒカゲ　標清潔

鏡　標明鑑

青白幣　標奉獻之志

火處　火德猛赤ナリ

祝詞　心想之渴仰ナリ

長鳴鷄　哀嘆之深ナリ

雖文在此。其義意神代兩卷之通標也。擴而言之。則通古今衣冠文物祭祀禮度。悉是神明所憑託而談論也

端出之縄

祕說則金剛線也。移之人界則注連也

奉承御手《タマハリミテチ》　君臣情通スルナリ

引奉出《ヒキイダシタテマツル》　勸請式ナリ

シリクメ縄　不退カ

千座置戸

歸罪過《ヨセツミ》　後世治罪之元由

促徵《セメハタル》　後世祓物之元由

拔髮　辱《シムルナリヲ》之君子不齒之義

拔爪　罸《スルナリヲ》之誡手足擧動之義

彼神像

御鏡也

大凡造化々生之神有本誓形作業

形天照大神本誓形鏡八｜

作業形女　身掛五百箇御統　右ノ手ハ劔　左ノ手ハ鏡

天照皇　鏡

月讀尊　弓矢

蛭子尊　玉

素尊　劔

更問之

小瑕

小瑕是享天福之吉兆也

瑾瑜不掩瑕　有瑕須知瑾瑜

瑕不掩瑾瑜

聰明睿智以愚守之

才藝文武以拙守之

富以儉守之

貴以謙下守之

弁天之道也

四物

手端《タナスヱノ》吉《ヨシ》棄物《キラヒモノ》

足端《アナスヱノ》凶《アシ》棄物《キラヒモノ》　吉凶倶用也

唾　白和幣
洟《ヨダリ》　青和幣
造化氣化之神ノ所作悉ク神事ニメ吉凶倶ニ用ル也。身體皆是レ神儀ニノ唾チ爲二白和幣一ト洟チ爲二青和幣一ト上ニ吐《タグリ》爲二金山彥神一ト。尿《ユハリ》爲ル二罔象《ミツハメ》一之例也
大凡祓ノ物之爲ヨレ物。亦本誓之象也。
祓之式、作業之象也

蘇民將來　三章用

亦取ル二之外國ノ語ニ一
使ム二蒼生チメ夭折セ一
使ム二青山ヲメ枯一

暴惡之爲ルレ性似タリレ害スルニ二民一庶チモ。然實ニハ是レ救フナリ二民一チ於將來ニ。素尊ノ和魂　云云

神代八雲六紙

外五魂四紙合十紙

大蛇大意

素尊受諸神之逐。降而開鴻基。至大己貴成大業

大意　窮則變々則通。天津教也

榮辱是有天數。處患難而改行勵志。遂成大功也

聖賢則絕訴論。通人則中年有患難。是開運之基。若憂苦則窮鬼得其便。於此時不枉道不失志。益守其義遑其志。是爲天津教也

大蛇

八岐蛇《ヤマタノヲロチ》　蛇形之神

至八代則稱土蛛稱蛇或稱鬼。多是強暴之稱也。今此段在于神代。則直是長背物。如越絕書事跡也

祇園三神中亦祭八岐蛇。至于此報怨以德。謂天下無敵也。漢高祖

以魯公禮葬項羽亦得此趣也
深緣起則如犯重罪人能入禪定而
毒蛇相現則爲滅罪相也

湯津爪《ツマ》櫛

挿於御髻
敬愛之狀也櫛置之頭上見不相侮
之狀也雖是在下界亦是化生神儀
名天津教也雖素尊強暴至于此見
眞娥媚也　人倫之基也
若婦人事夫則天之御陰日之御陰
也　君父之例
若君之得臣亦挿之於髻之想也

但其位則有上下別也於蒼生亦
爾
若於嫡子嫡孫亦挿之髻之想也　若得賢士則以天柱擧之天上之想也
支那孔子稱顏淵傍觀則かたはら
いたき樣なれども彼地亦聖人此
挿於髻之意也　顯見《ウツシキ》蒼生《アヲヒトクサ》
天照皇挿民于髻之御意也
兼好が玉扂亦得此傳云云

八雲別傳

大凡屋宅與嫁娶相應也　故婦稱室
相與遘合《クミトニミトノマクハヒシテ》

此我朝夫婦遘合之初也。此後有胎
生之兒。亦有諸陵也。嫁娶之初也
亦有宮殿居處。自上八尋殿而顯見
之儀也
素尊此時有一夫一婦。至于後有衆
多婦。嫡妻妾媵亦分也。然大不同於
支那有九御之奢也
字妙。句妙。意妙。始終妙

奇魂幸魂

此二魂三魂四魂五魂と云ことあ
り。中に於て荒魂和魂は生得傳別

にあり
奇魂ハ智慧莊嚴
幸魂ハ福德莊嚴
三諸山　鳥居ノ傳初にあり
自ら若木を己が姿にて
影はづかしき三諸山かな
祕傳後々に傳ふ
貫之が古今傳。此より設けしこと
也
最澄作三面大黑今在御供所
大己貴攝七名為三德
劔　智慧　手力雄神　カハナ艸
○　青ヒト艸

玉福徳　太玉命　サキ艸

此に至て天照皇《ト》三輪《ト》御一體なり

大國主神　天命　唯吾《レ》一身《ヒトリ》●●●

一言如《モシ》吾《レ》不《レハ》レ在者《ラ》汝能《イマシツ》●●●

大物主神

二言○汝之幸魂奇魂

國《クニ》作《ツクリ》大己貴命　幸魂

葦原醜《シコ》男《ヲ》　奇魂

三言○唯《シカ》然《リ》廼《チ》知《ンヌ》　汝《ハ》是《レ》吾之幸魂奇魂《ナルコヲ》

八千戈神　奇魂

三神一神　大國玉神　○

顯國玉神　幸魂

一神七社

荒魂

勇徳也○在《テハ》二凡夫《ニ》一則爲《リ》二瞋恚《ト》一

在《テハ》レ聖《ニ》則爲《ル》二勇健精進《ト》一

和魂

仁徳也○在《テハ》レ凡《ニ》則爲《リ》二愛欲染汚《ト》一

在《テハ》レ聖《ニ》則爲《ル》二慈悲忍辱《ト》一

術●ミチミタマ　初

託《シ》レ物《ニ》託《メ》レ處《ニ》而顯《ス》二其《ノ》神靈《ヲ》一

十握劔

五百箇御統

鮚然咀嚼

天眞名井

術魂

勸請

神體

宅祉

山林

樹器

呼子鳥

—

—

—

常世郷

通メ是レ仙郷也○如レ云二藐姑射山一

又指二龍宮一　神武紀

又指二支那江南一後ニ得レ橘是レ也　日本紀六巻十四丁

又常恒不斷ナリ　上ノ章ニ云二常世之長鳴鳥一ト是也

外題 神道折紙類聚下

神代降臨章十七紙 已下神代卷下卷

外ニ荒神一紙　合十八紙

降臨大義

上卷ハ是造化之元由

下卷ハ是天命之骨目ナリ

欲下立テ二皇孫ヲ一以テ爲中葦原中國之主ト上先ツ於レ是饒速日ノ尊既ニ乘二磐船ニ一降リ二于河内ノ哮峰ニ一。及ヒ可美摩治ノ命ニ降ル二於神武天皇ニ一。後ニ有リ二守屋入鹿ノ強暴ニメ一而其ノ家絶セリ焉。此レ般ラク正シ是レ天命之趣ナリ。如キナリ淡路島ヲ爲レ胞ト生ム二八大洲ヲ一。饒ノ尊ハ是レ胞也。淡路島也。亘テ二于萬國ニ一領スル二天下ヲ一君ハ有ル二此ノ如キ由緒一也。支那ニ項羽爲レ覇ト。而劉季陞リ二于帝位ニ一。建（唐大宗ノ兄也）成殁シテ去ル（太宗）世民傳フ二唐代ヲ一。趙匡胤的子未タレ顯レ而弟爲ル二大宗ト一。明ハ則建文君（公異）亡ス。燕棣（亦號ニ大宗ニ建文ノ叔父清朝ノ主也）定ム二都ヲ於北京ニ一。爾來一國之主一家ノ祖。一伎一藝須レ知ル二

（武德九年太子建成爲ニ秦王世民ニ所レ殺）

此趣也

大抵先于事者不祥

瓊々天命　天如私標す

此一帖必不須傳之偏局陋儒也。可慎

貴賤尊卑天命之所定也。不可踰越。下若傚上是名僭。必受天殃。上若傚下亦非天道也。父傳子天之道也。萬國依此。兄歿弟及亦天之道也。不同禽獸强凌弱也

支那堯舜有志之人也。其志可善。然不達天命闕支那累代臣窺大位之災異基。不知神道之過也。湯武亦有功之人也。亦闕歷代亂臣之口實。孔子亦識別之人也。其所祖述所憲章不達天道。惜矣哉

歷代君位之不遷。瓊々杵尊之遺德也

我國武威之長久。可美摩治命之功勳也

我朝應神天皇已還海外爲我用。支那經傳可取用。人參白朮砂糖自鳴鐘等亦用之

高皇產靈尊

繼テ二于天御中主ニ一而主タリ二于陰陽造化ニ一。掌ル二萬邦之命チ一。是チ爲二神漏岐神漏美ト一造化之主ノ故ニ。進而ハ爲レ陽ト退而ハ爲レ陰ト居ノ二于高キニ一而爲ル二天地成育之基ト一

娶　天上嫁娶之初

無量歲ノ二化出ス一栲《タク》幡《ハタ》萬姬テ一

解メ云ク。萬《チヂ》ハ名。栲《タク》幡《ハタ》ハ是レ稱

生　天上產育之初　如シ二諸天ノ式ノ一

天津彥稱　彥火稱　瓊々杵名

解ノ云ツ。杵《キ》ハ是レ如シ二伊奘諾之ギノ一助聲也

瓊ニ々ニノ御名ハ仁愛之聲

天照大神

天照大神　稱

大日靈貴　名

我朝天皇に姓氏なし。姓《カバ子》氏は君より所ニメ賜フ。臣家に有り

姬氏國と云ッは外人の妄稱。姓ハ天と云フは此ノ國妄人の他に對して且く答ルの妄言也

葦原中國

葦原とは天上より見るの狀也。

中國とは處の偏ならぬ狀也

異名別記

穗日

穗日命　佞媚《ヲモネリコビ》

稚彦　叛逆

大凡大事之成。必至于二至于三而成立也。天津教通於萬代通于大小而不違之趣也

無名雉

神靈也。鳥形。密家曼荼亦有主鳥神。川雁等準之。支那楊震葬儀衆鳥集。亦此儀也

疾風《ハヤチ》亦神靈也。餘準之

裏書曰

無名雉支那例文　天如私記于此

史記封禪書云

後十四世帝武丁得傅説《エツ》爲相。殷復興焉。稱高宗。有雉（徐廣曰一作鷸音嬌）登鼎耳雊。武丁懼。祖己曰修德。武丁從之。位以永寧

又云。後九年文公獲若石云。于陳倉北阪城祠之。其神或歲不至。或歲數々來。來也常以夜。光輝若流星。從東南來集祠城。則若雄鷄。其聲殷々。野鷄夜雊。以一牢祠。命曰陳寶

事代主

△日本紀神代卷下　神功卷　降臨章

而傳へし

事ハ事物。代ハカハリ 字書ニ更替也 主ト者主宰ナリ。

凡ソ事物皆有リレ神。又有リ二代ルレ之神一。如ク二後世ノ有テ二女王一而宰ルカ主上即位之事上。若シ女王或ハ不ルレ習ハレ事ニ時ハ立テ、二女王一代テ二而宰シムニ其ノ事一。於テ天《アメニ》事《コト》代《シロ》。於虚《ソラニ》事《コト》代《シロ》○玉《タマ》串《クシ》入リ彦嚴《イツ》之事《コト》代《シロ》主《ヌシノ》神ナリ 文 此ノ名稱難シレ解シ。具ニ釋スルニレ之ヲ天ニ事代。虚ニ事代。義自ラ是レ別也。天《アマト》者上天御中主神

高皇産靈神。皇産靈神等。神漏岐神漏美命宰ルニ天命一。次テハレ之ニ則遊空ノ諸神日神月神等巡ニ行スルナリ天御柱ヲ一也。更ニ有リ下不メ巡ニ行セ二而居住スル神上。是ノ代ノ名就テ二天ニ事代○虚ニ

事代二事之代ニ而稱スル也 有人主トイフ天地ノ事ヲ者不ン合二文義一也

玉鐵ト者祓除之具ナリ。天上ニ有リ二善神一有リ二悪神一。世ニ有ル二天災一之類ハ。人世ニ有テ二悪作業一。而悪神得テレ便チ而降スニ斯ノ災害ヲ一也。此ノ事代主ノ神能ク祓除メ而除ク二世之災害ヲ一。故ニ有リ二玉鐵入彦之稱一。嚴《イツト》者威嚴之稱也

長田

事代主神 素尊之嫡孫 大己貴之子

於テレ天事代 國之興亡。年之豊儉。民之損益。悪ク是レ天之所命也。代テレ天ニ而降スレ命ヲ此ノ神之功也

於テレ虚事代 雲布キ雨施シ。旱魃暴風アル。春秋之移ル。並ニ虚空ノ所レ在也。代テレ虚ニ而乗スルレ事ヲ。此ノ神之功也

嚴之事代主神萬般ニ代テ而成レ事ヲ。此ノ神爲ニ其ノ主ト一而成ニ遂ク之ヲ一
鳥之遊友ニトシ諸鳥ヲ一而遨遊ス。如ニ海上之人與レ鷗共遊之類ニ一也
以ニ釣魚ヲ一爲レ樂ト雖ニ漁者之業ト一亦是レ求ニ財利ヲ一之譬也
天命ハ是レ神漏岐神漏美之命。今此ノ神代テニ天命ニ一使メニ三韓ヲ一而服從セ。使ルカニ我國ヲ一施サニ威名ヲ於外國ニ一也

甕《ミカ》星　三紙之内

大ソ凡事之成スル。必有テニ障碍一而成ニ立スルヲ之ヲ一。若シ無キハニ障碍一則其ノ事必不ニ成立セ一也。我カ朝有テニ守屋一而上宮太子成スニ道之鴻基ヲ一。支那印度亦有ルニ此ノ例一也。至テニ于此ニ一敵モ非スレ敵ニ爲ルニ吾カ助ト一也。障ヒモ非スレ障ニ天之輔助スル也

甕星かゝせ星

世ニ觀テニ星宿ヲ一而行フニ吉凶諸事ヲ一。是レ其ノ元由也

神祇ニ有リニ素尊一。天ニモ亦有リニ惡星一

火曜春助二日カ至十日カ

カゞセ　カゞシ　カゞリ

カグツチ　カク音通

熒惑　南方夏火

勃亂殘賊疾喪饑兵

在レ天則五星　在レ地則五行　史記天官書　別冊

舊事紀ニ。天ニ有リニ惡神一名ケニ天津甕星ト一。又名クニ天ノ香々背男ト一

裏書云

星神香々背男

舊事紀云。天有惡神名曰天津甕星。又名天香々背男。一說此神惡氣天文まで顯現。既妖星と現じたる故に。星の神香々背男と云へり

師傳云。香々背男は爀《カシト》通ず。是經津主武甕槌の屬なり。五星の中の火星にして惡神也

甕星

遊空天。金界外金剛部南方

瑜祇經曰

大日經護摩品同疏

三種二種一種

智　鏡

仁　玉

勇　劔

右三種

神璽《シルシ》之寶劔。內侍所（令義解之意）

右二種　荒魂和魂

天照大神手持寶鏡授天忍穗耳尊

右一種　上卷　伊弉諾尊

左右持白銅鏡云云

一面明鑑　三種在于其中　更問之

手・彦・書二章目

手《タ》置《オキ》帆《ホ》負《オヒ》彦《ヒコ》狹《サ》知《シリ》

工匠之神也

總而心之所趣事業應之。手置者一心置之手巧。帆負者應於手應於心。如帆受順風。彦狹知者。此彦有知事之能云云

磐《イハ》境《サカ》

天津神籬《ヒモロキ》

家門也。吾邦皇統。國初已來不墜於臣位。由于此也

天津磐境

封疆也。吾邦不受他國侵擾。由于此也。通于大小貴賤也

君臣無隔

復勅天兒屋命太玉命。惟爾二神云云

此是天津敎

神人一體　如看我云云

支那敬鬼神而遠之と云り。本朝は不爾。元來神國也。不狎不遠。事順于天津教也。上巻天照皇稱顯蒼生《ウツシキアヲヒトクサ》見諸民如愛兒《シ玉フ》也

荒神　神代下巻に付して傳ふ

諸神の荒魂を聚て荒神とす

荒振神　○萬葉にあり

千磐破荒振

夜叉荒神　畵像木像に就て云ふ

如來荒神

深奥は瑜祇經（瑜伽成就品）自性所成之障也。十地菩薩如醉。是也

庚申　非和尚之傳ニハ。傳授ノ時ノ助話也

猿田彦の神を庚申に配する傳

庚申は道家の法也

青面金剛を以配する傳

瓊々杵尊

△降臨について寅を主として申を向こす。夫より猿田彦を庚申にはいす

牛頭天王

△根國を治むろについて地居地底の主領にならせらるゝなり

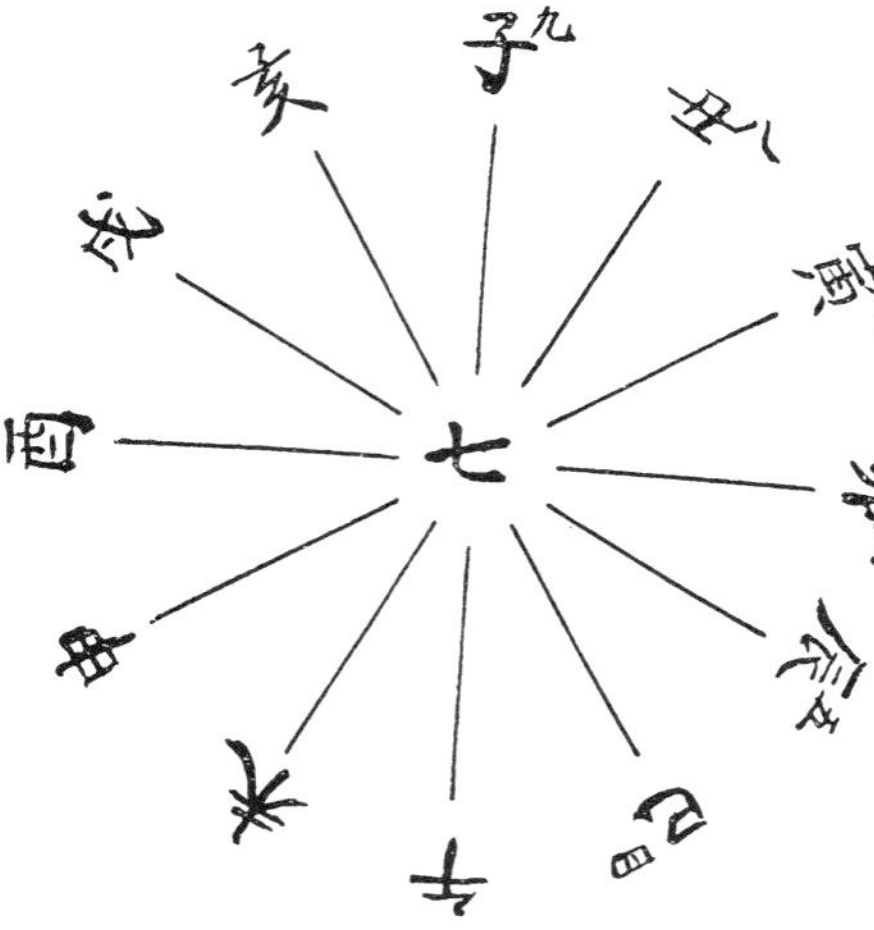

人生ニ子寅ニ七在レ中ニ屬ス之ヲ於
西方ニ庚申祭ノ所レ基ク也

方位總て七の數が成した物なり。
神代巻天神七代が此ノ本據なり
牛頭は牛は六畜の中に諸用の多になぞらふ。牛頭天王の稱は佛法の中に詳なるべし。強て理をつくるに及ばざる也
又二十八宿の中に牛宿を別に日中に配す。簠簋に出せり
三猿の事口傳在レ別

神代海宮遊行章四紙

海幸山幸

天之時

地之利

人之幸 雖兄弟各有。其幸不同。

不可相易《ヒフ》

姓

作業

修學

居所 支那潙山若使海禪師住不過五百人云云

憂苦《ウレヘマスコトフカシ》

憂苦自外來《ルレ》。是開運之兆也。若《シ》非理《ニ》使他《ルハチメ》憂苦《セラ》。自衰患之徵也

雖細民《ト》須使得其所《ノチ》。雖妻子眷屬《ト》不須使其憂苦也。雖畜生鳥獸《ト》亦使得《ヘキ》其所也。籠鳥押獸亦神明《ノ》所憂《ル》也

妾産《ヤツカレコウマントキ》

請曰《フテク》。妾産時幸勿以看之《ハクハナミマシソ》云云

國津敎也。總不可看他《ルノ》 ‥ 私事

爲《ル》人君者《ハ》內外有其《テノ》禮度而存《スル》也。亦

雖所畜犬馬若產生亦須隱密設障以不須自看亦不使衆多人看之世之不齒隱婆亦此遺風也若犬馬之牝牡交合亦須憚日光所照及設障不須衆人看之云云

此神道相傳之式也

此等謹愼護之者受天之祐

若輕忽者福祐日損也

玄櫛

櫛與奇魂《クシミタマ》之奇同訓智慧之狀也玄者其深也非淺智也囊中者生平不妄顯待事而發也此一段老翁之深

計也鹽《シホ》筒翁住吉外宮神今三村社也云云

無目堅《カタ》間 不漏水也船之類也

十瑞寶十二紙

初目

化他門八十二通ノ中初重九ニ有ル二圖一紙一也。其ノ圖は大師已前ニ神秘ヲ護せん爲に施設せる也。但し麗氣記より已前ノ古德《ナリ》。今伊勢神庫に現存す

二鏡
一劔
四玉
三比禮

二鏡は天地の明德なり
一劔は一理割斷の智德なり
四玉は四神擁護の仁德なり
總じて玉の德たる温潤含蓄。事に感じて其ノ德を顯す
生《イク》玉は天地生育を主ざる。天照皇の化德
死《マカ》る反は月の三讓の功を成ス に同シ。
月讀尊の化德
足《タル》玉は下に居して天下の谿とな

る。蛭子尊の化德
道反《チカヘシ》は暴惡も仁愛の道を助く。素
尊の化德
比《ヒ》禮《レ》は首飾服御にして。貴賤を分
ち男女を別つ。上下に就て蜂の比
禮。蚰の比禮あり。貴賤に就て品《クサ〲》比
禮あり。後冠階十二級の別なるも。
此より由來すと言へり
餘處に蜈蚣の比禮。切浪比禮。切
風比禮あり
比禮の名たる體に就く。用に就け
ばフルなり
鶺鴒《ニハクナフリ》之動《カス》ニ首尾《ヲ》一。倶《ニ》是《レ》顯《ス》ニ天地動物

之象ニ

瀛《オキ》津《ツ》鏡

圓鏡也　八寸此度量更問
天に位して地を照す。滄海の涯
際を知《レ》べからざる如し。故に瀛
津と名づく。即是《レ》一天の成象な
り。外典にも天圓地方と云《フ》是な
り。佛敎も娑婆世界その形周圓《ナル》
虚空の如しと云《フ》是なり
此《ノ》位に起《ス》數《ヲ》一《ヒ》なり
瀛津鏡の圓鏡なることは
嵯峨天皇より弘法大師へ御傳な

り。邊津鏡の八葉なるも同條なり

邊津《ヘツ》鏡

八葉鏡也　八寸

地に位して天を照す。海岸の屈曲あるが如し。故に邊津と名く

此ノ位に起ス數ヲ　二フなり

伊勢兩宮の神鏡。瀛津邊津交互ニ用フレ之ヲ。天地感應の趣なり

大海の總體は周圓なる故に瀛津鏡ハ圓鏡

海岸ノ畔際局曲なるが故に邊津鏡ハ八葉なり

劒

八握劒

神劒也。其ノ長八握なり

此ノ位ニ起ス數ヲ　三ミ也

諸尊截テ輌遇突智ヲ而爲ス三段ト。天照皇打チ折テ素尊ノ劒ヲ爲ス三段ト。並ニ是レ此ノ數也。一生シ二ヲ二生シ三ヲ三生ス萬物ヲ。諸尊截ヤ火産靈ヲ也。三段生ス三神ヲ及ビ其ノ血激《ソヽイ》テ五百箇《イホツ》ノ磐石《イハムラ》ヲ。又其ノ鐔《ツハ》及ビ鋒《サキ》皆生スル諸神ヲ。此ノ趣也

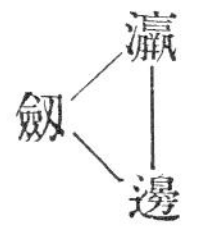

三才

生玉

神代之寶玉ハ不レ可ラレ知ル。師傳ニハ能作性
也（傳テ在リ二布留ノ社ニ一未レ見也）
此ノ位ニ起スレ數ヲチ　四ヨ也
四神　四大神
四時　四方拜
追記
此に師傳と云フは大師なり。嵯峨天
皇の御時に既に此ノ玉の相狀《カタチ》不ル二分
明一ナラなり。大師その義趣を以て能作
性を用ひ給ふ。爾來相承す

死反玉

形狀不レ可ラレ知ル。傳ニ用フ二水晶珠ナ一。圓珠又ハ

五輪塔ナリ。雨寶童子ノ頂上ニ所ナリレ戴ク。伊勢ノ
法樂舍ニ所レ祭ル是なり
此ノ位ニ起スレ數ヲ　五イ也
五行　五人神樂男
五百箇御統
月讀命。舊事記ニ云ク。其ノ光彩《ヒカリ》亞《ツ》レ日ニ可二配《ナラヘテ》
レ日ニ而治《シラス》一云云　又汝シ命所レ知ニ夜之食國《ケクニヲ》一
云云　月配スレ陰ニ。々ハ肅殺之氣ナリ。斬ルニ保食ノ神チ一
等。是チ爲レ死《マクルト》。三讓シ成レ事ヲ舊穀罄《ツキテ》而新穀
生ス。有リ二死反《マカル》之德一。伊弉諾尊勅《コトヨサシテ》二任三子ニ一
曰ツ。天照大神可シ三以御《シラ》二治《ス》高天之原チ一也。
月讀尊ハ者可シ三以テ治《シラス》二滄海之潮八百重ヲ一
也。復配《ソヘテ》レ日ニ而知二天事一《シラスアメノコトチヘ》。所レ知《シラ》二夜之食國ヲ一

也。素盞嗚尊者可以治天下復滄海之原也

追記

圓珠寶形五輪塔のこと

御遺誥の傳に詳也

足玉

神寶不可知。師傳今用鹿玉

此位起數　六ム也

六方禮

六府　水火木金土穀

太子傳云神道是五行者謬也。言其根本則四大也。伊勢有風宮可知其趣

國常立等三神耦生之神埿土砂土二尊是地大也。滄溟是水大也。浮橋相通為後級長戸邊等之本。瓊矛為後日神及火産靈之本。其次所生六府埴山姫等為土。海童等水。金山彦金。句々廼馳等木。軻遇突智火。稚産靈豊受姫稲倉魂保食神為穀。我國穀類之美可思。足玉之德是也。配之于蛭子。周易以六位統萬物亦是也

外卦　内卦

初九應于九四　九二應于九五

九三ハ應スル于上九ニ六十四卦同例也。
是ヲ以テ足之義大ナルカナ矣哉
ムス蒸。ムラガル群ムレ。ムスビ產
靈。ムスブ結。ムカフ向。迎ムカフ。ム
ツマジ睦

道反玉

形狀不レ可ラ知ル。師傳ニ今用ル牛玉チ也
牛頭天王ノ緣あり
此ノ位ニ起スレ數ヲ　七ナ也
知テ從來ノ過チ而改ム其ノ行チ。是ヲ爲ス道反ト。在ハ身ニ
而離テ卒暴チ而歸シ于謹愼ニ。在ハ言語ニ而離テ
苟且チ而歸シ于實語ニ。在ハ意ニ離テ瞋恚貪欲ヲ
而歸シ于少欲柔和ニ。在ハ家ニ離テ華奢チ而歸シ
于儉約ニ。在ハ國ニ而離テ苛察チ而歸スル于仁惠ニ
等ノ萬般。悉ク此ノ玉之德也
神世之七代　家門之七德
天之七曜等　轉メ七難チ而得ル七福チ是レ
道反之義
ナグサム慰　ナダム宥
ナ名　ナカ中
ナル成　ナヅム泥
ナツ夏　ナヅル撫等
使ム蒼生チメ夭折セ
蘇民將來
使ム青山チメ變枯セ

拔鬚髯散之即成杉拔散胸毛是成檜

尻《カクレノハ》毛是成被《マキトハ》眉是爲橡樟云云

並是道反也

諸社之牛玉依此義也○有人以生土《ウブスナ》解之者私也

牛玉ゴワウと讀は秘之也

牛黃牛之精也

蛇比禮

伊勢神宮現存比禮數條○麗氣記

縹《アヲシロ》白色云云

制地災之邊立蛇比禮之名

形狀不可知○師傳用七條袈裟

此位起數　八ヤ也

八大洲　八乙女

衣冠之爲儀○不曾分別尊卑高下○依此生災害招福祐○支那書左傳等可見

我邦比禮萬葉注領巾○ヒレ○フル

音之輕重本末

蜂比禮

祓除天災之用（高津鳥並攝蠱星　高津神）

形狀不可知○師傳今用九條袈裟○

神事覆頭

但三衣互用也。九條爲九衆生爲
福田
此位起數　九コ也
檍原《アハキカハラ》出現之九神
圖用四鏡標四柱之神德（神者鏡之中畧。故此圖多用鏡也）
得袈裟之截斷四寸則除疫病諸災。
在龍宮無金翅鳥之害。故兩部習合
家用此袈裟也
帝都街衢分九條。吾邦中古之正式
也。天門九重。金闕九重。支那長安三
條九陌云云

品《クサ／＼》比《ヒ》禮　人品之守衣

冠

形狀不可知。師傳寶冠也（祓地災祓天災）
（立人極之次第也）
此位起數　十ト也。滿數
乃至百千萬億皆攝之
圖寶冠。中五鏡上三鏡。謂兩部習合
家之式也。五是五智。三是三部
ヒフミヨイムナヤコト
開合
陰陽造化之聲韻也。此より五十字
文を生ず

開合開合不開不合

アイウエオ

横

竪

聲

韻

カ　喉之重ヲ爲レ牙ト

サ　舌之輕ヲ爲レ齒ト

タ　舌之重ナリ

ナ　舌之不輕不重

ハ　唇

マ　唇之重

ヤ　喉之不輕不重

ラ　舌之彈

ワ　喉之重

一切聲韻之元由。名稱之基本。數之初。量之初云云

ヒ　日自レ此而出トツ助聲

結

一二三四五六七八九十竹厄之數可レ驗位ニ于中ニ寶冠象ニ于此ニ也。河圖洛書モ同ク爾リ

成數五十五萬物之成數五十。大衍之數五位レス中ニ。除レ之則易著用レ之

古今ニ花の木にあらざらめども咲にけり。ふりにしこのみなろよしもがな

めどのけづりはなさずと云云。此ニ基す。但邪說あり可レ擇フ

一者卓立不傾。是爲本源
銥言其位則爲二。此中一是空位也。銥配二爲三。與此禮同居
相對則成二
二者陰陽告功。是道之流行也
成一銥而爲萬物之祖瀛津邊津之鏡
三者物之出生。有情非情於此生育。
三比禮配天地人。有斯人而天地運
行四時爰行
四者生殺顯用。生是殺之初。殺是生
之元由也。四神爰布德
一得四爲五 二得三亦同 上斬輌遇突智爲三段加二爲五段者。此
二得三之義也

二得四爲六 五大五行五百箇御統
六府等 三得三亦同
三得四爲七 神世七代等 金神七殺神。七
曜等
三得五爲八 大八洲。八乙女。八雲。八咫烏
四得五爲九 三々々亦九也。二得七亦九也等
宦之九品。物之九品。上中下各
上中下
四得六爲十。成數積至百千萬亦五々同

等

方之十方

大衍之數五十立ツ二一象大極一チ

分テ爲ル二兩儀一ト掛ケ扐《ロッサ》爲ル二三才一ト

以レ四チ數フレ之

大抵易ノ兩儀四象。八卦。十六卦。三十二卦。六十四卦。並ニ兩々相增スハ造化之象ナリ。此は陰陽相ヒ乘ス

一ハ乾道獨化　二ハ陰陽告ク功レチ

三ハ三才旣ニ成ル（歛火）

四ハ火產靈娶ル二埴安姬一チ

五ハ稚產靈之位。豐受姬之位

六ハ六府　七ハ七情

八ハ八大洲　九ハ九重ニ布クレ位チ

十ハ成數億兆

大祓十二紙

外ニ人形ト解縄トノ二紙　合テ十四紙

總義

造化之蘊奥
天地自然
印度之懺法
支那之攻説
本朝之祓除
國家人
　主臣畜
過現未

高

高天原ニ
　物理
神留坐《マリマシヌ》
上界天○空居天
遊空天
通ス二於地居ト地底ニ一

漏

天命幽事

高皇産靈尊

一生レ二シヲ二生レ三シチ三生二萬物一スヲ

神漏岐命

神漏美命

通二大小貴賤一シニ

通二於上下一シニ而

天象顯二于上一ルニ

荒

荒振神

乎 畧メ通ミ

治亂

安國《ヤスクニ》ト 不レ危

平氣《タヒラケ》久ク 不レ傾

裏書云

私云今は治りたる世なれば乎の字を畧して「草の垣葉も」と讀み。ミメ相通して「語止みて」と讀む也。此の別ちを示さん爲に治亂の二字を置ク也、

天津

天津罪

自然ニ成立メ

天象垂レル則ヲ

畔放

不レ漫ニ侵二外國一サヲ

謹テ守ル二封疆一チ

溝埋

治レ水順二水道一

治レ民不レ悖二民之情一

樋放

能治二隄塘一畜レ水備二于旱一可レ通則通

不レ被二滂損一防レ民不レ使二之放縦一

萬般準二於此理一

頻蒔

守レ身節二勞佚一

使二民有一レ時有レ處

串刺

雖レ有二遠慮一而不二過レ慮預設一

生剝

財利應二于宜一取二羊毛一

於二二時一之類不レ可レ過

逆剝

受二恩於君一與レ父○受二福於天一與レ神○謹

不レ侵レ上

屎戸

不レ汚二門戸一四門淸潔

國津

國津罪

遠二庖厨一魚鳥不二自屠一

恐二神明之冥罰一

孝順心

慈愛心
孝順慈愛心
慈愛孝順心
愼及非類
爲家爲身祓除災害
更可恐見聞之邪術

金木菅曾

玉籤之料
菅曾
八針　長三寸四莖二之云云

天磐戸

神明自境界
開
閉

瀬織津姫

ト部大河道に持退《ヒチマカリ》出《イデ》ざるの已前。此神大海原に持出たまふ也。大凡人事未兆の已前。天命先定る。天命定りて神祇感あり。神祇感應有て後人事成立する。此を天道と云。天命と云。易に先天而天不違と云。後天而受天時と云。爰に近し
此神萬事を流し遣《ヤル》の德而天照皇

之荒御魂也

速開津姫

萬般之事皆嘬《ナカミ》嚼呑盡《ノミツクス》之功《ニメ》而月讀
尊之荒御魂
陽德ハ發動シ陰德ハ收藏ス故ニ現ス女體ヲ云云
開《アキト》與秋同訓《ナリ》春夏之主《リ》發動《チ》秋冬之
主《ル》收納《チ》爲相《ヒ》表裏《スルコヲ》也
月神《ノ》光彩《ヒカリ》亞《ク》日《ニ》可《シ》以配《ナラヘテ》日《ニ》而治《シラス》云云

氣吹戸主

萬般皆《ナ》吹放《ツ》之功《ニメ》蛭子之荒御魂也」
呑《ト》與氣吹一體之開閉也分《テ》爲二神
之功《ト》天地同根陰陽一體《ニメ》而神人不
異《ナラ》唯一神道之根元耳

速佐須良姫

萬般祓除《クハ》罪咎《ヲ》佐《サ》須《ス》良《ラ》比失《ウシナフ》之功《ニメ》而
素盞嗚尊之荒御魂也
根國底國
在《テ》於地底《ニ》而盆《ス》人等《カ》所作《ナス》之罪惡
消失之處也
高天原
天照皇之所御《ニメスル》
高皇產靈尊之所命《スル》
大倭日高見國

天孫歷代之所御《ニメスル》
諸神祇之所護《ル》
底津國
素盞嗚之所治《ニメル》
伊奘册尊之所統《スル》

人形　紙若《ハ》絹

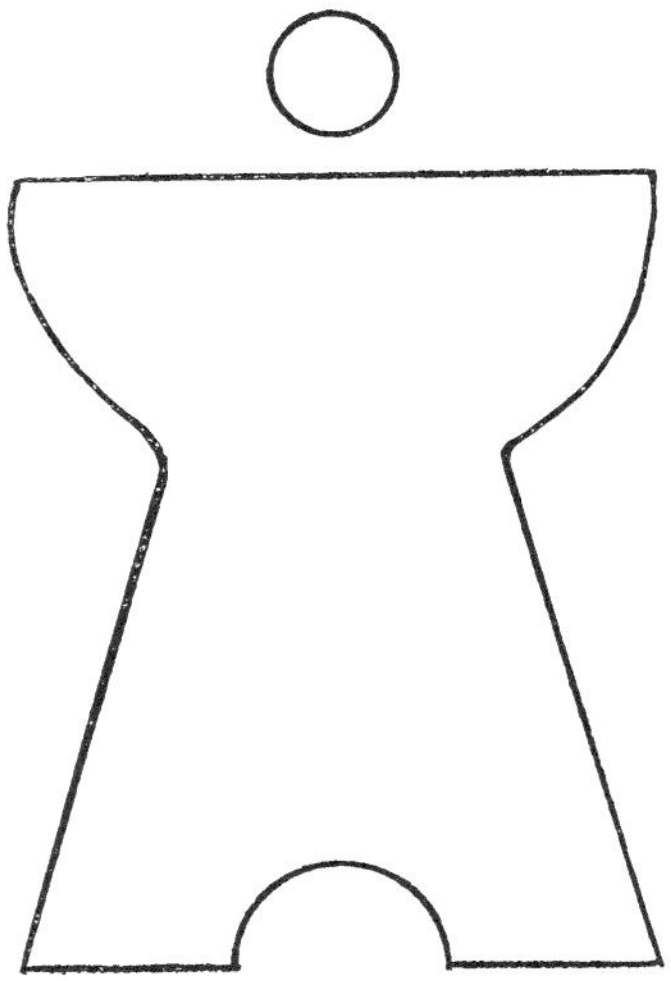

女

寸法等身十分之一男子
女人別口傳
誕生日　或《ハ》臨時
憶念唱誦

解《トキ》縄

諸事絆結《ムスボレタル》之時修之

絹若《ハ》麻若《ハ》紙
若《ハ》藁　一尺二

神前　供具

縒《ル》時隨《テ》事《ニ》而憶念《シ》唱誦《シ》氣《ヲ》三《タヒス》

分《ツ》時憶念《メ》唱誦《ス》大祓《ヲ》

分竟《テ》左向而吹《キ》氣《ヲ》右向《テ》而吹《ク》氣《ヲ》

不《ノ》再《ヒ》顧流《シ》遣《ヤル》之《ヲ》

狐狸等生靈死靈等病魔等。別ニ有リ口授

此ノ類聚二冊ハ原ト一紙宛ツヽ別ノ折紙也。後來恐ルヽ其ノ散失ヲ故ニ爲シ冊ト以テ便スル後昆ニ耳

于時文政十年丁亥七月日

阿波德府萬福密寺現住　量觀

于時文政十三年庚寅九月書寫之了

阿波德島萬福密寺資　觀道

高野山明王院所藏增隆阿闍梨寫本奧書

此ノ類聚二冊ハ原ト一紙宛ツヽ別ノ折紙也。後來恐ルヽ其ノ散失ヲ故ニ爲シ冊ト以テ便スル後昆ニ耳

于時文政十年丁亥七月日

阿波德府萬福密寺現住　量觀

于時文政十三年庚寅九月書寫之了

阿波德島萬福密寺資　觀道

于時嘉永元年戊申六月書之了

東備州　求法沙門　增隆

勸門跡和田大圓大僧正開版本奥書

此ノ類聚二冊ハ原ト一紙宛ツヽ別ノ折紙也。後來恐ルヽ其ノ散失ヲ故ニ爲シト冊以テ便スル後昆ニ耳

于時文政十年丁亥七月日

阿波德島　萬福密寺量觀 天如の弟子なり

時嘉永三庚戌年四月吉曜宿日拜寫了

小沙彌覺樹 智滿和上の兄なり

明治四十三年庚戌四月兩部神道傳授之砌一小册子として活字に附し以て受者に授く

京都西賀茂神光院　苾芻大圓五春二秋

編者曰。右神道折紙類聚二卷は折紙一百四十五紙を收む。尊者の法孫量観師の集錄する所なり。今高野山大學圖書館所藏の文政十三年観道師書寫の本を以て原本とし。高野山明王院所藏の嘉永元年增隆闍梨書寫の本。幷勸修寺門跡和田大圓大僧正明治四十三年開版の活字本を以て校合し畢ぬ。観道師書寫の本と增隆闍梨書寫の本とは首尾全同にして。一字一句も違ふ所なし。全く符節を合するに似たり。和田大僧正開版の本は往々に冠注傍注を施し。且つ卷の首に雲傳神道傳授目錄を附す。是れ皆大僧正の注し加ふる所なり。此等は何れも讀者を益すること多しと雖も。既に原本に無き所なれば。今は偏に原本の形を存せんが爲に且く之を省く。凡そ此の折紙は尊者之を天如師に授け。天如師之を量觀師に授け。量觀師その散逸を恐れて。集めて二卷としたるものなり。故に元と尊者より出たることと明なれども。折紙の作者は必ずしも尊者一人には非ず。此事尚ほ後の御直筆折紙集に至て詳かに之を述ぶべし

尊者御直筆神道折紙集目次

岩戸章

狹田長田御　四事

以梭傷身　可禱之方　長鳴鳥

幣　憑談　端出之繩

千座置戸　彼神之象　小瑕

四物已上十二通

八雲六通

大意　蛇　湯津爪櫛

詠　二魂有二入紙一

常世鄕已上六通

降臨章

瓊々天命　名稱　葦原中國

穗日　無名雉　甕星

三種二種一種　手彥

磐境　君臣無隔

八衢已上十一通

十瑞寶

初目　瀛　邊　劔

生　死反　足　道

蛇　蜂　品　結

習合元由已上十三通

附錄

三種鈴　天津罪　牛剣社

處和歌三神　和歌元由　已上五通

已上

尊者御直筆神道折紙集

入門

鳥居 後

門標也
佛法密教に金剛門と云《フ》。兩部曼荼羅。金剛界は蓮花門なり。大智宮には悲を以て入《ル》が故也。胎藏法は金剛門なり。大悲宮には智を以て入《ル》が故なり

我國の鳥井に門扇なし。此は盗賊なきを標する。佛法と神道とは支那の教に異也。支那には盗賊を拒《ク》べし。我國は赤心の教なれば國中盗賊なし。老子に聖人不レ死《ト》ば大盗歇《マ》ずと云《フ》は。此《ノ》大道を云へるなり
佛法に條目を立て十善と云《ヒ》。維摩經に直指して直心と云《フ》。神道に赤心と云《フ》是なり。天竺にも那爛陀寺の門は一扇を安ずと云《ヘ》り。此は佛滅後の建立也

立身

天之御蔭

日之御蔭

君之御蔭臣

父之御蔭子

師之御蔭弟子

有テレ徳而陞ルレ位ニ

有テレ功而受ツレ祿ヲ

若シ自得揚々タラハ必ス違フ二天命ニ一

神代開闢

文字

應神天皇已還。海外爲ル二我カ用ト一。亦我カ國之風也。日本紀ノ本文ハ是レ皇朝ニ所レ傳ル。其ノ時文字未タレ定ラ。如シ三商賈ノ有ルカ二符牒一也。稱スル二一書一者ト。外家之所レ記スレ。亦非スレ有ルニ二文字一。如シ二商家之符牒ノ一。應神天皇已來。以二支那ノ文字ヲ一爲ニ二我言之符牒ト一。故ニ。其ノ顚倒錯置亦所レ不ルレ拘ラ也

日本紀總義

皇統を主とす。故に國常立尊より記す

海外を我カ用とす。故に引キ二淮南子等ヲ一。

用フ二史記漢書等ノ文字ヲ一

幽顯悉ク記シ

美惡不レ隱サ

混沌

混沌

不レ可レ言フ

假託也。且ク依テ二支那淮南子等ノ文ニ一而出スレ之チ

蘆芽

蘆芽
縁起總相
有神
無神
有の邊ハ｜｜彦男と云フ
無の邊ハ如シ此ノ紀ノ

國常立

國常立尊
國ト者非ス天地分布之後ノ國土ニ也○蒼々タル長天○元來有テ斯ノ常住ノ底國而存ス也○基メ于萬國ニ而非ス成壞ニ○在テ于古往今來ニ而非ス遷變ニ○法爾トメテ有此ノ神而任持ス○此ノ名ル國常立ノ尊ト也
有テ此ノ國常立尊○而メ後ニ有ル礅島及ヒ八大洲也

二神三神

國狹槌尊
豐斟沼尊
此ノ國未タ顯レ之時有リ國成立之兆
有リ國豐溢之神德
一書ノ中
天鏡ノ尊　國狹槌之同位ナリ　諸神得レ名ヲ之徵
天萬ノ尊　豐斟沼之同位ナリ　萬物生育之徵

沫蕩尊（ウヒヂニ）淡泊冲莫之狀大苫邊。面足之同位ナリ

四世八神

ウヒヂニ尊 ウ廣大ノ義 大人ウシノ例

スヒヂニ尊

上の獨化國。狹槌之作用也。但シ有リ下獨化與二隅生一之異上

大苫チ尊 男

大苫ベ尊 ベ女稱

上ノ豐斟沼之作用也。但シ有リ下獨化與二偶生一之異上

面足尊 面容具足

惶根尊 謹愼 カシコミ カシコマル

上の大苫二神之作用相通すべし

造化未タレ施サ之已前。陰陽未タレ兆サ之已前。有テ二此ノ偶生之神一而開ク二造化陰陽之基一チ

伊奘諾尊

伊奘冊尊

造化之神靈

陰陽之狀相

八洲起原

磤馭盧島

磤馭盧島
陰陽二神所右旋左旋。日月星辰所係而回轉。人間之五十年此處爲一晝夜。以竹戹等知之造化所造之體
三災劫火之所壞也
國中之柱
古事記　天之御柱

御柱

天御柱　古事記　紀ノ一書

自然成立之邊
國御柱　日本紀
爲國之綱紀之邊
一體二用　如前神漏岐神漏美。龍田二社。亦如加茂大已貴七名社云云
此處與易大極齊位
諸冊二尊之旋。是兩儀也
大極殿象此云云

天津教

陽神不悅曰。吾是男子理當先唱。如何婦女反先言乎

造化二神亦例同於後人世而立

男倡婦順之教也

有過亦天津教也。過而不改則違

于道也。過而速改之。通於萬代而

天津教也

雌元雄元

雌元雄元

造化之元由也

天地　日月

山川

陽日　陰日

陽山　陰山

陽火　陰火

雄風　雌風

樹之雌雄　竹之雌雄　人物禽獸

之雌雄等。並皆由此雄元雌元而成

差別也。萬國自此而成立。萬物自此

而生育也。人世之善惡。智愚貴賤等。

亦由于此

凸凹

尋其本。則瓊矛爲此雄元。滄溟爲此

雌元

男軍女軍。雌劍雄劍。雌黄雄黄。男女

婬器。亦自此雄元雌元而展轉來也。

禽獸之牝牡雌雄。下至微細之蟲螳。

一艸一木モ。亦有ル二此ノ趣一也

夫婦遘合

夫婦遘合ミトノマグハイ造化の功。その趣キ幽深なる。此ノ夫婦遘合の文字を借ラざれば開示し難し

天地も活物なり。陰陽造化も活物なり。上下相應し左右相伴なふ。易に天氣下降地氣昇上と云フ。是なり。磁石の鐵を吸フが如く。金石の火を出す如く。陽は陰の底下に徹して合一し。陰は陽の表裏に通じて融會す。陰氣陽と合體して島となり。陽氣陰と合體して海水となる。大抵世界國土海水相半すと云へり或六海三山平一ト云フ

八大洲と海と。前後を云フべからず

御戸眞加へ

組戸

左旋

右旋

胞

天地生育不レ異ナラ二于人間一ニ。人間亦受ク二天地之精一ヲ。其ノ理其ノ事不ル二相違セ一也

密敎須彌頂ニ建ニ立ス道場ヲ○是レ五峰八柱也

所觀ノ本尊ハ是レ本地身也○後之召請本尊ヲ爲ニ報身加持身ト也

此ノ八尋殿與ニ天柱ー倶ニ一具之神寶也

夫婦

夫婦遘合

諸冊二尊並ニ是レ化生也○一陰一陽相應シ爲ニ國界紀原之元由ト○既ニ是レ神明之作業○非レハ肉眼ノ所ニ見ル○則固ヨリ凡慮不レ可ニ測リ知ルー也○畢星ハ好ミレ雨ヲ○昴星ハ好ムレ風ヲ等○自ラ是レ有テ不ル可レ測ル之理ー而存スル也

八尋殿

八尋殿

八尺ヲ云フレ尋ト○又申テレ手ヲ知ルレ尋チ○然ルニ神代之事○非ル數量之所ニ測ル也○觀テニ猿田彦神之鼻ノ長キー而可キレ知ル也

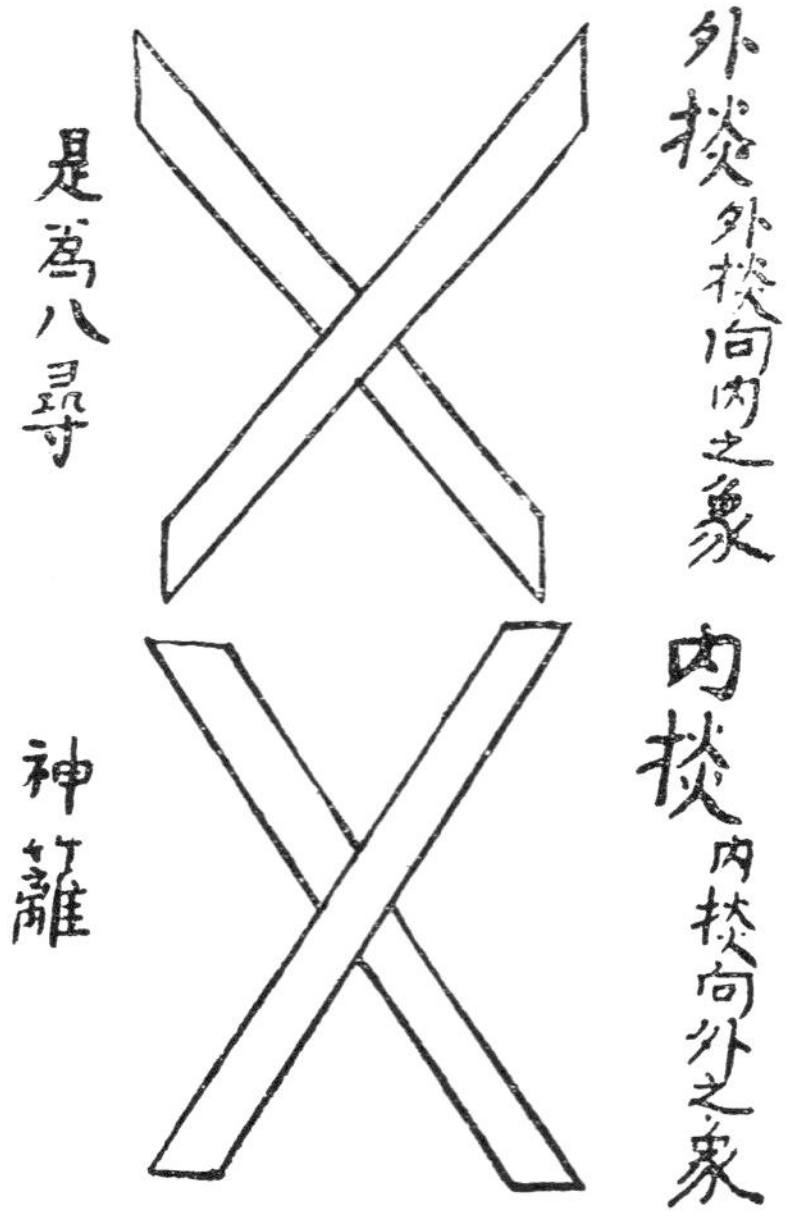

太占

高皇產靈之敎也
陰陽相和　吉祥
陰陽相戾　凶
陰陽各立　孤獨
陰先于陽　不吉
陽承于陽　吉
陽唱陰和　諸事成就。反于此則不吉
陰陽相竝相向　諸事榮
君臣朋友兄弟並須則于此
家相山相。國界種樹。軍旅往還。乃至衣冠器物。萬緣諸事。須有此謹
以天地而占天地。以萬物而占萬物。以人物而占人物等云云

鶺鴒

鶺鴒
神道古事舊事鳥大臣が家に沒す。故多所殘闕
十二支中。白兎鼠見于舊事紀。其餘不見。即有大歲神則知十二支不可缺也。以有此十二支。三十六禽亦可例證。守方諸神曆家所言亦可例證」大凡有物則有理。有理則有神。有神則有德。於自不可知之間而成其德。

爲リ二國之守トル一爲ル二家之守トル一○有ル二祭祠一處ハ得二諸
神之擁護ヲ一○而其ノ未ダレ知ラ二祭祠ヲ一之處モ亦得二
諸神之擁護ヲ一云云

四神出生章 本 八通

生海山川

鹹海也

天地既成立之後。雌元凹象再縁起。而生斯鹹海。魚龍游泳風帆通行。海之利大矣《ナルカナ》哉。此神稱海童也（肉眼之所見。三災之所壊也）

山嶽也

天地既成立之後。雄元凸象再縁起。而生斯山峰。禽獸奔走叢林鬱茂。山之利大矣《ナルカナ》哉。此神山神樹林神等也」

生川

雌元凹象再々縁起。山海既成而水氣流通。舟楫往還橋梁通途。川河之利亦大也。此神河伯諸川神也

木祖

句々迺馳

樹神

宿樹《ヤドリキ》

伊勢　榊木

三輪　杉

住吉　松

栢楸 神事用レ之

伊勢

佛經ノ中

菩提樹神

栴檀樹神

尼連禪河樹神等

草野姫

艸

主藥神 花嚴

蓂莢ハ瑞艸ナリ。堯ノ時生二于庭一。玉篇ニ。暦得レハ其ノ分度ヲ。則蓂莢生ス二于階一ニ。隨テ月ニ凋榮ス。毎月朔日生ス二一莢ヲ一。月小ナレハ則一葉不レ落チ。堯觀テ

之ヲ以テ知ル二晦朔ヲ一云云

佛經ニ。白芥子降ス二魔障ヲ一等。龍樹大士開ク二鐵塔ヲ一等

菅會

蘿《ヒカケ》

葵 賀茂

天照皇

天照大神

女體

日神 非二日輪一ニ。日輪ハ是レ所依 非二日天子一ニ。日天子ハ是レ男體

佛教花嚴世主妙嚴品 又十二天之一

我國皇統之始

諸神之主領

伊勢內宮

第一一書。白銅鏡左手持化出

右手月弓尊

顧眄之間　素尊

此書略蛭子

天地相去不遠

天地同根也。人神一體也。至澆末人走世智。是以天地之相去遠而遠矣。人神相隔亦遠而遠矣。此時世智未顯思慮未巧。自是天地相去不遠也

月讀

月讀

男體

月神 非月輪非月天子

三讓之德

蛭兒

蛭兒

本文第三子 一書初子

三歳脚猶不立 不才之狀

順風放棄

第二書。順流放棄。不違地理也

順風是不違天時。放棄是散地受

福ヲ

散地ノ故ニ名クレ戎ト。受ルカレ福ヲ故ニ買家ニ祭ルレ之ヲ

攝州西宮

我心廣田

天磐樟船

此ノ船即神也。依正不二。天ハ是レ自然ノ
義。磐ハ是レ堅固ノ義。樟ハ是レ良財
饒速日尊ノ所レ乘ル亦同シ

吽字義ニ釋スルニ不動尊ノ中ニ。高レ而不レ奢ラ。損スレ而
招クレ盈チ云云

此ノ佛法にして神道の要語也

素尊

素戔嗚尊

暴惡丈夫

勇悍　安忍

常哭泣

根國ニ鎭座

出雲大社 傍 大己貴亦同

幽事諸神之主

化生之神也。忍穗耳尊等ノ三女五男
神亦爾リ。自レ爾リ已下有リ二夫婦嫁娶一而瓊
々杵尊。大己貴命等並ニ胎生也

四神出生章末

白銅鏡

神徳之總相心位之本源。就中傳
八葉鏡也　八角八楞
帝釋天之所持
內侍所
日前宮
伊勢內宮等神鏡之元模

根國

根國
消《シ》災禍《ヲ》除《ク》罪咎《ヲ》之地

如《ク》天神人間之一體相應《ノ》受《ルカ》天命《ヲ》。人界《ト》根《ノ》國《ト》相應一體《ニノ》消除《スル》罪咎《ヲ》也
現今人界失《フ》正氣《ヲ》之痛苦《ハ》。則地獄之猛火寒氷也

軻

陰氣蒸《ノ》而發《ス》火《チ》。火發《スレハ》則焚《ク》物《ヲ》。焚燒《スレハ》則物盡《ル》也
造化之神。初《メ》生《ノ》淡路島《ヲ》其《ノ》心不《ト》快《ラ》。是《レ》標《ス》憂苦之初《ヲ》(下界有憂苦之元由)終《ニ》生《シ》軻遇突智《ヲ》。
陰所《レテ》燔《カ》而死《スルハス》。標《ス》憂苦之終《ヲ》

島洲ハ是レ陰

火ハ是レ陽

陰陽造化之神。始終相對シテ而顯ス生滅之元由ヲ

有テ國常立尊而後ニ見ル淡路島及ヒ八大洲等ヲ也。有テ天常立尊而後ニ見ル軻遇突智。級長津彦等ノ神ヲ也

稚産靈

軻遇突智。娶テ埴山姫ヲ生スト稚産靈ヲ 雖モ有ト堅ノ字。而實ニハ是レ造化之神

火生ス土ヲ

何々廼馳 木

軻遇突智 火

埴山姫 土

金山彦 金

罔象女 水

支那洪範 漢儒

六府 水火木金土穀

古事記ニ云ク。和久産巣日神。此ノ神之子豊宇氣毘賣神 此ハ未タ八界受用也。天命發起

稚産靈ハ是レ五穀蠶桑之神。豊受ハ是レ豊年之神ナリ。祭ル之ヲ伊勢外宮ニ也 親子一體

此ノ紀不セ記ニ豊受神ヲ。而下ニ記ス保食神ヲ

人界受用

稚産靈ハ本ニメ而保食ハ末也。伊勢ノ外宮ト

與二稻生一之別也

葛

天吉葛

天は自然　吉は吉祥。これ稱美の辭　葛は蔓生

此ノ處ニ云レ葛ト瓮布也　淨衣ノ義

通ハ是レ一切蔓艸之神

或カ云ク。鎮火祭　瓢川菜是也

天吉葛　ヨシカヅラ　サ

三物

吐　金山彥

小便　罔象女

大便　埴山媛

造化ノ神固ヨリ非ス二肉血ノ身ニ一。總身總テ是レ神靈。

所作悉ク是レ神事ナリ。三物有テ二神力一。而有リ二世界ノ妙資緣一

印度劫初ニ梵王化スレ牛ニ。至テ二于末世ニ一。而瞿摩夷。瞿模多羅具スル二香氣チ一之例

眞理ハ則理趣般若ノ色淸淨句是菩薩位。聲淸淨句是菩薩位云云

風

天地之噫氣也

神道ハ是レ四大チ爲レ主ト。五行次ク二于此ニ一

天地成立之後。地氣蒸陞爲風。能動萬物。大而滿于宇宙。小而入毛孔。出入無間斷。動靜有軌度。風之利大矣哉。此神級長彥。級長戸邊也（所造之色有成壞）

此四大成立之後。能分付五行也

伊勢風宮

龍田

能造四大

地　國常立。國狹槌。豐斟沼

水　滄溟

火　瓊矛（ヌホコ　ホ火也。コ助聲　ホコル訓出于此）

風　浮橋（橋通往還。風之功也）

所造四大

地　磤馭盧。八大洲（埴山姫神　大山祇等）

水　海川　大綿津見等

火　軻遇突智。火產靈。八雷神

風　級長津彥等

第六之一書

倉稻魂命　風神之後此神爲首

豐受宮　舊云。稚產靈神之子　諸穀衣物滿足

稚產靈　舊云。火神カグツチ取土神　埴安姫生稚產靈神

此章以此三神爲要

豐受宮在于伊勢渡會。與內宮倶併崇總爲本朝諸神之元模。其鎭座雖在于內宮之後。祭祠必此宮爲始

黄泉

黄泉　人間業係則不得隨意往還也

根國　底國　底根國 並同

在地底死去所赴

黄津醜女人　又泉津狹女

泉津平坂

千人所引磐石

縊汝所治國民日將千頭

吾則當產日將千五百頭

岐神

長道磐神

煩神

開囓神

千敷神

泉門塞大神 亦名道反大神

吾巳湌泉之竈矣

支那稗史昏迷湯之類

泉津平坂

俗云死出山也和歌詠之

口傳支那招魂不超此山者或是還生若超此山已則無還生之事云云

支那招魂 楚詞

密家呼子鳥啼時修招魂法 徒然艸

巨川

乃向テ二大樹一放尿スレ。此レ即チ化シテ成ル二巨川一ト

和歌ニ所ノレ詠スル三瀬河也 俗ニ云フ二三途川一ト 女

人渡ルレ之ヲ時。初テ會遇スル之男子出テ、助ケテレ之ヲ

云フ 源氏ニ見タリ

泉門塞大神

有ルニ此ノ神一。如シ二支那ノ泰山府君ノ一也 梵土ノ奉

教官

僞經ノ十王經ノ中

秦江王。初江王等之例。可シレ知ル

追悔

追悔

檍原

興言 上瀬是太疾。下瀬是太弱。濯二之中瀬一

八十枉津日神

神直日神

天直日神

底津少童命

底筒男命

中津少童命

中筒男命

表津少童命

表筒男命

洗眼

洗眼（追悔之中既ニ滌ニシ身之所汚ナ一此洗眼）
左眼　天照大神
右眼　月讀尊
鼻　素尊

第一章ノ白銅鏡。此ノ中ノ眼ハ並ニ照明ノ義
天照大神　高天原　日
月讀尊　滄海　月
素尊　天下　人間

汝已見我情我復見

汝情

コ、ロ者落著ノ謂也

天命之道窮スレハ則變ス。是レ物之情也。治スルニ病ヲ不求メ于醫ニ十分之功ヲ。使フニ民ヲ不可使ムニ十分之勞セ。樂不極メ十分ヲ。樂極テ而哀情生ス。萬般有リ此ノ趣。是レ天之道也。夫婦相敬ヒ相親ムモ。亦須ク知ル其ノ宜キヲ。不須至ルニ窮テ而變スル之情ニ也

汝見ツトカ我情ヲ者。死後脺脹之相。已ニ被見顯サル。故ニ言フ亦汝カ情之窮ル。如何底ノ我當ニ見ル之チ云云

岩戸章十三通

編者曰。一通不足。今ハ唯十二通ヲ存スルノミ

狹田長田御

狹田　知二早苗之早一
長田　廣長

福徳之人ハ自ラ是レ良田隨逐スル之趣
如二良田一。福祿官爵。容貌智慧。伎藝。屋宅。眷屬子孫亦爾リ。事々若シ如レ意ナルトキハ。則念二天ノ御蔭。日ノ御蔭。君父之御陰等一。若シ不ルトキハレ如レ意ナラ。則知テレ分チ而不二妄ニ動一セ之天津教也」
不レ羨二他ノ榮一。不レ妬二他ノ能一
就レ中農ハ是レ國ノ本ナリ。雖三邦君非三自ラ執ルニ二鋤鑁一ヲ。而知二稼穡之艱難一ヲ。繼體紀戊辰ノ詔ニ曰ク。朕聞ク。士有レバ二當年ニシテ而不レ耕サ者一。則天下或ハ受ク二飢ヲ一矣。女有レバ二當年ニシテ而不レ績マ者一。天下或ハ受ク二其ノ寒ヲ一矣。故ニ帝王躬ラ耕シテ而勸メ二農ヲ一。后妃親ラ蠶シテ而勉ム二桑序ヲ一云云

四事

春　重播種子　放其畔
　　如シ二大祓ノ中一
秋　放テ二斑駒ヲ一。使ム二伏セ田中ニ一
　　妨ル二物之成立ヲ一之儀也。通ス二一切ニ一」
放ス二戻ヲ一新宮ニ一而化生神ニ。便不二必モ臭穢ナラ一。自ラ含ム二汚穢ノ理ヲ一耳

一切汚穢之事也
剝キ天ノ斑駒チ穿テ殿ノ甍ヲ而投ケ納ル
驚動スルナリ他及ヒ人民國界ヲ不必モ是ノ一
事ニハ也　班ハ是レ不純ノ毛也

以梭傷身

日神之驚動、雖非ト如ニ人類ノ驚キ恐レク天地
人神自ラ有テ一體之感應而有ル如キ同スル憂
喜チ之狀也
以テ梭チ傷ト身チ者、化生之姿、雖非ト肉ノ血痛
苦ニ而上下相應一體之心性、自ラ是レ苦
樂ノ當相

可禱之方

思兼神　智
手力雄神　勇
天兒屋命　太玉命
二神ハ是レ近親之神、若シ配セハ之チ則仁
德ト與福德也
右四神ハ國之大事掌ル之チ
香山之眞坂樹　物
此ノ樹ニ有リ通神之德
御統　八咫鏡　青白幣　物
此ノ三種標スノ內誠心チ
天鈿女命
內官述ルナリ情之委曲チ

茅纒之稍

眞坂樹之鬘

蘿之手繦

三物　資緣各不闕

長鳴鳥

常世之長鳴鳥

衆神愁憂之情。不得默止。而發于吟詠。發于訴訟也　群臣民庶

別說有二　並私說也

鷄報曉　云云

庶民之嗽訴

享保三年戊戌秋

(裏書)

世人以長鳴鷄配之者。牽合附會也。又以後世木綿付鳥配之。亦不當也。木綿付鳥則若世不靜謐。以木綿付鷄祭之。四方關鷄有不違時之德。故取于軍事不失時之義。與今大不同也

幣

神代卷岩戸段

口云。和對麁。細妙之義

青和幣

春　楸カシハ　俗カフテコブラ

白和幣
秋木綿

憑談

神明之憑談《カミガヽリ》

火處火

ヒカゲカヅラ

榊　マガ玉　劔　青白幣

槽トヽロカシ

並是無非神明之憑談也

ヒカゲ　標清潔

鏡　標明鑑

青白幣　標奉献之志

火處　火德猛赤

祝詞　心想之渇仰

長鳴鳥　哀嘆之深

雖文在此。其義意神代兩卷之通標也。擴而言之。則通于古今衣冠文物。祭祀禮度。悉是神明所憑託而談論也

端出之縄

秘說則金剛線也。移之人界則注連也

奉承御手　君臣情通

引奉出　勧請式

シリクメ縄　不退

千座置戸

歸《ヨセ》ニ罪《ツミ》過《チ》一　後　治罪之元由

促《セメ》徴《ハタル》　後　祓物之元由

抜レ髪　辱《ムルナリ》レ之《ヲ》。君子不ルレ齒セ之儀

抜レ爪　罸《スルナリチ》レ之。誡ルニ手足ノ擧動チ一之儀

彼神之象

御鏡也。大凡造化化生之神ニ有リニ本誓

形。作業形一

天照大神本誓形　鏡八●

作業形　女神　身ニ掛クニ五百箇瓊一ヲ右手ニ劔左手ニ鏡

天照皇　鏡

月讀尊　弓矢

蛭兒尊　玉

素尊　劔

更問之

小瑕

小瑕ハ是レ亨ルニ天ノ福チ一之吉兆也

瑾瑜不レ掩ハレ瑕チ　有ル瑕 須シレ知ルニ瑾瑜一ヲ

瑕不レ掩ハニ瑾瑜ヲ一

聰明睿知。以レ愚チ守ルレ之チ

才藝文武。以テレ拙チ守ルレ之チ

富以儉守之
貴以謙下守之
並天之道也

四物

手端吉棄物
足端凶棄物 吉凶倶用之
唾 白和幣
洟 青和幣
造化氣化之神所作悉神事。吉凶
倶用也。身體皆是神儀。唾爲白和
幣。洟爲青和幣。上吐爲金神。尿爲
罔象之例也

大祓物之爲物。亦本誓之象也。祓
之式作業之象也

八雲六通

大意

大意

窮則變○變則通○天津敎也○素尊爲諸神所逐○自天降而開鴻基○至大己貴命而成大業矣

榮辱是有天數之處○若人有患難○而改行勵志○遂成大功也

聖賢則絕所論○若通人則中年有患難○是爲開運之基也○若憂苦者○窮鬼得其便災害並起○智者則於此患難之時○不枉道不失志○益守其義彌勵其行○是爲天津敎也

蛇

八岐虵（虵形之神）

至人代○則稱土蜘蛛○稱虵○或稱鬼○多是強暴之稱也○今此段在于神代○則直是如越絕書事跡也

祇園三神中亦祭八岐虵○至于此報怨以德○謂天下無敵也

支那漢高祖○以魯公禮葬項羽○亦得此趣也

湯津爪櫛

挿於御髻
敬愛之情也。櫛置之頭上。見不相侮
之狀也。雖是在下界。亦是化生之神
儀。名天津教也。雖素尊强暴。至于此。
則見其媚也 人倫之基也
若言婦人之事夫。則天御蔭。日之御
蔭也 君父之例也
若君之得臣。亦挿之於髻之想也 但其位則有上下之別也
蒼生亦爾
若於嫡子嫡孫。亦挿之於髻之想也
若得賢子。則以天之柱。擧之天上之想也
支那孔子稱顔淵。傍觀則かたはら
いたき様なれども。彼地亦聖人。此
挿於髻之道也
顕見《ウツシキ》蒼生《アラヒトクサ》
天照皇挿民于髻之御こゝろ也

詠

八雲
大凡屋宅與嫁娶相應也 故婦稱室
相與遘合
此是我邦夫婦遘合之初也。此後
有胎生之兒也。亦有諸陵也 嫁娶之初

亦有宮殿居處○自八尋殿而顯現
之儀也
素尊此時是一夫一婦○至于後則有
衆多適妻○妾媵亦其分也○然大不同
於支那有九御之奢也
此詠五句三十一字○字妙○句妙○意妙

二魂

幸魂
有位有祿之人○必有此神而輔助
之

奇魂
有德有才之人○必有此神而輔助

之

（入紙）
此に二魂三魂四魂五魂と云こ
とあり
於中
荒魂和魂者生得　傳別にあり
奇魂幸魂者修得也
術魂者造作得也
奇魂智慧莊嚴　幸魂福德莊嚴
三諸山　鳥居の傳別にあり
自ら岩木を己が姿にて
影耻しき三諸山かな

秘傳後々に傳ふ

貫之ノ古今傳。此より傳來せしこ
とゝ云ヘり

最澄師作ル二三面大黑チ一今在ニリ御供所ニ

大己貴命　攝ノ二七名チ一而爲二三德ト一

劔　智慧。手力雄神。カハナ艸

○　青ヒト艸

玉　福德。太玉命　サキ艸

此に至て天照大神三輪御一體
なり

大國主神　唯吾一身・・・・

天命

一言　如吾不在者汝能・・・

大物主神

二言　汝之幸魂奇魂

國作大己貴命　幸・

葦原醜男　奇・

三言　唯然廼知　汝是吾之幸
魂奇魂

八千戈神　奇魂

大國玉神　○　三神一神

顯國玉神　幸魂

一神七社　(已上入紙)

常世郷

通ノ是レ仙郷也

如シ二藐姑射之山ノ一

又指ス二龍宮ヲ一 神武紀

又指ス二支那江南ヲ一

後ニ得ル橘チ是也

降臨章

瓊々天命 編者曰。此ノ題名御直筆ノ本ニハ無シ。

今量觀師ノ折紙集ニ倣テ之ヲ安ス

此一帖尤不須傳之偏局陋儒也。可慎

貴賤尊卑。天命之所定也。不可踰越。下若傚上。是名僭。必受天殃。上若傚下。亦非天道也

父傳子天之道也。萬國依此。兄沒弟及。亦天之道也。不同禽獸强凌弱也」

支那堯舜有志之人也。其志可善。然不達天命。闘支那累代臣窺大位之災。不知神道之過也。湯武亦有功也。亦闘歷代亂臣之口實。孔子亦識別之人也。其所祖述所憲章。不達大道。惜矣哉

歷代君位之不遷。瓊々杵尊之遺德也

我國武威之長久。可美摩治命之功勳也

我朝應神天皇已還。海外爲我用。

支那經傳可取用

人參白朮。砂糖自鳴鐘。亦用之

名稱

天照大神　稱
大日靈貴　名

我朝天皇に姓氏なし。姓氏は君より所賜ニメフ臣家にあり
姫氏國と云フは。外人の妄稱
姓天と云フは。此ノ國妄人の。他に對して且く答ルの妄言也

葦原中國

葦原中國
葦原とは。天上より見ルの狀也。中國とは。處の偏ならぬ狀也　異

名別記

穂日

穂日命　佞媚
稚彦　叛逆
大凡大事之成ル。心スリ至于二ニ至テ于三ニ
而成立スル也。天津敎通シ於萬代ニ。通メ于
大小ニ。而不ル違ハ之趣也

無名雉

神靈也。鳥形
密家ノ曼荼ニ。亦有リ主鳥神
川雁等準スヘシニ之。支那ノ楊震カ葬儀ニ衆鳥

集ルモ。亦此ノ義也
疾風モ亦神靈也。餘ハ準スヘシレ之ニ

甕星

大凡事之成ル。必ス有テ二障碍一而成立スル也。若シ無キハ二障碍一。則其ノ事必ス不二成立一セ也。我朝有テ二守屋一。而上宮太子成ス二道之鴻基一チ。支那印度亦有ル二此ノ例一也。至テハ二于此一ニ。敵モ非ス二レ敵ニ爲ナル二吾助一ト也。障モ非スレ障ニ天之輔助也

三種二種一種

智　鏡

仁　玉

勇　劔

右三種　但シ支那ノ言ヲ假リ用ル也

神璽之寳劔。内侍所

右二種　荒魂和魂

天照大神手ニ持メ二寳鏡一チ授ク二天忍穗耳尊一ニ。右一種。上卷伊奘諾尊。左右持二白銅鏡一チ云云

一面明鑑　于三種其ノ中ニ在リ

更ニ問ヘレ之

手彥

手置帆負

彥狹知

工匠之神也

總而心之所趣事業應之手置者。一心置之手巧帆負者。應於手應於心如帆受順風

彥狹知者。此彥有知事之能云云

磐境

天津神籬

家門也。吾邦皇統。國初已來不墜

於臣位由于此也

天津磐境

封疆也。吾邦不受他國侵擾由于此也

通于大小貴賤也

君臣無隔

復勅《玉ハクノ》天兒屋命。太玉命。惟爾《ミマシ》二神云云

此是天津教也

神人一體 如看我云云

支那敬鬼神而遠之と云り。本朝不爾。元來神國也。不狎不遠事々

順于天津教也

上卷天照皇稱顯蒼生《ウツシキアヲヒトクサ》。見諸民如愛兒也

八衢

八衢　有リ二別傳一

猿田彦　有リ二別傳一

十瑞寶

初目

化他門八十二通ノ中。初重九ニ有ル圖
一紙也。其ノ圖は大師入定後に。古
德深秘を護せん爲に施設せる
也。但シ麗氣記より已前の古德な
り。今伊勢神庫に現存するは別
本なり

二鏡
一劔
四玉
三比禮

二鏡は天地の明德なり
一劔は一理割斷の智德なり
四玉は四神擁護の仁德なり
總じて玉の德たる。温潤含畜。事に
感じてその德を顯す
生玉は天地生育を主どる。天照皇
の化德
死《マカ》る反は月の三讓して功を成スに
同シ。月讀尊の化德
足玉は下に居して天下の谿とな
る。蛭兒尊の化德

道反は暴惡も仁愛の道を助く○素
尊の化德

比禮は首飾服御にして○貴賤を分ち男女を別つ○上下に就て蜂の比禮○蛇の比禮あり○貴賤に就て品《クサ〳〵》比禮あり○後冠階十二級の別なるも○此より由來すと云へり

餘處に蜈蚣の比禮○切浪比禮○切風比禮あり

比禮の名たる體に就く○用に就《カ》ばフルなり

鶺鴒之動《カス》二首尾《チ》一○俱《ニ》是《レ》顯《ス》下天地爲《ル》二動物一之象《チ》上

瀛

瀛津鏡

圓鏡なり○八寸（此度量更問）　天に位して地を照す○滄海の涯際を知《ル》べからざる如し○故に瀛津と名づく○即是《レ》一天の成象なり○外典にも○天圓地方と云《フ》○是なり○佛教も娑婆世界○その形周圓虛空の如《シ》と云《フ》○是なり

此《ノ》位に起《ス》レ數《チ》　一《ヒ》なり

瀛津鏡の圓鏡なることは嵯峨天皇より弘法大師へ御傳なり○邊津鏡の八葉なるも同條なり

邊

邊津鏡

八葉鏡なり。八寸　地に位して天を照す。海岸の屈曲あるが如し。故に邊津と名づく

此ノ位に起スレ數チ　二フなり

伊勢兩宮の神鏡。瀛津邊津交ニ互用フレ之チ。天地感應の趣也

大海の總體は周圓なる故に。瀛津鏡ハ圓鏡

海ノ岸畔際は屈曲なる故に。邊津鏡ハ八葉なり

劔

八握劔

神劔なり。其ノ長八握也

此ノ位ニ起スレ數チ　三ミ也

諸尊截テ二軻遇突智一而爲ニ三段ト一。天照皇打ニ折テ素尊ノ劔チ一爲ニ三段ト一。並ニ是レ此ノ數也

一生シレ二チ。二生シレ三チ。三生スニ萬物チ一。諸尊截ルヤニ火產靈チ一也。三段生スニ三神チ一。及ヒ其ノ血ソヽイテ五百箇磐石。又其ノ鐔及ヒ鋒。皆生スルニ諸神チ一。此ノ趣也

瀛
劔
邊

三才

生

生玉

神代之寶玉不レ可レ知ル。師傳ニ能作性

也（傳テ在ニリ布留社ニ一未レ見レ之）

此ノ位ニ起レ數ヲ　四ヨ也

四神　四大神

四時　四方拜

追記

此に師傳と云フは大師なり。嵯峨天皇の御時に。既ニ此ノ玉の相狀不分明なり。大師其ノ義趣を以て能作性を用ヒ給ふ。自來相承す

死反

死反玉

形狀不レ可レ知ル。傳ニ用フ二水晶珠ヲ一

圓珠。又ハ五輪塔ナリ。雨寶童子頂上ニ所レ戴ク。伊勢法樂舍ニ所レ祭ル。是也

此ノ位ニ起レ數ヲ　五イ也

五行　五人神樂男

五百箇御統

月讀命。舊事記ニ云ク。其ノ光彩亞レ日ニ。可ニ配ニシナラヘテレ日ニ而治シラス一云云　又汝命所レ知シラス二夜之食ケ國ヲ一云云　月配レ陰ニ。陰ハ肅殺之氣ナリ。斬ル二保食ノ神ヲ一等。是ヲ爲レ死ト。三讓成シレ事ヲ。舊穀罄ツキテ而新穀生スリ。有ニ死反之德一

イザ諾尊勅任《コトヨサシテ》三子曰。天照大神ハ可以御治《シラス》高天之原也。月讀尊ハ可以治《シラス》滄海之潮八百重也。復配日而知《シラス》天ノ事。所知夜之食《ケ》國也。素戔烏尊ハ者。可以治天下《シラスアメカ》復滄海之原也

追記

圓珠寶形五輪塔のこと

御遺誥の傳に詳也

足

足玉

神寶不可知。師傳今用鹿玉

此位起數六《ム》也

六方禮

六府　水火木金土穀

太子傳云神道是五行者謬也。言其根本則四大也。伊勢有風宮。可知其趣

國常立等三神。耦生之神埿土砂土二尊。是地大也。滄溟是水大也。浮橋相通。爲後。級長戸邊等之本。瓊矛爲後日神及火產靈之本。其次所生六府。埴山姫等爲土。海童等水。金山彦金。句々迺馳等木。軻遇突智火。稚彦靈。豐受姫。稻倉魂。保食神爲穀。我國穀類之美可思。足玉之德是也。配之

于蛭兒。周易。以六位統萬物。亦是

☰ 外卦　☰ 内卦

初九應于九四　九二應于九五。
九三應于上九等。六十三卦同
例也。是以足之義大矣哉

ムス蒸　ムレ　ムラガル群
ムスビ產靈　ムスブ結　ムカフ
向　迎ムカフ　ムツマジ睦

道

道反玉
形狀不可知。師傳今用牛玉也　牛

頭天王ノ縁アリ
此位起數　七ナ也
知從來之過而改其行。是爲道反。在
身。而離卒暴而歸于謹愼。在言語。而
離苟且而歸于實語。在意。離瞋恚貪
欲而歸于少欲柔和。在家。而離華奢
而歸于儉約。在國。而離苛察而歸于
仁惠等。萬般悉此玉之德也
神世之七代　家門之七福　天之
七曜等
轉七難而得七福。是道反之義
ナグサム慰　ナダム宥
ナ名　ナカ中

ナル成　ナヅム泥

ナツ夏　ナヅル撫等

使ム二蒼生チメ夭折セ一

蘇民將來

使ム二青山ヲメ變枯セ一

抜テ二鬚髯ヲ一散セハレ之即成リレ杉ト

抜キ二散セハ胸毛チ一是レ成リレ檜ト

尻毛ハレ是成リレ披マキトハ○眉是い爲ル二櫲樟ツスト一云云

並ニ道反也

諸社之牛王依ル二此ノ義ニ一也○有人以テ二生土チ一

解スルレ之チ者ハ私也

牛玉○ゴツウト讀ムは秘スルレ之チ也（牛黄牛之精也）

蛇

蛇比禮

伊勢神宮現ニ存ス二比禮數條チ一○麗氣記ニ

漂白色云云

制スル二地災チ一之邊ニ立ツ二蛇ノ比禮之名チ一

形狀不レ可レ知ル○師大師傳ニ用フ二七條ノ袈裟チ一

此ノ位ニ起スレ數チ　八ャ也

八大州　八乙女

衣冠之爲レ儀○不ヨ啻タ分二別スルノミ尊卑高下チ一○依テ

レ此ニ生シ二災害チ一招ク二禍祐チ一○支那ノ書左傳等可シ

レ見ル

我邦ノ比禮○萬葉ニ注ス二領巾ト一

ヒレ　フル　音之輕重本末

蜂

蜂比禮

祓ヒ二除ク天災ヲ一之用 高津鳥。高津神 並ニ攝ス二蠱星ヲ一

形狀不レ可レ知ル。師傳ニ。今用フ二九條ノ袈裟ヲ一。

神事ニ覆フレ頭ヲ

但シ三衣互用也。九條ハ爲ル二九衆生居ノ福田一ト

此ノ位ニ起スレ數ヲ　九コ也

檍原出現之九神

圖ニ用ルハ二四鏡ヲ一標ス二四柱之神徳ヲ一 神者鏡之中ノ署ノ故ニ此ノ圖ニ多ク用ルレ鏡ヲ也

得レハ二袈裟ノ截斷四寸ヲ一則除ク二疫病諸災ヲ一。

在テハ二龍宮ニ一無シ二金翅鳥之害一。故ニ兩部習合家ニハ用ル二此ノ袈裟ヲ一也

帝都街衢分ツ二九條ニ一。吾邦中古之正式也。天門九重。今闕ク二九重ヲ一

支那長安ハ三條九陌云云

品

品比禮 人品之守リ　衣冠

形狀不レ可レ知ル。師傳ニハ寶冠也 祓ヒ二地災ヲ一祓ヒ二天災ヲ一。立ル二人極ヲ一之次第也

此ノ位ニ起スレ數ヲ　十ト也。滿數　乃至百

千萬億皆攝スレ之ニ

圖ノ寶冠ハ中ハ五鏡。上ハ三鏡。謂ク兩部習合家之式也。五ハ是レ五智。三ハ是レ三部ナリ

ヒフミヨイムナヤコト

開合 ⚌⚍⚎⚏

陰陽造化之聲韻なり。此より生ス

五十字文ヲ

開合開合不開不合

アイウエオ

横竪

聲韻

カ　喉之重爲牙

サ　舌之輕爲齒

タ　舌之重

ナ　舌之不輕不重

ハ　唇

マ　唇之重

ヤ　喉之不輕不重

ラ　舌之彈

ワ　喉之重

一切聲韻之元由。名稱之基本。數之初。量之初　云云

ヒ　日自此而出。トツ助聲

結

一二三四五六七八九十　竹厄之數可驗位于中。寶冠象于此也。河圖洛書同爾

成數五十五　五萬物之成數。五位中。除之則五十。大衍之數。易蓍用之

古今ドケツリハナサス云云　此ニ基ス。但邪說アリ可擇

一者卓立不傾。是爲本源。相對則成

二ト

斂ニ言ハ、其ノ位ヲ。則為二ト。此ノ中一ハ是空位也。斂配メ二ニ為三ト。與ニ比禮一同位ナリ

二者陰陽告ク功ヲ。是レ道之流行也。成メ二一斂ナ而為ル萬物之祖ト 瀛津邊津之二鏡

三者物之出生。有情非情於テ此ニ生育ス。

三ノ比禮配ス天地人ニ。有テ斯ノ人而天地運行シ四行爰ニ行ハル

四者生殺顯ス用ヲ。生ハ是レ殺之初。殺ハ是レ生之元由也。四神爰ニ布ク徳チ

一得テ四ヲ為ル五ト 二得ル三ヲ亦同シ 上ニ斬テ軻遇突智ヲ為三段ト。如上為五段ト者。此ノ二得ル三ヲ之義也

五大。五行。五百箇御統

二得テ四ヲ為ル六ト 一二得ル三ヲ亦同シ

六府等

三得テ四ヲ為ル七ト

神代七代等 金神 七殺神 七曜等

三得テ五ヲ為ル八ト

八大洲 八乙女 八雲 八島

四得テ五ヲ為ル九ト 三三三モ亦九也。二得ル七ヲ亦九也等

官之九品 物之九品 上中下各有リ上中下

四得テ六ヲ為ル十ト。成数積テ至ル百千萬ニ 五々亦同等

方之十方

古今。花の木に有ラざらめども

咲にけり。ふりにし果なるよ

しもがな

大衍之數五十　立一象大極
分爲兩儀　掛口爲三○三才也
以四數之
大抵易兩儀四象○八卦○十六卦○三十二卦○六十四卦並兩々相增《スハ》造化之象○此は陰陽相乘
一、乾道獨化　二、陰陽造《イタス》功
三、三才既成（劔火）
四、火產靈娶埴安姫
五、稚產靈之位　豊受姫之位
六、六府　七、七情
八、八大洲　九、九重布位
十成數億兆

習合元由（編者私安題）

御流神道兩部習合之元由○此瀛津邊津之二鏡也（兩部者金胎也）
瀛津、圓鏡○是爲五解脫輪（戒定慧解脫解脫智見）
邊津、八葉○是十三大院之中臺也（六大）
地水火風空識○識開心意識○心意識一體○異于相宗八識格別義也○
謂即離不謬
八識體別　心意識體一（更問）
兩部不二故胎曼布五解脫輪
金曼布十三大院
神人一體故名唯一也

附錄

三種鈴

日御蔭　大君之恩

月讀敎　輔佐之德 内外

八隅知之　百官諸司之功 粟散

天津罪

天津罪　八罪

畔放　國之際限。家之墻籬。須シレ守ルニ其ノ分ヲ一

溝埋　水道要不塞遠其澇

樋放　守リレ水ヲ須シレ遠クニ早損チ一

頻蒔　重役等

串刺　嚴刑須シレ愼ム

生剝　使ムニ下民ヲシテ而不ラレ安セニ其ノ處ニ一

逆剝　使ムニ尊尙チメ不ラレ得レ安チ

屎戶　大凡不正婬事

右八條上通ノニ天象ニ一而爲ルニ國家ノ大害ト一。

委ハシ如ニ口授ノ一

牛剝社

牛剝　主宰斷事之義也

牛の皮は剝《ト》易《シ》と云《フ》。又牛は六畜の最なれば牛に寄《セ》て言を立《ツ》とも云《フ》なり。莊子などに庖丁が牛を割《ツ》と云《フ》も同なるべし

郡國城邑之主領也。但《シ》非《ル》云《ニハ》王者《ヲ》也
異《ナリ》于八隅知之謂《ニハ》云云

處 和歌三神

天照大神に一首の歌なし。此を和歌の本初とす

衣通姫 中位 日
赤人 東 日
人丸 西 日

此《ノ》三神を合して一の日神とす

衣通姫。位を言へば中宮に非ず。歌は纔《ニ》に一二首也。小町和泉が才に非ず。此に依て強て歌の巧拙に關《ラ》ざるを示す

赤人。此は歌數々有れども。家持憶良が多《キ》にしかず。此は歌の多少に關《ラ》ざるを示す

人丸。これは歌も妙也。數も多し。正く歌仙の德に依《レ》

此《チ》要《スルニ》天照大神の一首の歌なき。誠《ニ》古今貴賤の和歌を以て其歌とす。

此を三神に分て表邊日赤口口富

を用也。住吉も亦爾り
此を萬般に推通じて。人君諸臣の才を用るの本意とす。漢の高祖が三傑を用ヒたる。暗に爰に適ふ。誠に天下の明主なり
田單の神語を受し。誠に智謀の士なり
古今の序に。人丸は赤人に先に立ことかたく云云 此は支那ノ難レ爲レ兄難レ爲レ弟之語勢を寫して書ケり。強て人丸赤人の歌の巧拙に關ラざること也 貫之モ此傳チ得シ故ナリ

和歌元由

和歌の元由は萬國を統御し皇國を永久に守るに在ル也
事々物々並ニコトと云フ。尊て此をミコトと云フ。此を宣示するを詔《ミコトノリ》と云フ。詔命あるべき君及ヒ臣をミコトと云フ。日本紀には支那の文字を以て書分て。至貴ヲ曰レ尊ト自餘ヲ曰レ命ト。言辭に發するをコトバと云フ。又コトノハと云フ。吟咏に發するを和歌と云フ
日本書紀
陽神先唱テ曰ク。憙哉《アナニヱヤ》遇ニ可美少女ニ焉
陰神曰。憙哉遇ニ可美少男《ヲトコ》ニ焉

乃興言曰
上ッ瀬是太疾《ハナハタハヤシ》　下ッ瀬是太弱《ヌルシ》
五七々々此を混本歌とす○此を
累て終七字にて留る○長歌の基
なり
久方ノ天（地ヨリ上テ天ニ咏ス）　下照姫
アメ《モ》ナルヤ　ヲトタナハタノ
ウナガユル　玉ノミスマルノ
アナ玉ハヤミ　谷フタ渡ラス
アヂスキ高彦ネ
アマサカル　ヒナツメノ
イワラス瀬戸　石川片淵
片淵ニ　網ハリワタシ

メロヨシニ　ヨシ寄來《ヨリコ》ネ
石川片淵
アラカネノ地（天ヨリ降テ地ニ咏ス）　素尊
夜句茂多菟　伊都毛夜覇餓岐
菟磨語味爾　夜覇餓岐菟倶盧
贈廼夜覇餓岐廻
花になく鶯水にすむ蛙いづれか
歌を讀《マ》ざる
總じて山川草木有情非情あり
のまゝの姿○これを和歌の元由
とす
和歌
天照大神一首の歌をもよみ給

ざる所に和歌の三神そなはる
也

大和うたは人の心をたねとして
萬のことの葉とぞなれりける

支那の詩經は此ヽ趣なり。其ヽ詩變
じて騒となり。騒變じて賦とな
り。栢梁諸體に至ては此ヽ趣にあ
らず

編者曰。右尊者御直筆神道折紙集一卷は折紙八十九通を收む。高貴寺藏中に現存する所の尊者御直筆の折紙に依て今回新に編次する所なり
高貴寺藏中に現存する尊者御直筆の折紙總じて百餘紙あり。然れども此中或は同本にして草本と清書との二通を存するものあり。或は正本と副本との二通を存するものあり。今同を去り異を取るに唯だ八十九通あるのみ。餘は皆紛失して傳はらず。之を以て前に出せる折紙類集に比するに不足甚だ多し。誠に惜むべし
又此集に載する御直筆の折紙を以て前の類聚に載する所のものに比するに

題名の不同文句の增減等頗る多し。例せば類集に載する所は神代總義とあれども。御直筆の本には日本紀總義とあり。又類聚には混沌。蘆芽とのみ表すれども。御直筆には混沌。蘆芽と表して更に本文の初に各々混沌。蘆芽の語あり。又類聚には國常立尊とのみ表すれども。御直筆の本には國常立と表して。更に本文の初に國常立尊とあり。又類聚には國狹槌尊豊斟渟尊と表すれども。御直筆の本には二神三神と表す。又類聚には沼土煮尊。沙煮尊等と表すれども。御直筆の本には四世八神と表す。此の如きは題名の不同なり。此類甚だ多し。想ふに此等は量觀師編集の時。折紙の外題を省き。本文の初を取て直に題名としたるもの歟。今此集には折紙の外題をも具に存し。外題には麁字を用ひ本文には細字を用ひて。外題と本文との區別を明かにせり。又類聚に出す所の立身の折紙には。君之御蔭。父之御蔭。師之御蔭とのみありて。其下に注文なけれども。御直筆の本には。君之御蔭の下に臣と注し。父之御蔭の下に子と注し。師之御蔭の下に弟子と注す。又四世八神の折紙も御直筆の本には沙土煑尊の次に上の獨化國狹槌之作用也。但有《シリ》下獨化與偶生之異と云ふ文あり。大苫邊尊の次に。上豊斟沼之作用也。但有獨化與偶生之異といふ文あれども。類聚の本には此の文なし。又艸の折紙に於て。類聚の本には萁莢生于階。月一日一莢生。十六日一莢落とあれども。御直筆の本には萁莢生于階。隨月凋榮。毎月朔日生一莢。月小則一葉不落。堯觀之以知晦朔とあり。又第六之一書の折紙彼此廣略大に異なり。此の如きは文句增減の不同なり。此類少からず。想ふに此等は天如師寫し去て後。尊者更に筆を加へて增減し給ふが故なり。隨て尊者御直筆の折紙草稿を見るに。字を塗抹して書き改めたる所あり。字間行間に書き加へたる所もあり。其の塗抹せざる已前の文は全く類聚の文に同じく。塗抹して書き改めたる後の文は全く今の本に載する所の如し。故に類聚に載する所と今の本に載する所の御直筆折紙と不同ありと雖も。共に尊者の御直筆より出づ。強て是非を論ずべからざるものなり。又今の本に載する所の二魂の折紙は本紙と入紙との二紙ありて之を合して一通とす。然るに類聚には奇魂幸魂と表して入紙のみを出して本紙を出さず。是れ甚だ怪むべし。尊者天如師に授くる時特に此の一紙を除き給ふ歟。或は天如師量觀師に授くる時偶々之を脱する歟。或は量觀師類聚編集の時偶々之を脱する歟。今其の故を知るに由なし。又今の本に載する所の鳥居後太占。鶺鴒。黄泉。追悔。洗眼。八衢習合元由。三種鈴。天津罪。牛剣社。處和歌三神和歌元由の十三紙は類聚には之を出さず。是れ尊者未だ天如師に授け給はざりしに由る歟。或は天如師量觀師に傳ふる時之を脱する歟。或は量觀師類聚編集の時特に之を除ける歟。是れ亦今其の故を知るに由なし

又此の折紙の作者に就き。一説には皆尊者の御作とし。一説には古來相傳する所にして尊者の御作には非ずとす。之に就て量觀師の神道或問の終に問答して云く

問此流。入門よりして神代卷。大祓等數通の折紙は雲和尚の作なりや。又古來相傳なりや否や　答云。古來の相傳なり。予頃歳書林に於て神書を求たる中今此流に用る所の折紙數通を得たり。其奥書に享保三年正月と有り。雲師誕

生は享保三年七月二十八日なり。思ふに雲師の父安範等の輩取扱れし折紙ならん。彼の安範が著せる大祓解の奥書に云。一日友隱士松谿而拜謁於郊外住吉郡法樂精舍洪善普攝大和上。和上道高學優大不比世人。以故一見服從諮決心要。爾來多年親承明誨。遂到于信有佛信有神。今之所錄是其所訓矣云云彼解の中に口傳折紙有別と書せるものは。此流に用る所の折紙なり。彼の普攝和上は貞紀和上の師なり。雲和尚は貞紀和上の資なり。知るべし古來相傳なること明けし。然れども灌頂式は舊本全備せざる故に雲和尚の所造なり。又折紙にも間和尚の潤色補闕等あるべし云云

といへり。之に依て此の折紙總じて古來相傳なることを知るべし。今の本に載する所の御直筆の長鳴鳥の折紙にも享保三年戊戌秋とあり。是れ又一證なり。又日本紀神代折紙記第一の初に。此傳嵯峨天皇より弘法大師へ授けたまふ趣也。天皇の叡慮大師の勅答相雜也（天皇の手書歟）といひ。又同記同卷に淡路島の折紙に就て。本紙は天皇。副紙は大師と釋せらる。折紙若し尊者の御作ならば。尊者豈に

此の如きの釋を作し給ふ可けんや。古來の相傳なること愈々明かなり。但し御直筆の折紙草稿を見るに文句を添削し給へる所多し。若し古來相傳の折紙ならば。尊者何ぞ私に添削を加へらるゝ道理あらんやとの疑あることなれども。此等は量觀師の所謂和尚の潤色補闕と謂ふべきものなるべし。尙ほ後考を待つ

葛城樛宮傳入門十二通聞書

初に神道大意（神道と云ふ名目は人王三十二代用明天皇三十七代孝德帝二朝の記に始て出たり）

師曰。今日より先ッ入門を傳ふべし。神道折紙。日本紀及び大祓。舊事古事二記。并に古今傳等まで。通計すれば三百六十通あり。十二年に傳ふる規則なれども。時を見利を見て素盞嗚尊の御子たる大歳神を祭りて年限を縮めて傳授すべし（大歳神。要集に出ス之）先ッ唯一兩部と云ふこと。今時やかましく云ふことなれば。是れを正すべし。唯一神道佛法を雜へずと云ふは（垂加翁云く。道貫ニク天人ヲ。是ヲ謂フ唯一ト矣。謂テ不ヲ混ニセ佛儒ヲ爲ニ唯一ト者。甚タ非也）弘法大師の語にして（十種の神寶中の祝辭の註に。天津命なり不ト用ニヒ佛法ヲ是のみ）又兒屋根命廿一代の孫大職冠鎌足公が唯一の名を立られたと云ふ人あれど。其ノ語は名法要集に引く所の。我唯一神道は天地を以て書籍とし日月を以て證明とすと云ふ二三句より外には無い。彼の名法要集も。卜部兼延の作とあれど（兼延は延喜帝より後一條院の間の人也）是れも林道春疑ふらくは。時代の違もあれば此書兼倶の僞撰ならんと云へり　辨卜抄に曰。至テ兼倶兼右ニ矯テ其ノ祖業ヲ作リ神道護摩神道加持ヲ以稱ス自神代所相傳且ツ作テ名法要集而託ス兼延ニ云云　何れにもせよ。此の名法要集を見ればば全く兩部神道なり。能々考へ見れば弘法大師より前に唯一と云ふ名を立テた人はたしかに無い。御遺告の中に中務省云々の語ありて。其ノ事をば書きあらはさねども。我傳には此ノ時嵯峨帝大師を野山より召請して中務省に於て神道を密談し給ふ也。帝の曰ク。我國に相傳の即位の時。手印を結ぶことあり　御即位の式は二條家に傳へて。代々時に臨てこれを帝に授奉ること。又大師の時御即位の寶冠に付て神道灌頂の基おこると雖。大師の世灌頂に緣なし。後三輪の慶圓上人神託を蒙りて始て行ひ。高野の宥快師も亦行へりと　師が傳ふる密敎亦印多し。此ごろ我れ感ずること有て此の義を面談せんと欲する也と。遂に帝傳承の神秘を以て大師に傳ふ。大師是れを受るに全く金胎の玄旨に合へり。即佛秘を開て帝に示す。是に於て皇帝大師の深意を得て神道を成立す。御流の名是れより起れり。神道の極處金胎の玄旨に合ふ故。亦兩部神道とも名る也。名法要集に大師流の神道と云ふは謬り也。

若し大師自己に成立し給はゞ。人何ぞ御流と稱せんや（御の字を用ろは天子と又皇后とに限る故也）意を解し謬る人をば論せず。若し能く意を得る人に就て言はゞ。御流卽唯一にして。唯一の外に御流なし。嵯峨帝御流の唯一と稱して可也。大師は知見を以て唯一神道の本旨を顯揚す。帝是を稱美して今に至るまで眞の勅會は唯東寺と泉涌寺のみ也。他所に勅會と稱するは後代下より乞ひ願うてなれるなり

○世間に多く神と佛と合して兩部と云ふあり。謬りのみ。若し强て附會せるならば。何ぞ道と云ふに足ん○又外宮內宮を金胎兩部に配當して兩部の名を成すと云ふあり。夫れ外宮は豊受女神。內宮は日神女神。何ぞ是れを以て理智法身に配せん耶。又此の內外の名の起れるは。崇神帝の時。大和笠縫の里に安じ奉る。垂仁帝廿五年に今の伊勢へ遷り給ふなり（垂仁帝二十五年より雄畧帝二十一年迄四百八十二年なり。諸社根元記上參に曰。內宮鎭座之後經十代及四百八十四年鎭座也）

內宮云々。神名秘書に云く。村上帝之御字祭主公節《キントキ》之時。皇大神は內座ノ

故ニ內宮と稱し。豐受宮は外座ノ故に外宮と稱す。內外の名の始メ是れ也。又或は天照は初め畿內笠縫にあり。豐受は丹羽の與佐郡にあり。故に內外の名を立つ。豐受は雄略帝之御宇廿一年天照皇の託によりて與佐より伊勢へ遷し奉る云々。豐受の天降は崇神帝即位卅九年也。我が傳の大意は有爲の儘に無爲の邊を佛道と稱し。無爲の儘有爲に住するを神道と稱す。達人の眼には唯一神道即佛道にして。本《モト》自《ヨリ》妙合なれば。附會することを須ひざる也

○近世米田伊織と云ふ神道者が太子流の神道などいふ名を立れども。彼の太子の大成經は本より僞書にして論ずるに足らず（此ノ書中に這の字をつかふ。然るに這の字は臨濟錄時代に始て書くことゝ也。太子の時と代はるかに遠し。僞書たること明白也）三敎論に云ク。世に有リ二大成經一。是レ舊事紀之詳なる者。正部雜部合して有リ二七十二卷一云々。又云ク。度會の延佳以二周易之理ヲ一說キ二神道ヲ一。山崎翁モ亦以二儒書之理ヲ一說キ二神道ヲ一。自ラ謂ラク神儒冥契すと。今云二之ヲ理當神道ト一と云々

和尙云。從來の神書。取るべき者すくなし。忌部の廣成が古語拾遺等。古き書なれども。尙往々謬れり（古語拾遺。大同二年二月十三日上る）

扱此の神道を一言に云はゞ。唯一箇の赤心なり。赤心にして臣民を撫育するは君の道なり。赤心にして君に仕るは臣の道也。赤心にして親に仕るは子の道なり。赤心にして災穢を懺悔し改めて赤心に歸するは祓の法なり。天下の人をして此赤心に歸せしむれば。國治り家齊り身治り心清淨なり。是れ眞の神道也。和尙の所謂神道は一箇赤心に有りとは是れ也。先づ右の一二が神の道の大要なり

次ニ神と云ふ名を知るべし。先ッ神と云ふ名は。鏡の中略にして鏡と云ふこと也。夫れ鏡は醜穢を照してけがれず。淨妙を映して着せず。覺えず忘れず。曲直かくさず。靈妙の本心を表するもの。鏡より佳《ヨキ》はなし。故に以て表すと（佛家にて言へば三摩耶形也）唯表示とするのみに非ず。神代の巻に。伊弉諾尊手に白銅《マスミ》鏡《カヾミ》を持て天照大神及月夜見の尊を生む等とあり。白銅と

は但その言を金によせて說くこと也。實には是れを眞澄の鏡と名く。眞澄は是れ靈鑑不昧の妙明の道より妙明の尊神を生ずる也。又岩戸の段にも鏡を用ひ。又瓊々杵尊之父忍穂耳の尊へ天照大神鏡を授て曰ク。常に一室に置て我れを見るが如くせよと（次の文に。瓊々杵尊代レテ父ニ降ること。服御の物まで一依レ先授くこと）云云此ノ神伊勢內宮の神體なり（內宮外宮八葉圓形の傳あり）此等を以て鏡を名とする。其ノ容易ならざるを思ふべし。神名の大略此の如し

腐儒云。神《カミ》は上《カミ》なり。鏡の中略には非ず。又日神より鏡をば生ずべくとも。豈鏡より神を生ぜんやと。情量甚すぎたり。神代の巻岩戸章。彼神象の折紙に云ツ。大凡造化化生之神有ニ本誓形作業形一云々。擧ニ四神說一可レ見也

次に略して神體を演ぶべし。維摩經註（第一の十五丁）に。什曰ク。受ニ善惡ノ雜報一似テニ人天ニ一非ニ人天ニ一。肇云ク。見ニ形勝レ人ニ劣レリ天ニ一身輕微難シト見。又同註ニ。什曰ク。無ニ宅無レ神。隨ニ宅主有ニ優劣一神ニ有リト精麁一云々。世人皆謂く。神と云ふは但是れ太古の人なり。太

古の故に今の人に異なること有るのみと。是れ謬のみ。神と云者一類あり。陀羅尼集經第三。佛教の中の十六善神等の如し。諸經の中に往々散說あり。華嚴經ノ世主妙嚴品に無量の神を說けり。其ノ華嚴の中の婆珊婆炎帝と云ふ守夜神の如きは。五十五の善知識の一にして地上の菩薩也。日本の神も上中下あり。上位の神は彼の守夜神などに同く內證はかり難しと知るべし。是の故に聖德太子の御憲心には僧を誡て云。神前に法樂する時神を濟度するの心を起すこと勿れ。又云ク。諸の菩薩諸大明神と現ずと。是の如き文等思合すべし

神世七代の大要を論ずることは。傳授目錄及び大祓の中の草ば垣ばの下を見るべし。悲花經に曰く。我滅度ノ後於テ悪世ノ中ニ現ノ大明神トノ廣ク度スト衆生ヲ云々。此の經は僞經也

天照大神は日に託する神にして。日輪即天照大神に非ず。月夜見の尊は月に託する神也。即月輪には非ず。神と日月と前後を云ふべからず。

日月現ずる時即此の神靈あり。有部の雜事に。燈花生ずるとき燈光神現ずと云々。合せ思ふべし。此ノ神孫此國に降て治むるが故に神國と稱する也。天御中主高皇産靈は總じて君臣庶民の祖となり。國常立天照大神は別して帝王の祖となる。天兒屋根は藤原家の祖となり。乃至雲上の諸名家各神裔なり。諸書に明すが如し

八十華嚴第二卷十八紙の右に。日天子乃至普運光明天子あり。此ノ光明天子が日宮殿を運行せしむとあり。可レ見シ

以下鳥居の折紙を授る用意

一散齋（祭日の前齋を散齋と云ふ）　致齋（同當日を致齋と云。祭禮の前の夜を齋エミヤ。イミヤと云ふなり。俗にヨミヤと云ふこれか）

此間六色の禁法と云ふことあり。一には不二弔一祭セ。二には不レ問レ病ハヲ。三には不レ食レ肉ハヲ。四には不レ判二刑殺一セチ。總ノ不レ決二罰一罪人セチ。五には不レ作二音樂一サヲ。六には不レ預二一切穢惡ノ事一ラニ。此れ也。此の外又迄二新嘗會一マテニ（十一月に行す）　不レ食二新米一ハチ

一住吉の次第に。前齋は一日若しは三日之間。毎朝行水して著二淨衣一ケヲ取二テ

玉串祓《フヘシ》自身

一至鳥居前天門の印（無所不至の印の如し）を開て。左は腰にあり。右は笏又は扇を取て左と同く腰にあて。唱て曰《ク》。神坐《カミノマス》鳥居入従此身。日《ヒ》月宮《ツキノミヤ》殿安樂《ヤスラカニ》而住《スム》如此一反唱へて。笏又は扇を身の前に正うし。左の手を右手の上に加へて一揖して入るべし

△許可授印明等　此印信の中の和光同塵の文即阿利沙偈と為すべし。其他一々左に出せど唱ふることを用ひず。餘用に備るのみ

阿利遮伽陀（有部苾芻尼毘奈耶ノ子註に此ノ伽陀の功徳を讃す）

世間五欲樂　或復諸天樂　若比愛盡樂　千分不及一

由集能生苦　由苦復生集　八正道能超　至妙涅槃者

所為布施者　必獲其義利　若為樂故施　其必得安樂

又別に

道識性涅槃　若菩提大乘　涅槃三法徳　一々皆三寶

△折紙

○先ツ鳥居

盗賊等の難なき故に戸扉を用ひず。神代質朴皆此ノ類なり。近代鳥居を三重に設ること。我宗の眼にて見れば三妄執を超る義也。第三の鳥居の内即法界宮なり三妄執とは。麁妄執。細妄執。極細妄執也

○天神地祇とは。世に云ふ天神七代地神五代の名目は謬也。其故は舊事紀に。天神本記と題して忍穗根瓊々杵等の尊を記し。地神本記と題して素盞嗚尊より書き始るを以て。今世俗の云ふ五代の神は皆天神なる證なり天子たる神を天神と云ひ。臣に屬するを地神と云ふ

○大小等とは。是れは諸神を大小の二つに分けて云ふなるべし。神祇本懷などに記したる大社小社と異なるべし。彼には時の祈りの功驗等によつて。下位の神をも大社と定め。上位の神も小社となるものあるが故也

○玉籤祓口傳。是れは皇太神へ勅使參向の時。二の鳥居にて大麻をとつて祓して入ること也。此玉籤は大麻なれども。これを持て祓する故に玉籤と名く。玉は稱美の言也。今にして言はゞ諸國より參向の人も二の鳥居にて小麻を持て祓して參るべき也。麻なき人は扇を麻と觀じて祓すべし云々。因に云ふ。河内國平岡の明神は天の押雲の命なり。是を玉籤明神と稱するは。是れ兒屋根命の子にして亦父の職を受て彼の玉籤の祓を掌りし故なり

○初入讓儀とは鳥居に向ふ時神威を恐れ愼て中央より入ること勿れと也。況ャ他事の往來には鳥居の内を通るべからず云々

○後出受命とは。下向の時は神のゆるしを受るが如く。中央より出るも苦しからず。但しいまだ神地をはなれざる内は殊に愼み恐るべし。神は非禮をうけず。恐るべし〱

○神代稚産等は。鳥居と云ふ名の本縁を出すなり。又八咫の縁もあり。

頻使とは頻はしきりに也。ひた使と云ふは。使者下の界大己貴の方に留り《り》て天の神へかへり言申さぬ故。ひたすら使を立ることとなり（降臨章折紙に云ッ名無雉とは鳥形の神也）

○湯津とは。湯は清潔の義。津は助聲なり。杜は其葉賀茂の葵に似て莖赤く。四月の比葉茂りて甚うるはし。秋に至れば葉落つ。賀茂の宮の御蔭の社。松尾の社。近江の日吉の社等の神事に用ゆ。榊と同く和字なるべし。からの字義を用ひず○黑木とは。皮をとらぬ木なり。歌書には。くろもんさと云ふ木也とあり

○平生云々とは。機は微なり。邪念のいまだ起らぬ先き一切事の未《タ》起らぬ先きに愼めば過なき也。門は出入の最初なる故に是れによつて誠をなす歟。易に。君子は始を愼む。之に差ふこと毫釐すれば。謬ること千里を以てすと云へり。此《ノ》意思ふべし

△次幣（集韻に財也。又餘所に金玉帛布等の總名なり。周禮に玉馬皮帛なり）

初とは。又奥傳岩戸章ある故に云ふなり幣の頭のかみを歌には木綿疊とよめりと云云
串を塗ること。内侍所の幣に付き。禁秘抄には黒塗無紋なりとあり。江次第には黒塗平紋と云へり○七種とは幣の物體なり。金銀帋帋は梶の皮ゆへ即太古の木綿なり木葉榊柏等の葉なり穀物也○六様とは幣の形なり。謂く案上と案下と陰と陽と權と實と也

○三垂陰神に奉るなり四垂陽神に奉るなり神體とするときは陰神は四垂。陽神は三垂なり。通じ用ゆること亦得。大社には案上を用ひ小社には案下を用ゆ。又極小社は如在の祭とて。神體幣をも用ずして可也。但し祭ること在《ヰマス》が如くするは大小社一切祭の通觀念なれども。此れは幣をも用ひざる邊にて別に名目を立てたる也。近世多田兵部と云者。幣を以て神體とするを破して云《ツ》。幣は献物也。之を神として可ならんや云々。是《ハ》捧幣行幣等の別を知らざる也。幣を神體とするは唐に例有り。周の代の禮に。大夫の他邦に使するとき。幣を作りて之を神主として祭《リ》了て持ち

往くなり。又近世は幣に七十五種ありと云ふ。是も各々其社傳に隨ふべき也

○捧幣行幣とは。行幣は神體幣也。捧幣は神に捧る物の總名にして御手《テ》臺《ソラ》なり。御手臺とは天子に付て御手と云ふ。幣串のことは。太古は一切質素にして。今の如く物を据ゐる臺などなく。清き竹などに帛紙の一切これを挾みて奉れることなり

名目類集に云。按青和幣は麻の皮をはぎて作り。其色青き故に云ふ白和幣は穀木の皮をはぎて作る。其の色白き故に云ふ○麻は莫《カラムシ》なり。穀《カジ》は今紙に作る木也。寶基本紀云。穀木を白幣に作る。名て木綿と云ふ。古語拾遺にも其意也。兼倶神代鈔に云く。青白は春秋にかたどる故に神を祭には春秋を用ゆるなり○又云。今青和幣は紙を青色にして作る。白は白紙也。金銀の幣。是亦青白のにぎてにかたどる。みな後世のこと也。類集に云く。奉幣とは。幣帛を持て兩段再拜して後

束を解て毎レ座の神にくばりそなへ奉るを云ふ

○尼《ニ》枳《キ》底《テ》とは。尼枳は和にして細なる也。底は妙なり（たへの反なり）細き絹にて作るをにぎたへと云ふ（上神大社なまつる）布等麁物にて作れるをあらたへと云ふ（下神小社なまつる）神代巻の岩戸の章等に青和幣と云ふは楸の葉なり。麻葈亦青にぎて也。白尼枳底と云ふは木綿穀皮也。此の神代の捧物楸及木綿などを以て尼枳妙細妙とする。誠に太古清潔の供物。近世の錦繡綾羅に勝れたることを思ふべし。菅公の紅葉の錦の詠。こゝに於て彌々妙を覺ゆ

○岩戸入閉云々は。幣物の起りを擧るなり。但し此時は柏木綿等の事にして。後世の如き紙を切り挾みたる物には非ず。今の紙帛等切りて串に挾みたるは。彼の白尼枳底を本として次第に形の轉せるもの也。中古は只串に紙絹等の獻物を挾みしなり。然るに太古の木綿のひらひらとしだれたるを思うて。遂に切り垂るの巧を生じ。又切るに付て

は三垂四垂陰陽等の作意出來たる也。然るに紙は穀の皮を以て作れる物故に今多く用る。自然にあたれること也

藻鹽草に云く。木綿は麻穀二物を云ふ。又云《ツ》。兼倶云《ツ》。今も青和幣は麻を用ひ。白和幣は紙をりて用《フ》云々

○此段無飲食等とは。神代岩戸の段なり。彼の時種々の獻物あれども食物を獻ずること一向なし。天照等の如き神は。いまだ食事なき太古の神也。依て清心とは。清心が即食となるなり。例せば色界諸天禪定の樂を以て食とするが如し（當世多《ク》用る筒に入れてつきかためたる食也。名はこれによすれども。只是食物と云こと也）

問然らば高天原の狹田長田等云何　答ふ是れは今の地上に田作あるの兆なり。其時すでに穀物あつて食すと云ふには非ず。例せば諸尊初にほこを以てさぐつて滄溟を得て。其後又海を産むが如し。初の海若し即今の海ならば。何ぞ重て産ことを用ひんや。知るべし初を滄溟と云ふは能造の水にして。今の如く眼に見る海には非ず。彼の滄溟は

今の河海の本となるべき天然の水姓なり。天上の田等はこれに同く解すべき也。稚産靈《ワカムスヒ》。豊受倉稲魂等は皆衣食の神なれども。正しく人間受用の食を生ずるは保食神《ウケモチノ》已來のことなり（食をけと云ふ。御食などゝ云ふるゐ）此の神は稚産靈。豊受等の福德を受て人中にあらはれ。穀物豊饒ならしむる神也。是の如く高天原には萬法を具足して此世間萬法の本となる也。素尊等惡をあらはすも。後の世の人罪なきこと能はざるを以《テ》。それが爲に祓ひして改過の本となる也。例せば佛教の中内秘菩薩行外現聲聞の人も。種々の罪相を現じて末世の弟子の爲に布薩懺悔の本となる也。又戒法の縁起となるが如し。深く思ふべし。高天原種々の縁皆此類也。又肉を獻ずること。伊勢の二見の浦にて年に一度鯛三百六十尾《ヒキ》とらしむること例なれども。其中一尾を大神宮へ奉て。餘は即時に神職共へ分與《チル》也。多田兵部云く。皇太神へ肉を上ること。年に只一度のみ也と云々。今思ふに一度と雖。是《レ》亦後世のならはせのみ。證とするに足

らず。餘の上位の神へ肉を上るも亦爾なり。神果して納受ありや。誰か之を知《ラ》ん。下位の神及び上位の神の雑眷屬は論外也

○布刀御幣とは。布刀は稱美の詞也。御幣は前に解するが如し

○一住吉遷宮支度幣串之事　送幣奉幣。長《サ》は五尺六寸。四尺四寸。三尺六寸。幅は一寸六分。一寸二分。八分。厚み八分。六分。四分。右は大概也。社の大小に隨て見合にすべし。竹にても可なり○胴紙は二枚重て三つ折也。串の大小によつて竪横見合にす。四手は。紙四枚重て五つ折にして。折目を三刀切れば四流になる。是れを二つに分《ツ》二枚宛也。幅廣き方を二つ折にして。端と端とを右を内にして合せ。一折して胴紙の前へ串に挿み。串の頭こよりを以《テ》結《フ》之　一祓串は。檜を細くわり長《ケ》一尺二寸或は八寸にして。數六十四本。三十二本。又は八本也。八垂又は四垂之四手を。一本に一枚わて付《ケ》之《ナ》。八本一括にして。上を一寸程のこし。紙を以て巻き所をこよりにて結ぶなり

一つ五行幣は○略幣にして○右より左へ青色赤黄白黒と次第に立《ツ》之《チ》○串は竹にてよし○長《サ》は六寸○八寸○一尺二寸也
一串幣《マフシ》は○竹と榊とを一尺二寸に切り○紙は半紙を二つに折て切り細く八垂也○八枚を一所にして切り挾み○こよりを以《テ》三所又は十二所これを結ぶ○陰陽兩儀の幣也
一大麻は梅の若枝と竹と也○長《サ》一尺二寸○本には麻を左巻にして○竹には紙の四手を右巻にして○二本を合せ○こよりを以《テ》三所結《フ》之《チ》○是を祓串に用ゆ（是も榊を本法とす此は住吉の傳と云）
一略幣は○竹を串として胴紙も無《シ》之○紙を二つに折り少し角ちがへに切り○中の折目を串に挿《ム》也
一一切幣を幣《ハク》時板の上に紙小刀を置《キ》○十寶印を結び○祓賜へ清賜布と三反唱る也○別に加持も作法もなし○幣をふるは左右左と振ふなり」
一幣を上げ置こと　青和幣は左○白和幣は右也○榊も青を付るは左○白

を付るは右に立る也
一幣串のこと　八針と五行と大麻とには。長三尺六寸。幅一寸二分。厚み八分〇三尺二寸。幅八分。厚み六分〇二尺八寸。幅六分。厚み四分〇一尺二寸。幅四分。厚み三分
△拍手
集韻曰。音菫。振動の拜也。以兩手相擊而拜。今倭人拜以兩手相擊。蓋古遺法也
或は小大初大小後と拍つ傳もあり。和尚の傳は大小小大なり。是れ陽唱へ陰和答するの義也。陽諾尊先唱へ陰冊尊和するを敎とするに同じ
△膳夫《カシハベ》成を告ぐとは。天子の御膳ごしらへ出來し時。膳夫手を拍てあいづを成す。其職の女官之を聞て天子へ上るなり。膳夫をかしはべと云ふは。太古は食物等を上へ奉るには必椒《カシ》の葉に之を盛りて上りし

故。今も古實を以て此《ノ》職の人をかしはべ或はかしはでと稱す。其《ノ》膳夫の拍つ手なる故に。拍手と書きてかしはでと呼《フ》也。或る人謂く。膳夫手を拍つこと御膳の成れるを告るに非ず。天地の神を驚覺して。妻けがれ等のなきを誓ふなり。其誓の拍手を聞て官女出でゝ取次《ツ》なり云々

此義をよしとす尚《ホ》故實を要せば大内の人に問ふべき也

延喜式の月次祭の條に。物忌内人等。幣帛の案を舁入れて瑞垣の内の門財殿に置《キ》奉る。齋《イツキ》の内親王幷に衆官以下再拜して八開手を拍《チ》。次《ニ》短手を拍て又再拜す。如《ク》是兩返了て衆官退《ク》云々。又云《ツ》。或説に神を供ずる時。八開手と云ふことをして奉る云々

事代主は。大己貴の第一子也。天の神の勅に順じて此の國を瓊々杵の尊へ讓り奉り。手を拍て念を國にのこさず快く思ひ切て去れり。是を古事記に天の逆手と云ふ。伊勢物語に天の逆手の傳あり。其傳は事を改め代《フ》る時の拍手也と云云。今世の人八卦を唱《ヘ》て拍ち。或は十二支を

唱へて拍つあり。其いはれ無きこと也。只默拍するを正とす。又は高天原に神留り在すと唱へて拍つも可なり。或は初に小大と拍つて國津神小天津神大後には大小と拍つて天津神大國津神小と觀ずるもあり。吾が正傳にはなきことなり

或は天津社。地津社○鰐。一說には。蛭子三年の後また海宮を慕うて不安ラ。こゝに於て其侍神鰐口を作りて聲をきかしむ。其歡び給ふと。不正義なり

初驚覺云々は。鈴又は鰐口を神前に掛け置くことは。未だ拍手を傳授せざる人の爲也。鰐或ヵ云。鰐とは船の名也ト云ツ今は取らす火々出見の尊。龍王宮の往來に乘り玉ふ緣あり。鈴は伊勢五十鈴川の緣あり。其事は皇太神いまだ伊勢へ鎮座なき已前に。天上より天の逆太刀。天の逆鉾。金鈴。此の三種五十鈴川の川上に降りて樹の頭にあり。光明赫々として金玉の聲あり云々。神前にて愼て聲音をなせば。何にても驚覺となるべけれども。鈴鰐

の二物は殊に上の如き因縁あるを以テこれを用ゆる也。時繩云ク。內侍所の御唐櫃の上に錦の覆ひして。其本に緋き紐を引き鈴を掛くと也。又云。禁中の內侍所の神樂は尋常は引き鈴也云々

○鰐の事。右の說信じ難し。假令蛭子火々出見の乘り給ふとも。其首を其宮に掛けて叩く道理あるまじき也。況ヤ唯一と稱する神職は之を用ひず。思ふに鰐は禪家に用ゆる木魚を平らめたる物なるべし。佛家に木魚を叩くは云何と云ふに。魚は晝夜眠らざるを以テ。佛弟子の懈怠を誡むる也。是れを神前に用ゆるは。彼ノ魚すでに佛弟子の叩く物と定りぬれば。佛家の意を以て神前に用ゆる也。平鈴と云ふ說あれども用ひ難し。鈴は唐の書註にも圓形半裂とあり。況や唯一と稱する神職は用ひざる故なり

○拍手　諸社根元記中卷に云ク。拍手口訣神道灌頂觀想に曰ク。神語に云ク。天空虛にして晝夜を運び。地空虛にして草木をあらはす。人無にして

動靜をなす云々○皆虛にして靈妙也○手を拍つも亦しかり○掌の中一物もなき空虛より其ノ音をなす○是亦虛にして靈妙なり○此の妙即神也○其神妙拍手にあらはる○此ノ拍手即神道なり延佳の秘傳問答此の説を取と見ゆたり天地の間妙に非ずと云フことなし○神に非ずと云ふことなし○神宣啓祝に云フ○神は一にして形なし○虛にして靈あり○是を大空一虛大元尊神とまうす○亦國常立尊と申すと云々○天如云ツ○妄に妙を造りなす○愚夫是をよまば眞に妙なりと信ぜん

△次注連

師の云ク○注連○小廉○大廉の三事は○月をへだてゝ授くべけれども○格外にして即授くべし

師云○此ノ注連と金剛線など○皆實に天然の妙物也○天竺の外道の法にも此の事あり○有部の雜事に○過去の外道雲の壇に五色の線を引て雨を祈り○池の水沸きあがりしと云々岩戸折紙に云○秘説する時は金剛線也○これを人界にうつする時は注連也

○端出とは。今は藁を用ゆれども。太古では〻楮の皮をなふ時。その端を出してなひ行なり（舊事紀に云。端出繩。楮。玉篇に楮ぬるで也）兼良公云。繩は直の訓義也。神道は以直爲本。左は陽德取清明之義。端出は不整雪其所餘之芒端也。是れ質朴にして不飾之意○神代藻鹽艸に。七五三。五五三等。信用するに足らず。又之を日影の繩と云ふは。引ける形のすぐなること日影のさすが如くなる故也。舊事紀に日の御綱と云ふも同じ。又注連のこと。唐土にも俗間にすること神道要集に之れを出す　凶禮とは。軍事及び佛葬等也　問ふ軍事になんぞ凶禮を用るや。答ふ禮記などに刀戟兵器をすべて凶器と云ふに依てなり（老子經に云。兵者不祥之器にして非君子器）大惠禪師の普說に云。左縒芒繩縛鬼子云々。又吾宗事相作法集の中。五色糸折紙云。天台ノ人は右合せ。但し東寺大師御糸は左合。智證大師經藏糸左合云々。又云。小野僧正は左合。勸修寺心譽僧都は右合。相論。然小野僧正不空三藏の五色糸を取出。件の糸左に合せたり。故に付之云々。件の糸は御堂關白召之《チ》レ被レ納《メ》ニ寶藏ニ云々。爾者左縫を以て正とすべし　問ふ引く時の左右。神と人といづれに就て云ふや。答ふ注連壇線同じく外を防《ク》を用とす。是の故に人の左右に就て了簡すべし。而して其ノ順逆は前一方のみに引く時は外より見て一の字を書く如く引くべし。引きめぐらすにはかくの如く引くべし。右注連は神代岩戸の章が本なれども。彼の時の繩は只質素にして端をそろへるに心なきなり

△小麻　ぬさと云ふ訓は祈る麻なり。神にいのるに麻を奉ていのる故に麻をぬさと云ふ〇イヤのがなる約すればぬさなり。あさを上畧すればさとなる也

玉籤　これ即《チ》ち奴佐なれども。之を取て祝詞する邊でたまくしと名く。玉は稱美の詞也。串の長さ今のくじら尺にて六寸四分也。榊二本を束合してその末を少し割り紙のゆうを挿むなり。師の所にあるは紙二枚あてなり。師云《ク》。常の神事には此の奴佐を持てす。柄香呂の式の如し　玉串の極畧は。柄香呂に榊枝二本もちそへて可也

○散米

紙錢　唐國の俗書に。亡靈來て其妻子等に告て紙錢を乞ひし事多く出たり。又紙錢を燒くと云ふこと唐俗書に多し。亦人間所用の錢などをも用ひし事あり。今此の尊神も亦彼れに同じき事あるか

○馬形　元亨釋書。天王寺道公之傳に。道公詣熊野還るとき。路中神祠の傍に宿す。時に夜中他神外より來りさそへども。この所の神馬の足そんじて出馬すること能はずと云ふ。道公ひそかに聞て翌日めぐり見るに畫馬の足そんぜるあり。道公これを繕ひ。其夜試にまた宿して窺ふに。他神來て誘ふ時。其所の神即馬に乘て出て。良久して歸り道公に恩を謝せしことあり。これを以て見れば神へ奉るは畫像木像の馬なるべし。今他物を畫きて奉るは次第にあやまれる也。繪馬堂の名正し

○花果　神代卷の一書に云。伊弉冊の尊を紀伊の有馬村に葬る。土俗《トコロノモノ》花の時は花を用ひ。歌ひ舞て祭る云々。又紅葉の錦神のまにまにと菅公

の味も。楓葉を以《テ》ぬさとするなり。今愚なる神職は神前に花を献ずるをそしる。憐むべし

○衣裳　神代にも尊神皇太神或ハ御妹船祖神の爲に神衣を織り。又今世にても伊勢遷宮の時は江府より昔は京より御比禮を皇太神に奉る類○伊勢に神《ヒン》衣《ソ》祭りあり。四月は夏の御衣を織りて奉り。九月は冬の御衣を織りて奉る也。和妙衣は服部氏之を織り。荒妙衣は麻《チ》積《ミ》氏織る也。各潔齋して祭の月の一日より始《メ》て十四日に至りて織り造りて奉る。此《ノ》祭今は絶たり。今の俗に四月を伊勢の御衣と云ふ。是れなり

○劒佩　神功皇后大三輪の祉を立てゝ刀矛を上りし類。佩はかざりの提物也。天照皇等の掛け給へる御統《ミスマル》の玉の類也

一切清淨の獻物を總じて奴佐と名く。此《ノ》麻も時縄之説廣し。見つべし。神道要集にぬき出して示せり。見つべし

△大麻　師云《ツ》。吉田などでは容易には傳授せずと聞けり。此の本説は

古事記中巻四十七紙の裏に。武内宿禰國の大奴佐をとつて天津罪。國津罪を祓ふと云々。此の大麻は。一切吉凶ともに主上の御身又は萬民にかゝり。總じて國の大事にかゝる神事に用ゆる也云々。要集にも出せり

樱宮に有る大麻は。其長けくじら尺にて一尺四寸六分也。細く直なる榊と竹とを束ねて。本中末の三所を結び。竹の方は末に紙の木綿をつけて下まで纒ひ。木の方は麻苧をつけて下まで纒へり。但しかく纒ひ了て後三所を結《ヒ》束ぬる也

左の方は竹。右の方は木なり。本を四寸計り大和錦にて包む也。是れ青尼枳底。白尼枳底を合せたる物也。白にぎては木綿。青にぎては麻と云ふ義あるが故なり

天如謂《ソ》。大麻のこと。神代岩戸の一書に。山雷をして五箇眞坂木の八

十玉籤を採しむ。野槌をして五百箇野薦の八十玉籤を採しむ云々。師云ク。薦の言は進なり。重遠云ク。小竹也。天如謂ク。今竹と木とを合す。之に本づく乎。藻塩草ニ云く。今伊勢毎祭玉串と云て葉つきの榊の枝を用ゆ。又云ク。薦は鈴竹也と云々

○國家大禮とは。太子を立て后を立る等亦是也。太子とは位をつぐべき御子也。御嫡子若し其ノ才なき時は次々の御子をゑらみて太子とすること也。后も亦爾なり。諸女の中に於て其ノ才等をゑらぶ也

△封建　國に封ずる等。諸王及諸臣等を天子の命じて國主等に任ずる時なり

○別册とは。大麻を作るの法等記せる書也。格別の事あるにあらず

△狛　狛の字。いぬの訓なし。字書に形似《タリ》レ狼ニとあり　時綱云く。種々に書けども多くは牡獅子狛犬と書けり　禁祕抄上卷　云々。種々の説あれども。あたれるは無し。此ノ獸は異朝の廟所などに置く獬豸と云ふ神獸也。又

は神羊とも稱す。一角あること羊に似て。しかも能く不祥をさけ。又人の曲直を知ること神の如くなる故に神羊と名るなり。又此ノ獸あることと高麗（古語にかうらいの國をこまと云ふ）には限らざれども。高麗狛の名を立ることは。今のこまいぬの形像始て高麗より筑紫の觀世音寺へ寄附せし故なり（唐詩選。蘇味道カ詩ニ云。冠ハ去ル神羊影云云　又張謂カ詩ニ云。漢使何勞獬豸冠云云）又强ひて犬の訓をなすことは。其の能く守りをなすを稱する也。日本に此ノ神獸なきを以て也。日本此ノ獸を置ノことと神前に限らず。天子と皇后などの御便室にもあり。赤染の衛門が榮花物語にかく云へり。或神學者云く。やはり吾國の犬を置べきこと也と。是れ偏拗《ワッ》也。海外すでに我が國の所用となる。宜きに随て用て可なり

○山海經に云ク。崐崙之墟《ツカハ》方八百里。高さ萬仞。面ニ有リ九井ニ以レ玉ヲ爲レ檻ト。面ニ有リ九門ニ毎レ門有テ開明ノ獸ニ守ルレ之。百神之所レ有ル也

○紫宸云々は。彼の御殿にも唐の聖賢の像を以テふすまに書けり。日本

に忠臣孝子諸の賢人なきにはあらねども。唐人を取りて畫させる意と也。唐の獸を日本の神前に置ッに就て云へり　問ふこま犬の形異國より渡らぬ前に。吾國すでに犬を置や。答狗人と云ふあり。火の酢芹の尊の子孫にして。今の隼人（早人にして奔走の義）の事也。是れ宮門を守るの下官（御かき守る衛士）なり。神代の卷纂疏に云ク。狗人學ニフ狗吠之聲ヲ一。延喜式大嘗祭式ニ云ッ。群官初て入り隼人發聲立定乃止む。進ニテ於楯ノ前ニ一拍手歌舞スと云々。又御即位見聞に云く。昔は隼人等犬吠のことあり。今は其ノ儀式のみをなす云々。廣くは時綱が說の如し。其中に云ッ。元より日本禁裏にも銅犬あり。異國より渡て後。それにならうて獅子狛犬と名づくと啓蒙にあり云々（御即位見聞に云。承明代の內の左右に銅犬あり云々）其ノ始て犬を置し時代尋ぬべし

○看督長《カトノヲサ》《カトゴロ》門丸《カドマル》　古事記ノ上ニ十一丁云く。天照大神岩戸より出で給ふ時。大宮賣の神をして御前に侍らしめ（今の貴人の侍臣の如也）又豐磐受門戸の命。櫛磐間戸の命をして殿門を守らしむ。此の二神は天の太玉の命の子也云々。

同記（四十六丁ノ左）に。此の二神瓊々杵ノ尊に從うて天降れり。舊事紀亦同じ。是れ今の門磨《カトマ》呂《ロ》也。但し此の豐櫛の二神は。天照大神の統をつぎ給ひし神の門丸なり。其の餘の神の門にはそれ〲下神なるべき道理也。妄りに意得べからず（私云々。讃州白峯寺崇德天皇廟前の門は。六條判官爲義。鎭西八郎爲朝也。能く道理に叶へり）

○稲荷之白狐等　神の使《ツカハシメ》の名は。景行天皇紀に出たり。文に云《ク》。日本武尊膽《イ》吹《フキ》山に至て山《ヤマ》祇《ツミ》の靈妖にあひ給ふとき（山神自化爲大蛇）此ノ蛇即山神なることを知り給はずして謂ひ給はく。是れは荒《アラ》神《カミ》の使也。我れ其主神を殺すべし。使者《ツカヒノモノ》何ぞ殺すに足んやと。即其ノ上をふみ越て山深く入給ふ云々。時繩云《ク》。總じて使と稱するは。神林神山神池等に生れて。御鎭坐已來の由緒に由て自然と靈異具り。人のあなどるべからざること。和漢共にあること也

○鹿　今の奈良の春日の鹿のこと。人皆おもへらく天兒屋命之を愛し給ふと。左に非ず。是れ鹿は春日の別社へ武甕槌命を勸請の時。鹿に

乘て來臨し給ふ也。其ノ來り給ふ路を古へは鹿《ロク》道《タウ》と書けり。今は土俗多くは故實を失うて六道と思ひ。七月靈魂の迎送。此に於てするに至れり（雖千日曳注連の託宣も鹿島明神の託宣也）

△神拜　類集に御後と云ふことあり。神殿の御後を拜するなり。類聚に兩段再拜と云ふことあり。初拜し了て祈念し。次に又再拜すと云々。

又沓の一揖に朱雀前玄武後の神を念ず。是れを前後加持と云ふ。座の一揖に青龍左白虎右の神を念ず。之を左右加持と云

○佛をば三禮。神をば再拜と限れる說をなすは。本より俗說にして論ずるに足らず

○六方拜　師云ッ。六方へ向うて拜すべし。或は唯觀念も亦可也

○上方　第一の天御中主をおきて第二の高皇を出すこと如何。是れ此の尊は天命を主る故に拜するなり

○下方　此ノ尊は老子經ノ上卷ニ老子の所レ謂天下の谿となる如く。損に居

て益を受る尊なる故に下方とす

○東方　東は春の方なり。春は稲種を下すの時なり。皇太神長田等の兆あり。又日は東方にして始て暗を破するが故に。天照皇を拝する此方に於てす

○西方　西は秋の方也。秋は穀物の熟する時なり。月夜見降て保食の神を見る等。是れ也。又月は秋に至て其光益清涼なり。是の如き諸縁西に向うて拝するゆゑんなり

○南方　南は夏に属す。夏は陽氣強盛なる故に素尊の徳に相應す○佛門に八方天を云ふとき。焔魔天は南方也。此ノ天素尊と同體也。方位思ふべし

○北方　北は冬に属す。穀物等一切收藏の時なる故に福門豊受に相應す。又須彌山の北方福徳の多聞天あること思ふべし

右各口傳とあるは。是れ等の義意のみ

扇　摺扇を左の手に持て。柄の持たる處臍にあて立て。右の手を左の
手にそへて。頭をたれ一心に拜すべし。此ノ一心即攝念なり　續谷響集第六卷。摺扇のこと
出たり。摺の字たゝむと訓す
△撫物　類聚に云。衣服等の常に身にふれ手にふるゝ物を祈禱所に遣して身の代とす。此を撫物と云ふなり　等身とは。絹又は紙を
其身の長と同くする也。近世主上の御撫物は御蠶綿也。箱に入て御祈
願所へ來ユを。此の方にて加持して返上す。主上御自身に其ノ綿を以て御
身を撫テ。御息を三度吹かけて即川へ流さしむる也。等身を用ゆること
は其ノ身の代にして。一切不祥をそれにうつす也。息をかくるも。亦身中
に結ばれたる氣を吐き盡してうつすなり
○人形解縄等も。意趣撫物と同じ。各別に折紙あり。其紙の中に。憶念と
は。何々の爲にすと觀念すること也。唱誦とは。其ノ祈る所の事を宣べ祓
をよむ等也
△處位　處は貴賤各々の職業也。位は各々の分位當位也。貴賤各々自

の職分に於て愼み守ュの道あり。是を處位と名く　處位目錄の初に。日至承明門とは。承明門は大内の南門なり。日至とは。日輪まさに中せんとする時刻也。是れ御即位の時也。御即位とは德を祖皇に紹で萬民の父母となり給ふなり。主上の處位別にあり　天の八衢云々は。蒼々たる長天に八衢あるが如く。天御中主の德を受たる同靈同根の八中に貴賤各々職分異なる也。四海領掌大事に云ク。弘法大師天の八衢の奥義を觀じて。士農工商醫卜諸伎の大事を開て。下民に至るまでの心のよせ所を傳へ給ふ。其處位別にあり。四海領掌の大事は。西大寺流と及地藏院とにも傳へたり。八衢の八も亦彌にして。七に加へし八に非ず。いやとは彌にして。三月頃の千草萬木生々無量なるが如し。天理無盡なるが故に。士農工商百官諸伎。若し其職分にそむけば即是れ天理に違ふ故に不ルㇾ許サ也。因に云く。今世の御即位は唐の德宗皇帝の式に準ず。攝家も其の時は唐裝束也○象牙の笏を持ツなり。高御座へ入り給ふ時。關白其ノ御裾を持ッなり云々。又五百統等は今時も御即位の御衣にかけ給ふ也。其ノ證據は桃園院は御幼少にして御即位あり。其ノ時彼の玉の相打て鳴る音を歡び給ひて跳り給ひしと云へり。是れ直に大内の官人に聞ケり云々。笏は忽也。以て備フ二忽忘ニ一。笏は。禮記に云ク。天子は以シ二珠玉ヲ一。諸侯ハ以シ二象牙ヲ一。大夫ハ以テシ二魚須ノ文竹ヲ一。士ハ竹木象牙也。問ふ笏を持ッは何の爲ぞや。答ふ笏は忽也以テ忽忘に備ふと云へり。忽忘とは。或は天子に申すべき事。或は上の命ある事も。ふと忘るゝことも有べければ。即笏に書キつけ心覺エにする爲なり。又は上へ物を指し教へなどするにも。此の笏を以てするなり。笏亦は手板と云ふ。唐の顯慶年中に王玄策と云ふ人。使して天竺に到り。以テ二手板ヲ一維摩居士の室の基を量るに十笏あり。方丈の名これより起れり。然れば尺と云ふべし。或人云く。笏亦爵と云ふ。爵は位なりと註して。位ある人のとる物故に名く

△主上處位

祭祀を第一に出すは。大祖國常立を始として葺不合《フキアヘズ》尊まで。十二代の神は祖神なるゆゑなり

○先王とは。神武以來の聖天子也

○知民とは。天子は海外の父母なる故に。下民の疾苦を知りてこれを憐むの情周からざれば。恨むる人多き也。其ノ御憐みを下民へ通せしむるは。賢臣をゑらみてそれ〴〵の官におかざれば成らぬなり。是の故に臣の才量を知ルを第一とする也

○富云々は。一人蓄財を好めば。職々の臣も亦各貪ル二財ヲ於民ニ一故に民情皆苦むなり。天子は四海を以て家とし。士農工商を以て我が子とす。子の富也と知るべし

○智云々。君たる人の智は只賢臣をゑらぶことを能くするを聰明とす。賢臣をそれ〴〵の職に置けば。彼の臣の智が即君の智なる故に。端拱無爲にして天下治平なり。臣をゑらばずして我が智にほこり用ひ

んとすれば。佞臣の爲に惑はされて必亂るゝ也。唐の張蘊古が（古文後集下卷）初大寶ノ箴に曰く。勿レ汝々《トメ》而暗《キコレ》一。勿レ察々《トメ》而明《ナル》一。雖二冕旒蔽《フトチ》レ目而視二於未形一。雖二黈纊塞《フトチ》レ耳而聽《ケト》二於無聲一。この意なり

冕と云ふ。冠は察々を戒むるなり。黈纊耳に充るは。人の聽に過ぎたるを戒むるなり。君たる人は能く此ノ意を得て闇からず明ならず。不《ル》レ可《ラ》レ測《ル》所に居れば。賢臣は才を盡し佞臣は自ら恐れ改む。下民恨みずして太平長久なるものなり

○才能云々。次ぎ上の意なり

○天の御蔭等は。立身の聞書にあり

△沙門處位。二紙

門師とは。諸侯大夫等の師となれるなり。國師とは天子の師となれるなり

○僧も尼も皆高貴の師位にも任ずべき人體なる故に。道の大體をし

るべきなり。たとへ貴人の師とならずとも一切教戒の人品に非ず
○不帶劍とは。沙門本より劍を帶すべきに非ざれども。あらかじめ非
禮を戒むる也。或は懷劍小刀をも持ざればなり。凡夫舍利とは。凡位の
人も修善功をつもれば。其福業が色身に薰習して舍利となるあり。今
是れを云ふなり
○奇特とは　師云ク。眞の佛舍利を持て入んとすれば。鳥居の內にて忽ニ
失する也。而して其下向の時鳥居外にて忽ニ有ること本の如しと。是れ
は神しばらく取て頂戴し給ふ者也。若し此等の奇特なき者眞の佛舍
利には非ずと知るべし。是れ正神に就て云ふ。邪神は論外也。問李時珍
が本草綱目に云ツ。人專心生癖（增韻云。腹之積聚也）有リ二癥（腹結之病）魂凝結メ爲ル レ石ト。舍利亦非ス二此
類一耶。答天台大師云ク。舍利者戒定慧忍行ノ薰成也。以テ二銕鎚一打ハ レ之チ則鎚銕砧皆
凹ミテ舍利不ト二小壞一。得セン二癖ツ能如ナルコト一レ是。若シ火ニ灰シ鎚ニ摧カルヽハ者非ル二眞佛舍利一也。勿レ レ疑コト。宋ノ仁宗皇
帝佛舍利ノ讃に曰く。三皇掩テ レ質チ皆歸シ レ土ニ。五帝潛メ レ形チ已ニ化ス レ塵ト。夫子域中誇リ二是レ聖一ナラント。

老君世上亦言眞。埋躯祇見空遺冢。何處將身示後人。唯有吾師金骨在。曾經百錬色長新

宋徽宗皇帝讃曰。崇寧三年九月九日嘗迎請佛舍利入内祈求感應。隔水晶函出如雨點。神力如斯嘉歎何已。因以偈讃曰。大士釋迦文。虛空等一塵。有求皆赴感。無刹不分身。玉瑩千輪在。金剛百錬新。我今恭敬禮。普願濟群倫云云　唐土帝王信舍利甚多。吾邦敏達天皇之朝。亦試舍利感其奇特。亦聖武天皇遣行基菩薩於伊勢神宮。菩薩献佛舍利於大神。大神喜。便奉神勅藏之於飯高郷云云　其他舍利の功徳不遑擧之。豈病而能如是。勿以小智妄鑿解焉

○六念如常　六念とは。出家受戒の時より毎晨朝に念ずる法なり。其中第六念念天護法利群生。此句が今所用なり。佛敎の中に天と説く者即神書の神と同體也。故に今は念神護法利群生の意にして用ゆるなり

六念法

我於寛政八年丙辰五月十日巳刻下分（何何何年何何何月何日何刻云云）受菩薩戒。謂三

聚淨戒也

次四弘誓願　衆生無邊誓願度。煩惱無邊誓願斷。法門無邊誓願學。菩

提無上誓願證

願從今身盡未來際。親近善德聽聞正法。如理思惟如法修行

念佛救世大慈父　念法出離解脱門　念僧諸有良福田

念戒無上菩提本　念施具足波羅蜜　念天護法利群生

○伊勢云々とは　古は太子皇后等の伊勢へ幣帛を獻ずるすら主上

の勅許を受く。况や其他の人みだりに神前に至んや。僧の入らざるは

太古の風を守るなり。中古には勅をうくれば行基菩薩及び高祖は殿

前へ入れり。但し袈裟を覆ふが古實なり。看よ神の忌み給ふには非ず。

今も伊勢の尼寺景光院は。皇太神遷宮の時は御神體をば此、尼が上下

する也。近世禰宜等種々方便して關東へ願ひ。尼の入宮禁制の事を欲すれども。江府の許容なしと云へり

○至温明とは　此ノ殿は崇神帝（人皇第十代なり。豊すき入ひめの御父なり）に始る。彼の岩戸前にて作りし鏡等を模して新に造て置きし殿なり。内侍所と名く。此ノ崇神帝に至るまでは。天照皇の勅の如く三種ともに帝の御居間に安じ奉りけるに。此の帝に至りて漸く恐れを生じ。天上より傳來の器をば大和の笠縫に殿を立て安じ奉り（崇神六年秋九月大和の笠縫にうつし上る）禁中にも別に殿をかまへて。代りに鑄造りし神器を安じ奉れり。此の殿温明と名けしなり。白川院の御宇に其鏡飛去んとせしを。官女急に袖を覆うて之を止めたり。由て今に至るまで官女これを守護するなり。此の殿は大内の神殿也。此の殿に入るにも。沙門は頭を覆ふが禮なり

右此の代りの鏡劔等をつくらしむるも。天上には本器を造りし天麻《アマノマ》比《ヒ》止《ト》津《ツ》の命の裔に命じて作らしむ。古語拾遺及神皇正統記等に見え

たり云々（古語拾遺天日一の神）思ふに玉は改め作ることならねば。今も神代の玉を傳るなるべし。御即位の出御左は劒右は神璽なり云々

△武門處位

經《フ》津《ツ》は大將にあたり。武甕は副將にあたるなり。瓊々杵の尊を下して此《ノ》國土に天子たらしめんとす。然るに大己貴《ノ》命既に久しく主となりて地上の神は皆服從する故に。先づ此の二神を下して。大己貴に對して國を讓り奉るべきや否《ヤ》を問はしむる也。是れ天地ひらけ始て軍事ある故に武家の鑑とする也。是より先に素尊の天照大神の所へ詣せし時に。大神疑ひ給ひて。弓箭等を取り猛き裝をなす。是の故に今の軍神には天照皇を中にし此二神を左右にするなり。大己貴も勇武の神にして即大黑天と一體なり。是の故に袋幷に鼠等の事。舊事古事の二記に見えたり。大黑も本形は三面六臂にして甚《タ》勇威なり。是故に天竺にては軍にもこれを祭ると傳ふる也。此の大黑と大己貴と同體なる

ことは。大社にも出雲云へりとなん
火德は勇武。慈悲は文道也。武門は是文武の二道鳥の兩翼の如くなる
べし。是れを處位とするなり
武甕槌は。常陸國鹿島明神なり。今軍事に鹿島立と云ふは。是れに就て
云ふと傳ふるなり

○於孔舍云々　神武記の本文也。五瀨命は神武帝の兄也。東の邊國を
伐つときなり

○日向云々は　是れ軍事と雖神を祭るを大事とすべき大法會なり。
敵東にあるときは巳の刻までは戰ハずと云フには非ず。左樣ありては軍
は勝てぬなり。日神の威光背に負ふとは。天の陰日のみかげを愼み恐
れて祭るを云ふなり。是にはこれ等の大體を的の星の如く意得るこ
と也。兵家の說を聞くに。大星の傳と云ふことと別にあり。容易に傳へぬ
と也。又三敎論に云ク。我國戰陣には則大星の傳あり。城郭には則有リ二柔挫

術一。皆孫子も呉子も所レ不《ル》レ知《テ》也

△醫處位

○小男　當流は此神淨行の神とは。淨行とは妻妾をも一向娶らぬ也。この故童稚の色情なき如きを示さんとして小と云ふ。少年の少の如し。故に少《ワカ》彥《ヒコ》とよむ。舊解は小の字を文のまゝにとりて五六步ばかりの身體とす。名をよむもすくひこなとするなり

白蘞《レン》　藥草也。醫なるを顯す故也。舊解は只身の小なるをあらはす

○草根云々は　白蘞をあげて一切の藥物を云ふと也

○鷦鷯は　當流はこれを藥物を云ふと也。舊解は此の極小鳥を以《テ》。亦身の小なるを云ふとす

○鳥毛云々は。一鳥をあげて一切を顯はす。風寒をさくるも養生の故に醫をあらはす

○藥方云々。上の二段は藥方にて云ふと也。外國とは。藥物は國にかゝ

はらず。但其ノ能の宜きを可レ用シ。藥物は外國にしかず

○爲禳云々は。呪術也。外國にも明の比陰陽醫と云ふあり。呪術をも兼たりと聞く。一說に少彥吳の國へ渡りしと云へり。彼の陰陽醫。此の神ノ遺法ナルも知るべからず

惡鳥惡猛獸毒蟲等。大祓の解に具さ也。是れ等を皆呪を以て禁制する法。幷に少彥の傳なれども今は絕たりと云ふ。外國には呪術甚行はるゝなり

○國事云々は治國の法なり。これも少彥大己貴と共に行レ之フ也。

治國之事云々　以下は治病の意を能く得れば。治國の法をも亦能くすべき理を云ふ也。唐土の或る醫師の云ク。上醫は國を醫し。其の次は人を醫す。是れなり。外賊は外病の如し。兵及は針。灸はいしびや等。皆その宜きなり

○年　或醫師者。國語ノ晉平公有疾之章。醫和之語也

○年穀不實とは凶年なり。凶年には倉廩を開て施す。是を賑と云ふ。醫の補劑の如き也。少彦名ハ日本醫業の祖なる故にかく云へり。其の術今は無しと傳ふ

△農家處位

眷屬使令などを憐むは。家々の定まれる道なれば言をまたず。今は但農業に就て牛馬のみを言ふなり。孟子も曰ッ農は是れ國の本也と。又日本の言語に百姓などを大御寶《オホミタカラ》と云ふ等を見るに。唐土日本皆農業を以て大事とす。牛馬は農業に於て大に助けとなる故。殊に此の折紙あるなり。保食の神は天地の福德なり。其福神の頂に牛馬を化出するを以ても。牛馬の農に於ける小事に非ざるを思ふべし

△商賈處位

謙《へりくだる》　下云々　易ニ曰ク。鬼神害シレ盈ニ而福スレ謙ニ

市人の類自ら高ぶるときは人皆不レ愛セ。又頭の高きを云ふのみに非ず。

直《ネ》をも賤くするときは人々競うて其ノ家に付くものなり。此ノ謙下の家に人の付くこと水の卑き方へ集まるが如し。豈家の守りに非ずや。其ノ祭る所の蛭兒明神の三年足立タずと云ふも。缺たる所に福のあることを示す也。是の神を見よ。天照大神の御兄弟にして其ノ威勢をかゞやかさず。市中田舍などの卑きに居て天福を受くることを人に示し給ふなり。事代主珍彥なども同じ意ばへの神也

○權門云々　此の蛭子實には天照の御兄弟故に貴戚なれども。不才にして流されたりと云ふよりかく書ける也

○蛭子三年云々は。神代紀の本文なり

○順レ風《マニマテ》云々　風は天に屬する物故に。是れを天の時に順ずることに說く也。夫れ商買の法を云ふに譬へば。春に買うて秋うり。秋買うて春賣りなど。時の宜きを知るを肝要とするなり

○順レ流《マニマテ》を以て地の理と說くは。流は地に屬する也。商買に地の理を云

ふは○假令ば彼に買うて此に賣るに利ありと知る也○右の如く天の時
を知り地の利に通じて勤むるときは○高利を貪らずして家富長久な
ること疑ひなし○是れ誠に蛭子の教へ也
處位の目錄には多く載たりと雖も○本師の所に但右七紙のみ有ㇾ之○
餘は皆缺けたり

△立身

天の御蔭云々　天とは何を指すや○謂く天理天命也○神にとつては高
皇産靈（體）神漏岐（陰之用）神漏美命（陽之用）なり○日之御蔭とは○外面常の
日輪を擧て○實には能依の日神を念ずる也○立身出世に限らず○常恒に
此意得あるべきなり○臣の道に付て言へば○天の御蔭○日の御蔭○君の御
蔭と念ずべし○是の如く子たる道に就て言へば○天の御蔭○日の御蔭○師
の御蔭也○此配當但一途に就て言ふ也○實には父に望めては子○君に望
めては臣（父在して仕官する人）なるあり○又弟子にして臣なり子なるあり（師在して仕官し）

する人是の故に天と日と君と師と幷べ念じて宜き人もあるべきこと也。委しく思ふべし。又初て官に付く人は君を除ても可なるべし。初て立身する人も。師に學ぶ所の藝能によつてゐらばるゝ人は師の御蔭をも念ずべし。是の如く時と事とに隨て念ずべき也

○自得とは。彼の御蔭を思はざる也。揚々とは伐る心ある也。愼しみなき也。是の如くなれば其ノ福祿久しからざるなり

△入鏡　訓義を云はゞ。かゞみは明なるの言。明々たるをかゞやくと云ひ。篝燎の類をかゞりと言ひ。赤醬をあかゞちと云ふ類。一に非ず。みは見る也云々

鏡に三重あり。一には此鏡。二つには十種神寶の中の鏡。三つには奥傳に鏡あり帝釋天八葉の鏡神代の巻に言く。鏡によせて言ふと雖。實に是れ諸尊の靈鑑不昧の明德を鏡と稱するなり。故に本有と名く。今の伊勢内宮の神體たる鏡と及紀州の日前の宮の神鏡は此ノ鏡舊事紀及拾遺の意は諸神の意にかなはず。再び鑄る。其ノ最

初に鑄たるもの也岩戸ノ前にして石凝姥の作れる所にして。造作にわたれる故に
修起と名くるなり

○八咫の鏡の事

大神宮式に。樋代の内のり一尺六寸三分あり云々。此の箱の内藏めたる鏡なれば。其大さ思ふべし

昔天保六乙未年孟秋吉旦書寫焉

樹敬誌

編者曰。右葛城樛宮傳入門十二通聞書一卷は尊者の說。天如師の記なり。今勸修寺門跡和田大圓大僧正所藏の天保六年覺樹和尙書寫の本に依て之を出す。類本なき故に校合すること能はず

日本紀神代折紙記一

此ノ傳嵯峨天皇より弘法大師へ授ケたまふ趣也。天皇の叡慮。大師の勅答相雜ル也天皇の手書歟

一 總義

皇統を主とする故ニ日本紀と云フ。此を古事記。舊事紀に對し顯す辭也古事記には高天原天御中主命より記ス　舊事紀には天祖天讓日天狹霧國禪月國狹ギリ尊より標す

此は此時日月未タ讓ラれども。法爾として天地日月その中にそなはり。人君讓位受禪等悉く具足せる神德なり。天祖と云フも。此ノ時祖宗兒孫はなけれども。萬代人君たる人承ケ上ニ及ホ下ニすの德法爾としてそなはる象也

尊ノ字命の字。古事記には差別なし。日本紀には差別して記せり。並に

ミコトと訓ず。天下に命令して施す號也

海外を　此は仲哀天皇のときの神宣なり。今ニ至ルまで我國此ノ風なり

幽顯――　神代下卷の紀に詳也　美惡は一部廿卷の體裁なり

二 混沌　此二字字書を見て。用ひ解せよ

不可言　此ノ時は人物未タ兆サねば言句の標誌すべきに非ス　假託とは。既ニ

實體を不ル可レ言フゆへ。皆これ假託の辭也

三 緣起　世界も神祇もみな緣より生起する也。故に緣起と云フ。總相と

は。此に總と別とあり。初は總束して一相也。天地流行の德として陰陽

相應。氣その處に集りて物生ず。是レ蘆芽也

有神無神　此ノ神代の傳を以テ天皇問給ふ。空海僧都有無各立の義也。朕

此ノ趣に昧し。大師ノ答に。誠に叡慮の深き處。佛法の中に此ノ道理ありて通途の者解し得ぬ所也。佛にも釋迦如來あり。無師自覺して三界の大導師となり玉ふ。其ノ根本を究れば。大日如來の大悲發生三摩地より現じて。都率天より降り嵐毘尼園に誕じ玉ふ。一切顯教には未タ此ノ趣を說かず。小僧が此度傳ヘ來る密教は。その根本を明にす。神祇の趣も例して解すべし。誠ニ神祇幽遠なり。凡慮の及フところに非ず。兩部密教の趣を以て其ノ道を知ルべきなり

本を末に寄セて娑婆世界釋迦如來を大日如來と拜するも可也

末本格別に見て釋迦の三身大日の三身各々不同を拜するも可也

四

國と云フ名は天地分付後の稱なれども。神道は不レ爾也。大凡天地の分ルるは住すべき有情の感より起る也。此を能感とす。能感は必ず所感あり。

此を國常立尊と名ゞづけ奉る也。此ノ德を一切有情が感じて世界成住の善根を成じ。此ノ神彼ノ善根の爲に所感と成て國ノ成立を與へ給ふ也眞言アザリ内證を以て言ハば𛀁字也

五

國狹槌尊　さは創の義。草創の趣也。槌は立と同じ。音の轉なり。上の國常立ノ尊は常住不變にして成壞に相關らず。此ノ尊よりして後萬國成立の象あり。德萬國に偏ずれども。祭る處にその功を顯す。此ノ邊にては我日本の神と稱し奉て可也

豐●●●

國成立するの處豐溢の德そなはる。此ノ神德也。此もその德萬國に偏ずれども。敬ひ祭る處に神德を顯す。此ノ邊にて我國の神と稱し上て可也

六

ウヒヂニ尊　ウ廣大。埿土ヒヂ煑カ助聲

スヒヂニ尊　ス助聲

此より耦生陰陽の由て起ところ也。易に大極爲兩儀ト。分の字の位この當位也。諾冊二尊已去正く兩儀施化之儀也。勿論年壽その限リを知ルべからず。身量その度量を云フべからず。假設て云ハば虚空に等かるべし。萬邦陰陽之祖師也

國サツチの作用とは萬國創成之基。此大極の位に在て。而國成立すれば必陰陽相助成するの德也。事物未レ顯レに神靈先ツ兆す。是を神道と云

大苫道・・　チハ道也。鐃速日尊。胎中兒に命じて可美摩治と曰フが如き。

摩治は眞路也。後に此を受て山路汐路と云類也。べハ邊ノ義。

べ・　その傍を命ず

國ある處萬物茂盛する狀也。上ニ而日月星辰。下ニ而山川草木。中ニ而五穀六府衣服資具悉ク豊饒の趣也。後大ノ字ノ稱は此を始とす。後ニ兩儀より四象五行の顯るゝ。此ノ位より兆スと知ルべし

面足尊

人間たるもの六根の具足する。面門七竅の備る。此處に兆す也萬國夷狄まで通す

惶根尊

禮儀制度君臣父子の道。夫婦昆弟隣里の交道。みな此ノ中に兆して。東西南北の國俗に隨て顯れ。古今智愚の所行に差別す。みな其ノ基爰に在ル也

イサ諾 ● 誘義と云々
ギハ男を稱し

イサ册 ● ミハ女を稱す

此ノ二尊已去正ク是レ兩儀施ス化チ也。四象五行も爰に顯るゝ也
此ノ陰陽兩儀は上下に通じ古今に亘り。麁細に入り萬理を含む
已上開闢六通竟

八洲起源

上來は大極。天地開闢之本源にして造化施功の基本たり。此より兩儀。造化施功の元位にして人事の基本たる也

一 天浮橋

天とは自然の義。浮とは不沈沒の狀也。橋とは如ク今ノ橋梁ノ施メ之ヲ路斷絕ノ處ニ而通ズル於彼此ニの象也。其ノ體を云ハば第二の一書に二神立ツ于天霧之中ニ云々是也。但シ此ノ橋梁の義自然に備り存して。後世人造の元由となる」

陰陽相通

これ正く浮橋の徳也。爰に至て兩儀施レ功。單陽は無レ功隻陰は無レ徴。陰陽相和して萬物化成する也。造化成功直にこれ

一生二云々

此は老子の詞也

道生レ一一生レ二（二諾册尊）二生レ三（浮橋）三生二萬物一。々々負レ陰而抱レ陽沖氣以爲レ和云々

此橋亦神也

準二天御柱社一　國御柱社也　宇治橋姫等この支流なり

吾國の大君を十善の御位と號し上る。此天浮橋不兩舌の神也

君臣　相和すべし。隔れば政亂るゝ也

上下　上の情惠下に通ずべし。下の情上に通ずべし。隔れば國治まらぬ也

夫婦　隔れば家治まらぬ也

父子　隔れば災蕭墻に起る也
朋友○昆弟　みな準じ知ルべし
此は支那の事蹟をも考ふべし
文ニ云ク○伊奘諾尊○伊奘册尊
二尊のみちを標す○正ニ是レ陰陽兩儀施功の象也○天の道必ず獨斷を嫌
ふと云云
初ノ一書ニ曰ク○天神謂テ二伊奘諾尊伊弉册尊一ニ曰ク云云
此は必相承る所有ルべきの敎也○天の道特達を嫌ふ也○上の國常立も
芦芽を標してこれより起る也　君あらば君命を受く○父在サば父の
敎を受く○家に長者あれば長者の敎を受く○師あれば師命を受く
若シ受る所なければ此を自爲とす○天命に違《ソム》き神慮に違ふと云へり

二　瓊矛

此章より一陰一陽を談ずべし。これは陽徳也。下の滄溟に對す。縁起發動しおこる陽也。動シ已て休む陰也。一陽一陰これを道と云フ。此ノ同位に四大具はる。地水火風なり（神道ハ陰陽に道を立ルなり）此を易にも一陰一陽これを道と云フ。其ノ理同じ。道とは往還流行する象なり

四大より五行を生ず　水火木金土。支那國の諸儒は此ノ五行を主として王者の國を保つ徳を稱す

包羲氏を木徳とす。神農氏を火徳とす。黄帝軒轅氏を土徳とす。木生火。火生土の序なり。吾神道には四大を主として次に五行を立つ。伊勢に風社あり（後風宮と稱す）　此ノ差排は具に論ずべき也

此より已去陰陽昇降三重の縁起也。矛滄溟縁起して雄元雌元に赴く。此ノ位に山河草木八大洲を出生す

雄元雌元縁起して神代より人皇に移る。君臣父子夫婦長幼を發起

す。若《シ》本の芦芽狹霧より談ずれば四重也
密教によらば無神有名は法曼荼羅。瓊矛滄溟《ハ》三昧耶曼荼羅。雄元
雌元已去は羯磨曼荼羅也
探之　第三の一書には畫成。第四には探成
古事記に鹽《シホ》許《コ》袁《ヲ》呂《ロ》許《コ》袁《ヲ》呂《ロ》爾《ニ》畫《カキ》鳴《ナシ》云々上代のこと今より測《ル》べきな
らねども。此等の趣を見て天地開闢のことはり明歴々たりと云《フ》べ
し

三　滄溟

本然の水大。神眼より視れば滄溟也。此《ノ》位肉眼の所見に非《ス》。亦三災劫
末の所壞に非ず。自性法爾として能く諸法の能生となる後の生海と云に異也
華嚴經華藏世界品の香水海
諸冊二尊は陰陽の二神。易の兩儀の位也。故に此より已前を大極の

位と知《ル》べし。其《ノ》ウヒヂニ尊。スヒヂニ尊。陰陽を分つは大極中に含藏する所の二儀也。此《ノ》大極兩儀重々なり。天地混沌の初よりして今日に至るまで。大極兩儀ならざることなし。一草一木も大極兩儀也。一禽一獸も大極兩儀也。一草の生ずるを見て大極の理を知る。二葉の別るを見て兩儀の理を知る。此《ノ》二葉各々表裏あるは四象也。表裏に各本末あり。此《ノ》時八卦生ずる也。此に各左右あり。三十二卦也。各々前後を分別《スレバ》六十四卦備足す。此に變爻互卦を立てゝ萬物《ノ》蘊奥を罄す。神書を見ん者此《ノ》用意あるべし。初《メ》國常立尊より兩儀具る。左右前後四象八卦を見る。上體下體四體運動六十四卦を立《ツ》べし。爰に於て諸册二尊瓊矛滄溟に兩儀の理を配すべし

四 磤《ゴロ》島　或云。おのづからこる義也と。用《フ》レ之

陰陽二神 ●●　此《ハ》文《ニ》曰。而陽神《ハ》左《ヨリ》旋《リ》陰神《ハ》右《ヨリ》旋《ル》

日月 ● ● 此ノ時未だ日月の沙汰なし。此より已去は其ノ跡より云ふ詞なり佛說の遊空天

人間五十年 ● ● 此は倶舍などの說に合す。四天王は須彌の半腹に居す

造化 ● ●

三災 ● ● 此は瑜伽倶舍の義也

爲國中之柱

天之御柱《古事記》

此ノ紀には國中之柱と稱して天柱と云ハず。古事記には天之御柱と稱して國中の柱と云ハず。其ノ體一物たる。知ルべし

五 天御柱

第一の一書ニ化《ミ》ニ竪《タツ》天ノ柱《チ》。上に云フごとく國中之柱。天之御柱一體也。本文ニ

以磤馭盧島為國中之柱《ミハシラトノ》。此一書には降居《アマクダリマス》彼島又化竪天柱。文は二様に見ゆれども其體は一也。此柱尋其體則自然成立也。如是成立則その神德爲國之綱紀也

一體二用　一神而有二用也　如前とは指大祓之折𢬵。高ミムスビ尊。御一體而施上天下地之命。その天命の邊神ロギ神ロミと稱し上る也。和州龍田現存二社。此天御柱國御柱也

亦如云云　例大己貴七名社

此に天柱國柱あれば。易兩儀の位なれども。その本體一の邊は大極の位也。本文陽神左旋陰神右旋分巡國柱と云。正く是兩儀の作也。此より萬物化成する也

六　天津教

次上の國の御柱は國家の綱紀なり。上而天子十善の御位。中而文武

諸官。神職政務。並に不ルㇾ可ニ改易スの趣なり。下にして農工商。樂師醫師等の諸藝。みな家に一定の守を不ルㇾ可ㇾ失フ也

此に次で男唱《トナヘ》女和するの道。上下古今におし通じて國家の綱紀たる也

支那の書にも牝鷄の晨《アシタ》する。家の竭也と云へり。我國の天津教海外萬邦にも通ずと云へり

七 雌元雄元

陰陽その象ある也

天地　勿論のこと也

日月　此ノ時は未タ顯れねども。元由は爰に定る也　四大法爾なる故に。天地の間洞然として明白也。その一明白の中に自ら陰陽の象あり。後に凝結して日輪月輪となる

山川　勿論のこと也

陽日陰日　此は日月位定りて後。進退陰陽吉凶の象を顯す。卜筮家は十干に依る。甲丙等を陽日とし。乙丁等を陰日とす。佛教の中に多《ハ》單を陽とし偶を陰とす。朔日三日等は陽也。二日四日等は陰也

印度には月にも白黒を分《ツ》。法事多《ハ》白月に起首《ス》。降魔等の事《ハ》黒月《ニ》起首す

陽火陰火　醫家藥を煉るに論ず

又鬼火等を陰火とし。薪火等を陽とす

雄風雌風　宋玉が賦に論ず　竹に雌雄あり。竹を截《キル》に雌《メ》竹をのこしおくべしと云《ヘ》り

又候風の占等に論ず。軍術渡海等にも論ずべし

人物❙❙　律文に。男子にして形狀女人に類せるを窑人と云《フ》。音聲も同《ク》爾り。不レ許《サ》レ受《コヲ》二大戒《チ》一

萬國⬮⬮　此ノ雌元雄元ありて萬國成立の基となる也。此ノ紀及餘ノ二記
に明スが如し

萬物⬮⬮　萬國に例して解すべし

人世の善⬮⬮　佛說に。若シ長者の家に男少く女多ければ。其ノ家衰微と
知ルべしと云々

此等は智者の量リ知ルところ也。具に論ずべし

凸《テツ》凹《アフ》　此ノ二字の象に寄セて陰陽初起の趣を表す也

尋其本云云

大極兩儀重々ある事なり

男軍女軍　神武紀に出づ。甲士たることは同じけれども。軍陣の差排
にて男女を分てる也。婦女の軍だちには非ス

雌劔雄劔　劔に陰陽を分てる也

雌黃雄黃　藥石に陰陽を分てる也

此ノ三種は一類の陰陽也。亦陰陽に重々あることを知ルべき也

男女の姪器　此はこの諾冊二尊のときよりは遙に後のこと也。然レども法爾の道理天地とともに具り出でゝ。廣く萬邦萬物にゆきわたる也

筑波山に男體山。女體山あり。男體山にイザ諾尊を祭り。女體山にイザ冊尊を祭る也。湯殿山にも此象有リと傳ふる也。諸社に神體を祭ル。この象を祭る。これもその傳あること也。此ノ事も天地の成象にて。印度國にも天根山あり。自在天を祭る。麓に烏摩妃の社を立てゝ祭る。彼ノ諸國その類多しと云フこと也。南山の僧傳に出テたり

大低萬國經營の神事と知ルべし

夫海水減少して洲渚を出す。唯是レ劫初法爾の狀象なり。自然の趣也。嬰孩の次第に成長するに同シ。然ニその道より此を視れば。天地生成そ

の理有て存す○その神有て存す○固より嬰孩の成長すると同趣也
後迦倶突智の章に○册尊時に爲《ニ》レ子《ノ》所レ焦《レテヤカ》而神退矣《カンサリマシヌ》等と記す○舊事紀古
事記に美《ミ》蕃《ホ》登《ト》見《ヤク》灸《エテ》而病臥矣《ヤミコヤセリ》云々の文あり○此《ノ》美蕃登の字を見て後
人みな人間作業の解をなす○非也○若《シ》人間《ノ》作業ならば産生は懷姙に
因《ル》べし○火炎を十月懷姙せば美蕃登の灸のみに非《ス》○性命一日も不レ可
レ保《ツ》也○大凡神書を讀《ム》には神書の眼あるべし
此《ノ》美蕃登《ハ》雌元の象也○地の象也

八 淡路島

本爾は天皇　　副爾は大師

大凡國土成立の象は一大神事なり○此《ノ》神事幽深にして而も廣大なれ
ば○文字言句の傳べきならず○故に人事の成立を假てこれを顯す也
佛經に帝釋天の身量一拘盧舍と云り○神代の諸册二尊は此よりも廣

大なる趣也

その年代を察すれば。須彌半腹の四天王は人間の五十年を以て一日一夜とすと云り。今人事を以て察するに。五十年に小變あり。竹厄等を以て察すべし。孟子に五百年にして聖人出《ツ》と云り。此等は小成就の年數と思はるゝ也。此に十倍して五千年を成就のときと知《ル》べし

此によりて國の成立幾千萬年のことゝ察すべし

大事を見んとならば大眼を具すべし　大體を知《ラ》んと要せば大度量あるべし

淡路洲及八大洲。みな神號あり。古事記。舊事紀のとき傳《フ》べし　此紀は皇統を主とする故略也と云り

華嚴經大集經を併《セ》看《ル》べし。一草一木一石みな四方の位定る也。磁石の石を見て知《ル》べし。此《ノ》四方定《ル》處神靈の在《ル》ところ也。大にして十二支ある也。此《ノ》十二支各々神あり。支那の書を見て知《ル》べし。各々名號あり形象あ

り[illegible]《インド》は大集經の十二神獸。藥師經の八萬四千夜叉神を以て察すべし。次に萬國の分るゝ時。支那には支那の神あり。蠻夷には蠻夷の神あり。我朝八大洲を顯す各々の神祇アリ。若シ密敎に依て仔細に尋子ば。その本誓及び形容。その祭祠の法にも達すべし。其ノ國に在て其ノ詳なることを知んとならば。國の形狀。產物の有無。人情の强弱。聲韻の淸濁等を以て見べしと云り

西域記ニ天竺國の貴人ハ黃赤色と云にて推スべし

大要は一箇の誠心天に通じ神明に通ずる也

八尋之殿

密敎ニ五峰八柱ノ殿建ツ二之ヲ於須彌頂一ニ　此ノ八尋殿與二天柱一倶ニ是レ一具之神寶也

太占

高皇産靈尊　此は天命を掌りたまふ天神なり。化神也。大祓の神漏岐神漏美と稱し上る是也

陰陽相和を要とす。王者の樂を制する。五聲倫を相奪ハずと云フ

又隋朝に宮往て不ル還は煬帝亡國の聲と云り。此は聲韻の陰陽にそむく也

唐朝に司馬頭陀が潙山を見得て。百丈禪師に告て一千五百人の山主なりと。百丈云ク老僧住し得んやと。司馬頭陀云ク。和尚は骨人也。彼山は肉山也。假令和尚住せば五百人には過ノべからずと。靈祐禪師が謦咳の聲行歩の相を見て。眞の潙山の主なりと。此等我神道より見れば。此ノ太占の趣也。果して後潙山の主たるとき。一千七百人の衆聚會せりと云ヘり

朋友　左傳に。子貢が魯ノ哀公邾ノ文公の參會を見て二君ともに災を免

れずと云り左傳を見て記すべし
此は禮に背たる者の身に災を得しこと也。事の大小に随て此こと
不虚こと也

神武紀に。天皇日下より和州長髓彦を責玉ふとき敗運して。兄五瀬命長髓彦が矢にあたり給ふ此によりて遂に命終なり天皇此道理を察して我は日神の後裔也。日に向て軍を起すこと不祥也とて。遂に軍を退け。後紀州地を經吉野に攻入。遂に勝利を得たまふと云へり。此等亦太占の趣也。家宅は門戸東南を正とす。若正門東南ならば後門北に開べし。大低一動一作みな其趣を知べし

天門は開べし。福德門は收べし。鬼門は避べし。人門は謙下すべし。此四門は清潔に守を要とす。四時に處するも此守あるべし。日夜を四時六時十二時に分も此守を知べし。一生を百年《トシ》少壯衰老に分も亦其守を知べし。神事佛事を行ひ人事民事を處するも。亦その趣あるべし。樹木

を種殖するも。臺觀を營造するも。その守ありて子孫永久に福祿を享すと云り

鶺鴒　小鳥也

此小禽亦神祇也。陰陽發動相應の象也。禽獸の各々その德ありその能ある。天地自然の儀にして。人事と相應し天心神靈と相通ず。近事を以て云はゞ。人相に十二支獸の一相を得る者。必ず福德英傑の相也。大にして龍鳳の相也

十二支は大集經に出也。菩薩の應現也。又藥師佛の守護神總じて八萬四千の夜叉神あり。この十二支を開て三十六禽とす。天地の別德神祇の和光也。一例を出ば。南北史に●●國政衰ふるとき●●店主人見一人狼頭者逐行㗚問。彼人云。去取●●國主人爾後三年而其國亡云々

但し此鶺鴒卅六禽（十二支各具三神一而三十六禽也）の中に非ず。然ども造化成育の處にその形を顯すを以て。容易ならぬ。知べき也

大凡天地生成の道巨細相融し事理具足す。此鳥は來去時あり。雌雄不相離。不群飛。誠に天地初成萬物創營の時に應ずべし

遂將合交而不知其術。時有鶺鴒飛來搖其首尾

鶺鴒陰也。搖首尾陽發動。陰而具陽。正是四象之象。造化成育之時不知其術と云も亦神語也。不同于人間之於事而有知不知也（知是造化之初業不知亦造化業之初）

見而學之

一事一理一物一動。不異于一大造化也。天地その位定る。酉は當于西（鶺鴒）卯當于東（白兎）子當于北（鼠）午當于南（但馬不見于神代。班駒非此例。古今神あそびさいの隈ひの隈川に駒留てしばし水飼かげなだに見ん）

此四位各加二位而十二支也。此十二支位定て後大歲神□己□現（舊事紀）予モ不讀

第三四神出生

生海　肉眼所見也。人中及魚龍の業感なり。成壊あり。大地既に現れ八大洲分界す。凹なる處に水氣降り聚る。造化自然の勢也。物あれば事そなはる。處所あれば神靈必託す。亦これ造化自然の勢也

此紀は但生海と記して神號なし。舊事紀には次生海神名大綿津見神と云。然此紀下卷に至て海宮章に豐玉彦あれば。大綿津見神あること必然也。但國事に相關せざれば略するのみ。前の八大洲の神號を略せるも此例也　莊子に河伯が北海若に對して云々。易にこれを當ては兩儀四象を生ずる位也。上の八大洲は大地。此海は大小水迎俱突智は火。級長津彦は風なり。此後五行を生ず。水火木金土也。但紀文は古儀也。時節を分配して記するに非ず。前後錯綜し上下混淆す。一概都盧して緣起の象相を成立する也

生川　舊事紀因河海持別生神云云八神

華嚴ニ主河神。莊子ノ秋水篇に河伯云云　但シ支那に河と云フは多く黄河也」
河海井池各々神あり。疏のアザリ所傳万太郎ニ列スル之也
支那ノ王者ハ祭ル名山大川ヲ。彼には見ルハ海ヲ唯タ齊東江南ナル故也。日本ニ祭ル住吉チ等と
は不ル同ラ也

生山　舊事紀ニ大山祇神。野槌神。因テ山野ニ持チ別《ワケテ》而生ル神八神云云
雄元凸に準じて知ルべし。支那ニハ名山大川を祭る。彼ノ國聖人の教ハ吾神道
より出ると知ルべし。支那には山を祭ることのみ有て此神孰《イツレノ》代に出
現せることは不ル記セ也。唯タ封シ泰山ニ禪ス梁甫ニ等と云り
上の河海これ一類なる如く。山野亦一類なり。草木亦一類なり。冠蓋
亦一類なり。舟車。牛馬。庫藏。門闕。樓臺。器皿。大小異なれども其ノ趣別な
らず

神祇の道有リ巨有リ細

海は巨○川は細　山は巨○木艸は細

又有生有死

生は四大五行神等○死は卌尊等○生則生成而不息○死則殺々而不休

有善有惡

善大日靈貴等　惡素尊等

有賞有罰

賞は有功時の賜也○罰月讀等○素尊等

有愛樂三寶○有厭惡三寶

律說信樂夜叉神○不信樂夜叉神○又有ーー城女神裸形立等事

有好爲利衆生○有好爲他障碍

利衆生者如華嚴婆珊婆演底主夜神等也○障碍神諸荒振神也

大低大中所在神祇皆有此也○人間一念之兆《キサシニハ》皆有神知之也

此中諸神出現謂前後次第生可也○謂一時出現亦可也

佛經說五類天也。滿地滿虛空是神靈所在也

若兩部習合見之。則正是支分生萬太郎畫法而起滅邊際不可得也。但有漏有爲之所見視此生海生川耳

密敎中。金剛界にも胎藏法にも。造壇初に警發地神の式あり。八相成道の化儀に降魔の儀あり。大日經疏四釋迦牟尼佛坐道場時云云本行集經等に出魔王率魔軍て菩薩の入定を壞せんと欲す。時佛謂魔王言。汝由先世作一無遮施故今得大自在天王之身。然我從無量劫來。修如是大施不可勝數云云魔言。我所作福汝已爲證。汝之福業誰當證明。若無證者卽墮負處也。菩薩爾時申右手指地說眞實言。我本於此地上行菩薩道。種々難行苦行地神證知云云爾時無量地神從地涌出。出現其半身而作證明云云此中に無量地神と有ば。此八大洲諸神も其中に有べし。世尊の成道のとき魔王を降伏し玉ふも此地神の力也。神の輔助を得て佛も無上道を成じ。佛法の法施有て諸神威光增益し給ふ。正法の中には此

趣いちじるしき也

木祖

律ニ無主房戒縁

華嚴ニ主樹神。主林神

句々廼馳

此は木徳の神也。總じて木と指スは松栢檜杉等みな木也。此ノ木若一園に及べば必神あり。若シ一園に不足なりとも木の位に由て神あるべし。並に諸神依託して兒孫を撫育す。諸樹各々神ありて。聚リ生じて林を成ずれば主林神ある也。今此ノ紀には林を論せず。但ヌ樹神を擧る也。此ノ樹林その木に随て各々その名有ルべし。此には此ノ諸樹を總束して名を立テて句々廼馳と云フ。此ノ精天に顯れては木曜也。支那に帝王を立る。五行の徳を推して政治文物の差別を定む。伏羲氏を木徳とす。是

也

草祖

華嚴ニ主藥神　主稼神

此ノ二神五行ノ中木德なり。亦分テ二陰陽ヲ一而艸木各別ニメ而生ス焉。甲乙之神也

梵ニ [illegible]

七曜ノ中　木曜

次ニ日曜月曜　蛭兒土曜　素尊金曜　迦●●●火曜

但し此ノ五星五行之配屬は一往の義と可レ知ル。神道ノ傳には不レ用ヒ而可也」

華嚴ニハ有テ二主藥神一不レ說カ二艸祖ヲ一。かやの姬。神書ニ有リ二艸野姬一。然ルニ清涼ノ疏ニ神名ハ多ク女聲ニ呼フト云云　藥品ニ多レハ二艸根木皮ニ一則不ル二亦遠カラ一也。又神祇衆多ナレハ經說モ亦標スル二其ノ要ヲ一耳。

無盡莊嚴法界體可キレ察ス也

此ノ艸のかみ野のかみ相通ずと云り。野槌と云ヒ萱野ひめと名くるを以

て知ルべし。艸と云フ名は一艸に就く。靈艸靈藥に由る也。野と云フは廣狹に隨て其ノ分齊あり。武藏野しめぢ野と名る例也。佛敎に曠野有てその神諸神の害をなす。大力の鬼王也。佛世尊これを降伏し玉ふ。法の守護神となる。大元帥明王の法是也。[illegible]此ニ云フ曠野ト

此に依て知ルべし到ル處神あり。此ノ神利あり害あり。佛在世に世尊悉く降伏して法の守護とす。唯利のみにて害なし。その害ある神は必苦惱あり。佛その苦惱を救ヒたまふと云り

天照皇

宿曜經ニ云ツ。大地初テ建チ寒暑之精化ノ爲ル日月ト云々　日ハ理陽ノ位。從ヘテ星宿チ順行ス

此ノ一通最極也　別記あり

日天子　十二天之一。別ニ有后妃也。壽同シ于四天王ニ

天照皇　君ノ德通シ于萬古ニ戾イタル于幽顯ニ

壽一劫　皇極經世書。天之神棲乎日。人之神棲乎目。文

月讀　輔相

蛭兒　不才　字性鈍

素尊　暴惡

此四子天地自然之形狀。神道之爲神道由于此也。佛法聲聞之歸于灰身滅智自調自度。則其道不同也。于爰大師嘆神道之爲金胎之趣也

上來荒昧之世事幽理深。已去則自神代移于人世實是世間悉壇最深極之趣。瑜伽論稱世間極成眞實是也

日月創懸於空中。在海外餘國。則人間嫁娶諍爭始兆之時也

此章本文海山川二祖四神。舊事有衆多神號。舍人親王就于人事初兆之詞也

天地相去未遠　此折紙爰に傳べき也○但第八とす

大般若五百七十一人天往來不相障碍と云も此義也○法華經人天交攝兩得相見と云も其義近し

月讀

男體　日は陽也○故に日神女體主之○月水珠陰也○故月神男體主之太

占之趣也

且以易解之

☲　火　陰卦多陽

☵　水　陽卦多陰

月神　月輪は水珠依處也

月天子は十二天之一○月神異于此也

三讓之德

禮記

輔相之功、歸于月神○天地自然之趣也○支那皇甫謐年曆曰○月群陰之宗
白虎通○月之所以有闕何○歸功于日也
月之日々違十三度是辭讓之稱○若臣之憚於君爾云云
輔相の意得は君の恩惠を民に及す也○我恩惠に非ず○君の威光を萬國に及す也○我威光を顯すに非ず○支那の書に臣として作威福誅せらると云り○月讀神の輔相として○顯れたる威德なし○此を神道とす
支那宋檀道成等以神道言之○則自取禍之道也○大低人間傷于思慮○神祇法于自然也

蛭兒

俗夷稱福神　一云○事代主　一云○珍彦《ウツヒコ》
不必以水蛭爲號也
大日靈尊　又有稚日女神
蛭兒　倶是就日德之稱也○女云日《ヒル》女○男ヒル兒

自父母而言之則不才子須置之於散地也○自身言之則不才是自安全○天然之道也

本文第三子　上一書先生蛭兒云々　婦人之辭其已先揚乎○これを太占の與兆とす○此第三子なるに雖已三歳脚猶不立　文雖不見太占之與兆たる可知　由此而吉凶之相應不必是順次○須準業果之順現順後也

順風放棄　地之理○天之時○商家交易得利之處○自父母而言之○處不才兒之道也○自天命而言之○則天地之處分各有所宜也

天磐樟船　有此神也○舊事に復生神名鳥之石楠神亦名謂天鳥船神文神而直船也

商家所祭云々　夷　鄙俗義　有人云咲子者此中不取

此神の不才○法爾の神徳なり○如秋冬凋落顯春夏茂盛○如四裔鄙俗顯中華文物也○有不才人而知才子之英傑○有瓦石而顯明玉之光彩也

素尊　舊事紀坐出雲國熊野杵築神宮

暴惡丈夫　此暴惡法爾の神德也。諸佛之八相成道。降魔其一相也。七佛之化儀必有調達。神代有斯素尊惡行。人世之治亂。歷代之事實。可詳之」

悍彊狠也　安忍

人民多以夭折　中天《ワカジニ》

律。舍利弗在四衢道中而入定。大力鬼打之云々　此打こと莫とも。之鬼神法爾使人民夭折也

暴惡神鬼自有斯威力也。大愛道比丘尼經。女人欲情不遂使艸木而變枯云云　貪嗔位同

復使青山變枯

根國　下界也。冥途也。改惡復本心之處。素尊所掌而依正不二　下文底

根國　乘水牛　下折帋附

出雲大社　別帋あり

窮すれば變ず。變ずれば通

民天折　後蘇民將來あり

青山變枯　五十猛神天降之時。多將樹種而下。然不殖韓地。盡以持歸云々大八洲之内。莫不播殖而成青山云々　此三神亦能分布木種――

第二一書
白道鏡　此一章但記至要　正直捨方便

眞澄かゞみ

第一一書

三子

上來記生國記生神。不記其出生楷模。此記以左手持白銅鏡云云　正是造化二神出生情非情之模範也

八角八楞

密敎　左内眷屬智　右大眷屬悲

性好ニ殘害ヲ一　教令輪
問陰陽造化化ニ生ス情非情ヲ一。此ノ中擧テ諸尊ヲ一而不ル出サ冊尊ヲ一者何ン。答白銅鏡ハ是レ邊津鏡陰　也。陰陽昇降之趣無シレ缺コト

第二一書　四神及水火蠶桑諸穀

雖レ不ト詳ナラ悉ニ而六府頗ル備ル　六府ハ書ノ洪範ニ出ス之
就レ中日月ハ非ス所ニ論ニ一。正也。蛭兒素尊ハ變也。是レ由ル于巡ルレ柱ヲ時之陰陽違ヘルニレ理ニ　云々
鳥ノイハクス船載ス蛭兒ヲ一
冊尊爲ニカクツチノ一所レ焦《ヤカ》而終マス　火の自性として觸ル、處必焦ソ
土神。水神出生　鳥●●●ノ動作屬ス于風ニ一。四大備ル也
稚《ワカ》産《ムス》靈《ヒ》　火生土相生の儀

第三ノ一書　大抵同シレ上ニ。天ノ吉《ヨサ》葛《ツラ》　代ル上ノ蠶桑諸穀ニ一

此二章末タレ言ハ二便嘔吐ヲ一　火産靈

且神退之時　水土二神　天吉葛神

草野姫の同位

蘿

からす瓜　延命

第二第三の一書記死沒。上云而終。此記神退神避。然一陰一陽之流行不可言其始終。此處言諸冊二尊畢竟無死而可矣。又事有始終物有出沒。雖天地可見其始終。此處諸冊二尊言有生亦有死而可矣。其無始終者自性當相物物自爾。天自天。地自地。生自生。死自死。斯自性當相當恒縁起。自麁入細自顯至微。自過去而至于今日。自今日而至于未來。往還無窮而有跡有蹤也

第四一書

火曜　宿曜經云。火精曰熒惑。熒惑直日宜決罸罪人。圍取盜賊作欺誑

事買全寶牛羊○動甲兵○修戎具○敎旗剋賊○入陣必勝○訟訴先起爲要合藥種蒔○洗頭割甲○結交入宅不吉○出財宜徵債○禁者難出病者必死 若此直日生人○法合醜陋惡性○妨親害族便弓馬多瞋云々

迦倶突智より看れば○火曜は末なり○遙に後のこと也○然火之爲性妨親害族は始終本末不違也○卌尊の所生この趣を以て推察すべし○諸尊の斬之亦此趣有ことを可知也

華嚴有無數主火神

第五一書　此記葬所也○化生身忽然而出忽然而沒○理之當然也○然此中自造化而移于人世之緣起○卌尊爲其元模也

佛法中大乘始敎立賴耶緣起○起信論立眞如緣起○吾國神道以天地示天地緣起○以萬物而示萬物緣起○佛菩薩應現於衆生界而示有爲緣起○有爲緣起全是諸佛內證智云々

花ノ時ニ●●●○又用二鼓吹《ツヽミフエ》一●●●

八供四攝三昧云々

戲　此處ニハ不レ顯レ

鬘　花ノ時ニ亦以レ花ヲ祭ル

歌舞　文顯然ナリ

幡旗　鉤索鎖鈴

第六之一書

風神　級長戸邊口級長津彦　華嚴ニ有リ二無量ノ主風神一云云

風社　後稱ス二風宮ト一密教十二天ノ中ニ有リ二風天一

次ニ倉稲魂神

有倉ハ有稲之後歟　ウガノミタマ　宇賀は廣大の義也

又飢時生メル兒倉稲魂命文

飢時生豊饒神。是造化一陰一陽之成趣也

舊事卷四列素孫兒中大年神の次

稻倉魂神 亦云宇迦能御玉神文

此中云稻倉魂神與本文倉稻魂命と同か異か。別神なるべし。稻倉魂神は別に御母もあり。大市姫と云。彼は稻を主とす。此は倉を主とす。

但し神名相似たれば神德も相似るべき也。倶にウガノミタマ神名相似して別神ある例は。狹霧神前後廣略の如し

海神

山神

水戸

木神

土神

萬物

火神　十握劍　三段各爲《ルレ》神《ト》

露　啼《ナキ》澤《サハ》女《メノ》命

劍《ノ》及《ハヨリ》垂《ル、》血　天《ノ》安河邊《ニ》所《アル》在《イ》五百《チ》箇《ツ》磐石《イハムラ》　經《フ》津《ツ》主《ヌシノ》神之祖

劍《ノ》鐔《ツミハ》垂《ヨリル、》血─甕《ミカ》速《ハヤ》日《ヒ》神　武甕槌神之祖
　　　　　└次熯《ヒノ》速《ハヤ》日《ヒ》神

○亦曰─甕速日命　此ノ亦曰は三兄弟也
　　　├熯速日命
　　　└武《タケ》甕《ミカ》槌《ツチ》神

劍鋒垂血─磐《イハ》裂《サク》神
　　　　├根《ネ》裂《サク》神
　　　　└磐《イハ》筒《ツ、》男《ヲ》神

一曰─磐筒男命
　　└磐筒女命

劍頭垂血─闇《クラ》龗《ヲカミ》
　　　　└闇《クラ》山《ヤマ》祇《ツミ》

闇罔象《クラミツハ》

然後伊奘諾尊入於黄泉

神祇中自有此隨意往還。但非悉然也

西域記・・・國有二道。一是正路一是鬼道。若入鬼道者必喪身失命。故古人其分處造毘沙門天像。而令指示正路（問直記左右而可矣。何造天像。答若直記左右。則鬼類以妖術。使人謬見文字而誘鬼路）此中鬼類與黄泉。其旨趣不同。但示異路之簡別耳

黄泉

人間業係・・・　諸尊は上位也。幽顯の道隨意往還あること也。通途の人間は生死に不得自在。生なれば生所係。死なれば死所係

華嚴入法界品に準ずるに。主夜神等は八地已上の薩埵也。諸尊の上位たる可信ところ也

醜女《シコメ》八人　八雷神也。神樂岡の八雷神に非ず。別根國の八雷也。これ亦

八數也
泉津《ヨモツ》平《ヒラ》坂《サカ》　次下ノ文ニ。或ハ所レ謂泉津平坂ト者不ス三復別ニ有ルニ二處所一。但臨ンテレ死ニ氣絕ルノ之際タ
是チ之謂フ歟　文　これは或人の理說也。但し神說を主とせざる也
千《チ》人《ト》所《ヒヤ》引ノ磐石《イワ》　これ直に神靈也。物あれば理あり。理あれば德あり。爰
に神靈顯る。即後の泉門塞大神即生を守て死を隔つる之神。諸尊の
別德也
縊《クヒリ》殺《サン》———千《チ》頭《カウヘ》　密敎胎藏曼荼羅には。此を死后と云フ。册尊の別德なれ
ども此ノ幽地に在ては殺害の神也。逢へば即死す。是故に此等の神は避
去を道とす。孔子が敬ノ二鬼神ヲ一遠《サク》と云ヒしを。此ノ道に明なる人の言《コトハ》也
世の福分を祈り壽命を祈るも。狎るゝ不レ宜ラ也。若シ下類の神の疱瘡の
神を祭る等は世の傳を用る也
若シ天照皇等の上位に事るは至誠心を第一とする也
吾則當———千五百頭

生活の神也。兩儀の神陰陽和合して萬物を生育す。陰陽相違背して生殺その道を分つ。死王は萬類を殺して不ㇾ休《マ》。活德は萬類を生育して且《ツ》も不ㇾ息《マ》。衆多界《生カ》この惡業增長すれば。死王死后その志を得て世界に横行す。三災劫末等思《フ》べし。老子に死道十有三と云《フ》。その趣を尋《ヌ》べし。若《シ》衆生その善根に趣《ケ》ば。活德天地に瀰滿して諸善神威力倍增す。經說の增劫の趣を證すべし。善惡互に緣起すれば。國土に淨あり穢あり。衆生界に智あり愚あり。理を具へ事を具へて法の緣起を成す

岐神《ツナトノ》　西域記の毘沙門天の指示を以て解すべし

紀《ノ》文投其帶《ノ》已下《ニ》衣《ミソ》褌履《ハカマクツ》並に身所著を投棄する也。死を避《ル》の趣也。末世に傳屍病の家。衣物資具までも其《ノ》親き族に傳《ヘ》ざる。此《ノ》趣也。よくよく謹《ム》べし

長《ナカ》道《チ》磐《イハノ》神　つき縈《フ》義と云り

煩神《ワツラヒノ》　身の煩《ヒ》事の煩となる。死を避るの趣。此《ノ》警あるべし

褌　はだばかま。觸衣。是迄も脱去する也

開齧《アキクヒ》　此《ノ》神猶死に屬すべし

履　千敷みちしき　死の道を避《ク》べし。老子は死道十有三と云《フ》。悉く避くべき也

日本紀神代折紙記二

泉門塞大神《ヨモツ　リ》　亦名道反大神《カヘシ》

人誰か生を樂み死を嫌はざらん。此是在天地間者の常情なり。然るに常に死の道に赴く。此を愚昧とす。此愚昧を哀んで此を生門に誘入るゝ。此神の徳也。傳に此神は高皇産靈の別徳也。諸尊天地生育の徳を承て。此磐石を以て群生の死路を塞きたまふ。道反とは。死路に赴く者を誘返して生路に還り住せしむる也

老子云。勇於敢則殺。勇於不敢則活。此兩者或利或害。天之所惡。孰知其故。是以聖人猶難之。天之道。不爭而善勝。不言而善應。不召而自來。繟然而善謀。天網恢々疎而不失。文此文道反の義也。勇は敢也。然勇於敢則殺。以子路不得死然之類可知也。不敢は善柔也。與勇悍相違也。然則活道反の義明也。下須準解

○黄泉津大神　伊弉冊尊

此は舊事紀也。生死の道既ニ隔り。此此紀文建ル絶妻之誓チ。これは生死みち隔る故に絶妻と云フなり。陰陽二神互に和合の義絶すれば。陰これ陰。陽これ陽。各立して相應せず。故に冊尊を黄津大神と云フ。死王也。素尊の吾欲フ從ントニ母於根國ニ只爲泣耳とのたまふ。此ノ處なり

此ノ章生死界の趣也。此ノ章に達せば生死の智に通ずべし。然るに此ノ生死の道は庸流の明め知るところに非ず。論語に。子路鬼神に事ンことを問フ。孔子曰ク未タ事ヘ人ニ焉ツ能ク事ンニ鬼ニ。敢テ問フ死チ。孔子曰ク未タ知ラ生チ焉ソ能ク知ン死チ云々佛法には三界廿五有みな悠々たる生死海なり。六凡四聖猶分段變易の差排を論ず。神道の中は二事也。高皇産靈尊勅メ大己貴神ニ曰ク。夫レ汝之所ノ治顯露之事吾カ孫宜ク治ム。汝ハ則可シ治ム幽神之事ヲ矣云々この顯露之事とは人事國事也。幽神之事とは神祇の事也。今爰には此ノ人事神事に就て生死を明むべ

し
神祇は智愚賢不肖有福無福差異あり。諸冊二尊最上位最福德の神也。
その生死の相狀亦解し難し。今章の一段に就て其趣を察すべし
文《ニ》曰《ク》伊奘諾尊與ニ伊奘冊尊一共《ニ》生《ム》八大洲《ノ》國《ヲ》一
造化《ノ》二神在《テ》ニ劫初《ニ》一而化ニ現《ス》山川人物《ヲ》一。蓋《シ》成劫之終《リ》住劫之初也 且以ニ佛教一而
解《レス》之
然《メ》後《ニ》伊奘諾尊曰《ク》。吾所生之國唯有ニ朝霧《ノミ》一而熏滿之《カホリミテルカナ》哉
是《ハ》二神共意《リ》歟。或《ハ》諸尊之獨意歟 但二義俱ニ通《ス》
乃吹《ト》撥《フ》之氣化《ナル》ニ爲《ト》神一。號《テ》曰《フ》ニ
級長戸邊命《ト》一。亦《ハ》曰《フ》ニ
級長津彥命《ト》一。是《レ》風《ノ》神也
男女二神
又飢時生《メル》兒《チ》號《ス》ニ

倉稲魂《ウカノミタマノ》命《ト》
造化《ノ》神如《シ》同《メ》人間《ニ》而有《カル》飢《ル》時《ノ》也。其《ノ》神徳發《スレハ》念《ニ》則現《ス》。是《レ》豊溢食味神也。佛教《ノ》偈《ニ》。諸天《ハ》應《メ》念《ニ》到《ヨ》。王者《ハ》發《メ》言《ヲ》獲。富人《ハ》以《テ》財《ヲ》辨《ス》。諸人《ハ》用《テ》力《ヲ》得《ト》云云　是《レ》造化《ノ》神《ハ》直《ニ》諸天《ノ》果報也
又
生《ム》海神等《ヲ》號《ス》少童《ワタツミノ》命《ト》
山神等《ヲ》號《ス》山祇《ヤマツミト》
水《ミ》門《トノ》神等《ヲ》號《ス》速《ハヤ》秋《アキ》津《ツ》日《ヒノ》命《ト》
木《ノ》神等《ヲ》號《ス》句《ク》々《ク》廼《ノ》馳《チト》
土《ノ》神《ヲ》號《ス》埴《ハニ》安《ヤスノ》神《ト》
然《メ》後《ニ》悉《ク》生《ウミ玉フ》萬物《ヲ》焉
易《ニ》陰陽不《ル》測《ラレ》之《ヲ》謂《フ》神《ト》　文　諸尊《ハ》是《レ》能造々化之神也。故《ニ》能《ク》出《ス》生山川萬物《ヲ》。如《キ》福神《ノ》出《シ》祿壽《ヲ》。災鬼《ノ》興《スカ》家《ノ》爭國之災害《ヲ》也
已上雖《ニ》文《ニ》但標《スト》諸尊《ヲ》。初《ノ》文標《スルハ》二尊共生《ト》。故《ニ》諸冊二尊之共生《ハ》。以《テ》顯《ス》陰陽造

化爲諸法之能生也

至於火神軻遇突智《カグツチ》之生也。其母伊弉冊尊見焦而化去

此是有爲世界有死與生之準的也。自其本源而言之。則生非生。相死非死相。若從緣起則生死有相。神祇亦於是顯焉。諸冊二尊相共既生萬物已竟。可言能事已。火能燒物。既有其形則不免還見焦于所生。以顯有爲世界有生之處必有死也。是爲死之準據。啓天地之間哀死之情也

伊弉諾尊恨之曰。唯以一兒替我愛之妹者乎。則匍匐《ハラハイ》頭邊匍匐《ハラハヒテ》脚邊而哭泣流涕焉。其淚墮而爲神。是即畝丘樹下所居之神。號啼《ナキ》澤《サハ》女《メ》命

此是人世哀死之原由也　文可解　大和十市郡

遂抜所帶十握劍斬軻遇突智爲三段。此各化成神也

此中匍匐頭邊匍匐脚邊者人情之元由也。斬所生之兒爲三段者大非人情也。須神靈之情有與人情之同不同也。不必以人情而始終推度之

事也。爲三段此各化成也者。下第七之一書。一段是爲雷神。一段是大山祇神。一段是爲高《タカ》龗《オカミ》文大和國宇知郡火雷神社。伊豫國越知郡大山積神社。備後國惠蘇郡多加意加美神社云々此一神化成三神。天上火雷。地上山祇。地下火龍也

復劔及垂血是爲天安河邊所在五百箇磐石

血化石。石直是神也

即此經津《フツ》主《ヌシ》神之祖矣

下第七之一書云。其血激越《ソソイテ》染於天八十河中所在五百箇磐石。而化成神。號曰

磐《イハ》裂《サク》神　次根裂《サク》神兒磐《イハ》筒《ツツ》男神　次磐筒女神兒經津主神　經津主神香取明神

復劔鐔《ツミハ》垂血激越《ソソイテ》爲神。號曰

甕《ミカノ》速《ハヤ》日《ヒノ》神

文《ニ》是《レ》武甕槌《ノ》神之祖《ナリト》
次《ニ》熯《ヒノ》速《ハヤ》日《ヒノ》神
亦《ハ》曰《フ》二
甕速日《ノ》命《ト》一
説《ク》二異聞《ナ》一也
次《ニ》熯《ヒノ》速日《ノ》命
次《ニ》武《タケ》甕《ミカ》槌《ツチノ》神
此《ハ》兄弟之列歟
復《タ》劔《ノ》鋒《サキヨリ》垂《ル》、血激《ソヽイテ》越《テ》爲《レ》神《ト》號《テ》曰《フ》二
磐裂《ノ》神《ト》一　次《ニ》根裂《ノ》神　次《ニ》磐筒男《ノ》命
此《ノ》劔《ノ》鋒三神第七《ノ》一書《ノ》天八十河中五百箇磐石《ト》同異
一《ニ》曰《フ》二
亦記《スル》二異聞《ヲ》一也

磐筒男命　及磐筒女命

復劔頭垂血激越爲神。號曰

闇龗　次闇山祇《ヤマツミ》　次闇罔象《ミツハ》

三神以闇而稱之　龗《レイ》。正字通云々非也。此書龍與龗分類而記。古有異

義可知

已上諸尊斬訶遇突智。從來是天地成育之神。還生衆多神祇。一動一作

無不生成也

然後伊弉諾尊追伊弉冊尊入於黃泉而及之

此冥途與人世。亦不相遠也

共語。時伊弉冊尊曰。吾夫君尊何來之晚也。吾已飡泉之竈矣

此界衆生食事婬事。所係名敎也。今須記食事之所係之所由也。古人云。

七日不食則死云々　夫國君之攝臣庶。食祿定之也。食人之祿而死于其

事者道也。役于其事者道也。佛弟子之持過中不食戒者。準于諸天賢聖

之儀而避鬼畜之緣也。持不食肉戒。恐斷大慈悲性之種子也。持不飲酒戒守正念不放逸之軌則也。持不受食戒者遠避盜之方便也。持不觸食戒。守事々物々皆與清淨法相應也。十(暗記)二遊經云。南瞻部洲有百億洲國而圍遶之。悉皆有人住焉。其中二百餘國食五穀。爾餘皆但食禽獸肉艸木耳。其穀食國我滅後正法弘通。其唯肉食國則佛法不弘通云々今現所見聞諸國之風俗。可思惟而知法之綱要。又所現見禽獸有但食肉而活。有穀肉雜食者。如師子則不食冷肉。須準知而辨明。冥途人間其食自異。而食冥途之食者不得蘇息還于人間也

若出一事緣。則太平廣記九十五云。陝州洪昉本京兆人。幼而出家遂證道果。志在禪寂。亦以講經為事。門人常數百。昉夜初獨坐。有四人來前曰。鬼王今為小女病止。造齋請師臨赴。昉曰。吾人汝鬼何以能至。四人云。閻梨但行弟子能致之。昉從之。四人乘馬。人持繩床一足。遂北行數百里。至一山。山腹有小朱門。四人請昉閉目。未食頃人曰開之。已到王庭矣。其宮

闕室屋崇峻非常。侍衛嚴飾頗倖人主。鬼王具冠衣降階迎禮。王曰。小女久疾今幸而痊。欲下造小福修中一齋上。是以請師臨顧。齋畢自今侍送無慮。於是請入宮中。其齋場嚴飾華麗。僧且萬人。佛像至多。一如人間。昉仰視空中不見白日。如人間重陰狀。須臾王夫人。後宮數百人。皆出、禮謁。王女年十四五。貌獨病色。昉爲贊禮。願畢見下諸人持千餘牙盤食到上。以次布於僧前。坐昉於大牀。別置名饌。饌甚香潔。昉且欲食之。鬼王白曰。師若常住此當湌鬼食。不敢留師。請不食。昉懼而止。齋畢餘食猶數百盤。昉見侍衛臣吏向千人。皆有欲食之色。昉請王賜之餘食。王曰。促持去賜之。諸官拜謝相顧喜笑。口開達於兩耳。王因跪曰。師既惠顧無他供養。有絹五百疋奉師。請爲受八關齋戒。師曰。鬼絹紙也。吾不用之。王曰。自有人絹奉師。因爲受八關齋戒。戒畢王又令前四人依前送之。昉忽開目已到所居。天猶未曙。門人但爲入禪不覺所適。昉忽開目命火照牀前。五百絹在焉。弟子問之乃言其故云々

湌泉之竈。須準此而解

雖然吾當寢息。請勿視之
此亦一條之神語。世間之敎也。大人不視他之私。唯見可見而不見不可見也
伊奘諾尊不聽。陰《ヒソカニ》取湯津爪櫛。牽折其雄柱。以爲秉炬而見之者。則膿沸蟲流。今世人夜忌一片之火。又夜忌擲櫛。此其緣也
秉炬 タビ手火
膿沸蟲流　是人間死相膿爛相之元由也。雖化生之身不可有諸不淨相。而神道開人世之基。此例也
時伊奘諾尊大驚之曰。吾不意到於不須也凶目《シコメ》汚穢之國矣。乃急走回歸
去死地而還於生地之敎也
伊奘冊尊恨曰。何不用要言。令吾恥辱。乃遣泉津醜女《シコメ》八人一日狹女一云泉津追留之
鬼趣使人赴死地之情也。此處有諸祓之元由也
故伊奘諾尊拔劍背揮《フルヒ》以逃矣

若見鬼類則須有此作業。亦是神教也

因投黒鬘《ヤミカツラ》

此亦神教也。脱衣物而棄擲。依于此而宥鬼情也

此即化成蒲陶《エヒ》。醜女見而採噉《ハム》。噉了則更《マタ》追

此醜女情更強剛也。然彼鬼情不得不願而直追也。黒鬘化蒲陶。是亦鬼界之模様也。鬼眼見變化

伊弉諾尊又投湯津爪櫛。此即成筍《タカンナ》。醜女亦以拔噉之。噉了則更《マタ》追

並是神代之事鬼類之情也。世之幻術、必依託艸木等而現種々之事。此黒鬘爲蒲陶爪櫛成筍。亦後世幻術之元由云々

後則伊弉冊尊亦自來追

若人界縁盡而死者無追來之理（附起屍鬼之依託）此是造化之神開後世之元由。爲生之基爲死之模。有此奇特之事也

是時伊弉諾尊已到泉津平坂

已離死地也
一云。伊弉諾尊乃向大樹放屎。此即化成巨川。泉津日狹女將渡其水之間。
伊弉諾尊已至泉津平坂
此記異說也。巨川者諺云三途河是也。和歌者流所口實也
故便以千人至道反大神矣
如上解
伊弉諾尊既還至連等矣
此已下一段追悔章祓除之元由也。追悔者悔入于死地也。造化之初如有生而無死。然正眼之所見。生之處必死隨焉。榮之處必衰隨焉。二尊之立于浮橋也。投瓊矛而生磤島。天柱斯立而左旋右遶生山生川。化成八洲而生育萬物。盛矣哉事也。八尋寶殿向內向外無邊無際。吹氣起風飢腹生倉稻。至于此萬世無患十方可橫行。然既生海不得不生火。火之燒物常理不爽焉。其母爲一兒所焦。天地之理於此乎可察。神明之故、可思

而可通也。愛喜既並起。安危亦隨焉。過《アヤマツテ》而入死地。改而還于生門。古今之規度。世界之大觀。於是乎可見矣

乃追悔曰。吾前到於不須凶目《イナシコメ》汚穢《キタナキ》之處

過而能改之趣

故當乃至除焉

此二行は記者の詞と見るべし。記者とは舎人親王に非ず。本書也

遂將滌身乃至中瀬也

此中上瀬是太疾云々　中瀬也とは神言也。神言は事理にわたり古今の誠勗となる。堯舜の允執其中の詞この神言と相適ふ也。但天下を以て相讓るは大なる仕ぞこなひ也。一時の利に明にして。萬代君臣の綱紀に昧し。聖人にも仕ぞこなひ有。神祇にも過失有。これ天地法爾の道理也。就中諸尊の過失は改め竟れば日月の食の如し。堯舜の仕ぞこなひは支那萬世の亂妨となつて。遂に堂々たる支那蠻夷の大都

となる。此を神道儒術の差別とする也

因テ以テ生ル神ヲ號テ曰フ二八十枉津日神《マカツヒノ》ト一

此ノ神號その非を知ルに立ル也。非を知て速に改むる處に神靈生じ給ふ」八十は多を云フ。神道の數也。枉津はその過失也。諸尊一念の差に由て種々の事生起す。若シ諸尊生より死に赴クの道に入リ給ふて非を知り給ハずば。此ノ堂々たる大日本國萬代の鬼國たるべし。然ルニ神は分別起の惑なし。故ニ速に非を知り非を改て。大に群生の智福を開く。此ノ國の神國たる所以也。日とは尊上の義あり。明了の義あり

舊事紀には

八十禍津日神

大禍津日神

二神倶に非を知ルの神也。八十は過の疎細悉く明むるの稱。大は非の非たる小に非ユを知ル也

次將《シテナヲサントノ》矯其枉《チ》而生《メル》神號《テフ》曰
神直日神。次
大直日神
此二神は改《ル》非《チ》之神也。非を改《メ》て正きに復るに此二神を出現す此神に
あるより見れば。非を知の神にも二神あるを正さす
舊事古事には。此に三位有て次伊豆能賣神文此は出頭する義也。死路を出頭して再不出《ルテ》の德也。此紀には不記《セ》。但し神直日大直日に含ずと知べし
又
沉《ミ》濯《スヽク》於海底乃至所祭《ル》神《ナリ》矣
上に上瀨是太疾。下瀨是太弱。便濯之中瀨也と云《フ》。此に沉《ミ》濯《スヽク》於海底云
云潛《カツキ》濯《スヽク》於潮中云々又浮《ウキ》濯《ク》於潮上と云《フ》。深意有《ル》べきこと也。人君たる
者事に臨んで事々源底を盡し。又現見の處を以て處置し。又中樣の
趣を以て處置す。大にして天下古今の事。少にして文才筆道和歌諸

藝に至《ル》まで。此《ノ》意得有《ル》べしと云へり

凡《テ》有《リ》二九神一

此《ノ》紀は九神也。餘神みな此に攝すと云り

住吉《スミノエノ》大神　津守

阿曇連《アツミノムラシ》　姓氏錄

然後洗左眼乃至治天下也

上の一書には白銅鏡と云《ヒ》。此《ノ》中には洗《フ》二左《ノ》眼《ヲ》一洗《フ》二右《ノ》眼《ヲ》一と云《フ》。記錄の文は大巽に似たりと雖も。神事にては別趣なし。白銅鏡は物を照す器也。眼は物を照《ス》根也。二神の出現みな神德明了の邊に顯るゝ也。素尊鼻根より出現す。鼻根は取香の根也。眼耳根に比すれば鈍なるに似たれども。諸根具足の邊に論ずれば其《ノ》位齊《シ》き也

是時素尊乃至乃逐之

欲《フ》レ從《ハント》二母《ニ》於根《ノ》國《ニ》一云々　根國を天上に比すれば不明了なれども。神祇《ノ》所

治有情の爲に惡を滅し善を生ずるに至ては其趣同也

第七一書

上に準じ解すべし

第八一書　伊弉諾尊斬軻遇突智命爲五段

上には三段と云此に五段と云。共に八段。神道の數也

三部は胎藏法。五智は是金剛界。兩部習合の義

第九一書

伊弉諾尊欲見其妹乃到殯斂之處

其妹は呼女人之辭也　殯斂之處　殯は音鬢。説文に死在棺。將遷葬柩賓遇之　殮レン　釋名。殮者斂也衣死也　斂殮同字　舊事同

此一書儒典を用ひて殯斂之處と云ども。此時夏后氏殯于東階之上猶在阼也。殷人殯于兩楹之間。則與賓主夾之也。周人殯于西階之上則猶賓也　檀弓之文孔子之言　と云の式には非也。大抵に册尊死去後之儀と知べし」

是時乃至于時闇也

此等神靈の儀也。人間の業報とは異なる所ある也。老子に死而不亡者壽文此趣支那宋儒などの見及ぶ所に非也

伊弉冊尊脹滿大高

化生の身は死屍に諸不淨なし。今此は造化の神後代人世の模範となる。化生身の中自ら肉身爛壞の象ありて顯るゝ也

上有八色雷公《クサノイカツチ》

雷は陰陽相激の象。易☳雷也。一陽二陰の下に發するの象也。冊尊造化生育の神にして死地に赴く。此雷神ある所以也。字書に从雨畾。象回轉形。今从省作雷。河圖云。陰陽相薄爲雷。法苑珠林云。阿香雷神。又黔雷天上造化神之名。大人賦左元冥而右黔雷已上　黔淺黑色也。晉摯虞思遊賦。召黔雷以先導

八色　神道の數也

伊弉諾尊乃至鬼之緣也

自死地還生路之象。此には具略あれども綱要は異ならず

大桃樹　字書引典術曰。桃五木之精仙木也。厭伏邪鬼去不祥。檀弓君臨臣伊以巫祝桃茢執戈　桃の不祥を去る。支那我國その趣不差。これ等全く神道の神道たる所也

此紀略神號

舊事　意富迦牟津美命　大神集義と云り

時伊弉諾乃至祖神焉

岐神《フナトノカミ》

來名戸之祖神《クナトノサヘノカミ》

所謂八雷乃至裂雷

上に八色雷と云。此唯八雷　纂疏には青赤等を以て配之

第十一書

伊弉諾乃至猶看之

上の文に同じ

伊弉冊尊至見汝情

此ノ中諸尊不レ從ハ猶看レル之ヲ。これ等亦生より死に赴クの道也。此ノ類のことは他の語を用ゆるを要とす。他の不レ見と云フ時は見ぬを道とする也。伊弉冊恥チ恨ミたまふ理也。總じて他の私は不レ見不レ知ルを要とす。倶シ顯れたるを見。事の成就せるを知るべし。生より死に赴く道。死より生に還るの道。甚深なれども手に取て知ルべし

時伊弉諾乃至凡二神矣

夫婦の情ハ天然也。然ルニ溺ル、二于愛一ニ者亦失レ道ヲ。故ニ云フ二亦慙一レ焉トと云フ也

速玉之男　鬼類ハ嫌フレ唾ヲ。支那にも傳ふる也

纂疏。神名帳ニ曰ク紀伊國牟婁郡熊野早玉神社今熊野權現是也文

泉津《ヨモツ》事《コト》解《サカ》之ノ男ヲ　事解者。事の結ふれるを解ソ也

凡二神矣　二男ともに男神。幽都を去るに便なる歟

及其與妹相鬪於泉平坂也

陰陽各立の時各々不相和。これを鬪と云也。諸尊有還去之意。冊尊有留之之情

伊奘諾至之怯矣

諸尊知赴死地之過之辭也

時泉守道者乃至不可共去

泉守道者。此神は冥途に屬す。自ら冥途の道を守れる歟

白云とは泉守道者の云へる也。有言とは記者の所筆也。唯記有言。而不記其云々。然詳文意。以冊尊之情而告之於諸尊之義可知

曰吾與汝已生國矣。奈何更求生乎

天地造化之初。陽神已崩陰神而生萬國。如世人夫妻之既生嫡子。付之家業已事既成。情亦不可解去也。何須更赴于生路乎

吾則當ニ留テ二此ノ國ニ一不レ可ラ二共ニ去ル一

事成テ情深シ。生路死路不レ可二相離ル一。汝已ニ在リ二死地ニ一。吾レ當ヘシレ在ル二于此ニ一云々

是時菊理乃至散去矣

菊理媛未タレ詳ソセ二來處チ一。蓋シ還來生路之神ナラン

有白事　此レ亦不レ記セ二云々チ一。此に深義を知ル べし。凡ソ理の所レ在ルは言なくと
も明歴々なり。情の所レ鍾《アツマル》は言不レ足ラとも事備る。人君たる人此に明に
して天下を治ムべし。此を神道と云フ　泉守道者。菊理媛ノ二神各々の義。
これ萬事二途有ルことを表す。初には是非難シレ知リ。この難キレ知リ處に明智生
ずる。神道なり

但親見乃至諸神矣

粟門　或カ云ク。阿波ノ鳴門

速吸名門　或ケ云ク。豊後海部郡佐賀ノ國早吸日女ノ神社

橘之小門　上ニ出タリ

大凡火急の處緩々地に處するを要とす。若《シ》その急に轉ぜらるれば事の敗となる。此《ノ》急處を去て橘之小門に至る。拂濯すべき處也

磐《イハ》土《ツヽノ》命　表《ウハ》筒《ヅヽ》男《チ》と云《ヘ》り。イウ通ず

大直日《ノ》命

又入《テ》吹《キ》生《ス》底土《ノ》命《チ》　底筒男

大綾津日神　上には神直日と云《ヘリ》

三代實錄に下野國綾津日神

又入《テ》吹《ヤ》生《ス》赤《アカ》土《ツヽノ》命《チ》　中《ナカ》筒《ツヽ》男《ヲ》　アナ通《ス》

大《オホ》地《ツチ》海《ウナ》原《バラ》之《ノ》諸神《カンダチ》

諸神ともに吹生と云《フ》。此に依ば諸神の生ずる陰陽夫婦に相關るに非ず（人間の作業に異也。但し胎生の元由となる也）

口門より出生す。神の口門は皆眞實言なり。眞實言は誠心の顯《ハ》るゝ所也。天地造化の初より今日に至《ユ》まで。誠心感應して天命を受る。此《ノ》

縁なり

族ウカラ　●後にはヤカラ通《ス》

第十一《ノ》一書

此《ノ》一書肝要也。伊勢外宮の元由也

神弉諾尊乃至滄海之原也

滄海之原とは國界也。之《ノ》字を以て知《ル》べし。法相宗には依主釋と云《フ》是

也

既而天照大神乃至就候《ユイテミヨ》之

處《ヰテ》于高《キニ》而聞《ツハ》于卑《キニ》。人君之量也。神明之趣也

保食《ウケモチノ》神　伊勢稲生社　社僧　禰宜

上《ノ》第七書《ニハ》倉稲《ノ》魂。此《チハ》云《フ》宇《ウ》介《カ》能《ノ》美《ミ》拖《タ》磨《マ》　大和廣瀨《ニ》坐《ス》和加宇賀乃女　舊事紀に迦具突智

與《ノ》土神埴安姫。二神相生《ス》稚《ワカ》產《ムス》靈《ヒノ》命《チ》。則頭《ヨリ》生《シ》桑蠶《チ》。臍《ノ》中《ヨリ》生《ス》五穀《チ》矣　蓋《シ》保食神

歟。已上文　此中云《テ》相生《ト》不云《ハ》嫁娵《トレ》是造化之儀也。上《ノ》第二書に軻遇突智娶《アヒテ》

埴山姫《ニ》（此には埾《ノ》字あり但非《ニス》正義《ニ》）生《ム》稚産靈《ヲ》云云

舊事紀。御食《ミケ》持《モチノ》命《ハ》神皇産靈尊之子。則紀伊直等祖也

ミケモチ

ウケモチ

奥義抄に古歌。ふかみ艸庭に繋れる花の香を。家よぎてへようけもちの神。注に家之神也文家の神と云へば主宅神也。此《ノ》保食神に非ず。

此神は外宮の別徳也

舊事《ニ》稚産靈神之子《チ》謂《フ》豊宇氣比女《ノ》神《ト》

月夜見尊乃至離而住

師說《ニ》此《ノ》一段別記也。大凡神代之爲《レ》書。須《ク》照《メ》前後《ヲ》而見《ル》焉。又須《ク》句々有《テ》別趣《ニ》而存《ス》大抵《ヲ》。是《レ》每《ニ》一書《ニ》有《ル》別趣也

月夜見《ノ》尊受《テ》勅《ヲ》而降《リ》。已《ニ》到《リ》于保食《ノ》神《ノ》許《ニ》者。月之三讓《メ》而成《ス》事《ヲ》之象也歟　但《シ》天如《レ》是而有《リ》神事《ヲ》爲《ル》後代人世之規則《ト》

保食神乃廻首嚮國則自口出飯 國者都邑也此は後人世為人君者
受都邑貢之象自口者これ亦有上之命令之象也飯者穀米也在于疇
昔太古之時而神靈有此神事智者見之而察人事之將成也
又嚮《ヒシカハニ》海則鰭廣《ハタノヒロモノ》鰭狹《サモノ》亦自口出 此は上の命令を以て海の産物を貢
とするの象也
又嚮《シカハニ》山則毛麁《ノアラニノ》毛柔《ノニコニノ》亦自口出 これは上の命令を以て山の産物を
貢とするの象也此時に至て民の貢献定るの元由也文は此に在て
萬國に通ずる也此二三行の文爾時神儀の廣大なるを察すべし
是時月夜見尊 已下の一段上の文を受て後世非禮を罰するの條を
出す文義相續に非ず神書を讀者は史記左傳を翫弄すと同例に非
ずこれを句々の教と云春日明神の明忍律師に神託し玉ふは此般
の事也
忿《イカリ》然作色《ヲモホテリメ》曰穢《ハシキカナ》矣鄙《キカナ》矣寧可以口吐之物敢養我乎廼拔劍擊殺然後復命

具言其事
此一段唯罰非禮之一事也
時天照大神怒甚之曰。汝是惡神不須相見
文面唯是誠倉卒之辭也
乃與月夜見尊一日一夜隔離而住《スミ玉フ》
此晦朔之象也。記月日遲速之模樣。雖千古萬國之定式。亦是神明一時之喜怒也
是後天照大神復遣天熊人《クマヒト》往看《ミセ玉フ》之
天熊人　神名也　或云。稻荷社保食神坐焉。而有雨雲稻荷ト云　枕辭」
萬葉　みそら行く雲も使と人は言ど。家づとやらんたづき知ずも」
是時保食神實已死矣《ミマカレリ》
此は論語に舊穀既盡新穀既生の象也。天地生成の道。萬物代謝のすがた

天油然として雲を興し。沛然として雨を降し。穀米豊熟す。新穀なる
の時舊穀は旣に罄る也。天象神事に至て別ニ可キレ見之事あるも不レ妨
唯《シ》有《リ》二其《ノ》神之頂ニ化《ナレル》一爲二牛馬《ト》一
六畜《ノ》中牛馬《ヲ》最《モ》爲《ト》レ要

顱《ヒタイノ》上ニ生《ナレリ》レ粟《アハ》
顱《ハ》音盧説文ニ首骨也

眉《ノ》上ニ生《ナレリ》レ蠒《カイコ》　後文には口ニ含《ム》レ蠒《ヲ》と云へり

眼《ノ》中ニ生《ナレリ》レ稗《ヒエ》

腹《ノ》中ニ生《ナレリ》レ稻《イ子》

陰《ホトニ》生《ナレリ》二麥及大《マ》豆《メ》小豆《アツキ》一

天熊人悉《ク》取《リ》持《チ》去《ユイテ》而奉《タテマツル》進之
此《ハ》是《レ》萬國六府之備る象也。書經洪範に六府水火木金土穀也。此《ノ》處通《スル》二
於萬國ニ之儀也。不ル二唯《タ》我《カ》日本《ノミニ》一也

于時天照乃至水田種子

顯色蒼生者。恩及萬國、惠撫夷狄之辭也

又因定天邑君《アマノムラキミ》

自天道而見之。四洲四主諸蠻夷並邑君也。我國封建諸侯等皆爾也。蓋

天之道在于封建。而不爲郡縣也可知矣。到于此伊勢兩宮。如日月懸于

天。萬古不易之神儀。内揔向外、惠及萬邦。外揔向内、罄忠罄孝云々

即以其稻種至甚快也

又口至養蠶之道焉

盟約中　ウケヒノミナカ　灌頂戒場

イ讀方

此一章別して大切に傳ふべしと云へり。初より至於天也まで記素尊上

天之事縁

靈運《アツシレ》

顯宗記ニ竊弱。雄畧紀ニ彌留。並ニアツシレト訓ス。與ニ此ノ靈運當遷一異也

此は自ニ天道一而移ニ于人事一之儀也。以ニ天道一而言レ之。則高皇産以ニ瓊矛一而授ニ之于諸尊一開レ國成レ物。是爲ニ開運一也。然有爲ノ法ハ是代謝而必無ニ常住不變ノ義一。是爲ニ當遷一也。此ノ中支那の事を以て示さば。漢高の白蛇を斬る。老嫗夜哭す。開運之兆也。紀信が流矢に中る。當遷のしらせ也。秦の明年祖龍死す も同例。已下諸王公卿下至民庶まで。一家の主たる者其ノ趣を知るべし。進ムニ時節を知るべし。退クニ時節を知るべし。外典に易の教へ乾 上九  潛龍 及び老子の書。大抵この趣なり

日ノ少宮《ワカミヤ》

上に寂然長隱と云ひ。此に日之少宮と云ふ。其ノ義不レ遠ラ也。近代社家の輩。墓處を日之少宮と云ふ者あり。平人は僭也

此に於て諸尊神退《カンサカリ》とは言ふべし。命終に非ず。其ノ所以は冊尊は死地に赴て泉津大神となり玉ふ。諸尊は黄泉より生地に還りたまふ。此ノ土

の神なり。日神御壽一劫と云ふことなれば。此諸尊も一劫住壽にて世を守り給ふべき也

又此に準じて冊尊も長遠に彼冥途に在し給ふべき也

溟渤　ウミ　字書。溟音明。海也。莊子北有魚云々　渤朋沒切。澥海

別文

本紙天皇

入紙大師　但し後人の添書あり

鳴《ナリ》呴《ホヘキ》　呴は嘷也。郭璞江賦雷而電激

此則神性雄健使之然也

已上記素尊上天之狀也。勇健之神自有此形狀也

天照大神乃至詰問焉

此段記天照大師驚怪設備之狀也。自初至窺窬此處乎者。大神胎中之

疑怪也

乃結髪已下《ハ》。武備之設也

結髪爲髻縛裳爲袴《ト》者。變《ノ》常《ノ》裝《チ》而爲《ス》男子之儀《ヲ》也　纂疏よし

御統　衣裳之鎮 上古衣之裁製

纒其髻鬘及腕　亦是《レ》男子之儀也

靫　纂疏よし

高鞆　通證よし

嘖譲《コロヒ》　嘖《ハ》音窄。説文《ニ》大《ニ》呼《フ》也　譲　説文《ニ》責譲。此《ノ》譲《ノ》字《ニ》遜譲責譲の二義あり。此は責譲也

此《ノ》處の字責。纂疏等可《シ》用《フ》

素戔嗚尊至嚴顔

此《ノ》一段素尊の陳情也。文易《シ》解《シ》　但《シ》黒心に折紙あり

于時天照至赤心也

此一段天照大神詰問

對曰乃至有清心

此一段素尊之實情也。我朝君臣之大綱基于此也。故不厭煩而須記之也

上來之三章。初章是天地開闢統攝萬邦而指示群有。是雖衆生業因之所起《ナリトル》。而此時有神明為之基本也。第二章是國界分布萬類布形。雖諸方通同。而此神開此界成立彼神在彼成務也。是名八洲紀原。第三章則日月布明山川定位。雖照及萬邦而我國為其首。死生分途淨穢異域。避惡移善之道於是乎立矣。棄惑居明之意於是乎顯矣。此章則人民既知穀（保食）食亦知火化（迦俱突知）物有彼此事有大小。天地之間須有君臣父子而布教施化。此是此章之所以由而起也（他方或有君臣上下無自他取捨。非此國神之所護也）

黑心　赤心　濁心　清心

此ノ處善惡之始也

天津敎の第三也　神道は聖人ありて構造し作ルの敎に非ず。自然に顯れて萬國の敎となる也。上の男先シ女隨フを初とす。功成リ名遂ケて退ノを第二とす。爰に至てよきこと自ら知る。是を赤心とす。曲れること自ら知る。知て故ラに作スを黑心とす

超過于支那五常とは。支那には堯舜已來五常を守る。是も有ヨべき限リの道にして。構造し作り出す道ならねば常と名く。君臣父子夫婦昆弟朋友の道也。此も君は臣たるべからず。臣は君たるべからざれば。常の名を與へて可也。父子も。父は子たるべからず。子は父たるべからざれば。常と云て可也。夫婦も。夫は妻ならず妻は夫ならねば常と云て可也。昆弟も兄は弟ならず弟は兄ならねば常と云て可也。朋友は道を以て親む。行路の人に非れば常と云て可也。若シ君臣義あり父子親ありと敎るは增語也構造也。於テレ是ニ天津敎超ニ過スル于支那一也。彼ノ國の君

臣混亂するを以て知ルべし。夫婦の道周に至て精詳也。孔子の郁々乎トシテ文ナル哉我從ン于周ニと云へる可也。然れども其ノ教精してその亂レ尤モ甚し。吳孟子が類也。我國は此ノ道天網恢々なり。上代は但タ其ノ母別なれば姉妹も不レ妨ケ。矢田皇女の類也。若シ其ノ母同ナレバ則國人不ル許サ也。中古已來上宮太子等禮法を陳說して其ノ綱要を定メ。至マテ于今ニ其ノ禮不緩ナラ不急ナラ。誠に疎にして不ル漏サの教也（總じて嫁娶は父母の命媒妁の言に由れば邪婬ならす。自ら私に親みを不義さす）我國上古の天網も。佛教の中上代仙人の教に適す。其ノ餘は準ノ知ルべし

請フ與姉共ニ誓ン

大師有リ神道灌頂ノ中ニ神道ノ三昧耶戒ノ名ヲ之ヲ誓約ノ神事ト密教ニハ弟子已心中ニ現ス三重四重ノ曼荼羅ナ。此ノ素尊ノ誓約ニハ大神化シ現三女神ナ。素尊化シ現ス五神ヲ。原ヌレバ其ノ物ノ根ヲ男神ハ爲リ我朝皇統ノ元祖ト。立ツ萬代君臣之綱紀ヲ。此ノ神道ハ則有爲ノ法也。密教ハ則無爲無漏也。以テ九種住心ヲ觀レハ之ヲ則有爲別趣也（無爲脫乎）。秘密莊嚴心ノ中ニハ即メ有爲ニ而是レ無爲。即ノ無爲ニ而是レ無爲ナリ。我大日本國直ニ是レ兩部曼拏之定位ニメ。而諸神ハ

悉三部界會五智聖位也。諸社立本地垂跡斯由也。然初心行者昧於法義而妄談權實。故大師十種神寶中云不雜佛法。此義更問

夫誓約《ウケイ》之中必當生子

諸冊二尊造化之神。一動一作必生神靈。爲山爲海素尊爲斯親嫡。今在此神事必當生子也

如《モシ》吾所生是女者《ナラハ》。則可以爲有濁心《トキタナキ》

如上云々此時天照大神事々爲男裝。若素尊誓約之中違此趣。則有與大神違背之趣也。故云々之也

若是男者《ナラハ》則可以爲有清心

素尊此誓約之中所生之子是男神《ナラハ》。則正是順于大神現今之裝。正是不相違背之義也。故云々也

於是天照大神乃至化三女矣

此一段記天照大神之神作業也

於是
天照皇奮《フ》稜威之雄誥《ヲ》の時也
天照大神
在《テハ》家而仁愛之姉。在《ラハ》國而聖明之大君。雖其《ノ》意未《タ》釋然《タラ》。而感《ス》其《ノ》誓約之可《キ》信《ス》
乃索《コヒ》取《トリ》素戔嗚尊《ノ》十握《ノ》劔《ヲ》
知《リ》素尊之既《ニ》伏《スルヲ》。索《テ》取彼《ノ》所《ノ》憑《ム》十握《ノ》劔《ヲ》。而爲《ス》自受用神事之妙作業《ヲ》
打折《テ》爲《シ》三段《キダニ》
顯《ス》彼《ノ》勇猛心《ノ》當《コト》摧《ヲ》折《ス》也
濯《スヽキ》於天《ノ》眞《マ》名《ナ》井《ニ》
請《フ》天神地祇之證明《ヲ》也。其《ノ》儀《ハ》則慇懃《ニ》滌濯《ス》
䶨《サカミニ》然咀《カン》嚼《テ》吹《キ》棄《ル》氣《イ》噴《フキ》之狹《サ》霧《キリニ》
正《ニ》是《レ》自受用之神業《ナリ》。若準《セハ》下《ノ》第一章《ニ》則三遍嚼《ンテ》之《ノ》三度《ニ》噴《キ》出《ス》三神《ナ》也
䶨《トハ》。

齒堅聲

所生田心《タコリ》姫《ヒメ》

初度出生之神既是女神○證知素尊順伏之實情

次湍津《タキツ》姫《ヒメ》○次市杵《イチキ》島《シマ》姫《ヒメ》

初中後是女神證知素尊順伏始終不變也○但此初中後一席所現也

凡三女

於是日神之疑怪當爲釋然

田心姫　第二ノ一書云○是居中《ナカツ》瀛者也

湍津姫　同二○是居于海濱《ヘツミヤ》者也

市杵島姫　同二○是居于遠瀛《チキツミヤ》者也

有折紙

既而乃至　凡五男矣

此一段記素尊之神作業○其所作全同于天照皇○順伏之情可見

八《ヤ》坂《サカ》瓊《ニ》之《ノ》五《イ》百《ホ》箇《ツ》御《ミス》統《マル》　此《ノ》中不レ須ニ摧《ラ》折一《ス》

御統とは大八衣裝之鎮。於《ハ》ニ金剛界一《ニ》則鬘菩薩の三形也

正《マサ》哉《ヤ》吾《ア》勝《カツノ》速《ハヤ》日《ヒ》天《アマノ》忍《オシ》穗《ホ》耳《ミノ》尊

天《アマノ》穗《ホ》日《ヒノ》命

天《アマ》津《ツ》彦《ヒコ》根《ネノ》命

活《イク》津《ツ》彦《ヒコ》根《ネノ》命

熊野《ノ》櫲《ク》樟《ス》日《ヒノ》命

是時天照乃至神是也

記《スル》ニ天照大神《ノ》敕勅《ヲ》一也

是時《ト》者誓約既《ニ》驗《アリテ》。素尊之實情既《ニ》顯《レテ》。大神《ノ》疑心永《ク》消《エシ》之時也

大凡立《テ、》ニ誓約《ヲ》一而其《ノ》言不《ル》レ爽《タカハ》者不退《ノ》位菩薩也。若《シ》以ニ佛言《ヲ》一而研ニ究《スレハ》之《チ》一。則素尊之

為《メ》ニ不退《ノ》菩薩《ト》一。權《ニ》現《ノ》ニ神儀《ノ》相《ナ》守《ニ》護《スル》此日本國《ヲ》一也

付法傳云。和尚(惠果)貞元廿年於醴泉寺爲弟子僧義智建立金剛界大曼荼羅。及拼布尊位。于時般若三藏及諸大德等集會法筵。和尚拼尊位訖則手把香爐口說要誓云。若使我今所置尊位與法相應者。天忽降雨。所有衆德諸弟子等代師流汗。言了卽雷雨滂沱。人皆感伏歎未曾有。般若云。所謂阿毘跋致之相卽是當之也(全文)不退菩薩相出于大般若

阿毘跋致  此云不退

此等に依て神道の正を知べし。佛法の尊を知べし

天照大神勅曰

此勅語我日本皇統之基也。須比對支那堯舜三代而知其尊尚。支那是人謀之國也。我邦是自然之趣也。此自然之趣名曰神道也。造化化生之初無親無疎。此無親無疎之處爲親疎之基。爲上下貴賤之元由。此元由既立而疎不超親賤不凌貴。而爲國之鴻基。支那乃是道有濫。所以歷代亂亡不治也。堯爲聖人其子丹朱頑囂。史記云。堯知子丹朱之不肖不足

授天下於是乃權授舜。授舜則天下得其利而丹朱病。授丹朱則天下病而丹朱得其利。堯曰。終不以天下之病而利一人。而卒授舜以天下。全文是一時之利。堯之所見可也。然昧於天下萬世之綱紀。神道異于此也

古今傳三鳥之元由　泉門塞大神顯見蒼生

原其物根則云々而子養焉

物根云々化生之造化之神功。亦從緣而起也。其緣則有親有疏。此五百箇御統天照皇之服御。是爲三昧耶形而成五男神。此處依密教而釋之。欲使初心者易解也彼五男神悉是吾兒者。法性平等中取親而立道。正是有爲法神道之趣也」

儒者は獨も聰明睿智の人在て出れば。天必これに命じて億兆の君師として敎へて導かしむと云へり。神道は是に異也。假令聖人有て出るも。君は常に君たり臣は常に臣たり。臣の君たるべき理なし。君の臣たるべき理なし。日月の瓦礫たるべき理なく。瓦礫の日月たるべき理なきが如し。故に我國は昔より聖人なし。聰明睿智の人なきに非ず。

忠信丘が如き者なきに非ず。唯君臣義を重んじて聖人を持長せぬ國なり。此《ノ》我國の聖人《チ》出さざるを以て神道の尊《キ》を知《ル》也。武王云《ク》。爾を育《スル》者はこれ君。爾を虐する者はこれ怨と。儒にては聖人の言ば。神道にては失言なり

此《ノ》物根を原ぬるの一言。萬般の事に通《ス》と云々

子養焉　化生の神既に自他なし。此に物根を原て子とし養ふ。皇統の基として道の元由たり。後高皇產靈の女栲幡萬姬（此は化生の神也。高皇產靈に妻室の事なし）を娶て兄饒速日尊。弟瓊々杵尊を生じたまふ。これ嫁娶の初にして子孫相續の由來也。其《ノ》中饒速日尊短命。子孫物部守屋が愚情。遐夷入鹿が奸媒に由て子孫衰頽し。瓊々杵尊日向に降り玉ふよりして皇統連綿。漸次人世に轉じて。神武已來此皇國成立す。嫁娶も分明也。墓陵も分明也。正《ニ》是《レ》天照大神神勅の嘉猷也。今日に至ては皇統の正しき支那に超過するのみならず。インドよりも勝れり。インドはサマタタ

王數萬代の後。毘瑠璃王の亂ニ皇都顚覆し正胤斷絕す。その疎族烏仗那に在て釋種斷せざるのみ。我日本の一姓君臨に同じからず。想ふにこれ神祇守護の德にして。東海日光所照なる地の利なるべし

又勅曰至所祭神也

此ノ一段五男神と昭應して一具の神也。太占の法陰陽昭應を以て事の吉凶成不を察し知る。陽の發起する處陽の輔助あるべし。皇統の基をなす。必ず臣從の助を用ゆ。今にして見れば神武天王日向より發行して都を畿內に定む。三女神九州に在て外敵の侵なし。自然の理法爾の德也

此三女神悉是爾兒

自他なき中に物ノ根を尋て其ノ所屬を定め給ふ也

筑紫ノ胸《ムナ》肩君《カタノキミ》　姓氏錄

一書ノ第一

十握劍
九握劍
八握劍
記者の文は異あれども。上の劍三段の義也

第二
羽《ハ》明玉《アカルメマ》

第三
六男神　素尊含其左髻所纏《マカセル》五百箇統《ミスマル》之瓊。
著《ナイテ》左手掌中化生勝速日天忍穂耳尊
本段劍素尊瓊大神。此一書劍大神瓊素尊。物左右也
左手掌。其義合于上白銅鏡之趣。而此中之首領也　含者其義合于本
段之咀嚼
復含右髻之瓊著《ナイテ》於

右手掌中化生天穗日命
上白銅鏡之例。合于月讀命
復含嬰頸之瓊著於左臂中化生天津彦根命
又自右臂中化生活津彦根命
又自左足中化生熯之速日命（此神號上諸尊劔鐔血所現同）
又自右足中化生熊野忍蹈命（亦名熊野忍隅命）
此中天津彦根已上三神氏族分明也
此一書六男と記す。一家の説也。今家は本文に依て五男を正説とす」

宇佐島　豐前國中佐郡

岩戸章

此章由素尊爲行無狀而天照皇籠居。諸神勸請之。素尊遂降焉也於此章須知神道佛法之綱要。一往言之。則佛是無漏大定智悲相應盡虛空界也。神則有善神惡神。有上位神有下位神。有福神窮鬼之別。是以佛唯大慈悲相應。神有罰利生。此素尊是上位也惡神也福德神也。是以其蒼生中夭青山涸渴。乃天照皇發慍。乃入于天石窟焉

若再往論之。則佛大定智悲。智之邊有割斷之用。金剛頂經大暴惡金剛手啓清淨慧菩薩之疑怪。理趣經設害三界不墮惡趣。以調伏故疾證無上正等菩提。智之所在慈悲常隨。慈之所在智慧具足。神道佛法倶是一味正法也

此章且就外蹟而記之也

是時至無狀

標出文也

何者乃至爲御田

時緣を記す。此緣事に依れば素尊上に將就根國故。暫向高天原與姉相

見。而後永退矣とのたまへども。さすがに高天原の名殘に逗留栖々依々たりしと想はるゝなり

天ノ狹《サナ》田《タ》

長田　此ノ二名は大小田と云ッに同じ

第二ノ一書ニ天ノ垣《カキ》田《タ》　第三ノ一書ニ

天安田　天平田　天ノ村《ムラ》幷《アハセ》田《タ》

天上の田と名くる。下界と同例なるべからざれども。天人相應する理あり。下界所有みな天上に其ノ象ある也

其ノ素尊之田

天ノ樴《クイ》田《タ》　天ノ川《カハ》依《ヨリ》田　天ノ口《クチ》鋭《ツト》田《タ》

時素尊乃至而幽居焉

此ノ一段記ス事之始終チ

時ニ素戔嗚尊。春則重《シキ》播《マキ》種《シ》子

大祓詞頻蒔第四

且《マタ》毀《ハナツ》其畔《アヲ》

大祓詞畔放第一

秋則放天斑《フチ》駒《コマヲ》使伏《フス》田中

大祓にはなし

復見天照大神當新嘗《ニハナイキコシメス》時則陰《カニ》放屎《ケカシヌ》於新宮

大祓屎戸第七

又見天照大神方織新衣居齋《マスヲ》服殿則剝天斑駒穿殿甍《イラカヲ》而投《ナゲ》納《イル》。是時天照大神驚動《ヲトロキ玉ヒテ》以梭《カイ》傷《ナマシム》身

已上五種也。大祓此等の事を擧て許々太久乃罪と云へば。素尊の惡行衆多なる可知

此齋服殿の事。第一の一書には稚《ワカ》日《ヒル》女《メノ》尊と記す。第二第三には不記

由此發慍《イカリマシテ》乃入于天石《イハ》窟《ヤニ》。閉《サシテ》磐戸而幽居《コモリマシヌ》焉

天上の石窟磐戸。其狀不レ可レ知ル。但石窟とは堅固幽居の狀。磐戸は不レ可ニ
猥《リ》ニ出一ツの狀也
佛說に依るに。三十三天にも別に淨行修禪の者は。五欲の境を遠け
て淸閑幽棲すと見エたり
故《カレ》六合之內常闇《トコヤミ》ニメ而不レ知ラ二晝夜之相代一ルチ
日神幽居なれば日輪も光彩を失する歟。後ノ第三ノ一書ニ日神之光滿ツ二於
六合ニ一云々
于時八十萬神至神明之憑談
此ハレ是一時嚴重之神事也
八十萬ノ神會ニ合《カンツトイ》テ於天ノ安川邊ニ一計フノ二其可キレ禱ル之方サマチ一
標スル二時處及ヒ衆會チ一之詞也
故《カレ》思兼《オモヒカチ》ノ神深謀遠慮至致其祈禱焉
此ノ一段記スル二思兼神之施設チ一也

常世《トコヨ》之長鳴鳥《ナカナキドリ》　群臣民庶之告訴也。常世者長時之謂也。異于餘文稱
常世國矣
此啓大神憐愍之情之儀
亦以手力雄神立磐戸之側
欲奉引出之儀
而中臣連祖云々
此一段正是祝詞之趣告訴之情也
天香山《アマノカグヤマ》之五百箇眞坂樹《イチマサカキ》　天高山者高天原所在之山也。和州今所稱者
移其名于人世。而使人想像神明之趣也　五百箇　此亦神事之數也。
但不必用五百幹樹歟
八坂瓊之五百箇御統《ミスマル》　御統之爲物鎭於衣裳之飾也。此衣裳の飾は大
人の位を守る器也。禽獸には衣裳なし。然れども鳳凰麒麟□□は分
に人間尊卑を分つの徳を得て自類の王となる也。人は正く衣冠によ

りて尊卑を分別ス。後ニ人王‥代に十二階を分ツも。神代より傳來の趣
ありて是を成就する也

中枝ニ懸ク二八咫ノ鏡ヲ一　鏡は神體也。神體は神德也。右二種は冥に神慮に通じ
て感應の義あり

青和幣　白和幣　これは幣物也。さゝげ物　交友その志を通じ。君臣
上下其ノ義を顯す趣也

此ノ三種思兼神の遠慮にして。我神德幽顯感應萬々世の通義也
近比偏無畏と稱する神樂者あり。大成經を信じて神事を執行す。彼
者玉と劍と鏡を榊ノ枝に懸ケて神事を勤む。是は當今の讓位受禪三種
神器に似寄れば僭上の一事也。用フべからず
若シ大切の神事を執行せんとならば。此ノ文を依行して上枝に五百箇
の珠を懸ケ。中枝に鏡を懸ケ。下枝に青和幣白和幣を懸ケて神明に捧ツべし

御統の圖別にあり

但し御流神道兩部習合家は別傳あり

又猿女君至巧作俳優

上古の樂。其詳なること不可知。但し察する所大樹緊那羅王の琴に比すべし

亦以天香山之眞坂樹爲鬘《カツラ》

榊は技條剛直なれば鬘に用るには便なるべからず。然に天上の果報諸事隨意と云ことなれば。人情を以て測べからず

以蘿《ヒカゲ》爲手繦《タスキ》

字書に。女蘿蔓生松上青長如帶と云ば繦に用るに尤便なり

而火處燒《ホトコロニヤキ》

火の神尤驗ありと云り。印度《イント》に護摩

覆《ウケ》槽置

江家次第鎭魂祭條に曰。御巫衝宇氣以賢木衝槽上也。神祇の所作そ

の槽を水上にうけたるに妙音を發すべき也

顯神明之憑談

此ノ中長鳴鳥より初て手力雄ノ神戸側に立チ香山の坂樹乃至手強火處

覆槽。こと〳〵く神明の依託する所也。是を神《カン》懸《カヽリ》と云フ

是時天照大神乃至窺之

一段の文天照大神の擧動を記す。日光再び長夜を照す兆なり

啑樂　啑は嗜か。俗ノ噱々ハ極虐ノ切。彊ノ入聲。説文ニ大ニ笑フ也

時手力雄神乃至復還幸

一段の文群臣請出の事を記す

界以端《シク》出《ク》之《メ》縄《ナハ》

然後諸神乃至遂降焉

此ノ一段素尊を責伏するの事を記す。是レ亦人事也

歸《ヨセ》ニ罪過チ於素戔鳴ノ尊ニ而

天照皇幽居事由素尊惡行
而科之以千座置戸遂促徵矣
千座置者謂祓物之多也○促徵者再三催促也
至使拔髮以贖其罪
化生之神雖痛惱微○蓋至於尊貴則應爲極重罪科
亦曰○拔其手足之爪贖之已
異說之記乎
而竟遂降焉
降之根國也
一書曰至神退矣
稚日女尊見于此

神退とは死也。然神祇之死不ニ必モ是レ永ク死スルニ一。佛經ニ帝釋天與ニ[illegible]一鬪戰するに。互に相傷ツくと雖。命終に至らず。報壽盡ルを除ク也。此ノ稚女尊も亦爾り。此に神退と記すれども。神功紀に至て三韓を征伐し玉ふ也

故天照大神至晝夜之殊　上本文に同く解すべし

故會八十至日前神也

天高市《アマノタケチ》　天市也。今これを和州に移して高市郡天高市社あり

彼神之象　鏡也。密教にて云ハば三昧耶形法曼三曼羊石互に融ず。故ニ彼神の象と云フ。此ノことは諸家ともに異説なし　三形ノ義は不レ知ル故に種々異説ある也　餘は易シレ解シ

一二

一書曰

垣田《カキタ》　田に垣を繞して守る　山田などに野猪の害を防ぐ

塡《ウメ》レ渠《ミソナ》　毀《ハナチ》レ畔《アナ》　冐以絡繩　繩を絡ひ他の領分を侵す　三事

生剝《イキハギニ》斑駒《フチコマ》納其殿内御席之下陰送糞《クソマル》　二事

故以恚恨至閉其磐戸　大神の作業を記す

于時諸神乃至以神祝々之

天糠戸神《ヌカトノ》　鏡　八咫

太玉神《フトダマノ》　青幣白幣

豊玉神　豊玉彦之異也　五百箇御統

山雷神《ヤマツチノ》　山神中之雷神　五百箇榊　八十玉籤《タマクシ》

野槌神《ノツチノ》　五百箇野薦《スズ》　八十玉籤

野薦　字通。荐席。藁艸曰薦、莞蒲曰席　文　此中五百箇野薦、所以置八十玉籤歟

中臣遠祖云々祝之　延喜式大祓此例也。中臣掌之

神祝とは。其詞に式ありて神を感せしむるなるべし

於是日神至大神也

本章は手力雄神引出し上る也。今爰は日神自出給ふ歟。記者の具略なり

小瑕

伊勢崇秘《イツキマツル》之大神　　温明殿の鏡と同異。別に詳にすべし

已而科罪 至 理逐之

諸神の治罰素尊也。君臣之中臣受君命是定式也。然若君有過則有諫争之事。若御子親王有罪科則有擯治之事。此式萬世之定法也。以此素尊為初

責《ハタル》其祓具《ハラヒツモノ》　　本文千座をきごと云。多物有べし。今此には四物為解除と見たり。亦記者の具略なり　　爪唾洟化生の神に在ては祓具たるべき歟

神逐《カンヤラヒ》之理は上の神祝に準じて此放逐にも神之定式有之而依此歟

三

一書曰

是後　此に是後と指《セ》るは何れの時を云か不二分明一《ナラ》○本文ならば五神三女人出現の後也○此《ノ》一書の趣は八神末出生也○但《シ》諸尊日少宮幽居の後と見《ル》べし

日神之田有《リ》二三處一至旱即焦之

此《ノ》田の分配且く諸尊の命なるべし

故素戔嗚尊乃至焉云々

春則廢渠槽

埋溝

毀畔

重播種子

秋則捶籤

伏馬

己上六事如《シ》二大祓《ニ》解一《スルカ》

素尊惡事此中前後互有出沒。然其妬害之所爲是一也。然造化成立前。惡互交起爲人事種々之基。是爲世界成立之相。如諸佛八相化儀有天魔有提婆善生也。不爾則不準先佛聖化。以要言之。則有爲無爲倶是法爾之所作業。如天地之晦明山川之常變也。老子曰。天下皆知美之爲美斯惡已。皆知善之爲善斯不善也。故有無相生難易相成。長短相形高下相傾。聲音相和前後相隨。是以聖人處無爲之事行不言之敎。萬物作焉而不辭。生而不有。爲而不恃功成而不居。夫唯不居是以不去全文此文甚よし。能天意に適ふ神祇に準ず。此趣を以て素尊の惡行を解すべし」

至於日神閉居《コモリマス》于天石窟也

上の云々の字こゝの至於の字を見て。素尊種々惡行。天照皇事々の宥恕。古事記の如くなるを知べし。此宥恕は素尊の惡行より起り萬代の道となる。惡行多れば宥恕亦多く。惡行盛なれば宥恕更に深し。これを天照皇の神德として萬代の仰ところたり。老子曰。聖人常善救人故

無弃人。常善救物。故無弃物。是謂襲明。故善人不善人之師。不善人善人之資。不貴其師。不愛其資。雖知大迷。是爲要妙。文 至于此天照皇可貴素尊可貴也。神道はこの趣也

諸神遣中臣連乃至稱辭祈啓矣

此一段諸神の祈啓を記す

興《コ》台《コト》産《ムス》靈《ヒノ》兒《ミコ》天兒《アマノコ》屋《ヤネノ》命　此中興台産靈の御名別に記すべし。此神化生也。亦嫁娶の文なし。此に兒天兒屋命と稱する者。亦胎生に非ること知べし。此に其奥義を記すべし。天地の間自らこれ陰陽也。陰陽あれば父子の義自ら存在する也。故に山川父子あり玉石父子あり。風雲父子。此自然の父子。天地とともにそなはり出て。後世胎生父子の元由となる。興台産靈は高天原に在て天命天運の祖神なり。是に由て天兒屋。天太玉。思兼命。栲幡千々姫等。みな此神を主とす。天兒屋命は忠信道義の神なり。思兼の命は智謀諸藝の祖神也。太玉命は福分守護の神

なり。栲幡千々姫は婦徳后妃の祖神也。並に高木の神を父として胎生諸神の道を開く。漸《ク》人世に移て天兒屋命累代攝錄の家として皇圖を守護す。武門物部は栲幡千々姫の補助を以て。皇家(有脱文乎)より本朝の大義如《シ》レ是《大ニ異ナリ于支那諸蠻ニ也》　此《ノ》胎生に非《ス》して父子の義あるを以て。我朝は養子を以《テ》家系を相續すること親生に異ならず

握《テコシニ》二天香《アメノカグ》山之眞《マ》坂《サカ》木《キヲ》一

本章に同じ。五百箇の字を省く

而上枝《ニハトリカケ》懸二以鏡作《リノ》遠祖天拔《アマノヌカ》戸《トガ》兒《コ》已《ヲノ》凝《コリ》戸《ド》邊《メガ》所作《ツクレル》八《ヤ》咫《タノ》鏡《チ》一

己凝戸邊　第一章二石凝姥

本章は上枝御統也

中枝《ニハトリカケ》懸二以玉造《スリノ》遠祖伊奘諾《ノ》尊《ノ》兒《ミコ》天《ノ》羽明玉《アカルタマノ》所造《スレル》八坂瓊《ニノ》曲玉《チ》一

本章中枝《ハ》鏡也

下枝《ニハ》懸二以粟《アハノ》國忌部《ノ》遠祖日《ヒ》鷲《ワシガ》所作《ハテル》木《ユ》綿《フチ》一

本章青和幣○白和幣〔同物〕

乃使忌部首遠祖太玉命執取

執取之儀始見于此○太古之風也

而廣厚稱辭祈啓矣　辭之慇懃

于時日神〔乃至〕而窺之　記日神所作

是時天手力雄神〔至〕諸神大喜　記一時之綱要

即科素〔乃至〕其縁也　記治罰素尊之事

既而諸神〔乃至〕逐降去　記逐素尊之事

于時霖也〔乃至〕古之遺法也

記素尊被逐而降去之事

霖　音林○左傳隱二年○公羊傳雨自三日以上爲霖

笠　音笠○簦無柄也　カサ

簑　音梭○可爲雨衣　又音衰　ミノ

己上總同于磐窟章　己下記盟約之事

是後素戔乃至云々

此處記盟約。與本章則事之前後可知

於是素戔乃至亦同此誓

事實大抵同于本章。其中我今齧玉之言與上相違。且姉之所生云々本章及諸餘一書不見

於是日神先齧《ツカミ玉フ》十握劍云々

略記曰神所作也

素戔嗚尊乃至輼轤然　ヲモクル、ニ

輼音雷。轤音盧。楊雄羽獵賦。繽紛往來輼轤不絶。註言羽騎相接儀仗之盛也　字通

私云。をも玉之不輕浮くるゝ連續不斷絶之狀歟　此は素尊未解統《カミスマル》之瓊綸時之形狀也。早是見大君瑰然之氣

解《キ》其左髻所纏五百箇統《ミスマル》之瓊綸《ニノヲ》

瓊綸　瓊ハ瓊字通俗字。渠榮ノ切。音縈。玉ノ色美キ也　綸ハ音倫。糸ヨリ糾合セル絲縷也。字通　瓊をつなぎたる絲也

而瓊響瑲々

瑲　七襄ノ切。音戕。玉ノ聲

此ノ御統。神代ニハ通ニ男女ニ而服スル之。王者大人之服也。神代之富榮可シ想フ。近世即位ニ有リ佩玉。或カ云ク。是レ唐ノ德宗皇帝之儀。弘法大師傳フト之云々　然ルニ五百箇御統ハ天地自然之儀式。人天法爾之莊嚴。佛法法界自性[illegible]ニ開ク兩部ヲ。金剛界五之數供養八供養鬘菩薩之三摩地當ルニ于斯ノ御統ニ也

濯《スヽギウケ》ニ浮於天ノ渟名井《ヌナヰ》ニ

本章ニハ云ク眞名井ト。音通ナリ。如シ ウバタマ。ヌバタマノ例

齧《カミ》其瓊端《ニノチ》置之左掌ニ而生ス兒《ミコチ》

化生スル神靈ノ之式也。云フ左掌ト者如ク上ノ白銅鏡ノ如シ天照皇ノ例ノ

正哉吾勝々速日天ノ忍《チン》穂《チ》根《チン》尊

復翳右瓊乃至遠祖也

右瓊右掌《トハシ》○如二上ノ白銅鏡月讀ノ命ノ例一ノ

次天津彦根命乃至六男矣

四神自リ上等流シ來ル也○須ノ準メ上ニ而知ル焉

於是素戔乃至而復還降

神祇之儀○事々有リ深奥一句々有リ深奥一○智者須ク細心ニ尋伺メ而解ス耳

日本紀神代折紙記三

八雲章

神代二卷大分爲二。自初至磐窟五章。造化元由純是神儀。非以人事可當。非以人情可解事。既荒昧不可測之趣也

此八雲章已下四章。自天上而降于人界。自神世而移人代。自幽而赴顯。自細而至麁。事理漸分。嫁娵始有。取要而言之則神代而交人事也

此一章素尊大蛇を截。稻田姫に婚し。出雲之清《スカ》地に宮を建。大己貴神を生じ。宮首《ツカサ》を定め。遂に就於《イテマス》根國ことを記す。實日本開國。幽顯共に其道を正し。此處人王にして神國たる大本なり（大意有折紙）

是時　惡行によりて諸神に逐れし時也

素戔嗚尊乃至　故以哀傷

此一段素尊脚摩乳《アシナツチ》に邂逅したまふ事を記す

素戔嗚尊自リ天而降リ

化生の神猶上天下界の往還自由たるべし

到リマス於ニ出雲ノ國簸ヒ之川上ニ

下界に在ては出雲國初て神の跡を垂る所なり。後に大社の諸神の主領たる。其ノ所以歟

簸之川上　唯近世の説を記す耳　或カ云ク出雲國大原郡斐伊川　此等は天皇の勅説に非ず。大師の考に非ず。予亦彼處に至て究問に非ず。

時聞川上至撫而哭之

大凡一事の起る必縁由あり。此ノ一事これ素尊此ノ國に大功を立るの基本也。又諸神に逐れて郎當《オチフル》の時。天命その福徳を開ク縁事也。此章より已下人事に當ると云へり

素戔乃至如此耶

啼哭を見て悲心生ず。我カ福縁なり

對曰乃至故以哀傷

支那に在て劉季蛇を斬る。開國の兆也。素尊の開國亦此ノ八岐大蛇に起る。縁由あるべし

素戔嗚尊勅乃至隨勅奉矣

大凡人事嫁娵。福人福妻を得る。貧人貧妻を得る。事の定式也。日本嫁娵の初素尊稲田姫を得る。唯素尊の一縁のみならず。此ノ國萬世の表幟也。奇《クシ》稲《イナ》田《タ》の名また國の福縁也。斬テレ蛇ヲこの妻を得る。此ノ國武徳萬國に勝ルの由緒と傳ふる也

立化《タチナカラ》奇《クシ》稲《イナ》田《タ》姫《ヒメ》爲《トリナシテ》二湯津《ユツノ》爪《ツマ》櫛《クシニ》一而挿《サシタマフ》二於御《ミ》髻《ツラニ》一

且く文面に依レば此ノ時人世神代相離す。人事の中亦神變を見ルべし。立ながら者倉卒也。化とは變化也。奇稲田姫を湯津の爪櫛の形に化して頭上に置き。大蛇に與へざることを顯す。但し此ノ一行ノ文天皇の口說折紙あり

乃使乃至醉而睡

此は蛇を欺くの一事を記す

假庪　字通。庪同庋。庋古委切。音詭。閣板爲之所以藏食物已上　又食閣。木板爲之所以庋食。禮內則。大夫無秩膳。大夫七十而有閣。註。五十未甚老無常膳。七十有閣則有秩膳也。又天子閣左達五。右達五。大夫于閣三。疏云。房序外有夾室。天子尊庖廚遠。故左夾室五閣。右夾室五閣。大夫于房中爲閣者三云々　板かこゐの食物べや也

赤酸醬　千家清主對談席咄云。出雲にてすりばちを赤かゞしと呼

松栢生於背上　律文。伊羅波羅龍王頂生伊羅樹　大蛇之象也

時素戔嗚尊乃至草薙劒

文相可解　草薙劒　折紙

支那越絕書に一事を記。頗此趣に近し。故記之

東越閩中有庸嶺。高數十里。其中北隙中有大蛇。長七八丈圍之一丈。土

俗常懼。治都尉及屬城長吏多有死者。祭以牛羊、故不得福。或與人夢、或喩巫祝、欲得啗童女年十二三者。都尉令長並患之。然氣厲不息。共請求人家生婢子、兼有罪家女養之。至八月朝、送蛇穴口。蛇輒夜出、吞嚙之。累年如是。前後已用九女。爾時預募索、未得其女。將樂縣李誕家有六女無男。其小女名寄、應募欲行。父母不聽。寄曰、父母無相。唯生六女、無有一男。雖有如無。女無緹縈濟父母之功。既不能供養、徒費衣食。生無所益、不如早死。賣寄之身、可得少錢、以供父母、豈不善耶。父母慈憐、終不聽去。寄自潜行、不可禁止。寄乃行告、請好劔及咋蛇犬。至八月朝、便詣廟中坐、懷劔將犬。先作數石米餈蜜麨、灌之以置穴口。蛇夜便出、頭大如囷、目如二尺鏡。聞餈香氣、先啗食之。寄便放犬。犬就嚙咋、寄從後斫、得瘡痛急。蛇因踊出、至庭而死。寄入視穴、得其九女髑髏、悉擧咤言曰、汝曹怯弱、爲蛇所食。甚可哀愍。於是寄女緩歩而歸。越王聞之、騁寄女爲后、拜其父爲將樂令、母及姉皆有賜賞。自是東治無復妖邪之物。其歌謠至今存焉　珠林四十二

此一事頗似素尊。蓋有此邪神。天命必討而誅之。然其事多假人而成功。彼鄉有善緣。天生此英物而誅焉。明智者之所知也

素戔嗚尊乃至天神也

有人解。八岐虵者盜賊之名。神劔在彼庫中云々　天皇告大師之詞如上也

天皇云。人世則虵云土蜘蛛云盜賊之稱也。神代則以是紀文為實事耳

然後行覓將婚之處。遂到出雲之淸地焉

擇家宅之地也

乃言曰我心淸々之。於彼處建宮

或云。大原郡海潮鄉須我社

千家淸主云。大社之後有此地而現存焉

或云乃至餓岐廻

此以或云之言而見之。則八雲之咏非為準據乎。然此咏有天皇之口決也

乃相與遘合《ミトノマクハイ》而生兒大己貴《オホアナムチ》神

胎生之神始于此也

因勅之曰。我兒宮首者。即脚摩乳《アシナツチ》手摩乳《テナツチ》也。故賜號於二神曰稻田宮主神

立傅設官始于此

已而素戔嗚尊遂就於根國矣

至于此素尊慕母之情遂奉父之遺命之行至矣

一書　簀挾之八箇耳　脚摩乳之本名。兼良公曰。脚摩乳手摩乳。愛育姫

邊之稱云々　八箇耳。八岐並神道之稱　スサ兼良公云須佐郡　奇

御戸舊　膝戸。萬蘆垣のくみごに立て云々　字通音勝。說文緘也文　又

行膝今の脚絆也　秦風竹閉緄膝。閉弓檠也。緄縄也。以竹爲閉用縄約之。

于弛弓之裏檠弓體便也

古久美度　今室中歟

清《スカ》之《ノ》湯《ユ》山《ヤマ》主《ヌシ》三《ミ》名《ナ》狹《サ》漏《ロ》彥《ヒコ》八《ヤ》島《シマ》篠《シノ》

出雲風土記《ニ》曰《ノ》。大原郡海潮鄉東北須我《ノ》小川之湯淵村《ニ》有《リ》二温泉一

同川上毛間村川中《ニ》温泉出《ツ》温泉更に處々ある也

清之湯山主《ト》者此《ノ》處之主領なるか　三名狹漏彥は稱號なるべし。

三《ミ》名《ナ》は皆の義歟。狹《サ》漏《ロ》は賢《サカシキ》義か。獸の猿もさかしき義と云《ヘ》り

八島篠は其《ノ》名なるべし。舊事に八島士奴美神《ト》

一《ニ》云《ク》。清《スカ》之《ノ》繫《カケ》名《ナ》坂《サカ》輕《カル》彥《ヒコ》八《ヤ》島《シマ》手《テノ》命

繫名。名《ハ》を稱する義か　坂輕《ハ》賢《サカ》しかる義か　八島手は名なるべし」

又云。清之湯山主三名狹漏彥八島野

八島篠　八島　八島野　蓋《シ》呼聲の具略なるべし　有《ル》人。八島篠《ハ》し

のみ鎭の義と云《ヘ》り　舍人親王の自註に篠小竹也と。此に依《ル》べし

此《ノ》神《ノ》五世《ノ》孫《ハ》即大國主《ノ》神《ナリ》

此神とは八島篠を指して云《フ》也。然ば素尊六世《ノ》孫《ハ》大國主神也（大國主《ノ》神《ノ》世代）

異説あり。但シ六世孫ヲ為ニ定量一ト五世ノ孫ハ天之萓根ノ神

一二 書曰

此ノ中文有リ二差排一可シレ解ス

可愛《エ》ノ川 或カ云。簸ノ川可愛ノ川同流也。在テハ二于出雲一則簸ノ川。在テハ二安藝一則可愛ノ川」

一三 書曰

文可シレ解シツ

蛇韓《オロチクラ》鋤《サヒ》之劒 蛇之麁《アラ》正《マサ》 天蠅《ハエ》斫《キリ》之劒 三名也

一四 書曰

其子五十《イツ》猛《タケル》ノ神 播殖有リレ功。神名帳ニ紀伊國名艸郡伊太祈曾神社

新羅國 曾尸茂梨之地

五世ノ孫天之萓《フキ》根《チノ》神 神代之長壽

一五
一書曰
韓郷《カラクニ》之島是有金銀　神代外國可通行歟
若使《タトヒ》吾兒所御《シラスル》之國不有浮寶《ウキタカラ》者未是佳《ヨカラジ》也
此中吾兒者忍穗耳尊歟。五十猛神歟。忍穗耳時在天上也。五十猛神現
在下界。當繼父之鴻業也
乃拔鬚髯散《アカツ》之即成杉　若人世乃非可有如是神也。神祇有此事也。神祇
拔髯下土生杉樹也
又拔散《アカツ》胸毛是成檜《ヒノキ》
尻《カクシノ》毛是成柀《マキ》
眉毛是成櫲樟《クス》
已而　乃至　皆能播生
此一段記國之利　杉及櫲樟。此兩樹者可以爲浮寶とは。謂可通彼有
金銀之地而以足國用之意也

檜　瑞宮之材

柀　蒼生《ノ》奥津《ヲキツ》棄戸《スタヘ》將《ニ》臥《モチフサン》之具《ソナヘ》　棺槨也○奥津《ハ》不《ト》必《ニモ》是《レ》海中《ニ》○是《レ》呼《フ》幽隠之

地《チ》也○棄戸《ト》者非有之地也

其可噉八十木種《ト》者○栗柿等《ナリ》

于時乃至紀伊國也

五十猛命《イソタケルノ》　大屋津姫《オホヤツヒメ》　抓津姫《ツマツヒメ》　三神《ハ》兄妹《ナリ》

紀伊國　木《キ》之國《ナリ》

然後至根國者矣

熊《ワニ》成峯《ナリノタケ》　宣賢卿《ノ》云《ク》○出雲《ノ》鰐淵山也

[六]一書曰

七名　別記

一百八十一子　別記

夫大己貴命乃至常世郷矣

此《ノ》一段記《ス》二少彦名《ト》戮《アハス》レ力《チ》之始終《ヲ》一

與二少彦名一戮《セ》レ力《チ》一《ニ》レ心《メ》經《ツ》二營《クル》天下《ヲ》一

此《ハ》標《スル》二大綱《ヲ》一之詞也 大凡事之成就《スル》須《シ》レ有《ル》二此《ノ》二神之輔助一云々

戮力 字出《ツ》二于書經《ニ》一 戮《ハ》〇力竹《ノ》切〇并《スル》レ力《チ》也

一心 史記《ニ》〇同心戮力

經營 字出《ツ》二于詩經《ニ》一

復爲至療病之方

神代醫藥之初

又爲攘至禁厭之法

大祓高津鳥之災等云々 呪術之初

是《テ》以《テ》百姓至《マテ》レ今《ニ》威《ツ》蒙《ル》二恩頼《ヲ》一

結《スル》二上《ノ》二段《ヲ》一之詞也

恩頼　恩頼は恩あり。たのみ《たのもしけ》ある也。兼良公の解よし
有人僻解して云。御賜之殖也と。此等は頼の字誤り書して籟とせる
を見て。中古みたまのふゑと訓せり。此を轉じて殖《フエ》と思へる也。餘處
に辨ずべし
嘗大己貴命乃至　幽深之致焉
別記
其後乃至　常世郷矣
記少彦名終焉之事
淡島《アハノシマ》　伯耆國相見郡　釋日本紀　紀伊國名草郡粟島
緣粟莖　此神終在粟緣
彈渡　小身之神也。天地之間有小人國之元由　然神之大身小身各
々有元由。助造化之生育也
自後國中乃至　有之乎

記大己貴神之成功及興言《コトアゲ》而開魂之明誨神道之深趣也
所未成者者天地之道也。順于此人承大福。若於事見已成者。近死之兆
也。敗壊之徴也。遂其所未成而盡力而成之而不止者。順于天之人也。易
亢龍有悔云云

獨能巡《メグリ》造　獨とは少彦名神已に常世の郷に去たまふ。戮力一心の神
なきを云也。餘の眷屬は無に非ず　巡造。行巡て處々浦々に至り路を
開き嶮を平げ橋梁を製する。是みな造化の功に順ずる故に造と云

遂到出雲國　西國九州既に巡り造て素尊創營の出雲に到りたまふ也」

乃興言曰　總じて大人の言を發するは一言も容易ならず。民庶の嚅
々喃々に同からず。まして神祇の一言は有爲中の眞言なり。句々皆
神に感じ天に通ず。人代の添歌倒語の元由たり

夫葦原中國至有之乎　此は倒語の由緒也

此一段言。文面誇大自負也。然大己貴神非自慢高擧之情。是以感于神

通于天○而來幸魂奇魂之神告成功皆不由自己也
葦原中國者○總稱大日本○而現今西邊也○是亦上少彦名之明誨有所成或有所不成也○至于此而若謂已成成敗壞之徵也○大己貴神實無此慢心○是爲倒語之元由○以其可與吾共理天下者蓋有之乎之言可知矣

本自荒芒

芒　六書統○芒訓草耑蕪　文　荒芒は荒蕪と云に同じ○國之未闢也　磐石艸木咸能強暴○民庶難治也

于時神光　至　大造之績《イサヲシ》矣

文相易解○其趣乃深矣○先大已貴神與言云々雖似大言○其心之柔順卑下感此神○々々乃大己貴之神也○雖似自問自答○實心外有神而照海來○實是神德有自他而自他非異○人我相對而我相本來空○是以有功有績有能有用○咸伏萬邦而無我所之執○惠懷群情而無造作者之念○是神德也○至于此雖爲有爲法○而亦無爲法不有于此外也

是時大己貴神問曰○然則汝是誰耶
我而不自知
對曰○吾是汝之幸魂《サキミヌマ》奇魂《クシミタマ》也
有折紙
大己貴神曰○唯然○汝是吾之幸魂奇魂
福德門我修之而得之○在我不自知○至其成就也我知之○乃至天下人知之○智慧門我修之而得之○我不自知○至其成就也我自知之○乃至天下人知之
今欲何處住耶
此是術魂《ミチミタマ》之所在也○至于舊事紀有折紙
對曰○吾欲住於日本《ヤマトノ》國之三諸《ミモロノ》山乃至之神也
自八代之跡而言之○則大和國神武天王攻伐而得之○非此時之板圖也○神代不然○既有其德而得之○大巳貴神之所治也○故其幸魂奇魂○宮居既

定而千古不移也

己下

此神之子乃至天皇之后也

記家系之相續

甘茂《カモノ》君《キミ》等《ラ》　大三輪《ミワノ》君《キミ》等《ラ》　姫蹈鞴五十鈴命《ヒメタタライスズ》

舊事紀等云々

初大己貴神乃至是也

再記少彦名神事也

五十狹々之小汀《イソササノヲハマ》　秋鹿郡佐太湖

稻佐社　經津主神天鳥船神相殿

毎年十月十一日より十七日までの内　龍蛇上る○海神の使者と云々

白斂皮《カガミ》艸　鷦鷯《サヽギ》

置掌中　小身の神たる也

跳踏其類　捷疾なる也

此章折紙六通

一大意　日ハ中シテ而傾キ、月ハ満チテ而缺ク。物盛ナレハ則衰フ。福ハ是レ災之所レ伏スル。榮辱昇沈並ニ是レ天津教也

上位之神ハ人之形ニシテ而大小好醜之別。男女長幼之異有リ之。下位之神ハ乃チ

二虵

鳥獸龍龜ノ形有リ之。又象頭人身猪頭人神。狼頭鳥頭等也。此ノ八岐虵ハ是レ虵形之神也

土蜘蛛　人皇已後土蜘蛛ト者多ハ是レ國賊之稱也。虵モ亦爾也。稱スル閑神邪鬼ト者多ハ是レ閑《ノラ》漢《モノ》之稱也。又別稱通人者。あたちが原の黒塚に鬼こもれりと聞クは實とかと云が如きは。別途のこと也　神代ハ人直く言直し。別ニ不レ加ニ疑慮ヲ。これ嵯峨天皇の敎なり

越絶書　上ニ引クが如し

祇園三神　右ハ稲田姫。左ハ八岐虵

報怨以德　老子經ニ出ツ　又佛經ニ出ツ　論語には。或カ問フ德を以て怨に報せば如何。子曰ク何ヲ以テ報ン德ニ。以テ直ヲ報イ怨ニ以テ德ヲ報ト德ニ。これ等は且ツ聞ては面白けれども實語に非ル也。直は人たる道。平常日夜終身の意なり。怨める人斗に向ふ道に非ル也。報ルニ怨ニ以スルヲ德ヲこれ神道也。嵯峨天皇の平城天皇に報ずる。眞如親王に報ずる。此ノ趣也。其ノ藥子を誅する如キは國の常典群臣の作略也

三 湯津爪櫛

支那漢高　此は史記に出ツ

日本嫁娵之初也。天上栲幡千々姫の嫁娵も此ノ時なるべし。天地相應し人神相感ず。神道の敎也

四 八雲

屋宅與嫁娵と相應　佛敎にも有ルこと也。又嫁娵詠歌と相應する。詩經國風に關雎ノ篇を初とす是也。是を此ノ咏の意妙とす。八重垣造と云ト

妻ごめと云《ヒ》。千古婚儀の初《メ》正しき也。此《ノ》嫁娵何れの國にも荒昧の世には禮度未《タ》レ立《タ》。我日本も或《ハ》姨を娶《リ》庶母を娶り。同母ならざれば妹を娶るなど也。此時の嫁《ハ》此《ノ》違亂に非ず。萬世の後《チ》禮儀立《ツ》の時に至《テ》も耻《カシ》からず。此《ノ》八雲之詠歌《ハ》宜《ク》レ爲《ス》二國之大典《ト》一也

支

那有九御

此《ハ》周之禮也。一后。三夫人。九嬪。二十七御妻。八十一世婦　衆妾は此《ノ》外也

此等の奢。天命いかゞ。神祇いかゞ。智者可《シ》レ知《ル》

五

二魂

此《ノ》紀は二魂也。舊事紀は三魂なり。神功紀に和魂荒魂を記す

此《ノ》折紙に入紙あり。通途は本折紙は嵯峨天皇の大師へ付囑の趣也（誠《ニ》不レ可レ有レ疑也。其《ノ》事古而其《ノ》言有《ニツ》王者之風一也）入紙は大師大師と傳ふる也。但《シ》此《ノ》入紙は後人の書添と可《シ》レ知《ル》

六 常世郷

藐姑射之山　莊子に出ッ

龍宮　紀第三五ヲ　三毛入野命亦恨テ之曰。我カ母及姨ハ、並ニ是レ海神。何爲《イカンソ》起メ（此上云海中卒遇暴風云云）

波瀾ヲ以灌溺《ナホラスヤ》乎。則踏テ浪秀《ナミホ》ニ而往《イキマシヌ》乎常世郷《トコヨノクニ》ニ矣　文

江南　紀六十六ノ　九十年春二月庚子朔。天皇命テ田道間守《タヂマモリ》ニ遣テ常世國ニ令レ求メ非時香菓《トキシクノカクノミ》ヲ。今謂レ橘是也　文　此は神仙秘區。俗非所臻と記すれども。

江南の橘也と傳ふ也

神代下《カンヨ》

降臨章

天照大神乃至瓊々杵尊　此ノ段記ス嫁娵及ヒ兒孫連綿之初ヲ

大。板本作レ太。古本作レ大。古本よし

正哉吾勝々速日天《アメ》忍《ヲシ》穂《ホ》耳《ニ》尊

正哉は歎ずる辭也。速日は明に怠たらぬ也。天忍穂は食也。儒典ニ天を論ずる中。士庶は君を天とす。君は民を天とす。民は食を天とす云々

此ノ御名ノ其意也。耳は助辭也。ミ、と讀ムは不是也。ニ子相通ふ。忍骨《ヲシホ子》とも記す

栲幡千々姫　栲ハ木ノ名。取テ皮ヲ造ル木綿ヲ。幡ハ拭巾也。幡旙旌旗異也。幡ノ字ヲ機ニ訓ムハ不是ナリ。ハタと云は鮑司隷より轉釋せる也。正字通よし。莊子ノ寓言篇ニ。家公執リ席ヲ妻執ル巾櫛ヲ文是也

千々ハ萬也。栲幡は婦人の夫に事ふる儀。上の惶根より展轉し來ル也。萬事謹愼なる也　下界の稻田姫と上下感應の儀あるべし

天津彦彦火瓊々杵尊

天津彦は猶シ云カ天尊ト。彦火ハ稱號稱スル陽德ヲ也。瓊々杵ハ饒々重稱御名也

嫁娶之初胎生之初也。神代より人世に移ラんとして。神代にして人事

を起す也

故皇祖乃至崇養焉

皇祖の字を書す。人世子孫相傳の兆を起す

高皇産靈尊　大祓に神漏岐。神漏美と稱する是なり。天命の主にして而皇家の祖也。支那には此を天帝と稱す。一例を擧ば。史記趙の世家に。趙簡子疾。五日不知人。大夫皆懼。醫扁鵲視之出。董安于問。扁鵲曰。血脈治也。而何怪。在昔秦穆公嘗如此。七日而寤。寤之日告公孫支與子輿曰。我之帝所甚樂。吾所以久者適有學也。帝告我。晉國將大亂。五世不安。其後將霸。未老而死。霸者之子且令而國男女無別。公孫支書而藏之。秦讖於是出矣。獻公之亂。文公之霸。而襄公敗秦師於殽而歸縱淫。此子之所聞。今主君之疾與之同。不出三日疾必間。間必有言也。居二日半簡子寤。語大夫曰。我之帝所甚樂。與百神游於鈞天。廣樂九奏萬舞。不類三代之樂。其聲動人心。有一熊欲來援我。帝命我射之。中熊。熊死。又有一羆來。我又射之。中羆々死。帝甚喜。賜我二笥。皆有副。吾見兒在帝側。帝屬我一翟犬《五色犬》曰。及而子之壯也以賜之。帝告我。晉國且世衰七世而亡。嬴姓將大敗周人於范魁之西。而亦不能有也。今余思虞舜之勳。適余將以其冑女孟姚配而七世之孫。董安于受言而書藏之。以扁鵲言告簡子。々々賜扁鵲田四萬畝。

他日簡子出。有人當道。辟之不去。從者怒將及之。當道者曰。吾欲有謁於主君。從者以聞。簡子召之曰。譆吾有所見子晰也。當道者曰。主君之疾臣在帝側。簡子曰。然有之。子之見我何爲。當道者曰。帝令主君射熊與羆皆死。簡子曰。是且何也。當道者曰。晉國有大難。主君首之。帝令主君滅二卿。夫熊與羆皆其祖也。簡子曰。帝賜我二笥皆有副何也。當道者曰。主君之子將克二國於翟。皆子姓也。簡子曰。吾見兒在帝側。帝屬我一翟犬曰。及而子之長以賜之。其兒何謂以賜翟犬。當道者曰。兒主君之子也。翟犬者代之先也。主君之子且必有代。及主君之後嗣。且有革政而胡服。幷二國

於翟

箇子問其姓而延之以官當道者曰臣野人致帝命耳遂不見

遂欲立皇乃至能言語　已下記立國之由來

螢火光神《ホタルヒノカヽヤク》　蠅聲邪神《サフエナスアシキ》　荒振神也

草木云々　衆小人之義也

故高皇乃至不報　文易解

故高皇乃至不復命

天鹿兒弓《アマノカコユミ》　製不可知且準纂疏而可也

天羽々矢《アマノハヽヤ》　製不可知且準衆説

第一一書天眞鹿兒矢

顯國玉《ウツシクニタマ》　古今序傳あり

是時高皇至座前也

無名雉《ナナシキジ》　雉行神也○三十六禽並神也

天探女《アマノサクメ》　準ス二衆説ニ一

文可シレ解ス

時高皇至可畏之縁　可シレ解ス

天稚彦之妻至啼哭悲歌　文可シレ解ス

天國玉《アマノクニタマ》　稚彦之父

疾風《ハヤチ》　風神以レ風チ爲レ體ト

川雁《カハカリ》　雁行神　餘ハ準ス二纂疏等ニ一

先是至喪山云々　此其縁也　可シレ解ス

編者曰。右日本紀神代折紙記三巻は尊者の撰なり。尊者御直筆の本高貴寺にあり。今彼本に依て之を出す

無題抄

（表紙裏記）

天書 大伴重堅が古語拾遺ノ跋ニ云。延暦ノ年濱成ノ作。今逸スト

神

カミ　體を呼フ也。重

カン　用を呼フ輕一。神事《カムゴト》神佐備《カンサビ》

右は神學者の說也。多田氏も同シ

康保私記ニ曰ク。以テ神體ヲ言ハ、則迦美。以テ神用ヲ言ハ、則可武《カム》（已上表紙裏記）

天明八年戊申の夏。予齡七旬にあまり。僧臘四十九なり。若シ今年の夏を恙なく滿せば五十夏なり。我カ國に在て此ノ福緣にあふ。皇恩しらざるべからず。我カ皇は天壤旣に定りたるより寶祚かたぶきなく。公卿みな祿を世々にし。文武のつかさみな其ノ職を守りて。萬民とこしなへにやすし。此ノ皇恩をおもうて。夏の初より日本紀神代卷を披覽す。幼年の時も

見ざるにもあらず。中年の比にも手にふれたる事なれども。その時は密教の事相。律儀の持犯。天台賢首の教相。玄奘慈恩の性相を。我家の事とおもうて。神書はその家たる吉田白川。伊勢內外宮の神官などの極め言にまかせぬ。近比は山崎垂加。增尾大和。余田伊織。多田兵部などが說もあれば。予がごとき短才の者。彼も是も同一にまねびて。俗語に云《フ》一もとらず二もとらずのあざけりをのみ。おもひはかりて。唯《ヌ》輕々に見過しける。今は齡桑楡にかたむきて。衰老時いたりぬれば。世の爲《メ》人の爲になるべきおもひもなく。唯《ヌ》自已心地のやしなひを思ふより他なければ。をのづから餘念にもわたらぬ事なり。誠や神代の深遠。神道の幽玄。我《カ》國皇統の萬代つきしなき。ことはりふかきこと。舍人親王の筆削にあらはれたる。今その人にあうて手をとりてあそぶごとく。神代のことわざ。今眼に看てともに〱游泳するが如《ク》なれば。國常立尊の御めぐみ。天照皇太神の御いつくしみ。我《カ》身にあふれて。感涙をもよほすなり。此をもむきより。近代神道を云フ者山崎垂加。増尾大和は。神祇を人事に附會す。甚しきは唯ヌ男女猥媟を以て神祇の極則とす。又余田伊織がごときところを見るに。燕石を寳とするのみおもはれて。これにもかたよるべからず。多田は直に人事のみにして。人事の至れるを神と云フと云へり。しかるに神代双卷より舊事故事の二記等。みな人事に於て甚だ疎也。その至れりと云フことを見ず。荒井氏此ノ卷を軍事にて解す。これは唯ヌ武夫の平生底也。其ノ志は可なれども。此ノ卷の義とするにはたがひあるべし。我すでに比丘にして。神道を云フて人にをしふる身ならねば。人のうけがふべくもあらず。たゞ予が短才不德。のこる齡のかずもあらなくおもほえて。世のはゞかりもかへり見ぬにぞある。もし神明の御こゝろにもかなひなば。五十鈴川きよきながれ萬代につきず。あまつひつぎたかき御位もうごきなく。八しまの波しづかに。あを人くさのしげりあひなん。一分の皇恩を報じ奉るになんあるべきか

國常立尊 國そこたちと云ッは音の轉なり

一大地をしまろめたる神靈なり。國とこしなへに立と云義なるべし。人事伊弉諾伊弉册尊よりはじまるといへども。皇統の萬世にうごきなき。此豊あし原の外國より侵しみださぬ。此尊を最初とすべし。此天地あらんかぎりは。つね〳〵我國にまし〳〵て。その德日夜に增長し。萬物を生成し玉ふ也

千載集 津守國冬

海原や浪にたゞよふ葦牙の。かひある國となれるかしこさ

光云。若依佛經則四十華嚴大天也

支那國には此神德の理をうかゞひしる人ありけるか。盤古王と名づけそめける。天竺外道もこれを信じそめけるか。自在天とあがめ奉りける。唯識述記を見るべし

國狹槌の尊 亦國さたちと名づく。音通也

國はじめてたつなり。これは此ノ國初成の神靈なり。世界成ずる時。此ノ神ちからありて此ノ國土を成立し玉ふ

世に此ノ國狹槌ノ尊百億萬歲と云フ。次のとよくむぬノ尊巳下みな例して多百千歲と云ヘり。既に此ノ日本紀にしるし玉はぬ事なれば。其ノ趣をたづぬるは笠上の笠なるべし。倭姫の世紀などにや。はじめてしるせるならん。その世紀と云フは。後世のいつはりしるせしふみとなん云フ事なれば。此ノ神代のとしの數は。かぎりをしらぬと云フを正說とすべし

豐斟淳尊

國ゆたかなる也。國すでに成立して。財穀豐饒なる。此ノ神の德なり。巳上は獨化なり

此ノ三柱の神くにとこたちは萬國の主。一天地の靈也。國狹槌。豐斟淳は我カ國の守り也。皇統の盡しなき。國財の乏しからぬ。此ノ神の御ちか

ら仰ぐべしと云へり
一書をよび舊事紀の說によらば。國常立の巳前に。うまし葦芽彥舅の神あり。天の狹霧。國の狹霧の神あり。其ノ神德はなきならねども。舍人親王の國常立より記し玉ふは。皇統の正しきを祖述す。其ノ見るところ卓爾たる也
一書に。高天原にいまし玉ふ天ノ御中主の尊。高皇產靈尊。神皇產靈尊を記せるは。天地すでにわかれて。その天をつかさどり玉ふ神なり。北辰の其ノところに在る。衆星のところしなへにめぐれる。此ノ神の德と云フべし。此ノ衆星人事に應じて國の幸をひらくなり。御中主とは天道にして中理の主なり。二產靈は天の發生なるべし
此ノ書の例。一章を記し畢て一書を引ク。此ノ章六段の一書あり。その中本文を補フあり。又本文に異なるあり。親王その所傳を重んじ。神德のかぎりをしらぬを表して。筆削をくはへ玉ふことなきを知ルべし。本文

は親王の皇統を主とし給ふと云《へ》り

埿土煑尊　沙土煑尊　又ウヒヂ子スヒヂ子ニ子相通也
ニ助字なるべし。忍穂耳の耳字の例歟

大戸之道尊　大苫邊尊
戸之富ミ同　ー男ミ音同。老宿の稱　ヒメ切ヘ也女人之稱

面足尊　惶根尊　亦曰之中。吾屋ハ文ノ義。美稱。忌齋戒ノ義。
面容滿足也　靑アチ。アヤ轉音カシキ。カシコ轉音
カシコ敬愼也根ニト同音付字

埿土煑。沙土煑。大戸之道。大苫邊の御名。古來おほく義理を附會す。今謂《ク》義理あるも可なり。義理なきも可なり。有義理。無義理の間に在て。神靈の貴《ヤ》をしる也

此《ノ》三代陰陽分施の神なり。伊弉諾伊弉冊の尊の因由と云《フ》べし。要をとりて言《ハ》ば。國常立《ノ》尊漸次に成立するを。さたち。豊くむぬと云《フ》。此《レ》より陰陽その儀なるを。此《ノ》三代の神とする也。後代神道を云《フ》者。倭姫紀等より。五行を以て配するは非なるべし。五行は支那洪範のをしへにして。漢儒の沉醉するところなり。此《ノ》神代双卷五行の説なし。庸儒窮書生。わが國に居て他土の文物をうらやむ。動もすれば驢鞍橋を

以て阿爺の領となすなり。倭姫の記等。その僞作なること。諸人もしる所なれば。今辨ずるには及ばぬなり
初ノ神ハウス二音を以て男女をわかつ。ウ冠《ウ井》リは。はじめを指スの聲。ス末ス
娶《エ》ソは。後を呼フの聲。男さきだち。女後るゝの趣なるべし。次の神はノヂマベの二音を以て男女をわかつ。ノヂは彥舅の稱なるべし。マベは脣にふるゝ音にして。陰のひゞきあり。大は稱美のことば。トは滿足の聲。ヒフミヨイムナヤコトモチ等。第十にあたりて成數となる。富とき等。これよりいづる也。トはコを以て助れば常となり。ヨを以て助れば豊となり。ミを以て助れば富となる
第三ノ神おもたるは顏貌具足。かしこねは根門をつゝしみ守る義なるべし。古人種々異說あり。尋ねしるべし
伊弉諾尊　伊弉册尊
有人妄に未生の諸册。己生の諸册を立ツ。可ﾚ笑可ﾚ笑

此ノ二尊キ牙とミ唇とを以て男女をわかつ。已上八神。神道八の數ある。爰に本づくなり。支那の書淮南子曰有二神混生經天營地云云　此も見る處あるのことばなり。支那の書といへども。我國の神道に髣髴としてちかし

有人曰。原七代之神出自大元一氣之靈故。故約之於上則歸于國常立尊。國土成定而化生陰陽二氣之神故。約之下則歸于諾冊二尊。所謂七代、一代。一代七代者謂此也已上

此說のごときは凡慮を以て神位をはかる。福を滅じ命を縮め。子孫の災をひらくべし

通證曰。今按嘗聞之也。一滴露之精是水。之爲國（文章顛倒）狹槌。精中溫々氣是火。之爲豐斟渟。乃國常立天元一氣之所化。而水火共父之所施乾之道也。其精受之母胎以母血養之。而後乾坤之道相參而生男女之體。於是精血溢筋脈通。爲之埿土沙土。言其狀如泥沙。次毛髮生骨絡堅。爲之戶道、苫邊。身之毛骨猶家有戶苫也。脈絡貫通猶道路邊境也。次皮膚全形肉

調テ而男女之性情成ル。爲ニ之ヲ面足惶根ト一。體之具ハルチヒ曰ニ面足ト一。心之徳チフ曰ニ惶根ト一。此ヲ爲ニ
二尊之父母ト一矣已上　此等胎内の五位を以て神道神代を議す。最も
鄙媟なり。此ノ鄙媟を以て神道とおもふ。實に神祇の罪人なるべし
此ノ二尊。一陰一陽相應するの神なり。國界を成立し人物を生育す。皇
統のながく傳ハる。此ノ二神の徳なるべし
伊弉諾のみこと。伊弉冊の尊と。天の浮橋の上に立タして
天とは自然の名にして。上を指スのことば。浮橋とは。陰と陽と相かよ
ふ貌なり。第二の一書に二神立ツ二于天霧之中一と
有人曰ツ。二尊相對スルハ日月相望ム也已上　此ノ説鄙陋なり。人間肉眼の見る
ところを以て上代神靈の秘奥を議す。あたらぬ事なり。此ノ橋もし庸
人のためには。經の極樂世界ノ八功徳水七寶欄楯のごとく説て可也。
此ノ世界成立の此ノ相貌ありて現ず。微妙莊嚴。言説の述フべきならず
共に許《カタラヒ》。そこの下に豈ニ國なからんやとの玉ひて

念相の兆す。かならずよるところあり。我ガ豊あし原のひらきそむる。
此ノ二神の心相よりおこりて天位の基となる也
或人。渡り見ぬ人こそなけれ久堅の。天の浮橋かけ初しより
又。神代より多の人の思川。かけしやへがき天浮橋
廼ち天の瓊矛を以てさし下して。かきさぐりしかば。是に滄溟を獲き」
天のぬぼこは自然の武器也。且く表せば男子の徳也。此ノ矛瓊玉の徳
あれば。瓊の字を加へてぬほこと云ヒ。また玉鉾と云フなり。又ヌマ相通。
天の眞鉾也。更ニ問ヘ
或カ云ク續遊和草 吉田兼敬《ユキ》傳ル二大事ヲ於高岳中將ヨリ二天瓊矛之圖。五輪載ス二地水火風
空チ口授云々 これ等も一偏なり。此ノとほこ至大至貴なり。このあをう
なばら至奇廣博也。且く女人の徳に表す　萬國男女の根本となり
て天地を經營す。佛教にも。男子にして不能男なる者。女子にして不
能女石女の類を。根不具足と名づく。此の者は得戒せざる也。此徳を

闕ッのことはり知ルべし
其ノ矛の鋒よりしたゞりの潮こつて一の島になれり。これを名づけて。
をのごろしまといふ
それ國の初てなれる。人の五臟六腑のをの〳〵その位を定メて成育
するが如し。此ノ趣を以て此ノをのごろ島をしるべし
二はしらの神。こゝに彼ノ島に降まして。因てみとのまぐはいして。くに
つちをうまんとをぼす
天地の化育。はしを夫婦になすと云へり。外國の事なれども。典籍の記
する所によるに。劫比他國ノ俗事フ大自在天ニ。其精舍ハ者高サ百餘尺。中ニ有リ天ノ
根形極テ偉大。謂テ諸有趣由ト之ニ。而王民同ク敬ス云々　唐傳
又跋膚沙城ノ東北崇山青石毘摩天女ノ像ハ者自然有形云々　或カ云ク。此ノ形亦
對ノ上ニ而言フ云々　我國筑波の山に男體山女體山あり。二尊をまつると
云へり

此等世界成壞の儀なり。聖知見と相違あるまじきと云《へ》り。神祇の故を談ずるには此《ノ》義をしるべき也
便《チ》をのごろ島を以《テ》國の中のみはしらとして。をがみは左よりめぐり。めがみは右よりめぐる。國の柱をわかれめぐつて。おなじく一面にあひき
舊事紀に。天瓊矛を以て磤馭盧島の上にさしたて。以て國中の天柱となすと云《へ》り。文相によらば。此《ノ》日本紀は直にをのごろ島を柱となしてめぐり〱玉ふなり。舊事紀は。二神かの天のうき橋に上にありて指《シ》下し給ふ瓊矛をそのまゝ持來り。此《ノ》島のなかに立《チ》て。めぐり〱給ふと見えたり。しかるにその眞實義を尋ぬれば。二途ならずと云《へ》り。或は柱これを大極にかたどり。陰陽二神めぐり相あふ。支那の連山周易も此《ノ》外ならずと云《へ》り（支那の道を以て此《ノ》國に比する。通方の違見ならざる歟）或は柱を指《シ》立《ツ》とは地樴なり。二神めぐり逢給ふは四方結なり。我日本の法界

道場たる謂也と 此ノ義なきにしもあらざるべし。これを言句にあらはせば。二に落チ三におつるなり
時に陰メ神《カミ》先ッとなへてのたまはく。あなうれし。にへや。うましをとこに
あひぬ
此ノ神事ふかき趣ありと云ヘり。國中を堯舜執中のことはりに比し。右
にめぐり左りにめぐるを。日月東西に相對するよそほひと解し。み
はしらを心の柱とし。身はしらと解する。皆これ人間分別の妄想に
して。神祇の道にはたがふなるべし
神祇にして神祇の道ある。天柱すでに立て國かたぶかず。今に至る
まで皇統のながく傳ふる。外國のうかゞひ得ぬ。此ノみはしらによる
なり 支那に天柱折レて女媧氏鼇足を断て此ノ天柱を補ひ。四維を定めしと云ッは一分此ノ神祇のをもむきを見しことなり。世くだり人世智にはしりて。まことの道を失ひしより。支那の諸子百家。みな此ノ趣を解しうる人なしと云ヘり。孔子の神をかたり給ふことなく。まれに天道をのたまふと云ッも。そのことはりある事ならん
先立てことあげし給ふ。次下に至りて其ことはりをしるべし　陰神の
陽神よろこびずしてのたまはく。あれはこれますらをなり。理まさに

まづとなふべし。いかんぞたをやめ先《サキ》だつことや。事すでにさがなし。むべ以てあらためめぐるべし。こゝにふたはしらの神。却てさらにめぐりあひぬ。このたびは陽神まづとなへてのたまはく。あなうれし。にへや。うまし少女にあひぬ

陽となへて陰和す。天地自然の理也。これにそむけるは祥なしといふ。陽神の十八字。陰神の十八字。その數天地の數と云へり

或カ云ク。二神三十六の字數。御はしらに合して三十七尊を成ず。法界道場の儀也と。此ノ義なきにしもあらず。これを言句にあらはすは不是なり

陰神先だちとなへ給ふ。神靈もあやまりあるか。陽神すでに不祥とのたまへば。あやまちはあやまちにもあらむ。されど此ノあやまちより來る所ありて。此ノ國のもとゐ大日孁のみこと姉君にして。皇統の元祖となり。萬神の主となり給ふ。此ノ陰神の御ことの葉に定りて。萬

古不易の道となる也。今よりして云《ハ》ば。過を見て仁をしることはりなるべし。凡そ智謀よりおこることは利に害ありて友なう也。自然に出《テ》たる事は。かならず福の基となるときく

因て陰神に問てのたまはく。いましが身に何のなれるところあるや。こたへてのたまはく。あが身に一の雌元と云《フ》ところあり 神語なり。容易に看過すべからず。空中に雨露のもよほす。地上に河海のなる。月の盈昃ある。谷の窪なる。わかれ〳〵て國土成育の根となる也 陽神のたまはく。吾身に亦雄元と云《フ》ところあり これ亦をもむきふかし。愚なる者戯弄のことばときくなるべし。さにあらず。日の萬國をてらす。雷の發動する。風の萬物を長消する。山の高き。鳥獸のかけりはしる。みなほどこしなして盡ることなし 吾身のはじめのところを以て。いましが身のはじめのところにあはせんとおもふ。こゝにめをはじめて。みとのまぐはいしてをとめとなる

男子をのづから男子の事理あり。女人をのづから女人の事理あり。此《ノ》德天地に先立て天たがはず。天地にをくれてその道を受く。陰陽その位さだまり。鬼神その故をうけ。萬物その情を通ず。爰に至《リ》て雌

元雄元のまことに萬國の基本たることをしる。晝夜のわかるゝ。山川のとをる。函蓋の相合ふ。風雨の相もよほす。星雨をこのむあり。ほし風をこのむあり。其ノ道を得て四時をこなはれ百物なると云へり。正眼に看來れば。支那の仁義のをしへとは。此ノ雌元雄元よりことおこりて。孔子顔回の立おこなふ道となれるぞかし

うむに至るにをよんで。先ツ淡路島を以て胞とし。意よろこびざるところ也。名づけて淡路洲《シマ》といふ。廼ち大日本豊秋津洲をうむ

大とは稱美の詞。やまと者山跡。とよ者豊饒の義。これも稱美のことば也。あきつ者蜻蜓の名。國の形を云フ也。畿內五ヶ國。東山道八ヶ國。東海道十五ヶ國。山陽の八つ。山陰の七つ。南海の紀伊。北陸の若狹と云り。大日經義釋。をよび攝大軌等に。主地神。主洲神。主島神あり。此ノ處に併セ看ルべし

次に伊豫の二名洲をうむ

いよ者彌なり。豊秋津洲のみならず。更に此ノ産生あれば。いよと名づく。後これを四國とす

次に筑紫の洲を生ム

筑石也。むかし外國の備をもふけ。石壘をつきしと云フ。今九州となる」

次にふた子に隱岐ノ洲ト。佐渡の洲とを生む。世人あるひは雙生あるは。此にかたどりてなり

をきは澳也。さとは迫《セ》門《ト》なり

次に越洲をうむ

角《ツル》鹿《カ》の坂を越て。此ノ國に入る故に。こしと名づく。今五ヶ國となる

次に大洲をうむ

伊豆の大島也と云ヘり

次に吉備子洲をうむ

これによりて。はじめてをほやしまの國の號あり

耦生の凡て八神と云ヘり。八の數こゝに定る。二尊國をうみ出し給ふも八大洲なり。上下相うけて萬物化生する也

或カ云。四象より八卦を生ずると。その理に至りて。支那も我國ト異ならぬなるべし

即つしま壹岐のしま。をよび處々の小島は。みなこれ潮沫のこりてなれる者也。亦は水の沫のこりてなれるとも云フなり

有人云く。天照皇の都は豊前のくに。今の中津と云フところ也。故になかつ國と云フ。豊の字も祝したる詞にはあらで。今の豊前豊後の域なり。豊前風土記ニ宮處《ミヤコ》郡は古天孫これより發して日向にをもむき給ふ。上古伊弉諾の領したまふは淡路一島なり。それより西海道をしろしめして。豊前の中津に皇居をしめ給ふ也。神武帝より畿内を掌に握り給ふて。日本武命より關東を領し給ふと。此ノ說より處あるに似たれども。人間肉眼世智の見る處と云フべし。實を云はゞ。高間が原

とは虚空界也。空居天遊空天より。此ノ地上地底にうつり給ふこと。神靈の所作にして。人間人事に異なることある也。五類天あること。密教金剛界外金剛部の如し

次に海をうむ。次に川をうむ。次ニ山をうむ

華嚴世主妙嚴品に。主海神。主河神。主山神ある。此ノ趣なるべし。華嚴會上。日いで先ッ高山をてらす如きとも云ヘり

次に木祖くゞの馳をうむ。次に草祖かやの姫をうむ。亦は野槌と名づく

華嚴會上の主樹神。主藥神。主稼神ある如し。上來國土草木みな二尊のうみ出し給ふと記せり。此等神語なり。二尊陰陽の德。此ノ二神あらはるゝとき。國土草木みな神靈をあらはして聚會し給ふ也

すでにして伊弉諾尊。伊弉册尊。共に議《ハカリ》てのたまはく。吾すでに八大洲の國。をよび山川草木をうめり。なんぞ天が下の主たる者をうまざら

んや。こゝに共に日の神をうみまつります。大日孁貴とまうす日の神と云ヲも。直に日輪なるにあらず。亦日天子にもあらず。此ノ大日孁のむち。日輪に相應して。其ノ德著明なるなり

それ天地同根なり。神人一體なり。此ノ地一物の生ずる。一人の生ずる。かならず天象と相應する也。此ノ理を明了に信解する者は菩薩種姓也と云ヘり

たとひ外國も。大君は日に應じ。將帥は太白金曜星に應ず。ましても我國開闢の聖主その日神たる。うたがふべきならず。此ノ日神女體にてまします也　有人疑て云ヲ。すでに日神ならば男子の御姿なるべし。女體にまし〱ては不相應なるに似たりと。此ノ疑不是なり。易にも陽卦は陰おほく。陰卦は陽おほしと云ヘり。女體の日神たる。その理いちじるし。又密敎にも。理智を日月に配す。日は陽にして。しかも理なり。月は陰にして。しかも智なり

さきに陰神の先達てことあげし給ふ。姉君のはじめて出生し給ふ
瑞兆なるべし　有人疑て云《ツ》。此《ノ》日神は胎生にましますか。化生にて
ましますか。今謂《ク》。これ化生なるべし。凡《ソ》胎生は其《ノ》遺骸のこりて陵に
おさむ。此《ノ》日神その陵なければ。化生にて出給ふなるべし。忍穂耳尊
も同條なり。瓊々杵の尊に至て初《メ》て陵ある也
此《ノ》子ひかりうるはしく。くにの内にてりとほる。かれふたはしらの神
よろこんでのたまはく。吾《カ》息《コ》さはありといへども。未《ダ》かくくしひにあ
やしき兒はあらず。むべ此《ノ》國にとゞめまつるべからず。自らはやくあ
めにをくりまつて。授《ツ》るに天上《アメノ》のことを以《テ》すべし。是時未《ダ》天地相さる
こと遠からず。故《カレ》あめのみはしらを以て。天上にをくりあぐ
天柱とは。二神のめぐり〳〵給ふみはしら也。此《ノ》大日孁貴。女神にま
し〳〵て聖徳の君なり。近代の神學者これを男體と定む。そのこゝ
ろは。次下の瑞珠の章に。三女をうみ給ふことあり。若《シ》女神ならば御

弟素戔嗚尊と夫婦として。其ノ中に出來給ふに似たり。聖徳の神の所作とおぼしき事ならねは。日神は別に后妃ありて三女を得給ひ。素尊は別に妃ありて五男を得給ふにやあるとの事也。しかるに日神の女體たる。典籍明了なれば。耳を掩て鈴を盗ムと云フべし。有ルものは日神女體にして。別に夫君ありて此ノ三女を得給ふにやとおもへり。此ノ義また私説也。日神すでに宇宙の大君として。萬神の主なり。諸神夫婦みなその御名ありていちじるし。萬乘の主にして夫君あらば。御名のあらはれぬ。疑フべし。これ等みな妄想世智の分齊にして。神祇の故をしれるにあらず。今正しくのべば。日神は聖女淨行の御徳なり。諸人のあやまる事なれば。文言長冗なれども。今具サにこれを論ずべし。それ雌元雄元は男女の身なり。みとのまぐはいは男女の事業なり。子孫生育は男女の徳なり。海外萬國も此ノ道たがひなく。千萬歳のいにしへ。千萬歳の後。此ノ理ことならず。此ノ道ありて父子あり。君臣あり。兄弟あり。親疎上下あり。儒者の仁義禮智。五行家の水火木金土。その本をたづぬれば。此ノ雌元雄元の徳にある也。支那の君子。不孝に三あり。後なきを大なりとすといへるは。此ノ趣をのべし也（後世放逸の者。此ノ男女の中。種々悪行執著を生ずるは。雌元雄元の咎にあらず。たとへば金銀珠玉は其ノ體浄妙にして。其ノ徳たふとければ。おろかなる者。偸盗の行慳貪の情を生ずる如し）二神はじめて問定め給ひしことの葉。其ノ趣ふかし。しかあるに。日神わが國開闢の聖主にして。此ノ道ふさがり。諸冊二尊の仁徳にことなるは。いかに。これさらに深趣あり。日神實に諸冊二尊に異ならず。すでに深趣たり。庸流の解すべきならず。古に智者譬喩を以て其ノ義を解すと云ヘり。總じて刀劔は丈夫の守として截斷の器なり。此ノ截斷の器妄りに用ゆべきならず。若シ此ノ刀にて怨敵を誠するは威の末なり。實の劔の徳を言ば。一生柄に手をかけざる所に其ノ威あり。旃陀羅羊を屠ルの刀の常に用ゆるに同じからず。菜刀の常に婦女の用となり。草刈鎌の牧童が手をはなさぬ。一向その論ならず。たとひ漢高の三尺の劔路に横はれる蛇を截《リ》し。澹臺滅明が左に玉を持て右に劍を揮《ヒ》しは世の中の本には尊むべき□□上のしな。傳國の寶劍はこれにことなり。百王うやまひをなして。千官仰ぎあほぐ。實に皇都《ノ》守りにして。威海外をおごすべし。世に印章ありて信を表し僞を制す。此にもしなをわかたば。商賈の印□□の章。日々に用て止《ム》ことなき□□□□□。有司の印。官府の印の□□□に用ひて。國家□疑の□□を定る。これは王者の政にして□□□□。傳國の王璽は。更にこれに異也。千古の寶器として。皇帝六璽ありて。寶璽は用ひず。此《ノ》不用の璽に。實に傳國の德あるなり。陶淵明が無絃の琴を撫せし。實に琴中の趣をしると云《ツ》べき也。此《ノ》雌元雄元つゝしみ守る處に。その德ふかく大なる也。二神問さだめ給ひしより人倫の基本となる。多欲の者は災おほく。少欲の者は福をうく。女人の二夫に見へざる。男子の邪思なき。一分の神德とす。予不文なり。明白なる理も。つたなき筆にしるせば。

かへつてその理をくらますべし○更に詳にせば○此ノ雌元雄元たる○□天地の狀にして道の在ルところ也○通途を以て云はゞ○此ノ男女和合して子孫を生育し○人倫の本となるべし○此ノ中にも父母の命を用ひず○媒妁の言を待たで○私によしみを通ずるは○天地の道にもたがふ事也○又此ノ男女人道不通にも○二途ありて○漢朝數千の官女あつまり居て人道不通なる○五行家の說ニ○其ノ氣天にのぼりて水旱の災となると云り○此等の劉向董仲舒などが說も○滿分は信ずべきならねども○此ノ事は其ノ理ある也○佛說にも○尼類のあつまりて○唯タ男女の欲をおもひ道業の心なきは○山をもくづし海をもからすと說キ給へり○眞正の淨行は此に異也○男子にて淨行をまもれば○一分天の德を其身に全ウすと云ヘり○女子にして淨行をまもれば○一分地ノ德をその身に全ウすと云ヘり○大和姬の御杖代として事ヘたまふ○此ノ趣也○それより齋宮の立ち給ふ○みな女子不婬にして○神の御杖代となり給ふ○實に國の守りなる

べし。近代に至て尼宮あるも同《シ》趣也。此《ノ》まもるとは。道ありて守る也。明師に問《フ》べし。此《ノ》地徳と云へば。天徳にはおとるかと云《フ》に。左にあらず。天地その徳ひとしき事。聖賢の常言也。たゞ淨行の者のみ有て。此《ノ》なかに智慧を生じ禪定を得るなり此は佛教を引べし古人云《ク》。飮食男女は人の大欲存すと云《ヘ》り。人誰か男女の欲なからん。日神の我《ガ》國の聖主として淨行にまします。女體にましまして地の徳にたがひ給はず。素尊の御子を養うて皇統ながく傳ふる。實に萬國開祖のをよびなきところ。仰ぎても更に仰《ツ》べし。若《ハ》男子若は女人。生來淨行にして婬事にふれざる者は。其《ノ》徳みづから知《ユ》べし。此《ノ》事一朝一夕の解すべきならず。此《ノ》神代卷上下二卷を暗《ン》じ。晝夜受持してこれを靜室に思惟して初《メ》て得べし。予を以てこれを見れば。堯舜にまされること遠し

次に月神をうみまつります。其《ノ》ひかりうるはしきこと日に亞ぐ。以て日にならべてをさまらすべし。故《カレ》また天にをくりまつる

此《ノ》月神は男體にまします也。おなじく天にをくり給ふ。日神の輔佐なるべし。此《ノ》神も淨行か。御妃の名見えず。御子ましまさず

次に蛭兒をうむ。すでに三歲になるまで。脚なをたゞず。故《カレ》天の磐橡船にのせて。風のまに／＼放ち棄つ

世に足たゝずして蛭の如《シ》と云《フ》。未審也。今案に。ヒ尊尙の辭。ル助語を加《ヘ》て呼《フ》也。コは男子の通稱也。彥と云《ヒ》姫と云《フ》を以て知《ル》べし。日神にひるめと稱す。此《ノ》神にひること稱す。日神は初產姉ぎみなれば。大の稱あり。一天の君なれば貴と云《フ》。此神は弟にして。外に放《タ》れ給へば。唯《タ》ひる子と稱する也

月神あめにをくり給ふは才を用るの義。此《ノ》蛭兒をはなちすて給ふは不才をしりぞくるをもむきなるべし。餘記には。此《ノ》いはくすぶねを御子の列にならべたり。此《ノ》記はしかいはず。此《ノ》處第二の一書に御柱をめぐり給ふとき。陰神まづよろこぶことをあぐ。すでに陰陽の

ことはりにたがふ。このゆへに今蛭兒をうむと云《ヘ》り。本文しからず。不祥とはのたまへ。そのゆへなにごとたりといはず。舍人親王の御こゝろ淺からぬなるべし

次に素戔嗚のみことを生《ミ》まつります。此《ノ》神に勇《ミ》たき。うしていぶりなることあり

此《ノ》一行先《ツ》素尊の性質を記す

またつねに哭泣を以てわざとなす。國内の人民をしてさはに夭折す。

復青山變枯す

大なる哉。わが國神書の神書たる。詩書六經にまさること遠し。孔門子貢が。夫子の文章は得て聞《ク》べし。夫子の性と天道とは得て聞《ク》べからずと云《ヒ》しも。此《ノ》天道をたふとめる趣きなり。一家の主哭泣をわざとすれば一家に災あり。それこゝろ正しければ身正し。おもひよこしまなければことばおさまる。此《ノ》家善神のより托する處にして。福

祥のあつまる處なり○多言にして實意なく○多事にして要ならぬ○此《ノ》家窮鬼のこのむ處にして○災害のをもむく處也○まして哭泣をわざとなす○其《ノ》災大なり○又すみやかなり○郡主國主は○其《ノ》身おもく其《ノ》威勢も大なれば○此《ノ》福と災と○これを小人に比するに百千倍なり○まして萬乘の君人民の主は○一言に國をおこすこともあり○一言に國をほろぼすこともなしと云《フ》べからず○一行に身をうしなひ祖功をやぶり○又一行に祖德をかゞやかし○萬民を安慰するも○無《シ》と云《フ》べからず○素尊のなきいさづり給うて○人民も夭折し青山も變枯する○まことなるかな〳〵○たふとき神明のみことのりなり

故《ニ》そのかぞいろはふたはしらの神○素戔嗚尊にみことのりして○汝はなはだあぢきなし○以て宇宙に君たるべからず○まことにまさに○とをく根國にいねとのたまひて○遂にやらひき

此《ノ》二行の御ことの葉によらば○素尊もし中材にもましまさば○宇宙

の君となし給ふ御意なるべし。その勇悍哭泣。人民國土までも。その害を蒙ルを見給ひて。かくもやらい給ふ。姉君の天が下をしろしめし給ふ。まことに御柱のもとの陰神先だちし兆こそ。我朝萬々世皇統の基なるべし。根國とは邊鄙を名づくるなり。又黄泉をも云フなり。此ノ下十一の一書あり。要義深趣。省略すべからねば。具サに擧ケ給ふ。但し本文と同異あるべき也

こゝにそさのをのみこと。まふしてまふさく。吾今みことのりを奉て根國にまかりなんとす。故《カレ》しばらく高天原にまうでゝ。姉のみことゝ相まみえて。而して後ひたぶるにまかりなんとす。ゆるすとのたまふ。乃ちあめにのぼりまふづ

文相解しやすし

是ノとき伊弉諾のみこと。かんごとすでにをへ給ヒて。あつれしたまふ。こゝを以てかくれの宮を淡路の洲につくり。しづかにながくかくれま

しき
幽宮とは黄泉なり（神名帳に淡路國津名郡伊佐奈伎神社）
亦曰ク。いさなぎのみこと。功すでに至りぬ。徳亦大也。こゝに天にのぼりまして。かへりごとをし給ふ。よつて日の少宮にとゞまりすみましき」
日のわかみやとは石槨なり。日とは尊稱。ワカは小なり新なり。已上は上と別ならねども。文段の巧あるべし。次一紙斗の文。文相も甚タ奇なり。其ノ義ことに幽玄なり。庸流者おほくあやまり解するところなり。今冗言たりといへども。外國支那の典籍。ならびに佛經をまじへ引て。其ノ事跡實義を證すべし。中庸に。國家まさにおこらんとする時。かならず禎祥あり。國家まさにほろびんとする時。必妖糵ありと云ヘり。これ等は孔子のことばの天命ををしへしなり。此ノ一段の事實。わが國千古皇統のもとゐにして。人民豐樂の根をなす兆なり。先はじめに容易なるまじく。萬國に超たる妙事。千古に卓然たる高趣あるべきと信ずべし。これは外國の事なり。事も亦少し。我《ヶ》朝に比すべきならねど。國のおこる時。天よりこれを命ずるの趣をしるべし。支那にて拓拔氏の先祖微賤なる時。曠野に遊ぶ。空中より寶車の下るを見る。中に美女子ともに夫婦となる。一男子を生ず。これを元魏の太祖とす北史を看るべし。暗記なれば誤失あるべし

西域記第十二。朅盤陀國。むかし葱嶺の中の荒川なり。むかし波利斯國王あり。婦を漢土より娶る。むかへて此にいたる時。兵亂に屬して東西路たえたり。遂に王女を孤峯におく。この峯極危峻なり。崖に梯して上下す。周衞を設《ヶ》て晝をいましめ夜にめぐる。時に三月を經て寇賊まさにしづまり。歸路におもむかんとするに。女すでに娠めり。使臣をそれて徒屬に謂て曰《ツ》。王命して婦をむかふ。斯《ノ》寇亂にあうて荒川に野處す。朝夕をはからず。今まさに國に歸《ラ》んとするに。王婦はらめるに似たり。宜《シ》く首惡を推《ス》べしと。訊問諠譁にして。其《ノ》實をきは

めがたし。時ニ彼ノ侍兒曰ク。相とがむることなかれ。乃ち神會ならく耳。毎日正中一丈夫あり。日輪の中より馬に乘リ來て此に會ふと。皆曰く。此ノ中細ならず。罪を境外に待て。しばらく旦夕をおさむべし。こゝにおいて石峯の上に宮を築き館をたつ。めぐり三百餘歩。宮をめぐり城をきづき。女を立テて主とす。期に至リて男を産む。是を至那提婆瞿咀羅と云（唐言漢日天種）容貌妍麗なり。母政事を攝し子尊號を稱す。虛空に飛行し風雲を控馭す。威德とをく被り。聲敎遠くあまねし。隣域異國みな臣と稱す。其ノ王壽終て後。大巖石室の中に葬レ。今猶その形あり。儼然として睡るが如く。時々衣服を易へ。つねに香華をおく。子孫世を奕て以て今にいたると云へり。此事は唐貞觀ノ年也。同第十に。瞻波國むかし劫初人民野居穴處し。未タ宮室をしらず。後天女あり。迹人中に降る。殑伽河に遊び。流に濯イて自ら媚ぶ。靈を感じて娠み。四子を生ず。分て瞻部洲に王たり。各々區宇をほしいまゝにし。都をたて邑を築く。此ノ國その一也と。此等の事を以て。開國の主は奇事蹟もあるべきを知ルべし。其ノ父なくして孕めるもなしと云ツべからず。周の初棄は。その母大人の跡をふんで心うごき。終に妊身して棄をうむ。これ周の大祖なり。童女迦葉の母は須達長者の女なり。火氣胎に入て妊む。十月滿足して男子をうむ。童女迦葉なり。終に倶解脱の大阿羅漢となり給ふなり。又父母なくして出生せるもあり。四十華嚴經に。長者の婦あり。日出るとき蓮華池のほとりにあそぶ。その匂ひことに。その花うるはし。一女子あり。此ノ花の中より生ず。長者婦やしなうて子とす。これを具足艶吉祥と名づく。容貌絕世にして女德具足し。時の太子の妃となる。又佛在世毘耶離國に菴婆羅林あり。其ノ花開盛馥郁たる時。一女子を生ず。菴婆羅女と名づく。その容貌五天竺に第一也。後佛世尊者を禮して優婆夷となり。初果にのぼる。涅槃經に見へたり。此等のをもむきにて。神代亦凡慮の外なる事も信じらるべしはじめそさのをの尊天に昇ります時。をゝうみこれによりて。とゞろにたゞよひ。山岳これがためになりほへき。此《レ》則神性たけきがしからしむる也。天照大神もとよりその神あらくあしきをしろしめして。まうくる狀をきこしめすに至て。乃ちさかりに驚たまふてのたまはく。吾《カ》弟の來る。豈よき心もてせんや。おもふに國を奪《ハ》んとするのこゝろざし有《リ》てか。夫《ソレ》かぞいろはのすでに諸子にことよせ給ひ。おの〳〵其《ノ》境をたもたしむ。いかんぞゆくべき國を棄《テ》おき。敢て此《ノ》處をうかゞふやとのたまひて。乃ち髮をあげて髻になし。裳を縛て袴になし。便て八坂瓊の五百箇御統を以て。その髻鬘をよび腕にまとひ。又背《ニ》千《チ》箭《ノリ》の靫と五《イ》百《ヲ》箭《ノリ》の靫とを負ひ。臂《ニ》稜威の高《タカ》鞆《カラ》を著《ハキ》。弓《ユ》彇《ハス》をふりたて。劒《タカ》柄《カイ》をとりしばり。堅《カタ》庭《ニハ》をふむて。むかもゝにふみおとし。沫雪のごとく。以てけはらゝかし。いつのをたけびをふるはし。いつのころびをこして。たゞになじりとひ給ひき

已上は威嚴の模樣也
素戔嗚のみこと。こたへてのたまはく。やつがれ元より黑心《キタナキ》なし。但し父母すでに嚴勅ます。ひたぶるに根國にまかりなんとす。もし姉のみことゝ相見ずんば。やつがれいかんぞよく敢て去《マカラ》ん。是以雲霧をふみわたり。とをくよりきつ。おもはず阿姉かへて嚴顔《イカリ》玉んといふことを。天照大神復問曰。もししからば。まさに何を以いましが赤心《キヨキ》をあかさん

已上は二神のとひこたへ。解しやすし。此より已下此紀の肝要也

對て曰。請姉と共に誓はん。夫誓約の中かならずまさに子を生べし

此文解し難し。おほくは素尊日神と夫婦として其子を生じ給ふと見るべし（大阪生玉持寶院聖應阿闍梨決疑鈔等。姉弟濫行と記せり）予が見る所はこれに異也。たとへば神仙五通人の呪術を造作して世間を利益する如く。神靈は發言かならず其しるしある也

もしやつがれうめらん是レ女ならば。則濁心ありとおぼせ。もし是レ男ならば則清心ありとおぼせ

素尊此ノ時いまだ童眞にまし〳〵て。心想一途の徳ある時なるべし。此にうめらんとのたまふは。男女構精の謂にはあらず。心より化生して百物透ルの謂也。密教の中に。修眞言行者其ノ修力をうる者。其ノ呪神をあらはさんとする時。地界を結し方界を結し。先ツ初に法曼茶羅を観じなす。其ノ次に此ノ法曼を轉じて三摩耶身となす。此ノ三摩耶心を轉じて羯磨作業の身となす。此よりよく種々の事業を成就する也。今此ノ中は其ノをもむきあり

こゝに天照大神。乃ち素さのをの尊の十握劍をこひとり。打折て三段《キタ》になし

劍は丈夫を表す。勇徳あり。女神にして此ノ劍を索《コヒ》取《トリ》給ふ。陰陽和合の式也若素尊日神夫婦となり給ふと見ば。大なる非也三段とは。此ノ數陽に屬す。女神は陽徳を受給

はざれば。萬物を化生することなし。故に此ノ打折て三段となすの語
あり。三段は初中後なり。萬物みなしかり

天の眞名井にそゝぎ

天のまな井とは主井神也（攝大軌。大日經義釋等併看ルべし）天地自然の水。萬物の源也。
支那洪範をおさむる者。五行の體。水最微ナレハ爲レ一ト。火漸著ナレハ爲レ二ト。木形實ナレハ爲
レ三ト。金體固ケレハ爲レ四ト。土質大ナレハ爲レ五ト。（今神書强て五行を用ゆるにはあらねど。其ノ理はたがはねば。引用るに咎なし）天一生水と
云フも其ノ理ある也。萬物このまな井にそゝがざれば生育せずと云り」
齰然《サカミニ》咀嚼《カミテ》ふきうつるいぶきの狹霧ニうまるゝ神を名づけて田心《タコリ》姫。次ニ
湍津《タキツ》姫。次ニ市杵島《イチキシマ》姫。すべてみはしらのひめがみまします
上の劒は三摩耶身なり。此ノ三女は羯磨身也。これ日神の誠心より出
生し給ふ也。齰然咀嚼とは。口門のことはり也。密敎に三密相應して
其ノ理速疾に現ずと云フ。此ノ趣也。我ガ國と印度と萬里の海波は隔ツれども。
其ノ理は一也。佛道と神道と漏無漏は異なれども。法性は二途なし。第

二の一書に。氣噴之中化生神と云《フ》。實語なるべし

素戔鳴《ノ》尊。天照大神の髻鬘をよび腕にみまかせる八坂瓊の五百箇の御すまるを乞《ヒ》取《リ》。天《ノ》眞名井にふりすゝぎ

瓊は女德を表す。上の劔は打折て三段となす。此《ノ》瓊は元より五の數なれば。打折《ル》の語なし。餘文は上に異ならず

齰《サカミニ》然咀《カ》嚼《ン》で吹棄《ヒ》いぶきさぎりにうまるゝ神《ヲ》。號《ナツケ》て正哉吾勝々速日天忍穗耳尊。天《ノ》穗日《ノ》命。次《ニ》天津彦根《ノ》命。次《ニ》活津彦根《ノ》命。次《ニ》熊野《ノ》橡樟日《ノ》命。凡《テ》五男矣

上の瓊は此《ノ》五神の三摩耶身也。此《ノ》五神は羯磨身也。神書に三摩耶羯磨の名目なけれども。此《ノ》ところ幽深なれば。此《ノ》祕密敎《ノ》目をかる也。此《ノ》五神《ノ》下《ノ》第二の一書に。氣噴之中化生神と云《フ》。實說なり。上に通じて八神まします。八とは心蓮華の數にして。胎藏曼茶羅の中臺。八坂瓊曲玉を以て印成して八隅をしる。皇統をひらく。我《カ》國の我《ガ》國たる。此《ノ》一

事に基する也。總じて神代に獨化耦生。化生化爲の科あり。此《ノ》五男三女は化生の神なり

是《ノ》とき天照大神勅して曰く。その物《ノ》根をたづぬれば。則八坂瓊の五百箇みすまるは是《レ》あが物なり。故《カレ》五男神こと〴〵くこれ吾《カ》兒なりとのたまひて。乃ち取てひたしたまふ。又勅《シテ》曰《ク》。その十握の劒は。これそさのをの尊の物なり。故《カレ》此《ノ》三女神こと〴〵くいましが兒なりとのたまひて。便ちこれを素戔嗚の尊にさづけたまふ。此《レ》則筑紫《ノ》胸肩《ノ》君等がいつきまつる神これなり

瓊は陰物なり。陰變ずれば陽となる。易にも分明也。五男神のあらはれ出給ふ。その事いちじるし。劒は陽德なり。陽變ずれば陰となる。三女神のあらはれ給へる。そのをもむきたがはず。陽すでに顯《ハ》る。陰をさ待て其《ノ》功をほどこす。天照皇の忍穗耳の尊を養子として天位をさだめ給ふ。我《カ》朝累代の基也

問。此ノ縁事。曰神素尊ともに淨行にして男女の會遇なく。誠心の感ずる所五男三女の神あらはれ給へり。是は上代のみにて今の世にはなき事か。もし誠心決定せば古今の理たがはぬか。云何　答て云ク。理に古今なし。末の世とはいへども。誠心の決定せる事は。その感應あるべし。感應とは神靈なるべし。今も刀劔を鑄なすに。精誠をこらしてきたひなせるは。その刀精神ありと云へり。經卷を書寫するに。精誠淨信なれば。其ノ經卷威力ありと云へり。田夫紅女が人をうらみて。種々のろひ事をなすに。まことの透る所には。その中に惡鬼神あらはれて害を爲すと傳へたり。此ノ事支那の諸書にも。我ガ國の物語にも。その數おほき事なるべし。若シ王公已上の人一生淨行のつゝしみありて。若は劔。もしは玉。もしは餘の器物にもあれ。その精誠をうつし給はゞ。神靈爰にあらはるゝ理なり。又神靈すでにあらはれ。この神男女にまして其ノ子を生ずるも諸書におほし。今爰には略する也。忍穗耳ノ尊。

栲千々幡姫をめとりて。饒速日尊。瓊々杵尊を生じ給ふ。此より胎生相續し。神武帝に至りて人皇となり給ふ。實に知人のしるところなるべし。奇怪にはあらず

佛經に。虚空神あり。地上神あり。輪王は此二種神を統玉ふ也。虚空神は高天原にまします神也。地上神は豐蘆原にまします神也

常世郷　別に一處有に非ず。但此土より他の樂邦を指也

舊事紀三十八丁　常世思金神云々　高天が原を指也

同四七丁　其後。少彦名命行到熊野之御碕。遂適於常世郷文

同六廿一丁　三毛野命又恨曰。我母及姨並海神。何爲起波瀾以灌溺乎。則蹈浪秀而往于常世郷矣文　此指龍宮也。蓋溺死而已。荒井氏常陸國を指と云は憶斷也　日本紀二五丁　文同上

日本紀六。垂仁天皇九十九年。田道間守至レ自二常世國一。則賫物《ヒモチモテイタルモノ》也。非時香菓八《ヤ》竿《ホコ》八《ヤ》縵《カケ》焉云々　此は支那の江南也

根國底國　別に一處有に非ず。但此土より他土の鄙土を指也

舊事紀四一　素戔嗚尊帥二其子五十猛神一降二到于新羅曾尸茂梨之處一矣云々　此は上文二ノ十三右　自此永歸根國の文を承れば。根國と云は新羅也

日本紀一十左　汝可三以馭二極遠之根國一文　此は邊夷を指也

同十六ヵ　對曰。吾欲レ從二母於根國一只爲泣耳文　此は黃泉を指也

神籬《ヒモロギ》磐坂《イハサカ》　舊事紀

神籬は第宅也。或云屋宅日もらぬ義を取と　磐坂は封疆也。堅固不動の義を取て磐と云。嶮岨の守有べければ坂と云也。末世の神學者。神皇一體の義を說て神籬の傳と云は。鑿說也　大嘗會式二齋場以レ柴

爲レ籬ト。又今の三方樣の物にヒモロギあり。此も神代を載るに就て名くる歟

○伊勢內宮
天照大神　八咫鏡
相殿　左天兒屋命。弓　右太玉命。劔
此ハ舊事紀云々

日矛

諸家ノ傳ニ云フレ鏡チ也

內侍所小疵

此は天岩戸チ開ツときの疵也。神學者。天子御一人に傳ふる事と云へり。

全を缺き滿を缺ツの義。萬端におし通ずる也

天安河　安らかに滯らぬ

亟加。今菅原と云フ。臆說。據なし

最極　三種神器二種神器

古語拾遺は二種也。神璽ノ寶劔内侍所也

三種

鏡　眞銅鏡を手に執左右て。大日靈貴。月讀尊を生ミ給ふ　後の石凝姥。天津摩羅の鑄玉ふ鏡と同異。更ニ問へ

後の一書には。檍原にて祓の時。左の眼より日神。右眼より月讀命を生じ給ふ也。此ノ傳ニ云ツ。鏡と云ヒ眼と云フ。實は別ならず　密教に兩眼に[illegible]ノ字を觀じ。變じて日月となる。

此ノ淨慧眼を以て法界を觀ずと云ツ。此レ天照皇。月讀尊の謂なり

劔　天照皇。素尊の劔を請取て三段となし。三女を生じ玉ふ　三段と云ヒ打折と云フ傳あり。今の寶劔と同異。更問

八坂瓊　素尊。天照皇の五百御統まるを請取て。五男を生じ玉ふ　今の神璽と同異。更問

神道に五行を説《ツ》。誰人にはじまりしことにや。本據を尋《ヌ》べし舊事紀。聖皇本紀。及《ヒ》倭姫記に出たり。然るに倭姫記は一向偽作也。舊事紀も太子の眞説とは不見也予が意を以て計るに。洪範にもとづき。漢儒の説をまじへ。附會せるなるべし儒者も洪範に初まれども。孔仲尼。子思。孟子等は不《レ》言《ハ》。易にも五行《ノ》相生相剋分明ならざる也近代垂加が土金の傳などは。尤も陋なり。予を以て看れば。神道甚だ省要也。その本づくところ。天地陰陽の二途なるのみ

若《シ》後文に通じて説《ケ》ば。四大五大と云《フ》も可なり。六大と云《フ》も可なり

淡路島を胞として八大洲をうむ。地大の理あきらけし。次に海をうむ。川をうむ。水大のをもむきあきらけし。次《ニ》木祖くゞのち。草祖かやの姫は。此《ノ》地水のまじはれる也。水神罔象。土神埴山姫も。同じことはりぞかし。うめるところの國。たゞ朝霧ありて。かほりみてる哉との給ひて。すなはち吹《キ》撥《ツ》のいぶき神となる。みなを級長戸邊の命。亦は級長津彦《ノ》命。是《レ》風神なりと。風大の儀いちじるし。伊弉册の尊。かぐつちが焔に焦《カ》れて終ましぬ。火のすがたあらはれたり。かぐつち。はに山姫にあひて。稚

むすびをうむは。火土のあへるなり。此《ノ》神頂上に蠶と桑となれり。臍中に五穀なれり。四大の儀。此《ノ》ふみに明なる。知《ル》べし。その高間が原と云《フ》は空大なり。五大のことはり知《ル》べし。既にしていざなぎの尊と。いざなみの尊と。共にはかりての玉はく。吾《アレ》すでに大八洲の國。及び山川草木をうめり。いかんぞ天下《アメノシタ》の主《キミ》たる者をうまざらんや。こゝに日神をうみまつります。大日孁貴とまふす。次に月神をうみまつります云云識大も亦そなはれり。予は此によりて説《ケ》ば。神道は天地の道なり。陰陽の儀なり。六大のことはりなり。萬物の情なり

社ヤシロ　貝原云。屋代　多田云。八尋殿の略歟

古イニシヘ　或《カ》云《ク》。イニシ也へは助聲　或《ハ》へ方也。古事記。萬葉

天アメ——喉
　　　　　舌
地ツチ——唇

或《ク》云。開聲　私謂。阿《ハ》喉音。メ《ハ》唇音。をのづから是《レ》音之始終也。
内外を統る音　アナ舊事二十一《チ》アマ。高天の原
光云。五處三内開合之異也。我邦古語多《ハ》是《レ》三内《ノ》差排也
或《カ》云《ク》。閉聲　下のかぐつち。野づちの名。此より出《ツ》
つゞいて。つゝしむ
垂加が玉籤に。天之訓はあまき也。地の訓はつゞく。つゞまる云々。
妄説也。數論外道なれば。此《ノ》訓あたるべし。神道は天地より説來る
道なれば。天地未分の時。あまきと云《フ》こと有《ル》べからず
未イマダ　正通《ニ》云《ク》。◆《ハ》不《レ》今《ナラ》也
割ワカレ。我彼

陰メ　雌　開音
陽ヲ　雄　合音　陰陽の姿也

今謂《ク》。天アメの音より出也。アはヲに通じ。メは取《リ》も直さずメ也。高野の新別處明《妙カ》瑞云。男は突出して尾の如し。故にヲと云《フ》。女はなり足《ラ》ずして目の如し。故にメと云《フ》と。若《シ》

本據なければ鄙陋の說なり

ヒメ　ヒコ　ヲフト　オキナ　オフナ

瓊矛ヌホコ　タマボコ　トボコ　ヌボコ

男子マスラヲ　男勝ル於二他一ニ也。ヲ可レシ知ヌ

婦女タヲヤメ　手弱也　メ可レシ知ヌ。タヲヤ等例同シ

老父オキナ　舊事五ウ六　埀加が王鐵ニ。壚エのオキナを天の沖中の義。不是

老嫗オフナ　なるべし　私云。キフ分二別ス男女一ナ。キ如二シ諸冊之例一ノ。フ

是レ凡ミメへ並ニ女聲之例

少男ヲトコ　ヲト是レ親愛之詞　下照姫ノ歌ニチトタナハタさ云ふ

少女ヲトメ

彥ヒコ　ヒ是レ尊稱

姬ヒメ

夫オフト　オツト　私云。大人なり

女《オフナ》《ヲンナ》　私云。大女也。ナ女聲

汝《イマシ》《ナンジ》

姉《ナ子》　五音ノ第二呼レ兄ヲ。第三呼レ姉ヲ也

兄　古事記神武記ニ。河沼河耳命指二其ノ兄神八井ノ命一ヲ爲二那泥一ト　ナニ
　ア子　阿はアメ之下略上也　アニ　アナ相通

吾　ヤツカレ　謙辭　ヤツレカル　ヤツコはヤツレコ也。男女通稱
　也。奴婢也
　アレ自稱也　ワレ　アレ　マロ

吾《アカ》《ロカ》　アワ相通也

あつしれ　熱凝《アツシレ》

夫婦　ヲトメ　上の少女を稱すると言同ク して義異也。此はオツトメ
　也○オツト者大人。ヲフヒト也

父　カゾ

後世ハ、　　タラチ子　垂乳《タラチチ》《タラチメ》

母イロハ　　姉《イロネ》イロア相通アネ也

眞《マ》名井
淳《ヌ》名井　マヌ相通。ウバ玉。ヌバ玉。ムバ玉の如し

生ウムアレマス　ウムレマス。略《ノ》アレマスと云《フ》也。ウマ反ア

主アシヌシ　事代主《アシ》神

貴大ヒルメ大穴ー　尊尚の辭なるべし。又親暱の義。睦也。ムツ。ムチ音轉也。仁
者と云《フ》が如し

カミ神上　有人。鏡の中略也。不《ト》是なるべし。但し興正菩薩も此に依れ
り。一書に。眞銅鏡より天照皇も月讀命も顯れ玉ふなれば。
鏡の略語と云《フ》也。可なり。カ、ミ。カミ廣略也

キミ君　カキクケコ之相通。神轉《ノ》爲レ君《ト》也　キミ二字分破《ノ》

（イサナキ　ーーミ）　（神ロキ　ーーミ）

クニ

ケ　食　（沐《ナキ》　（サナキ《ミキ》

コ　子　男子の通稱

オモシロ　面白　舊事二ノ十一ヲ

タノシ　手伸《タノシ》　同

イマシ　乃汝　私。イマス之義。其許にイマス人と呼《フ》也

ナンヂ　汝乃　私。ナ貴《ムチ》也。他を尚《ン》で呼《フ》也。萬葉六卅三　大汝《オホナムチ》

ナは指示の辭也。ナニ。ナ子之例

垂加曰。吾神道四焉《アリ》。造化　日月艸木國土山川之靈　氣化　二五精妙合而化生　身化　男女搆精以テ胎ヲ化スル者　心化《ナリ》　神人有事感而凝之靈

造化心化無形也。氣化身化有體也。此學神代者所當知也　已上

今謂。此等妄說也。無所據而言之也。不可取用。本文自言獨化。耦生。化生。化爲。此四目至《レリ》矣盡《セリ》矣。不可加一語也。如其男女搆精則自是人事也　然神祇亦

有男女和合。如印度支那亦有其事。欲界衆生法而如是也。今攝之於耦生也

柱　垂加謂《ク》。ハシラズ之下略。不動の義《ト》。可笑可笑。此《ノ》解ならばさかさま語也

今謂。渡《ル》に橋。立《ツヲ》云《フ》柱《ト》　ハシ橋。ラの助聲にて柱也

尊《ミコト》
命《ミゴトノリ》　ノリは言敎也。萬葉に。━かたれ〱とのればこそ━━

貴《ムチ》　睦《ムツ》鞭《ムチ》　私《ニ》謂《ク》。高ミ產ヒ等の產ムス之轉也。御子と云《フ》の義歟

垂加云《ク》。持《タモツ》之轉《ト》。恐不是　私。睦ムツ〇ムチ音轉。親暱の義。仁者と云《フ》が如し

淮南子第三天文訓

天墜《地ノ籀文》未形馮々翼々洞々灟々故曰大昭道始于虛霩虛霩生宇宙

宇宙生氣氣有漢垠──安之貌《重》　清陽者薄靡而爲天重濁者凝滯而爲地清妙之

合專《アツマリ》易重濁之凝竭難故天先成而地後定云云　已上全

伊弉諾尊　イサナ誘也キハ男を呼ミハ女を呼此二尊男女和合の初なれ

伊弉冊尊　ば誘義明了也イサ去來也とて助語にも用ゆ

カミロギ

カミロミ

素戔嗚《スサノヲ》尊　古事記ニ須佐之男　スサム義歟正通ニ云──速之言鳴男也

無題抄

倉稲魂神《ウカノミタマノカミ》

舊事紀素戔嗚尊兒有倉稲魂神。此日本紀伊弉冊所生。亦云宇迦能御玉

鎮座傳記曰。ソサノオ尊子。ウカノミタマ神。亦名専女《タウメ》三狐《ケツ》神。和名鈔今呼老女為太宇女。稲荷有専女社

狐《キツ》　伊勢物語に。夜も明《ケ》ば狐に喰なべくだかけの。まだきに鳴て背をやりつる

舊事紀作稲倉イ子○ウ○ウケ者食也　但ケと斗にて食也。萬葉六十五　御食津國《ミケツクニ》

光云。準舊事紀。今ウカノミタマ者以異名付假名也

和名鈔宇氣者食義也。今ウケ ウカ相通じて倉稲（稲倉ノ倒字）を宇カと訓歟

六臂辨天戴宇賀神者由此豊受姫義通歟。式大殿祭祝詞曰。屋船豊受姫命是稲靈也。俗詞宇賀能美多麻。太田命傳注瑞舍號屋船

私云。ウ

ウジ大人　ウエ上　ウタ歌　ウケ食

ウチ内　ウル得　ウレシ嬉　ウカ倉稲

ウカブ浮　ウム産　ウク受

ウタカヒ疑　ウラム恨　ウレヘ憂　ウヘル飢　ウ

サ　ウル賣

天御《アメノミ》中《ナカ》主《ヌシ》尊　御。皇。並ニミと訓す

高皇《タカンミ》産《ムス》靈《ビ》尊　ミハ尊ノ尚辭。上《カミ》之上チ略ノ云ヒレ御ト云フレ皇ト

神皇《カンミ》産《ムス》靈《ヒ》尊

此ノ三尊。此ノ處に一書の説といへども。下巻本文に。忍穂耳尊娶ルニ高皇産靈尊之女栲幡千々姫チ一といへば。本文に準ずるの説なるべし。異説とすべからず

又案ずるに○此ノ三御名正字と見えたり

豊受　和名鈔ニ字介者食ノ義云々

保食《モチウケ》　連綿してウケモチと云ッ也○保ハ者持○字介ハ食ノ義

此ノ二名正字也

倭文神《シドリ》　斯圖梨俄未　賤織也
シヅチリカミ　ヲ畧

猿田彦

垂加等○庚申祭を附會す○古書に不レ見エ○妄説なるべし　正傳別に有リ

口訣ニ曰ク○和語當レル二文義ニ一者ハ如シ三渾沌チ讀ムカ二牟羅嘉禮ト一○和語不ル レ當ラ二文義ニ一者○唯タ取リ二字音チ一又假リ而讀ム レ之チ

今按ニ通證○唯取ルト二字音チ一者如キ二礙馭自凝義也盧島ノ一之類○假テ而讀ムトチ レ之者訓讀メ不ル レ須タ レ義チ也○如シ二狹槌ツチ之槌ノ一○又有リ下取テ レ義チ而不ル レ拘ラ二字訓ニ一者上○如シ三白銅チ訓メ爲レカ二眞澄ト一清澄義也蓋シ我ク邦之言非ル三漢字之

所ニ悉ク該ル也

十種神寶　舊事紀

オキツ鏡　圓鏡也○瀛は周圓の義也

ヘツ鏡　八葉の鏡也○邊は屈曲あり

八握劔

生玉　方也○但シ形は寶珠歟　黄　大地より萬物を發生す

マカルカヘシ玉　圓也○是ハ亦形は寶珠歟　白　水大は涸渇ヲ潤す

マカルハ死也○此ノ玉招魂

足玉　三角也○但シ寶形　赤

道反シ玉　半月也○但シ寶形　青或ハ黒

已上四玉○與正菩薩太神宮より託ヲ受ク

無題抄

蛇ノ領巾《ヒレ》　地行の毒を制す
蜂ノ領巾《ヒレ》　空行の毒を制す
品物ノ領巾《ヒレ》　萬物人民を制す
領巾《ヒレ》　萬葉に出ス之チ

編者曰。右無題抄一巻は尊者の撰なり。尊者御直筆の草本高貴寺に在り。今彼本に依て之を出す

題外

相承神道儀

（表紙裏記）我國文字なし。その文字は他國の文字を假て名づく。假名の目これなり。此無文字神道の源底也。人事將興とき象を垂て教をなす。鏡の明を表し。劔の勇を表す。爾餘山海艸木みな神號を顯す。其趣幽也。高皇産靈。幽事を大己貴に付す。此神靈の事也

神代卷傍訓

無題鈔

相承神道儀

相承神事儀

名義鈔

（已上表紙裏記）

相承神道儀

一大不思議の事あり。所謂不思議とは凡慮の及っところならず。是を名づけて不思議とす。何事か凡慮の及ざる所なる。此ノ世界のおしまろかれて。空中に浮び住する。固より根蔕あるにあらず。此ノ中にわが國の神國たる。その道の神道たる。その趣ふかし。凡そ人事のまさに成就せんとする時。虚空の中に在て。天神かならず先ッその所作あり。蓋シ人神一體天地同根なる。縁起法としてしかるか。此ノ中謂ゆる相承とは五類諸天也。秘藏記ノ中。薩婆遮摩拏赦の傳ありて。神祇の奥趣つくせり

毘奈耶〓〓三十六ニ云ク。時ニ摩掲陀國。行雨大臣便チ於テ二波吒離邑ノ四邊ニ一。量二度ノ廣ク立テ二封疆チ一。欲ス下造リ二城隍チ一將ニ伐ント中佛栗氏國チ上。時ニ此ノ邑ノ中ニ有テ二大勢力ノ威徳天神一各求ム二住處チ一。爾ノ時ニ世尊於テ二宴坐處ニ一。即以テ三天眼ノ過タルチ二於人天ニ一。觀ル三彼ノ天神ノ各求ルチ二住處チ一。乃チ於テ二晡時ニ一從リ二宴坐一起テ。詣リ二清凉處ニ一。坐ノ告テ二阿難陀ニ一曰ノ。汝豈不ヤレ聞カレ量二度スルチ城邑チ一。白メ言ツ。我レ聞ク行雨大臣

欲置城邑以自牢固將伐此城佛言。阿難陀。善哉行雨大臣有大智慧欲置城邑。即與三十三天形狀相似。我於住處以天眼觀見。諸大天神各求住處。阿難陀。但是勢力諸天欲住之處於此城内。福德大人亦於其中而求住處。但是處中諸天欲住之處。其處中人及餘諸類亦於此住。阿難陀。於其城邑有勝人住止。有勝人言議。有勝商人來共交易往還無滞者。謂即是此波吒離城。然有三災禍城當損壞。所謂水火及内有反逆已上聖文

此聖文はたり城の縁由を記せるなり。世教に一隅を以て三隅を復すと云へば。此一城邑の縁由を以て國界成立の縁起を知べし。吾神道の儒道百家に勝れる。此による也。麒麟たゝかふて月暈を生じ。蟻子戰て大雨そゝぐ。元來世相も第一義に異ならねば。聖智人の世界成壞を觀ること。明眼者の掌中の紋を見るが如しと云り

毘奈耶第十云。佛在廣嚴城獼猴池側高閣堂中。時摩揭陀國未生怨王。與廣嚴城諸栗呫毘先有違逆。未生怨王乃嚴整四兵象馬車歩往佛栗氏國

云云　諸蕊芻以此因縁往白世尊。世尊告曰。凡戰鬭時非人先戰後次於人。若非人戰勝。人亦得勝。當爾目連記栗呫毘尅得勝時。廣嚴非人戰勝王舍城。非人不如。既至河岸王城。非人得勝廣嚴不如（此文撮要須看本文）

此中に非人と云は神鬼なり。その趣は上文に異ならず。上文は城邑造營の時。天神先空中に在て住處を求むる也。此文は人間鬭戰の時非人先合戰す。肉眼には見るべきならねど。天眼の人はこれを見ると云り。我豐葦原の中洲創て成立せる。天神の化生る。天浮橋の渡せる。比對して其實致を知べき也

左傳莊公三十五年秋七月。有神降于莘云々　內史過云云　神聰明正直而一者也云云

此中國をこりなんとする時明神くだると云。誠聖賢の言也。此を推て知れ。此一天地のまさに開けんとする。其神なかるべからず。若其神あることを信せば。我國神道の支那に超過せることを知べし。荒

井氏多田氏等が。人事を以て神書を解せんと欲す。實にこれ肉眼に掩《ハ》れて道眼ひらけぬゆへなるべし

舊事紀に。聖德太子幼年の時。天皇の問に答《ヘ》たまふ。神道は根本也。儒道は枝葉也。佛法は花果也云々

此《ノ》文。丱角小兒の言辭とおもはれず。上宮皇太子の凡人ならざるは。世に許す所なれども。小兒は小兒のすがたなるべし。支那孔子の兒ごとして嬉戯俎豆をつらね。禮容を設《ク》るにて知《ル》べき也。此《ノ》三教を評せる。理路まじはり。その詞老成人の風ありて。其《ノ》理はかへつて膚淺なり。後人のいつはり加ふることばなるべし。然るに儒道もとより用ゆべきは。古今の成式なれば。此《ノ》文全く非なるには非るべし。今正《シ》くこれを言《ハ》ば。佛法は度外に置《ク》べし。神道は樹根の如く。儒道百家は枝葉花果の如し。其《ノ》根柢を堅《ク》して枝葉花果を茂盛ならしむる。聖君賢佐の國を治め民を救ふ妙術なるべし

師云。凡そ道の道たる。數を以て究むる者は。數へて事の成敗に達す。支那に易學洪範ある是なり。時を以て宗とする者は。時によりて天地の化育に達す天竺に時外道ある是なり。老子の天道によりて則を垂る。孔子の人事に本づきて教を設くる等。みな各々そのことはりふかし。しかあるに我神道の教は此に異なり。喃々喋々として誘ひ奬るに非ず。象を垂て善に導き。威を現じて惡をこらす。天地と共に立ち。四時とならび行はれ。萬物變化してうつらず。年月代謝して盡ることなし

日本書紀卷第一 神代上 題釋諸鈔に詳なれば略之

古天地乃至號國常立尊 至貴至微之

此中道の綱要を知べし。我國は神國也。萬世に傳りて君臣の道たがはず。我道は神道なり。天地を化成し。國界を生育し。人倫を産育す。故にその象幽玄にして。その教詳悉ならず。說文云。天神引出爲物者也。この義神代卷に在て著明なる也。後世に諸神託宣あるは。唯其うく

る人の感應と云フべし。末が末に至りては虚實もはかりがたし。孔子云く。天何をか云フや。わが神道にちかし。儒道は人倫の道なり。此ノ父子ありて父子の道を教ゆ。故ニ孝の名あり。此ノ夫婦ありて男女の道あり。貞潔の教を設く。此ノ君臣ありて君道臣道を示す。忠の教あり。仁義の目あり。此ノ昆弟朋友ありて。各々その教を立ツ。悌の道あり。信の目あり。詩書六經の喃々なる。此による也。我ガ國の神道にも。荒昧の世うつりて。此ノ人倫そなはるに至りては。儒道をも取捨して其ノ中を執るべきなり。允恭天皇の御善こほりたるは。我ガ國に禮度の立ツべき神□□なるべし。係辭ニ云ク。易ニ有リ二大極一。是レ生ス二兩儀ヲ一云々 此ノ易の書たる。天道を述ぶ。故にそのことは本文に似たり。しかるに易は人事ありし後よりして天道を察す。故にその理同クして其ノ處別なり。故に一陰一陽の趣ありて。直にその神を著すことなし。かく人事あらはるゝ後は。易學をも用フべきと云ヘり。本文は渾沌未分の位。陰陽昇降の處に於て。此ノ國常立

の尊を顯示する也

次國狹槌尊至此純男

此國界まさに成立しなんとする時。此神ありて化生す。萬世國界のまもりとなる。世界の成立する。此神德なり。此神よく國界を生じ給と云も可也。更に遡て此神の化し出給ふ緣由を尋ぬれば。法性より等流し來て。國界人倫神祇と共に出沒す。過去十善。明智の人若は人若は天。嚴然として出來て。人民の正路を開く。經中に。是を人天乘と名づく。四分律等に。若欲生天上。若生《セント》人中者。當護戒足。莫令有毀損と。是也。此十善近く人天の正路にして。而も菩薩の尸羅波羅蜜なり。諸輕躁教學者人天乘を蔑視する者は。愚の甚き也。此中三神。乾道ひと化して純男なる者は。淨行不婬の姿にして。國初荒昧の神明也

一書曰。天地至見野尊

第一の一書。大綱本文に同じ。一物在於虛中。狀貌難言。この中。虛中と

は。謂ユる高天原也。此ノ虚空實に十善の基する所にして。勝福樂をひらく。已下三神の異稱を出ス。各々其ノ義を知ユべし

一書曰。古國至于麻斯

浮膏と云ヒ。葦牙彦舅と云フ。並ニ其ノ謂レを知ルべし

一書曰。天地至比古尼

大綱。別異なし

一書曰。天地至武須毘

天御中主尊はたかまが原の主宰也。高皇産靈尊。神皇産靈尊は。諸説多く君臣を出生し給ふの祖神と云ヘり

一書曰。天地至國常立尊

此ノふしは唯一神を崇む。其ノ謂レを尋ヌべし

一書曰。天地至立尊

此ふし天常立尊を出す。其ノ謂レあるべし

次有神至伊弉冊尊

易ニ云。一陰一陽之ヲ謂レ道ト。繼レ之ヲ者ハ善也。成レ之ヲ者ハ性也と。此レ亦人間より言へることばなり。此ノ中は直に神靈の顯れ給ふ𣳾土煑尊。沙土煑尊。造化の主宰一陰一陽の儀なり。易ニ云ク。陰陽不レ測ラレ之ヲ謂レ神トと。此ハ支那の聖人仰イで天文を觀。ふして地理を察せるのことばなり。上に乾道獨化三神を顯す。此に男女偶生面足惶根尊まで三代六尊あり。易に。六爻之動三極之道也と。此を察せるなり。老子經に。道の道とすべきは常の道にあらず。名の名づくべきは常の名に非ずと云へるも。此を察せるの趣也。大抵易老子は天道を示す。詩書禮論語は人道を教るの文と知ルべき也

次有神伊弉諾尊。伊弉冊尊。この二神より天地生育の德あらはれ。造化成立の功いちじるしく。神靈より漸く人事にうつり來るなり。我ヵ國の皇統天壤と共に盡ることなき。爰に基せる也。周禮に。五方の民

その志をのをの異なりと云《ヒ》。佛教に。四主の國その風別なるをしる
す。先《ツ》支那の風を察するに。誠に文華禮度の國也。禮に同姓を娶らぬ。
且く胡國の父死して諸母を妻とするに比すれば。正しきと云《フ》べし。
しかるに君臣相欺き相奪《フ》に至りては。胡國より劣れり。我《カ》國荒昧の
時。兄妹も異母なれば相娶るに咎なし

一書曰。此二云々

此は青橿城根《ノ》尊より父子の義あることを記せり

一書曰。國常至阿和那伎

此ははじめ國常立尊より父子の義あることを記せり。凡そ神代の
趣を察するに。君父たる德を具れば直に生《ウム》と云《フ》也。人代にうつりて
養子養君ある。みな此《ノ》趣の等同し來れる也。支那の禮度に異なり

凡八神至七代者矣

易に。動靜有《レ》常と云《ヒ》。剛柔相摩《シ》八卦相盪すと云《フ》。爰をうつせるのこと

ばなり

一書曰。云々

異稱を出せるの文なり

伊弉諾尊 至 磤馭盧島

此ノ中天浮橋とは。陰陽相通ふの道。人事にうつりて男女婚媾の縁なり。しかるに此ノ空中この寶橋ありて二尊相遇フ。實に橋梁の儀あるなり。此ノ橋梁莊嚴具足して。彩雲の間にかゝる也。經に云ク。阿那婆達多龍王宮殿の莊嚴は極樂世界よりもまさると。今相承の義に。此ノ天浮橋七寶欄楯あり。其ノ莊嚴は阿那婆達多龍王宮殿の莊嚴にひとしと云ヽり。瓊矛とは。武威を表せる物なり。男子をのづから男子の儀あり。此ノ造化功をほごこす時。瓊矛となりて。諸尊の手裡にそなはる。滄溟とは。仁徳を表せる物なり。女人をのづから女人の理あり。此ノ國界はじめてなり出る時。滄溟とあらはれて。天浮橋の下にある也。磤馭盧じまことは。陰陽相まじはれる儀なり。をのづから凝て島となる。名の名づくべきならず。此國界を總束して磤馭盧島と呼。易曰。乾は陽物也。坤は陰物也。陰陽合德而剛柔有體とは。是を云なり。近世神道を唱る人々。此瓊矛の男儀たることをしる。しかれども此男儀の至善たる所以にくらし。此滄溟の女儀たることをしる。しかれども此女儀の至德たることをしらず。甚しきは色愛欲情を以て玉瓊の道と稱す。神祇の罪人と云べし

二神於是降居《アマクダリマス》彼島

此は神儀より人事にうつるの初也。佛經に。光音天下生すと云。此時の事なるべし。磤ころ島すでに國界の總名なれば。降居の處は別に一處を指べからず。有人云。淡路國由良驛に有此島と。此は彼をのころ島の名。此處にうつし稱せると。しかるべし。若肉眼によりて見。今の思慮を以て測らば。上の天浮橋に立せ給ふ二尊は。その形量廣大な

るべし。此一處に降居給ふ二尊は。その形量漸小なるべし。後瓊々杵尊の日向に降りたまふも。今の人間の量にあらず。其高千穗峰の矛を見て察すべし。しかるに神祇の德。大小廣狹。尺度のはかるべきならず。維摩經に。方丈の室八萬四千の師子座を容るも。その理あるべき也。有人此處に於て未生の伊弉諾。已生の伊弉諾を立つ。大に教相者の經論を判斷するに似たり。笑べき事也。易に。唯神也。故不疾而速。不行而至と云。此を云なり

易に。乾道成男。坤道成女。乾知大始。坤作成物。乾以易知。坤以簡能。易則易知。簡則易從。易知則有親。易從則有功。有親則可久。有功則可大。可久則賢人之德。可大則賢人之業と云。此ところを云へる也

因欲共爲夫婦産生洲國

便以磤馭至少女焉（少女。此云烏等咩）

國中之柱とは。一道の卓立する象也。今龍田に天御柱。國御柱社ある

也。高間が原よりしては。此神德むなしからず。二神天浮橋之上に在ては。天之瓊矛を成す。探《カキサク》りて滄溟を獲べく。その滴瀝國と化すべし。書洪範に。建用皇極と云。是なり 文廣須尋討 老子に。天得一以淸。地得一以寧。神得一以靈。谷得一以盈。萬物得一以生。侯王得一以爲天下正と云も是なり。其中儒典は人事より天道を說ゆへ。理說おほし。此文は直に神德を表す。故事相おほし。たとへば物の表裡の如し。然るに上古をのづから上古の言辭あり。神祇をのづから神祇の言辭あり。神書を讀者。此眼目ありて初て神代を云に堪たり。淮南子に。天柱折。女媧氏鼇足を截て四維を建と云も。我より是を見れば。をのづから是神語也

而陽神、左旋。陰神右旋とは。左右相わかるゝなり。易に天數地數。五々位相得而有合と云。是なり。そのめぐれる柱なかに在て。四方位定まる。並に五と數ふる也。陰陽分施をの〱五位を歷て相合なり。すな

はち天一地二。天三地四。天五地六。天七地八。天九地十なり。同云ツ。天數二十五（三五之奇數。一五七九）地數三十（四六之耦數。二八十）凡ソ天地之數五十有五。所以成ス變化ヲ而行ル鬼神ヲ也と。此は次ノ下ノ本文。八大洲山海艸木諸神を生ムの趣なり

噫哉遇可美少男焉。この十八字音。密教の眞言の如し。能ク萬化をなす功あり。易の十八變また此ノ數に同じ

陽神不悦云云事既不祥とは。易に。吉凶悔吝生ス乎動ニと云フ。是なり

宜以改旋云云とは。事少なれども。陽德先ツ施スの儀なり。易に。雲行キ雨施ス品物流レ形ヲと云フこの趣也

因問陰神至為夫婦

此に雌元と云ヒ雄元と云フは。易ノ奇耦の象也。谿谷川澤ハ雌元也。山峰丘陵ハ雄元也。一陰一陽これ天ノ道也。易ニ。明ニ於天之道ヲ而察ス民之故ヲ。是ニ興ス神物ヲ以テ前ニス民用ニ。聖人以テ此ヲ齊戒ス以テ神ニ明ニスルカノ其德ヲ夫。是ノ故ニ闔トツル戶ヲ謂ヒ之ヲ坤ト。闢ク戶ヲ謂フ之ヲ乾ト。一

闔一闢謂ニ之ヲ變ト云　この儀也。此ノ神儀ありて萬國男女婚遘の好となる。此ノ男女婚遘より人倫の道成立する也。家語に哀公｜｜｜｜此ノ神祇の道より見れば。夫婦相和して。天地陰陽調和し。國家治マる也

及至産時至凝而成也

此ノ中に産とは。人間出生誕育の基本なり。然るに凡そ神祇の産生。人間ノ誕育と同じきにあらず。化生あり胎生あり。又間に卵濕の生もあり。此に産と云フは。二神陰陽の功によりて國界成立するを云フなり。此ノ國界あれば各々神靈あり。其ノ神靈は化生と云フも可なり。其ノ儀。倶舍瑜伽等の說ケる所に同じかるべし。かくの如く八大洲をよび處々の小島を子とし成立して。我ガ皇累代の國界となる。支那をよび餘の萬國の例に異なり。墨子が。神は聖人より靈なりと云フは。見る處あることばなり

一書曰。天神至布刀磨爾

此ノ第一般の一書。大抵本文に同じ。其ノ異なるは。二尊天神の命を受ケて此ノ豊あしはら千五百秋みづ穂の國を成す。天神とは高皇産靈尊なりと云ヘり。易ニ大極より兩儀を生ずと云フに同じ。蛭兒を第一子とす。本文ノ下に第三と云フに異なり。大占をよび時日を卜定するの儀。陰陽建除等の基をひらくなり

一書曰。伊弉諾至國之在矣

此ノ第二般は天浮橋を云ハずして。さぎりの中と云フ。大綱は異ならず

一書曰。伊弉至盧島

此ノ第三般は天浮橋霧と云ハずして。直に高天原と云フ。亦大綱は異ならず

一書曰。伊弉至盧島

第四の一書は有リレ物若シ二浮膏《ヘルアブラノ》一と云フ。餘は上に同じ

一書曰。陰神至交道

第五のふみ上に異ならず。但タ鶺鴒の教。此ノ書のみに出レ也。陰陽の道。神靈をのづから人間に異なり。大抵倶舎等の四王忉利諸天に例せるなるべし。綱要は鵰鶚鵲の巣を營ムを見て屋宅を構へ。鷄稚《雉カ》の頂を見て冠を製する。みな禽獸を師とするの智術也

一書云云

第六七八九のふみ。國界の差別あるのみ也

一書曰。陰神至蛭兒

第十のふみは。陰神先ツ唱ヘ陽神の手を握《トツテ》淡路洲。蛭兒を生ずと云フ

次ニ生ムレ海ヲ。次ニ生ムレ川ヲ。次生ムレ山ヲ

海すなはち海神也。佛書に依正不二と云フ。この趣なり。此ノ海神。大海を以て自體とす。川すなはち河神なり。山すなはち山神なり。水を以て自體とし。山を以て自體とし給ふ也。華嚴經世主妙嚴品等。此ノ中に引用すべし

次生木祖至野槌

木すなはち樹神也。律文をよび華嚴入法界品等を引用すべし。草すなはち神靈なり。華嚴の主藥神等。此に例すべし。華嚴の菩提樹神。嵐毘尼林神に準せば。不思議解脱の大士も。此ノ中にあるべき也

既而伊弉至者歟

此は三才の基を云へり。支那に天開ケ於子ニ。地闢ケ於丑ニ。人生ス於寅ニと云フも。此を云フなり

於是共生至天上也

我カ國皇統の高祖。諸神祇の主なり。此に共生と云フ。二神一心の化生なり。諸神の中。或は諸尊一神の御子あり。册尊のみの御子あり。諸册二尊の御子あり。此ノ天照太神。をよび月讀。蛭子。素戔嗚は二尊同一心の所化なり。其ノ陵墓なきにて。その化生たるを知レべし

次生月神至于天

此ノ日神月神。直にこれ日輪月輪なるにあらず。亦日天子月天子なるにあらず。此は日の神。月の神なり。此ノ中日神は。有德は尊尙すべきのことはり。月神は能者を用ゆべき趣き。萬代の敎也

次生蛭兒至放棄

本文に蛭兒を第三とす。餘文には或は二神の初子。陰神先ツことあげし給ふ不祥の兆とす。本文と一書と。舍人親王の意を汲ムべき也

次生素戔至逐之

此ノ二神。蛭兒は不才を用ゆべからざるを敎ふ。素戔は暴惡を斥《キラフ》べきを敎ふ。神道の則を垂ル。ふかし。儒學の制度繁細。禮記周禮の敎に異なる也

左傳莊公三十二年秋七月有レ神降ニ于莘一 此云レ降ト降ルヤ自リ執ノ處一。於テ此ニ知ル有コトヲ高天原一也 莘ニ有レ神以レ聲ヲ接ス人ニ。莘ハ虢ノ邑也 惠王問テ諸ヲ内史

過曰。是何故也（內史過ハ周大夫）對曰。國之將興。明神降之。監其德也。將亡。神亦降之。觀其惡也。故有得神以興。亦有以亡。虞夏商周皆有之（亦有神異）王曰。若之何。對曰。以其物享焉。其至之日。亦其物也（享ハ祭也。若以甲乙日至ハ。祭ルニ先シ脾ヲ。玉用蒼ヲ。服上青ヲ。以此類祭之）王從之。內史過往。聞虢請命（聞虢請於神求賜土田之命）反曰。虢必亡矣。虐而聽於神。神居莘六月。虢公使祝應。宗區。史嚚享焉。神賜之土田（祝ハ大祝。宗ハ宗人。史ハ大史。應區嚚ハ皆名）史嚚曰。虢其亡乎。吾聞之。國將興。聽于民（政順民心）將亡。聽於神（求福於神）神聰明正直而壹者也。依人而行（唯德是與）虢多涼德。其何土之能得。

前漢賈誼傳。後歲餘。文帝思誼。徵之。至入見。上方受釐（祭餘肉也）坐宣室。上因感鬼神事。而問鬼神之本。誼具道所以然之故。至夜半。文帝前席。既罷。曰。吾久不見賈生。自以爲過之。今不及也。迺拜誼爲梁懷王太傅云云

唯識演秘一　右末卅一　安茶論師ノ説ク本ト無ク日月星辰虚空及ビ地、唯タ有リ火水ノミ、時ニ大
安茶生ス如シ鶏子ノ、周匝金色ナリ、時熟シ破レテ為ル二段ト、一段ハ在テ上ニ作リ天ト、一段ハ在テ下ニ作ル地ト、
彼ノ二ノ中間ニ生ス梵天（國常立尊）ヲ、名ク一切衆生ノ祖翁ト、作ル一切ノ有命無命ノ物ヲ、如キ是ノ等ノ物散没スルチ
彼ノ處ニ名ク涅槃ト　全文

編者曰。右相承神道儀一巻は尊者の撰なり。尊者御直筆の草本高貴寺に在り。今彼本に依て之を出す

相承神事儀

師云。此ノ中に相承とは。別に喃々たる口説を傳フるにあらず。密教所傳と律藏の聖文のみなり。然るに密教諸師。近世臆説おほし。悉く信用すべからず。兩部外金剛部曼茶羅の口訣。秘藏記等によるべし。今の傳フる所。一二の師資相承あり

國常立尊

尊形　一大圓相中。髮を被り寛坐。兩手膝の上に置キ。腰より已下霞霧にて覆ひかくす。大抵朦朧として見へ分れ難し。閉目（世に圖像あり。今に同からず）別に密教一流。三輪流神道灌頂等に圖像あり。可レ見シ

祭祀　淨行の人祭主たるべし。供物有に隨ふ。洗米にても水にても不足とせず。陰陽調和の祈

名號　國とこしなへに成立せる義

國狹槌尊
尊形　一大圓相の中。大抵上に同じ。右手を以て髮をなびかし。左手頭指下を指ス
三輪流等。別に圖像あり。可レシ見ル
祭祀　上に準ず
名號　國初メて立ツ也。狹は小の義。初の義。槌は立ツと同シ
豊斟渟尊
尊形　上に同じ。但し右ノ手頭指天を指ス
三輪流等。別に圖像あり
祭祀　上に準ス
名號　國豊なる義　豊くに也《クンヌ》《クニ》
已上獨化天神
密口。此ノ三神を合して庚申祭の本尊を立ツ。天王寺の圖像を可レシ見ル。此ノ三

神を第六意識に表して三獮猴を立《ツ》。中みざる自己の國常立の守也。左右のきかざる國狹槌。もの言ざる豐斟渟の守也

泥土煑尊　沙土煑尊

尊形　一大圓相の中。國土あり。但右座を書《ク》べし。右男神。左女神。並《ニ》正面。男神は安座。髮を疊《ン》で頂に結ぶ。女神は髮を後に垂《ル》。中年の面也。雲霧を書て衣服とす。女神は右膝著地。手を露《ハ》さず。男神は兩手國常立の如し。世に人頭蛇形の雌雄を書く。別に尋《ヌ》べし

神道灌頂などに用ゆる獨化天神は。青面金剛の如き像也。三神少々異あり。偶生天神は蛇形也

名號　ウスの二字男女を別す。煑は助聲也

大戸之道尊　大苫邊尊

尊形　上に準《ス》。但《シ》男神女神相顧視する儀也

名號　大に富《ミ》たる義。道邊二聲陰陽を別つ

面足尊　惶根尊

尊形　上に同シ。但シ男神は右に向ヒ。女神は左に向ヒ。相視テ笑む姿也

名號　男神は面容滿足の義。女神は祗シ奉フの義。かしこまる儀也。根は助

聲

密口ニ此に一對六神を合して六臂辨天を立す。儀軌大日經等は二臂也。世に六臂の辨天は別儀也。頂上鳥居。中人面蛇身翁は宇賀神。ウヒチニ尊を主として。大トノチ面タル二神を攝す。辨天はスヒチニヲ主として。大トマベ。カシコ子二神を攝して六臂を成立す

伊弉諾尊　伊弉册尊

尊形　天浮橋の上に立ツ。中年男女の姿也。初て衣服あり。男神は上に準ず。女神は熊野權現の像是也。橋は雲中に現ず。欄楯あり。擬寶珠あり

五色　天瓊矛は毘沙門天所持の寶棒是也 雨寶童子も同キ也

名號　イザナ誘也キミ兩聲を分て男女を標す。ヒモロギ。ヒモロミ同シ此ニ

或カ云。筑波山のイサヤ川の名を取る。以其後御名の川と改ム云々　更考

神呂伎。神呂彌の如きも

梁塵秘鈔ニ云ク。神呂伎ハ神父にて。神呂彌は神母也古史通に引之

古語拾遺に。神ロギチ高皇産靈とし。神ロミヨ神皇産靈とするは未審予

得天書。々々云

天浮橋　オノコロ島　雌元雄元　天ツヒモロギ。天ツ岩坂　高天原

根國底國　常世郷國とも　天鹿兒弓　羽々矢

千木内揆外揆之傳

千の目は千座の置戸と云の例。唯《タ》多き事也

外宮揆外之圖

内宮揆内之圖

堅魚木之形如鰹于加搗砧而太

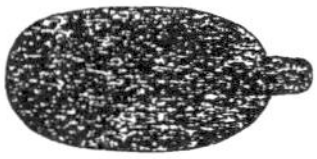

外宮九丸　内宮十丸

垂加傳《ニ》云《ツ》。陰陽妙合之形。水火幽契。二宮一光也

諸社化成の神は外宮に準ず　人體の神は準《スニ》内宮《ニ》云々

極々秘口云。鴻荒之世。人拙於茸屋未知收輯屋上風來吹去茅艸故に。木を縄にて結で。屋艸の重しにおく。此千木の初也。後に至て古風を存し。終王宮神殿の標相となる。日本紀に。天皇民屋に千木を搆を問玉ふ。是也。兩宮造營に至て内外の撰を別。終に神道者の傳となる也

鳥居の傳　神代の門也。古昔の風彩也。此を鳥居と云なり。有人華表柱。丁令威が鶴と化する縁事を引非也。我國に鳥居と云は。名無雌雄の天の稚彦に告ぐる。又神武帝のとき。八咫烏。かの兄磯城弟磯城の軍營に至て。いさはいさはと鳴し。これ鳥居の本縁也但八咫烏は神名也

或傳　左右の柱は夫婦陰陽朋友等。此を神祇に配せば諸冊二尊也。上のかさ木は天也君也。此を神祇に配せば國常立。國狹槌。豊斟渟尊也

極々秘傳は別事なし。但昔の門也。上古木二本を立て門させる。後に

至て神社に古風を残して鳥居となる也

神前の鈴鰐口

天照太神天ノ岩戸に籠らせ給フ時○復三命天ノ目《マ》一《ヒト》箇《ツノ》神《ナノ》為ニ造《ツクラ》雑刀斧及鐵鐸《サナキヲ》一云々文天ノ鈿賣手ニ持二著鐸之矛《サナキツケタルホコヲ》一云々此ノ神をいさむる標相○これ鈴ノ縁也○彦火火出見ノ尊海宮ニ赴キたまふに○八尋鰐等海宮に往來ス○此ノ神を通ずる義○鰐口の縁也○又大己貴ノ命鰐と化することも有ル也

或傳ニ○鰐口は女陰の相○これを陽神に用ひ○鈴ハ男子の卵相○これを陰神に用ひ○陰陽和合と云フ云云妄説なるべし

極々傳は鈴鰐口ともに驚覺を表する也

鏡

圓鏡と八葉とあり○圓鏡を澳津鏡と云ヒ○八葉を邊津鏡と云フは○十種神寶の傳也

伊勢内宮の天照皇ハ八葉と云へり

御柱

天照太神
天女《ノ》姿也。鏡を持す
天《ノ》をしほ耳《ノ》尊
今の雨寶童子是也。左手寶珠を捧げ。右手寶棒也。是を天《ノ》瓊矛と云《ヒ》。玉
鉾の道と云《フ》。此《レ》慈悲仁愛と勇猛剛強を名づくと云《ヘ》り
瓊々杵尊
天瓊矛を持す。其《ノ》矛《ハ》日向《ノ》國高千穂峰にある矛也
關尹子曰。心蔽《ハル》二吉凶一者《ハ》靈鬼攝《シ》レ之《ヲ》。心蔽《ハル》二男女一者《ハ》淫鬼攝《ス》レ之《ヲ》。心蔽《ハル》二幽憂一者《ハ》沉鬼

攝之。心敝、放逸者狂鬼攝之。心敝、盟詛者奇鬼攝之。心蔽、藥餌者物鬼攝之。如是之鬼。或以陰爲身。或以幽爲身。或以風爲身。或以氣爲身。或以土偶爲身。或以彩畫爲身。或以老畜爲身。或以敗器爲身。彼以其精此以其精。兩精相搏明神應之。爲鬼所攝者。或解奇事。或解異事。或解瑞事。其人傲然。不曰鬼于躬。惟曰道于躬。久之或死木。或死金。或死繩。或死井。惟聖人能神神而不神于神。役萬物而執其機。可以會之。可以散之。可以御之。日應萬物。其心寂然。已上全文。關尹子五鑑篇

二魂解

二魂に兩般あり。一般は幸魂奇魂。神代卷上卷に出たり。一般は荒魂和魂。第九卷神功紀に出たり。有人これをとり合せて神道四魂の傳を立つるは。杜撰の至れるなり

此中に先荒魂和魂を知るべし

氣長足姫尊紀云。時皇后親執斧鉞令三軍曰。金鼓無節旌旗錯亂則士卒不整。貪財多欲懷私內顧。必爲敵所虜。其敵少而勿輕。敵强而無屈。則奸暴勿聽。自服勿殺。遂戰勝者必有賞。背走者自有罪。既而神有誨曰。和魂《ニギミタマ》服玉身而守壽命。荒魂《アラミタマ》爲先鋒而導師船。和魂。此云珥伎弭多摩。荒魂。此云阿邏瀰多摩。已上　又云。既而則撝荒魂爲軍先鋒。請和魂爲王船鎭。已上　又云。於是從軍神表筒男。中筒男。底筒男。三神誨皇后曰。我荒魂……山田邑。已上

餘文下に引べし

此ノ中先ツ衆説を出して。後に正義を述フべし

玉籤集ニ云ク。和魂荒魂之傳。嘉謂ラク。荒魂（荒暴之意）麁魂（麁厲之意）新魂（新初之意）現魂（示現之意）改魂（改革之意）皆云テ二阿邏多摩ト一。而通二用ス之ヲ一。随テレ處ニ可シ二心得一也。和魂（和合之義）云ヒ二尼枳多摩ト一云フ二珥胡陀摩ト一。尼枳ト者握ル也。敬フ之意。珥胡ト者温也。熟之謂ナリ

正英聞ク。荒魂は品々有リと云へども。大概其ノ神存生之靈を祭りたるを云フ。和魂とは神靈の日少宮。大元に歸する處を祭りたるを云フ。日少宮は一氣始る處にして又終る處。神道始終の本體也

已上全文也。今詳ずるに。麁魂。新魂。現魂。改魂の字によりて。其ノ義を設ケなす。私なり。本説なし。凡ソ萬葉已上の假名は梵文の對譯の如し。字によりて其ノ義を設ツるは。南無を南方空虚ノ義と釋するが如し。可シレ笑フ。又英が聞書に。生前死後によりて荒魂和魂を分別す。本文を考へ看よ。底筒。中底。表筒ノ神。神功皇后を守護す。生前とやせん死後とやせん。暗中に摸索する解也。又日少宮は。本書によるに死没の後

也。生前に紀せる文なし。神の始終怀と云ノ。私説也。丑寅の方などゝ。餘所に云へるも。私説也。本據を見ず。總じて末世神道者の天地根元人神合一などゝ云フ。皆日本紀等になき事也。可シ笑フ々々

多田左衛門が宮川日記ニ云々　大綱謂く。生靈の功を祀て荒御玉ト稱し。死後其ノ德を祭て和魂とす

此ノ説亦杜撰也。三神既に自ら和魂服テ玉身ニ而守リ壽命ノ。荒魂爲シ先鋒ト。他人より稱するにあらず。是レ自稱也。その存沒を分別するに非サる。知ルべし。魂ヲ爲シ荒魂ト魄ヲ爲ト和現トするは多田が破せる如し

既に異説を擧ぐ。今正シく正義を述フべし

本文ニ既而●●師船

此ノ文至テ明也。和魂とは仁慈の心也。荒魂とは勇健の意なり。服テ玉身ニ而守ル壽命ヲと云フハ仁慈の趣也。荒魂爲テ先鋒ト而導ツ師ノ船ヲと云フハ勇健の趣也　問人に此ノ二心あるか。答しからず。但タ是レ一心なり。一心緣に隨て二用あ

り。今此には外敵を制伏するは荒魂の力なるべし。有德に與《ワミ》す。和魂の力なるべし。例せば佛門密教の阿闍梨。泥木塑繪の佛天を開眼供養し奉る。阿闍梨勇猛の心に住すれば。其ノ佛天かならず威曜あり。阿闍梨柔輭心に住すれば。その佛天かならず仁慈なり此は相承の義なり三神二心なけれども。外先鋒として三韓を制伏し。內玉體につきそふて聖壽をまもる。荒魂和魂の名。此に德をあらはす也

於是從軍◆◆山田邑

荒魂既にあらはれ。其ノ德すでに著し。祠を立テこれを祭て。其ノ威曜萬歲を傳へて畏懼せしむる也

亦表筒男◆◆得度海

波浪をしづめ。渡海平穩ならしむる。和魂の德いちじるしき也。更ニ詳ずるに。庸人に在リても悱憤あるは荒魂也。仁慈友愛あるは和魂なり。もし謬れば瞋恚愛欲ともなるべし。寶劍玉璽。此によりて傳國の重

寶となる也

於是天照大神‥廣田國

此中荒魂は皇后に近くべからずと云。勇健の趣を知べし。我心廣田の國とのたまふ。大神もみづから荒魂のおき所をしろしめさせ給ふ也

亦稚日女‥合祭文亦事代主‥合祭

此兩條上に準じて荒魂のおき所なるべし

已上荒魂和魂竟

大巳貴神‥三輪之神也已上

是亦先衆說を擧後正義を顯すべし

神代口訣云。一魂兩化之名。幸魂者念而先臨而就。奇魂者不念而成。是即天命一身之主也

是浮漫の義なり。仔細らしく說出ども。言のみにして實なし。畢竟じ

て何物たることをしらざる也。實學を務メざる者往々如是ノし

重遠曰ク。先ンシテ臨テ而知ルチ之ヲ謂ヒ幸魂ト。精ノ思テ而得ルチ之ヲ謂ニ奇魂ト

一思のなかに就て。穿て兩義を設ケたる也。事に觸レては先ツ臨ンで知ルと。精ク思ひて得ることの兩樣あるべし。我カ心相に此ノ二途分別しがたき也。此も浮漫の說也

玉木翁曰ク。幸ハ先也。忽ニ發メ而知ル者ナリ。奇ハ靈也。內ニ守テ而覺ユ者ナリ

此も浮漫の說也。事出來てしる。內に守るは。動靜の二途なり。動靜は時の緣なり。心の二樣にはあらず

兼良公曰ク。幸魂ハ則陽魂。主ル氣ト與チ生。可シ以テ慶幸ス矣。奇魂ハ則陽魄。主ル形ト與チ死。可シ以テ奇異ス矣

これは魂魄の二と見定メたり。前說に比すれば力あり。但し左傳ーーによりて妄りに魂に慶幸すべきの義を說キ。魄に奇異すべきの義を安排布置す。臆度の說には非サる也

已上は衆說也。次に正義を顯すべし

文ニ曰ク。于レ時神光照レス海ヲ。忽然有ニ浮ヒ來ル者一｜｜大造之績矣

此ノ文をよく沈思すべし。天運旣に定マりて人事成就する趣也。思ウてしるの趣にあらず。亦魂魄の趣にあらず。魂魄は陰陽の狀。人に在て生育の精也。具サに左傳の文の如し。成功遂績の義にあらず

是時大已貴｜｜奇魂

四十華嚴云々　神代書入に畧ホ明せり。他日閑暇の時精クすべし

問此ノ幸魂奇魂。先の荒魂和魂と同か異か

此レ亦衆說を出し。後に正義を示スべし

兼良公曰ク。和魂ハ奇魂也。荒魂ハ幸魂也

延佳曰

古史通云

此等ノ說。悉く暗推の說なり

此に三魂二魂の傳あり。三魂とは幸魂寄魂術魂なり。二魂とは。神代卷如シ前ニ引ク。幸魂奇魂也。三魂とは。舊事紀ニ云ク。遂到乃至之神也文幸魂奇魂は前に明せり。今須く術魂を知ルべし。謂ゆる術魂とは。二魂の外に一魂あるに非ず。物によせて此ノ二魂を任持する。是を術魂と云フ也。漢書顏師古カ注ニ。述ハ道徑也。心之所由也文人物志ニ。思通ノ造化ニ策謀奇妙ナル。是ヲ為ニ術家ト文此ノ中に術魂と云フは。二魂の福慧の徳を總稱して術魂と名づく。別物ならず。故ニ次ノ文に云ク。大巳貴命至奇魂矣と。此ノ領承の文に唯二魂をのみ擧ゲて。是レ我カ幸魂奇魂矣と。文相明了也。次に三諸山に使就而居に八坂瓊を添へて為三輪社ト。その時は八坂瓊これ術魂也。彼ノ二魂を攝して此ノ術魂に寓し。後世無究盡の神徳をなす也。文に為素裝束持天蕤槍。有浮歸來者と云フ。是也。天照太神の鏡を付屬して。我を見るが如くせよとのたまふ。此ノ術魂也。熱田の寶劔等。諸社ノ弓箭等。一切社壇鳥居神璽幣帛等。みな此に準じて可シ知ル。深秘々々。通人雜傳の神學者の知らざる所也

神漏岐神漏美

中臣祓に。皇親神漏美の命を以て八百萬の神等を神集《ツトヘ》に集云々

此は古事記上卷ノ高御產巢日ノ神。天照太神之命ヲ以テ。於ニ天ノ安河之河原一。神ニ集《ツトヒ》ニ八百萬神ヲ集《ツトヒ》ヲ一文已上の文に依て作れるなり。漏は助辭にて。神君と云フ事をキミ二音を陰陽にわかち稱へし言歟。天書に神漏岐ノ尊娶テ二神漏美ノ尊之女栲機千茲比咩ヲ一爲ニ正哉阿雄勝朝日天忍保瓊ノ尊ノ嫡妻ト一云々陰陽二神の通稱なるべし。神代卷と照し見れば。此ノ神漏美尊ハ高皇產靈尊也。地下を治メ玉ふ故に美の字を用ゆる歟。別に神漏伎の命。神漏美の命と云フ二神を指スにあらず。命の字ハ命令の義也。しかるを卜部齋部二家共に。命をみことゝ讀ンで神號と覺へしより。異說出來て。高皇產靈を神漏伎と稱し。天照皇を神漏美と稱するなどゝ云フ妄解多々也「垂加か玉籤集も喃々として云へり皆妄說也」ラリルレロ。我邦にて體聲となることなし。助聲に用ゆる字なり。猶萬葉第十四を見へし。漏字助聲なること。垂加か玉籤集にも云へりロ字助聲の例引合すべし

是を記せし後。予天書を得たり。天書に●●●

左男鹿ノ八耳

中臣祓。卜部の本は十三段となして。左男鹿の八字を加ゆ。其ノ文

左男鹿乃八乃耳於振立天聞食止中壽

彼ノ家に八箇五箇三箇の數を分て相傳する內。五箇大事の其ノ一也。此亦妄說多し

一說ニ。鹿は靈獸なり。鹿卜之式等を引キ合セたり

正義は。但ヌ睆《シウ》と聞コし召シ給ヘと云フ事也。此を鹿に比して小牡鹿と云フ也。八は神道ニ用る數也。神儀。八方を聞定むる故に八耳と云フ。垂加抔《ナト》八の數に付てふかき道理ありと云フ。妄說也。但ヌ神道に用ゆる數にて。八隅しると云ヒ。八百萬と云ヒ。八乙女と云フ等也

編者曰。右相承神事儀一巻は尊者の撰なり。尊者御直筆の草本高貴寺に在り。今彼本に依て之を出す

此書相承神事儀と題すれども。神事儀は最初の一部分にて。後の二魂解。神漏岐神漏美の釋等は神事儀の外と見えたり。隨て御直筆の原本には二魂解已下をば。神事儀の後十數紙を隔てゝ別の紙に記し給へり。要するに神事儀は草本にて未造畢と想はる

外題
神名稱儀

名イミナ　稱タヽヘ名

天御中主尊　一天地をおし丸めて此ノ神體也。例せば楞嚴の舜若多神の如し。古今におし通じて起滅を云フべからず

日本書紀ニ又ハ曰ク高天原所生ノ神ノ名ヲ曰ス二天御中主ノ尊ト一

有人云ク。國常立尊は皇代之元祖也。天御中主尊は君臣の元祖也と。此義未審。君臣の元祖ならば。其ノ君の元祖たる邊にて言ハば。國常立は無用なるべし

今謂ク。唯タ本説によりて天原所生の第一神と仰キ奉ルべき也。天とは直に是レ高天原也。御とは統御の義なれば。統ヘて高天原を駕御し玉ふなるべし。中とは。我ガ國は天柱卓立して外國をも我リ用となす神風なれば。此ノ漢字を取用す。既に漢字を取用するからは。漢字の義をも取用す

べし。中庸に。中ハ也者天下之大本也と同く致ニ中和ヲ天地位シ焉萬物育ス焉と。此ノ神の德これに依て解すべし。朱子の章句に。中ト者不レ偏ナラ不レ倚ナラ無ニ過不及ニ之名と。此ノ義も籠ルべき也。主。字書に云ク。君也。董仲舒が賢良策に。行高クメ而愨厚ツ。知明ニメ而意美ナリと。又宰也守也宗也。此等の義をとり合ヒて知ルべし

高皇産靈尊　此は高天原有情非情を生育するを是ノ神體とす　下賀茂

高は直にこれ高天原也。處に約して稱す。皇ハ古事記には御の字を用ゆ。上の御中主の御に同じ。此ノ紀には皇を用ゆ。皇は。支那に天皇氏人皇氏地皇氏を三皇と稱するより。秦始に至て此に摸して皇帝と稱す。舍人親王こゝに皇の字を用ヒられしより看れば。始メて君たるの德を顯し玉ふなるべし。産は産生の義なれば。生育の德も此よりして顯るべし。靈は。古事記には日の字を用ゆ。昔に尊尙の辭也。此に至て始メて生育の德を顯す。上の御中主の生育を云フべからざるに異也。舊

事紀に。別高皇産靈尊兒天思兼命云々　次ニ天神立命と云ヘり。此ノ時夫婦あるに非れども。父子の道の由て起る所なれば。兒思兼等と云フ也。有人云ク。天御中主尊の子高皇産靈尊と云フは妄義なるべし

次神皇産靈尊　此ハ高天原より神を顯ハして萬物を生育し玉ふ神也

次上は處に約して高と云フ。今此は所生に約して神と云フ。餘は上に同じ

古事記に云ク。天地初發之時。於テ二高天原ニ一成レル神

書紀には所生と云ヒ。此には成と云フ。書紀の所生の字も。此の成の義に見るべし。諾冊二尊未タ天浮橋に臨ミたまはざれば。陰陽昇降萬物發生の時に非ル也

名

此に依レば。萬物未タ發生せざる已前。すでに名あるなり。誠に天地に先立て天たがはずと云フは。此ノ名なるべし

天御中主尊

アメと云フ辭。天上人間最初の發聲と見エたり

次高御產巣日神

此ノ記には巣の字を加ふ。支那有巣氏のごとく。初メて居住の狀ありと見エたり

次神產巣日神

カミと云フ辭。鏡の中略と云フ人あり。有人難じて云ク。鏡有て後神あらば左も云べし。鏡は物具なれば人より後の器也と。今謂ク。神と鏡と。實義に依ラば前後を云フべからず。白銅鏡より日神も月神も素尊も出生したまへば。人有て後その器あると云フは曲說也。神と鏡と。前後を云フべからず。天地と名稱と。前後を云フべからず

此三神者並獨神

獨神とは夫婦父子の交りなきを云ッ也。此によりて看れば。思兼命等

の高皇産靈の子とあるも。その徳により緣に隨て生れ玉ふ義也

成坐而隱身也

此ノ六字は上の獨神の狀を顯ハ也。此ノ時その身を隱し玉ふには非ず。その義は瓊々杵尊の天降リ玉ふも。高皇産靈の命あるに依を知ルべき也」

問古事記には。此ノ三神を首として顯し。書紀には。國常立尊を首として。此ノ三神は一書を引て示す。其義云何　答。此は古人の云フところ也。古事記は一通りに神祇古事を記す。書紀は皇統を首として。我ガ國の皇統萬國にまされるを記す。それゆへ此ノ差排ある也

高木神

高皇産靈也。高は上の如し。木は尊尚の辭。伊弉諾。神漏岐の例。瓊々杵尊等

書紀ニ云。于レ時天地之中生ス二一物ノ一狀如シ二葦牙ノ一。便チ化ノ爲レ神ト。號ス二國常立ノ尊ト一　此は萬國をおし丸めて神體とす。此ノ國とこしなへに成立する也

舎人親王は日本紀を述する故に。此ノ神を首とし。皇統の正を記する也　問國有ての神か。神有て後の國歟　答。神有て後の國也。國の起り諸册二尊天浮橋よりして後のこと也。雨（雲カ）布て後雨ふる如く。此ノ神有て萬國成立するなり

次國狹槌尊　國はじめて立ツ也。狹は初の義。早苗さぎりと云フが如し。槌と立ト相通ず。古事記に訓ノ小竹チ云フ佐々ト文　同八千戈神の歌に。さよばひ。初婚なり

次豐斟渟尊　國ゆたかなる。此ノ神體也。渟は主の義

豐組野　この神に至て初メて野の名あり。國土闢ケしきて糸の組ミの如キ歟」

豐香節野　國土馥郁として分節ある歟。又かうばしき野と云フこと歟」

浮經野豐買　田土浮出レが如く相應する象を顯ス歟

豐國野　上に準じ知ルべし

豐齧野　秀色可キ喰フの象か

葉木國野　はこ《びカ》こるべき國
見野　顯ハれて見つべき象
此ノ三神。上の高天原の三神に對すべし。已上これを易に比していはゞ。兩儀いまだ立せず。大極の分位也　問。書紀に渾沌如雞子と云フ。大極なるべし。淸陽者ナルハ薄靡テ而爲リレ天ト。重濁者レルハ淹滯テ而爲ルレ地トと云フは兩儀也。神聖生ス二其ノ中ニ一と云フは四象より後也。今日野尊已上を大極の分位と云フ。如何　答。書紀の序文は且く支那諸書の言句をとる。我カ神代の蹟を究ムるに非ず。大凡ツ理と物と前後を云フべからず。心と業と久近を云フべからず。大極兩儀全く今日現前す。四象八卦並に目前に顯現す。これを大古におし片付ツるに非ず。我カ神代は天地の起元を該子。萬物の始終を詳にす。易と雖モ及ハざる所也。此ノ大眼目を開て神書を見るべし　問。大極は無極也。神號あり。天地國土の象あるは何ぞ　答。無極の處物あり理あり

神名稱儀

已上纔註一二了○若在世數年○須繼而完之

神見

四十華嚴云々

傳家寶三集下紳瑜云。鬼神視人之所爲。如下在黑暗處看中燈光處上。人在燈光下。不知黑暗處有窺之者。

寺島元春云。此長榮寺。元祿年。讚州寶乘比丘住持。行業絕倫常坐不臥。持眞言行。年庚四十許。有病危急。予診察之。或時往欲察輕重。律師云元春老察脉。出其手。予察之脉狀甚穩。律師云脉狀云何。予云頃日所察甚不宜。恐報命不永。今日所察甚是平穩。似可救。律師云。雖脉狀不惡。我命不永。在于此一兩日。元春云。醫家法人病而脉不病則治。師恐免。律師云不然。我今日見一人出於病床。顧我云。寶乘坊我今日去矣。見其狀容貌年齡如我。不異。袈裟褊衫如我。不異。手所執衣囊亦不異于我平生所持。告暇而去。至戸邊而消滅云々　其夜丑刻律師遷化焉云々

七福

壽命　無病　族姓　官爵　福祿　子孫　眷屬

七福神を祭るは。必七體を云《ッ》に非ず。一體二體にても可なり。大低七は成就の數也　書の洪範に。五福は壽。富。康寧。攸好德。考終命

魂神

日本紀

舊事紀

二酉委譚

現事　丹波篠山家中の後室壽孝尼と云《フ》者。京四條邊に寓居す。來參して呈す。私は心相を親見せり。予問《フ》。心相はいかなる相ぞ。壽孝云《ク》。形相に異ならず。私が友に某後室あり。互に往來して睦じ。或時五月末

の比。彼ノ後室の家に至ルに。倶に同じ蚊帳に入り臥す。勿論有明《アリアケ》あり。中夜過て風と目ざめて見るに。彼ノ後室が寝入リたる上に。一老婆ありて覆ひふし。後室が顔を見る。能ク見れば後《彼カ》家に出入する貧家の婆子なり。壽孝叱して何事をなすぞと。彼ノ婆これを聞て。驚ける狀にて。あとしざりに去る。蚊帳を擧ケずして。蚊帳の目より漏レ出で去る。上り口に至リて消エたり。餘れ不思議におもひ。其ノ夜はいね得ず。曉に至る。後室に知ラせばやと思ヒ付キけれども。或は懼怖のことも有ランと思ひ。さしひかへたり。明日後室に問て。彼ノよしはいかなる氣質なる者ぞと。後室答ふ。彼は欲ふかき者にて。おり〳〵はあいそ盡キること有リと。私云ク。其ノもとは富有なり。彼は貧窮なり。隨分に惠み遣ハされよ云々

予も其ノ言に應じて開解せり

又大阪唐物町に丹波屋七兵衛と云フ町家あり。彼ノ妹に慧收尼と云フあり。京寺内の總持院殿の弟子なり。因に予に呈して云ク。少年十八九の

時。母に隨て天王寺に參詣す。東横堀の邊にて黄昏に及べり。九之助橋を渡る時。半町を隔てゝ前行く女伴あり。老母と見へる人に隨て。十七八と見るべき女子あり。婢女二人。僕一人したがへり。一の火あり。大茶碗の大さの如し。一尾あり。一尺ばかり。彼ノ女子に隨ひ往く。一町ばかり。其ノ底なりしが。此ノ火かの女子を急に三反ばかり回りて裳に入る云々

妖怪

攝州有馬郡湯山に。奥の坊余田掃部と云フ。予に來參す。了溪居士の號を與ふ。彼ノ者云ク。我ヵ家五百年來家門相續して男子不レ絶エ。我ヵ曾祖父田獵を好む。夜ごとに弓箭を帶して山に入ル。或時鼓が瀧より谷づたひに深ク入リしに。向ふ山の尾に一老婆あり。行燈の燈を挑ヵて綿をつむぐ。此を見て其ノ

夜は歸れり。次の夜又弓箭を帶し。利刀を脇にさして。往て見るに。昨夜の狀に異ならず。弓を張て射レ之に。婆子其矢を手に取て。側なる松に刺す。數箭みな同じ。唯一箭あり。此に至て思ふに。此矢もし射そこなはゞ。必とり懸り來るべし。思惟をめぐらして。此度は彼身前の行燈をねらひ放つ。手ごたへして火滅す。翌日下人を召具して。尋往て見るに。その處より血つたひて谷に入る一町ばかりして。穴の側に老狸箭を負て死せり云云

大凡妖怪の異狀を顯すは彼の術なり。彼が眞形に非ずと云へり

九字

猿田彦　鹿島　香取　三神を祭る。一神にてもよし隨二行者意樂一

心齊別火　利刀をぬきて祭る也。其處に女人の出入を不レ許。たとひ

親母と雖。これを避クる也

日は朔日を取ル。若シ朔日にかなはざる用事あれば。別日も可シレ取ル。法則印

明別にあり

十字

法則別にあり

流神道

番匠十八通

編者曰。右神名稱儀一卷は尊者の撰なり。尊者御直筆の草本高貴寺に在り。今彼本に依て之を出す

神道相承傳授目録

慈雲和上作

大凡道とは法爾自然性相常住なれば。傳授と云ふこと有るべきならず。然ルニ人自ラ昧《クラマ》して其ノ道を失ふ時は此ノ道隱沒す。既に隱沒して顯れざれば。秘密是大道也。此ノ大道亦緣に隨て顯るゝときは。其ノ人亦其ノ人に傳ふ。是れ道に傳授ある所以也

吽字義(冠注朱書)云ク。甚深秘藏ト者衆生自ラ秘スル之ヲ耳。非佛ノ有ルニハ隱(朱注已上)

高天が原に在て天御中主尊《アメノミナカヌシノ》生ナり出玉ふ有傳蒼々たる長天萬古不易の神王なり。天地既に基して國土區《マチ〳〵》に別る。國常立尊顯れ玉ふ有傳大地と共に成立せる神王なり。此の神王既に生ナり出で生成して不休《ヤマ》次ニ國狹槌尊《クニサツチノ》。次ニ豊斟渟尊《トヨクムヌノ》有傳以上の三神。大地を以て體とす。海外に渡りて廣狹無し。千古に通じて出沒無し。舍人親王(天武天皇ノ御子 神代巻ニ出ツ)。乾道獨化《アメノミチヒトリナス》と云フ。是れな

り
次《ニ》埿《ウ》土《ヒヂ》煑《ニノ》尊　沙《ス》土《ヒヂ》煑《ニノ》尊有傳
次《ニ》大《ヲホ》戸《ト》之《ノ》道《ヂノ》尊　大《ヲホ》苫《トマ》邊《ヘノ》尊有傳
次《ニ》面《ヲモ》足《タルノ》尊　惶《カシコ》根《ネノ》尊有傳
次《ニ》伊《イ》弉《サ》諾《ナギノ》尊　伊《イ》弉《サ》册《ナミノ》尊有傳

是れを男女耦生《ヲトコヲンナタグヒナル》の神と云《フ》。夫れ世界初《メ》て成立す。此《ノ》物有て其《ノ》理備《ハ》る。國既に有れば人亦其《ノ》中に生《ナ》る。人の生ぜざる以前に神祇既に化《ナリ》出づ。斯《ノ》人の生ずる。天地を父母とす。天地と共に氣を同《ク》す。晝夜の別無く。飲食便利の患なく。貴賤男女の別無く。親疎邪正の差なし。此《ノ》中物々相對して欲其《ノ》中に兆す。初に地味を嘗《ナメ》て其《ノ》味に耽る。其《ノ》多《ク》嘗《ナム》る者身光曇り生ず。是《レ》世間の人《ノ》形ちに好醜あるの兆也。然れども猶其《ノ》壽命無量歳也。地味失して地膚あり。地膚沒して林藤あり。林藤沒して穀類生ず。保《ウケ》食《モチノ》神此《ニ》化生す。天上長《ヲサ》田平田ある所以也。人類穀食して大小便利の患生ず。

此時に至て一類の有情男となり。一類の有情女となる。此時の人壽命數萬歳也。男女既に分るれども。未遘合《マクハヒ》の欲無し。如上の八神は陰陽昇降の神にして。神體是れ男女なるに非ず。神體男女に非ずして閏界男女の兆也。八神の數は邊津鏡《ヘツカヽミ》の體にして。支那洛書河圖の根本也

次天神謂伊弉諾尊伊弉冊尊曰。有豊葦原千五百秋瑞穗《チイホアキツミツホ》之地。宜汝往循之。廼賜天瓊矛《ホコ》。是れ天命の初なり。此の天命爰に顯れて。天地の有ん限り國に隨ひ人に隨ひて。大小高下長短禍福分る　天命有傳。瓊矛傳あり

於是二神立於天上浮橋《ウキハシ》　浮橋有傳 日本紀ノ本文ハ天命ヲ畧ス　廼以天之瓊矛指下而探之。是獲滄溟《アヲウナハラ》　此滄溟有傳 海水ハ次ニ生レ海ヲ次ニ生ム川ヲさ云フ。今眼に見る所の是れ也　其矛鋒滴瀝之潮凝成《コリテ》一島。名之曰磤馭盧島　有傳　二神於是降居彼島。因欲共爲夫婦産生州國　みとのまくはい傳あり 今の男女遘合にはことなり　便以磤馭盧島爲國中之柱　國の柱。天の柱傳あり　而陽神左旋。陰神右旋。分巡國柱。同會一面　右旋左旋同會一所。傳あり　此時日月未不顯四時未不分ども。天地の運行爰に定て。萬世萬國暦數の基となる

時に陰神《メカミ》先唱《ツヘテ》曰。憙哉《アナニヱヤ》遇美少男《ヒヌウマシヲトコニ》焉 有傳 是れ人中言詞《コトハ》の兆也。陽神《ヲカミ》不悦。

是れ人中憂愁の基也

曰吾男子。理當先唱。是れ陽唱へ陰和するの道。萬國萬世の教なり

如何《ソ》婦人《タヲヤメニシテ》反先言《カヘツテサキタツヤ》乎。事既不祥《サガナシ》。宜以改旋《アラタメメクルヘシ》。是れ王公大人は必ず過を改むべき理。萬國萬世の敎也。假令雖臣庶能く過を知て改る者は。諸册二尊の一德也

於是二神更に相遇。是の行《タヒ》也陽神《ヲカミ》先唱曰。憙哉《アナニヱヤ》遇美少女《ヒヌウマシヲトメニ》焉 有傳 一書先

生蛭兒。便載葦船《アシノフネニノセテ》而流之。次生淡路洲。此亦不以充兒數。故還復上詣於天《アメニ》

具奏其狀《サマヲ》。時天神以太占《フトマニ》 有傳 而卜合《ウラナフ》之。乃敎曰。婦人之辭其已先揚《サキタテハ》乎。宜

更還去。乃卜定《ウラヘテ》時日而降之《アマクタリマス》云々　　問此中天日未顯四時未分。何ぞ時日

を卜定する哉　　答此れ正しく神祇之道也。凡そ人中に顯るべきこと。

必天上に在て先其象を見る。印度に在て目連尊者摩竭陀毘耶離の戰

闘を豫め知る類。是れ也

因問陽神曰。汝身有何成耶。陰神對曰。吾身有一雌元之所。陽神曰。吾身亦有雄元之所。思欲以吾身元所合汝身元所。（有傳）天地一物あれば雌元と云雄元と云。晦朔晝夜。春秋冬夏。山峯谿澗。潮汐河海の本となる。大地雄元を得て山嶽丘陵となる。雌元を得て河海谿澗となる。一艸一木亦得て是類を分ち用を顯す。人倫畜獸も是れに因て男女牝牡を分つ。然るに此時未八大洲不顯天上にも日月未顯ば。男女嫁娶は無き也

於是陰陽始て遘合して爲夫婦。一陰一陽の昇降往來也。天地の間に在て剛柔相依り緩急相伴なふ。風雲の起る所。日月の生ずる所。爰に基する也（國土と風雲と。前後を云ふべからず。此ノ日本紀は且く國土在て風神水神有るに似たり）乃至産時以淡路洲爲胞。意所不悅。故名之曰淡路洲。廼生大日本豐秋津洲

大和三教論第三拔書（此ノ第三卷を神國淳美と云ッ）

此方祭政一揆。而幽冥顯露。事異道一也。故古者皇居神宮一也。官稅神

供ト一也。政事祭祀一也。故ニ以テ政事ヲ訓ス祭事《マツリコトトシ》。但シ吾カ神道ハ則非ス震旦ノ聖人ノ所設ル之道ニ也。何則《トナレハ》單ニ曰ヘハ道ト則吾カ國神皇之道也。冠セハ儒字ヲ若ハ佛字ヲ則外國之道也。故ニ對メ儒佛二道ニ不得已《ムコヲク》姑《フ》曰ニ神道ト耳

六國史此ノ一段ハ天如師ノ加ルモノ

一日本紀　卅卷。至ル持統天皇十一年ニ舍人親王撰

一續日本紀　四十卷。自文武天皇元年至桓武帝延曆十年。皇太子學士菅野眞道等撰

一日本後紀　四十卷。自桓武十一年至淳和帝天長十年。左大臣藤原冬嗣撰

一續日本後紀　二十卷。自天長十年至仁明帝嘉祥三年。太政大臣藤原良房撰

一日本文德帝實錄　十卷。自嘉祥三年至文德帝天安二年。右大臣藤原基經撰

一日本三代實錄　五十卷。自天安二年至光孝帝仁和三年。左大臣藤原時平撰

文政十三歲次庚寅仲冬以テ類本ヲ校合シ之書寫シ畢ヌ

阿波德府萬福密寺現住量觀

小沙彌覺樹月洲

嘉永三庚戌年首夏吉祥拜寫了

編者曰。右神道相承傳授目錄一卷は尊者の撰なり。今勸修寺門跡和田大圓大僧正所藏の嘉永三年覺樹和尙書寫の本に依て之を出し。高野山大學圖書館所藏の密門宥範大僧正舊藏の本を以て校合し畢ぬ

此中卷末の大和三教論云々 六國史云々は。蓋し天如師の加ふる所。冠注傍注は量觀師の加ふる所と思はる

外題 問決

問。諸宗ともに成佛作祖の趣なり。此ノ法語いかなる意にて人となる道と云フや　答。しる人ぞしる。見る人ぞ見る

問。怪力亂神を語ラざるは孔子の道也。殷代に民を導くに神を說イて恐レしむるのみ。此ノ神祇と云フ物實にあることにや　答。神祇あること古書に詳也。孔子の怪力亂神を語せずと有ルは。門人の詭譎にわたることを恐ルるなるべし。子路が鬼神に事フることを問ふ。子曰ク。未だ人に事らず。焉ぞ鬼に事らんと。此ノ文を味ウて孔子の意を得べし。墨子の書に鬼神の故を擧ゲタり。有志の人見るべし。若シ墨子は異端の道なれば見るに足ラずと云はゞ。此は佛家の日蓮宗の如し。鄙むべし

問。左傳の文解し難し。請フその方隅を示せ　答。これ甚タ要也。今逐一文を擧ケて解すべし。荘公三十有二年秋七月有ㇾ神降ルㇾ莘ニ

杜註に。有神聲以接人。莘虢地

惠王問内史過曰。是何故也　杜。内史過周大夫

對曰。國之將興。明神降之監其德也

此は國の興る祥瑞也。神ありて降る也。此神いづくより降ると尋ぬべし。必高天原有也。此高天原に神留りましく〳〵て。皇親神漏岐。神漏美の命を承て。明神この地に降り給ふ也　長阿含。毘那耶雜事等。引用すべし

將亡神又降之

此は妖孽也。上には明神と云。知べし是威德の天神也。此は唯神とのみ云。必しも是明德の神ならず。其高天原及皇親の命を受るは。上に同じかるべし

故有得神以興。亦有以亡

興亡ともに神の徵ある也

虞夏商周皆有《リ》之　杜《ニ》。亦有《リ》神異

此は歴代みな此《ノ》こと有《ル》を云《フ》也。秦火の已前には其《ノ》詳を得べし。今文獻たらざれば。其《ノ》詳悉を知《リ》難けれども。此《ノ》文に依て觀るに。歴代みな興亡のときは神の徵あるを可《シ》知《ル》

王曰《ク》若《シ》之《ヲ》何《ソセン》

神を享するの道を問《フ》也

對《テ》曰《ク》。以《テ》其《ノ》物《ヲ》享《セヨ》焉。其《ノ》至《ル》之日亦其《ノ》物也　杜《ニ》。享《ハ》祭也。若《シ》以《テ》甲乙《ノ》日《ヲ》至《ラハ》祭《ルニ》先《ニセヨ》脾《ヲ》。玉《ハ》用《ヒ》蒼《キ》服《ハ》上《ニス》青《ヲ》。以《テ》此《ノ》類《ヲ》祭《ル》也

此《ハ》祭の式を對《フル》也。五行に配して其《ノ》神の初《メテ》至る日。甲か乙なれば。木精とし。祭《ニ》脾を先とす。玉《ハ》蒼。服《ハ》青。並《ニ》木《ノ》相應也。密教《ノ》事相にていはゞ。相應物也。猶月令を考《ヘ》て具《サ》に知《レ》べし

王從《フ》之《ニ》

惠王この過が言に從《ウ》て享祀する也

内史過往
莘に行て。其式の如く享祀せる也
聞號請命 杜。聞號請於神求賜土田之命
聞號君の神に求請するを聞て反る也
反曰。號必亡矣。虐而聽於神
其政行暴虐にして。神に國土を求請す。故その亡べきを知也
神居莘六月
七月より十二月迄なるべし。此中六月の後その還る所を尋べし
號公使祝應。宗區。史嚚享焉。神賜之土田 杜。祝大祝。宗宗人。史大史。應區
嚚皆名
號公その臣祝應と宗區と史嚚との三人に命じて享祀せしむ。此は
あたりまへ也宜し。神に請て土田を賜へと祈る。此は不當也。神は土
田を與ふべき底に非ず

史嚚曰。虢其亡乎

史嚚も賢者也。虢君の求請。其道ならぬを知る也

吾聞之

此は史嚚かつて君子に從て道の在ところを聞く。今此を擧て嘆く也」

國將與聽于民　杜。政順民心

民よりして言ば。君は天也。君の心を得て天道に叶ふ。神助を得べし。君よりして言ば。民は天也。民の心に順じて天道に叶ふ。神助を得べし

將亡聽於神　杜。求福於神

神自ら福を與ふるに非ず。此人福增上して神これを助く。世の愚なる者は。神よく人に禍し人に福を與ふると思ふ。惑へる也

神聰明正直而壹者也。依人而行　唯德是與

神人の道此に明也。その聰明は人類の及べきならず。正直にして壹

なる。亦人類の及ノべきならず。雄略記に。一言主の神の。善も一言。惡も一言との如き。是也。雜寶藏に。佛天鬼神無二言一と。是也。此ノ神必人に依て靈あり。人德あれば福となり。人惡あれば禍となる

號多シ二涼德一。其レ何ノ土之能ク得ン

涼德は凶德也。若シ正シく號君の爲に言はゞ。敬して此ノ神を享し。仁政を民に敷き。奢を省き身を愼まば。自ら神助有て虞の道を晉に假すの事なく。田土を得るの福自ら來るべし

問。近世蠻人ノ說を聞く。彼云ク。日本國七種の勝れる有り。餘國の無ドところ也。一の愚あり。又餘國のなき所也。七勝とは。國王系統。萬世不易一諸官世ニス家ヲ二五穀三漆四刀劍五馬六義死七其ノ一愚とは自國に字なし。これを支那にとる。俗に文質の別あり。語に音訓の異あり。此ノ質素の俗にして彼ノ文華の詞を學ぶ。此ノ訓詁の言にして彼ノ音韻の辭に從ふ。勞ますます多くして功いよ〳〵少しと。此ノ言理に當れるや　答。彼ノ蠻客何ぞ我カ

國の長處を知ラんや。其ノ七勝は彼ノ言頗可也。一愚は大に不爾ラ。我カ國は萬邦の宗國たり。七種の勝ありて諸民安住す。神書ニ安ナカ國と名く。諸國の名産みな我カ邦の用となる。文物は支那伎巧は鄰接迦波多諸國。左之右之不ル相妨ケ也

問。文字は切要とすべし。尊尚とすべし。これを支國にとる如何　答。我カ邦固より質直を本とす。文字は末が末也。支那も昔ハ文字なし。上古結繩而治と云フ。是也。伏羲に至て八卦を畫す。これ當時の文字也。陶九成カ云ク。六書ハ八卦之變。卦ハ以テ六位ヲ而成シ。書ハ以テ六チ而變ス云云　淮南子ニ云ク。蒼頡造リテ字ナ而天雨ラシ粟ヲ鬼夜ル哭ス也。粟は田に生ずべき。而ルに天より雨す。世の變の兆也。世間漸ク虚僞に走るべし。故ニ鬼神夜哭ソと。高誘が注を見ル べし。我カ國の文字なきは。我ガ國誠實の趣也。神代に文字あるは。家々のしるし。結繩の如し。日本紀に。一書々々と標する。是也。今の片假名は吉備大臣が作也と云ヘり。隋の王化玄より五十字文を傳へ。是を楷書の片を取て傳ヘたる也。吉備のこ

と○類聚國史に出テたり○今の女假名は弘法大師の作と云ヘり○或は護命阿闍梨作とも云ヘり○東寺に弘法大師の手書のいろは四十八字有リと傳ふ○此ノ兩樣彼ノ漢字を假リて此ノ國の通用をなす○吾カ國固より偏執の少く○自ら宗國の氣象存する也

問○既に他國の文字をかり用ゆ○其ノ文章詩賦○顛倒錯置○和習ありて支那に及ハず○朝鮮だにもしかず○可キレ恥ツの甚シきならずや　答○君子の學あり○小人の學あり○潔は雪に讓リて○雪と潔を爭はず○直は竹に與へて○竹と直を競はず○走ルは馬を使ひ○負フは牛を役す○馬と遲速をたくらべ○牛と輕重を論ずるは非也○支那は文華の國也○文華は支那を弄して可也○我カ國昔大津皇子菅家江家等○亦一時の文物と云ッて可也○此を宇内に用ヒんと思フは非也○近世荻生服部が類○自是偏好の一癖也○これを通人に及さんとするは過也○支那文物の國を害する○其ノ事すくなからず○彼ノ地にも劉項元來不レ讀マレ書ナと云フ○見る所あるの言ば也

問。道の道たる。治國平天下の功也。古今みな此を儒に讓る。日本ノ神道此ノ仁義の目あることを不レ聞カ。云何　答これ至要也。具サに論ずべし。史記秦ノ世家に。穆公由余に問ふ。中土は仁義を以て治む。猶或は不レ治ラ。胡國は仁義の教なし。其ノ亂れざる云何。由余答ふ。此レ中國の亂るゝ所以也。上禮を以て下を責む。下民仁を以て上を怨む云々史記を見ルべし。此に由て知れ。仁義の國を治る。末が末也。支那の國たる。亞細亞の東北一隅にして。其ノ俗文華に過ぎ輕薄に走る。彼ノ稱スル二聖人一ト者其ノ俗を導くに。仁義を說てこれを製《制カ》す。我カ國の自然法爾天道に適フに同じからず。其ノ世々亂亡相繼キ終に胡國の有となる。此に由ル也。本朝は大に異ナルことあり。平天下あめがしたをむける訓ずト。唯タそむく者を制ス。既に向ひ伏すれば天下自ら平か也。別に平天下の道有て此を用ゆるにあらず。其ノそむく者は。反し箭これを制す。彼ノ稚彦が自ラ亡るが如し。開闢より今日まで。朝敵の身を亡す。此による也。天下は唯タ亂さぬのみ。此を神道とす。彼ノ支那儒生が談ずる大學の大學此三字恐衍の三綱領八條目と云《フ》が如《キ》には非ず。彼《ノ》蒼生を憐《ン》でたなつものの畑つものを施す。其《ノ》材にまかせて杉及《ヒ》櫟樟は浮寶とし。檜は以て瑞宮の材とす。下つ岩根に宮柱ふと敷《キ》たて。高天原にちぎ高してて。神籬を基し岩坂を封す。まことに萬世うごきなき基也。彼《ノ》喃々として仁と說《キ》義と說《キ》。喪に彼《ノ》哭泣の處を定め。三年の喪唯《タ》名のみ有て行ふ者なきが如《キ》には非ず。外宮を崇敬して。穀物器財の萬邦に勝れるを受用す。內宮を崇敬して。皇祚の天壤とともに盡ることなきを樂む。八神殿を皇都に鎮座して惡神魔神の障碍を除き。下賤短才を免れ。君臣相和し。乃至治世安樂也。彼《ノ》儒生の見の及《ノ》ぶところならず。天御柱左旋右旋して。陰陽德を運し天地位定る。若《シ》不才なれば。子弟と雖も。岩橡船に載《セ》て。風のまに〳〵放棄つ。若《シ》暴惡なれば。勇才と雖も。これを根《ノ》國に放逐す。罰すべければ。一日一夜相隔てゝ住す。母を害する子は。斬て三段となし五段となす。不順の國なし。不經の民なし。煩細の令なくして天下平《カ》也。

彼支那の如き。堯舜上に位して禹皐陶夔をして三苗を征す。兵疲軍老退て干戈を庭に舞す。而して三月にして三苗格る。其より後の世は亂亡相繼て見るに足ず。我朝の貴きこと知べき也　問。支那に孝經あり。我朝には此底の敎なし。いかん　答。此孝經を見て更に我朝の貴を知べし。或人の詩に。今朝天子尊。何假叔孫通と云へり。朝に禮度あれば。叔孫通に禮を製せしむるには不及こと也。我國の風ならば。孝經には不及こと也。且彼文に文王の王季に事ふる。朝暮云々と云へり。此等は文王に在ては可也。智愚賢不肖に通ずるの敎に非ず。此類にて知べし爾らば孝經用るに不足歟　答。通ずべきを通ず。海外も我用となる。一類の子弟を敎ゆるに。孝經もよき敎也

問。神事に僧尼を忌む。其義有や無や　答。其義ある也。神によりて三寶を愛するあり。寄歸傳に摩訶迦羅天性三寶を愛すと云是也。又僧尼を忌あり。七曜星辰別行法一行云。婁宿直日。鬼名令尼居令人兩脚應骨髓

痛坐臥不得。此鬼所爲。如不遇祭法其脚便失。以五色紙錢二百貫好肉白脯如法祭之。患人一七日內差。行履便得。祭日輒不得僧尼入宅。切須禁之。祭了隔日即得 全文 此類鬼神僧尼を忌む徵也。淨戒の僧尼天神守護す。故に下類の鬼神は嫌忌也。律藏の中に世尊●●●城に入りたまはんとす。神その祭祀を妨げんことを恐る。世尊の入り來るを欲せず。女神なれば。自ら衣服を脫して裸形にして向ひ立つ。世尊曰。女人の法。衣服莊嚴するも威曜すくなし。裸形は可恥と。終に別處に去り玉ふ。此類おもふべし。伊勢兩宮の如き。上位の天神也。平日僧尼を禁ずるは不是也。下等の鬼に同じからず。大抵は鎌足公。興福寺を建立して氏寺となし玉ふにて知べし

問。神祇に肉を獻ず。その是非いかん　答。神書に依れば。高天原にては肉食の儀なし。下界にしては肉食も有べし。舊事紀に。詔曰。汝天兒屋命。天太玉命二神宜依天津神籬《ヒモロギ》降於葦原中國云云　宜以吾高天原所御齋庭

之穂（稲種）亦當御於吾兒矣（文）高天原には。肉食の文を見ざれば。上位の神祇肉食なきこと知べし。日本紀に。下界保食神口よりはたのひろもの。はたのさもの。毛のあらもの。毛の和物を出すと有ば。下界の神祇は肉食あること知べし。月讀命保食神を害すと有れば。月讀命はその時此はたのさもの。ひろもの。毛の和物。荒物を受用なき。知べし。今春日の祭禮にも。本社より遙か隔てゝ。雉狸のかけもの有れは。下位の神祇肉物を受用あるの徵なるべし。更に他日決すべし

問。荒井白石著せる古史通は取用べきや　答。彼武夫也。軍事を以て神代を解す。若是神代軍事ならば。孫呉七書だにも不如也。何の神德かあらん。濱成が神別記。亦同條也

問。然らば一向に廢すべき歟　答。元來神道は無法の中。諸道の根柢たり。軍事も亦此神書に依て考へなさば勝利を得べし。武夫には武事となりて顯るゝ。是神德也

問○垂加流に男女婬事たわけたることを以て神代を解す○滄海あをうな原を女の腹と解し○瓊《ヌ》鉾をほこる義にて男根と解し○玉鉾の道を○玉は水に屬して陰物○鉾はほこりて陽物と云が如き○神書の文○鶺鴒の教○いな負せ鳥の傳に叶《ツ》と見《エ》たり○是なりや　答○大鄙劣の解也○一向に道と名くべき事に非ず○初心の人を導て放蕩無賴ならしめ○大に國風を破壞す○天地神祇の罪人也　問○然らば一向に其《ノ》理なきことか　答○一分は理なきに非ず○天地陰陽これを男女に配して其《ノ》趣を得べし○男女合會陰陽昇降の道に異ならず○筑波山に男體山女體山あり○湯殿山の風致も天地自然の理也○印度にも大自在天烏摩妃の宮あり○男女は自然の物理なれども○垂加は愚昧の僻見なる者也

問○因幡の乾長孝《カ》著せる大道微言は可《キ》レ取や否や　答○可憐生也○彼《ノ》垂加が如き鄙劣ならず○但し人事あることを知て○神祇あることを不レ知《ヲ》○他日一變せば道に至るべし

問。三種神器。近世これを智仁勇に配す。是なりや。世に傳ル古今傳も其ノ趣見ヒたり。云何　答。末が末也。智仁勇は支那儒典の敎也。莊子に。盜跖も此を用ゆと云へり。我ガ神道は此ノ途轍ならず。桃子を擲て意富加牟津美の命となす。杖を擲てふなどの神となす。固より彼ノ儒典と日を同ウして語すべきならず。其ノ智仁勇と云フ如きは人事也。非ニ神道ニ也。三種ノ神器は更に深趣あること也（弘法大師より傳あり）　爾らば此ノ説一同に非歟　答。一向に廢せよと云フに非ず。儒典の意にて見れば。左も有ル べし。我ガ神道は通ずべきを通じて。海外も我ガ用となれば。此ノ三種に配して智仁勇をも用フべき也。但し神道の深趣を智仁勇と思ふは狹劣也

問。三種神器を智仁勇に配するを許さば。饒速日尊に付し給ふ十種の神寶を十善に配すべきや　答。上に準じて解すべし

編者曰。右問決一卷は尊者の撰なり。尊者御直筆の草本高貴寺に在り今彼本に依て之を出す

神道問訣

○曩〔此間至要〕に教を奉ずるに。皇太神は日輪〔此ハ火摩尼珠の體〕に非ず。亦日天子〔此ハ十二天ノ中ノ隨一〕にも非ずと。日神と日天子〔此ハ日輪相應ノ神也。出山ノ神アルカ如シ〕と其別如何。空成住の三劫の中に皇太神の時は〔上ニ注ス〕何時に當れり耶　弟子思ふに。此時未ダ日輪〔傳承。天照皇天上初住ノ時コレ日輪初出現ノ時ナリ同一時〕無くして身各光明あれども。天の磐窟に入て世間暗しと云ふ。明主〔此ハ不爾〕を失ふと云意乎。若し此時既に日輪あるにして世界暗しと云はゞ。日神〔此ハ日神且クカクル、時日輪ソノ光彩ヲ失フト見ル也〕即日輪とも云ふべき乎。又尚明主を失ふを以て云ふ者乎。日神一向日輪に關らずんば止ん。若シ相關係せば一日輪四洲を推旋す。日域のみの神と云べからず。弟子未レ決伏乞ニ開示一

(冠注)皇太神の時成劫の終り住劫に趣く時なり。此山の體なり又山の主ならず

天照皇既に日神なれば萬國賓に仰ぐべき神なり。然るに此ノ日本特

に東海に在て萬邦の宗福なれば此ノ國別して日神の神裔その君た
りと傳ふる（已上冠注）
○注連。御折帋に口傳曰　常の縒繩とあり。此の義弟子先に聽を失して
未了　金剛線ト比對シテ左右ヲ解ス
○入門聞書幣ノ下幣六樣。案上案下人形三垂四垂（陽陰）樝實　五つ也。今一つ如何
○大祓解中に。穢名さくるは錦の小路云々　厠を云ふや。褌を云ふや
此ハ古事ナリ洛陽名所記ニアルベシ
○別ニ目錄アリ神寶折帋に。化他門云々　弟子　前に聞を失す。不審化他の言あり。何を
か自證とせんや。且五段にわけて辨明し玉ふこと有りと相覺候。教示
奉ㇾ祈ㇾ
○又伊勢に所ㇾ藏ルの神寶の圖は都本なりや。都本ト伊勢ト全同八十二通の中の本なりや」
○蒼々長空即是高天原也の御說に就て思ふに。無爲の儘に有爲を宗
とするは神道なれば。神道ハ有爲法ト知ルヲ要ス楞嚴に說く所の空大覺の中に生ず海の一漚の

發するが如しと云ふ。其の空即高天の原と見ても妨なかるべきや。本圓覺經チ引合スルハヨロシカラズより虚空は無爲なれども。經の文面を以て見るに大覺に望れば有爲無爲全フシテ我大覺圓と云ふべきや。其ノ大覺の中に生じぬる大空無始無終の神靈を國常立と見。此經ハ神道トハ趣別也引合スベカラズ大覺は本より本淨の菩提心也。右此ノ經文を以て有爲の儘の無爲コレハ不レ然也は佛。無爲の儘の有爲は神道と辨じ來らば云何。敢テ奉レ問ヒ

○降臨章ニ云ク。穗日二《フタ》上の天の浮橋より云々　此橋と隨緣顯現不レ可レ言ニ異一八洲起原章の浮橋とは。體用の異と解すべきや。其の灌頂の時の浮橋は降臨章の浮橋と解すべき耶

○延喜式に曰ノ。天若彦も復命申さず。高津鳥の災に罹り云々　弟子謂ふに。此の無名雉は只是れ其ノかへり言なきを問ふ使なり。魔鬼鷲鷹等の類に異なり。如何してかこれを祓はん。然るを天狗等に渾同して。即以て災とす。當らざるに似たり。云何　此ハ御尤也。式ニモ此例不レ少時平公疎失也云々

○古事記に說く所之天御中主乃至大斗乃辨までの十三神は都て無

色界に配し。面足以下の神は形像具足の故ニ應に隨て欲色二界に配當し見るべき耶　此ハ委曲ノ傳ナシ。明君ノ決ヲ待ツベシ

○大祓詞に。比禮（此ハ文官）かくる伴。（此ハ武官ナレバ比禮ハカクルモカケヌモアルベシ）靫はく伴等云々　是の如く各々に言をなすと雖。實には靫負伴も（此ハ武官ノ中ノ隨身）亦比禮かくべく。靫はく伴も比禮を用ゆべし。手（此ハ）纓も（神祇官祭禮之段）亦しかるべし。或は諸伴みな用ゆるは比禮のみにして。纓は但下官の輩の所用なるべきか。敢テ問フ纓は何の所爲なりや。神に給事（此ノ通リ）するの姿乎

○冊尊亦化生の神なるべし。然るに（此レ正ク神儀ナリ後チ人世惱亂アルノ兆ナリ）亦穢惡の屍あつて。諸尊をして愕然として去らしむること如何

○高麗狛。（狗人ト云コアリ狗形ニハアラサルベシ）異邦より來らざる已前。我國の社頭に此獸を置ことあり耶」

○蛭兒のヒの音。即大日孁稚日靈等の日にして尊稱ならば。何故に流し棄る耶　弟子　解すらく此神は（此理有ルベシ）損にして益を招くことを示す也。必益を招く邊にて日と稱すれども。損の表相に就て且く（可然）流し棄ッと云ふ乎」

○祭器の中香爐無し云何。蓋シ我國太古香木なきを以テ。神祭の古式に香を用ひずと雖。今也海外を攝して名香乏からず。神前これを焚て人の臭氣を消すべきの理必然也。然るに今巫覡の輩却てこれを忌む。因て問を發して尊師の明訣を乞フ

我國香本ナシ故ニ上古不レ用レ香ヲ。神功后ノ時ヨリ海外モ我用トナル。爾來ハ香ヲ用ユル也。故ニ御即位ノ式ニ香ヲ焚テ天神ニ告ル禮アル也。此ニヨリテ兩部習合大師ノ傳神道灌頂等香ヲ用ユルナリ

○大祓解の中に。金木を以て玉籤の料とすと云々不審。餘の祓物のみ玉籤流スベシ。但シ時ニ隨テ燒棄スこれを流し。金木をば止め收て玉籤とするの意耶

○大祓四神の段に於て。根國佐須姫の所は即焔魔王界此レ全ク慈門ナリなるべし。此の所を以て直に罪咎滅除の處とす弟子未ダ氷消すること能はず

○遷宮法の中に亂聲此レ音樂ナリと云ふこと何の爲ぞ

○人を祓ふに幣を振ること故實何此ハ相承ノ式也

○神佛に食を奉るに生菜を副て精進供魚鳥ニ對シテ名ク。今モ住吉ハ精進供也と名く。既に是レ飯を須ゆ。菜も

此ハ善ナルベシ。但シ其社ノ古式ニ任シテ可也

亦養たるを供せば彌可ならん乎

○或曰。（此ハ正傳沙汰ナシ）諸神遷宮の後三日人をして近かしむること勿れと。亦故事あり耶

○天武紀に云。更肇俾造新字一部四十四卷云々（此ハ今不傳。但シ字説ニシテ新ニ字ヲ製セルニヤト傳フノ）其字形如何。是楷書のことを云ふ乎

○三輪流の神道聖教の中に。榊（此ハ大妄想）天竺に於て是を尸陀林樹と名け。亦は波羅提木叉と名くと。此義あるべきや

○倭姫世記の註に云。日神月神は體。日月輪は用なり云々 弟子日本紀を見るに。但日月の神を生ずることを説て。日月輪を生ずるの説なし。敢て問。體たる日月の神生ずるとき。用たる日月輪忽然として現ずと見るべきや。又日に配して天上を治しむ等と云ふを以て見れば。日輪先に既に有て日神これに依託すと解すべきや。又星を生ずる義見えざるに甕星等の名あり。此亦日月輪に準じて解すべき耶

○神道灌頂は即曼荼外金剛部の法門なり○上機の人は直に普門法界に超入し○下機は但其の一徳に沐すと解すべき耶

○前日教示を稟く○佛部三摩耶の印を結ぶ時○蓮華部の諸尊本尊の右に現ず○行者の右は本尊の左なり○工夫すべし云々　弟子　昔日楞嚴經をよむに○行者自《ラ》其《ノ》面を見んと云々　因て妄想智解すらく○心本より背面無くして能く背面を成じ○左右無くして能く左右に自在なりと○此《ノ》義を以て彼《ノ》本尊の右に現ずるを解せば如何

○或《カ》難じて曰《ク》○多門天子六齋日に降て人の善惡を檢すと○而るに彼の天は人間の五十年を以て一日夜とす○若し齋日ごとに降るとならば○一日に三千六百返なるべし○忽々何《ソ》堪ん　弟子　答《テ》曰《ク》○夫れ天の長壽は勝報の致す所也○彼の天の一日實に人間の五十年に當れり○日長ければ時も亦長し○人間の八日より十四日に至るの思想に同じかるべし○若し彼の天自人間の一日を見るが如く覺えば○長壽即短齢也○何《ソ》勝上の

果報とせんや。又傍人難じて曰《ツ》。予支那の書を見るに。其《ノ》中往々人間の仙境に入《ル》を說く。彼に在て唯三日を經たりと思ふに。鄕に歸れば一人の面識なし等と云々然《レバ》則彼の果報自《ラ》其の時日の長きを知らざるに似たり。若何弟子答て曰《ク》。人たまたま仙境に遊ぶは實に是《レ》仙の果報を得るに非ず。此を以《テ》彼を推すことを得ん耶。日時の長短は姑く舍く。彼の自在の天瞻部に降ること。左右を觀想するよりも易し。況や生得の意善心何ぞ疲倦を生ぜん。九思《セヨ》焉九思《セヨ》焉。若《シ》聖說に於て一念の疑を生ぜば。或は萬劫の患を惹《ヒカ》ん。然《レバ》則是れ小事に非ず。老師に問て君に答ふべし

○支那國と雖。三皇の時代までは日本の上位の神と一樣に看《テ》は云何」

○門師となるは沙門の所位あり

○瀛津鏡御折𢪸に。八寸更問《ト》。是れ云何。蓋し此の鏡は天に象る。天に量なき故に數量を云べからず。既に是れ無量《ナルカ》故《ニ》亦八寸を妨《ゲ》ず。例せば月

輪觀一肘を小させず○徧滿法界を大させざる如く解すべきや○且つ先に日本古尺の八寸と教へ玉ふ○古尺の甚今の尺と校量を得べきや

○大祓　問今此大祓中何故但言己母犯罪不擧父耶○答子於父母固無親疎○而男女有別也○母治内故設有所犯易隱覆○孝子恐其有内犯故有祓除之言○父治外故所犯自易露○隨其輕重自有國法○故於父不顯其祓除之言○不言己君犯罪亦爾○雖無祓除之言集侍忠臣孝子各自慮其君父有過○竊爲謝之於神明也○且子視父母雖無尊卑之看○而父母相望理自成尊卑○父天母地是也○支那國之禮男子始冠其母拜之○而父則不爾○是父與母天理自然別之歟○於日本理可亦然○又言子爲父隱不言爲父母隱此語似於父母視主伴勝劣○以如此等之理○今大祓之中殊尊父爲天恐惶謹愼竊爲祓除不敢顯其言者乎

○四大五行　五行之在世間○春夏秋冬而中氣也○東西南北而中方也○天之經也地之緯也○自然之理而亦必然之勢也○乃佛經不曰五行而曰四大○

說者曰。地水火有五行之三矣。金攝於地。木攝於風。則四未嘗不五也。此說良是。而未盡也。宇宙之內則羅之五行足矣。統論乎宇宙之外。而要成住壞空之極致。則四大始足以該之。而猶未盡也。地水火風又繼之空也識也念也。而成七也。此何說也。地之質最爲凝實。水之質不實而流行。火之質至不可捉摸。而風則有氣無質矣。空則幷氣而無之矣。然後會歸於識發動於念。從粗及微通名七大。而始盡也。彼五行者地水火風之分布而成天成地成人物者也。五行狹而四大廣也

○世界　憶昔童子時戲與諸相問難。謂天地盡處當作何狀。將空然皆太虛歟。則此空者又何所止。將結實如垣壁歟。則此實者又何所止。諸童子無以應。唉而罷。而予則隱々礙於胸中也。彼山海經所謂東西相去二億里。南北相去一億五萬里。祇據一方。誠管窺而已。後閱內典至虛空不可盡。世界不可盡。意始太豁。以爲非佛不能道。嗟乎此未易言也

神道問訣終

文政十三歳次庚寅仲冬以二類本ヲ一校二合シ之ヲ一書寫シ了ル

阿陽德府萬福密寺現住量觀

嘉永三歳庚戌仲夏二日拜寫シ畢ヌ

小沙彌月洲樹

編者曰。右神道問訣一卷は天如師の記なり。今勸修寺門跡和田大圓大僧正所藏の嘉永三年覺樹和尚書寫の本に依て之を出す。類本なき故に校合することと能はず

此中本文は天如師の發問。傍注細注及び冠注は皆尊者の答釋と見えたり。而るに「倭姫世記の註に云已下十箇條には尊者の答釋なし。今その故を知らず

外題 神代卷聞書　葛城傳

日本紀　糸扁は。綱紀のことを主として書く書なるゆへ。記の字を用ひざるなり

和尚曰。天神七代地神五代と云フ名目。不是なり。本より典據なし。予が傳には。君王たる神を天神と稱し。臣民たる神を地神と稱するなり。其ノ證もあり。舊事紀に地神本紀と題して。素尊より是を記す云々

小部(冠注朱書)輯釋ノ終ニ曰。記ニハ大方ノ義ヲ从ヒ言ニ委ツ顯スニハ从フ糸ニ云云(已上冠注)

△此一部の中。一書曰云々　兼良公ノ説ニ一書或曰等ハ全ク註解ニ非ス唯諸説ヲ雜記スル而已　菅公等の御本には本文と頭をそろへて一書曰と細字に作れり。今の漢字は應神の世に始て日本に傳はりたる故。此ノ書より前に舊事古事二紀も已に漢字に書すれども。其ノ初を尋るに日本國には文字なきを以て。家々只他のしるしを說て古の事を記持す。世間に神代文字と云フものあれども。是は多く異國の文字を以て神語

などを書し。往々神社に藏めありしならん
（冠注朱書）神皇正統ニ曰。瓊々杵尊の初めつかたは迦葉佛の出玉ひける時にや
あたり侍らんと云々
後人是を見て神代に文字ありしと思へるなり。例せば鹿島の社に甲
藏まりてあるを。傳へ謬て曰。經津主の神是を着て天降れり云々然るに
其ノ鉢の中に唯識三十頌を鏤《チリハメ》たり。此ノ頌は唐の玄弉の譯にして。年暦甚タ
たがへり。又日本紀を見るに。應神己前に文字と云フこと一句もなし。此
等を以て彼の神代の文字と云フもの神代に非ざるを察すべし
△橘家舊記に。本章は官庫傳來之古文にして。百家の傳記も亦其の書
の内に具へり云々
△假名　出雲假名は出雲の神門《カンド》寺にて空海公始て書ると云々　片假
名は吉備公作と云々
△訓に本訓末訓と云フあり。本は自然の言なり。末とは後に義を以て訓

せしなり。身をミと云ひ。添をソヘルと云ノ如きは本なり。衣をミソと云フ如きは。身に添フる義にして末詞なり

△國の名は都て國號考等を見るべし。先づ此ノ書の撰者に付て。太の安麿も輔け書せしと云フ説もあれど。舍人親王（類聚國東家秘傳等ニモ安麿ノ名ヲ記サズ）（天武第六ノ皇子）一人と云フ説に隨ふなり。舍人元より官にはあらず。伊勢神宮の説に。古よりヤドの親王と讀み來れりと。又藤ノ森（深草山のふもと。親王を葬し所なり。即其ノ靈を祭ルの社なり）社傳にはイヘヒト親王と讀み來れりと云々

三代實錄（冠注朱書）四十六云。舍人親王和州添上郡八島ニ葬ル云々

扨此ノ初の序文の生其中焉までは。少し文字の異もあれども。大抵淮南子の全文なれば。他の儒書讀むやうに讀ンで可なり。海外を我用とする國なれば何地の讀にても時に隨て取り用ゆべし。又透らぬ人は眉をひそむるもあるべければ。故《カレ》曰より下は假名を正して讀ムも可也（故さはシカルガユヘを畧するなり。先づシカを畧してカなり。次にルエの切レなり。中間のカユを畧し。下のニを畧す）　總じて此文字の出處を知

らんとならば書紀集解を見るべし

△師曰。此ノ紀は皇統を主として書く故に國常立より紀す。神代の有りのまゝを知ラんと欲せば古事記を見るべし

神儒偶談の下に曰ク。中庸に曰ク。天の命ずる是を性と云フ。性に率ふ是を道と云フ。道を修むる是を敎と云フ乃至云々終に云ク。上天の事は聲もなく臭もなし。至れるかなと。此ノ聲臭なき上天死物に非ず。衆理を具ヘて遺すことなし。理そなはれば物自ら備ハる。我が常に謂ふ所の。物あり理あり蒼々たる長天なり。是れ即高天原なり。是を丸こかしにして神靈生ず。即天御中主なり。此ノ神長ヘに位して萬古うつらず。其ノ徳明々たり

（冠注朱書）天地と倶に生ずるは天御中主。國と倶に生ずるは國御中主（已上朱注）

又少しき微より著に赴て神靈生ず。高御産と云フ。靈妙不思議なり。又微より著に赴て神靈生ず。神御産と云フ。靈妙不思議なり。右此ノ三神は陰陽昇降に非ずして陰陽昇降の基本となる。天地萬物に非ずして能く萬

物の基本となる。天獨り天ならず。地を得て天の名あり。地獨り地ならず。天に應じて地體を成す。混沌たる中に天の基立ッべく地の體成ずべし。時に物生ず。狀《カタチ》葦牙の如し。化して神となる。國常立の尊と名く古來多く國常立は只是一元氣なり。國狹より惶根までを五行に配す。智人に就ては害なしといへども。多くは無神に陷て害レ神ヲ大なり是れ天地國土の宗主なり

(冠注朱書)狹は早苗等のサの如し大地の初兆なり。漢字に付て思ふに此時未だ天氣昇り盡さず地氣下り了らず。天地隂狹也(朱注已上)

彼の最初の三神は男女を云っべからず。此の國常立に至ては男神の名を立ッべし。即大地をまるこかしにして神體なり。至らざる所なし。古今に亘て神德とす。天地あらん限りは滅を見るべからず。次に國狹槌。是れ國始て成立するの神なり。此れ又天地に等うして成立するの神德なり。次ニ豐斟沼。此れ邦國豐饒なるべきの神德なり。其ノ體天地に等うして萬物を生育す。此ノ三神たとへば一室の三燈の如し。各光一室に偏う

して體即ち別異なり。漸く此に至て陰陽兩儀其基を開く。泥土衰助聲沙土衰助聲天を受て地體を成す。此地更に陰陽を含む。陰陽相對す。此れ男女二類の別あるの所以なり。上の常立等の三神は各大地を體として相對すべきなし。是故に陽神なり。此より已後の神は大地に在て相對する故に男女の儀あり。大戸之道大苫邊。此も大地富饒の德なり。上の豊斟沼は乾道獨化の邊に基す。此二尊は陰陽輔るの邊なり。面足惶根の尊より始て人體に赴て容儀具足す。漸く是れ人事の基となりて謹愼の儀あるなり。次に伊弉諾。伊弉冊なり。上來は陰陽の分ち已にあれども。其德内に基して未だ外に顯はれず。此の諸冊よりして陰陽相應すること正に顯著なり云々

△本居曰いざなぎ　いざなみ諾は奴各切。呉音ナクなるを韻のクをギに轉じたるなり。此例地名などに多し。冉は史記の管蔡世家に冉季載と云人あり。正義に奴甘切。呉音ナンなるを韻をミに轉じたるなり。冊などはなみ

の音に由なし云々

△師云。有爲法の中に道と稱すべき者有三。神儒道也。於中我國は云々

古事記上四十七左 於是天孫降て詔曰。此地者向韓國。朝《アサ》日《ヒ》之《ノ》直《タダ》指《サス》國《クニ》。夕《ユウ》日《ヒ》之《ノ》日《ヒ》照《テル》國《クニ》也《ナリ》甚《イト》吉《ヨ》地《トコロ》也云々

△時縄云。天神地祇人鬼。此を三才の神と云。夫れ天地未剖。萬物未生。渾然たる一神のみ。是を號して天讓日天狹霧。國禪月國狹霧尊と云。又云。天に在《マ》す明理本源の神。其主宰を天御中主と稱し。其靈降將之神を高皇產靈と號し。靈既に下て萬物の性となる神を神皇產靈と號し。元氣地氣に依て始て發生する神を國常立と號す。即ち御中主の一體別名の神なり。又神聖在其中と云も。大八洲神人出生の最初にして。別名は可美葦牙產舅尊也。是れ天地人の神の元也云々 又云。字書に云。神は伸なり。萬物を伸暢する也。易に云所の乾元資て始。生々して不思の神理なり。祇は示也。地氣は顯にして可以示。故曰示。是坤元資之也。又一大。是

を天と云ヒ。二ツ小是を地と云フ。此の二小を文字にすれば示也。鬼は歸也。人氣は歸宿する所あるなり云々

△八洲起源は造化の體裁。下降臨の章は人事の起源なり

△師曰。春日神曰ク。戒法は十善。神道は句々是れ敎ト。孔子曰ク。一陰一陽此を道と云フト

△易彙義卷一ニ。孔潁達論ニスル易ノ三名一チ下に云ツ。故ニ有ニリ大易一有ニリ大初一。有ニリ大始一有ニリ大素一。大易は未レ見レ氣ヲなり。大初は氣の始なり。大始は形の始なり。大素は質の始なり。氣形質具テ而未レ離レ之位謂ニ之ヲ渾沌一ト。言ハ萬物相渾沌メ而未ニタ相離一レ也云々

○混沌不可言（巳下神代開闢折紙ニ付ク）　老子ニ所レ謂玄ノ又玄衆妙之門なり。假ニテ鷄卵一チ說レキ之。使ニ人ヲシテ了一セ亦使ニ人ヲシテ惑一ハ

△有神無神　彥と謂ひ舅と云フハ男子の稱なる故ニ。身體に付く故に有神と云ふ。常立は理に付て說く故ニ無神と云フ。常立の折紙を見るべし

（冠注朱書）彦《スグル、ヨキヒト》美士ヲ彦ト云フト集韻ニ大也常也　量觀私云。無神の事天如の意解し難し。折紙の文と不レ合。愚按に彦舅尊と有る故に有神とし。無ノ邊如ニ此ノ紀一とは此ノ紀は狀如葦牙と喩なる故に。葦牙は無神なり。國常立を無神と云にあらず（已上朱注）、

△泥《ウ》土《ヒチ》煑《ニ》。沙《ス》土《ヒチ》煑《ニ》　音に付て次第せばウクスツヌの次第なり。師曰。此二尊は上の獨化國狹槌の作用なり。但シ有リ下獨化ト與ノ二相參一異上

△大戸道。大苫邊　此ノ名漢字に付て此を思フに。上の二尊は土地なり。此ノ二尊は居宅なり。地上に宅を成す。次第思フべし。宅の中に於て先に戸。次に苫。次第思フべし。又先に道。次に邊と次第す。思フふべし。此ノ二尊の時今の如き土地屋宅道路等有るに非ず。現今の爲に基となれるなり。夫れ屋宅等は皆人々福報の得る所なり。師此ノ二尊に註して云ク。戸道苫邊の二尊は。上の國土豐饒の德たる豐斟沼の作用なり。但獨化と耦生との異あるのみ

△面足○惶根　師云○上の戸道苫邊の作用とすべし
△伊弉諾○伊弉冊　陰陽兩々相いざなふ義なり○漢字に付て思ふに○諸は字書に答なり○又云ク○言を以て人に許すを諾と云フ○知ルべし他と相對するの文字なることを○冊は字書に云ク○策は冊なり編簡なりと○知ルべし單物にあらざることを○音に付て思ふに○諾は舌音にして火なり○冊は齒音にして金なり○火は陽なり金は陰に屬す○二尊陰陽知るべし○又諸キは牙音にして木に屬す○陽聲なり○冊は唇音にして水に屬す○陰聲なり
△詔を出すを尊と云ひ○詔を奉ずるを命と云ふ○德天地に合フを皇と云ひ○智神靈に合フを命と云ふ○臣下の神を地神と云ひ○君上の神を天神と云ふ○是ノ故に舊事紀に地神本紀と題して素尊より書す○天神地神次の如く宮宗と云ひ社と云ふ

八洲起原章

△第一紙天浮橋　譬へば諸册は衣財の如く。浮橋は針の如し。陰陽相いざなひて世界縁起すること。針絲相通じて衣裳を成《ス》が如し

△滄溟　世界海。彼の經の華藏世界は二十重なり。即是盧舍那佛の淨土也。二十重の中第十三重此の娑婆國也。依て海も矛も遍法界なる能造の四大也

△第四紙島は　しまるの略なり。此の自《オノ》凝《コロ》島《シマ》は所造の四大也

△右也左也中也旋也。皆是國常立一身の條理也。異國の天柱折たること既に久し。我國卓然として高うして無《シ》窮《リ》。天地開闢陽神陰神の旋る。是なり云々　其の神籬を設る。磐境を起す。並に此《ノ》左右に則るべし。拍手神拜の式等も皆則《ノリ》をとる所なり

△陽神不悦　是天津教の折紙なり

△改《メ》旋《ル》云々　道反玉の基なり

△高產靈は　世界萬物の生せんとするの神なり

△古事記には御柱を先に言ひ殿を後に言へども。只是《レ》言の前後にして殿柱同時なり

△龍田　廣瀨龍田の二社は水氣の神罔《ミツ》象《ハメ》神也。二社にして一體なり

四神出生章 樹神等生ずといへども。主たる四神に付て章の名を立るなり

△川ながれかはるの義　山やむなり。うごかぬこと　何々くき音通にてきゞなり　廼助聲　馳たちの上器にして立なり　又馳は男《チ》なり。或《カ》云《ク》。ククの切ク。ノチの切ニなり。是を二重切してクニの切キなりと云《フ》。今取らざるなり。野槌はツチ。ツタ音通じて立ッなり。野に立ッの義なり

△第一紙 海童は住吉なり

△第二紙 栴檀樹神の事。阿含經に出づ。現じて人を惠むことあり

△禪河樹神　四分律等に出づ。佛既に覺を成じて禪河に浴す。邊《ホトリ》に大樹あり。其《ノ》神出現して佛をたすけ奉ると云々

△第三紙 蓂莢　又は云フ二暦莢一ト云々　月小なるときは一葉不レ墮チ

(冠注朱書)平爲業虛物語ニ出ツ(已上朱注)

△加茂　此の處の祭に人々葵を頭上に挿むなり

△月弓とは上下弦に付て云フなり。日は天下の君たるべきものなれば。月も亦其ノ光をうけて物を照すの功をなすなり

次に蛭子。是を足立タずと云フに付て。水虫の蛭之字を用るなるべし。尚且つ水邊を好み玉ふが故なるべし。而モ其ノ實は蛭の字に拘はらず。ヒは日なり。ルはラリルレロ助聲の假名なり。缺て却て福を招クを美むるなり。具には折帋の如し

○因に西宮のことを云はゞ。彼ノ地俗說すらく。正月九日は、蛭子の神が天照皇へ年禮に往き玉フを。形不具なるゆへ人をいむ故に。九日居籠の祭とて出でゝ徘徊せず。若し犯せば或は咎を得と。是れ俗說なり。深く思ふに謹愼のあとは福あるを教ふる也。是ノ故ニ土俗明くる十日には惠

美を含ンで相往來するなり。三郎とは。三番の御子なる故に俗說するなり。且此ノ神に尊命を呼バざるは形不滿の人なればなり

（冠注朱書）七福神の評。神階篇第五十二紙右より廿七紙に至る（已上朱書）

△珍彥と云は（商賣ヵ位ノ折紙ヮ）。此ノ珍彥。神武帝（神武紀二丁）東征の時海波の難を救ふことあり。僞書の大成經に。是を以て蛭子の再來とする故に出すなり。又事代主とは。是レ蛭子には非ざれども。大己貴の子にして代主なり。代主の字商人の吉語なればなり。又折帋に散地とは。散はやくにたゝぬことゝ也。散木と（不材木ヲ云）云ひ（ノ荘子ニ出ツ）散人と云ひ。又無役の官人を散官と云フに同じ。地利とは。若し地理に依て商利を得るは。主の方にも悦ぶものなれば咎ならず。思ふべし

天如戲ニ云ッ

大己貴《たほいに。おのがものよいれになつた》　代主《しろものにかひてがついた》

△時綱云ク。秘傳問答に云ク。蛭子は土德之神なり。土は專ラ主の方也。四季にも寄旺し。三季の時は脚不レ立タ。四季にして脚立ッ理あればば三歲脚立ずと

云ッにやと。予按ずるに。博物志ニ云ッ。水蛭亦如ニ魚子ノ。經テ三年ヲ得レバ冷水ヲ則活すと。此を以て思ふに水德の神なれば。水邊に居して德あり。陸地に居しては德なきにやと云々今和尚此れ等の義を取らず

△素尊　速《ハヤ》素《ス》戔《サ》ハヤスサミの下略なるべし。たゝわしき神性。秋氣殺伐すさまじきを見るべし

△五類天攝配　高皇產上界天　諸冊尊空居天　天照。月讀遊空天　豐受。蛭子地居天　素戔地底天

△珍子四神出生章第一之一書ノ初ニ出ツ　うつくしきみこ

△銅鏡は。言を緣起の鏡によせて。金に從ふの文字を假ると云へども。實には善惡邪正に暗からず。天然自性の明德なり。是を以て眞《マ》澄《スミ》の鏡と名く。大を言へば大虛も藏め得ず。小を言へば寸篋にも藏むべし

△左右の手とは。造化の自由底を云ッ

△講鈔に云ク。左右の手に鏡を取て首をめぐらし眄《ミ》れば。二見ある故素

尊を生ずるなるべし○神道に二見を嫌ふこと神宮廿三丁秘傳問答に詳なれ
ば○茲にもらしつ○思フべし
（冠注朱書）首ミクシ○尊む詞○奇櫛等並ニ同シ（已上朱書）
△死こそなり是れ生を常なりとして○死をことなりとする也
△居士曰○他或は諸冊は木○軻遇突智は火の故ニ木生火なりと云フ説あれ
ど○是は只誘ふより生ずと見るべきなり云々 又軻遇は麒なり○神名式
に草名の郡香《カク》都《ツ》智《チ》の神社云々 にほひは陽より發して屬する故也
△稚産靈 此れ豊受の親なり○神代卷に豊受なし○稚尊に攝す○稚は稺
亦同じ○字彙に凡ソ物幼少なる者チ稺と云ノ○更々《カハルく》相誘フの徳を掌るの神なり○
稚尊及ヒ豊受尊ハ只是レ穀の徳にして○末タ人界の受用に非ず○保食の神に至
て正に是れ即今の受用の物なり 折紙に云○稚は本○保は末○外宮と稲生との別ト
（冠注朱書）古事紀ニ和久産ノ子豊受云々（已上朱書）
△折紙の六府の中の穀○稚産靈にあたるなり

△火產靈　かぐつちの異稱なり

△瓠　梨木三位等は謂く。よさは夜なり。是所謂ゆふがほなり。水を汲ムの器となる物故。延喜式鎭火祭の祝詞に用ゆ云々ゆふがほ夜此を見れば人面に似たる故。よさつらと名くと云へり

△鎭火祭は六月晦日卜部火を打て宮城の四隅に於て祭るなり

△此段の大意は罔象。訶具土。埴山。水火土相和して草等を生ずるを云フ也

第三ノ一書

△小便　ゆばり　いきばるなり

第四ノ一書

△折脊に。三物。金と罔と埴と。並に册尊の化身と見るべし

△朝霧等とは。天地の最初昏濛たる氣を云ノ也

△次に風神　天如謂ノ。此を雄雌の風と解すべし

神代一書ノ下

△速秋津日命　此れ大祓の中には月讀命の荒魂と云ふ。彼の中には女神。此は則男神なり。男女一體なり

△靇は○玉篇に云ク龍なり○又靈に作る○神なり
△口《くつろなり》　柔物烏云々　口より出ツとは○言を出せば即ち辨ずるなり○此ノ饗應皆是レ神事なり○忿とは氣候相違ふなり○大神の怒も亦其ノ意なり○
粟は大穗《オホホ》なり　眼はみえなり○眼《マナコ》めなかなり　稗《いやしひなり○ひえ通す》　腹《はるなり》　稲《いつくしひなへなり》　麥《むくなり》　豆《まろき實なり》　小豆《あかいあかき》
△口より出ルを罪するも亦天津教なり
△麥豆を始て日本にうゝるは元正天皇に始るなり○而ルに是れ其ノ基は保食に已に備レるなり○金は聖武帝の時奥州より出で○銀は持統帝の時對馬より出づ○此等も豐掛沼○稚産靈に基して漸々に出現する也○遠く尋ぬれば五穀及ビ一切ノ資具悉ク爾なり
△含圝　太古皆爾するなり

盟約章

此章は天上と根國と神と人と相感應する也

△靈運とは。あつかひなやむこと。或は病苦危ト意なりと云々　今取ルレ之

（冠注墨書）大圓云。此ノ說不審。委《クハ》面授（已上墨書）

△幽宮　古事記には淡海の多賀なりと云フ。大和の王城より見れば艮の方にあたれり。今の京より見れば淡路島艮にあたると云々　是等皆あし。何れの方にあたりても。それになぞらへて云フなるべし

△報命とは。最初に諾冊尊が高產靈の天命をうけ下りて。今功畢れる故に復命するなり

△日之若宮ト者　三教論ニ曰ク。易ニ雖レ云ト下終ヘ二萬物ナ一始ル二萬物ヲ一者ハ莫シレ盛ナルハ二乎艮ヨリ一。尋レ終ヲ復レ始ニ則和中死生之說チ上。是レ徒ニ言レ理ヲ而已。何ツ有ン下吾ク伊弉諾尊終始一本死生一歸ニメ。而留ル二日之少宮ニ一之事上哉

△八坂　出玉之處なりとは。洛東おたぎの郡八坂なりと。此ノ說あし。八《ヤ》尺《サカ》は彌榮と解してよし。弓《ユ》彇《ハス》とは弓のはしなり。股《ムカモ》、とは。股は兩方より

むかひ合へばなり

△雄誥をとこさけびなり

△天照太神に一首の歌もなし。武と織と播蕩とあり。思フべし

△濯井　剱性本ト清淨。今得ル二離垢淨一ナなり。濯玉ふ亦爾なり

△天經或問ニ云ク。井は主レ二水衡法令平中之事一ナ物也。平ハ者莫シレ如クレ水ハ。故ニ營ミレ國ヲ制シレ城ヲ晝シレ野ヲ分ツレ州ヲ皆取リ象ル云々

△田心姬《タコリヒメ》　或ク云ク。是は太神宮の御心のこれる徳なりと。天如謂ソ。是れ皇尊の大戒の徳ナリ　次ニ湍津姬《タキツ》。或カ云ノ。是れ皇尊の御心の動く徳なりと。天如謂ソ是レ皇尊の大智の徳ナリ　次ニ市杵姬《イチキ》。或カ云ツ。是れ皇尊の御心の靜なる徳なりと。天如謂ソ是れ皇尊の大定の徳なり。已上卽胎の三部皇尊より生ずる。甚妙なり。劔は智を表す。金界也。金界より三部の胎藏を生ず。是れ金胎不二なり。後ニ素尊。皇の玉を取て五男を生ず。玉は胎藏にして悲徳なり。是より五男を生ず。卽金界の五智なり。亦是レ兩部不二なり。妙ナル哉此ノ章。

甚深に看來れば此ノ盟約即ち三昧耶戒場なり

△田心姫等　京祇園の東の末社うつくし御前是なり。此ノ三女神は總じて天照の化神なり

△藻鹽艸第三 十二丁右 此の處取るべきこと多し。可レ見

△明玉　諸尊の御子。即チ玉の神靈なり。又一說に。曲玉はまがは明《アカ》の轉語なり。本居云フ。目ア赫カ玉彌眞明我が門には委曲なり。曲妙也屈滯なきなり。主らざることなきなり

仲哀紀（冠注朱書）に五十迹手天皇を迎テ奉リ玉鏡劔ヲ祝ノ曰ク願ハは八阪にのまがれる如く妙曲にみよしろしめせと云々

三種の一也。多田兵部云ノ。三種ともに素尊に起る。其ノ故は玉は此ノ章の如し。劔は虵を切て出す。鏡も素尊の惡逆に依て皇太神が岩戸に入りしより出來るなり云々　天如謂ク。然るに是は不思議の緣起也。本より理具はり物具はりて。緣に感じて生起すと見るべきなり

△天安河は。古人多く云《フ》。皇居の前面の川也と。既に此《ノ》河を隔《ッ》と云ふ。豈に二尊會合の事ならんや可《レ》思《ノ》也

岩戸章　又は天上犯罪章とも云《ノ》

△重播等とは。古昔は今の如く苗を種ること無し。始より穀粒を播て其《ノ》まゝに長ずるなり。此《ノ》故に重《シャ》播《マキ》すれば彌あし。然るに此《ノ》時未だ穀物あるに非ず。田等は後世の兆なり。重播等も亦爾なり

△今大嘗會は御一代一度。新嘗會は一年に一度なり

△殿（みたりかさ云ことなり）

△常世とは常住不斷と云《フ》こと。其《ノ》折帋の他傳已下は不正義を擧示すなり

△御統は福德。鏡は智德なり

△蘿はつたよもぎなり。かづらとはカザスと云《フ》ことなり

△火處は諸神各々明を合することを表す。千燈の光り一合するが如し」

△槽《ウケフ子》とは。天心を受うくるなり。漢字にはかゝはらず

△多田兵部云《ツ》。稚日女とは。稚は謂く日の始て出るは是れわかなり。即天照大神也云々舊事紀には御妹織姫とあり

△彼神形とは。講述者。彼とは稚日女をさす。天照彼《ノ》神の死し玉ふを以て幽居し玉ふ故に。衆神其《ノ》形を作て太神を宥むるなりと云々今皆取らず

△日矛は　兵部云《ツ》。鏡の異名なりと

△日前とは　藻塩艸第三廿七丁に出《ス》。此《ノ》義可也。紀に彼神の象とは稚日産の象なり。是《ノ》故に日前宮は即稚日靈尊なりと云ふ

(冠注墨書)大圓云。彼神象とは天照皇の御象と云《フ》を正義とす(已上墨書)

△月讀尊弓矢　伊勢に有る神體に依て云《フ》なり。此《ノ》像烏帽子を著《キ》馬に乗り弓矢を持せり。是れ太神を輔佐するの姿なり

八雲章

△更問云々　素尊に劔。蛭子に玉等。考フべきことを云フなり

△不平《いやくさむなり》

△八十玉籤　此は葉付の榊をも云フ。藻鹽草第三二十九丁云々

△小瑕傳　昔は天子のみにして他人は傳へざるなり。瑾瑜云々戰國策の文なり。小瑕に付て。或云ク。太神已に岩戸を出玉ふ上は。天に二の日無き理を以てわざと瑕つくるなり。又云ク。衆神悅んで手の舞ふことを知らず。岩戸に觸れて瑕付くと。此ノ二說並に意を得ず。正義は折紙の如し。崇神帝の時代りに鑄る所の鏡も猶神靈ありて。六十二代村上帝の時に丙丁にあへども壞せず。其ノ徑り八寸云々　藻鹽草第三二十九丁云々

△村《ムラ》拜田《アハセタ》は。廣大の義なり

△遺《マタス》とは。木の根の方々へ行クが如く故にまたと云ふ

△出雲とは。此ノ國石地にして雲多し。故に名くと云フ。又當時蚫に依て雲
氣多し。故に名くと云ふ
△奇稻田　奇は美稱なり。此ノ神福德をそなへたる故に稻田と名く
△八醞は彌醞なり。酒はさかえなり。カエの切ケ
△越絕書云々　法苑珠林四十二八丁に出づ。畧して引かば。東越の山に大
蛇あり。土人久く苦む。或ル時人に夢をあたへて曰く。願ハ童女十二三歲
なるを啗はんと欲すと。都尉休むことを得ずして。罪人の女を養ヒおき
て八月の祭に其ノ穴に送る。每年如レ是ノして九女を送る。蛇時に豫め求む。
或ル時女を得ず。李誕《タン》が家に女子六人あり。其ノ小女を奇と名く。自ら蛇の
食に當らんことを願ふ。父母不レ許サ乃至自ら曰ク。女子は父母を供養する
こと能はず。空く衣食を費すのみ。身を賣て父母を供すべしと乃至禁
止すべからず。遂に貴に告て好劒及ヒ蛇を咋ふ犬を請て。又數石の米餈
蜜麨を作て穴の口におく。大蛇出でゝ先ツ他の食を食す。奇便ち犬を放

つ。犬便ち蛇とあらそふ。奇其ノ後より是を斫る。遂に死しぬ。奇其ノ穴に入て先にくらはれたる女九人の髑髏を得て歸る。越王是を聞て奇を入て后とし。及ヒ父母衆族皆重賞ありと云々

△八耳とは。さとき人と云フこと。耳の利《サト》きことなり。さほ鹿の八つの御耳を振立てゝなど云フも是なり

△神明の名にみなさろは。ロはルに通ず。一切病皆去るなり。輕彦は身輕利なり。大己貴も亦醫家の祖神と云フことを知るべし

△蛇の尾をわりて中より出たる劔の藏まれる國なれば。尾《チ》針《ハリ》の國と云フ。伊勢にも草薙の社と云フあり

△神歌。字妙句妙等　字妙とは。三十一字自然に詠出して一月の日數なり。一は一月訖て復始ルを示スあり。句妙とは。五七五七七自然に妙也。意妙とは鬼神をも感せしめ能く意を和ツるの妙也。始終妙とは。古今不易にして詞華の無盡なるなり

△五十猛命　肥前の海に五十猛島と云《ツ》あり。是れ此の神の始て降れる處なるべし。紀州を木の國と云ふも此の神木を樹《ユ》し故の名なり

△兵部云。此《ノ》章は人事なり造化なり

△浮寳を。或説には金銀穀物の外。一切所用の物なり。故に浮きと云《フ》。汎爾たる寳なりと云《ツ》あれども。から國金云々と。文連續せず。是れは日本にも金銀生ずべけれども。猶から國を以て助とせば彌富むべし。彼の國の寳を得るには船なくんばあるべからずとなり

△木は氣なり。謂大地の生々の氣也。杉はすぐの轉言。檜は火の木なり。柀は眞木なり。樟は奇《クシ》なり。謂朽ることを知らず。或は石となる等。甚《タ》奇也。故に磐樟船等《ト》云々

△棄戸《スタヘ》　是ははだへのこと。棄戸是は棺と講ず。考ふべし。天智帝の紀に墓をおき津城と云へり云々集解にあり

△八十猛等三神は。藻鹽艸第三二十五丁委説す。見るべし

△木の國に木成天王の社と云フあり。素尊を祭ると云々
△醜男（第六の一書）云々　暴惡の諸神を主ごる邊の名なり云々　大國玉とは萬人
の魂となる名なりと云々　當るや不審
恩頼《ミタマノフエ》　先生後生甚だむつかしく仰山なり。天如謂ク。是をみたまのふえ
など訓ずるは。蓋シ傳寫の誤にて。或は頴の字に作るあるを見て訓せし
ならん。然ども恩頼の字。心必せり。頼は恃也蒙也幸也善也利也云々　今
に至るまで恩惠を受るなり。種々の説取に足らず。師の傍註を見るに。
頼は豐饒の義にしてフエルと云ふなり。然則頴の字をかりても妨げ
なき歟
本居玉（冠注朱書）くしげニ云。皇《スメ》神たちのありがたき御恩頼《チンライ》を思ひ奉るべし云
云
△はこや山（折紙）　莊子（逍遙遊）に藐姑射ノ山に神人有り云々
△三輪三諸等　藻塩艸第三（五十九丁）見るべし

△漏墮云々　先生謂く。是は手あまりの子なりと云ふこと
△少彦は氣化淨行の神なり
釋氏要覽上三十三丁呼テ二文殊善財寶積月光等ノ諸大菩薩ヲ一爲ルハ二童子ト一者。即非ス二稚齒ニ一云々
△鳥居傳奇魂折紙云々

大己　奇幸兩神の如し。三諸山即神體秘傳なり
自ヲ若木云々是レ神歌といへど讀人あり云々古今傳は一人億兆に心無きの秘事なり云々　右の歌にて天如考るに異なれども皆己が姿なり。鏡劔玉只是レ三なれども。即諸《モロ〳〵》と云フ意を含むか。考フべし
△かわなは　高帆寢なり。歌にはかくし題なり。謂く。宇婆玉の夢ににかは奈具さまむ。宇津々に馱にも厭かぬ古々路乎○青ひとは阿於《蒼生》人なり。其ノ歌に。おのづから若木を己がすがたにて。かげはづかしき三

諸山かな○さきは檜奈梨。其ノ歌に。この殿トは武部茂富島さき倶佐の。みつ葉與津葉のとの津くり世梨

右山草逸木南梨 可レ秘

△此に至て云々天照は即三種の寶。大己貴亦三種となる故二體なきなり

△一言等　下加茂本社は高產靈。社人秘して云はず。其ノ前に七社あり。一言の社一名二言の社二名等あり。彼の七名に就て社を別にす。甚だ秘して云はず。其ノ三言に云ク。汝は吾が幸ニ魂奇三魂也。此ノ幸魂等を以テ解するは和尚の傳にして。彼の社人の傳に非ざるなり

下卷

折昬に云フ如く。上卷は造化の元由。下卷は天命の骨目なり。又云ふべし。上卷は造化の體裁。下卷は人事の元由なりと

降臨章

△吾勝々速日天忍穂耳等　天如謂ク。吾勝は勇なり。速日は智なり。忍は仁なり。或カ云ツ。穂の字あるを以テ見れば。をしは食なり云々　又或ル人耳の字を解して曰ク。天子は目の聰をもちひず。耳の字を以テ其ノ義を示すと云々
穿つに似たり。尚講述抄等を見るべし

△天津彦々火等　天如謂ク。天と彦と等は上の如し。火は智徳なり。瓊は仁徳又福徳なり。杵は勇徳なり（折紙ニハ助聲トス）

△崇　たかて。かたての二訓と云へり。上はさゝげ上る意。下はかたうでにする意云々

△項羽等とは（降臨大義ノ折紙）　彼レ殺ノ義ニ帝ナ西蘇（楚カ）の覇王となる也。建成は兄。世民は弟なり。唐の高祖の子也。大宗は趙光義と云ツ人なり。建文君は明の太祖の孫なり。叔父の燕なり

△姓天云々（天照大神ノ折紙）　是れ俊乗房重源が支那の人に答る也。又神國篇第二ニ鶴

林を引て云《ツ》。倭僧安覺曰《ク》。王をば天人國王と云ふ
△天國玉　是の神誰の子なることを知らず。只此《ノ》神のみならず。天探女等の類。其《ノ》先知れざる神多し云々　吉田兼俱云《ツ》。天國玉は是《レ》大己貴の天上にある時の名なりと云《フ》。不是不是
△天（本書）鹿兒弓等　弓はゆがみなり。羽々は四つ羽二つ羽。兩說あり。今二つ羽を取るなり。伊勢二十一年目遷宮の時。關東より上るは四つ羽なりと云《フ》。矢はやるなり
△無名雉　後漢の楊震賢士なり。讒にあひて自殺す。葬塲衆鳥集る。是れ天の感ずるなり。今稚彥は叛臣なれども。蓋《シ》萬代まで朝敵の志遂ぐまじきを示すが爲に。かへりごとまうさず爾《シカ》するか。若しそれなれば楊震葬塲に靈鳥來るが如く見るも可なり。可《シ》考《フ》　天如謂《ク》。高產靈は天命の神なり。此《ノ》雉は天命なり。其《ノ》雉の胸をさかしまにとうりて高皇尊の前に至ること。大に味ひあり。思ふべし。時に天命の神矢の來る事實

を知らざるに似て○却て其ノ矢を下す時○亦毫末も違はず○是に於て思ふべし○矢前に無心なるが故に能くあたり○天命無思なるが故に毫末もあやまたず稚彦が胸に中る○其ノ際條理の妙思ふべし

△本書持《キ》傾《サリ》頼《モチ》　きざりはいき去るなり○此ノ處藻鹽艸四八丁　名義等甚だ委し○見つべし○今の傳には衆鳥實には神靈なり

△本書經津主等　谿曰○ふつは劔猛利の德なり○甕槌は勇德○此の二德合して大功正に成ルと○尚考フべし

△同熊野諸手船　熊野は地名○諸手船は艪をおす人多きなり

△甕星の折㕩に○大凡事等云々　是れ星を釋するに非ず○只是れ障ありて而後大事必成ずるを云ノのみ

△木花姫○子を產むの速なるに似たり云何　答耶須多羅女羅睺羅尊者をはらむ○尊親是を太子の種に非ざるを疑ふ○耶須多羅是をうれひて祈て如來の成道を待て產す○其ノ間だ數年○亦常人の例に異なり○反し

てこゝの虚にあらざるを解すべし

△第一の一書は天照皇の命なり。本章は高産靈の命なり

△ちはやふる等は。菅公の如きをも千早振荒人神等と云へり

△三種寶物　折紙に三種とは此ノ章なり。古事記亦三種なり。御即位見（林道春作）聞を見るに。瓊と劔と二種なり。此ノ次ノ第二章ハ只一種の鏡なり

△内侍所（神皇正統記ニ出タリ）と名くることは。昔天徳年中（六十二代村上帝ノ時）禁裏回祿にかゝる時。八咫鏡飛去て。後煙のしづまれる時飛かへり。内侍の袖につけり。故に名くと云フ。因に云ク。眞澄は大極に配し。瀛津邊津は兩儀に配す

△神璽の箱は八角にして大地を象るなり。糸にてかゞり。天子といへども見玉ふことなしと云フ。但し箱を搖がせば内に音ありと云々

△草薙は熱田の神體となり。小瑕の鏡は伊勢内宮の神體となり。十握の劔は（蛇をきる劔なり。常陸國鹿島大明神と同體也）石上布留の社の神體となれり。布都の御魂の神と云フ

△地上岐あり。天是れに應ず。天上に岐あるゆゑんなり。猿田の田原亦是地に應ずるなり。伊勢内宮の邊に猿田彦の神あり。石を以テ神體とす。又伊勢のをき玉の社は猿田彦。鈿目相ヒ殿なり

△庚申の猿。實は一疋なり。兩手を以テ眼耳口を掩うて混沌の形を成す。口を塞キて豐くんぬに歸し。耳を塞キて國さつちに歸し。目を塞キて國常立に歸するなり。佛教の中猿を第六意識に譬ふ。今此の意識ををさめて天御中主に歸するなり等云々　天如ク謂。是世俗の習ひについて説をなすなり

△齋主　是ふつ主の神なり

△穗日命　是菅家の祖なり。又出雲大社の神主の祖なり

△神籬　ひもろぎは日の守りの轉語なり。即空殿也。是より轉じて一切供物を云フ。左傳等の意干ホせる牛肉を胙ソと云フ。是をこゝにひもろぎと訓せり　胙ソ。玉篇ニ云ツ。祭ノ福肉也ト。字彙に建ニ置チ社稷ヲ一曰ノ胙ト。又守ルナ社稷ヲ一云フ胙祭ト

△兒屋根。太玉　元は内宮の相殿なれども。今は外宮に座す。是も神勅に依てなり

△花姫の事　鎮座本紀ニ云。以テ二櫻花ヲ一爲二神體ト一云々　三教論第三五丁左に云ク。但《タ》曰《ハク》二木ノ花ト一必是レ櫻。但シ書スル二此ノ花ト一定テ是レ梅也云々

△竹刀《アヲヒエ》第三ノ一書　青竹の故にあをと訓ず。青竹を一刀にけづりて刀とするなり。刀《ヒエ》と云フはひやすと云フことなり。金はひやゝかなるもの故なり

△天津《アマツ》彦國光彦《ヒコクニテルヒコ》第四ノ一書とは。徳光天上地下を照すことなり

△師久目部同とは。古來異義あり。藻塩艸第四七丁四十見るべし

△塩土翁《シホツヽノオチ》とは。潮の時を失せぬ如く。此ノ老亦信を失はず

△第五の一書には。御子生れて後に室に入て信を現ず。前の章に異なり

△戸幡第六ノ一書は十幡なりと云。姫ノ兒は常にひめごと云フが如く。一人にして親子には非ずと云フ。古來皆爾なり。唯講述抄のみ親子と見て二人の名と

するなり

△同 手玉もゆらとは。はた織る姿と。其ノもの音までを形容したるなり。萬葉に足玉も手玉もゆらに云々

△歌は　沖の藻はいそべにうちよするものなれど。それとはちがひてちよと枕かはすこともならぬとなり。古歌にもさぬる間などよめり。又は阿《ア》黨《ヌ》播《ハ》娶《ヌ》を。與へぬことゝ見る人あれど。我が師の意は能はぬと云《フ》ことゝ也。介《カ》茂《モ》譽《ヨ》は。我が師の意は助聲とす。有人此を鴨と見て。次のはまち鳥に對するあり。又欲得の意を含《ム》なども云へど。皆あし。此所藻鹽艸に委し。可《シ》レ見

△海宮遊行章 化メ爲ルレ龍ニ等　總じて此ノ章に似たること西域記にもありと云々

△妾産ノ折紙 折帋に不レ見ニ他ノ私ニ等は　孟子外よりかへり家に入て妻の袒《ハタヌキ》するを見て。絶縁せんとして母の爲に戒《メ》らるゝ等。此に引くべし

△第一ノ一書 嚢中とは胸中なり。玄《クロ》櫛《クシ》とは深智なり

△長谷寺の本尊。中央は天照太神。右は雨寶童子。左は豊玉姫なり。一山の人も知るもののまれなりと云フ。偶々云フ人も本尊は十一面。脇立は天照太神と春日なりと云ふ

△拜むの字は。手を並へて下げる字形なり。訓はをりかゞむの略なり

△第三ノ一書 以レテ櫛ヲ燃レ火ヲ云々　櫛はむすぼれをさばくの器なり。火は明にするのもの。皆縁語なり

△第四ノ一書 不顧とは。貴人の相自らそなはるなり。恐あはてるに非ず　進御とは天子のみけなり

△三光傳。折𥫗二𥫗あり。四神出生の章より。中庸第廿三章より廿五章までの意を得て合說すべし。星は一切動物の精。上に顯はるゝ者也。物に勝劣あり。故に星亦明昧大小あり。中に於て畜生等は或は二三共して一星。或は四五共して一星に顯るゝ等なり

△因に名目を云はゞ。能造等は佛家の名目なれば。神道にては自然の

四大、出生の四大等と云フべし

于時天保二歳次辛卯十二月書寫之畢

阿陽德府萬福密寺現住量觀

旹嘉永三庚戌歳晚夏吉旦拜寫了

小沙彌月洲

大圓云、此の聞書は往々折紙等と符合せざる不審の處あり、天如師の艸稿乎、或は後人の寫誤乎、視る者注意すべし、委くは面授せん

編者曰。右神代卷聞書一卷は天如師の記なり。今勸修寺門跡和田大圓大僧正所藏の嘉永三年覺樹和尚書寫の本に依て之を出し。高野山大學圖書館所藏の密門宥範大僧正舊藏の本を以て校合し畢ぬ

此中朱書の冠注と本文の傍注とは量觀師の加ふる所。墨書の冠注は和田大圓大僧正の加ふる所なり

又曰。此中經津主の釋に谿曰とあるは。尊者の俗弟子慈谿居士なるべし。皓月尼の集めたる尊者の歌集に。慈谿居士「圖メ二予カ醜容ヲ一求ム二一語ヲ一」と題して滿山林樹容宴坐の詩を出せり

外題

十種神寶

都

大日尊神中臣祓天津祝太祝詞間文傳

諸法如影像　　外五股印誦之

清淨無瑕穢

取說不可得　　無所不至印誦之

皆從因業生

四句頌說明

大率都婆《ノ》印《ニメ》誦《スルニ》之《チ》名《ク》太祝詞《ト》。太神之宣命祝詞《ニメ》大日如來《ノ》金言也。吾《レ》入《ル》日輪

三昧《ニ》。尊《キ》無二《ナリシル》可有伊勢天原之殿《ニ》。汝常《ニ》來《テ》可《キ》報《ヘ》吾《カ》恩《ヲ》也

右弘仁十三年五月二十五日於テ二東寺一ニ

真雅大法師ニ授ルレ之ヲ耳

入唐沙門空海 

白衆等各念　此時清淨偈　諸法如影像　清淨無瑕穢

取說不可得　皆從因業生

衆（天津命也不レ用二佛法一ヲ）

瀛都鏡

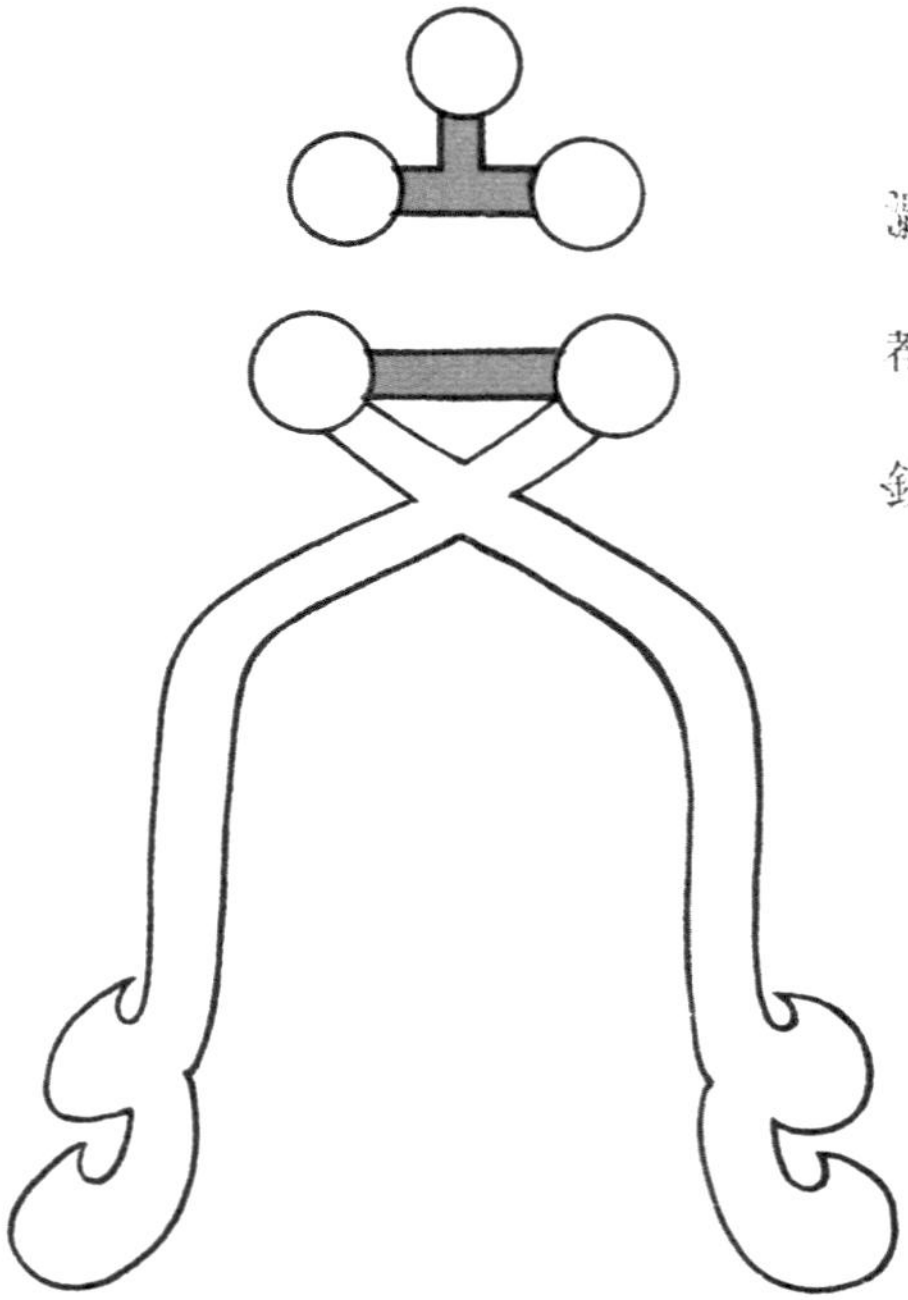

邊都鏡

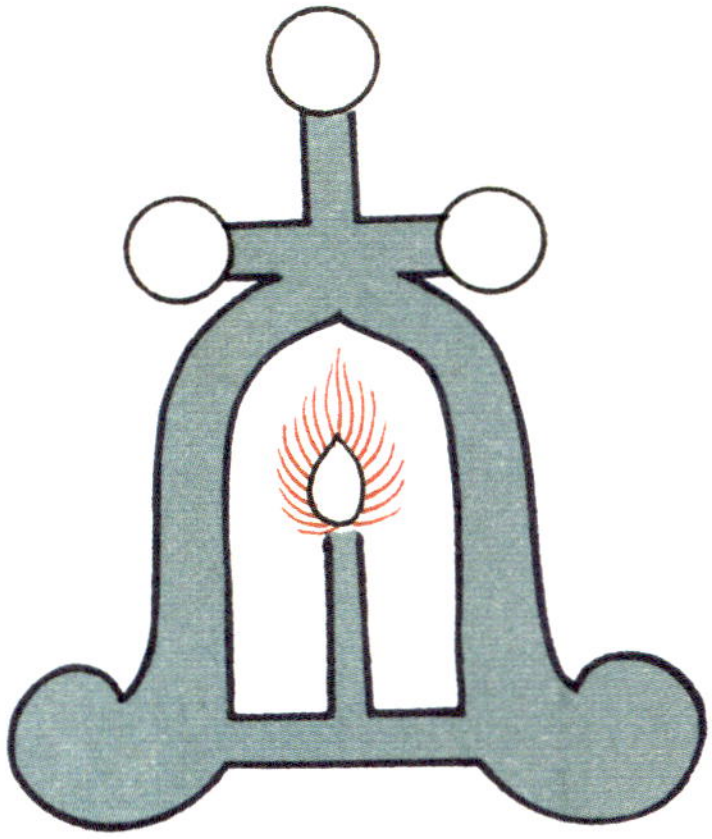

八握劔

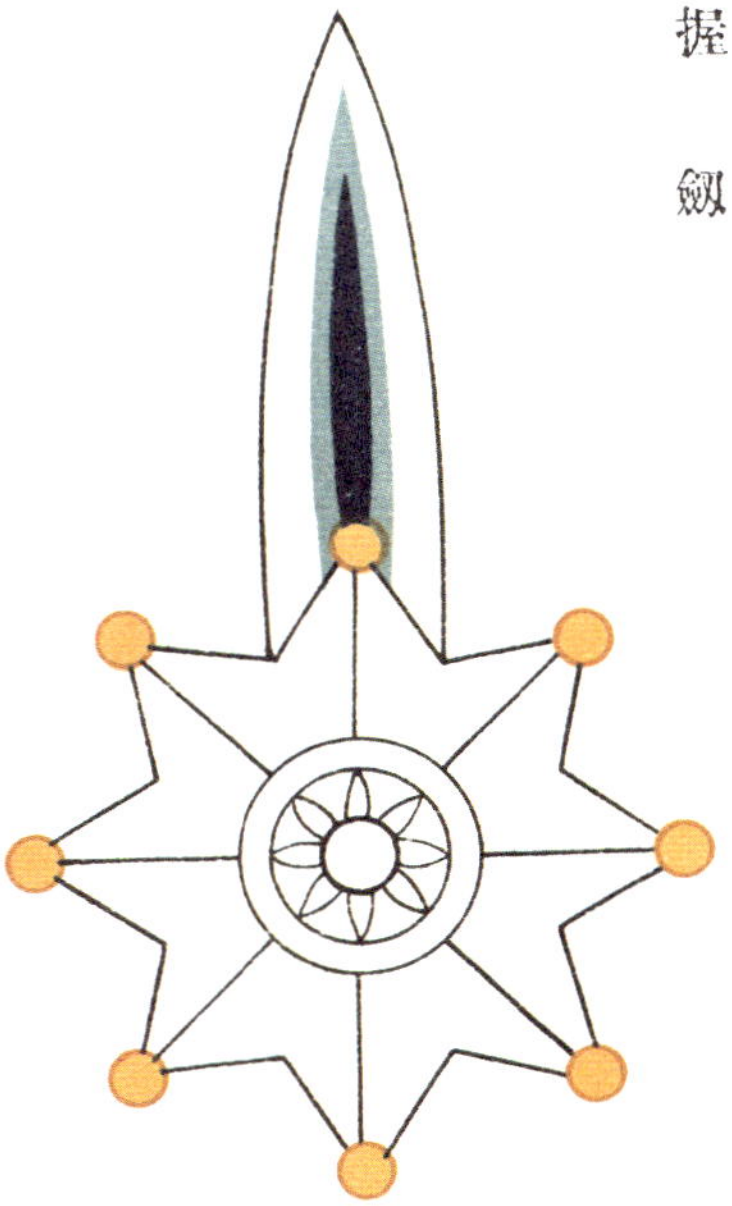

生玉　如意寶珠

火珠

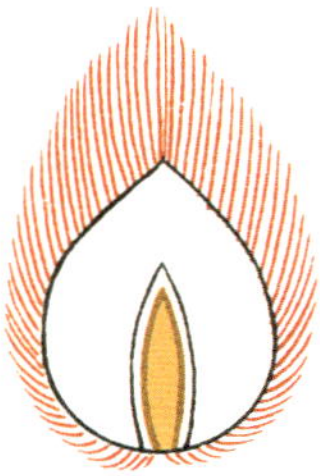

死反玉

水珠

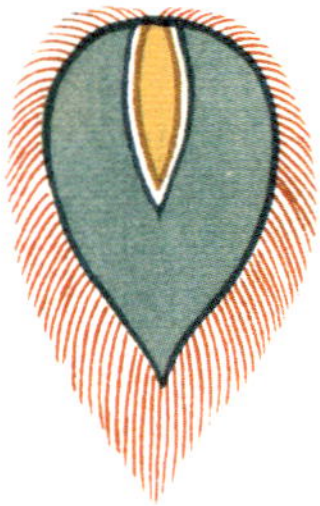

足玉

上父

道反玉

母下

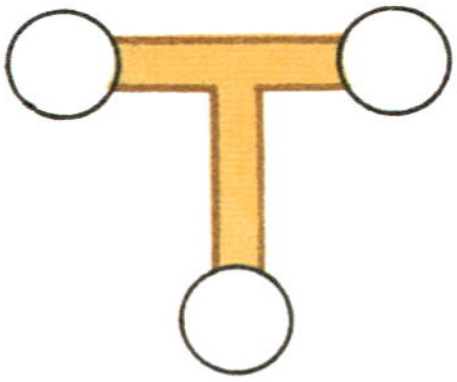

蛇比禮

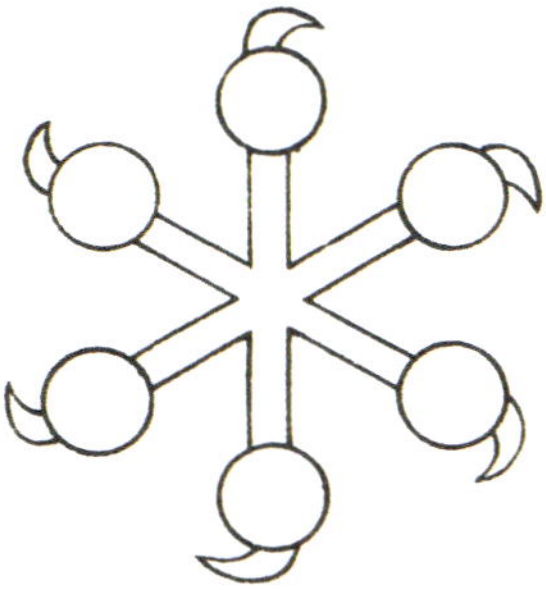

蜂比禮

品物比禮

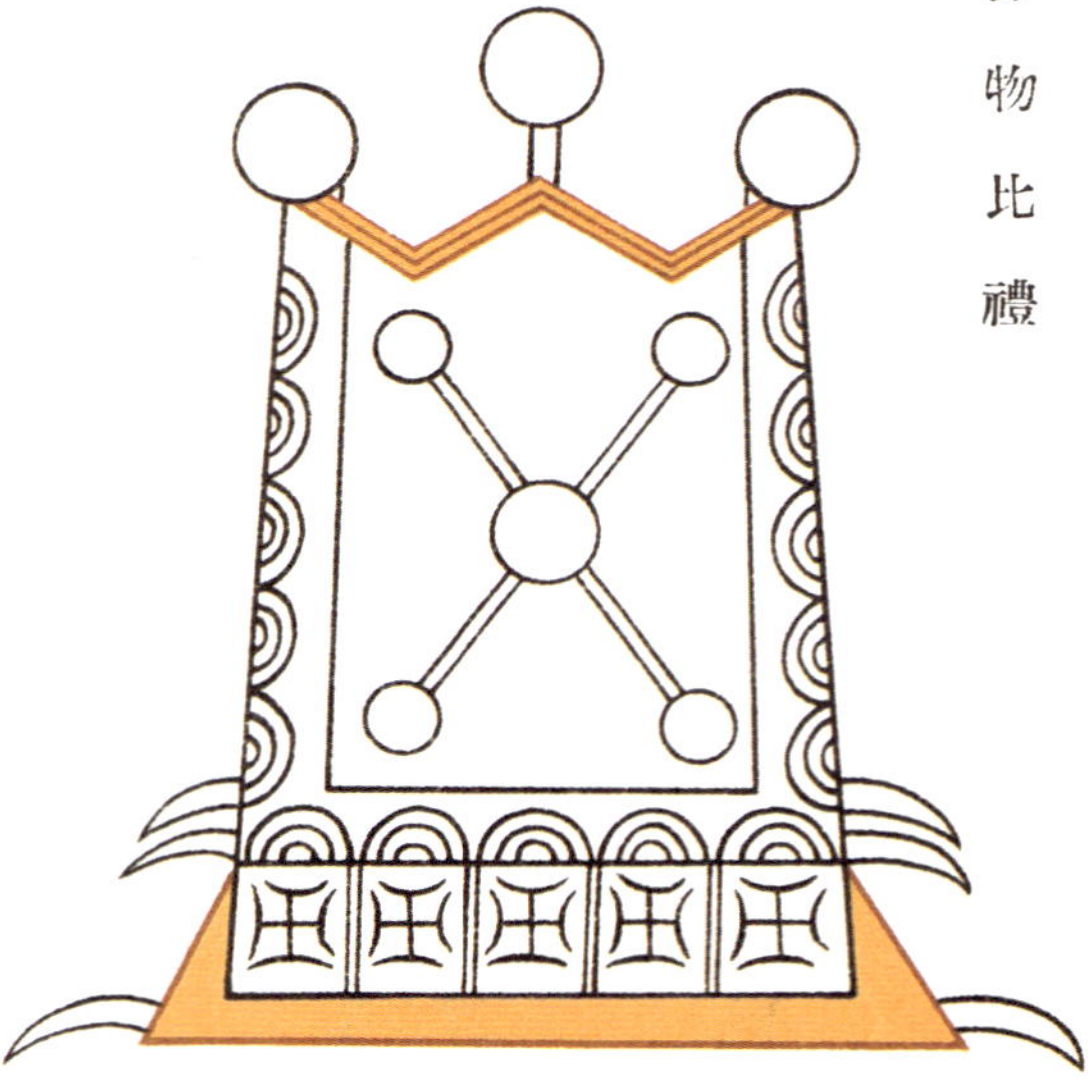

心王心數

十握劔

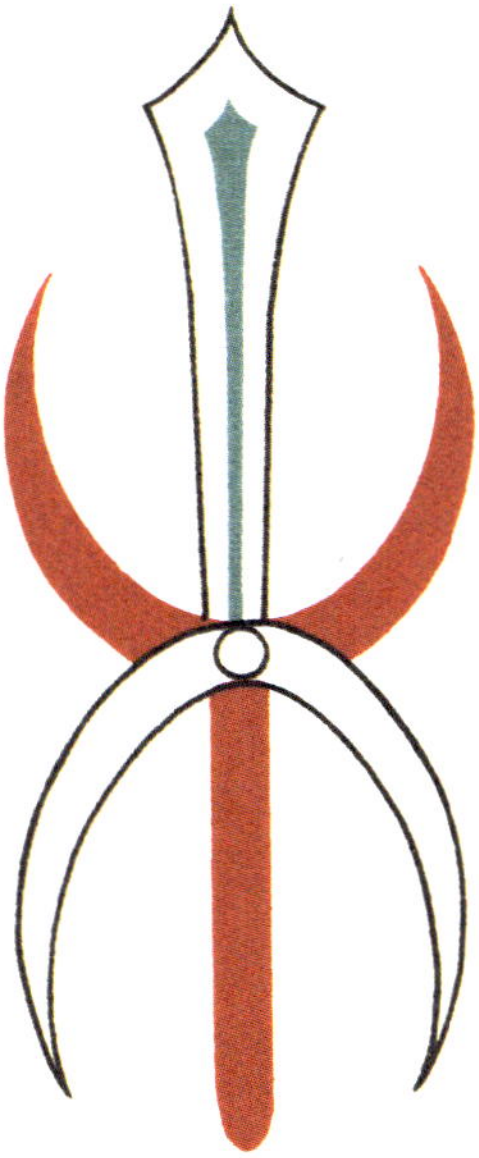

天照太神十種神寶奉ル下於テ二伊勢寳殿ニ一寫シレ之ヲ耳

右天長二年乙巳三月日記　入唐沙門空海

權中納言俊將

編者曰。右十種神寶都本一卷は雲傳神道の所傳なり。今高井田長榮寺所藏の古寫本幷に勸修寺門跡和田大圓大僧正所藏の古寫本に依て之を出す

此圖都本といふは京都二條家所傳の本なるが故なり。尊者は之を坊城大納言

の家より受く。坊城は直に二條家より受けたりといふ。末に權中納言俊將とあるは坊城家の人なり。尊者親しく此人より受けたる歟。委細は十種神寳聞書に在り

題外

十種神寶

山

大日尊神中臣祓天津祝大祝詞文傳

諸法如影像　　外五股印誦之

清淨無瑕穢

取說不可得　　無所不至印誦之

皆從因業生

四句頌說明

[illegible]

大率都婆印結誦。右太祝詞太神之宣命祝詞大日如來金言也。吾入日輪

三昧尊無二。可有伊勢天原之殿。汝常來可報吾恩也

右弘仁十三年五月二十五日於東寺眞雅大法師授耳

入唐沙門空海

白衆等各念　此時清淨偈　諸法如影像　清淨無瑕穢

取說不可得　皆從因業生

衆（天津命也不用佛法）

瀛都鏡

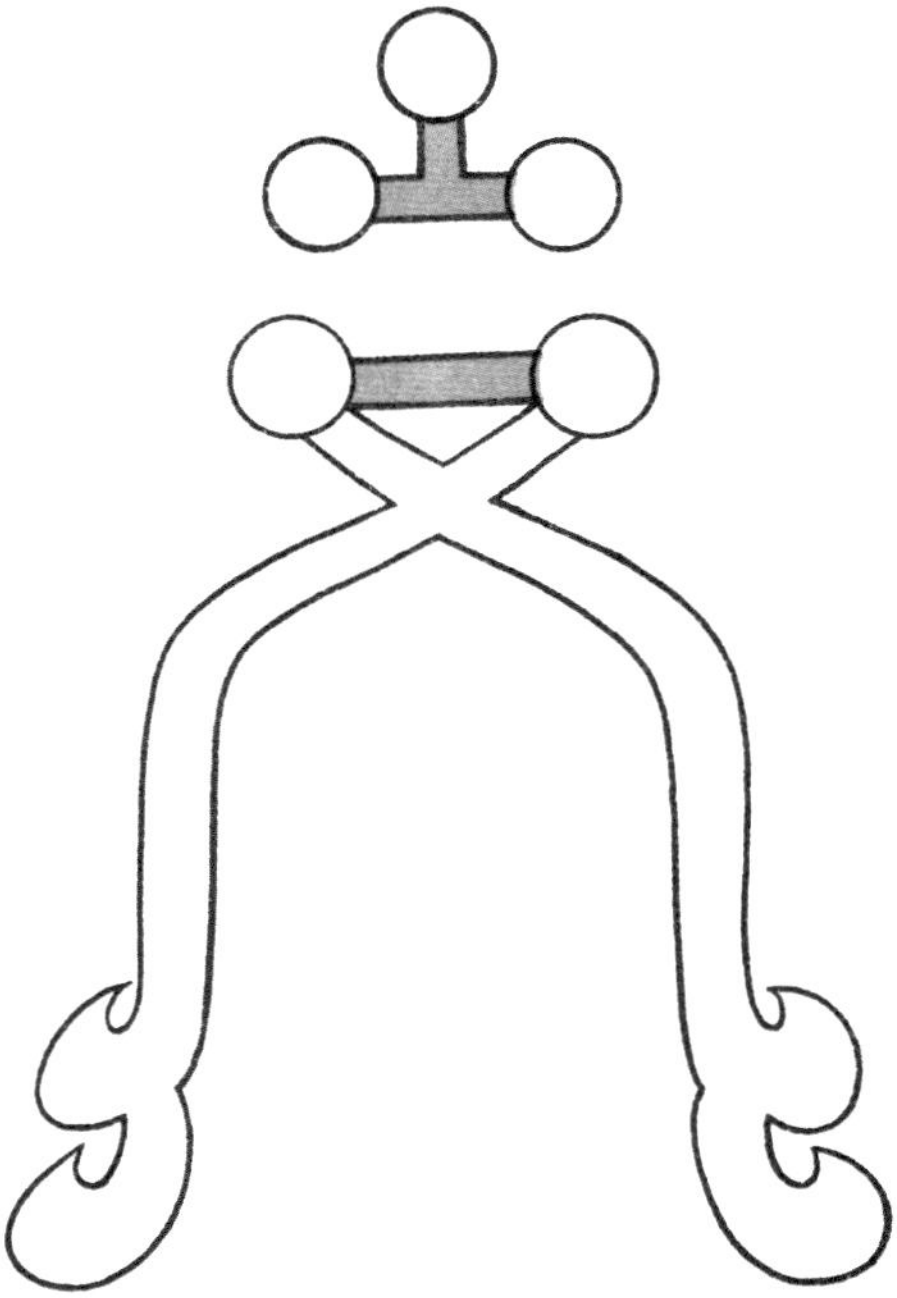

邊都鏡

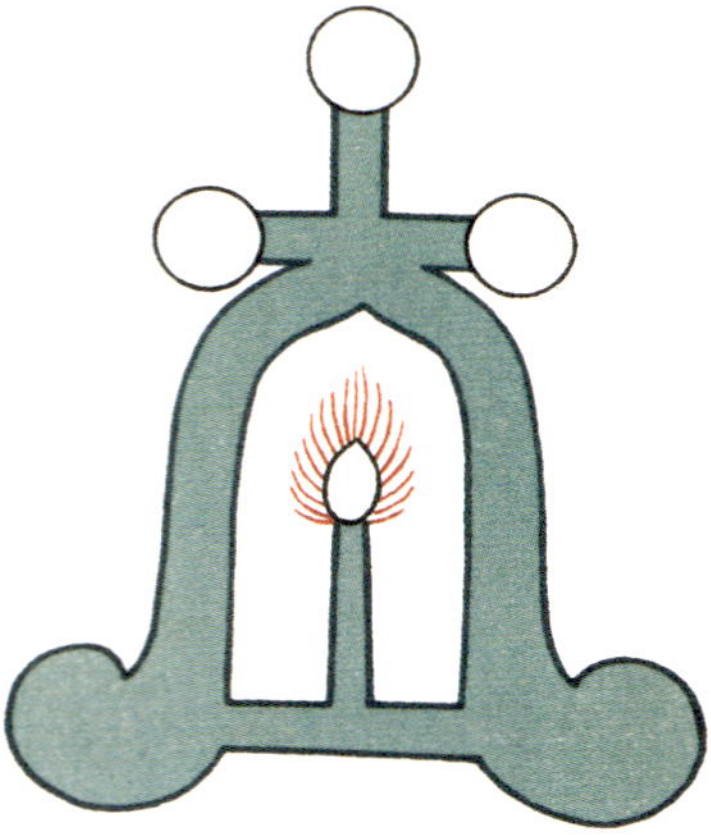

八握劔

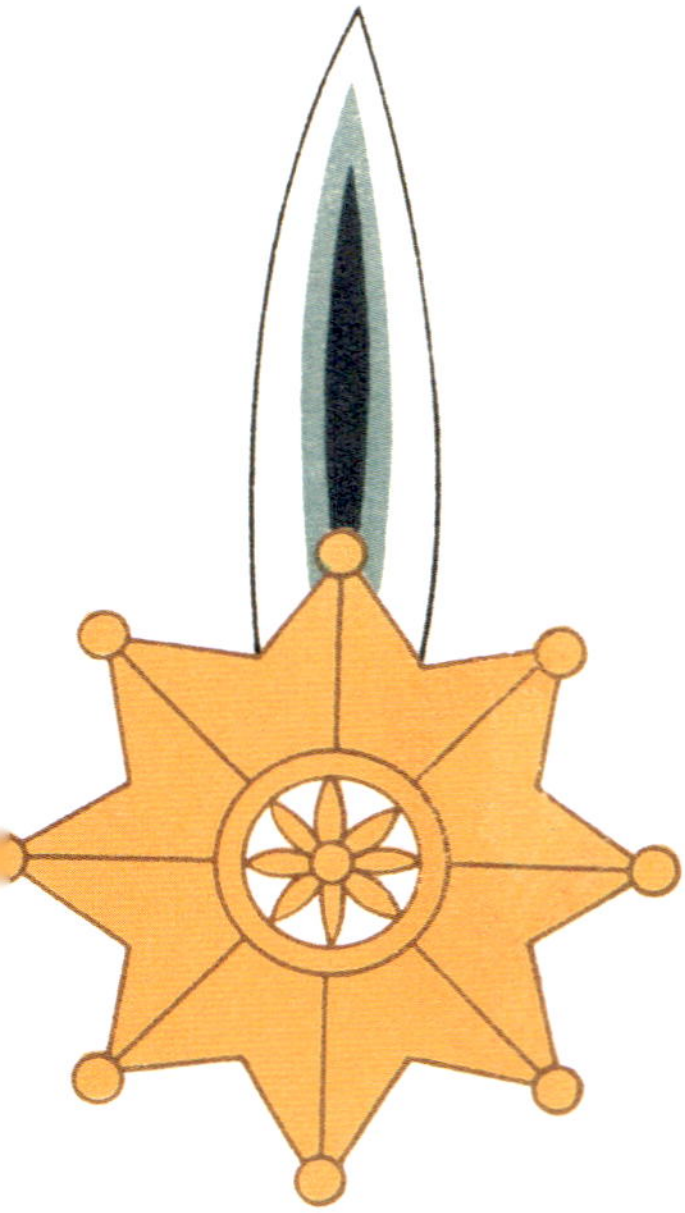

生玉

如意寶珠

火珠

死玉

水珠

足玉

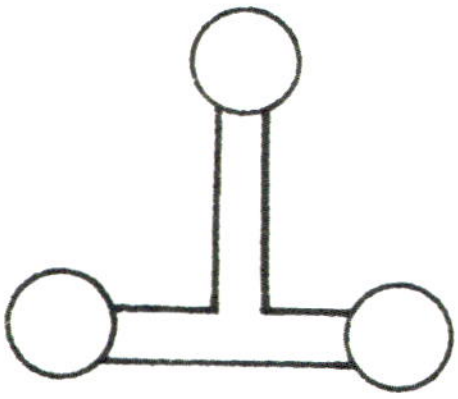

上父

道反玉

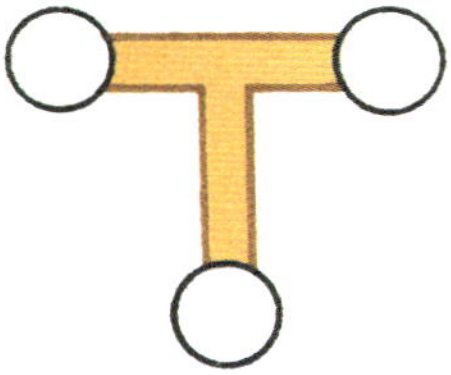

母下

蛇比禮

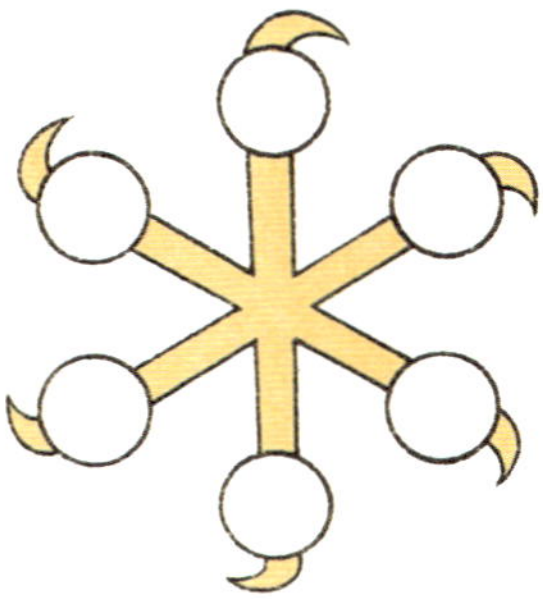

水

蜂比禮

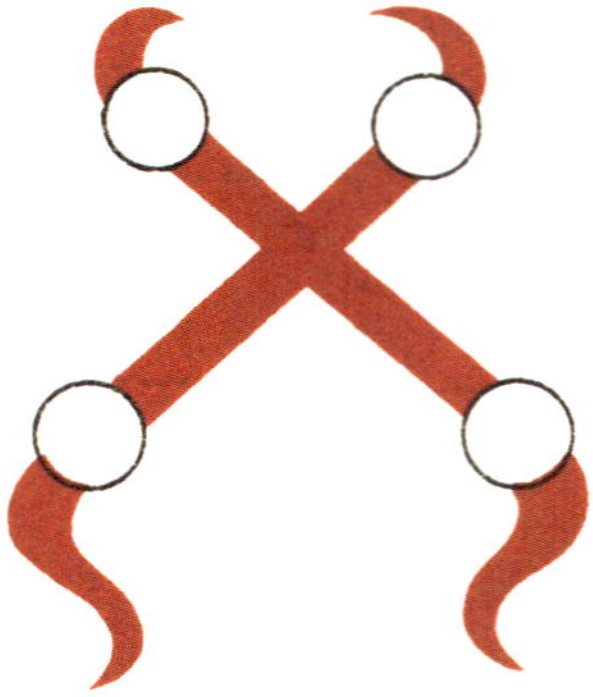

火

品物比禮

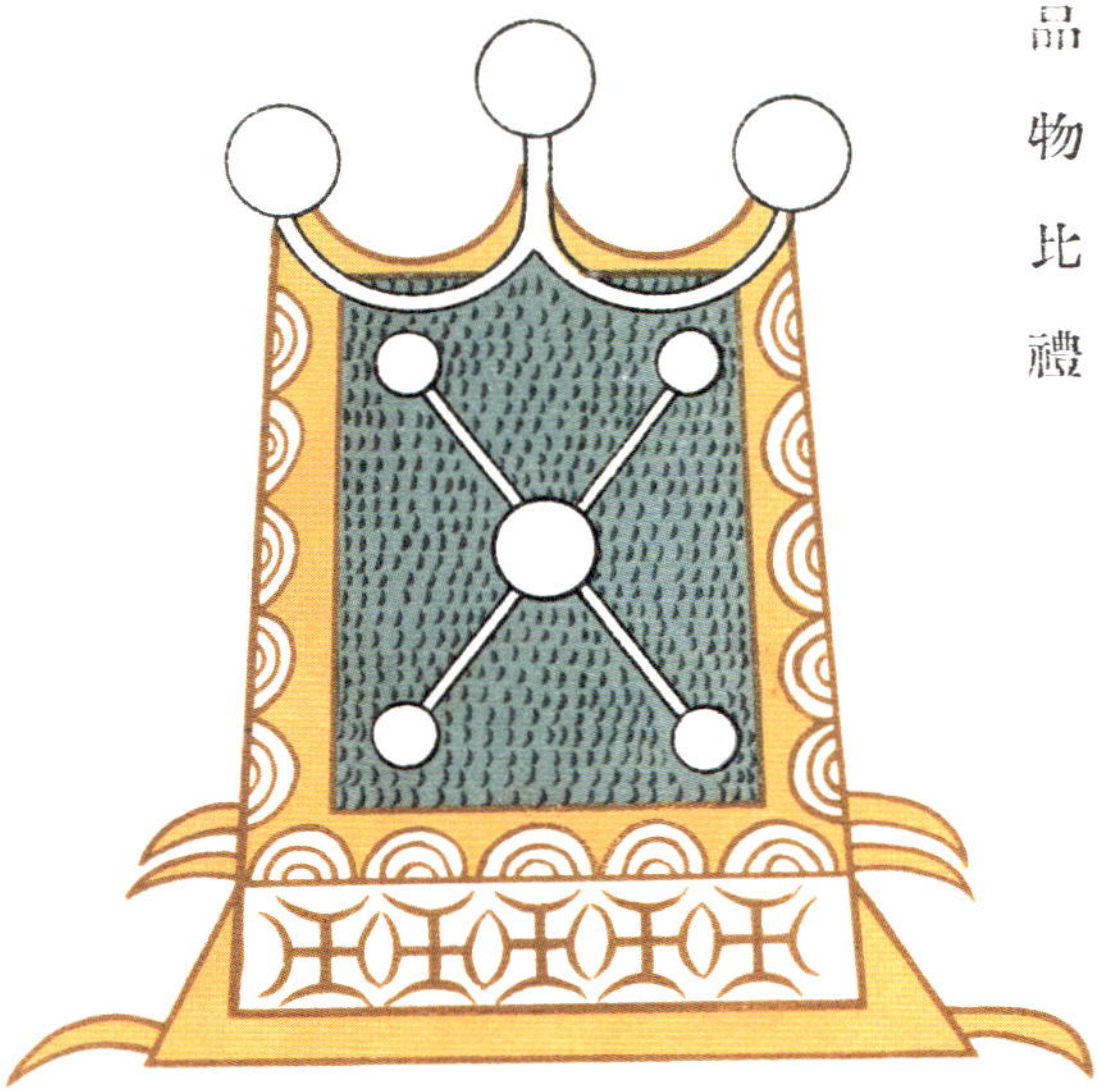

心數心王冠

十握劍

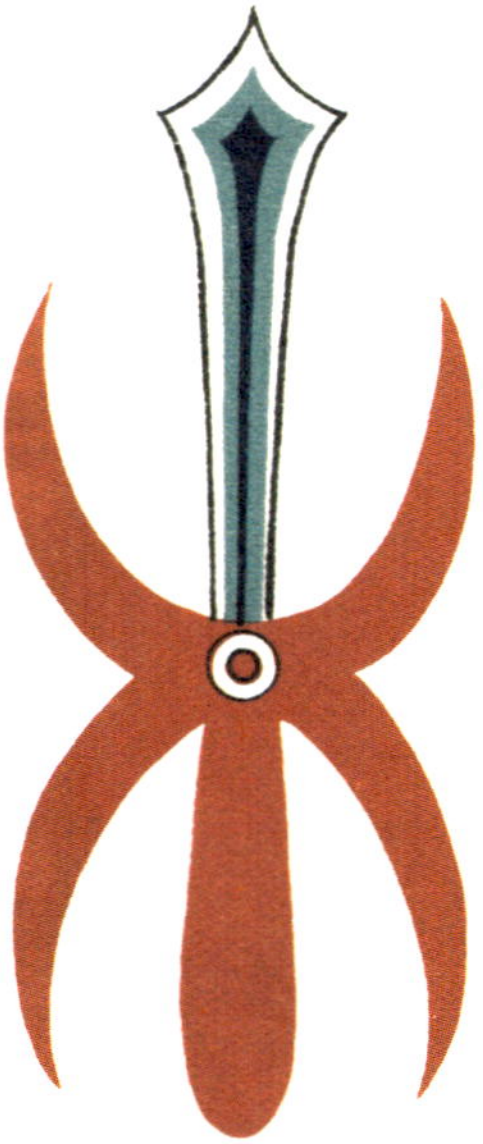

天照大神十種神寶奉ル下於テ二伊勢寶殿ニ一寫シ上之ヲ耳

右天長二年乙巳三月日記　入唐沙門空海

編者曰。右十種神寶山本一卷は是亦雲傳神道の所傳なり。今高井田長榮寺所藏の古寫本幷に勸修寺門跡和田大圓大僧正所藏の古寫本に依て之を出す此圖。山本といふは。高野山所傳の本なるが故なり。或る一說に。大師御眞筆の本高野山淸涼院に珍藏すと云云而るに淸涼院といふ寺今旣に亡ぶ。大師御眞筆

といふも亦疑あり

又曰。已上十種神寶山都二本は古來の所傳にして。尊者の御作には非ず。而るに今此集に載する所以は。若し之を載せざる時は。後に出す所の十種神寶聞書を讀むに。解すること難きが故なり

題外

十種神寶聞書　葛城傳

十種神寶山都二本聞書

此ノ神寶天上より傳來は○後に折紙聞書の中に述るが如し○先ツ略して諸本の異を擧ぐべし○大成經（聖徳太子ノ説と云ふ僞書也）にも十種を説けども○品物比禮を除て蜈蚣《ムカデ》の比禮を加ふる也

○此ノ神寶の書總じて有リ五本○一には二條家の傳（都本と云ふ）　二には野山の本（山本と云ふ）　三には伊勢の傳（是れ内宮の寶物也）四には三輪の傳（八十二通の内に在て三形と書す）　五には垂加翁の所傳也○此の中○山と都とは大に同く○都と伊勢とは全く同なり○和尚の傳ふる都本は坊城大納言の家に傳はる所なり○和尚親しく之を坊城家に受く○坊城家は直に二條家より受ケたり○二條家には御即位の大事と倶に代々傳持せりと云ふ

（冠注朱書）山本とは大師御眞筆高野山淸涼院に珍藏すと云々（已上朱書）

扨此本の始に大日尊神とあり。高祖は定て意有て書き玉ふならん。今傳るは此文字の儘にして大ひるめの神とよむなり

間文　此二字は山の本に無し。義も亦解し難し。恐くは衍文なるべし

或本に間文傳（キ、フミ ツタヘ）ミ有之。可否難知

次に四句の頌の初の二句は多法界なり。外五股印も亦然り（多法界とは事理各無量）次の二句は一法界に約す。印も亦然り（一法界とは無量の事一理に歸するを云ふ同なるを云ふ）第三、句、取も說もと訓ずべし。取とは心に緣ずる也。說とは言なり。不可得とは其心言を越えたるなり。此四句の頌の妙理は各々の力に隨て觀念すべし。神道淸淨の妙有爲法。能々觀知すべし

印者決定不改の義也。頌中の妙理を印定して不改ならしめ。其妙用を成すなり

（冠注朱書）秘藏記上卷云。勿他羅印也。又云。印決定義也（已上朱書）

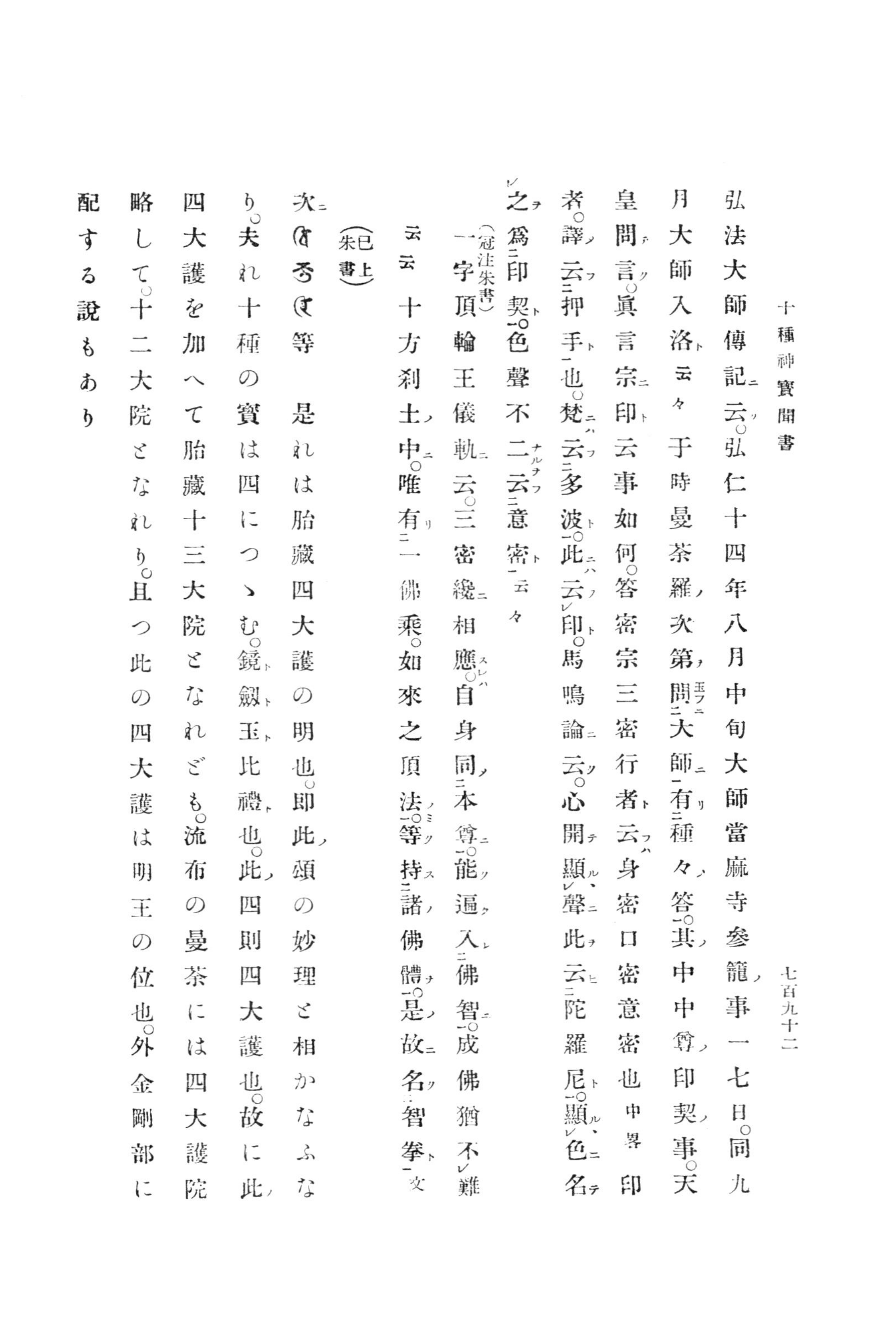

弘法大師傳記云。弘仁十四年八月中旬大師當麻寺參籠事一七日。同九月大師入洛云々　于時曼茶羅次第。問大師有種々答。其中中尊印契事。天皇問言。眞言宗印云事如何。答密宗三密行者云身密口密意密也　中略　印者。譯云押手也。梵云多波。此云印。馬鳴論云。心開顯聲此云陀羅尼。顯色名之爲印契。色聲不二云意密云々

(冠注朱書)一字頂輪王儀軌云。三密纔相應。自身同本尊。能遍入佛智。成佛猶不難

云云　十方刹土中。唯有一佛乘。如來之頂法。等持諸佛體。是故名智拳文

(朱書已上)

次　等　是れは胎藏四大護の明也。即此頌の妙理と相かなふなり。夫れ十種の寶は四につゝむ。鏡劔玉比禮也。此四則四大護也。故に此四大護を加へて胎藏十三大院となれども。流布の曼茶には四大護院略して。十二大院となれり。且つ此の四大護は明王の位也。外金剛部に配する説もあり

（冠注朱書）四大護事。玄法寺儀軌上卷十八丁出。青龍軌上卷廿三丁又同（已上朱書）

又此大護の印言。秘經及儀軌等に無して。但大師の梵字次第にあるを以みれば。容易には書きあらはさぬ事と見えたり

南金剛無勝大護 二鏡　東無畏結護 四玉

北壞諸怖大護 三比禮　西難降大護 一劒

三身供養歸命　《ビ》《ク》《リ》 除の義なり。除一切凡夫有爲之垢穢　《ビ》《ク》《レイ》 亦除義なり。除二乘人無爲之垢穢　成就圓滿覺　右の句義は青龍 法全阿闍梨 記云云 知るべし。此除の義即解除なり。初の除の義を以て國津罪の除とし。次を天津罪の除とす。元來この神寶に妙用ある故に。舊事紀に。高皇産靈尊告示饒速日尊曰。若し痛む所あらばふるへ。乃至死せる者も却て活ん云々 十種各々一二●●九十と唱る。是日域天然之呪なり。且つ一二●●九十は開合の聲音にして。亦即陰陽二道なり。易の繋辭傳に。孔子曰。一陰一陽是れを道と云ふ云々 聖の深意。後學の儒生却て昧し。有智の人其玄を探れ

次ニ大率都婆印とは。即上の二印是也。但し初心には無所不至ノ印のみを用ゆ。即瓊々杵尊雨寳童子ノ事頂上の五輪なり。總じて言はゞ此ノ印明即祝詞《ノリト》なり○次に天原の殿とは。伊勢の高の原也○次に衆の字の下に天津命也。不用佛法とは。唯一神道を顯はす。衆の字は白衆の衆なり。此ノ頌は本ト佛教中より出るとして見れば。衆は僧なり。故にかく云ふ。今轉用して俗衆に用ひば妨なし。次に圖形は折紙の中に解すべし○末に權中納言俊將とは。今の坊城殿の父公也

十種神寶折紙

折紙初目に。化他門云々　八十二通及神寶圖形等は利益を見て建立する所なる故に化他と云ふ。神の内證を自證とするに對して說く也（三輪流）

次十種傳來

此神寶は饒速日尊奉け降て。神武の時に至るまで之を傳ふ。神武に至て。速日の子可美摩治命自ら長髓彥を殺して神武に降り。旣に臣下に屬する故に。我家に藏むべからずとて之を神武に獻ず

（冠注朱書）速日尊降て長髓形之女を娶て摩治を生ず（已上朱書）

神武の朝に摩治命を賞し。且つ其神寶を掌らしむ。摩治乃ち帝等の爲に鎭魂の祭を始る也

（冠注）鎭魂とは人の魂の離散するをしづむる祈なり。延命の祈禱なり（已上）

（冠注）

舊事紀二初丁左　又同三初丁左　云。速日尊十種の寶を以て御兒摩治命に傳ふ云々　同十二丁左　神武帝に獻ず。同十四丁右　神武天皇勅摩治命曰。汝が先考の尊自天受來りし瑞寶。此を以て鎭とすべし。毎年中冬中の寅を例として有司事を行ひ永く鎭魂を爲せ。乃至云々　ひふみよ等のことあり。其後崇神天皇の時も。摩治命の裔に十市根の大連と云人主石上神寶なり

師曰。大和の布流の社の神寶とて櫃に勅封せる有れど。嵯峨帝の時にさへ其寶形を見ること能はずと云々　七月七日毎に彼の社に神寶を拜せしむれども。此十種の箱をば封を開かずと云ふ

又曰。速日の尊より神武帝までは。時年甚尚し。神武の時の摩治は速日の子孫にして。歷代其父の名を受け呼ぶ者ならん。長髓彦も復爾なるべし。速日尊の子たる摩治の命は。今の吉野の藏王權現なり

舊事紀(冠中)三卷十一丁には饒速日より十八代孫尾治。乙訓與止連弟宇

摩志麻治ノ命とす（已上冠注）

且つ鎮魂の神事。師の傳には。ふるの神事と云フ。他流には。ふるべの神事と云ふ也

舊事傳の鈔ニ云ク。崇神之御宇に五《イ》香《カ》色《シヤ》雄《ヲ》命能ク知リ二神代之事ヲ一。移シ二立ツ經津主ノ社ヲ於大和ノ國山邊ノ郡石上村ニ一。藏ム二十種ノ神寶ヲ一云々 此ノ五《イ》香《カハ》者大己貴の後孫也

一瀛鏡

（朱注）舊事玄義ニ云ク。瀛都鏡一面是レ天ノ表字也。五ノ形也。豊受皇大神御靈鏡ニ坐ス云云（已上朱注）

量八寸云々 師云。今のかね尺は聖徳太子の時異邦より渡る。今爰に八寸とあるは我國の古尺の八寸也 或人云。我國の古尺は。今の金尺に一倍なりと。可レ考

（冠注）遊和草下巻十丁云。日本の古尺は今の曲尺一ツぱいなり。依レ之八歩は今の曲尺一寸六歩なりと云々（已上冠注）

圓は天の圓なるなり。其ノ圖は篆書の亞の字に象る。若し此ノ鏡によつて

神《カミ》事《コト》せば。鏡五面を置て崇むべし

佛教云々は。華嚴に盧舍那佛の淨土を說く。此ノ土淨穢相含む。廿重の中第十三重毘盧の土にして。即娑婆界也。此ノ界周圓也

○起數一　是れ易に付て云はゞ大極也。ヒは日也。根本にて數の始なり。日《ヒ》彥《ヒコ》姬《ヒメ》聖《ヒジリ》等。皆尊び云ふ詞なり。於レ中ニテ聖を自の非を知る人と解《ケ》るあれど。不是なり

此ノ十種の行ひ一寶々々各十反ふりて。一より十に至るなり。然ハ則一即十。十即一なり。無盡々々。思ふべし。二乃至十。一々皆十にして各無盡也

二邊鏡

（朱注）舊事玄義ニ云ツ。邊都鏡一面地ノ表字。內ハ圓形ニ表スル也。外ハ八咫ノ形。天照皇太神御靈鏡ニ坐ス云々（已上朱注）

圖は篆書の地の字に象る。（師傳大地ノ形實ニハ八角也云々）坐なり。麗氣記一右五丁說ク。彼の書も傳を得ると見えたり

（冠注）丙天坐地右の字有部律攝に出たり（冠已注上）

伊勢外宮は圓鏡。内宮は八葉なり。此を神體とす。異說あれども取ルに足らず。且つ此ノ鏡の圖。瀛は五鏡を陳ね。邊は三鏡也。合して八鏡。いはゆる神道の法數なり。理を以て一往論ずれば。内は瀛。外は邊なるべけれども。天氣降り下り地氣上り昇る之理妙なり。又易の 天地 否閉塞也 地天 泰ひめ吉なり通也。天地交て二氣通るなり

三八握《ヤツカ》

柄の長《サ》には非ず。乃の長さ八つかみと知るべし。劔形に二様あり。怒り形  菖蒲形  なり。今八握は菖蒲形を善とす。柄は八輻輪なり。八方を順伏せしむる表示也。八隅しると云ふ。此に思合すべし。劔の柄の形。實に此の如くには非ず

○神代の卷に。軻遇突智を截て三段とす云々 此ノ神は緣起の火なり。三は陽數なり。又劔に數を起す三ミ也。是れいはゆる三萬物を生ずる義

にして。劔上の血ほとばしりて諸神を生ずる也。神代の卷に說ク が如し

四生玉

上の劔は降伏の德。此ノ四玉は仁惠の德也 禮記ニ曰ク。君子ハ比ス德ヲ於玉ニ焉。溫潤ニシテ而澤ナルハ仁也云々 夫れ生あり則死あり。玉の德を以て此ノ死を除くが故に。舊事紀ニ云ク。天神皇孫に詔敎して曰ク。痛む處あらば一切不祥に通じて言ふ布流部。死せる者も返て活ん云々 返て活する即是れ次の死反の玉なり

折紙に能作性也云々 御遺告に玉を作る法を示す 問大師自ラ言ふ。唯一神道 天津命也不用佛法ト に佛法を用ひずと。何が故に此ノ佛法の玉を用ゆるや。答佛法を雜へずとは。實には初心の者を誡むる也。唯一神道の名の出所は名法要集なり。此ノ要集即習合の書にあらずや。況や達人所行の佛法は佛法の臭《クサミ》なし何の所にか活用せざらん。涅槃經に云ク。佛法は諸道の本なりと。豈然らざらんや。況や能作性の玉をや

四神　天照。月夜見。蛭子。素尊

四大神　地水火風の神

五死反玉　死ハ禁五路ノ印ニテ開眼スル也

圓珠等と云ふ。因に云ふ。或ル人水は六角が本形なりと云ツは不是なり。水晶の生じて六角なる。既に一轉したる者也。伊勢法樂舍の雨寶童子は大師の作なりと云々　世人少シク道人ノ意ナリ多く五輪は唯佛法の道具なりと思へり。不レ知ラ五輪は即五大にして。汝が所ノレ好ム五行の體性なることを。又死せる人の爲に五輪を立ることあるも。人々の眞性は不生不滅にして靈妙不思議なるを表顯して。われが爲に福智の大因緣を成すことを知ラず。夫れ四大は能造なり。五行は所造なり。體を嫌うて用を執す。何ぞ其れ迷へるや。伊勢に風の宮あり。五行に風なし。神代ノ卷に地水火風の神あり。豈ニ四大に非ずや。空輪は顯に說かずと雖。自ラ具はれり。五輪の中。空輪の形は團圓なり。上に位す。榊葉の末の少しきとがりて大體のまるきも。是なり。五輪を嫌ふ神職の頂上も亦是なり。身ありて五輪を惡む。白日

露地に有て其の影を惡《ム》が如し。人をして呵々絶倒せしむ。何ぞ其ノ酷愚なるや

師曰。密教に神を説くこと。外金剛部是なり。顯教の中にも十二神。十六善神等。其ノ他往々神の名あり。其ノ中に華嚴經（六十八卷）には神の名甚《タ》衆多也。其ノ中に守夜神あり。婆《ハ》珊《サン》婆《ハ》炎《エン》底《テイ》と云フ。五十五の善知識の一にして八地の菩薩なりと云ふ。月讀の尊も亦夜《ヨル》の食《ヲ》國《クニ》をしるの神にして。彼の守夜神と相應す。眼あつて見れば。日本にても上位の神。月夜見。天照等の如きは。彼の炎底と同位も知るべからず。其ノ保食の神を殺す等も。華嚴經（四十一卷十經十）の一丁善知識甘露大王の事を以て思ひ合すべし。彼ノ月尊の殺せるは。非禮を罪することを示して。後世禮度の基となる也。因に云ふ。出家は（梵網經等）神を拜せざれと説くも。眞に三寶の一たる持戒清淨明珠の如き人に付て云フこと〻知るべし。妄に高慢を生ぜば。内に自德を損じ外神罰を蒙むるべし。（文殊問經上卷曰。一切天神皆悉可ニ禮拜一云々）梵網經に云。破戒の出家往來するときは。諸の鬼神其ノ前を遮て賊（故ニ起レシ心ヲ毀ニ犯スル聖戒ヲ一者ハ不レ得レ受ニルコトヲ一切檀越ノ供養ヲ一。亦不レ得ニ國王ノ地上ニ行一クコトヲ。不レ得レ飲ニ國王ノ水ヲ一。五千ノ大鬼常ニ遮ニテ）

其ノ前ヲ鬼言フ大賊ナリト云々
なりと罵るべしと。法行經云。五百ノ大鬼常ニ遮リ其ノ前ヲ五千ノ大鬼常ニ從テ罵言フ佛法大賊ト下類の神にすら賊と言はるゝ豈ニ高慢して可ならんや。能く内に省よ

海の潮云々とは。瑜伽論に月中の暗處を論じて云く。是レ大海中に在る魚龍等の種々の影の映せるなりと。天文家に云く。月は大陰なり。潮これに隨ふと。是なり

六足玉

此ノ玉及ヒ道反。並に福德也。足り滿ツれば必缺ぐ。足ルことを知れば缺ツること なし。是れ眞の福にして即道反なり

圖に如意珠とあり。誰のをく所ぞ。然るに神功皇后の紀にも如意珠を得たりとあるを見れば。如意珠と云ふ。强て佛語にはかぎらざる歟

火珠水珠とは。次の如く日月に配して知るべし

六府は。書經洪範に出たり。從來の神道者。四大を嫌うて五行を愛す。吾國幸に穀物の神あり。何ぞ六府と說ヵざる

浮橋。これ陰陽相誘ふ德。即能造の風大也。瓊矛は是れ能造の火大也

七道反

牛頭天皇。即素尊なり。亦即炎魔王此には靜息王と云なり。炎王は內心大慈悲にして。罪の輕重を正し。罪盡て遂に正に歸する因緣を成す。其ノ像も實には柔和なり。三摩耶形を檀茶印と云ふ。梧の頭《ハシ》に人の頭あり。其ノ面善人に向へば柔和にして。罪人には甚ダ怒る也。金界の炎魔は荷葉を座とし。胎藏には水牛を座とす。鬼道に居すと雖。歸スルレ正ニの因緣を成す。是ノ故に法王と號する也。素尊初に惡作を示して祓除の元由となり。後に木をうゑ蛇を切り劍を獻ずる等の美功を作すこと。思ふべし。又素尊の託宣に。吾即牛頭天王也。地の主なり。大神力有りて能く魔障を除き疫病を去る等と云々　今京師祇園の相殿は。右に奇稻田姬本御前と云左に八股の蛇今御前と云なり。降三世の魔王を蹈殺して遂に善生を得しめたるが如し。蛇を相殿とす。思ふべし

伊勢に蘇民將來の社あり云々　蘇民將來とは民を將來蘇生せしむる
義也と云々　又青山を枯す折紙と雖。又能く大に良木を生せしむる等。
思ふべし

牛玉　貝原篤信云（神社啓蒙同之。新井氏同文通考ニハ璽ノ字ノ轉訛ナルベシ云々）。牛王は生土《ウブスナ》なり。生の字の下畫は王の字の上の一
畫なりと云々　妄なる哉。牛玉の玉の字をわうと呼ぶは秘して云ふ也」
(冠注)蘇悉地經下卷云。若欲成就牛黃法者當取黃牛牛黃爲上文　大日經
疏云。八身中有黃。所謂八黃也。猶牛有黃云云　續日本紀一卷文武天
皇二年正月土左國献牛黃云々　又谷響集第一卷に出たり

八蛇比禮

舊事紀四卷十一丁の大己貴。須勢理姫の所をよめば。蛇の比禮は蛇を降伏
するなり。所制伏について名く。此姫の大己貴に與る比禮と此神寶の
中の比禮と。體は別なれども用は則一也。近來山崎嘉右衛門などは。蛇
蜂等皆毒刺あり。比禮とは其はりの事にして。即神寶の中の劔の德な

りなど邪解す

出家は神事の時頭を包むこと云何。これは神に三寶を畏るゝあり。嫌ふあり。仰くある故なり。仰ぐ神には頭を覆《ヲホ》ふに及ばざれども。其《ノ》眷屬は畏《レ》嫌ふ等種々あるべければ。通じて覆ふべき也。天竺女神裸形にし（有部雜事ニ出ツ）て如來の前を遮る緣より起る。肉食も亦中下の神のみと知るべし

日本紀の中に切風切浪の巾《ヒレ》。異國より獻ずることあり。古事記中卷十六二丁左　新羅國の日矛《ヒホコ》八種の寶を持來る中にあり。八種は玉津寶二つ。浪に振るひれ。浪を切るひれ。風にふるひれ。風を切るひれ。奥津鏡。邊津鏡也。崇神天皇の紀にも（日本紀第五卷）六丁右　吾《ア》田《タ》媛《ヒメ》倭《ヤマト》の香山の土を取て領巾《ヒレ》の頭《ハシ》につゝんで祈て曰云々　萬葉時代（人王四十二代文武二年）女人の頭衣と定る乎

（冠注）萬葉集《ニ》とうつひと松浦さよひめつまこひに。ひれふりしよりをへる山の名（冠注已上）

九　蜂比禮

四柱の神徳なり。謂く日神。月神。蛭子。素尊也。此ノ四神に一切諸神を攝す」

十品比禮

品物比禮。和尚の傳には物の字をよまず。但くさ〲の比禮とよむ也。此ノ比禮は萬德をすぶる故に御即位の時の冠とす。今世にても此を用ゆる也。但し此ノ圖は略なり。實は珠を以テ莊嚴せる赫々たる冠なり。太古は此ノ冠と彼の住吉明神古畫の比禮と也。今主上御平生の冠は唐冠の轉せるなり。臣下の烏帽子は古の比禮の轉せるなり。時繩ノ神道篇に云ク。菅原清公は入唐して博識の人也。大同九年有テ詔天下の儀式を書す。男女の衣服皆依ル唐法ニ。五位已上の位記を改て漢樣に從ふ云々

（冠注）仁明天皇承和二年七月丁巳天皇出御ス紫宸殿ニ。正四位下菅原朝臣清公侍ニ讀ス後漢書チ云々（已上冠注）

師云。三部とは無漏の大定佛智金悲蓮なり。是の三部に寶部羯磨部を攝するなり。次に略して轉識（和尚云。體を轉ずるに非ず。只識相を轉ずるなり。相とは了別等の相なり）得智の義を

説かば。此心體過現未來二六時中。常恒に相續して刹那も斷せざる。是れ第八識なり。此微妙の識體ある故に。忽然として一念萠動する位。是れ第七識なり。第八を縁じて我なり法なりと執すること常恒なり。俱生の我執と名く。此識麁にあらはれて色聲香味觸に走りて未分別無き位。是れ前五識なり。第七識を内我とし。外境を攀て種々に憎愛等を起し。我彼等萬般の分別。是第六識なり。是の如く我見憎愛の中に住すれば。天つ罪國つ罪を作り。根國に來往して流轉止むときなし。若し善知識に遇うて往を悔ひ來を改て觀行を習ひ。漸々に己心の空なるを信じ分別の智自ら正に歸す第六識清淨に赴く。初地に至て分に現證す自心の空無性を知るが故に他心に於ても亦爾り。正智を以て明了に觀察し。我他の相遂に泯絶する故に第七識漸々に清く。初地に至て分に現證す五塵も塵《ケガ》すこと能はず。五塵却て本心を琢磨するの資となる觀世音の聞より入て圓通する等。是なり琢磨功を積て遂に無漏の身心を得第八識轉シテ爲ル大圓鏡智ト也五塵を以て佛事を成す前五識轉シテ爲ル成所作智ト也問第九識は本より淨識なり。何ぞ轉ずと云ふや　答此ノ識體は只是れ言語を超え心念を離れたる分位なるが故に。一轉せざれば無盡莊嚴藏を開ノこと能はず。是の故に一轉して究竟するなり。是を以て此ノ三部五部の冠を心數別相を縁す心王總相を縁すの冠とも號する也。微塵と法界と融攝無碍なるが故に。十方淨刹も自己の頭上に現ずる也。寳冠は是れ古今御即位の時用ゆる物也。嵯峨帝是を大師に示し給ふ。大師即ち三部五智不思議の表示を見て。帝の爲に秘密灌頂の秘法を説く。相共に感激して遂に神道灌頂の則《ノリ》を建立し給ふなり

ひふみ開合々々　孔子曰ク。一陰一陽これを道と云ふ云々　至れる哉。夫子の言

五十字文は吉備公の製作なりと云ふ説もあれど同文通考ニ云。片假名ハ吉備公ノ作也ト云々。以呂波聲母傳ニ云。孝謙天皇ノ御宇吉備大臣入唐ノ時王化玄ト云人五十字文チ傳フト云々。今は取らず。これ自然に此ノひふみよより轉出せるなり。折紙の末にヒ日自此而出とは。日の名此ノの一《ヒ》二《フ》三《ミ》の一《ヒ》より名くるなり

結

位ス于中ニ寶冠とは。中の五鏡也　中除レ之等とは。一得レテ九ヲ為レリト十。二得レテ八ヲ為レルト十
等。終りに五獨り對無きに至る也。是ノ故に除く也。上の四十に更に十を
加へて五十也　一者とは。著をとるとき。先ツ一をのけ置て數とせず。太極
に象る也。其位為レ二等とは。鏡二つありと雖。同く是れ鏡の故に合して
為レ一ト。未だ劔に對待せざるときは。彼の一は空位なり。天地未タレ分レ大極の
故に。何に對して一と言んや。今劔に對すれば。上の二鏡自ら一天二地の名
をなす。劔は自ら三の位に居する也
比禮と同位とは。三の比禮異なれども。劔と同く人身の所用物なるが
故也
生殺とは卌尊死亡　及保食切らるゝ故に　天熊神此ノ神が保食神所レ生の稲種等を天上へ奉る故に生に屬す　こゝ
に引くべし。降三世明王魔王等亦擧くべし
古今とは。御即位之時。著《メドクサ》に作り。花を飾て祝す。其ノ祝咏なり。天子立レテ后ヲ立ル

房ヲ時にも温明殿に之をかざる。亦爾り○或書に云ク。御即位の時。清涼殿の妻戸にさし飾る。御即位に限らず。太子を立て后を立テ及ヒ正月より師走まで節會等。總じて一切御吉慶にかざるなり云々又果《コミ》なる時もがなに作る。文屋の康平が、二條の后へ祝し上し歌なり○又ノ説に。めごは妻《メ》戸《ト》なり云々邪説是より起る。或書に曰ク。此ノ戸を玉と云ふことを尋るに。神璽にたとへ。是を女根にたとふ。且つ又花を男根にたとふ。遂に邪説して曰ク。是れ素尊と天照と。玉と劔とを取り替て和合すと。是れ重々の秘説なり云々天如謂く。此ノ邪義正見の人の前にして言ひ難ければ。秘説と云ふも。誠に宜なる哉。呵々

文政十三歳次庚寅季春以テ二類本ヲ一校二合セ之ヲ一書寫シ畢ヌ

阿陽徳府萬福密寺現住量觀

嘉永三庚戌年仲夏端午拜寫了　月洲樹

編者曰。右十種神寶聞書葛城傳一卷は尊者の說。天如師の記なり。今勸修寺門跡和田大圓大僧正所藏の嘉永三年覺樹和尚書寫の本に依て之を出し。高井田長榮寺所藏の寫本及び高野山大學圖書館所藏の密門宥範大僧正舊藏の寫本を以て校合し畢ぬ

此中冠注傍注は皆量觀師の加ふる所なり

外題

大祓

六月晦大祓 十二月准之

集侍《ツドヒハベル》親王《ミコ》諸王《モロ〳〵キミ》諸臣《モロ〳〵オミ》百《モヽ》官人《ツカサビト》等《ラ》。諸《モロ〳〵》聞食《キコシメセ》止《ト》宣《ノル》

天皇《スメロギ》朝廷《ミカド》爾《ニ》仕奉《ツカヘマツ》留《ル》比《ヒ》禮《レ》挂伴男《カクルトモノヲ》。手繦《タスキ》挂伴男《カクルトモノヲ》。靫《ユキ》負《オ》伴男《トモノヲ》。劍《タチ》佩《ハク》伴男《トモノヲ》。伴男《トモノヲ》能《ノ》八十《ヤソ》伴男《トモノヲ》乎《ヲ》始《ハシメテ》氐官官《ツカサ〳〵》爾《ニ》仕奉《ツカヘマツ》留《ル》人等《ヒトラ》乃《ノ》過犯《アヤマチオカシケ》家牟《ム》雜雜《クサ〳〵ノ》罪《ツミ》乎《ヲ》今年《コトシ》六《ミナ》月晦《ツキツゴモリ》之《ノ》大祓《オホハラヒ》爾《ニ》祓給《ハラヒタマ》比《ヒ》清給事《キヨメタマフコト》乎《ヲ》諸《モロ〳〵》聞食《キコシメセ》止《ト》宣《ノル》

高天原《タカマノハラ》爾《ニ》神留坐《カミトヾマリマス》。皇親《スメムツ》神漏岐《カミロギ》神漏美《カミロミ》乃《ノ》命《ミコトヒ》以氐《テ》八百萬《ヤホヨロツノカミ》神等《タチ》乎《ヲ》神《カミ》集集賜《ツドヒツドヒタマ》比《ヒ》神《カミ》議議賜《ハカリハカリタマヒ》氐《テ》我《アガ》皇《スメ》御《ミ》孫《マ》之《ノ》命《ミコトハ》波豐《トヨ》葦《アシ》原《ハラ》乃《ノ》水《ミツ》穗《ホ》之《ノ》國《クニ》乎《ヲ》安國《ヤスクニ》止《ト》平久《タヒラケク》知所《シロシ》食《メセ》止《ト》事《コト》依奉《ヨザシマツリ》岐《キ》如此《カクノゴト》依《ヨザ》志《シ》奉《マツリ》志《シ》國中《クヌチ》爾《ニ》荒振《アラブル》神等《カミラ》乎《ナ》波《ハ》神問《カミトハ》志《シ》爾《ニ》問《トハ》志《シ》賜《タマヒ》。神《カミ》掃掃賜《ハラヒハラヒタマ》比《ヒ》氐《テ》語問《コトトヒ》志《シ》磐根《イハネ》樹立《コタチ》草之《クサノ》垣葉《カキバ》乎《チ》毛《モ》語止《コトヤメ》氐《テ》天之《アメノ》磐座《イハクラ》放《ハナレ》。天之《アメノ》八《ヤ》重雲《ヘクモ》乎《ヲ》伊頭《イヅ》乃《ノ》千別《チワキ》爾《ニ》千別《チワキ》氐《テ》天降《アマクダリ》依《ヨ》左《ザ》志《シ》奉《マツリ》支《キ》如此《カクノゴト》久《ク》依《ヨ》左《ザ》志《シ》奉《マツリ》志《シ》四方《ヨモ》

之《ノ》國中《クヌチ》登《ト》大倭日高見《オホヤマトヒタカミ》之《ノ》國《クニ》乎《ヲ》安國《ヤスクニ》止《ト》定奉《サダメマツリ》氏《テ》下津磐根《シモツイハネ》爾《ニ》宮柱太敷立《ミヤバシラフトシキタテ》○高《タカ》天原《マノハラ》爾《ニ》千木《チギ》高知《タカシリ》氏《テ》皇御孫之命《スメミマノミコト》乃《ノ》美頭《ミヅ》乃《ノ》御舍《ミアラカ》仕奉《ツカヘマツリ》氏《テ》天之御蔭《アメノミカゲ》日之御《ヒノミ》蔭《カゲ》止《ト》隱坐《カクリマシ》氏《テ》安國《ヤスクニ》止《ト》平《タヒラケ》氣久《ク》所知食《シロシメサ》武《ム》國中《クヌチ》爾《ニ》成出《ナリイデ》武《ム》天之益人等《アメノマスヒトラ》我《ガ》過犯《アヤマチオカシ》家牟《ケム》雜雜罪事《クサクサノツミゴト》波《ハ》天津罪《アマツツミ》止《ト》畔放《アハナチ》○溝埋《ミゾウメ》○樋放《ヒハナチ》○頻蒔《シキマキ》○串刺《クシサシ》○生剝《イキハギ》○逆剝《サカハギ》○屎戸《クソド》○許許《ココ》太久《ダク》乃《ノ》罪《ツミ》乎《ヲ》天津罪《アマツツミ》止《ト》法別《ノリワ》氣《ケ》氏《テ》國津罪《クニツツミ》止《ト》八《ハ》生膚斷《イキハダタチ》○死膚斷《シニハダタチ》○白人《シロヒト》胡久美《コクミ》○己母犯罪《オノガハハオカスツミ》○己子犯罪《オノガコオカスツミ》○母與子犯罪《ハハトコトオカスツミ》○子與母犯罪《コトハハトオカスツミ》○畜犯罪《ケモノオカスツミ》○昆虫《ハフムシ》乃《ノ》災《ワザハヒ》○高津神《タカツカミ》乃《ノ》災《ワザハヒ》○高津鳥《タカツトリ》乃《ノ》災《ワザハヒ》○畜仆《ケモノタフ》志《シ》蠱物《マジモノ》爲罪《スルツミ》○許許太久《ココダク》乃《ノ》罪《ツミ》出《イデ》武《ム》如此出《カクノゴトイデ》波《バ》天津宮事《アマツミヤゴト》以《モ》氏《テ》大中臣《オホナカトミ》天津金木《アマツカナギ》乎《ヲ》本打切《モトウチキリ》○末打斷《スヘウチタチ》氏《テ》千座置座《チクラオキクラ》爾《ニ》置足《オキタラ》波《ハ》志《シ》氏《テ》天津《アマツ》菅曾《スガソ》乎《ヲ》本苅斷《モトカリタチ》○末苅切《スヘカリキリ》氏《テ》八針《ヤハリ》爾《ニ》取辟《トリサキ》氏《テ》天津祝詞《アマツノリト》乃《ノ》太祝詞事《フトノリトゴト》乎《ヲ》宣《ノ》禮《レ》

如此久《カクノゴトク》乃《ノ》良《ラ》波《バ》天津神《アマツカミ》波《ハ》天磐門《アメノイハト》乎《ヲ》押披《オシヒラキ》氏《テ》天之八重雲《アメノヤヘクモ》乎《ヲ》伊頭《イツ》乃《ノ》千別《チワキ》爾《ニ》千別《チワキ》氏《テ》所聞食《キコシメサ》武《ム》國津神《クニツカミ》波《ハ》高山之末《タカヤマノスヘ》○短山之末《ミジカヤマノスヘ》爾《ニ》上坐《ノボリマシ》氏《テ》高山之伊穗理《タカヤマノイホリ》短山之伊穗理《ミジカヤマノイホリ》乎《ヲ》撥別《カキワケ》氏《テ》所聞食《キコシメサ》武《ム》如此所聞食《カクノゴトキコシメシ》氏《テ》波《ハ》皇御孫之命《スメミマノミコト》乃《ノ》朝廷《ミカド》乎《ヲ》始《ハジメ》氏《テ》天下四方國《アメノシタヨモノクニ》爾《ニ》波《ハ》罪《ツミ》止《ト》云《イ》布《フ》罪《ツミ》波《ハ》不在《アラジ》止《ト》科戸之風《シナドノカゼ》乃《ノ》天之八重雲《アメノヤヘクモ》

乎《ヲ》吹《フキ》放《ハナツ》事《コト》之《ノ》如《ゴト》久《ク》朝《アシタ》之《ノ》御《ミ》霧《ギリ》○夕《ユフベ》之《ノ》御《ミ》霧《ギリ》乎《ヲ》朝《アサ》風《カゼ》夕《ユフ》風《カゼ》乃《ノ》吹《フキ》掃《ハラフ》事《コト》之《ノ》如《ゴト》久《ク》大《オホ》津《ツ》邊《ベ》爾《ニ》居《ヲル》大《オホ》船《ブネ》乎《ヲ》舳《トモ》解《トキ》放《ハナチ》○艫《ヘ》解《トキ》放《ハナチ》氐《テ》大《オホ》海《ウナ》原《バラ》爾《ニ》押《オシ》放《ハナツ》事《コト》之《ノ》如《ゴト》久《ク》彼《オチ》方《カタ》之《ノ》繁《シゲ》木《キ》本《モト》乎《ヲ》燒《ヤキ》鎌《カマ》乃《ノ》敏《ト》鎌《カマ》以《モ》氐《テ》打《ウチ》掃《ハラフ》事《コト》之《ノ》如《ゴト》久《ク》遺《ノコル》罪《ツミ》波《ハ》不《アラ》在《ジ》止《ト》祓《ハラヒ》給《タマ》比《ヒ》清《キヨメ》給《タマフ》事《コト》乎《ヲ》高《タカ》山《ヤマ》之《ノ》末《スヘ》○短《ミジカ》山《ヤマ》之《ノ》末《スヘ》與《ヨ》理《リ》佐《サ》久《ク》那《ナ》太《ダ》理《リ》爾《ニ》落《オチ》○多《タ》支《ギ》速《ハヤ》川《カハ》能《ノ》瀨《セ》爾《ニ》坐《マ》須《ス》瀨《セ》織《オリ》津《ツ》比《ヒ》咩《メ》止《ト》云《イフ》神《カミ》○大《オホ》海《ウナ》原《バラ》爾《ニ》持《モチ》出《イデ》奈《ナ》武《ム》如此《カクノゴト》持《モチ》出《イデ》往《イナ》波《バ》荒《アラ》鹽《シホ》之《ノ》鹽《シホ》乃《ノ》八《ヤ》百《ホ》道《ヂ》乃《ノ》八《ヤ》鹽《シホ》道《ヂ》乃《ノ》鹽《シホ》乃《ノ》八《ヤ》百《ホ》會《アヒ》爾《ニ》座《マ》須《ス》速《ハヤ》開《アキ》都《ツ》比《ヒ》咩《メ》止《ト》云《イフ》神《カミ》持《モチ》可《カ》呑《ノミ》氐《テ》牟《ム》如此《カクノゴト》久《ク》可《カ》呑《ノミ》氐《テ》波《バ》氣《イ》吹《フキ》戸《ド》爾《ニ》坐《マ》須《ス》氣《イ》吹《フキ》戸《ド》主《ヌシ》止《ト》云《イフ》神《カミ》○根《ネノ》國《クニ》底《ソコ》之《ノ》國《クニ》爾《ニ》氣《イ》吹《フキ》放《ハナチ》氐《テ》牟《ム》如此《カクノゴト》久《ク》氣《イ》吹《フキ》放《ハナチ》氐《テ》波《バ》根《ネノ》國《クニ》底《ソコ》之《ノ》國《クニ》爾《ニ》坐《マス》速《ハヤ》佐《サ》須《ス》良《ラ》比《ヒ》咩《メ》登《ト》云《イフ》神《カミ》○持《モチ》佐《サ》須《ス》良《ラ》比《ヒ》失《ウシナヒ》氐《テ》牟《ム》如此《カクノゴト》久《ク》失《ウシナヒ》氐《テ》波《ハ》天《スメ》皇《ロギ》我《ガ》朝《ミ》廷《カド》爾《ニ》仕《ツカヘ》奉《マツ》留《ル》官《ツカサ》官《ヅカサ》人《ヒト》等《ラ》乎《ヲ》始《ハジメ》氐《テ》天《アメノ》下《シタ》四《ヨ》方《モ》爾《ニ》波《ハ》自《ケ》今《フ》日《ヨリ》始《ハジメ》氐《テ》罪《ツミ》止《ト》云《イフ》布《フ》罪《ツミ》波《ハ》不《アラ》在《ジ》止《ト》高《タカ》天《マノ》原《ハラ》爾《ニ》耳《ミヽ》振《フリ》立《タテ》聞《キク》物《モノ》止《ト》馬《ウマ》牽《ヒキ》立《タテ》氐《テ》今《コ》年《トシ》六《ミナ》月《ツキ》晦日《ツゴモリ》夕《ユフ》日《ヒ》之《ノ》降《クダリ》乃《ノ》大《オホ》祓《ハラヒ》爾《ニ》祓《ハラヒ》給《タマ》比《ヒ》清《キヨメ》給《タマフ》事《コト》乎《ヲ》諸《モロ〳〵》聞《キコシメ》食《セ》止《ト》宣《ノレ》

四《ヨ》毛《モ》國《クニ》卜《ウラ》部《ベ》等《ラ》○大《オホ》川《カハ》道《ヂ》爾《ニ》持《モチ》退《マカリ》出《イデ》氐《テ》祓《ハラヒ》却《ヤレ》止《ト》宣《ノル》

蒼生《アヲヒトクサ》乃《ノ》末《スヘ》葉《バ》姓名萬《ヨロツ》代《ヨ》乃《ノ》春《ハル》秋《アキ》爾《ニ》加《カ》久《ク》毛《モ》仰《アフ》岐《ギ》承《ウケタマハ》理《リ》恐《オソレ》美《ミ》惶《カシコ》美《ミ》啓《マフ》須《ス》

寛政十年戊午三月刻成。謹奉納於檪宮以備神寶數云

岩田貞介
山崎彌七　拜誌

右刻版偶散失。因再刻以傳于永世

時嘉永元年戊申七月

大阪生玉社眞藏院量觀

編者曰。右大祓又は中臣祓トモ云フは雲傳神道の所用なり。今嘉永元年量觀師再版の本に依て之を出す

類聚ニ曰ク。舒明天皇ノ御宇に天ノ兒屋根十八世の孫常盤の大連に中臣の姓を賜ふ。中臣祓と云ふは是の後なり。此の祓の詞は。神武天皇の朝に兒屋根の孫種子ノ命。祖神より相承の道を以て此れをあらはし。天皇に奏するなり。舊事紀に所レ謂天種子ノ命天神の壽詞《ヨゴト》を奏す。卽神世の古事《フルゴト》の類と。是なり

大中臣本系ニ曰ク。高天ノ原初ニ而皇神之御中。皇御孫之御中ニ。執リ持チ伊賀志桙ヲ不レ傾ケ本末ニ中良布留《ラフル》人稱スル之ヲ中臣ト云々

（冠注）日本紀二十三卷四丁右云。大臣ノ所ノ遣群卿ハ者從來《モトヨリ》如ニ嚴矛取中事而奏請《イカシホコノナカトリモチテコトヲマウス》人等《ヒトトモ》也云々（冠注已上）

ト部家ノ中臣祓鈔に云ク。神武天皇の御宇天ノ種子ノ命の作れる書は神代の

文字也。後常盤の大連以テ漢字ノ書す云々

天如謂く。和尚の傳には神代には文字なし。應神以前には只符牒を以て一切の事を傳ふと云へり。日本紀を見るに應神以前一向に文字書翰等の沙汰なし。是れ其ノ證なり。又古語拾遺之序に曰ク。上古之世未タ有ラ文字。貴賤老少口々ニ相傳フと云々　又兼良公ノ日本紀纂疏ノ序ニ曰ク。我ガ應神ノ時漢言東漸ス。倭字ハ則起ル弘法大師空海ヨリ故ニ。上古ハ未タ有ラ文字云々　又三善清行ノ勘文ニ云ク。上古ノ事ハ皆出ル口傳ニ故ニ。代々之事變應シ遺漏アル云々　又朝野群載ニ大江ノ匡房ノ筥崎八幡宮ノ記ニ曰ク。夫レ尋レハ其ノ本體ヲ則應神天皇之神靈也。我カ朝文字ヲ以テ代ル結繩之政ニ創ル於此ノ朝ニ云々　是等の説を見れば。彼のト部家の説は妄なること明なり

總じて祓詞の本を尋ぬれば。神代岩戸ノ前に與り。祓除の本は諸尊及素盞嗚尊に起る。合して三種あり。一には諸尊檍原に於て衣物を棄玉ふ

也○二には水中に身を濯き玉ふ也○三には諸神素尊を責て種々祓物を出さしむるなり○祓の名は此の三に通ずる也○後神武の朝にも天ノ兒屋根ノ命の孫天ノ種子ノ命をして天津罪國津罪を解除せしむとあり○其ノ後は仲哀天皇紀に初て祓の事出たれども○神代より傳へ來ること明なり○亦其ノ後天武紀に五年八月詔曰○四方ニ爲《セム》大解除《ハラヘト》○用物則國別ニ國造輸《イダス》祓柱《ハラヘツモノ》馬一匹布一常《ヤタチ》云々　又同紀ニ十年七月六日令ニ天下悉大解除《ハラヒセ》云々　其ノ後文武紀にも霜月七日臨時の大祓見ゑたり○同紀に大寶元年に至りて六月十二月晦日大祓の事定例となれりと見ゑたり○文武以後の記に祓の事見ゑざるは○既に定例となれる故なるべし○他の事も其ノ文例多し○又大寶二年に十二月晦日大祓をやむ○但し東西の文部《フヒトベ》の解除は常の如しとあるは○此の月太上天皇崩じ玉ふ故なり○是にて愈々例に行へる事を知るなり○本居が意に云く○六月十二月二度の定例は定めて唯朝廷百官の祓にて○其ノ定例となれる時大寶とも一定しがたし○年毎に

定れる事故に多く記さずと見えたり云々　又云。百官の大祓も二季の晦日のみならず。臨時にもありし也。又云。今年六月晦日とは。二季の大祓の定りし時に加へたる句也。集侍親王より乃至止宣までの初の一段も。其時に加へたるなるべし。又云。高天原と云より以下は諸國の大祓の祝詞なるを。朝廷百官の祓にも用ひられたりと云々

（冠注）日本紀廿五巻孝徳天皇紀十丁云。天皇詔ニ於集侍卿等《ウコナハリハベルマチキミタチ》臣連《オミムラジ》伴造《トモノミヤツコ》及諸百姓《オホンタカラ》ニ（冠注已上）

大祓の全文は延喜式に出たり。此式は菅公の製作なれども。流人の事なれば時平公の作と名けたりと云々　何れか正説なることを知らず多分時平公之作と云　大祓の文に於ては。天兒屋命の祝詞につとつて其孫種子天押雲命ノ子命等より世々潤色すと見えたり。舊事紀第三十三丁云。天種子命奏ニ神代之古事《フルコト》天神之壽詞《ヨゴト》ヲ云々　續日本紀卷八。元正天皇養老五年秋七月己酉。始テ令ム下文武百官率テ妻女姉妹ヲ會セ中於六月十二月晦ノ大祓ノ處ニ上云々　今の京にな

りても往古は二條家の御職にして。六月十二月二季に百官朱雀門に會して祓す。中古已來吉田の受持となりて。大内には行ふこと無し。且つ祓の詞に於ては。近世色々と愚意を以《テ》句を改めたり。其《ノ》中に吉田では早男鹿の八つの御耳を振り立てゝ聞こしめせとなど唱へ。伊勢には馬の句全く除けたり。序分をば諸家同く除く。今高貴和尚は延喜式のまゝを用ゆ。其《ノ》意は本《ト》禁中に行ひ玉ふ本意も。親王百官を始め下《モ》萬民までの爲なり。私に句を改んよりは。やはり其の雨露の御恩を受《ケ》ついで。古文のまゝ之を讀み。讀了て後蒼生の末葉云々を唱て。面々地下の祓ひなることをあらはすなり

初總義第一

造化云々は。易は變易なりと云《ツ》意にあたる乎。天の理は罰に罰する者なく。賞に賞する者なし。而して吉凶明々たり。此の自然の妙が天理の蘊奥なり。卌尊初は言陽神に先だつて凶を得。後に諸尊陰神に先だつ

て吉を得る類なり
印度云々は。後に述ぶべし　支那云々は。解に引ツが如し
國とは。萬國の爲には天子なり。一國の爲には諸侯なり。一家の爲ノ一人
の爲メ。主人の爲メ臣の爲メ。畜犯罪等推て知るべし
過とは已往の咎。現とは現今の咎。未とは災の起らぬ前あらかじめ祓
ふなり。高津鳥の災等なり
親王。此の名は推古帝已來なり云々　鎭座記には。文武帝の時泉內親王
より始ると云へり。天子の御子にても親王宣下のすまぬを內諸王と
云ひ。或は宮と云ふ。又位階なきを無品親王と云ヒ。有ル位をば有品親王と
云ふなり。姫宮をば皇女と云ふ。皇女の親王になれるを內親王と云ふ
なり。此ノ序文は中臣氏より申し上げの詞なり
聞食とは。食の字は平話のきゝたまへと云フことなり。常に思召《オホシメセ》と云ふ
も。義同きなり

天皇とは。皇の字をすべと訓ず。四海を統御《スベヲサムル》し玉ふことなり
比禮は。大古の禮服にして頭を覆ふものなり。伊勢遷宮毎に昔は朝廷より今は將軍家より奉る所の比禮。廣さ絹二幅にして長け二丈五尺と云々
(冠注)內宮御神寶記ニ云ク。生絹單比禮八條。長各二丈五尺。弘各二幅云々(冠注已上)
又浪花將山居士の所に。琢磨法眼が命にかへて寫せし住吉明神の像あり。此の本圖は洛西栂尾に珍藏せり云々 此ノ像を見るに比禮を被たり。額の髮際《ハヘキハ》よりかけて耳をあらはし兩の肩に垂る。又江都田安殿に傳る菅神の像あり。亦比禮を被たり。常の像に非ず。故を以テ兼霞堂に見せ玉ふなり。此等の像を見るに。古の文官の服たること明也。松浦佐與姫が比禮を振りて船を招きしも亦是なり。十種神寶の中の比禮も。實は此の類なりと知るべし
(冠注)萬葉集五卷ニとうつ人松浦さよひめつまごひに。ひれふりしよりをへる山の名　遊和草下卷二丁に委出たり(冠注已上)

手繦は。降臨章ノ第二ノ一書に云ふ。使下太玉命高皇産靈弱肩《ヨハカイナ》被二太手繦《フトダスキ》一代御手《ミテシロ》以テ祭中此神上。大巳貴始テ起二於此一。藻鹽草に此神とは指二大物主一云々 今の手繦。此事なり。天如謂《オモ》ふに。岩戸ノ章鈿女の手繦は徘優の爲なれば。此に合せ説が如し。藻鹽草に云ク。今神體の遷座及ヒ神供等を奉る時木綿手繦をかく。是れ袖の觸れんことを恐レて也。木綿とは湯なり忌なり。清淨の義を取るなり云々

次高天原第二

物理とは。此の蒼々たる長天に物そなはり理そなはりて缺ることなきを云ふ

地居云々　　問今高天原に神留るを宣ぶ。何ぞ地底等と云ふや　　答明眼の前には一切處高天原に非ざる處なし。故ニ今五類天を以て準とするなり 天文家の説に曰ク。地をほること一尺すれば一尺の天を得ると云々

五類天ノ事。秘藏記下卷六丁（冠注）（巳上冠注）

瑞穗國とは　大和三教論第三ニ云ク。晨旦之人自ラ云フ。人壽七十古來所レ稀ナル。杜

甫が詩にも亦云レ之。此方は七十の者甚タ多し。由三人得ルニ其ノ養一也。米穀ノ味厚キ也宋史ニ稱ノ日本ヲ一曰。土宜シ二五穀ニ一。蓋シ秦人謬テ稱スル三東海ニ有ト二長生不死之仙藥一。即瑞穗耳。又後漢書ノ東夷傳ニ云。東方ニ有リ二君子不死ノ國一云々

次神漏第三

幽事とは。天命は幽玄にして逆《アラカシ》め見るべからず。故に幽事と云ふ也

高皇產は體。漏岐漏美は用なり。體用はなれずして天命行はるゝ也。忌部廣成が古語拾遺に。漏岐漏美を直に高皇產神皇靈の二神と解するは。不是也。或は直に天照皇と解する人あり。是も亦あらぬこと也。今は唯これを天命能行の用と傳ふるなり。傳に凡ソラリルレロの音は其ノ物體なきの假名にして。助聲なり。天命は一定の相なき故なり。此用亦即神靈なる故に神の字をつく。凡ツ一切陰陽をはなるゝことなし。故ニキ支の男聲美ミの女聲わかるゝなり。孝德天皇紀に日本紀廿五卷廿九丁今我《カ》親《ムツ》神《カム》祖《ロキ》之所知《シラス》とあるは。先後世をつぐ皆天命の故に。義を以テ訓をつくるなり。今こゝに皇《スメ》親《ムツ》

と云ふも其意なり。又此皇親をば漏支漏美の用を以て體の高皇産に歸して稱すと解すべし

大小貴賤とは。貴人は貴の天命。賤者賤の天命ありて。天象にそなはるなり

一生二等とは。今一は高皇産。二は漏支漏美。又は諸册二尊なり。三は降臨章瓊々杵に配して解すべし。三生萬物は。降臨已來人世萬品そなはる也。今言を易に假つて義を以て轉用するなり

次荒振神第四

解の中に解するが如し。又神祇灌頂の時。一の鳥居に祭る荒振神は。册尊の眷屬たる黄泉の諸鬼神也。爰と別に解して可也。爰の荒神を解するに瑜祇經の自性障を以て解する人あり。理は同じけれども。道を混じて惡し。佛家に云ふ荒神のこと。谷響集第九卷云。日本出現の神也。於葛城山役行者に語て曰。我罸《スル》惡人故名鹿亂荒神。守三寶故名三寶荒神

云々
雲和尚の傳には。諸神の荒魂を總束して是を荒神と稱する也。今俗家竈の上に祭ることは。荒神自ら告て曰ク。我を清淨の處に於て祭れと。在家別に清淨の所無きが故に竈の上に祭り來れり。竈の神は別にあり。

神道要集に出ス之ヲ

（冠注）神社啓蒙六卷三十二丁ニ大和國笠山所祭之神三座也。土祖神ト澳津彦命ヤ澳津姫神ト云々（冠注已上）

平メとは。今はすでに安く治りたる世なれば。平の字を略して草の垣葉もと讀み。みめ相通じて語コトト止みてとよむなり。此の別ちを示さん爲に治亂の二字あり。下は但一往治るのみならず。傾かず危からざる永世の安穩なるを云ふ也

高天原云々は神事を云ふ。下津云々は人事を云ふ。二句人神相應を顯はす

千木は神代卷八洲起原章。八尋殿の折紙に圖あり。外掞外宮 内掞内宮の別あり。二本打ちがへたる故に端四つあり。此四つ兩所なる故八となる。神道の定數なり。又解の中に四方之國中の注に。四方四隅皆食國たるべきの義なりと云ふ如く。此の千木の八端も亦八方の隅を知しめす尊主の居なることを表示するなり。傳に云。昔し鴻荒の世屋を覆ふに掘し。棟をつゝむことを知らず。故に木を縛て是を鎮ふ。是れ千木の本也。後雄略天皇人王二十二代の時より王宮神社の標と定れり云々 垂加翁口傳に云。千木相交るは陰陽妙合の形。水火幽契二宮一光是也。諸社造化の神無形の神は准外宮外掞なり。人體の神は准内宮内掞なり云々

(冠注)造化無形の神とは面足已上の神也(冠注已上)

和尚云。陰陽妙合等は妄想なり。三教論に云。鰹は國字也。古事記に作堅魚木。蓋其形似鰹魚。亦以水物禁壓火災耳。又堅舍木也云々 啓蒙に云。鰹木は是れ加棟木也。千木とともに皆是上世茅茨之宮制なり 因に云。

鰹木○外宮は九つ○內宮は十也

天之御蔭は解及主上の處位等○見るべし

次天津罪第五

自然成立とは○是より前に習フべき罪狀なくして○天然にあらはれ○後世治罰の則となるなり

畔放に不漫云々は○具には解の如し○今此には大を擧て小を察せしむる也

溝埋には治民云々は○悖さかふ也みだる也要を言はゞ民人の恨ざる樣にするなり○具には解の如し

樋放云々解の如し

頻種云々は○一切の事自ら作し他をしてなさしむるに○其の堪ふる所を知て過るに至らざれとなり○廣くは解の如し

串刺云々は○人を患へしむる慮を作す○是れ此の罪なり○廣くは解の如

し

生剝云々は。是小を擧て大を推知せしむるなり。廣くは解の如し

逆剝云々は。是大を擧て小を推知せしむる也。廣くは解の如し

屎戸云々衰微せる家をも興して。祖先の祭を厚くすべし。然るをつとめに怠り却て衰微せしむるは是れ屎戸なり。廣くは解の如し。屎を太古はくすと訓ず。故に其人の耳をけがさぬ様にくそごゝ唱ふ。屎今は常にくそと訓ず。故に今の人の耳にたゝぬ様にくすと唱ふるなり

四門とは。一には天門（東南也。ひらくべし）二には福徳門（西北なり。收藏すべし）三には人門（西南なり）四には鬼門（東北なり。さくべし）謙下すべし

三教論に云ク。黄帝經ニ有リ天地人鬼ノ四門一。東北之隅ヲ云二鬼門ト一。指下當ル日向之東北ニ一

淡路上云。日ノ少宮ト。是レ唐和暗に符す。又風俗通に云ク。東海度《タク》朔《サク》山ノ大桃蟠屈數千里。卑枝向レ北ニ。曰フ二鬼門ト一。有リ二二神一。曰フ二神荼鬱壘ト一（二神也）王トシテ領ス二衆鬼ヲ一。黄帝因テ立テ二桃板ノ門ヲ一。畫キ二二神ヲ一以テ防ク二凶鬼ヲ一云々　谷響集ニ云ク。俗間相傳テ東北ヲ名ケ二鬼門ト一。東南ヲ名ケ二人門ト一。西南ヲ名ケ二

地門。西北名天門。又云。鬼門有本説耶。答未考本説。海水經云。東海中有山焉。名度索。上有大桃樹。東痍枝名鬼門。萬鬼所集云々　痍ははれて傍に出る也。又木の病あつて無枝也。又法苑珠林第十云。依神異經曰。東北方有鬼星石室。屋三百戸。而其所石傍題曰鬼門。門晝日不閉。至暮則有人語有火青色云々　天如謂。此外支那の書に云ふ。鬼門關は南方なり。其他或は云。方にして言へば丑寅の間にして。丑は陰。寅は陽なる故。其際相尅する故なり。又初日の日光を正面にうくる方なる故。角をとがらして之に向ふべからずと。種々異説あり。皆取用しがたし。私に謂《オモ》ふに。上に引く神異經等の如く一大地上の東北が鬼門なれば。一屋敷の東北亦其理あるべし。其故は一切地上には所々天然として主となつて中央となれば。それについて天然と四方そなはる故なり。一屋敷を構ゆれば。自ら其中に方位が備るなり。聞く梵土には造家多く向東なり。東と上と梵語同じ云々

次國津罪第六

不自屠とは。生膚死膚斷つの罪を免るゝなり。具には解の如し。神明の罰は白《シロ》人《ヒト》の類

孝順心は己が母の犯罪をきよむ

問ふ母のみ擧て父を擧ざるは如何ぞや。答父と大君とをば天とするが日本の古風也。是《ノ》故に斯の如き處では並々のかずに入れず。父をば唐にても天とす。詩經《ニ》曰《ク》。母《モ》也天不レ諒《トヒ》レ人《ヲ》。註《ニ》云《ツ》天とは父也云々

慈愛心は。己が子の犯罪をきよむ

孝順慈愛心は。子が主となりて母が扶けなせし罪をきよむ

慈愛孝順心は。罪母より起りて子これを助けし罪をきよむ

愼及非類は。畜の犯す罪をきよむ

爲家云々は。高津鳥の災等を祓ふなり

邪術等は。蠱物等之罪を恐るゝなり。親く見ると聞き傳ふる妖術等を

愼み恐るゝなり。今世間の犬《イヌ》靈《カミ》及生《イキ》木《キ》に釘打等。皆此ノ類なり
畜けものゝ訓はかへるものゝ反音なり。謂ツカヘノ反ケ也。ルは助聲なり

次金木《カナキ》菅曾《スカソ》第七

金木とは。小木の枝の中を擇び取て白和幣の串の料にするなり。たとひ一々に木綿を挿むには非ざれども。挿み用ふべきに備ふるなり。今伊勢の御祓牘に入れたる小木は是れに本づくと云へり。類聚に云ノ。今祓修行の座置《ソラオキ》の木と云ふものあるは金木の表示なり云々
菅曾の曾は助聲なり。八針とは八筋と云フことなり。四筋を二つにさき。是を以て總身を打拂ひ。最後に川へ流す也。撫物と一類也。類聚ニ曰ク。菅麻すかそとは。清き麻のこと也。ねらぬ麻を用ゆ。今勢州祓修行の時。案上八針の幣。亦案下の幣にもさしはさみて立るなり
神代の卷第一ノ一書。以二手《タ》直《チキ》帆《ホ》負《チヒヲ》一爲二笠《カサ》作者《ヌヒト》一云々　忌部正通ニ云ク。祭禮ニハ用二菅笠ヲ一也。大

嘗祭ニ有リ菅蓋ニ。萬葉に大君の御笠にぬへる有間《アリマ》菅《スケ》云々　天如謂ラク。菅の訓
もさつはりとしたるより名けたるなるべし。神代ノ一書に。素尊天より
出雲の國にくだりて蛇をきり宮所を求め。今の大社のところに至て
言く。吾が心清々《スカスカ》しと。即こゝに宮を立つ。今其ノ地を名けて清地《スカチ》と云ふ。
思ふべし。素《ス》我の社は。大社の後八雲山のふもとにあり。舊跡の異説多
し

次磐戸第八

開閉等は。感あれば即開ツなり。感なければ即閉ルなり。餘義解の如し。神代
の巻岩戸ノ折紙可シレ見ル

次四神第九

一切諸神は天照。月讀。蛭子。素尊四大神の徳に攝す。今此ノ四神も次の如
く四大神の荒魂とするなり

初に瀬織津姫

折紙に持退出ざる已前とは。祓の赤心先づ天にあらはるゝ即時に天罸を免るゝなり。人事未兆とは。祓の行事はいまだ成さゞる内なり。願心はもはや決定する故に。祓を修行なき内に。はや神の感應あるなり。祓を正しく行ふは其レより後なり。天命先定とは。祓せんと願心決定する時なり。先天とは願心にあつべし。受天時とは。祓を行ひ訖て自心さつはりとなれる所にあつべし。倭姫世記に云ク。荒祭宮一座。皇太神の荒魂にして伊弉那技大神の所生なり。神名は八十枉《マガ》津日の神也。一名は瀬織津姫なり。又伊勢内宮に瀬織津姫の宮あり。太神宮の荒魂なりと傳ふる也。神代卷ノ一書に。諸尊筑紫日向（筑紫ハ九州ノ總名。日向ハ其一國也）小戸橘の檍《アハキ》原に至て潔身する時。言擧して曰ツ。上瀬は太疾し。下瀬は太弱しと。便ち中瀬に濯ぎ玉ふ。因て以て生ずる神を八十枉津日の神（明ニ非チ知リ汚チ知ル心ノ化スル所）と名く。次に其ノ枉れるをためんと欲して生ずる神を神直日の神と名く（非汚チ改ル決定心ノ化スル所）。次に大直日の神也（祓清メ了テ心ノ化スル所）。此の三神德を一つにせり。四神（今祓ノ）を四大に配する時は。此の神は水德なり

（冠注）檍　說文に杶《チン》也。可《キ》レ爲《ス》ニ弓材《ト》一者也。和訓弓木（冠已注上）

次速開津姬第十

古事記に。諸尊水分の神を生ず。速秋津日子の神と名く。次ニ速秋津比賣ノ神云々神代卷ノ一書に。月讀尊は潮の八百會を治むべし云々傳に。和魂は天に送る。荒魂は此の鹽の八百路に居し玉ふ。開《アキ》は明《アキ》也。火德を表す。水中の火なり。陰中の陽なり。折紙に陽德とは。上の皇太神は女神にして。却て陽氣發動の用をなし。罪根を浮きたゝすなり。此ノ月讀は男神にして。却て女體を現し。彼ノ浮き立る罪を噉みくだくなり

次氣吹戶主第十一

此ノ神は水中の風德なり。風祓の詞に。氣吹戶に坐す云々是れ其ノ證也。折紙に。一體の開閉等とは。上の開津姬が哥飮みし罪咎を。此の氣吹戶主が吹出しすつるなり。開は飮なり閉は吹キすつるなり。陰は開津姬。陽は氣吹主なり。又伊吹戶に坐すとは。此ノ神は海中の風穴に住し玉ふ故に

云ふなり。又蛭子を生んで流し放ッにも風のまに〳〵と云ふ。今此の神と相應。想ふべし。此ノ神即風徳なり

(冠注)花嚴經探玄記三巻十八丁云ク。惱ト者勝用也。謂ク思ニ阻スルカ法味ヲ一故ニ。治ニ碎スルカ惑障ヲ一故ニ云

々

次速佐須良姫第十二

此ノ神は地徳なり。佐須良比は流離散亡の義なり。崇神紀に。百姓流離するの訓に。おゝみたからさすらへぬと云へり。此ノ神は素尊の荒御魂なり。佛家より云へば。素尊は焔魔法王と一體なり。焔王は内證大悲門に住して黄泉に居し。檀茶印を三摩耶形として。罪人の虚僞を斷じ滅罪の事を掌るなり

以上地水火風の神。滅罪の相を四にし。滅罪の徳を一にす。四にして一なり。一にして四なり。深く味ふべし

右十二通大祓折紙訖。高貴和尚の傳是れに止る。天如謂ラク。解の末に人形

解縄等もあれば。十二通に付て傳ふるも可なるべし。撫物は入門折紙の中に說き了ぬ。人形解縄の折紙略解すべし

人形

其ノ願主の身を表す故に。長さ其ノ身と等しくするを要とす。然れども大にして不便なる故に十分の一を用ゆるなり。祓ひ了て所願の事を憶念す《こゝろにおもひ》又唱誦《口にとなへ》して氣を吹きかけて流すなり

伊勢神宮祓修行の時。紙にて人形八つ作り案上に設ケ置ツ也。今多クは桃の木黄蘗を以テ造るなり。又延喜式に鐵人形と云へり。祓の贖《アカナヒ》なり。江家次第鈔ニ云ク。到テ二祓清之處一以テ二人形ヲ一令ノレ吻《イブカ》。到テ二中臣祓八張取リ割ク之處ニ一解キレ縄ヲ給ヒ畢リ。宮主退出ス云々

天照太神始伊勢へ來り給ふ時。乙若子ノ命。以テ二麻神《ヌサカミ》蒭靈《ツサヒトカタ》等ヲ一進テ二倭姫ニ一令ム二祓解セ一云々是れ人形の起りなるべし。倭姫の世記に出たり

解縄

病等總じて自他の身の上にむすぼれたる事あるとき之を修するなり。縒《ヨ》るときは之をむすぼれの事にするなり。解くときは彼のむすぼれを解くなり。長一尺二寸の縄なり。神前にそなへ置て。祓了て憶念唱誦して之を解き分け。左右の手に持て氣を吹かけて流すなり。總じて氣を吹キかくるは一身の凶事を之にうつす也
類聚ニ云ツ。左右の縄二筋を案上に設くと云々

祓ノ諸事以下類聚ノ抜粋也

禊《ケイ》事《シ》　神參又は神事を行ふ前に。先づ身を清め清衣等を著して。後祓串を以テ身を拂ふを云ふ

御啓白　卜部家相承の祝文なり。大職冠の御啓白と云フ

清祓　是れ新造の神殿。又は新調の神器等を祓清むるを云フ。又穢の限りすぎて穢所を清むるを云ふ

勝軍治要祓　是は軍陣祈禱の祝文なり

三《ミ》科祓《シナノハラヒ》　上津祓。中津祓。下津祓と云ふ祝文あり。是檍《アハキ》が原三つの瀬の事を文言に載す。卜部家の述作と云フ

身曾貴ノ祓　伊弉諾尊みそぎし玉ふ意を文に成す。陽のみそぎ。陰のみそぎと云フ神事の法あり

根元直《シヤ》指《シン》祓　是は天孫降臨し玉ふ國中のあらふる神を。雄刀《ヲト》勇《タケ》猛《ルノ》尊平げ玉ふ故に。則ち勇猛尊を以て輔佐の神とし。同殿に侍りて防ぎ守り。宮《ミヤ》牆《カヤ》より外へ出ること勿れと勅し玉ふと書たる祝文なり。誰が作とも分明ならず

八箇祝詞　齋部色《シコ》弗《フチ》の作と云　天地祝詞。陽祝詞。陰祝詞。五行祝詞。合て八個是れなり

名《ナ》越《コシ》祓　水無月祓六月晦日なり。閏月あれば閏月に行ふ。古例なり。夏より秋にうつる。夏の火秋の金を剋する時なれば。此災を免ん爲の祓

なり
(冠注)邪神を祓なごむるを。なごしのはらひといふなり。なごむるとは和ぐるなり(已上冠注)
茅《カヤ》の輪を一丈五尺に造てくゞりぬけるなり。是をすがきの輪と云ふ。天地一圓相を表せり。手《タ》草《クサ》とて麻と葦《アシ》《ヨシ》とを持ちながら三反くゞるなり
(冠注)葮 葦ノ初生也 菼 荻 萑 蕭 葦ノ短小ナル者 四皆同シ 蒹 極小之者
梁塵愚案鈔上卷ニ云ツ。なごむるはやはらぐるなり。なごしの祓と云フ心なりと云々(已上冠注)
或は云ツ。みなの月のなごしの祓する人は。ちとせの命のぶと云ふなり。此ノ歌を唱ふと云ふ。又ノ說に。思ふことみな月ねとて麻の葉を。切りに切りてもはらへつるかな。此ノ歌を唱ふるとも云ヘり。卜部兼倶の說に。名越の祓は夏の名を越て相尅の災をはらふ故に名くと云々 祓ひ了てすが

ぬきの輪などを流すなり。又は夏越《ナコシ》とも書けり。四時代謝皆以相生。立春ハ水代木。立夏ハ火代木。立冬ハ水代金。唯立秋のみ金代火。相尅なり

御膳祓。神供祓とは。備へざる先に祓串を以て神膳等を祓ひ清むる也」

五行運數の祓とは。天の五行地の五行人の五行を唱ふる秘文あり

天度の祓とは。祓の祝文二十八反。三十六反。合て六十四反修するを云ふ。天の二十八宿。地の三十六禽の數を取るなり谷響集第七之六丁。空華隨筆上卷廿九丁

正義直授祓とは。是れ天津祝詞の太祝詞の事を宣ふと云ふ文を唱ふるなり。亦是を善言美詞の祓とも云ふなり。中臣祓に云。天津祝詞太祝詞事を宣れ。卜部の鈔に云ふ太祝詞は神呪也。兒屋根命磐戸前にして宣る是なり。何たる事宣られたるぞと申に。當家の口傳なり。是を正義直授の祓と云は。師より受る即神より受る也。訓解に云。一念未生の所

即天津祝詞太祝詞なり

最要中臣祓とは。中臣祓の要文を略し唱ふる祝文なり

三種大祓とは。天地人の祓なり。誰人の作と云フこと分明ならず。古より傳ふる要文なり

六根清淨祓は。卜部家相承の祝文なり。作者分明ならず。一説に常盤大連これを作て欽明天皇に奏すと云々

荒神祓は。竈の神の祓に非ず。人々の身體に神あり。此ノ神ある時は心病を生じ災至る故に。是を祭るを荒神祭《アラフルカミノマツリ》と云ふなり。卜部家の鈔に云ク。人に九萬八千五百七十二の荒神あり。是れ如ク影ノ隨カ形ニにして。其ノ眷屬九億四萬三千四百九十二神ありと云々

高貴和尚の傳は。諸神の荒魂《アラノルタマ》を總束して。是を荒神と稱する也

右此ノ外種々の祓。種々の祭あり。類聚抄第五卷に出たり（請雨祓。祇園社ノ大祓。住吉社ノ大祓。七瀬ノ大祓。河頭祓等）

神祇伯白川公賜ノ工匠ニ祓の中に。三種大祓と題して

天津大祓　吐普加美依身多女《トホカミエミタメ》

國津大祓　寒根震尊利魂多見《カンコンシンソンリコンタケン》

蒼生大祓　祓《ハラ》比賜《タマ》比清《キヨ》女給《タマ》布

文政十三歳次庚寅晩春以二類本一校合書寫畢

阿陽德府　萬福密寺現住量觀

嘉永三年庚戌初夏謹寫了　小沙彌月洲覺樹

編者曰。右大祓折紙私記一卷は天如師の記なり。今勸修寺門跡和田大圓大僧正所藏の嘉永三年覺樹和尚書寫の本に依て之を出し。高野山大學圖書館所藏の密門宥範大僧正舊藏の寫本を以て校合し畢ぬ

此中冠注并傍注は皆量觀師の加ふる所なり

外題 神道三昧耶戒

神道三昧耶戒師說依元杲式而有差排

亦名盟約神事 ウケヒノカンワザ

持金剛衆 比禮取掛。上座執大麻小麻

讃衆 天龍八部讃不用鐃鈸

儀式如東寺結縁灌頂

大阿闍梨入堂加持高座入幕灑水結界

振鈴 八聲

乞戒師表白 式アリ　受者入幕

次以香水灑新阿闍梨并諸受者

先須浄身口意。浄三業眞言曰

次ニ禮拜聖衆　普禮ノ眞言ニ曰ク

次ニ勸請　或ハ依リ二神名帳一ニ。又ハ用ヒ二廿二社等ヲ一

謹請天御中主尊

謹請高皇產靈尊

謹請神皇產靈尊

謹請國常立尊

謹請國狹槌尊

謹請豊斟沼尊

謹請宇泥煑尊○沙泥煑尊

謹請大苫舅尊○大苫邊尊

謹請面足尊○惶根尊

謹請伊弉諾尊。伊弉册尊

謹請天照大神

謹請式內式外諸大明神

次教誥

夫盟約神事者。神祇繼跡之大標。皇圖無窮之鴻基也。梵言三昧耶。此含四義。所謂平等本誓除障驚覺也。今爰相承義。則神道乃兩部之深奧。此中須知梵義。初平等者。天地開闢之基。印度本朝雖有傳承之殊途。而倶是起滅邊際不可得也。通之於始終。則雖有成住壞空之異時。而倶是狀如虛空之深趣也。其物存理具而神生其中。乃是金剛界十八會之中。降三世三昧耶會。是其義也。次除障者。天不自是天。待地而顯其天德也。地不自是地。待天而成其地功也。順逆倶爲緣。而成壞互任持。故天照大神。萬世君臨之顧。得素尊之惡行。而成立天壤無窮之寶祚也。雖然惡不可長。善不得不勵。天地之成規也。神祇之常彝也。千座置戶之解除。所由而來也。驚覺者。素尊昇天之時。溟渤《オホキウミ》以之盪盪。山岳爲之鳴响。天照大神勃然而驚曰。夫父母既任諸子各有其境。如何棄置當就之國。而敢窺窬此處乎。奮稜威之雄誥。發稜威之嘖讓。而詰問焉。正是天地成立之趣。大道興隆之狀也。如夫秋冬之霜雪艸木黃落。而春夏之風光開花抽葉也。若一時而言之。則雷是天之怒氣。而時雨育嘉苗焉。智者於茲通鬼神之故。達萬物之情也。驚覺之義大矣哉。大凡事有疑而後信之。其信固深矣。除障而後成之。其成固大矣。如日月蝕然也。盟約之義大矣哉。昔者嵯峨天皇之御宇也。君臣道通朝野志達。于時弘法大師得法於支那青龍寺惠果阿闍梨許。而歸朝。絕類離倫而優入聖域。化緣既周。法有所託。辭高雄舊居而宴坐南山。天皇慕其德風也。特請下山。館於中務省。留連有日。宸懷闢衽宣室接膝。於此神祇之深奧。山頂顯赫日。乾坤之大體也。玉臺開明鏡。實是內證。兩部習合之至致。外儀唯一神道之宗源也。十種之瑞寶。岩舟翔于大虛。三種之神器。皇圖留于帝畿。恢々乎天網永不漏。昭々乎日輝世不曇。今之所行御流相承之明式也。恭惟日神與素尊隔天安河而相對乃立誓約。今移之於道之授受則有八門。第一歸命。素尊曰。吾元無黒心。但父已有嚴勅。將永就乎根國。如不與姉相見。吾何能敢去。是以跋渉雲霧遠自來。但神祇幽遠。不假密儀則無由顯之。第二供養。文曰。素尊將昇天時。有一神號羽明玉《アカルタマ》。此神奉迎而進以瑞八坂瓊之曲玉。故素戔鳴尊持其瓊玉而到之天上也。第三懺悔。文曰。諸神歸罪過於素戔鳴尊而科之以千座置戸。遂促徴矣。除罪改過之儀也。第四歸依。文曰。於是素戔鳴尊請曰。吾今奉教將就底根國。故欲暫向高天原與姉相見而後永退矣。勅許之。第五發心。先于此天神謂伊弉諾尊伊弉冊尊曰。有豐葦原千五百秋瑞穗之國。宜汝往脩之。廼賜天瓊矛。次諸冊二尊生八大州。地水火風。金木諸類。是乃有虚空界處。正爲世界海之儀也。次于此四神出生萬神成功。是乃有世界處。正爲衆生界之儀也。後于此（舊事紀二(六丁右)）饒速日尊降臨於河内哮峯。瓊々杵尊天降於日向襲之高千穗峰。磐根樹竪艸之垣根。語止而此國爲萬國之宗。既庶既富。爲秘密莊嚴之覺場矣。實是衆生可度菩提可證也。第六問難。我朝天稚彦已來無叛臣得志者。非支那諸蠻之例。如餘事神問々之自古而爾矣。第七請師。夫高天原之爲儀。以神漏岐神漏美之命。而傳之於八百萬神。神集集之神議議之。第八羯磨。瓊矛垂下。化作八尋之殿。又化竪天柱。妹自左巡。吾當右巡。陰陽之昇降。日月諸星之運行。所由而來也遠矣。今移之於密儀。則有其所承

第一歸命　弟子某甲等口授

歸命十方三世佛　諸大菩薩賢聖衆

能爲佛子大導師　離諸惡趣示涅槃

是故我今至心禮

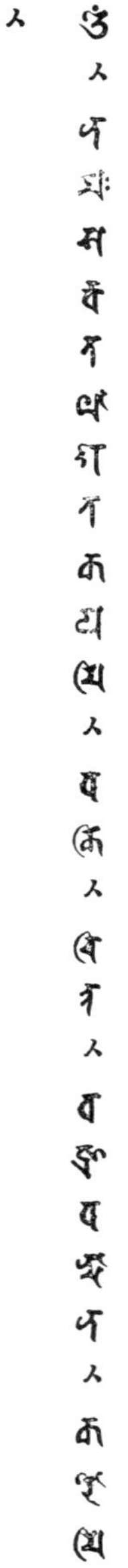

第二運心供養　弟子某甲等

今於十方世界中　所有一切微妙供

香花幡蓋諸莊嚴　運心供養兩部界
大日如來四智尊　及微塵數諸尊界
哀愍攝受成大願
[illegible]
第三懺悔　弟子某甲等
無始輪廻諸有中　身口意業所生罪
親對十方現在佛　悉皆懺悔不復作
我今至心禮懺悔
[illegible]
第四歸依　弟子某甲等
始從今身盡來際　歸依一切三身佛
歸依方廣大乘法　歸依不退菩薩衆
唯願十方三寶境　證知佛子歸依佛

佛子諸願令滿足

第五發菩提心　　弟子某甲等

衆生無邊誓願度　　福智無邊誓願集

法門無邊誓願學　　如來無邊誓願事

無上菩提誓願證

第六問遮難

若有犯七遮罪者。不應授與戒。其七遮者。殺父。殺母。出佛身血。殺阿羅漢。殺和尚。殺阿闍梨。破和合僧。是也。須問犯否。然小僧及諸人皆所知。既無其犯

更不須問。但有餘罪而若爲戒障歟。今須五體投地懺悔

慚愧懺悔無量所犯　三反口授

第七請師　冥五師也

先ツ請和尚　弟子某甲等口授

奉請摩醯首羅天宮摩訶毘盧遮那佛○爲受佛性戒和上○唯願慈悲○爲我作受佛性戒和上○我依和上故○得受佛性戒○慈愍故三反口傳

次ニ請羯磨阿闍梨　弟子某甲等

奉請淸涼山中文殊師利菩薩摩訶薩○爲受佛性戒羯磨阿闍梨○唯願慈悲○爲我作羯磨阿闍梨○我依阿闍梨故○得受佛性戒○慈愍故三反ロイ

次ニ請教授阿闍梨　弟子某甲等

奉請都率天宮慈氏菩薩摩訶薩○爲受佛性戒教授阿闍梨○唯願慈悲○爲我作教授阿闍梨○我依阿闍梨故○得受佛性戒○慈愍故

次ニ請證戒尊師　弟子某甲等

奉請十方三世佛○及盡虛空諸如來○爲受佛性戒證戒尊師○唯願慈悲○爲我作證戒尊師○我依尊師故○得受佛性戒○慈愍故

次ニ請同學伴侶　弟子某甲等

奉請十方淨刹中金剛薩埵諸菩薩。爲受佛性戒同學伴侶。唯願慈悲。爲我作同學伴侶。我依伴侶故。得受佛性戒。慈愍故

第八羯磨

今正得戒之時至矣。若欲受佛性三昧耶者。先須發無上之心。其無上心者。持五篇七聚三聚四重十無盡戒也。其三聚戒者。攝律儀戒攝善法戒饒益有情戒也。五篇七聚者具足戒也。是等戒登壇得戒之時皆持耳。此中初入新到。須受十善戒。十善戒式。先請師口授

弟子某甲等。奉請十方諸佛如來。已入大地諸菩薩衆。哀愍授我十善戒法三反

弟子某甲等。願從今身盡未來際。歸依佛兩足尊。歸依法離欲尊。歸依僧衆中尊三說

弟子某甲等。願從今身盡未來際。歸依佛竟。歸依法竟。歸依僧竟三說

從今已往。稱佛爲師。竟不歸餘邪魔外道。唯願三寶。慈悲攝受一說

師告テ云ク。已ニ成二就シ其ノ戒一ヲ竟ヌ。次ニ當ニレシ知ル二其ノ相一ヲ

第一慈悲不殺生戒。此レハ是佛性ノ所二開顯一スル。諸佛賢聖ノ所二受行一スル也。汝此ノ中盡形壽

不レ得レ犯コトヲ。能ク持ツヤ否ヤ　受者答　能持

第二高行不偸盜戒云々　受者答　能持

第三貞潔不邪婬戒云々　受者答　能持

第四正説不妄語戒云々　受者　能持

第五尊重不綺語戒云々　受者答　能持

第六柔順不惡口戒云々　受者答　能持

第七交友不兩舌戒云々　受者答　能持

第八知足不貪欲戒云々　受者答　能持

第九忍辱不瞋恚戒云々　受者答　能持

第十正智不邪見戒云々　受者答　能持

此ノ十善或ハ四重邪見五學處ハ。秘密曼荼羅ノ所二開示一スル也

又次四重者

一者捨正法而起邪行。是第一波羅夷也。不可犯。能可持否

答　能持

二者捨菩提心。是第二云々

答　能持

三者於一切法慳悋。是第三云々

答　能持

四者於一切衆生作不饒益行。是第四云々

答　能持

十無盡戒者

一者不應退菩提心。妨成佛故

二者不應捨離三寶歸依外道。是邪法故

三者不應毀謗三寶及三乘法。背佛性故

四者於甚深大乘經典不通解處。不應生疑惑。非凡夫境故

五者若有衆生已發菩提心者。應和悅歎美。繼三寶種故

六者未發菩提心。可勸誘引攝。有大願故

七者對小乘人及邪見人。不應說深妙大乘。彼生誹謗獲大殃故

八者不應發起諸邪見等法。斷善根故。
九者於外道前不應自說我具無上菩提妙戒。彼生瞋恚有損壞故。
十者於一切衆生有損害無利益之心。皆不應發起。於利他法及慈悲心相違背故。
今爲佛性三昧耶戒前。表三聚四重十無盡戒說相畢。如教不得犯。能持否。
答 能持 三問三答
今正受持佛性三昧耶戒之時至矣
先佛性三摩耶戒眞言
[梵字] 一反口
由持此眞言具足一切菩薩淸淨律儀。以此爲始究竟證無上菩提勝因也。
此中神祇五類差排。第一上界天。第二空居天。第三遊空天。第四地居天。第五地底天也。或乾道獨化。或陰陽耦生。或化生或胎生。其爲形。或光華明彩照徹於六合之內。或光彩亞此。或其形醜惡。或至三歲其脚不立。或勇悍以安忍。或老翁形。童子形。婦女身。或象頭人身。猪頭猿首。其所掌。或晝或夜。或時行非時行。方隅四時。山川艸木。要有爲法利益世間。各々三昧道權實有軌也。使青山變枯。乃拔鬚髯散之即成杉。又拔散胸毛是成檜。令國内人民多以天折。斯蘇民將來。自其跡而觀之。神變實不可思議也。自其本而察之。則一箇亦心。觸類而長焉。生成而不息也

次發生本覺菩提心眞言

[梵字]

由持此眞言始從發菩提心乃至成佛。於其中間。堅固不退大菩提心任持圓滿

次發本覺種々智心眞言

[梵字]

是正發生無漏戒種智眞言也。由持此眞言得一切甚深戒藏及一切種智。速證無上正等菩提

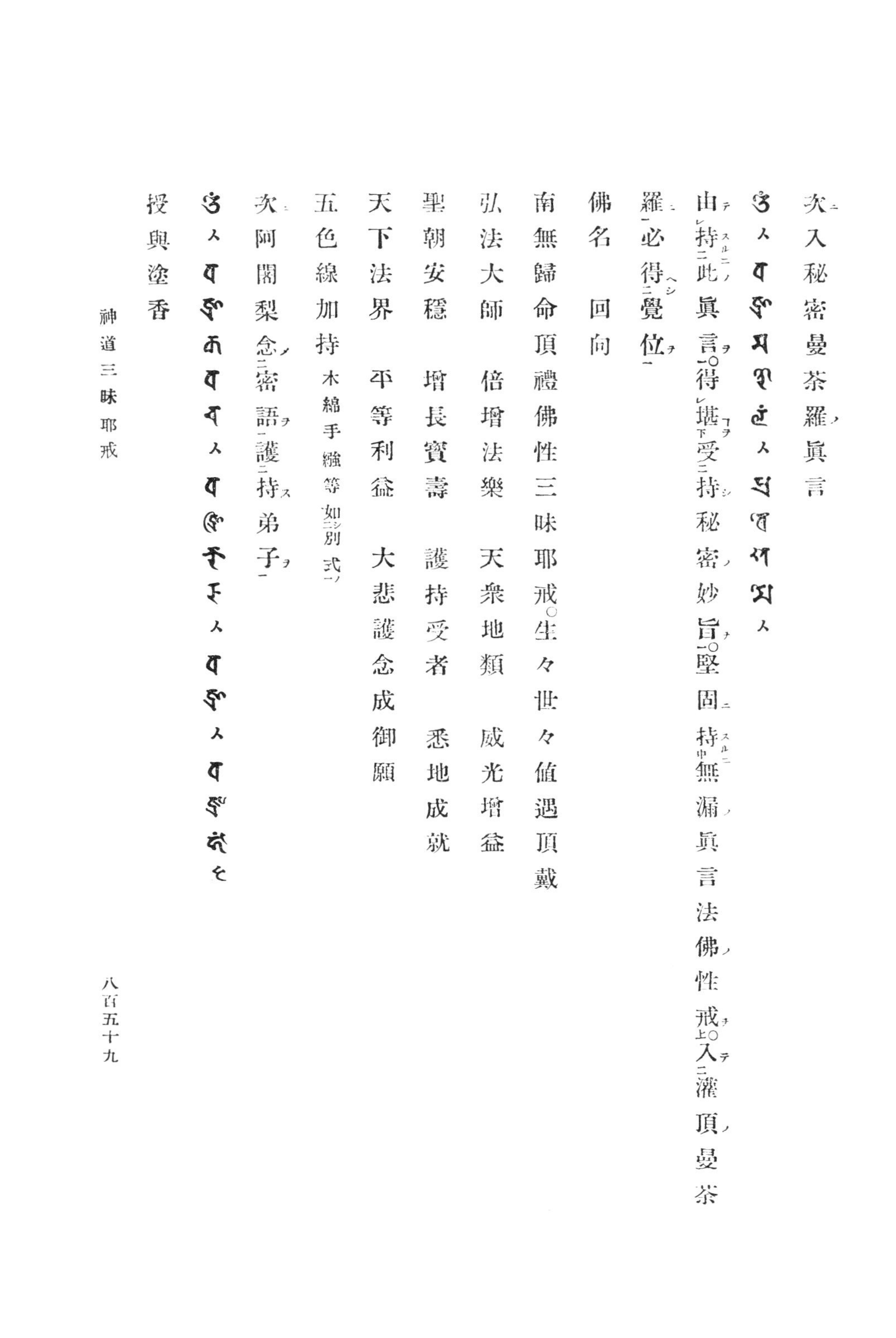

次ニ入秘密曼茶羅ノ眞言

[illegible]

由テレ持スルニ二此ノ眞言ヲ一○得レ堪コヲ下受二持シ秘密ノ妙旨ヲ一○堅固ニ持スル中無漏ノ眞言法佛ノ性戒ヲ上○入テ二灌頂ノ曼茶羅ニ一必得ヘシ二覺位ヲ一

佛名　回向

南無歸命頂禮佛性三昧耶戒○生々世々値遇頂戴

弘法大師　倍增法樂　天衆地類　威光增益

聖朝安穩　增長寶壽　護持受者　悉地成就

天下法界　平等利益　大悲護念成御願

五色線加持　木綿手繦等如シ二別式ノ一

次ニ阿闍梨念ノ二密語ヲ一護二持ス弟子ヲ一

[illegible]

授與塗香

大阿以右手取塗香器。熏燒香移左掌。以右手結小三古印。誦枳里々々明三反加持與教授。教授請取作器與受者。々々仰兩手受之頂戴。大阿此間誦塗香眞言讀功能。讀功能畢後教授取器奉大阿。々々取之置本處。

[梵字]

告云、想具一切如來戒定慧解脱々々智見香

次授與花鬘 作法如塗香

[梵字]

告云 想具一切如來三十二大丈夫相

次授與燒香 作法準前

[梵字]

告云 想得一切如來無盡大悲滋潤妙色

次令見燈明 教授以右頭指云燈明。指之令見也

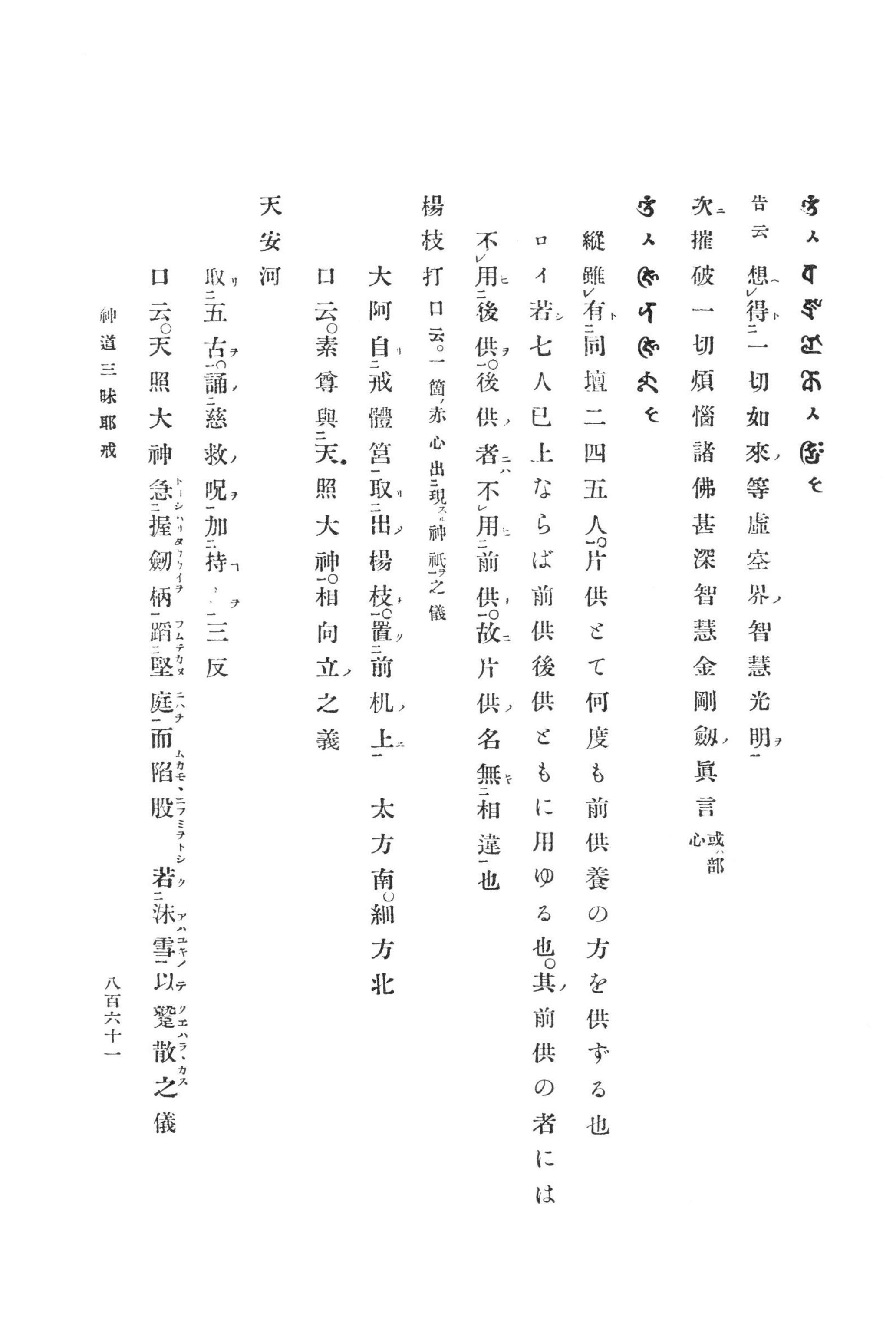

告云 想得一切如來等虚空界智慧光明
次摧破一切煩惱諸佛甚深智慧金剛劍眞言（或ハ部心）

縦雖有同壇二四五八。片供とて何度も前供養の方を供ずる也
ロイ若七八已上ならば前供後供ともに用ゆる也。其前供の者には
不用後供。後供者不用前供。故片供名無相違也

楊枝打口云。一箇赤心出現神祇之儀
大阿自戒體筥取出楊枝。置前机上 太方南。細方北
口云。素尊與天照大神。相向立之義

天安河
取五古。誦慈救呪。加持三反
口云。天照大神急握劍柄蹈堅庭《フムテカタニハ》而陷股《ムカモヽニフミヌトシ》 若沫雪《アハユキ》以蹴散《クエハラヽカス》之儀

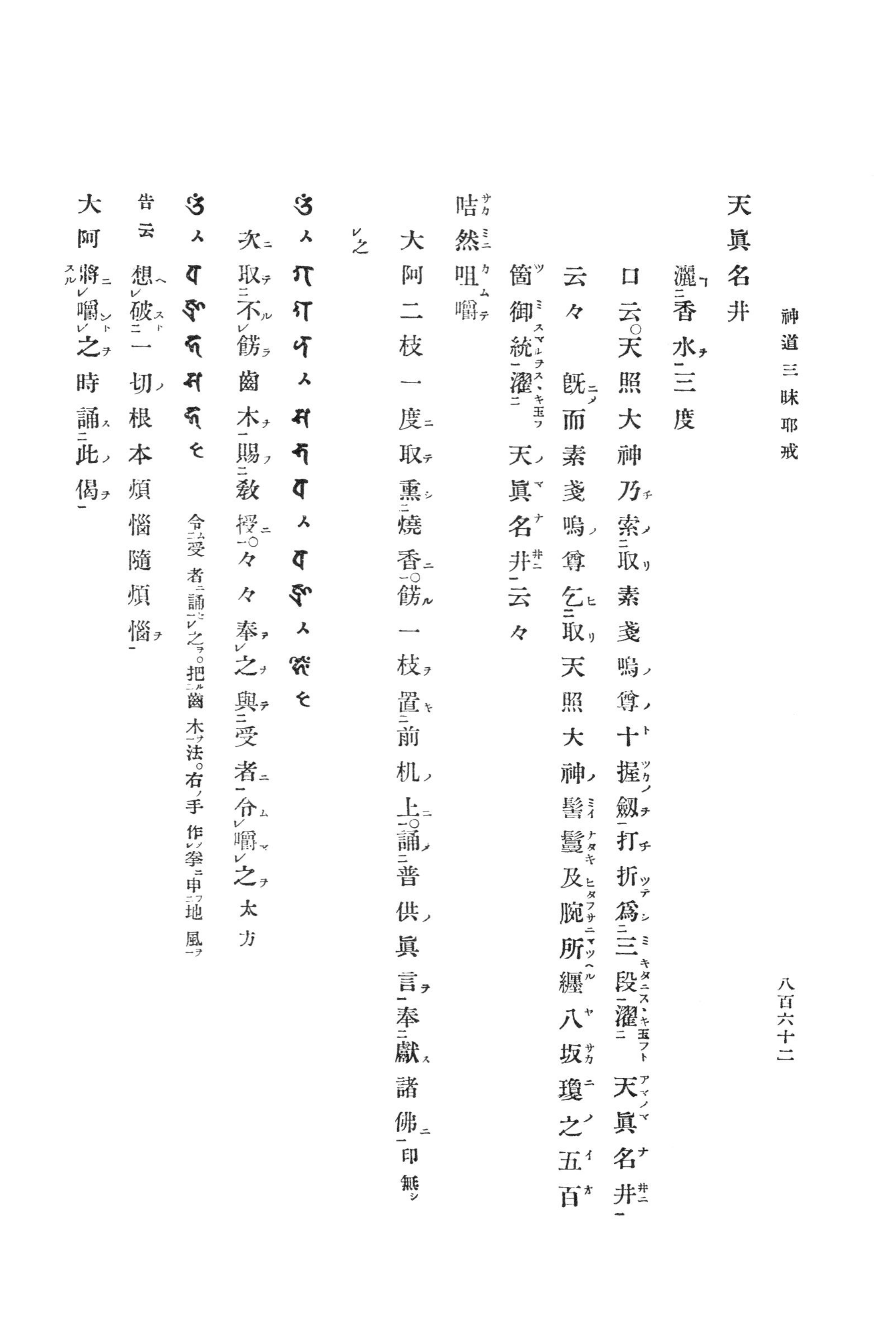

天眞名井

灑ク香水ヲ三度

口云。天照大神乃チ索取リ素戔嗚ノ尊ノ十握劔《ツカノツルギ》ヲ打チ折テ爲シ三段《ミキダニス》、濯キ天眞名井《アマノマナヰ》ニ

云々　既ニシテ而素戔嗚ノ尊乞ヒ取リ天照大神ノ髻鬘《ミイナタキ》及腕所纏《ヒタフサニマツヘル》八坂瓊《ヤサカニ》ノ之五百

箇《ツ》御統《ミスマル》ヲ、濯キ天眞名井《アマノマナヰ》ニ云々

咕然《サカミニ》咀嚼《カムテ》

大阿二枝一度ニ取テ熏シ燒香ニ。餝ル一枝ヲ置キ前机ノ上ニ。誦メ普供ノ眞言ヲ奉獻ス諸佛ニ印無シ

之

[illegible]

次ニ取テ不ル餝ラ齒木ヲ賜フ教授ニ。々々奉テ之ヲ與テ受者ニ令ム嚼マ之ヲ太方

[illegible]

令ム受者ニ誦セ之ヲ。把ル齒木ヲ法。右ノ手作ノ拳ニ申フ地風ヲ

告云　想ヘ破スト一切ノ根本煩惱隨煩惱ヲ

大阿將ニ嚼ントスル之ヲ時誦ス此ノ偈ヲ

汝獲無等利　位同於大我　一切諸如來　此敎諸菩薩
皆以攝受汝　成辨於大事　汝等於明日　當得大乘生
敎授令受者嚼已指挾之於薦上見其成不遲速之相
敎授取弟子所嚼齒木。以水洗淨進之於大阿闍梨
大阿取之。併之於所獻之一枝。二枝共裹一紙。執之左手。右持五股
告云　天照大神。而吹棄《フキウツル》氣噴《イフキ》之狭霧《サギリ》所生《アレマセル》神號《ナツケマツリテ》　曰田心姫《タコリヒメ》。次湍津姫《タギツヒメ》。次市杵島姫《イチキシマヒメ》。凡三女矣。既而素戔嗚尊。而吹棄《フキウツル》氣噴《イフキ》之狭霧興言《ギリニコトアゲノ》曰。正哉吾勝《マサヤアカツ》因所生《アレマス》神。號曰正哉吾勝々速日天忍穂耳尊。次天穂日命《アマノホヒノミコト》。次天津彦根命《アマツヒコネノミコト》。次活津彦根命《イクツヒコネノミコト》。次熊野樟日命《クマノクスヒノミコト》。凡五男矣。咕然《サカミニカム》咀嚼之義大矣哉《ナルカナ》。三部顯胎藏法五智開金剛界。成立本朝萬世君臣之鴻基。自此咀嚼而等同流類來而手應身觸。眼顯耳聞。諸事物作業悉赤心爲因出生神祇也。遡而究之則地水火風之諸神。黒鬘《クロカツラ》爪櫛《ナタヤツマグシ》衣帶《ミソヲビ》褌履《ハカマクツ》悉是神祇所在也。汝獲無等利實由于此也　深義更問

次歯木納之戒體筥。執金剛線若木綿手繦置前机。或左手持之。受者衆、多則上座一兩人之所受線。左手持之。餘置机上左邊也

金剛線加持 右手執五股

[梵字] 人 [梵字] 人 [梵字] 人 [梵字] 人 [梵字] 人 [梵字] 人

告云 恭惟天照大神持髻《ミイナダキ》鬘《ヒタヒ》及腕《タブサニマツ》所纏八坂《ヤサカ》瓊之五百箇御統《ミスマル》。度與素戔嗚尊、手垂皇統無窮之恩頼《ミタマノフユ》。其五百箇御統者。近是五行之精。窮其原則地水火風空。五大法性不變之妙德也。今爰秘密壇場。如來五智成立五大顯色。加持弟子菩提心中五種善根。貫攝萬行。五種善根者信進念定慧五根也。繫持其臂。縱使經歷生死所持戒法常不失壞也。又移之木綿手繦而奉事神祇。現今一箇赤心之中。出生五行諸類之神德也

金剛水

阿闍梨取阿伽器置左掌中。右手取五古。誦唵縛曰羅那誐吒明加持之。是名誓水云々　　但不授受者

次授與投花
阿闍梨左手執榊葉。右持五股。五字明加持之。　度與
之於教授。々々授之於受者
榊葉爾木綿四手掛天誰代爾神乃社土祝初劔
受者退出
阿闍梨下座。衆僧隨所安

上來神道三摩耶式。從上諸師未記之於一式。依元杲阿闍梨之式。以口傳而行之。爰二三子恐其末葉或錯亂前後也。慇懃求請別錄一式。予且老昧。時々多廢忘。故應于其所需耳。然而此中多相承深密。若猥墮於非類之見聞。則神責法罰。恐有所不可測歟
寛政十一年己未十月二日記了
臘六十一
行年八十二

編者曰。右神道三摩耶戒一卷は尊者の撰也。尊者御直筆の卷子一卷高貴寺に在り。今彼本に依て之を出す

外題

神道灌頂式

含香所　引入
宗源壇　降臨壇

含香所

初ニ含香　次ニ塗香　次ニ灑水

次ニ告テ曰ク

淨法界體等流シテ來ル。成ル此ノ日本豐蘆原中津國ト也。此ハ是レ神明ノ所ニ依託スル。正法ノ所ニ興隆スル也。劣機ノ類ハ見ルニ有爲無常ノ三界無安猶如火宅ト也。上智ノ人ハ直ニ達ス法界體性ニ是ノ法住ス法位ニ也。吾カ弘法大師。三地薩埵之所ハ照見スル四種曼茶常恒ニ加持ス也。於テ茲ニ王法ト與ニ佛法相照シ。世諦ト與ニ瑜伽相應ス也。所ル謂兩部習合之深奥也。

今乃チ宿因ノ所ニ開發スル。入テ斯ノ道場ニ而乞フ受ント神道灌頂ノ勝法ヲ。當ニ知ル神祇之冥助。天運之聚集。如ク高天原ノ長ヘニ清キカ。如ク滄海ノ深ク廣キカ。當ニ得ヘシ如實ノ大道ヲ

覆面　刀印　一字加持　口傳　金界タテノ卅　胎法タテノ卅

心だに誠の道にかなひなば。いのらずとても神やまもらむ　三反

師口云。此《ノ》歌は菅丞相の詠なれども。道の當然なれば用《レ》也

閉《チ》二根《ノ》國底《ノ》國凶目《シコメ》キタナキ眼《ヲ》一能《ク》神《ノ》御《ミ》前《ニ》清《ク》明ナル眼《ヲ》開《クト》想《ヘ》

引入超香象

大壇

壇前《ニテ》

ちはやふる我心よりなす業を。何れの神か餘所に見るべき　三反

投華

天《ツ》兒屋《ノ》命。乃《イマシ》ガタメニ神明《ノ》眼ヲ開キ玉フト想ヘ

[illegible]

神漏岐神漏美《ノ》命。乃《イマシノ》身《ニ》來《リ》坐《スト》想《ヘ》

此《ノ》所にて護身法《チ》授《ク》べし。それより宗源壇《ニ》入《ル》べし

大壇

正面

豊受姫神　觀世音菩薩畫像

大日靈貴　天照大神畫像（天女形持二ス鏡劍一ヲ）

瓊々杵尊　雨寶童子畫像（持世菩薩也。大日經ニ出ツ伊勢ノ法樂舍ニ高祖大師ノ作環々杵尊ノ像アリ。雨寶童子也ト云フ）

入レテ壇ニ右ニ聖德太子畫像

左ニ弓矢

天井四方共に神鏡ヲ掛る也。總じて七十五面也

豐幣　陽劔　大幣　陰劔　瓊幣

大壇

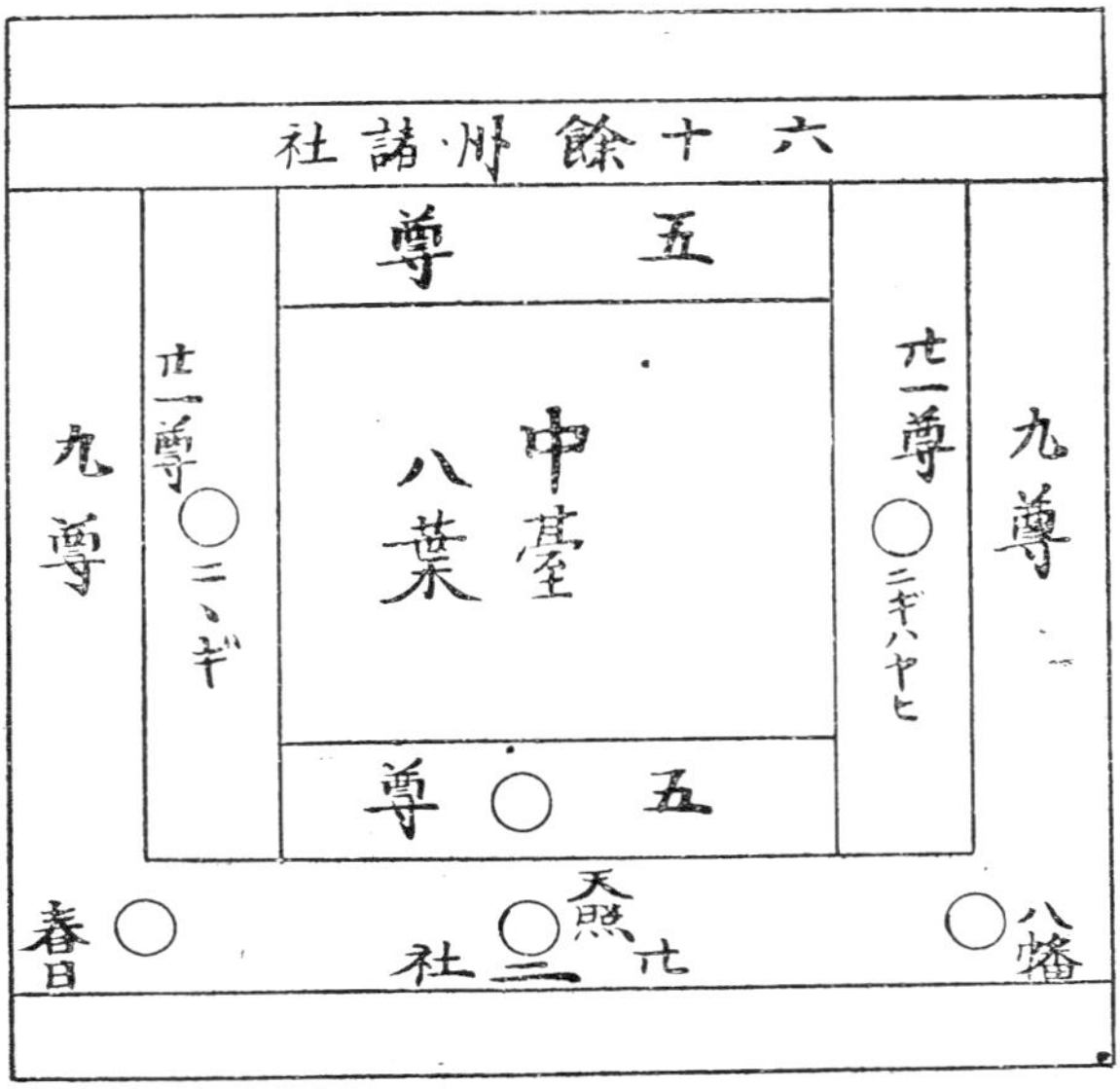

八葉配當

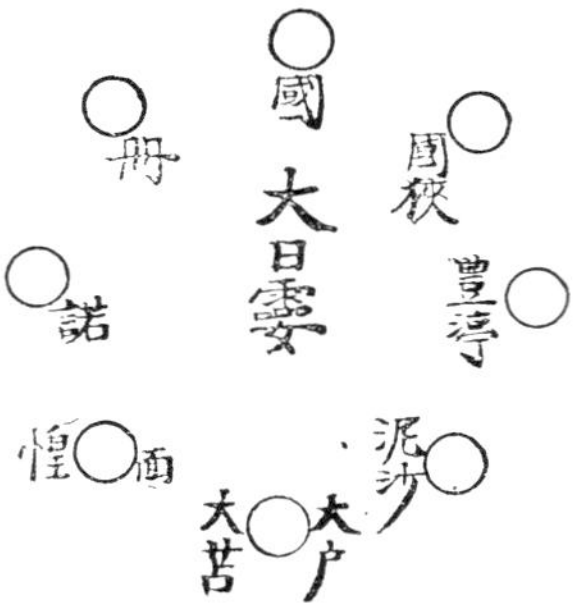

宗源壇

御宮岩舟宮

天照國照彥。天火《アマノホノ》明《アカリ》。櫛玉。饒速日ノ尊神前　舊事紀三天神本紀ニ出ツ

愛染明王ノ像安置　諸神ノ總本地ナリ

御宮ノ左リニ別壇ヲかまへ。此ノ處ニテ大阿闍黎教詔也

此ハ大阿闍梨ノ肝心也。阿闍梨極老ナレバ教授代リ勤ル也。作法別ニ有リ　祕事ト云フコト也

神道灌頂寶冠ヲ受者ノ頭ニいたゞき。寶劔授ク之ヲ

大日經文　諸佛金剛灌頂儀　汝已如法灌頂竟

爲成如來體性故　汝應受此金剛杵ト授ク　劔ト授ク

次ニ明鏡授ク之ヲ

一切諸法ノ性ハ　垢淨不可得ナリ　非ス內ニ亦非ス外ニ　皆從ニ因緣ニ生ス

汝今眞ノ佛子　應ニ廣ク度ス衆生ヲ

次ニ授ク金篦ヲ

佛子佛爲ニレ汝カ　决ニ除シ玉フ無智ノ瞙ヲ一　猶シ如シ三世ノ醫王ノ　能ク用ルカ二於金篦ヲ一
汝開ニ金剛眼ヲ一　得テレ見ルコトヲ二法ノ實相ヲ一

神道灌頂
混沌未分ノ印　本有ノ明口傳
天地開闢ノ印　滿足一切智々ノ明口傳
神祇生ノ印　諸願成就ノ明口傳
傳燈大阿闍黎

編者曰。右神道灌頂式一卷は尊者の撰なり。高貴寺所藏の智幢和尙書寫の本に依て之を出す

此中首題の下には含香所。引入。宗源壇。降臨壇と注すれども。實には含香所。引入。宗源壇の作法のみを記して降臨壇を記さず。且つ盟約場。三重入門等の作法を闕く。恐くは別冊に在りて紛失したる歟。惜むべし

外題 神祇灌頂法則

宗源《モト》壇亦名三元《ミモト》壇

高貴寺鎮守也 磐舟宮寶前 神體御正體桶ト云、モノ有リ

天照國照彥天火明櫛玉饒速日尊 舊事紀三大神本紀ニ出タリ

神前 愛染明王尊像安置 諸神ノ總本地ナレハナリ

御宮の左に別壇を構へ。此處にて大阿闍梨敎誥也。此は大阿闍梨の肝心なり。阿闍梨極老なれば。敎授代り勤ルなり。作法別に有り。秘事と云こと也

宗源壇 師資ノ座位東西隨ニフ便宜ニ兩部不二ノ行ノ故ニ

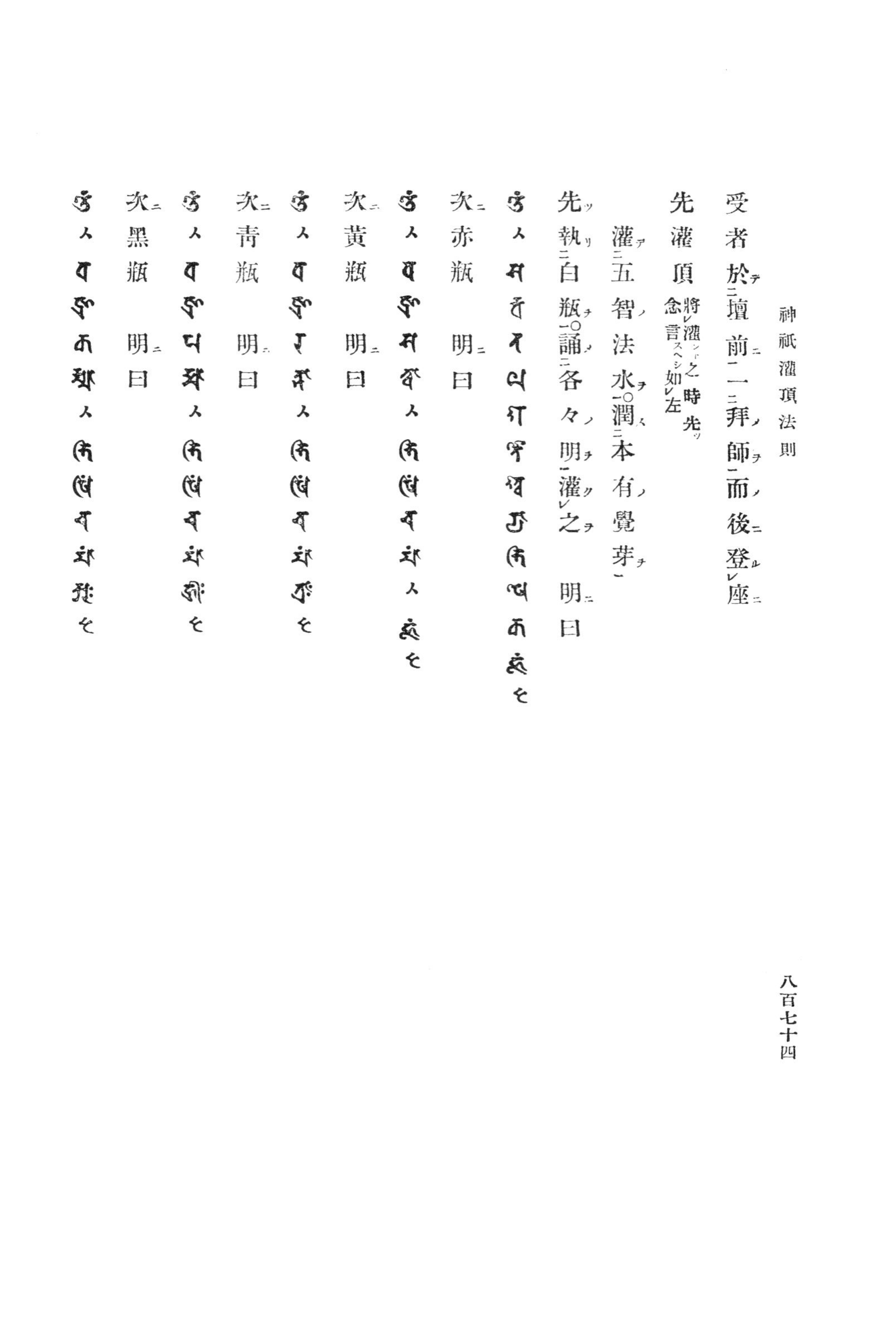

受者於テ壇前ニ一拜シテ師ニ而後ニ登ル座ニ

先灌頂 将ニ灌シテ之時先ツ念言スヘシ如シ左

灌テ五智ノ法水ヲ潤ス本有ノ覺芽ヲ

先ツ執リ白瓶ヲ誦ス各々ノ明ヲ灌ク之ヲ 明ニ曰

[illegible]

次ニ赤瓶 明ニ曰

[illegible]

次ニ黄瓶 明ニ曰

[illegible]

次ニ青瓶 明ニ曰

[illegible]

次ニ黒瓶 明ニ曰

[illegible]

次品物比禮 三鏡五鏡之寶冠也。即三部五智

教授者擎之於受者之頂上

師告曰 十寶印

號之品物比禮。亦云心王心數之冠。眞則四重九會之諸尊。俗則十二階等。

皆以是爲本

師告示了置之於本處

次授五鈷 或劔　若五鈷ならば以大和錦裹之

告曰

諸佛或神金剛灌頂儀　汝已如法灌頂竟

爲成如來體性故　汝應受此金剛杵或劔

次授八咫鏡 如左師手執鏡告示

大古天照大神以一明鏡授天忍穂耳《アマノオシホミミ》尊。是此明鏡總神璽寶劔之德。所以

何者。夫鏡者表智。智明則不妄怖畏。是即勇劔德也。智明則自離僞濫。亦得

温潤心。是即仁璽德也。三德全則無往不吉。是曰三種一種傳也。又此鏡即表自己之本心。其形八葉者即干栗多心體也。其光明々即質多心德也。人人自有斯妙處。元與神佛全其體性。惜哉自昧也。自今後常勤琢磨明其明德。勿自輕自棄、惹塵埃。

此教誡了即授之於受者。師結十寶印誦偈

次明鏡授之

一切諸法性　垢淨不可得　非内亦非外　皆從因縁生

汝今眞佛子　應廣度衆生

次授金篦　用不任意

佛子佛爲汝　決除無智瞙　猶如世醫王　能用於金篦

汝開金剛眼　得見法實相

神道灌頂

次授印信

混沌未分ノ印 在家ニハ不レ用レ之 虚心合掌用レ之
本有明 天御中主尊 無所不至ノ印也

明 [illegible] 三反

天地開闢印 高皇産靈尊

仰ニ左ノ掌一ヲ以ニ右ノ掌一ヲ覆レ之。五指互ニ相握ル也。但右ノ大指押ニ左ノ大指之背ノ本一ヲ

明 [illegible] 三反

神祇生印 國常立尊

竪ニル前印一ヲ是也。右ハ内左ハ外

明 [illegible]

次ニ受者下座拜レ師ヲ 一拜

次ニ向テ降臨壇ニ拜シ天地諸神一ヲ。而ノ後ニ退去

次ニ伴侶相共ニ入テ道場ニ。禮盤机等如レ本ノ設レ之ク

次ニ師登禮盤。大金剛輪。一字呪。後供養等行スレ之ヲ
次ニ後鈴　次ニ讃（吉慶讃一章 獨詠不用鈸）
次ニ伴侶誦ス心經ヲ七遍
次ニ師下リ牀ヲ與ニ伴侶ト同ク拜ス諸神ヲ
已上如法灌頂了

五勝物之事
一寶冠　二傘蓋　三白拂　四寶扇　五寶劔
是チ五種ノ勝物ト云フ
已上五瓶五勝物のこと。密敎に就て深秘の習有りと云ふことゝ也。又輪王即位の儀式なれば。妄りに記すまじきことゝ也
右宗源壇の傳終て。天浮橋ノ敎諧あり。次に火處に至る。是より引入者敎

誥別記あり。次天八街教誥別記

天保七丙申年初夏白布沙陀前一日。於和州豊山雙椙樹下。爲葛城山老和上奉書寫了。屬日少感時氣有小惱懶揮毫。努力馳筆。時夜亥初

皷。拙弟海如拜誌

翌十五日加朱校了。時未刻也

天保十一庚子春三月吉旦以先師所傳神道秘訣授與量觀阿闍黎

畢

法樹謹識之

以量觀阿闍梨御本拜寫了

沙彌三千界

編者曰。右神祇灌頂法則一卷は尊者の撰なり。今高井田長榮寺所藏の天保七年

海如和尚書寫の本に依て之を出し。勸修寺門跡和田大圓大僧正所藏の故智滿大和尚書寫の本を以て校合し畢ぬ。三千界といふは智滿大和尚の號なり

題外

神道灌頂淸軌

神祇灌頂軌 不レ分二初後夜一〇不レ限二受者ノ數一十八二十八一夜ニ授レ之ヲ

先ツ盟約《ウケヒノ》神事《カンワサ》

主伴各整二法衣一就二集會處一訖テ〇童行捧二大麻ヲ於師主一〇行二小麻ヲ於伴侶一〇於レ是ニ主伴各持レ麻ヲ同ク立テ一揖シテ而到二盟場一〇主ハ則入二帷內一（伴侶ハ列二立メ於帷ノ外之右一〇教授使三受者ヲメ向テレ帷ニ列二立セ於正前一〇受者僧ハ合掌〇俗ハ叉）手而登レ座ニ護身結界ス（世降三）

次鈴八聲〇次教授引二受者一〇由二師ノ右ノ後ロノ隅一入二帷ノ內一〇經二師ノ後一至レ前ニ（受者入リ二帷ノ內一訖テ而後ニ帷ノ外ノ伴侶乃坐ス）

再二拜シ師一已テ〇而便チ長跪合掌シ乞レ戒ヲ（受者上首ノ一人發スレ言ヲ〇或ハ教授代テ乞フ）

謹テ請シ上ル弟子等〇求二我中津國之教一〇神祇灌頂淸淨之道ヲ〇方ニ今願フ二其ノ前標盟約之妙道ヲ一〇師上垂レテ二惠憐ヲ一〇爲ニ二弟子等ノ一許シ玉ヘレ之ヲ

請ヒ已テ一拜ス〇拜シ已テ復長跪合掌ス

師曰、當ニ次第ニ授ク之ヲ諸賢（受者一人ノ時ハ除ク諸賢ノ二字ヲ下皆爾リ）唯以テ誠心ヲ受ケ之ヲ。夫レ神明之月雖ニ浄ク明ナリト、其ノ影ノ現スルコト隨フ心水ノ
清濁ニ也

次ニ受者一拜シテ而坐ス

次ニ師加持ス香水ヲ以テ灌ク受者及ビ道場ニ、而後ニ合掌シテ曰ク

一心敬禮　天地神祇（坐ナカラ一拜）

次ニ勸請（左ニ持シ大麻ヲ、右ノ手ニ打ツ金ヲ。毎ニ神名皆爾リ）

謹請《キンシヤウ》國常立尊《クニトコタチノミコト》

謹請國狹槌尊《ナツチノ》

謹請豐斟淳尊《トヨクンヌノ》

謹請埿土煑尊《ウヒチニノ》

謹請沙土煑尊《スヒチニノ》

謹請大戸之道尊《オホトノヂノ》

謹請大苫邊尊《トマヘノ》

謹請面《オモ》足《ダルノ》尊

謹請惶根《カシコネノ》尊

謹請伊《イ》弉《サ》諾《ナギノ》尊

謹請伊弉册《ナミノ》尊

謹請天照皇大神

謹請天忍《ヲシ》穗《ホ》耳《ミヽノ》尊

謹請瓊《ニ》々《ニ》杵《ギノ》尊

謹請彥《ヒコ》火《ホ》出《デ》見《ミノ》尊

謹請鸕《ウ》鷀《カ》艸《ヤ》葺《フキ》不《アヘ》合《ズノ》尊

謹請日本國中大小神祇

次《ニ》

普供養三力

以我功德力　神道加持力

及以法界力　普供養而住

普供養兩部曼荼海會尊
普供養上天下地大小神祇
普供養梵釋四王諸天衆
普供養北斗七星諸宿曜
普供養五道冥官行疫諸神
次敎誥　持大麻
夫盟約神事者。神祇繼跡之大標。皇圖無窮之鴻基也。梵云三昧耶。此含四義。所謂平等本誓除障驚覺也。今爰相承之義。則神道即兩部之深奧也。初平等者。天地開闢之基。雖印度與日域傳承有殊途。而俱是起滅邊際不可得也。通之於始終。則雖有成住壞空之異時。而俱是狀如虛空之深趣也。其物存理具神生其中。即是金剛界降三世三昧耶會是其義也。次本誓者。始天神授瓊鉾。後天照大神賜三器。是令造化國土全備三德之本誓也。次除障者。天不自天。待地而顯其天德也。地不自地。待天而成其地功也。順逆俱爲縁。成壊互任持。故天照大神萬世君臨之蹟。得素戔雄之惡行。而成立天壌無窮之寶祚。雖然惡不可長善可勵。是天地之規神祇之彝也。千座置戸之祓之所由而來也。次驚覺者。素戔雄尊昇天之時。溟渤以鼓盪山岳爲之鳴响。天照大神勃然驚曰。夫父母既任諸子各有其境。如何棄置當就之國。而敢窺窬此處乎。奮稜威之雄誥。發稜威之嘖讓。而詰問。正是天地成立之趣。大道興隆之基也。如秋冬之霜雪草木黄落。春夏之風光開花抽葉也。若一時而言之。則雷是天之怒氣。而時雨育嘉苗焉。智者於茲通鬼神之故。達萬物之情也。驚覺之義尤大矣哉。大凡事有疑而後信之者。其信固深矣。除障而後成之。其成堅大矣。昔者嵯峨天皇之御宇也。君臣道通朝野志達。于時弘法大師得法於支那國而歸朝。化縁既周法有所託。辭高雄舊居而宴坐於南山。天皇慕其德風也。特請下山館中務省。留連有日。宸懷開祇宣室。接膝於是。神祇之深奥山頂顯赫日。乾坤之大體玉臺開明鏡。實是內證兩部習合之至致。外儀唯一神道之宗源也

次受者合掌稱　三度

歸命天照大神天地諸神祇

次洗心受者長跪合掌。上首一人發言。或教授代之

弟子等從往昔至今日。塵惑覆本心之明。生々流轉六趣。身口意所生之罪無量。雖不自覺知。而神鏡之所照毫髮不遺。自今而後自洗心地永歸淸淨。伏願聖神憐察是心。垂護祐。謹懺

如斯言已。同時一拜

次授戒持大麻　先告喩

往昔天照大神告聖武帝曰。日輪者毘盧遮那佛也。衆生當悟之歸依佛法。又垂仁天皇之御宇。齋王大和姬命。奉天照大神之託告神主等曰。西天眞人佛也代大神苦心誨喩。令修善隨器授法以來。大神歸本宮唯止託宣。如此之事緣古傳甚多矣。夫神佛雖名異。而上位神多與佛菩薩同等也。同等則擧一能全。因今授以大聖世尊之通戒。是此通戒言淺旨深。夫小惡可恐。

如杯水聚成河海。小善不可輕。如塵土積聳山岳。諸賢各（受者一人ナラハ則除三字）敬受持

戒

諸惡莫作　衆善奉行　自淨其意　是諸佛敎　諸賢能持否

受者（合掌）答曰。能持（如此三度）

次師（合掌）曰

善哉既受是戒。此是窮自己本性至最正覺之勝緣也。謹勿懈

次受者再拜。退。燒香潔心。待入壇

次師出於帷前。與伴侶同向帷。拜天照皇及素戔雄。此二尊盟約之本主故也

以上盟約法畢

右戒常人多生輕心。信輕則功不多。實可惜矣。是故授戒了便垂示如左

既所授者是諸佛之通戒也。是戒能攝世間出世間之一切善。夫雖四夷萬國。或言語異物名異。各地皆有善惡之義。是義皆攝此諸惡莫作衆善奉行

之二句。況顯然天竺支那日本之教。又菩薩ノ五十二位之階次。及密家ノ十住心等。皆此ノ自淨其意之淺深差別耳

昔唐ノ白樂天（大惠禪師普說上卷十九丁）問鳥窠和尚（名ハ道林）曰。如何是佛法。和尚曰。諸惡莫作衆善奉行。樂天笑曰。雖童子亦所能言。和尚曰。雖小童亦能言。八十ノ老翁不能行也。樂天於是信服

右盟約ノ法畢。乃入大道場修法

兩部合行ノ法。或ハ兩頭愛染ノ法也。今用如法愛染別行ノ法

一　五悔等不用聲明

一　瓶（五瓶加持在別册）行道之間詠吉慶漢二章。獨詠而不用鈸

已上以之爲別卷置盟約場ノ机上

第一神門法

受者已到門前而列居

教授師密結內縛印誦

[illegible] 三返

次拍手

次取玉籤祓受者三度

次教示　如左

設三重之神門者。表超三妄執登眞殿此是第一神門。所祭者荒振《アラフル》神也。爲入門授此法

凡將入神門之時。先以扇觀念麻自祓三度。密誦此言

祓玉清玉

次外縛以左大指押右大指上節。名之十寶印。結此印一揖而入。入時近左柱。不從中央。是敬也

入神門之法非一途。是其一法也。又非拜神之時。勿過神門內。是亦敬也

右為ニメ之ヲ別本ニ置クヘシ第一門ノ机上ニ

第二門法

教授師密ニ結テ内五股ノ印ヲ誦スルコ二

　三度

次ニ拍手

次ニ取テ玉籤ヲ祓フ受者ニ三度

次ニ教示シ如レ左ノ

此ハ是レ第二ノ神門ナリ所ハ祭レル者菊ク理リ姫ヒメノ命也

夫れ神の御心。死の道をさけて生の道に趣くと云へり。分を忘レて他に勝ツことを好むは。死に趣くの道なり。君に仕へて私をまじゆるは。死に趣くの道なり。利に走り色慾にふけり。自心の置き所を忘るゝは。死に趣くの道なり。上を凌ぎ下をなみし。父母に孝ならず兄弟に親からず。

友に交りて誠なきは。死に趣くの道なり。天命を恐れず神祇を敬はず。事にふれて謹みなきは。死に趣くの道なり。能く斯れ等に反《ホン》じて。つゝしみを心とす。此レ是を死をさけて生に還るの道と云ふ。忽にすること勿れ

次ニ使ム三受者ヲシテ立チ揖シテ入ラ二第二ノ門ニ一

右書レ之ヲ置クヘシ二第二門ノ机ノ上ニ一

第三門法

教授密ニ結テ二八葉ノ印ヲ一誦ス二[illegible]一 三反

次ニ拍手

次ニ取テ二玉籤ヲ一祓フ二受者ヲ一三度

次ニ教示如シ左ノ

此是第三神門。所祭者住吉明神也

伊弉諾尊曰。吾前到於不須也凶目汚穢《イナシコメキタナキ》之處。故當滌去《アラヒステントノ玉ヒテ》吾身之濁穢《ケカラハシキモノヲ》。則往至筑紫日向小戸《ヲト》橋之檍原《アハキカハラ》。而祓除《ミソキハラヒ玉フ》焉。將盪滌身之所汚《キタナキモノヲ》。乃興言《コトアゲシテノク》曰。上瀬《カンツセ》是太疾《ハヤシ》。下瀬是太弱。便濯之中瀬也。是趣隨處觸事。允執其中之教也

次使受者立揖入第三門

右寫之可置第三門机上

含香處

先含香　次塗香　次告示

淨法界體等流來。成此豊芦原中津國。此是神明所依託。正法所興隆也。劣機之類見之。有爲無常。上智之人直見法界體性。是法住法位。即四種曼荼常恒加持也。於是王法與佛法相照。俗諦與眞諦相應。是所謂兩部習合之深奥也。今也宿因之所發。乞入此道場受神道灌頂勝法。當知神祇之冥助。

天運所開也。如高天原長清。如滄溟深廣。當疾得如實大道

次受者一拜師

次覆面法

引入師執覆面之帛。告曰。是象上代之比禮也。宜著之入神壇。更告今蔽兩眼暗々者。是混沌未分之位也。後當得大明了

次引入到香象處。告言。跨此香象有深妙之義。非但淨身部足不言左右兩不二行故

次到感應壇前。師誡告曰（大壇事也）

此是神塲。天地神祇之影現處也。勿生輕心慢心。唯以赤心奉行（次告示）

次取榊葉授受者。使作獻麻思投之鏡上

不須稱其神名。若有問者則告可也

次敎授師取所投之麻而授師。師觸之於受者頂（一返）

明曰。榊葉に木綿しでかけていつの代に。神の社と祝ひそめけん

次除覆面

便告言。五種三昧道。皆是覺王秘密加持也。其相應者皆當成大道。何有深淺之殊。神當加護成就善根。開五智正眼

授麻於受者

次拜天鏡。示曰。此是神世七代之神也

神鏡明々懸于天。可愼恐。不可輕忽

次引受者繞壇一匝。於正面一揖。直至宗源壇

右合爲一卷寫之可置舍香處机上

○宗源壇法

師弟之座位。東西隨便宜。兩部不二行故

受者於壇前一拜師。而後登座

先灌頂　將灌之時。先念言如左

灌五智法水。潤本有覺芽

先執白瓶誦愛染王之明灌之

明曰 [illegible]

次赤瓶 慾金剛

明曰 [illegible]

次黄瓶 觸金剛

明曰 [illegible]

次青瓶 愛金剛

明曰 [illegible]

次黑瓶 慢金剛

明曰 [illegible]

次品物比禮（三鏡五鏡之寶冠也 即三部五智）

敎授者擎之於受者之頂上

師告曰十寶號之品物比禮亦曰心王心數之冠眞則四重九會之諸尊俗

則十二階等。皆以是爲本（師告示了置之於本處）

次授五股。以大和錦全裹之

告曰

諸神金剛灌頂儀　汝已如法灌頂竟

爲成神明體性故　汝應受此金剛杵

次授八咫鏡（師手執鏡告示如左）

大古天照太神。以一明鏡授天忍穗耳尊。是此明鏡總神璽寶劔之德。所以何者。夫鏡者表智。智明則不妄怖畏。是即勇劔德也。智明則自離僞濫。亦得温潤心。是即仁璽德也。三德全則無往不吉。是曰三種一種傳也。又此鏡即表自己之本心。其形八葉者即干栗陀心體也。其光明々即質多心德也。人々自有斯妙處。元與神佛同其體性。惜哉自昧也。自今後常勤琢磨明其明德。勿自輕自棄惹塵埃

此教誡了。即授之於受者。師結十寶印誦偈

諸法ハ如シ影像ノ 清浄ニシテ無シ瑕穢 取モ説モ不可得 皆従リ因業生ス

誦シテ偈ヲ了テ教授ク置ク之ヲ於本處ニ 在家ノ人ハ此偈了テ即下座ノ一拜

次ニ授ク印信ヲ在家ニハ不用ヒ之ヲ

混沌未分ノ印 天御中主尊 無所不至ノ印也

明 [illegible]

天地開闢ノ印 高皇産靈尊 仰ケ左ノ掌ヲ以テ右ノ掌ヲ覆ヒ之ヲ五指互ニ相握ル也但シ右ノ大指

押ス左ノ大指之背ノ本ヲ

明 [illegible]

神祇生ノ印 國常立尊 竪ル前ノ印ナ是也右ハ内左ハ外

明 [illegible]

次ニ受者下リ座ヲ拜ス師ヲ

次ニ向テ降臨壇ニ拜ノ天地諸神ヲ而後ニ退出

次ニ伴侶入テ道場ニ相共ニ縄牀机等如ク本ノ設ク之ヲ

次ニ師登リレ牀ニ。大金剛輪ノ一字ノ呪。後供養等行スレ之ヲ

次ニ後鈴　次ニ讃　吉慶漢一章也　獨詠ニノ不レ用ヒレ鈸ヲ

次ニ伴侶誦スレ心經ヲ一七返　高聲

次ニ師下リレ牀ヲ。與ニ伴侶ト一同ク拜ス諸神ヲ一

以上如法灌頂法了

右灌頂日限期滿テ因ニ許ニ入ニ壇神拜ヲ一亦得。其ノ法但シ除ク盟約壇宗源壇ヲ一。其ノ他ハ皆同シ。且ツ如法及ヒ神拜ハ女人モ亦得

右寫レシ之ヲ可シレ置ク宗源壇ノ上ニ

神祇灌頂壇等諸圖

盟約場

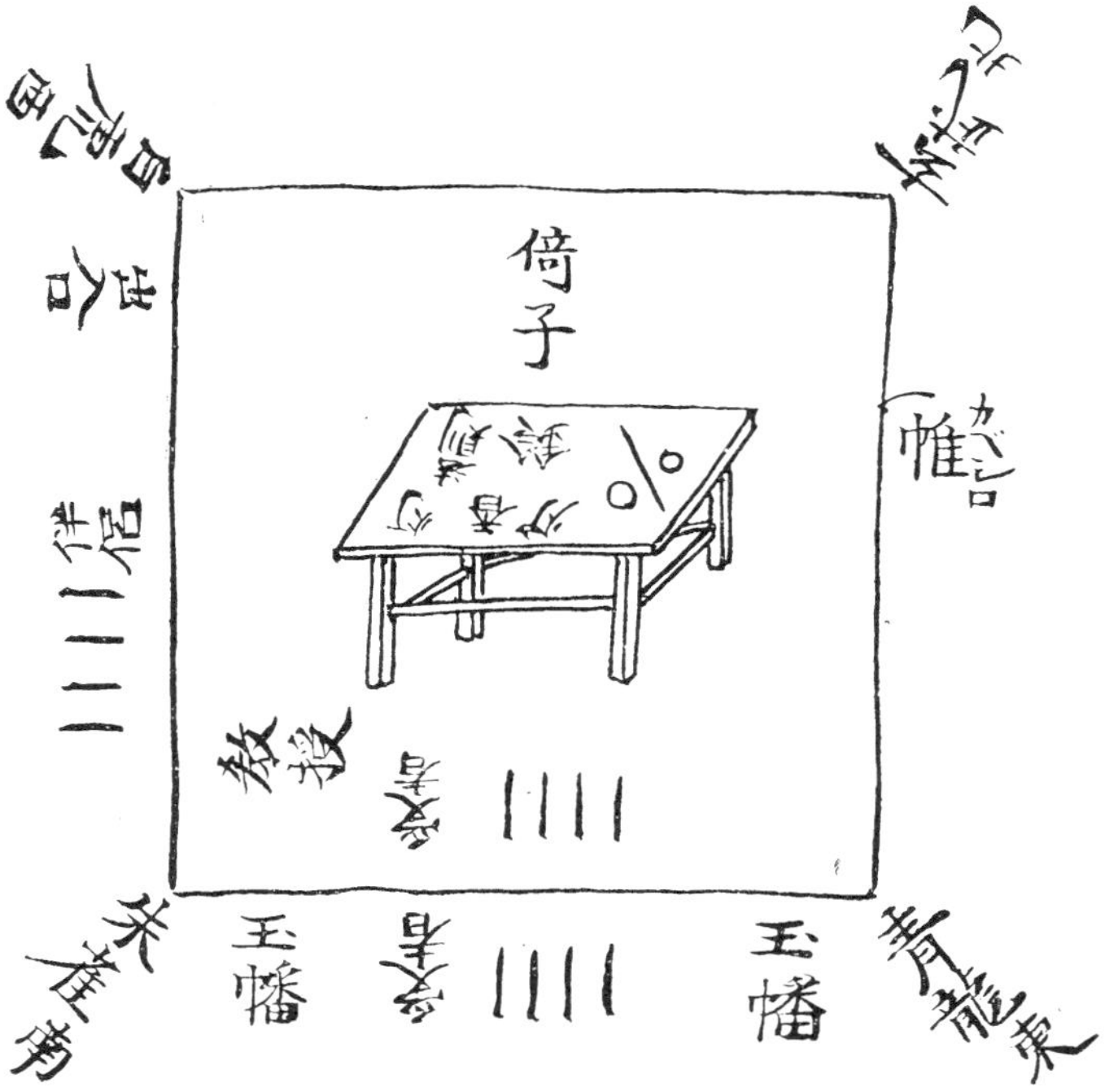

右机上寶珠鈴。卍字香爐也。四神幡玉幡等用不隨意。帷內清《キヨ》薦《コモ》也

慈雲和尚曰。於第一神門外。掛畫馬十二者。當自天神七代至不葺合尊之

十二世。亦當十二月。今不用之

第一門也。神鏡者荒《アラ》振《フル》神也

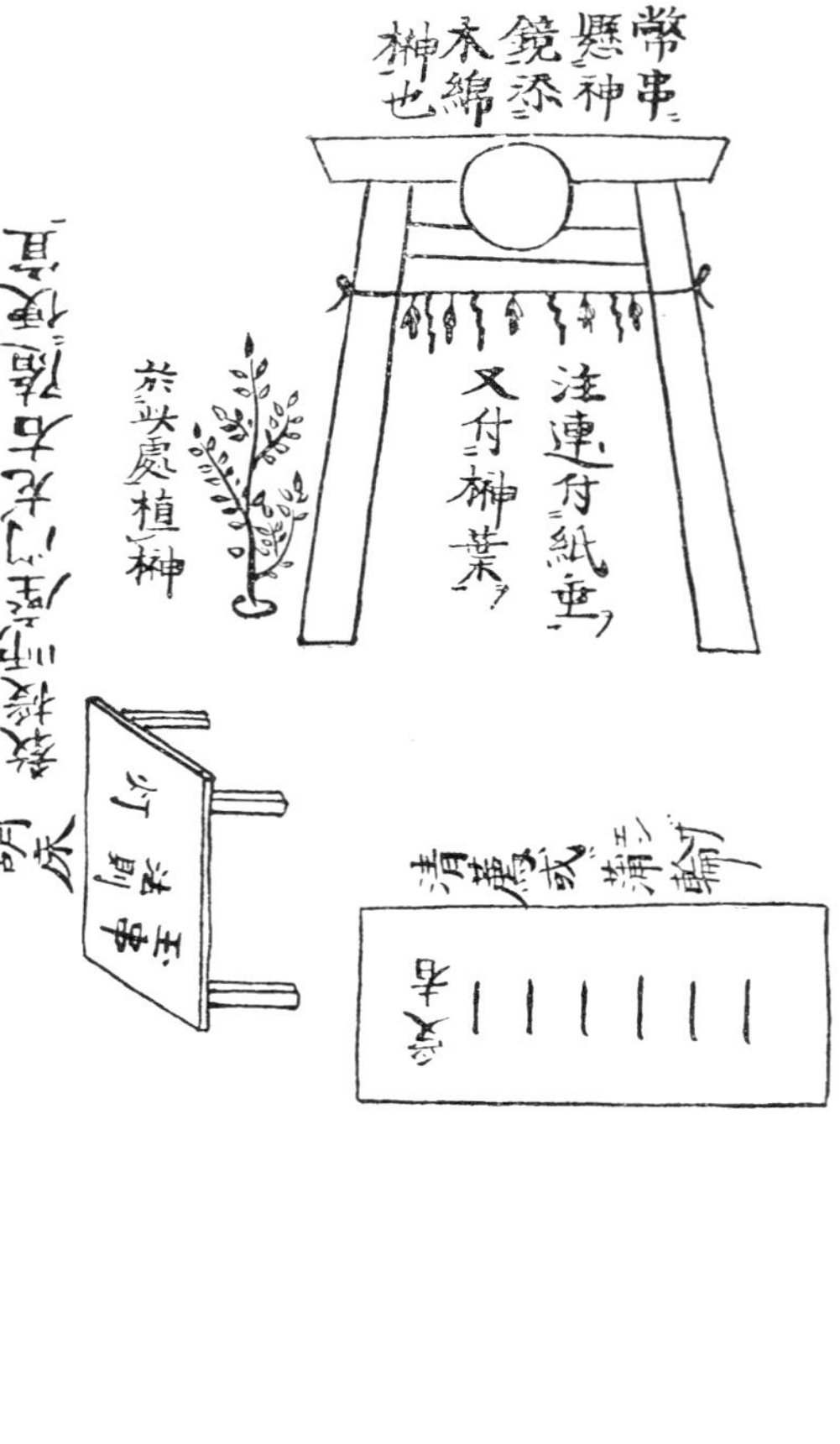

第二門也。神鏡ハ者白山權現也。亦號ス二妙理權現ト一。菊理姫ノ命也

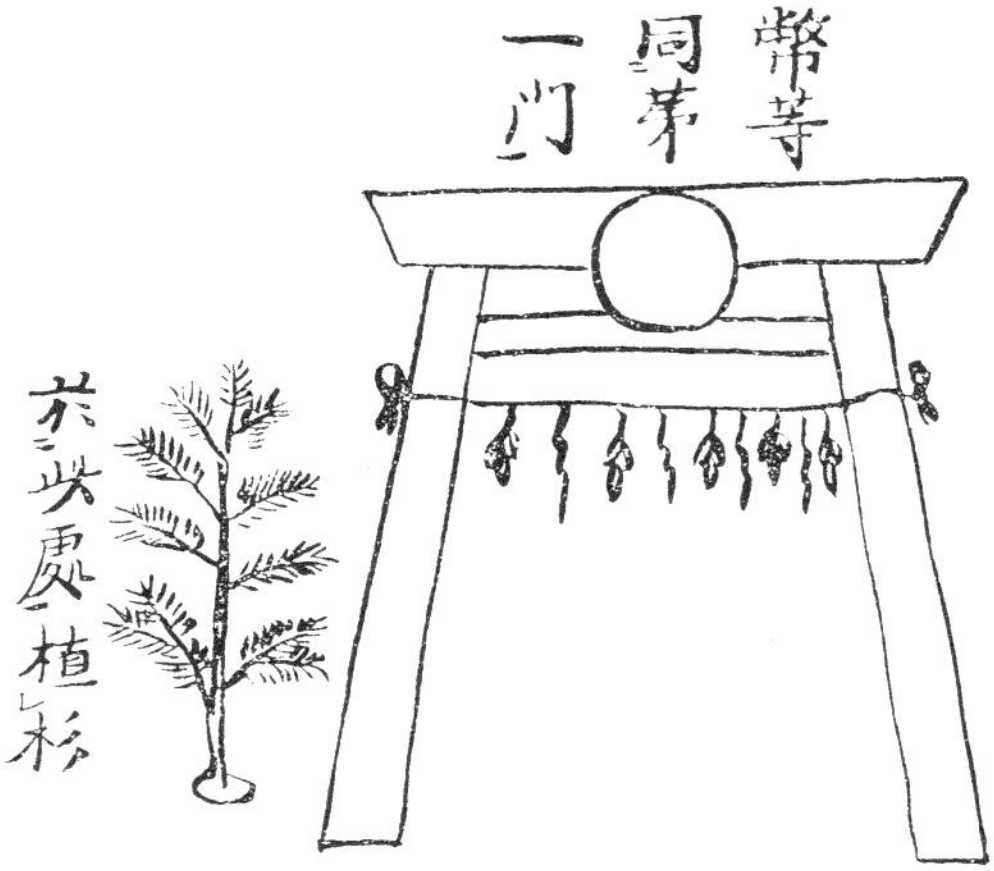

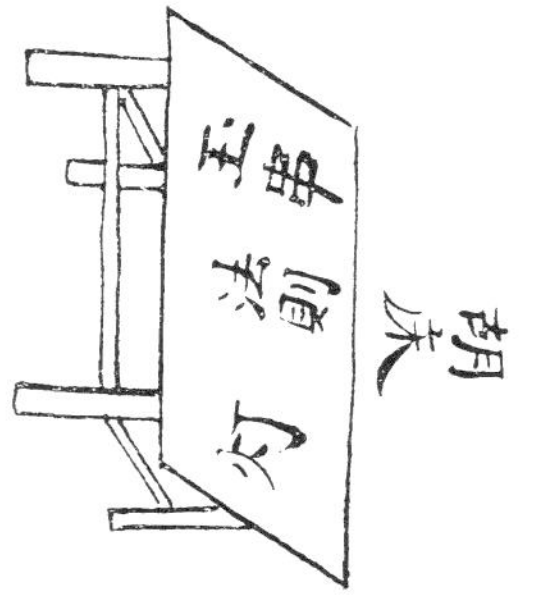

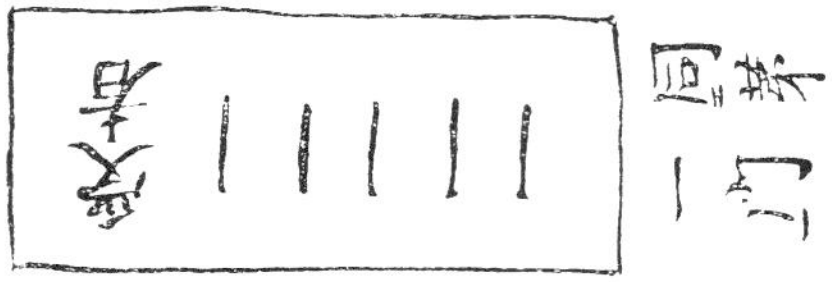

第三門也。神鏡ハ者住吉大明神也

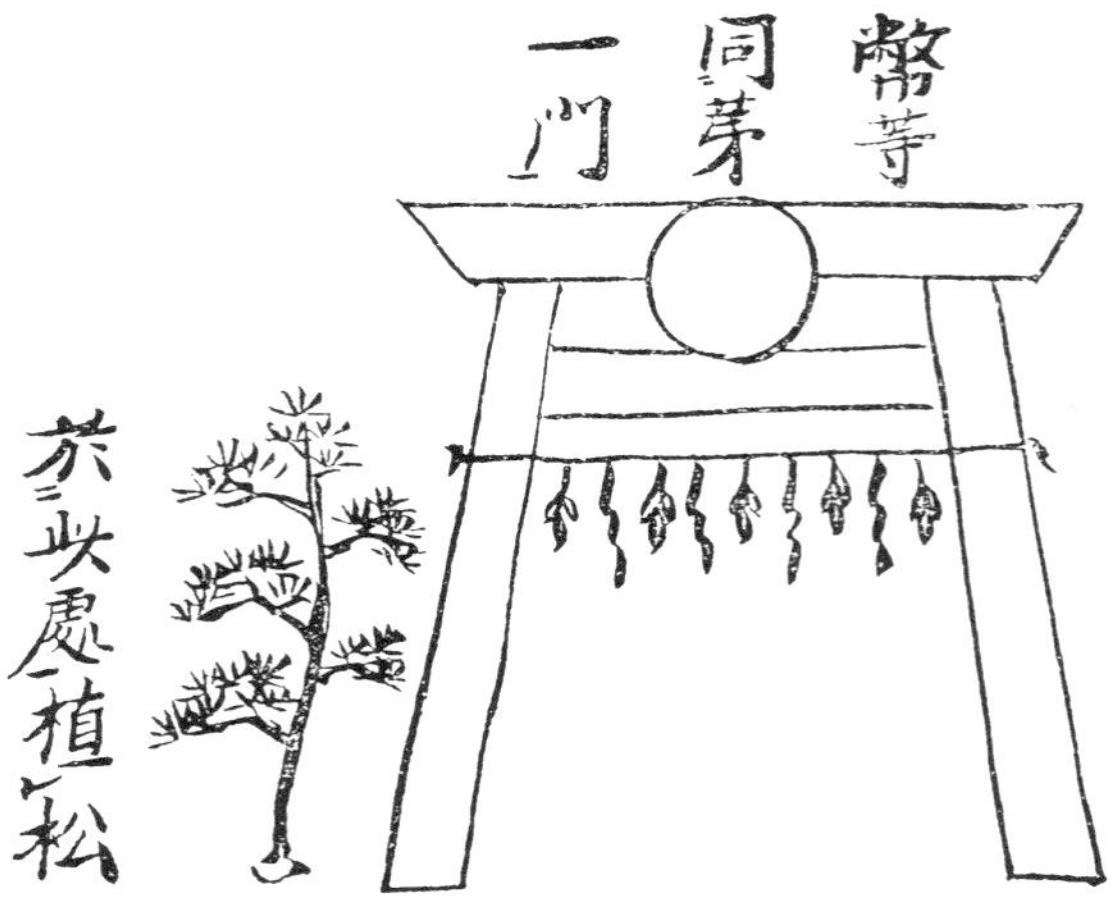

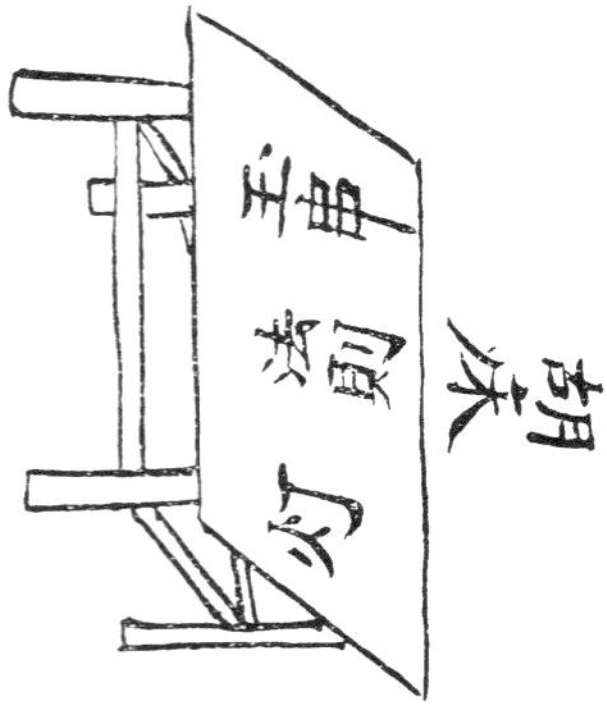

含香處

傳法灌頂已竟之僧ハ者。直ニ入シメ此ノ處ニ灑水淨身メ。引ニ入メ內道場ニ可也。若シ其ノ人樂テ歷ニ三神門ヲ來ラハ。則不レ用ニ灑水一

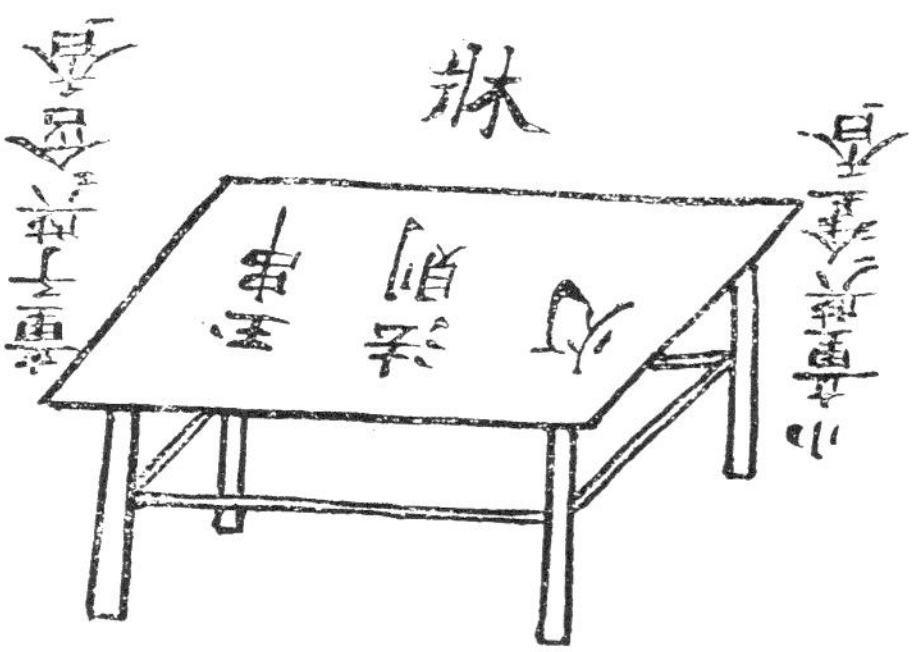

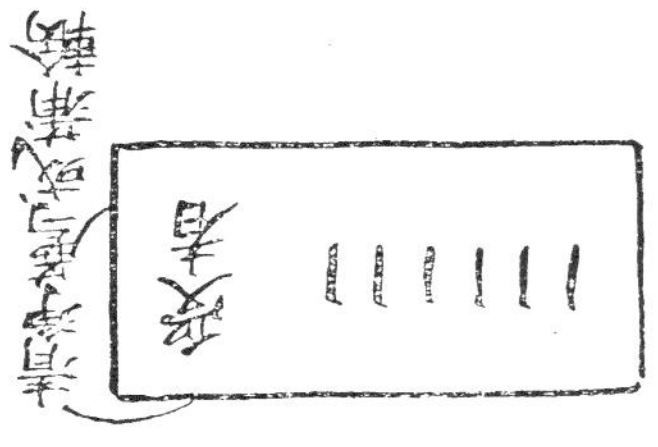

即於テ此ノ處ニ覆面ス

含香處有ニ四神ノ旗一亦可也

感應壇

瓶ニ有リ二綵帛一。挿ム二木綿榊ヲ一也。方位ハ依ル二不二ニ一。鈴杵供器等置ク二於壇上ニ一。或ハ別ニ置ク二机上ニ一
也。且ツハ於二此ノ壇上ニ一不レ須ヒ二餘ノ供物ヲ一

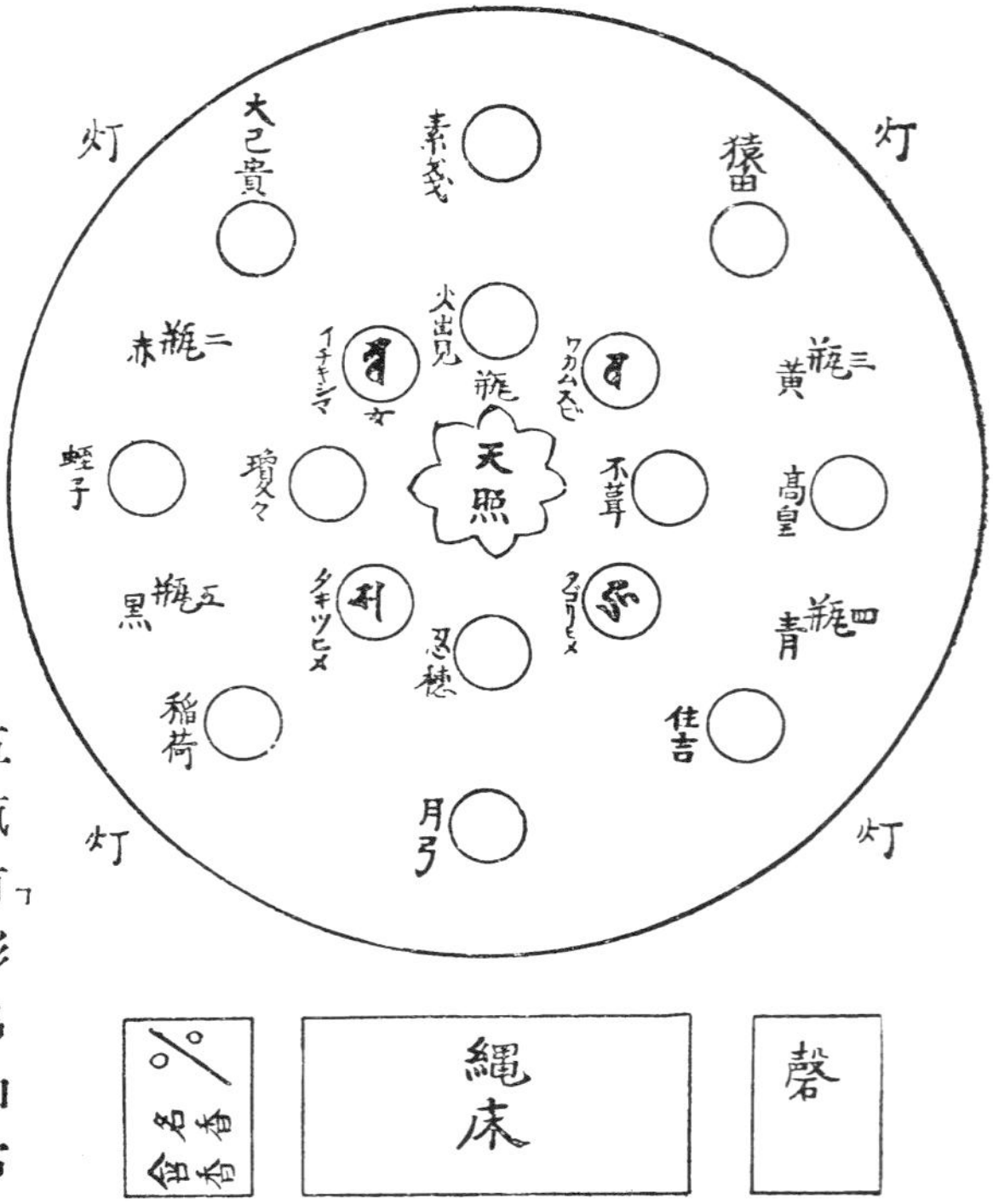

五瓶有ニ彩帛一如レ常

香象

香象ハ左右東西隨二便宜一。
兩部不二一行ノ故ニ

壇（圓或ハ方亦ハ八角）之上ニ先ツ敷キ二愛染ノ十七尊曼荼羅ヲ一。以テ二白或ハ赤ノ絹ヲ一覆ヒ二其ノ上ヲ一。而ノ後ニ如クレ上ノ置ク二神鏡十七面ヲ一。是レ內證ハ兩部不二ノ習合。外儀ハ唯一神道也。其ノ曼荼羅ハ尊形。或ハ種子三形也。布二置スル神鏡ヲ一隨テ二樣ノ宜キニ一。與ニ二所レ敷ク之種子等ノ一小ク齟齬スルモ亦無シレ妨也

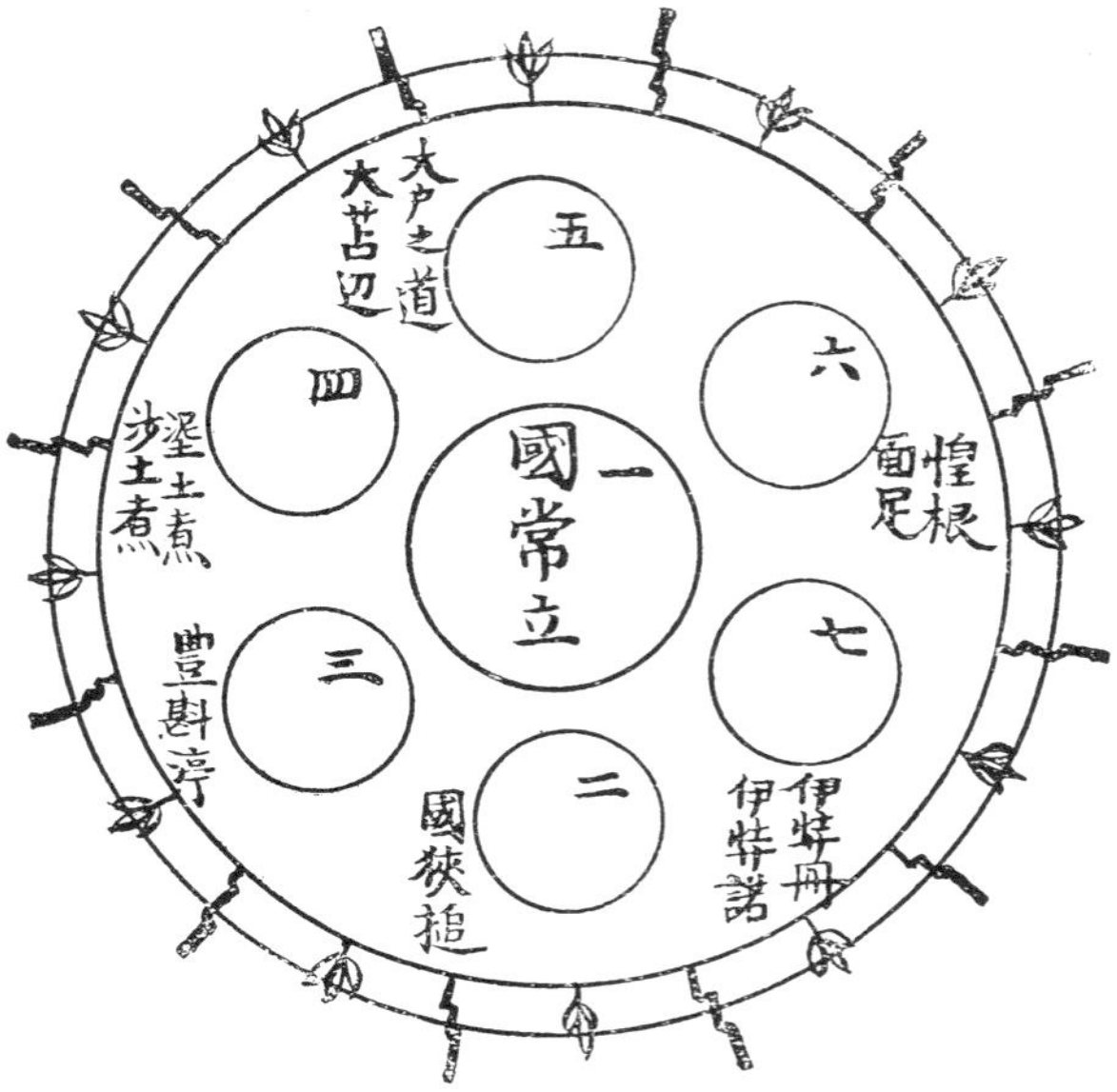

右天鏡也。其ノ周邊如ニ注連ノ。以ニ榊ノ葉及ヒ垂シテ等ヲ莊ニ嚴スヲ之。其ノ大サ與ニ感應壇等シ。覆セテ之ヲ懸クニ
其ノ上方ニ。神代卷ニ所謂神世七代是也。就中四五六七之位ハ二神合メ一鏡也

宗源壇

師弟ノ座位。東西隨フ二便宜ニ一。兩部不二ノ行ノ故ニ

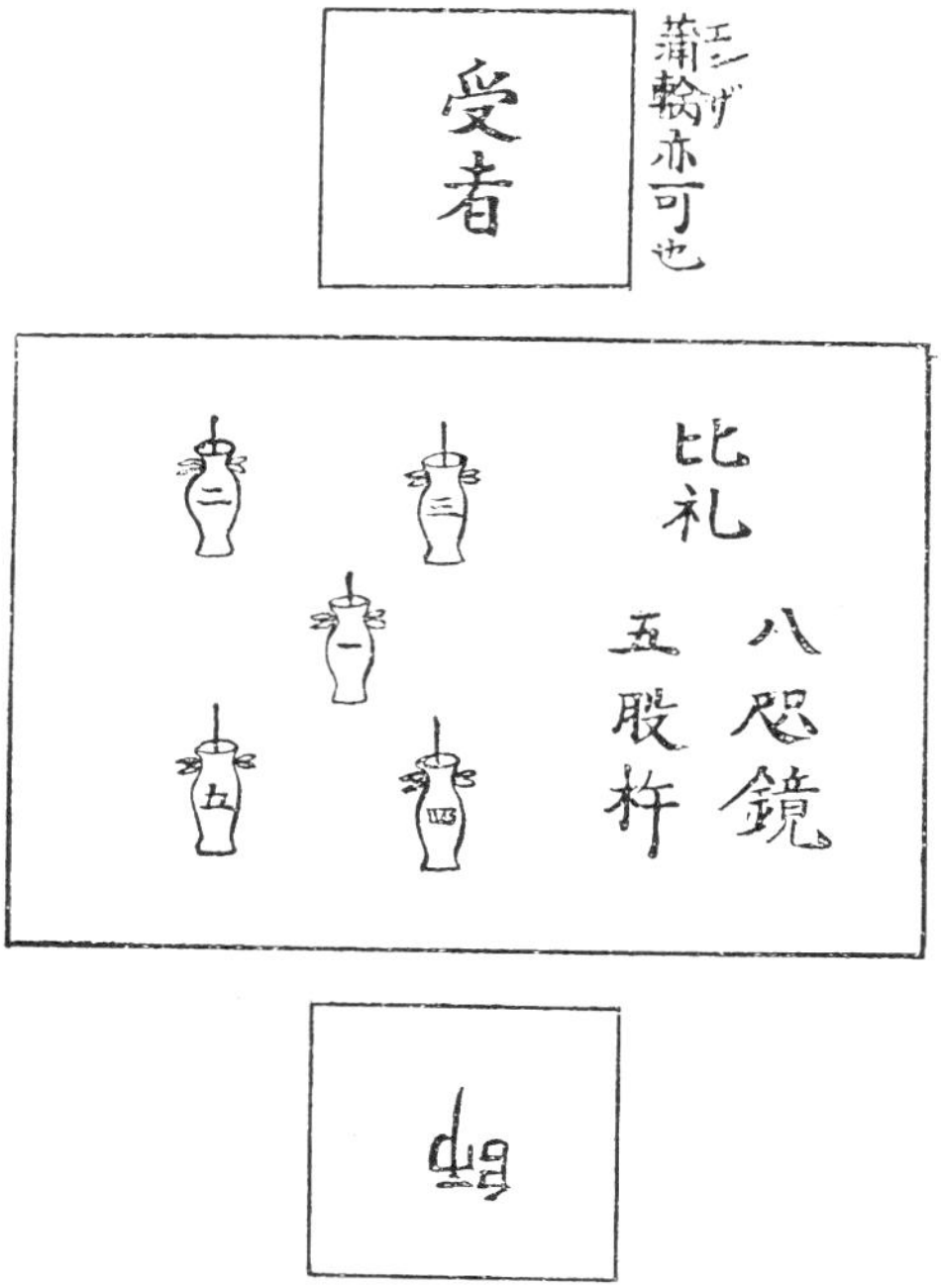

師ノ背後ニ有ルレ倚
亦可也

降臨壇

神座ノ多少。隨テ二神鏡ノ多少道場之廣狹ニ一。以テ二開合等ヲ一祭ルレ之ヲ。燈ノ多少亦隨テ二意樂ニ一可也。

嵯峨帝及ヒ高祖大師ハ者。是レ習合神道ノ祖ナルカ故ニ祭ル二於此ニ一也。是レ但タ設ク二座位ヲ一。不レ須ヒ二幣鏡

等。其他供物同諸神。於中高祖座不供酒也

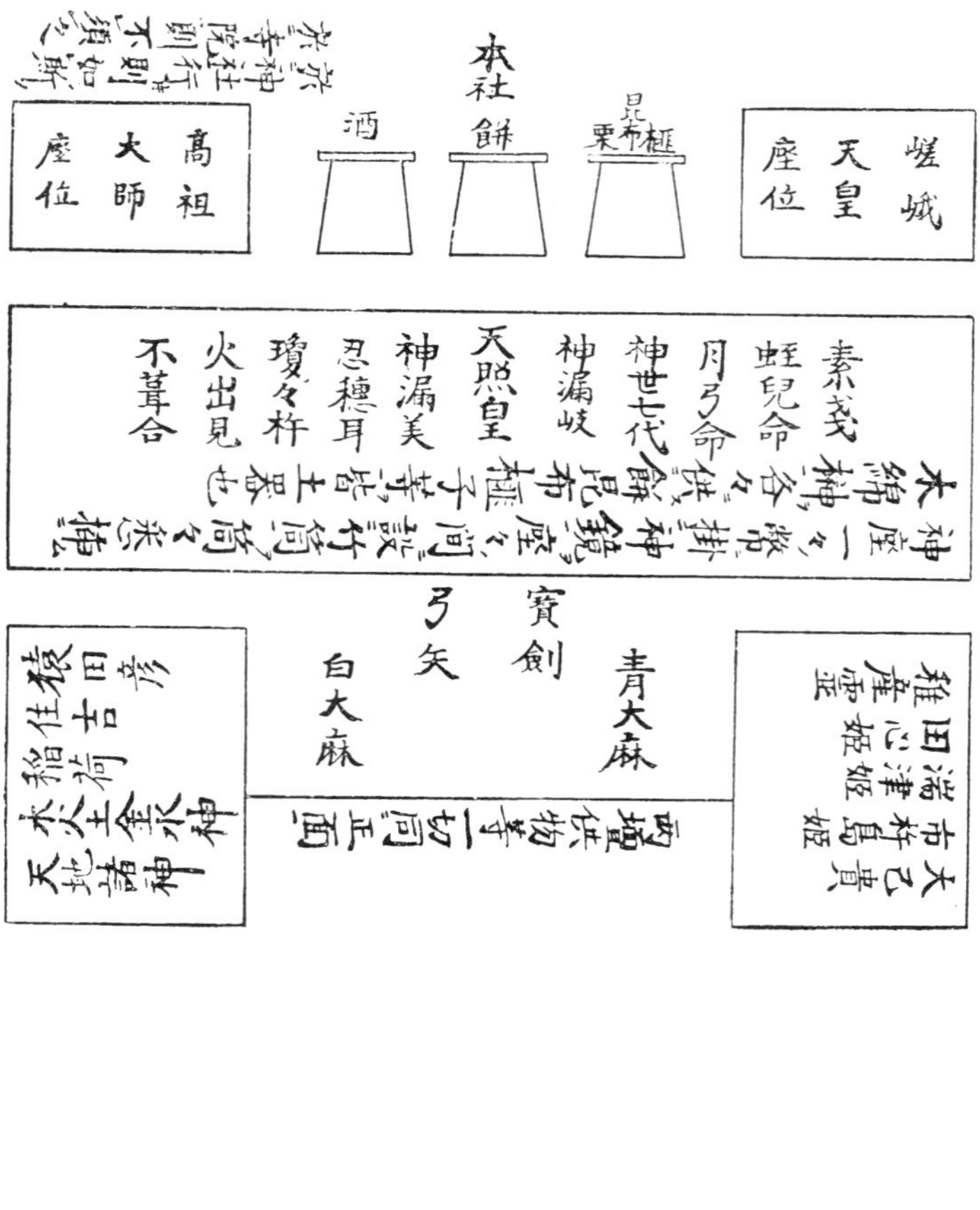

以上壇圖等了

以下雖レ不レ用レ之而因レ便記レ之イ
慈雲和尚行二神道灌頂一也。道場百事了テ。受者出ル二於外一之路傍。於テ二便宜之處一有リ二火處一。蓋シ準スル二傳法灌頂之護摩一也。今不レ用ヒレ之。若シ行セハレ之ヲ者愛染護摩ニテ可也。若シ略ノ唯タ行スルモノ二其本尊段世天段一ヲ可也。或ハ神道護摩行スレ之チ

神代ノ卷岩戸章有ル二火處燒ト云フ之文一故也

又有リ二浮橋八街《ヤチマタ》之表示一。今不ル レ用ヒレ之ヲ者。避ル二世上ノ黠小子之疑議ヲ一也

浮橋八衢之圖

神代卷ニ有リ天浮橋ノ文。傳ニ云ツ。橋ハ者兩岸相往來之具ナル故ニ。表ス諸冊二神陰陽相施ス之義ヲ。其ノ製施ノ闌干ヲ而引キ注連チ。以テ木綿榊ヲ莊嚴ス之ナリ。自リ堂上ル下ル平地ニ之處ニ設クレ之ヲ

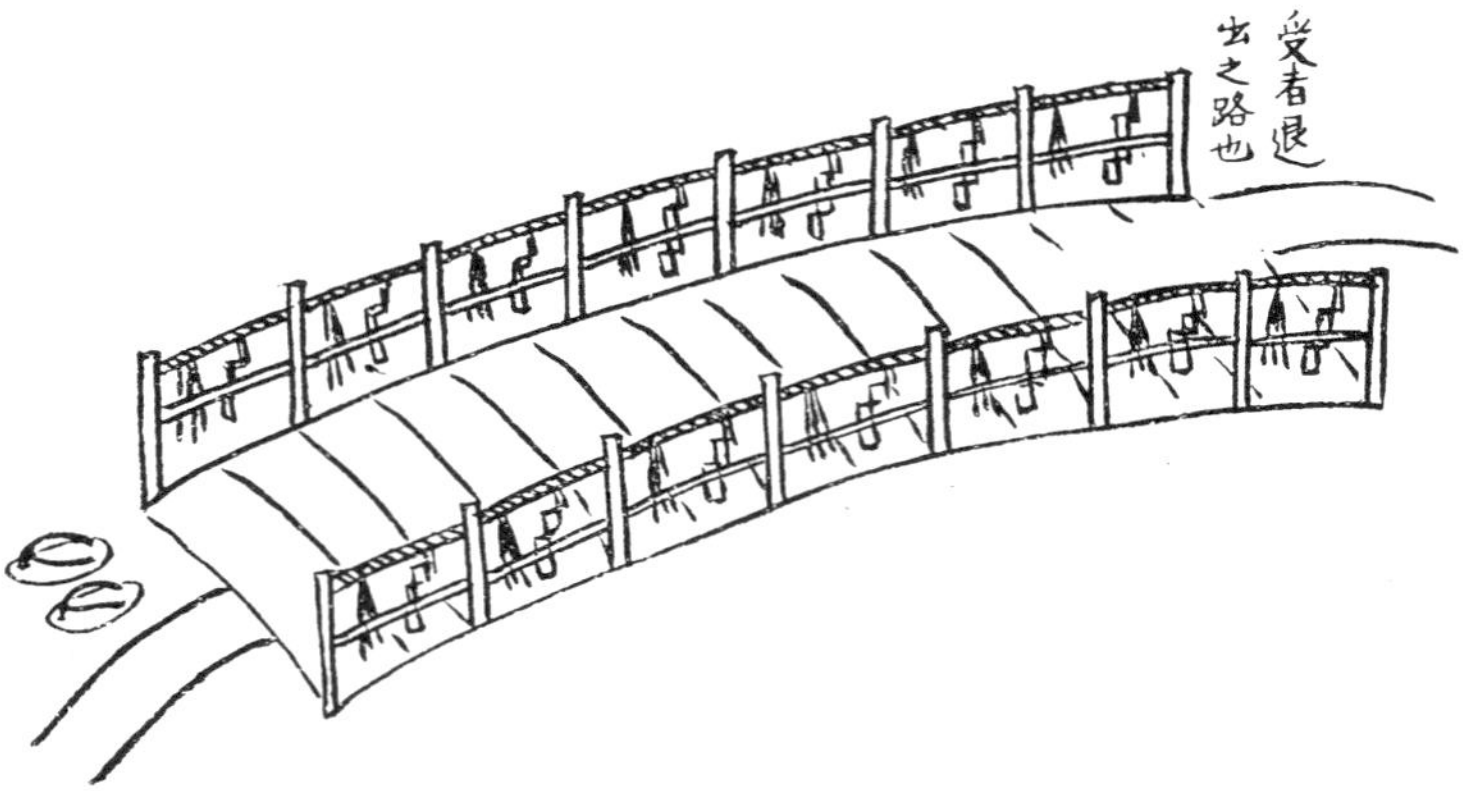

八衢之圖

神代卷○猿田彦大神立天八衢○迎瓊々杵尊降臨○又四海領掌大事云○弘法大師觀天八衢示貴賤各々之心要云々　其製先環立柵八本○又環其外立十六本○而後內外柵○各處相對引注連○則成八道也○然神書雖以七八之八爲言○十之九彌之言無限之義也○ヤ拗音イヤ也○彌八和語相通

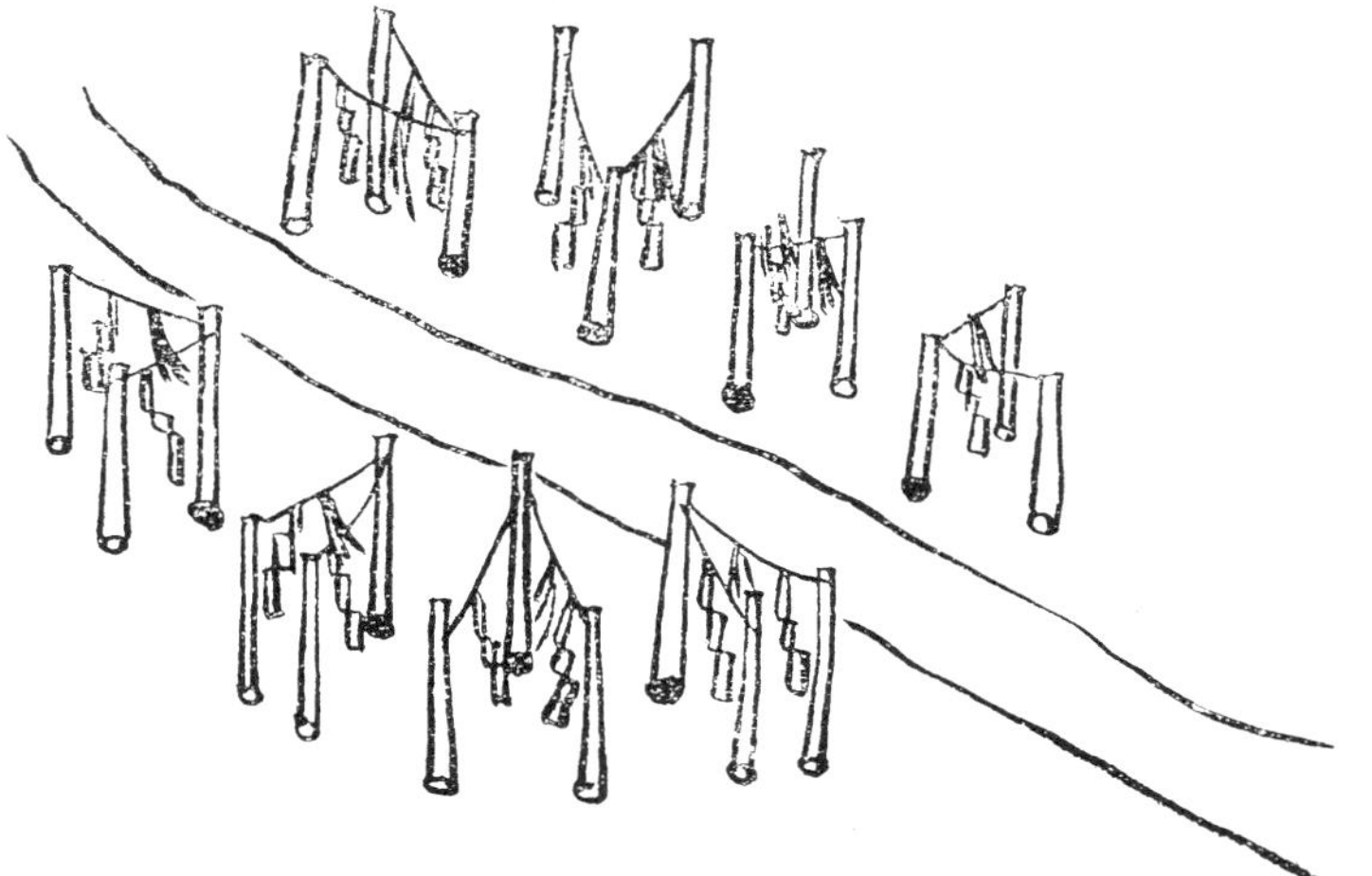

火處教示

此《ハ》是《レ》神《カノ》がゝり也。之を文字にうつして神明の憑談とす。凡《ソ》物ある處に其《ノ》理そなはり。事の遂ぐる處に其《ノ》功なる。此《ノ》火《ホ》處《トコロ》は汝の罪過を焼きつくし。黒《キタナキ》心を焼きつくす也。赤《キヨキ》心明《カ》なる心を以て神明の故《コト》に通ずべし

受者一揖《メ》到《ル》二天浮橋《ニ》一

天浮橋《ノ》教示

此《ノ》橋は天の浮橋にかたどる。浮橋とは。天地生育の徳用にして。君臣上下の心たがはず。男女の道の亂れなきを云ふ也

受者一揖《メ》到《ル》二八衢《ニ》一

八衢教示

此《ノ》處は天の八《ヤ》街《チマタ》に象る。八街とは天上に道あり。神祇と云へども違越

すべからず。之を下界にうつせば。上《ミ》王公大臣より下《モ》士農工商醫卜《ボク》百技に至るまで。皆是れ天命あり。各《〻》誠を以て本として。其の己が分を守り職を專にするときは。各天命に順じて福《サイハイ》を得べし。諸の遊民の婬功棺材一切の凶具等を營むは。神の憐みあるべからず。生《スギ》計《ハイ》と云へども。其のわざを擇びて志をいさぎよくし。神漏岐神漏美の嘉命を受くべし

受者一揖ノ到ル二火處一ニ

神祇灌頂件侶要記

左ニ所レ擧ル之數件之法。教授諸子宜ク下抄《ヌキ》二書《カキノ》之一ヲ預メ諳熟ス上ヘシ

一盟約乞戒ノ詞　在リ二本卷一ニ

一洗心ノ文　同

一瓶行道ノ法　在リ二別巻ニ一

一覆面ノ法　在リ二含香處ノ本巻ニ一

一香象ノ文　同

一含香處ノ文　在リ二別巻ニ一

一三神門法　在リ二別巻ニ一

一神佛配位　在リ二曼荼羅ニ一

一六色禁法（前齊六禁イ）　如シレ左ノ

在家之人欲スルレ受ント二神祇灌頂ヲ一者ハ。先ツ須ク下齋戒メ淨メ二身心ヲ一。三日或ハ一日二日。毎朝澡浴メ而着シ二淨衣ヲ一守ル中六禁ヲ上

一ニ不レ弔セレ喪ヲ　二ニ不レ問ハレ病ヲ　三ニ不レ食ハレ肉ヲ　四ニ不レ判二斷セ刑罰ヲ一　五ニ不レ作レ樂《カクヲ》

六ニ不レ與《アツカラ》二一切ノ穢ノ事ニ一

神鏡明々トメ恒ニ懸ル二於天ニ一。可シ二愼ミ恐ル一。不レ可ラ二輕忽ニス一

內道場五瓶行道 師主自雖可行之。老體故教授代之行之

先中瓶

蹲踞大壇前。對中瓶白結愛染明王印古印外五誦[梵字]眞言三返。便起取中瓶引寄前。拔花寄懸右角橛置之。次自線下取瓶。置左持瓶印掌上。以右手持瓶印風空取瓶頸。壇前一揖而誦眞言。順繞壇。每至正前一揖。如此三匝終後移置之宗源壇 但不違方位以角瓶置正方以丑寅瓶置正東

次蹲左角 約行者左 對赤慾金剛瓶。其相以左拳爲把弓勢。右作曳箭勢。明三遍

[梵字]

餘作法皆如中瓶。後三瓶皆亦爾 但繞壇之時必滿三匝。是順廻初二三重義也

次踞後左角。對黃觸金剛瓶結其印。二手金剛拳。以右押左。交臂抱胸。明曰三

[梵字]

返

次蹲後右角。對青愛金剛瓶結其印。二手金剛拳。以右臂置左拳面。豎之如幢。

明ニ曰ク三遍

次ニ蹲リ前ノ右ノ角ニ對シ慢黑金剛ノ瓶ニ結フ其ノ印ヲ二手各安メ腰ノ側ニ頭少ク傾ク左ニ明ニ曰ク三返

私ニ云ク正しく印璽を授くる時は教授師宗源壇を去るべし但し師老體にして道具等を授くる時は教授師是を扶助すべき歟

予時文化十五歲次戊寅仲春寫之

阿陽德府萬福寺現住　量觀

時嘉永三庚戌歲四月吉祥寫了　月洲樹

勸門跡和田大圓大僧正所藏一本奥書

文政八年乙酉十一月書寫之了　萬福密寺　量觀

明治四十二年八月令ニ水野賢道僧都ヲメ書寫一了　大圓誌

編者曰。右神道灌頂清軌一巻は天如師の撰なり。今勸修寺門跡和田大圓大僧正所藏の嘉永三年月洲覺樹和上書寫の本に依て之を出し。同大僧正所藏の明治四十二年書寫の本。及び高井田長榮寺所藏の古寫本三通を以て校合し畢ぬ此中盟約塲に金剛線を授くる儀なし。是れ天如師改めたるが故なり。同師の神祇灌頂或問に。慈雲尊者は盟約塲に於て僧の受者には金剛線を授け。俗の受者には木綿手繦を授く。今之を改めて授くることを用ひず云々　とあり

外題 神道灌頂教授式抄

神道灌頂

寛政八年丙辰九月五日於二河内國石川郡高貴寺岩舟宮一今ハ岩舟ハ神號也㭭宮ト云

神道灌頂大意辰八月廿六日於二萬善寺一大和上御垂誡聞書

灌頂とは。灌はそゝぐ頂は行者のいたゞき。神祇本然の水を以て今日後ノ法流水ニ同ジ人倫の頂上に灌ソなり。頂は人間一身の内に第一尊尚の處也。是にそゝぐをば水と云は。天地の生育の始メ。謂る天一生水と云フ趣也。灌頂に顯密五行ノ始。漢書一巻廿丁ニアリ。ハセミルベシ世間佛法デハ密計リ也あり。有漏無漏あり。法として此ノ灌頂あるべきなり

有爲法の中に轉輪聖王が太子に寶冠を授けて位を讓る顯也。今ハ天竺ニモツノ式ナシト云リ

(朱注)釋迦如來が在家でござれば轉輪聖王じや。輪ハ德の名也。此ノ德あれば福分智慧がある。依て一切自然に德が備る(已上朱注)

其ノ始に頂に水を灌ぐと云フ具には灌頂入壇にて知べし
有爲法にて云フときは轉輪聖王の儀式也
（朱注）顯敎に灌頂位の菩薩あり。灌頂に顯密あり。大綱は轉輪聖王以下を
顯と云ヒ。轉輪聖王以上を密と云フ　佛法祕密也
無爲法では。大心の有情あり。菩薩の位を成せる時是ノ灌頂の儀式ある
と云ヘり。菩薩と云ノは大根機の人にて。初心より大智慧大慈悲ある人なり。是には初地より十地迄の趣あれど略ス之レ。其ノ菩薩と云フもの。初地以上は有漏無漏雜起。八地已上は純無漏相續と云て。初地よりは夜ノ寢ざめにも常に菩薩の意をわすれぬなり。此ノ中十は數の滿足にて。菩薩の地位は無量なるべけれども。十地を立て無量の位地を攝し盡す。要を取て云ハば其ノ十地の差別は心の轉ずる姿に階級を立ること也。其ノ轉ずる儀は菩薩も自身と云ふものがあるなり。四大假りに和合せる物也。此ノ本を尋ぬれば言說心念を離れて自性解脫せる物なり。又自心と云フも

の有ル也。其ノ相を分別すれば九識差別す。若シ具に憶念すれば悉く言説心念を離レて自性解脱せるものなり。第八識を轉じて大圓鏡智となる。此ノ第八識が大圓鏡智となるとき。第七識を轉じて平等性智となす。第六識を轉じて妙觀察智となる。眼耳鼻舌身の識を前五識と云フ。此ノ五識丸こかし轉じ來て成所作智となる。此ノ前五識神道を成ずる也。四智の心品みな無漏たるとき。第九識本來法界體性智となる也。密教に此を五智如來と云フ。是ノ時法爾として法《ホウ》流《ル》水《スイ》灌頂の式あり。諸佛受職の法門なり

無漏法のかくの如きを信解して神道の奥儀に達すべし。神道有漏の法に達しして無爲の正道に入ルべし。有爲無爲並に明ならざれば神の道はとくとは知られぬ也。自性清淨心が有爲法に向へば現今神道なり。若シ此ノ神道が無爲無漏法に向へば佛道に入ルなり。扨テ世に天神七代地神五代と稱するは後世のことなり。神世七代と云フべし。伊弉諾尊伊弉册

尊までのこと也。天照大神より彦波瀲武鸕鷀草葺不合尊に至る五代。神武天皇より百二十代今日に至り。今日より後萬々歳に至ルも。君臣の道かはらぬを以て吾國の尊きことを知るべし。支那の堯舜已來衆聖人の教とは天地懸隔なり。それ故支那儒道とは違ひて此ノ灌頂の式有ル也。二條殿に傳ふる御即位秘印も有ルこと也。此ノ趣を信受修行ありて其ノ神道の玄妙なることを知らざれば。今世間に神道者のもてあつかふ如きにもなりゆく也。吾國の高き教が反て儒道より劣る様になるなれば。志ある人は正によりて學すべし

神道の名目のこと。易經に始マる也。吾國往古は神道と云ふ名目なき也。聖德太子より神道と云フ名が始まりしこと也。老子に無名は萬物の初と云ヒし。實に吾國神道の趣也。此ノ神道と云フ名だに上宮太子已來のことなれば。唯一神道と云ヒ兩部習合の神道と云ヒ宗源神道などゝ云フ瑣細の名目みな笠上の笠也
名法要集神道五家辨合セミルベシ

凡そ神道を知ヲんと要せば。三紀を本として古語拾遺等天書神別記までを取リ用フべし但し天書別記には偽書を決すべし扨テ此ノ灌頂は三紀に見えねばいらぬことかと云フに。是は別傳なり。能々識知して用捨あるべし。眞言宗の中に神道灌頂二傳あり

血脈の事

血脈も二樣なり。一は慶圓上人三輪社坊平等寺ノ開山ナルベシ傳。三輪明神より初とす。一は弘法大師ノ傳。國常立ノ尊より初として弘仁帝五十二代嵯峨天皇に至り。次に空海眞雅實惠等と列名する也。其ノ血脈を見ルべし。此ノ二傳壇の莊嚴等相違あり。別記の如し。兩流の中正しくは弘法大師ノ傳なりと知ルべし。有爲法と無爲法と無別のことを識知して初て此ノ灌頂の法を傳フべし。世に唯一神道と云フことも。天人一體神人無別の理にて。唯一の神道の名目も在リしこと也。佛の道を嫌ひ儒道山伏などをわけるやうなことにてはなきこと也。此ノことは山崎嘉右衛門も云ヒしこと也。現に唯一と云フ名目。名法要集に始マりて。此

般みな鎌足公を基とす。鎌足公の底意は春日に興福寺建立あるにて
大抵を知ルべし。一乘院宮大乘院兩門主の有ルにて以て考べし
總じて事理は不二なる物也。神人は一體なり。術魂の傳の中に。一物の
成立する。一事の執行に誠あれば。必ず神明の憑託むなしからずと云フ
こと也。此ノ灌頂諸教の傳幷に三紀に正説せるにも非サれども。往古より
執行し來る是レ也。此ノ灌頂は三紀の中には不レ見エ佛道の中の所談なれど
も。必神の憑託ありて納受むなしからず。此によりて神道明歴なるが
神道灌頂なり。法儀として如クレ此ノなり。弘法大師より儀式が立チしにて有ル
べけれども。神の道理として灌頂が出來たるものなり。日本にて弘法
大師は大功の出家。禁裡即位の儀式も。大師の傳に唐の九代徳宗帝の儀を
うつし來る。それゆへ今東寺の弘法大師と泉涌寺の俊名不可窺芿勅號國師
（朱注）八十六代四條院御誕生の御時。左の御ひぢに不可棄と云フ文字あり
て。御つげ。此ノ文字ある人を知るべしと。依て是をたづぬるに不可棄

と云《フ》出家ありて。四條院の前身也と云《フ》勅あり。御歸依ありと云《フ》。不可棄は名也。俊芿國師と勅號あり。依て今に御遺骸を葬り奉る也と云々〇元亨釋書に俊芿國師の傳具に出せり（已上朱注）

此の兩師の遠忌二寺の音樂は天子より樂人をつかはさるなり。其《ノ》餘天子も三月廿一日には毎年精進あらせらるゝと云ふ。是神道灌頂は此等の趣とは別なり。本來有爲無爲界別なければ且く習合家と稱して名を立《ツ》れども。神明の憑談神代より相續し來て末世までも違《ヒ》なき也

神代卷に上三十一チ入《リ玉ヒ》二于天《ノ》石《イハ》窟《ヤ》一。閉《サシテイハ》二磐戸《トノ》一而幽居《コモリマシヌ》焉。故《カレ》六合《クニ》之内《ウチ》常《トコ》闇《ヤミニシテ》而不《ス》レ知《シラ》二晝《ヒル》夜《ヨル》之《ノ》相代《アヒカハルチ》一とあり。此は灌頂のとき覆面《俗ニメンナイチドリト云ルイ》の本儀なり。天は自然《ニ》出來たる儀。磐と云《フ》は堅固の義。戸と云《ツ》は内外のわかれを云《フ》也。如《ノ》レ此《ノ》天照大神自ら式をなす。これが諸神神仙《ノ》憑談也。岩戸段に中《ナカ》臣《トミノ》連《ムラシ》遠《トホツ》祖《オヤ》。天の兒《コ》屋《ヤ》根《ネ》命。忌《イム》部《ヘノ》遠祖太《フト》玉《ダマ》命。掘《ネコジニシテ》二天香《カク》山《ヤマ》之五《イ》百《ホ》箇《ツ》眞《マ》坂《サカ》樹《キ》一而上《カンツ》枝《エニハ》懸二八坂瓊《ニ》之五百箇御《ミ》

統《スマル》一中枝懸《ナカツエニハ》二八咫鏡《ヲ》一――下枝懸《シヅエニハ》二青和幣《アヲニギテ》白和幣《シラニギテ》一。相與致《アヒトモニイダス》二其祈禱《ノミイノリヲ》一焉 文 此灌頂投華の本基也。乃掘《チホリ》二天眞名井《ノマナヰ》三處《ミトコロヲ》一相與對立《ヒトモニムカヒタツト》云々　又天照大神乃《チ》索取《テ》素戔嗚尊《ノ》十握《ノ》劔《ヲ》一打折《テ》爲《シ》二三段《ニ》一濯《ク》二於天眞名井《ノマナヰニ》一 文 此等正く灌頂の式也。水の爲《ル》レ德萬物を生育するなり。三處《ミトコロ》は初《メ》三昧耶戒《ノ》灑水。次《ニ》含香處の灑水。後《ニ》宗源壇の灑水也。而して岩戸段火處《ホトコロ》燒《タヤキ》覆槽《ウケフセ》置《フミトドロカシ》――顯神明《カムガカリ》之憑談《ス》 文 神明憑談の傳別にあり。近世神學者の垂加兵部《ガルイ》天照皇天の鈿女に依託し給ふと云《フ》樣なることに非ず。火處《ホトコロ》燒《タヤキ》別に式あり。佛法の灌頂には息災壇。五壇の（息災壇ト云フハ壇ヲ四角ニシテ北方ニ向ヒ白色ヲ用ユト云リ。又滅罪壇トモ云フ）式あり。此に同からず。神明物にふれ事に憑て感應ありて利生むなしからず。此《ノ》神道は必初一の鳥居より此《ノ》火處に至まで神がゝりまします也。具には灌頂入壇の上可《シ》レ知《ル》。尊きことなり。此《ノ》事を信受し灌頂すれば。神道甚深の大凡《ソ》わかれることじや。受者たるものは正憶念あるべし。此《ノ》火處の祭主はアザリ位の人勤むる也。受者の爲には除災生福の祈願をなすなり

此ノ火處祭の間に神供師あり。祭輔の任也。天地神祇並に日月八方の天なり。作法別に在ル也

此ノ度の祭主は龍洞師也。祭輔は戒充師也

寛政八年丙辰九月五日於《テ》河内國石川郡高貴寺岩舟宮《ニ》神道灌頂教授之式

神道灌頂加行作法

先《ツ》以《テ》淨水《ヲ》內外淸淨《ニシ》。次《ニ》可《シ》着《ス》淨衣《ヲ》

次《ニ》本尊十一面歟愛染歟奉《ル》掛《ケ》之《ヲ》

十一面尊は諸神の通本地と云《フ》。深秘には天照皇の本地なり。愛染明王は大日の有爲法に趣《キ》たまふ本尊也。故にこれも諸神の通本尊と習《フ》也。此《ノ》十一面尊に就て秘説あり。和州長谷寺の本尊脇立は雨寶童子と龍神なり。世にこれを天照皇。春日明神。此方の正嫡の傳は。本尊は天照皇。雨寶童子は瓊々杵尊。龍神は豐玉彥也。可秘々々　問諸神多き中に何ぞ豐玉彥を擇《フヤ》。豐玉彥よりも春日明神を祭《ル》べし。答其理しかり。去《リ》ながら春日の神體は龍神なるべからず。外宮に豐受を崇

祭ル如く。龍神は風雨を掌て五穀を成熟する德すぐるれば。豐玉彥尤も祭ルべきなり

次ニ明鏡一面（此明鏡ハ澳津鏡也）

次ニ幣二本　幷　榊枝二本（署ハ梅枝ニテモ）

次ニ机一脚供具物。洗米。御酒。菓子。各盛リ竟ユ

次ニ燈明二ツ　次ニ半疊一枚（八角ノ疊也）

每日三時。後夜日中之時ハ備ヘ二供物ヲ一。初夜ハ燈明まで也

次ニ勤行次第事　○　次百日。（此ハ細行也）或ハ五十日。或ハ三七日

次ニ禮拜百八禮。或ハ二十一禮。行法次第別に有リレ之

右廣略次第有リレ之。隨テレ師ニ口傳可キレ聞クレ之耳

傳授大阿闍梨

着座普禮

一錫杖一卷　心經七卷

（朱注）若加行満足已灌頂の人ならば○不動法廿一座○若《シ》受者在家なれば世尊妙相具の偈を用る也○出家初心行者《ハ》錫杖也（朱注已上）

三光天子禮文

日天子

歸命日天子　本地觀世音　爲度衆生故　普照四天下

一稱一禮者　滅罪除苦惱　現世大安樂　口傳名

唵阿儞地耶娑婆賀

月天子

歸命月天子　本地大勢至　爲度衆生故　普照四天下

一稱一禮故　滅罪除苦惱　現世大安樂　名

歸命戰拏羅耶娑婆賀三反

明星天子

歸命明星天　本地虛空藏　爲度衆生故　普照四天下

一稱一禮者　滅罪除苦惱　現世大安樂　名

歸命阿盧那耶娑婆賀　明星天の眞言南向を忌むことなり

下座三禮。現當意願悉地可レ祈《シル》レ之。修中五辛酒肉婬他宿等。一向ニ可《キ》レ有《ル》ニ停

止ニ者也

（朱注）若加行滿足の受者なれば不動法也（朱注已上）

寛政八年丙辰仲秋

傳授大阿闍梨

次ニ水掛文曰　若《シ》加行滿足の人なればば別に眞言あり。此ノ歌は甚《タ》卑劣なり。向後は不レ用

此歌は正儀に不レ用　此ノ傳ハ太秦の傳也

ばざらだと。ばんじの水のきよければ。くみてわが身に。あびらうんけ

ん

同文（此歌も正儀に不レ用）

かきながすこの山本のいすゞ川。やほよろづよの罪ものこらじ

右百日或五十日たりといへども。今度依テ二別儀ニ一三七日之加行用捨云々

寛政八年丙辰九月五日夜正受者ニ授ルレ之ヲ也。多人數ニハ翌六日夜被ルレ授ケレ之
結縁ハ者六日晝五ッ時より酉の刻迄。七日同斷
五日八ッ時三昧戒。正受者並に隨從とも。大阿闍梨より授ること也。結縁は省ク也
神祇の心を以て自身の心として受る事なり
三昧。此には本誓と云て制約の義也。神代巻瑞珠盟約章の式也。黒心《キタナキ》を除棄て赤心《キヨキ》を用て神祇の道に入ル也。大和上は高座也。前に机あり。此ノ机は天安河に象ごる也。灑水器あり。天眞名井に象ごる。木綿襷を（日本紀ニハ作手繦）授く。此は八坂瓊之五百箇御統《ヤサカニノイホツミスマル》に象ごる。法弟相續。子孫相續の象《カタチ》也。家相續。國相續。此ノ中に籠る也。彼ノ天上に在て素尊の五男神を生じ。此を天照皇に奉て大日本皇統萬世に不斷なる儀なり。出家人は法脈相續となる。若シ佛法已灌頂の人なれば金剛線を用ゆ。木綿襷には非ル

也。此ノ時大和上頭を袈裟にてつゝみ御授けなり。總て出家衆灌頂壇今時神道ニ僧ヲ忌ムコト頓ト神道ニナキヿ也。是ハ別ニ因縁アルヿ也
にて不ㇾ殘ㇻ頭をつゝむ事也。三昧耶戒の時
榊葉にゆふしで掛ていつの世に。神の社といはひそめけん
いつの世の釋　佛法にて云ッときは無量無盡際の義なりと
神道（朱注）灌頂初三摩耶戒の灑水。次ニ含香所の灑水。後ニ宗源壇の灌頂水
と三處の義。天眞名井三處に象る也云々（已上朱注）

五日戌刻後より始メ。一の鳥居際に上下着し兩人香を薫ず。（禰宜ノ役也）正受者は沐浴。衣服も隨分清淨。新らしきを着すべきこと也　結緣等は多人數ゆへ上下衣服等の不淨を除るために香を薫ずること也

（朱注）宮社參詣鳥居の大事。拍手幣等の傳は。別にあり。當流は參詣のとき鳥居の外より入る口傳あり。此ノ神事には不レ爾ラ。鳥居の中より入ル也（朱注已上）

一ノ鳥居　祭神荒神《アラフル》。榊。神鏡

中臣祓　教語

（朱注）荒神折紙に云。諸神の荒魂を聚て荒神とす。荒振神。千磐破荒振。萬葉にあり。夜叉荒神。如來荒神。その深奥は瑜祇愛染品自性所成之障也。十地の菩薩如レ醉ト是なり（朱注已上）

此所は淨衣。小忌《チウミ》衣《コロモ》。烏帽子。狩衣等著用ノ可レ勤シムレ之チ。僧家勤るときは理趣經ノ偈也

教語

乃し心を荒すまじ

心をあら／＼しくもつまじく。是をあら／＼しくもてば。必悪神その便を得ルなり。依て荒振神を拂フ。世俗に荒神ばらひと云フ是也。第一に心得。心を荒すまじ

身を荒すまじ

己が身を損害するなり。孟子に知レ命ヲ者ハ不レ立タ三乎巖墻之下ニ一と云フ。この類なり。又病をも愼ムべし。濕瘡の類等。尤も其ノ病因を避クべし。心病身病あり。ともに皆損害するものなり。論語述而に子ノ所レ愼ム齊戰疾と云フ。是なり。身體肌膚。遠クは天地より此を受け。近くは父母より受ケて大切のことなれば。身を荒すまじきこと也

孟子(朱注)も此身を荒さぬと云フ。孝は萬行の基じや。此等の語はたつとい。なるほど賢者じや

孔子は聖人で。人道を説て天道に達して。老子の教に近い。吾國神道に叶ふ。先ツ齋戒して鬼神を敬して遠ざくとも云ハれた。大廟に入て事毎に問フとも云ハれた　王觀濤曰く。愼レ齋ヲ則不レ慢セ神ヲ。愼レ戰ヲ則不レ輕ンセ敵ヲ。愼レ疾ヲ則不レ輕ンセ生ヲと云フた。よい辭じや。此ノ身の大切なる。萬物の長たることを知らぬは愚かなことじや。神儒佛ともこゝらのことは相違せぬ（已上朱注）

家を荒すまじ

先祖より家格等改むる類。たとひ尊くするも心得あるべきこと。斷滅等に至るは家をあらすなり。みな神道にそむけば。家をあらすまじきなり

地をあらすまじ

大名《有土ノ君》高家は其ノ領地領國。庶人は田地家の作業也。神代卷に素盞嗚尊が春は則ち重播種子《シキマキシ》。且毀《ハナチ》ニ其ノ畔ヲ一。後ニ諸神贖《アナカフ》ニ其ノ罪ヲ一。髮ヲ拔き手足の爪をぬ

きて贖フレ之ヲ。遂に根國におひやられしことあり。吾國神代よりかくの如し。地はあらすまじきなり

（朱注）今人々の地を荒すことは。大概なることは知れぬものなれば。此ノ罪咎もあらんかと神社へ參詣するは尊きこと也。神代よりかくの如し。併しながら三文ですまさうとするは。ごうであらうか知らぬ（朱注已上）

居る所の位を荒すまじ

自己より居所を持くづしさがる類。居所は大切になすべし。是レ神國の教なれば。位は荒すまじき也。支那聖人堯の舜に位を讓りしも。此ノ神道には許されぬ也

此ノ五つの守りを以て第一の鳥居に入るべし

二ノ鳥居　祭神白山大權現　榊。神鏡等前に同シ（但白山權現の宿り木は杉なり）

（朱注）白山三社。伊弉諸尊。菊理媛。伊弉冊尊　此方の傳也。是は後に述べし　加賀白山に杉多しと云フ（朱注已上）

世尊妙相具ノ偈。教誥。緇素とも同ク唱ル也

神の御心は死の道を忌み嫌ひて。生の道に趣くと云ヘり

死を忌て生を守る。生成して不ルレ止マは天の道也。神祇の心なり

（朱注）神明の御意は人道と相應して。人類凡夫の心と相離るゝことを知るべし。尤灌頂の尊きことを知るべし。今世間の神學者の生をいとひ死をきらふ意とは大に違ふことをよく憶念すべし。下の五つの道にて知ルべし（朱注已上）

分を忘れて他に勝るゝ事を好む。死に趣くの道なり

日本紀ニ當麻の力士が大言クエハヤ野見宿禰八島に制せられし類。又外道が脇尊者と論議せし類也。總じて我レまされりと思ふは。一念起ルも皆神慮にたがふこと也。若しこれを言辭に發するに至テは死を取ルの道にちかし

（朱注）當麻の蹶《ツエ》速《ハヤ》。野見宿禰の事。十一代垂仁の御宇。集解四の六十一丁ヲより十二丁ヲ迄にあり

脇尊者を外道があなどつて論に出たり。天子の殿堂にて論義あり。其《ノ》とき尊者の形相尊《ト》かりしと也。外道曰《ク》。一切の言を破すべしと。尊者曰《ク》。國王長壽人民安穩

又菅公が三好淸行《ツラ》を愚魯と惡口ありし類。彼の聖賢たる人にても。分を忘れ他に勝るの一言。終に家をほろぼし死に趣くの道なり（朱注已上）

君に事へて私をまじゆる。死に趣くの道也

神道は自然ゆへ。君は君。臣は臣。みな自然なるものなり。神代巻がみな此《ノ》趣なり。若《シ》臣として其《ノ》君に事《フ》るは。大にもあれ小にもあれ。誠を盡して唯その君の爲になすべし。自ら冥加にかなふ也。若《シ》此《ノ》道を忘れて私をまじゆるは死に趣くの道なり

利に走り色に耽り自から心のおき所を忘る。死に趣くの道也
日本書紀仁徳天皇紀に。隼《ハヤ》別《フサ》の皇子。嶋メ鳥ノ皇女及び息女の飾玉をぬすみし類。天稚彦の事。神代より今に至る迄かくの如し。利に走り色にふけり此ノ身をほろぼすこと。古今おして知るべし
上をしのぎ。下を蔑にし。友に交りて誠なき。死に趣くの道なり
世に處して位ある。天命の在ルところ也。下として敬し崇ムべき處なり。若シ才藝等を自負して上を凌ぐ者。刑戮をも招く也。若シ高位に居する者その位にほこり。其ノ威勢をたのんで下民を視ること禽獣の如くなる。道を知らざること也。若シ天上より視る神あらば。同くこれ人類なり。惰慢を起せば天德を敗るなり。誠也。中庸に。誠者天之道也。誠ニスルレ之ヲ者人之道也と云フ。朋友妻子の間。隣里郷黨。たとひ行路に相遇ふも誠を失フべからず
左傳。（朱注）虢の君の滅亡。是を内史過は知りたり

扁鵲、華陀顔淵。是等は賢者なれども。天命に叶うたとはいはれぬ。又自負にはあらざれども神慮に違ひて。神明からみれば自負貪欲にあたることを知るべし

論語郷黨篇ニ。孔夫子の行狀一々知ルべし。誠に神道に叶ふ。論語總て

儒書

神功皇后より寶國のこと神勅ありて。後應神天皇海外我用となさせられたることは。今の儒神道者の知る所でない（已上朱注）

天命を恐れず神祇を敬はず。ことに觸レて謹みなき。死に趣くの道なり」

天命と云フこと。孔子の五十而知ルとあるは。大切なることなり。壽命の長短生涯の禍福をも。皆これによるあり。神祇は常に人を見たまふ。人は神祇を見ず。愚昧の者神祇なしと思ひあなどり輕ンずる類。天罰神責を受て自ら不レ知ラ。大いなる誤也。たとひ天命を知ラず神祇に祈ラずとも。事々謹愼なれば天罰神責は有ルまじ。孔子の入テ二大廟ニ一毎ニレ事問フと云フ。

是なり。志あらん人此ノ天命に順じ神祇を敬ひ。事に謹愼なれば。此處
に守りあることを知ルべし
（朱注）吾國には此天命の神ありて賢愚ともに知るゝ也
天命と云ことは知れたることなれども。凡夫は得わかたぬもの
也。中臣祓に神漏岐神漏美のみこともてとある。是レ天命の依て起
る處也。後の八達街の處にて具に云ふべし。予が天命儀にあり（已上）
朱注
此ノ死穢を避て生に還るの道。此ノ五つをまもるべしと云ヘり。乃《イマシ》第二の鳥
居に入ルべし
日本書紀神代卷ノ上。四神出生章。一書六章目。伊弉冊尊黄泉に入らせ
られたる事。集解上卷十五丁チより二十二丁迄引べし
同一書十章目。ユ神代卷講述鈔上二卷廿三丁チ。モシホ艸二卷四十一チ菊理媛神申しことある云々
白山大權現の三體を並べ鎭座祭祀すといへり。又熊野權現は。左は

速玉之男。右ハ事解之男。中は御幸の玉座として。空座をまふけて菊理媛神の來格し玉へりといへり。此は具に神官の人に問フべし

有爲法は生の道と知ルべし。生ある者死あるは死の當然也。然るに神道に死を忌ムは。實々の處。生も死も並に超過するの至理也。今世間の者の死を嫌ふ意とは違ふなり

（朱注）第一の鳥居。諸人の荒魂をあつめて荒神とす。夫より此ノ白山權現第二の鳥居の祭神となすこと。面白きことなり。四神出生一書十章目をよく〳〵會得して見るべし。菊理媛の白しことあり。夫より。諸尊聞而善《ホメ玉フ》レ之。乃チ散去――――より祓の義あり。因リレ茲ニ第三の鳥居住吉大神を祭神となす。灌頂は知らねばならぬことじや。尊きことじや

熊野三所權現。神社考十三チ　白山權現。神社考詳解廿三ウ　予が人となる道に具に出ス

早玉	本宮	事解

菊理媛。早玉。事解ノ三座が熊野の神也〇那智新宮は早玉。事解也。三神各互に相殿にすると

右熊野竹の坊の傳也。此ノ本宮は御幸の玉座とて常は空位也。祭時の折柵の社より菊理媛を勸請す。依て客人と云フ。但し然れどもと詞を起して天地諸の神靈を夫々に封じ玉ふ（已上朱注）

三ノ鳥居

祭神住吉大明神　榊神鏡等上に同シ（但し住吉大神の宿り木は松なり）

蓮華三昧偈　敎誥　緇素ともに同ク唱ふべし

歸命本覺眞法身　常住妙法心蓮臺　法（本來イ）然具足三身德
三十七尊住心城　普門塵數諸三昧　遠離因果法然具
無邊德海本圓滿　還我頂禮心諸佛

此の經本朝へわたらず。此ノ偈のみわたりたる也

神代卷ニ。伊弉諾尊ノ曰ク。吾《アレ》前《サキ》ニ到《イタ》レリ於不《イナ》順《シコメ》也凶目汚《キタナキ》穢之處ニ。故《カレ》當ニ三滌《アラヒスツ》去吾《ア》カ身之濁《ケガ》穢《レ》チ。則チ往《ユイテ》至二筑紫日向小《オ》戸《ド》橘ノ檍《アハキ》原《カハラ》ニ一而祓《ミ》除《ソギシ》玉フ焉。遂ニ將レ盪《スヽキ》玉ハント二滌身之所ノ汚《ケガ》レチ一。乃チ興言《コトアゲシテ》曰ク。上ツ瀬ハ是レ太《ハナハダ》疾シ。下ツ瀬ハ是レ太《ハナハダ》弱《ヌルシ》。便チ濯《スヽキ玉フ》二之中ツ瀬ニ一也

是レ允《マコト》ニ執ル二厥ノ中チ一のことはり也。第三の鳥居に入ルべし

此ノ三の鳥居に住吉大明神を祭ること。よく〳〵神代卷を知るべし。前に述る便チ濯《スヽキ玉フ》二之中ツ瀬ニ一也。因テ以テ生《ウメル》神ヲ號ケテ曰二八《ヤ》十《ソ》枉《マガ》津《ツ》日《ヒノ》神《カミ》一。次ニ將《シテ》レ矯《ナホサント》二其ノ枉チ一而生《ウメル》神チ號ケテ曰二神《カン》直《ナホ》日《ヒノ》神《カミ》一。次ニ大《オホ》直《ナホ》日《ヒノ》神。又沈《シツミ》濯《スヽク》二於海《ワタノ》底《ソコ》ニ一。因テ以テ生《ウメル》神チ號ケテ曰二底《ソコ》津《ツ》少《ワタ》童《ツミノ》命《ミコト》一。次ニ底《ソコ》筒《ツヽ》男《ノヲノ》命。又潜《カツキ》濯《スヽク》二於潮《シホノ》中《ナカ》ニ一。因テ以テ生《ウメル》神チ號ケテ曰二中《ナカ》津《ツ》少《ワタ》童《ツミノ》命《ミコト》一。次ニ中《ナカ》筒《ツヽ》男《ノヲノ》命。又浮《ウキ》濯《スヽク》二於潮ノ上ニ一。因テ以テ生《ウメル》神チ號ケテ曰二表《ウハ》津《ツ》少《ワタ》童《ツミノ》命《ミコト》一。次ニ表《ウハ》筒《ツヽ》男《ノヲノ》命。凡《スヘテ》有リ二九《ツノ》神《ミ》一矣。其ノ底《ソコ》筒《ツヽ》男《ノヲノ》命。中筒男ノ命。表筒男ノ命。是レ即チ住吉大神《スミノエノオホンカミナリ》矣

(朱注)住吉のこと神社考に詳に解せり。四丁ウ(朱注已上)

此の九神出現ありて後。左眼右眼御鼻を洗玉ひ。三神ますと也。此ノ中允ニ執厥中と云フは。書經に在て堯の言なり。堯の舜に譲リしは道の當然ならねども。此ノ中を執るの一言はよく神道にかなふなり。支那にも神道の趣は傳はりしと知るべし

此より含香所。僧家つとむる也。尤教授は比丘衆なり。引入は沙彌衆以下歟

編者曰。右神道灌頂敎授式抄一卷は尊者の說。門弟の記なり。但し記者詳ならず。恐くは天如師歟。今高貴寺所藏の智幢法樹和上書寫の本に依て之を出し。高井田長榮寺所藏の古寫本を以て校合し畢ぬ。此中朱注幷傍注は智幢和上の加ふる所と思はる

神祇灌頂或問　葛城傳

或人神祇灌頂の名義を問フ　答て曰く。天竺の風太子の王位につく時。其ノ師たる婆羅門。先王の正道を以て種々に敎誡し。四大海の水を取て金瓶に入れて太子の頂に灌ぐ。是れ德を先王に繼イで四海の君となる式なり有二リ異義一。今依二ル一義一

(冠注)花嚴經ノ第三卷ノ說ハ父王自灌ク二太子ノ頂ニ一(已上冠注)

眞言密敎は即俗而眞の法門にして。俗諦を取て眞諦に用ひ成す故に。五智法身の加持水を以て受者の頂に灌ぐ也。彼の世間の太子先王の性德全きが故に即位に堪ふるが如く。人々本來覺王と同一性の故に此の加持に堪ふるなり。神道灌頂も亦しか也。人々皆天地の神と同根なるが故に能く得るなり。神と云ひ佛と云ひ人と云ふ。是れ假名にし

て○其《ノ》心體は同《シ》く不思議なるが故に○唯《タ》信十分なれば十分に圓滿し○信五分なれば五分に得益す○心性は毫髪ばかりも增減なし○疑ふべからず

問ふ○神祇灌頂の式に大師流と云《フ》本有り○萬治三年雲州日の御崎別當の奥書あり○其《ノ》文に曰《ク》○弘法大師出雲御下向の時○素盞雄の命の神託に依て行じ玉ふ式なる故に素盞雄流と云ひ○亦は出雲流とも云《フ》と○此の式朱付校合は源雅僧正なりとあり○如何　答《テ》曰《ク》○我れ彼の式の文義を味ふに○決して高祖の製に非ず○是れ後代に名を借り說を設《ケ》て僞撰するものにして○麗氣記幷に雨寶童子啓白等の類なり○信ずべからず用ゆべからず○且つ御流と稱する八十二通等も○決して高祖の製に非ず○是れ必ず三輪慶圓子の作なるべし○彼の子は愚にして直なる人なりし乎○我れ曾て三輪流と號する神道の書を見るに○榊を天竺にて波羅提木叉と云ふなどの說あり○何によりて云ふかは知らざれども○恐く

は妄說なるべし。波羅提木叉。此には別解脫と云ふ。豈に榊の言ひなら
んや。是を以て其《ノ》他を推知すべし。出雲の式にも亦是を出すが故に。同
じく慶圓子の作なるべし。但し年曆等考ふべし。設ひ于時弘仁九年の
春と書《ス》とも。猶是れ僞作ならん。然れども彼の子神託を受け神祇灌頂
を行ふと云ひ傳ふ。若し實ならば是れ但だ直心の德なるべし。其《ノ》行軌
は法とするに足らず。吾が所傳の如きは。法則灑《サツ》洒《ハリ》として。人心をして
洗ふが如くならしむ。實に外儀唯一神道にして。內は無上の法水に潤
はしむる善巧方便。何の法か是れに如かんや。有眼の人隨喜して行ふ
べし

問ふ。慈雲和尚は盟《ウケ》約《ヒノ》場《ニハ》に於て。僧の受者には金剛線を用ひ。俗の受者
には木綿手繦を授く。今用ひざるは云何　答曰。金剛線は唯密不共の
物にして。一授已來常に離つべからざるものなれば。爰に於て改めて
授くることを用ひず。又未入壇の者には授くべきにあらず。又木綿手

繦は神事作務の具にして。動作を作すものに用る所なり。神代巻磐戸の章に。天の鈿女命。蘿を以て手繦として舞を作す。其時餘の神は是を用ひず。これを見るに動作の時の服なること明かなり。然るに（名法要集下巻）不レ懸二木綿《チ》一而不レ可レ奉《ル》レ向《ヒ》二神祇《ニ》一など丶有るを見て。神事の禮服と心得。是を懸けざるは非禮なりと思へるは。大なる謬なり。又往古は太子など御袴著に襷のこと見えたれども。三幅にして其形打敷きの如く。掛け緒の廣さ三寸なり。治承年中安德帝太子たりし時。御袴著に襷の著様を知る人なき故に。御用意のみにして著御は無かりしとなり。然れば今の神職のたすきとは大に異なり。思ふに今の手繦は和尚是れ等を知りて。しかも今の神職の木綿手繦を授くるは。蓋し密灌の金剛線に擬するならん。我是れをうけがふこと能はず

問ふ。一の鳥居の荒振神とは何ぞ　答ふ。我が傳には諸神の荒魂《アラミタマ》を總て云ふと雖。今此門には別して伊弉冊尊黄泉《ヨミツ》の眷屬たる八つの醜女《シコメ》

を云ふ也。神代の卷を見るべし

問ふ。二ノ鳥居菊《ク、》理《リ》媛《ヒメ》は云何　答曰。神代卷の一書に。冊尊の神《カン》退《サ》去《リ》玉ふ時に。諸尊深くしたひ玉ひて。黄泉に逐ひ入り玉ふ。其ノ時是の菊理媛妙理をのべて諸尊を慰め喩《サト》し奉る。諸冊二尊きこしめして菊理媛をほめ玉ひ。即黄泉を出でさり玉ふ。故にこゝに祭るなり。加賀の國白山の三座の中は即ち此の菊理媛にして。其ノ左右は諸冊二尊なり。熊野の三社は左に速《ハヤ》玉《タマ》男《ノチ》。右に事《コト》解《サカ》男《ノチ》。中は即ち菊理媛來現の座と云《ウ》て空座なり。亦御幸の坐とも云ふ。是の菊理媛を客人權現と云ふは是の故なり。且つ是の神は諸冊二尊情慾を離れ玉ひて。本分の清明にかへり玉へる神靈の現じ玉へる也と傳ふ。又菊理とは聞《キ、》截《キリ》の義なりと云へり。受者此門の教示を聞て邪をすてゝ正に歸する。是れ眞の祓なり

問。三の鳥居に住吉を置くこと云何　答曰。諸尊前に菊理媛の諫を受け。黄泉を出で身《ミ》潔《ソキ》し玉ふ時。九神を化出す。住吉の中筒《ツ、》男《チ》の神は其の

一也。師傳に依て是を用ゆれども。予が意には九神の中の大《オホ》直《ナホ》日《ヒ》の神を擧げたく思ふなり。神代卷を見るべし。因に云ふ。不《イナ》須《シュ》凶《メ》目《キ》とは眼にみるも穢らはしと云ふ義なり。筑紫はもと九州の總名にて。日向は九州の中の一州なり。又允書經第三神門中に其中を執るとは。過もなく不及もなく。事々宜《キ》にあたる也。是れ堯帝の語を用ゆ。以上三門は幷に是れ潔《ミ》身《ソキ》祓《ハラヒ》の事緣なり

問。含香處は云何　答曰。是れ正しく内道場に入らんとして。塗香を以て身即淨三業也を淨め。丁子を含んで口をきよめ。敎示を聞て心を淨むる處也。心を淨むるとは。内道場は即自性法界宮なることを信じて。眞俗の隔執を破り高天原に安住する也。唐にも天子の侍臣は丁香を含むと云へり。今法王に親近する法。斯の如くなるべし

問ふ。何ぞ比禮を以て面を覆ふや　答曰。純密の灌頂の覆面に擬して此を著せしめ。即ち上世の古風をなすなり。住吉の社家に珍藏する住

吉明神の尊像。幷に出雲の大己貴の古尊像等。皆比禮を著し玉ふ。我が國上古は男女通じて是を著しけれども。後には唯《タ》女の首飾と定れり。其製は伊勢内宮御裝束の中に絹比禮八條。幅長五尺となり。著様は高祖大師手書の大黑天の立像の如し

問ふ。鏡璽劔の三種の神器は是れ天子の傳寶なり。餘人に授るの理あらんや　答曰。此の器は智仁勇の三德を表す。天子より下民に至るまで。其の施し行ふ所は分位に隨て各々殊なれども。貴賤男女に通じて三德は缺くべからず。其故は下民と雖も。分に隨て三德なければ家治らず。諸侯も三德なければ國治らず。天下國家治らずんば。天子と雖も安處することを得べけんや。是故に三器を以て三德を具ふる義を祝するなり

問ふ。習合家神佛を配會する。各々證據ありや　答曰。神は是れ上古の神にして。佛法は後代に流傳す。而して神の自ら我は是れ佛菩薩との

たまへるは。天照皇八幡等の數神なり。其の餘の託宣なき神。何に因て其の配會を定めんや。悲花經に。我れ滅後に於て諸大明神と現ずとあるも。其の神名を說かざれば配會を作し難し。況や是れ僞經なるをや。麗氣記等も亦大師の眞作に非ざれば。他に對して以テ證據と作し難し。然れども佛には普門の德全き故に。一切衆生の信ずる處に感應して利益す。天照皇等を以て推しはかるに。餘の神も亦內證はかり難し。今佛に配會して灌頂の壇を建て。人の淸信に乘じて邪を捨て正に歸せしむ。正神何ぞ感應せざらん。邪神亦信伏すべし。是に依て古來天照皇八幡等の神佛冥合の託宣少からず。且往昔人淳直にして偏執なき故に。文人才士正理を鑑みて。更に佛法を毀損することなし。伊勢の祠官。ト部《ウラヘ》の神職等。佛法を信仰し出家入道せる人甚タ多し。龍凞近が神國決疑篇等。側ら配會の證に充つべし。又一演。慈遍。兼好。長明。九江。梵舜等。皆神家より出で佛道に入ルものなり

（傍注）一演傳三代實錄十四卷に委く出たり。大中臣知治麻呂子也。出家爲眞如親王弟子　九江は卜部兼倶の子也。兼倶は文明延德年間の人梵舜は卜部兼右の子。慶長年中の人（已上傍注）

是等神佛一理の玄旨を觀達して更に偏執なき故なり。近代の神職固執甚しうして。佛法を忌み嫌ふを以て神道なりとするものと大に異なり。續日本紀に（文德實錄七卷十三丁委出タリ）曰。去辰年河內國大縣郡乃智識寺爾坐須盧舍那佛遠禮之奉天則朕毛欲奉造止思登毛得不爲之間爾豐前國宇佐郡爾坐須廣幡乃八幡大神爾申賜閉止云々。續日本後紀曰。勅曰。佛力神威相須尚矣。又曰。護持神道不如一乘之力。轉禍作福亦憑修善之功。又曰。夫冥靈之道至神乃應。神明之德修善必祐云々　右等之明文枚擧に遑あらず。神佛和合の明證とすべし。且つ神書は舊事紀（不用所依）古事記。日本紀（神代卷）是れ正記なり。其の他は伊勢神藏の十二卷と雖も。神家の私意を加ふること甚多し。擇ばずんばあるべからず問ふ。佛に普門の德全き故に。何れの神と配會しても皆可なりと云ふこと。實に然るべし。然るに古人の本地垂跡を局定するに似たるは云何　答曰。局定して執するは唯《タ》今僧の執ならん。古人の意は。釋迦もよし彌勒も可也。しばらく彌勒にせんと云ふ如くせしならん。譬へば父母の娘を嫁せしむるに。東家も可也西家も可なれども。しかも唯だ一方に定むるが如くなるべし。若し託宣等の事緣あるは別論なり。且つ神を曼荼羅に配することは。或は神世七代。及び天照皇等の五代。幷に兄弟の神。その他も。肝要の神を擧ぐべし。古則に神を擧ぐること次序なきに似たり。今これを改む

問ふ。案上案下壇は是れ何の爲ぞ　答曰。大社と天神とをば案上に祭り。小社と地祇をば案下に祭るなど云《フ》說あれども。是を用《フ》れば甚《ダ》煩《ハ》しきこと多し。其の故は今大壇の諸神と天鏡の諸神と鳥居の諸神とは。供物を其《ノ》處々に供へ難き故に。皆是を降臨壇に於て祭るなり。是の中

に就て大小社天地神など差別するときは。不便宜なること甚《タ》し。案に上下を分たざるも可なり。設ひ古來の名目に順《シ》て案をば上下に作るも。神をば宜《キ》に隨て次序して可なり。かゝはるべからず

問。今擇み擧《ケ》て祭れる神に故ありや　答曰。天照大神は日域諸神の主なり。天上にあげらるゝと雖も。本是れ天下に君たるべきを生んと誓《ヒ》て產み玉ふ神なる故に。兩脇の神ろぎ神ろみは。天命を掌ざる高皇產靈《タカミムスヒ》の尊の行命陰陽の妙用にして最要たり。神世七代及《ヒ》五行の水木火土金穀物の神は。必擇み擧ぐべき者。其《ノ》餘は大壇天鏡鳥居の神なり。諸神盡く別祭すべからず。總祭の位を設くるは是が爲《メ》也

四神旗　東は靑龍。南は朱雀。西は白虎。北は玄武。尾州熱田の時繩云。此《ノ》尾州津島ハ——四神神社之神主也と云ふこと本と我が事に非ずと雖も。往々神記に載《ス》ること久し。又唐には王の行幸にも此《ノ》四神を畫ける旗を前後左右にすることあり。是れ此の四神は星宿の神にして。天文地理に則ること人事の至れ

る也。又此の旗は吾が朝御即位の時も庭上に立るなり。曲禮には。行く時は朱雀を前にし玄武を後にし。青龍を左にし白虎を右にすと云へり。吾カ朝此の旗を用ゆること。續日本紀文武帝の記に見えたり。又蓬牕目錄の五に云く。行軍には四神を旗の上に畫いて天に象ルを以て武を示すと云々四神のこと異說多し。今略す。其の中に。朱雀は一說に云ク鳳なり玄武は龜なりと云々

五種三昧道ト者（朱注）含香所法則之中覆面ノ中ニ出ツ（已上朱注）

一ニ者世間。二ニ者聲聞。三ニ者緣覺。四ニ者菩薩。五ニ者佛地也。今の神道。外儀は世間なれども。而も內證は通ス二菩薩佛一

于時文化辛未仲冬於テ二阿陽勢見山神殿一灌頂執行之時答ル二或人之疑問一耳

城南千代岡隱士天如俊山

于時文政十三歳次庚寅春以二天如師之草本一校二合之一補寫畢

阿陽德府萬福寺量觀

勸門跡和田大圓大僧正所藏本奥書

時嘉永三歲庚戌首夏吉蓂

小沙彌月洲

編者曰。右神祇灌頂或問一卷は文化八年天如師の記なり。今高井田長榮寺所藏の古寫本に依て之を出し。勸修寺門跡和田大圓大僧正所藏の嘉永三年月洲覺樹和上書寫の本及び高野山大學圖書館所藏の密門宥範大僧正舊藏の寫本を以て校合し畢ぬ

四海領掌大事印信

一名輪王大事　一名御即位大事
菩薩流相承

輪王大事

無所不至　二明深秘面授

嘉永三年庚戌仲夏傳燈阿闍黎量観　授覺樹畢

弘法大師　眞雅　源仁　聖寶　観賢　淳祐
元杲　仁海　成尊　義範　勝覺　定海
元海　一海　雅海　全賢　淨眞　眞𠈓
俊譽　公昭　定泉　英心　寥源　高湛
高海　高算　高森　高實　高珠　高範
高玩　高喜　惠猛　信光　普攝　貞紀

飲光　諦濡　量観　覺樹

編者曰。右四海領掌大事印信一通は。勸修寺門跡和田大圓大僧正所藏の嘉永三年量觀闍梨覺樹師に授くる所の本紙に依て之を出す

四海領掌大事

先師云。弘法大師弘仁七年丙申に（六月十九日上表。七月八日勅許）在て高野山を表請して入定の所とし。一兩の草庵を作り。高雄の舊居を去て此に移り入て住す。時に天皇（大師年譜ニ弘仁十四年七月嵯峨上皇勅シテ召ニ大師ヲ自ニ高野ニ暫ク寓ニ中務省ニ云々）別勅あり。請して下山せしめ。中務省を宿として。時々御物語あり。或夜近習を避《サケ》て大師一人を御座近く召して。勅シテ玉く。師遠く滄海を超ゐ明師に値遇し秘密曼荼羅乘を傳承す。是れ我が國寶祚長久の吉兆。萬民豐饒の祥瑞也。然るに朕前代より受來りて即位の大事あり。師が傳へし法の中にも。王者の印契を傳承ありや。大師答テ言ク。密教固より即俗而眞世間相常住の法門にして。外金剛部神祇灌頂の式あり。人中王者四海領掌の印契あり。天皇ノ曰ク。朕が相承せし所を師が傳へし法門に照し看ば云何。大師言く。固より願ふ所也。王法佛法久住シ光曜シ。國家安穩萬民豐樂ノ大吉瑞也云々　爰に天皇相承の印契を示し玉ひ。大師傳來の秘奧を開き玉ふに。誠に符節を合せたる如し（二條殿に傳ろ所。我が宗脈の人の傳ふる所是れ也）此ノ時天皇感涙に堪へさせ玉はず。大師又歡喜の涙に噎び給ひ。此の夜御互に言の述フべきならず。大師退出し玉ふ。爾後時々御密談。事の子細に及べり。

我が朝神道灌頂爰に開けりと云ふこと也

本說は金剛界九會曼荼羅。降三世會羯磨三昧耶の式を以て此の秋津《アキツ》洲《シマ》の上天下界神祇冥道に融攝せる法門也

麗氣灌頂式一帖

御即位灌頂式一帖

別深奥式一帖

主上御即位已に契明あり。此れに依て大師天《アマ》の八衢《ヤチマタ》の奥義を察して。士農工商醫卜諸伎の大事を開て。下庶民に至る迄の心の寄せ所を傳へ給ふ

比《ヒ》禮《レ》挂伴男《カツルトモノヲノ》大事

手《タ》襁《スキ》掛《カクル》伴《トモノ》男《ヲノ》大事

靫《ユキ》負《ヲフ》伴《トヒノ》男《ヲノ》大事

劒《タチ》佩《ハク》伴《トヒノ》男《ヲノ》大事

農家ノ大事

工匠ノ大事 十八通大工

商賈ノ大事

醫門ノ大事

卜家ノ大事

音樂ノ大事

和歌文章ノ大事

女儀ノ大事 鏡針織具

外學ノ大事

出家沙門ノ大事

四海領掌大事

文政十三歳次庚寅仲冬以二類本一校二合シ之ヲ一書シ寫ヌ畢

阿波德府萬福密寺現住量觀

嘉永三庚戌年首夏吉祥拜寫了

小沙彌覺樹月洲

編者曰。右四海領掌大事一卷は天如師の記なり。今勸修寺門跡和田大圓大僧正所藏の嘉永三年覺樹和上書寫の本に依て之を出し。高野山大學圖書館所藏の密門宥範大僧正舊藏の寫本を以て校合し畢ぬ此中傍注は量觀師の加ふる所と思はる

神道大意

葛城傳

今將に神道を授けんとするに。先づ此の傳と舊來の説と大に異なるを述べし。舊來は神職諸人多くは神祭の行事を以て神の道と謬り意得たること久し。夫れ天照皇等の神は太古の天子に非ずや。天子の道は心を治め身を治め國家人民を治むるの道なり

（冠注）天子の道等者。神代卷下卷高皇産靈勅大名持命曰。汝所治顯露之事者宜是吾孫治之乃至。我將退治幽事云々　顯事者治國平天下之人事也。幽事者神事也。可以知（已上冠注）

是故に吾日本太古の時は神道と云ふ名目もなし。只是れ平常の道なる故なり。人皇第三十二代（次三十七代孝德紀ニモ見ユ）用明天皇の時に至りて。儒佛の道に對して日本の道を神道と名く。神國の道と云ふ事なり。凡そ時異なれば治國の法も隨て異なるは。内外萬國皆同じけれども。其の樞要は古今同一

なるものなり。能く是の樞要を得て左右萬變悉く地に叶ひ人に叶ひ時宜に叶ふを。是を世間の正見を得ると云ふなり。此の正見即《チ》神の大道なり。今の神職等。假令歴々たる家傳ありとも。其の祖たる者但だ神沙汰文上巻三丁左ニ出を祭るを以て職とし。幣注連拍手祝辭等の末事を以て相傳し來る故に。但だ行事を以て神の道と思へるは誠に宜べなり。亦間ヽ小《コ》賢《カシコ》き者ありて。神代の道は質素正直のみと説き。或は土金の傳などを立てゝ。神代の道は敬《ツヽシミ》の一字に在りなど云へども。但《タ》に是ばかりにては。譬へば心《コヽロ》賢くして手足なきが如し。太古の世といへども。理と事と備はらでは治まるべきに非ず。神代の巻を見ても明かなり。今此の傳は事理體用兼備して。實に古今に通ずるの大道なり。下に至て述ぶべし　或人曰く。三教論三巻廿五丁。同廿九丁。神道明辨五丁祭と政と同じ。是の故に和訓異ならずと。然れば今の祭りの行事即治國の政にあらずや　曰く。汝は實に癡人なる哉。熟《ツラ〳〵》思へ。今の祭神の行事を以て政務のなるべきや。但し日本は殊に神孫なれば。神即《チ》先王なる故に。政に並べ云はんとして和訓を同ふせしか。然れども實にに偶《タマ〳〵》訓語の同じきなるべし。穿て解すること勿れ　問ふ師の說實に究竟せるに似たり。其《ノ》相傳云何　答ふ理は天地の理にして三世一貫なるものなり。說く所若し正道理に叶はゞ。又何ぞ別に其《ノ》傳來を尋ねんや。此《ノ》傳には赤心を以て體とし。天津敎《ヘ》。國津敎《ヘ》並に立身處位等を以て用とす。能く折紙の意を了得すれば。上は天子より下は庶民に至るまで。大小貴賤各々其の宜きに叶ふて治まらざるなし。殊に神代卷岩戸の章に載せたる。素盞雄命の惡作業も。舊來神職などの說とは大に異にして。皆是れ治國平天下の敎《ヘ》なり。斯の如く理證明正なり。豈又其《ノ》傳來を穿たんや。道理若しあたらずんば。假令神代より已來傳々明白なりとも。是《レ》即《チ》日本の耻なり。子は父の爲に隱すと云ふが如く。其《ノ》傳書を焼《キ》棄てゝ可なるべし　問ふ說は妙なりとも。若し神意に違はゞ云何　答ふ正理に古今なし。上位の神は必ず微笑し玉はん。劣神は自ら信服すべし。若し此ノ正理に背かば正神には非ず。此ノ國開闢以來。應神帝皇人第十六世に至ルまで文字なし文字有無の論あれども。なきを以て正とす余(冠注)之見ル神代の文字三體あり。並ニ皆異國の字の散在するものと傳ふ。異國の字少シ左に擧ぐべし

○朝鮮ノ彦文　ㄱ ㄴ ㄷ

○達靼ノ字

○阿蘭陀ノ眞　B P

○吐蕃ノ字

○屋駄國ノ字　川

神代ノ字と云フもの大抵之に似たり(冠注已上)

是ノ故に天武天皇四十代の御子舍人親王。父君の勅を奉タて日本紀を作り玉ふすら。其ノ神代紀の中には異説紛紜。或は一事に十一二の異説を出せり。又日本の神は天子及び殿上諸名家の祖なるに。其の分明ならざることと斯の如

きは。實に傳書なき故也　問吉田家は神代より傳來明白なりと。云何
答ふ彼れ若し明なる正傳あらば。日本紀を作り玉ふ時。彼に依て正
すべし。彼も亦秘すること能はじ。豈異說の甚しき道理あらんや吉田家自ら兒屋根命の子孫と云ふの僞なることは。神道辨惑に詳なり
（冠注朱書）中臣卜部。姓氏事辨卜抄詳悉也（朱注已上）
問ふ密家に傳ふる御流八十通眞僞云何　答ふ是を見るに製作甚だ
拙く。實に耻づべきの書なり。是を高祖の作と云はゞ。都率天上に眉を
顰め玉はんこと疑なし。思ふに是れ恐くは三輪の慶《キャウ》圓の作なるべし。
此師は神感を蒙りて神祇灌頂など行へりと傳說あれども。彼の三輪神祇灌頂
流の書に式ニ出同支度私記又同
（冠注朱書）神祇灌頂式は出雲流の式也　支度式は三輪流也（朱注已上）
榊を天竺にては波《ハ》羅《ラ》提《タイ》木《モク》叉《シャ》。叉は屍《シ》陀《タ》林《リン》樹《シュ》と名くなど云へり。夫れ波要
覽上五十丁羅提木叉此には別解脫と云ふ。屍陀林とは墓所の事なり。二つともに

木の事にあづからず。此ノ一二を以ても其ノ人を知るべし。又或る寺に三輪流ノ神祇灌頂の支具法則全備せり。其の中に神を悉く蛇形に書く十二一軸あり余思ふに神の蛇形鳥形（日本武尊鳥と化して飛び玉ふ。讃岐白鳥是なり）等に現ずることあるは皆是レ其ノ本形を隠さんが爲なり。然るを嚴然たる灌頂道場の内に畜生の形を書きて某の神と稱せば。神豈に耻ぢざらんや。神代巻に天照皇の像を説て曰く。髪を結で髻に爲し。裳を縛て袴と爲と云々（改テ女装ヲ爲ニ男装ト）是れ正しく人天の形なる證據なり。其ノ他伊勢の月弓の命。及び高野兩明神の高祖大師に逢ひ玉ひし形等。並に皆人の形なり。此ノ一二を以て諸神を推し知るべし。龍王の女すら常に人の形にありて。其ノ本形を人に見らるゝことを耻づ（神代巻豊玉姫）況や其ノ本形の人天なるを蛇形に書き之を壇上にあらはす。神を耻かしむるに非ずや

（冠注朱書）神道醜陋を耻チ給フ事。壒嚢抄十二巻に出たり。扶桑略記五巻十一丁一言主呪縛のこと出たり（已上朱注）

彼の無名《ナ》雉《ナシキシ》鳥形一言主《ヒトコトヌシ》蛇形等は本より卑劣の神なり。帝釋の樂《ガク》天緊探奈羅等の本體の異形なるが如し。是を以て上位の神に例すべからず。（玄記二卷卅七丁。‥此には云二歌神一能唱歌詠メ作レス樂ヲ云々）且つ彼の御流と名くる法則の中の和歌を見るに。悉く愚詠なり。太古の神素盞雄住吉以來、諸の神詠を見るに。其ノ妙なること感拜するに堪たり

住吉の神詠（冠注朱書）とて。夜やさむき衣やうすき片そぎの。行合の間より霜やをくらむ（已上朱注）

若しそれらの神の前にして。彼の法則の中の歌を咏せば。神をして儼然たる威儀を亂して捧腹絶倒《ハラナカヽヘテコケマワル》せしむべし　問ふ然らば彼の慶圓師しば〳〵神勅を蒙れりと云ふこと。皆虚説なるべしや　答ふ知るべからず。若し實ならば彼ノ師或は正直或は呪力等の別徳ありしならん。余上の如く云ふは。道理の上止むことを得ず。其ノ罪を惡《ニク》みて其ノ人を惡まざるの意なり。夫れ道は天下の道なり。其の當れるをば小童の言を

も用ひ。若し當らざるをば。祖師《古人イ》の教をも改むべし。毫末も私情を以て抑揚するは公論に非ず

左に出す雜事の中。糞言塵説論ずるに足らざること多しと云へども。愚なる人は時々彼れに惑はさる。依て聞ける者數件を擧《ゲ》て辨破す。溺るゝを濟ふ者は自ら其《ノ》足を濡《ヌラ》すと云ふ如く。彼が言皆糞土なるが故に。余も亦洒掃のけがれを脱《マヌカ》れず

○雜事

○南無　愚人曰く。方位に付て東南を陽とす。南は陽の盛なる也。夫れ生は陽なり死は陰なり。佛家は陰を好む故に南《ミ》無しと云ふなり。此の不吉の言を神號の上に加ふべからず・と。愚なる哉可《シ》レ笑《フ》。夫れ南無は天竺の言の音を假る萬葉假名なり。東南の南にあらず。有無の無にあらず。是《ノ》故に又は曩《ナウ》謨《ボウ》娜《ナウ》麽《マ》ともあり。梵字は𑖡𑖦又は𑖡𑖦𑖺。𑖡𑖦にして。歸命恭敬など云ふ言葉也。若し天竺の語なるが故に用ひずとならば。何

ぞ天竺の言たる檀那を用るや。今神家ニ阿那《アナ》を神名の上に加へて南無にあつ。夫れ阿那は嗚乎と同じ。日本に物を歎美する等の發語也。名號の上に發語のみを加ふるはいかにぞや。又此の阿那を設ひ直に歎美とするとも當らず。楠氏の墓の嗚呼は忠臣の二字にかゝり。季札の墓の嗚呼は君子の二字にかゝる。嗚呼八幡。嗚呼春日など云べき理あるべからず

(冠注)嗚呼忠臣楠氏之墓。右水戸侯　於乎有呉延陵君子之墓。右孔子

或は嗚乎の二字墓の字にかゝる時は哀歎の語也。此方宜し(冠注已上)

○手印　愚者曰く。佛經に印なし。皆神道の印を盗み用ゆと云々夫れ密教の手印は三國傳來の儀軌あつて明なり。神家の印。證據何の書にか有るや。尾張眞野の時繩曰く

(冠注朱書)時繩者尾州津島の神官也(朱注已上)

神道に本ト印あることなし。吉田家佛教に取りて轉じ用ゆと。神職の中

にも彼が如き者あり。其の云フこと多くはよし。一概に賤むべからず。且つ神家の僞りは印のみに非ず。三國明傳の佛經を一二字替へて用ひたるあり。胎藏界後夜の偈の類なり。擧るに暇あらず

○燒香　愚者は神前に香を燒かしめず。其ノ意をはかるに伊勢神宮古器の中に香爐なき故にや。又は佛前に專ら用ゆる故ならん

（冠注朱書）文德實錄二卷八丁ニ云ク。以テ寶劔明鏡名香綵帛等ヲ奉ル八幡宮及ヒ香椎廟ニ云々（已上朱注）

彼の古器の圖に香爐なきは。往昔香木いまだ外國より來らず。日本に元來これ無きが故なり。今時香木に乏しからず。神佛の前殊に是を燒て諸の臭氣を消し心を清潔ならしむべし。是ノ故に日本第一の大事たる御即位にも香を用ひたり。或が曰く。每朝鹽《ウメ》梅《ホシ》を食せば口氣の臭を去る。是れ神の告げなり。是を行ふて燒香をば用ゆべからずと。實に愚なる哉。此の告げは其ノ人の口氣殊にくさきを以て也。燒香を禁ずるに

は非ず。惑ふことなかれ
○木《シャ》《シキ》樒《ヒ》《ミ》　今愚人是を神前に忌む。夫れ此《ノ》木は元より日本に生ず。佛法と共に來れるものに非ず。昔《シ》唐國の鑑眞和尚日本に來り。たまく此《ノ》木の葉を嗅で曰く。佛に奉るに宜しと。此《ノ》時より奉り始めたり。何の忌むべき道理あらんや。又一切草木の花は皆是れ天地の和氣より發生す。實に是れ自然の莊嚴なり。秋花と云へども亦秋陽によりて開く。是を神佛に獻ずる其《ノ》趣《キ》甚《タ》深し。兒女の翫《モテアソヒ》に同じからず。愚人の知り難き味ひなり。又愚の甚しき者あり。木樒に說を作《シ》て曰く。しきみはシニキビの中略なり。神に奉るべからずと。神に奉ることは敢て勸めず。其の愚說笑《フ》べし。若《シ》神《カミ》は缺《カケ》身《ミ》の中略と云はゞ。汝これを受るや

○天御中主　愚人曰く。生物悉此《ノ》神の氣を受て生ず。是《ノ》故《ニ》死すれば復此《ノ》神にかへると。是は但《タ》神號を立てたるのみにして。實には儒に云《フ》所の死すれば皆氣にかへると同じき也。若《シ》善惡の生物皆等しく一氣に

かへり一神になると云はゞ。豈ニ是れ正理ならんや

○延喜式

（冠注朱書）本朝書籍目録に。左大臣忠平等奏進と有リレ之。或書ニ曰。時平公延喜格式を撰せらるゝとて。未だ其ノ功終らぬ内に薨ぜられしによりて。弟の忠平ついでこれを撰せらると云々（巳上朱注）

是の式は菅公の選なれども。左遷の人ナル故に時平の作と名くと云ふ説あれども。實に是れ忠平公の作なるべし。七（第五巻初丁）種の忌み詞等甚タ拙なり。中にも僧を髪長と云ふ。殊に野俗なり。假令雅詞を以てすと云へども。詞を忌むと云こと。其の大體雅訓にあらず。又且つ死を直ると稱しても。心には死の解了無きこと能はず。死の解了あれば心は即チけがるべし。其ノ功なきにあらずや。其ノ餘も亦爾り。例せば世俗の顯はに言ハざるを件と云ふが如き。妖《ハケ》物を件と云へば身の毛立ち。美女を件と云へば慾情動く。顯はに言ふと異なることなし。今此の忌詞は君父の名を諱むと

は旨趣大に異なり。然れども此ノ忌詞も勅許なるべければ。且く理を云ふのみなり

○別當　是れ本官の外に別に他官を兼たる名なり。職原鈔等に見えたり。今僧家は佛事を本業として神事を兼ぬるを云ツなり

○服　此の名は唐の喪服に本づけるなり。彼の地の法式。親子兄弟等の喪に依りて衣服及び年月の長短あり。是の意に依て服幾日と云ふなり

服忌令（冠注朱書）には服暇と有レ之。私云。暇は君より暇を給て喪を勤ル也（已上朱注）

○淨穢　出家者多く神前に死穢等をよけず。葬儀に會交して直に神殿に入る人あり。律文に糞掃衣を（諸の不淨の衣片を拾ひ。淨く洗て作れる袈裟なり）被ては神廟をさくべしと金言あり。其ノ意を推すに豈ニ妄りに入るべけんや。若し其ノ文は小乘なり。我は密印秘明の加持を以て清淨ならしむと云はゞ。不淨の食物等をも加持して自ら用ゆることを能くするや。設ひ淨穢不二

を見る眼開けたりとも。神悟らずんば何にせん。高野明神を拜して後（壇上ノ總社ヲ拜シテ穢ヲ除ク也）は穢なしと云ふことありとも。他神に通ずべからず。然れば葬儀等に用ゆる鐃鉢の類も。神前には用ひざるを正しとすべし

○社　宮社の號の別なることは。神道要集に略出せり

（冠注朱書）三代實錄十四卷廿五丁云。勅伊勢國伊佐奈岐伊佐奈彌神改社稱宮預月次祭云々　或書云。清原寛秋朝臣の改社爲宮考と云ふ書有之由見たり（已上朱注）

今は別義を擧ぐべし。社の字は本是れ壇を築て地を祭り穀を祈るなり。春社秋社の號あり。是の社日に里人群集する故に。其れより轉じて餘事の會合にも社と云ひ習はせたり。朋友の會集を結社と云ひ。俗に云ふ講中をも社中など書くなり。社の義甚だ廣し。今一二を擧るなり。神に就て書くときも。何々明神の社と書んよりは。某の神祠と書くべし。社は本地を祭るにかぎる字なればなり

○尊命　此の二字同じくミコトの訓なれども。神代巻には天子の統たる神には尊の字を用ひ。其ノ餘臣位の神には命の字を用ゆ。本居曰ク。斯くの如く二つに別くるは悪し。古事記などには一様に命の字なりと云々

○氏神　要集に廣く明せり。大略を云はゞ。八幡は源家の氏神。春日は藤原家の氏神等なり。庶民は唯其ノ所の神を産《ウブ》地《スナ》の神と稱すべし。氏子と書クべき道理なし。産《ウ》地《ジ》子《コ》亦は生《ウ》地子と書クべし

○奉肉　事《コト》代主《シロヌシノ》命等は常に釣りするを以て業とす。火《ホノ》酢《ス》芹《セリノ》命は海の幸《サチ》ありなど云て。神祇肉食の證多し。然れば魚肉を供するを非法とも云ひ難し。社職と別當と共する宮は。但タ其の古式に從ふべし。妄りに論ずべからず

文化十五年正月二十三日寫之畢

神道大意

阿陽德府寶珠山萬福寺量觀

小子月洲樹

嘉永三歲庚戌五月朔日拜寫了

編者曰。右神道大意葛城傳一卷は天如閑々子の撰なり。今勸修寺門跡和田大圓大僧正所藏の嘉永三年覺樹和尙書寫の本を以て原本とし。高井田長榮寺所藏の古寫本。高野山大學圖書館所藏の密門宥範大僧正舊藏の寫本。幷に眞言宗京都大學敎授土宜覺了僧正所藏の古寫本を以て校合し畢ぬ

此中。冠注に墨書と朱書とあり。墨書の冠注は四本相同じ。是れ天如師の自ら加ふるものなり。朱書の冠注と傍注とは覺樹和尙の寫本と密門大僧正舊藏の寫本とにのみありて。餘の二本には無し。是れ蓋し量觀師の加ふる所なるべし

又此書表題。長榮寺の本には葛城傳神道大意と題し。土宜覺了師の本には葛城傳神道大意幷雜事と題す

神道要集目錄

卷之上

卷之下

安産神　道祖神　船靈　四神相應並旗
鞠神　荒神　四社明神　庚申
神階　勳位　宮社號　明神號
天皇號○權現號　靈社號　神明號○御前號
若宮　大中小祀

神道要集卷之上

薦幷八重疊

延喜式江次第には葉薦及と神の食薦と云フあり。御即位三箇重事と云フ書には。神食《ミケ》を供ずる時。神の素《ス》薦御食《ミケ》薦と云フあり。大嘗會の時。神の素《ス》薦とて。八重疊の側に敷て神膳供ずる處とす。御食薦とは天子の御座なる由。彼の記に詳也。神代卷諺解には。席は莞《ヲギ》にて織り。薦は藁にて織ると云へり。袖中抄には。薦は大様菰《コ》蔣《モ》にて編たる故。本の名に從てこもと云ひ。菅にて編たるをばすがごもと云ふ也云々 延喜頭註に。蔣《コモノ》食《ス》薦《コモトハ》以レ蔣ヲ二十間ニ以テ二赤糸ヲ一編ム也。今ハ只切テ二莞・薦ヲ一作ル也。但シ方四尺計リ。亦稱スル二食薦ト一者ハ編ムレ竹ヲ歟。何者ナレハ別ニ稱スルカ二蔣食薦ト一故ニ云々 又和名抄に。食單《スコモ》。漢語抄に云ク。食單は須古毛云々 鬼《キ》神の祭ハ總じて質朴を貴とすること和漢相同じ。彼の越席《クワツセキ》と云ふも。禮運の註に蒲席と見えたり。又禮器篇にも。鬼神の祭單席と云へるは。其の註に。鬼神は異ニ於人ニ不下假テ多重ヲ以爲中温暖上云々　周禮ニ。次展筵几凡《イ》圖王氏神席議ニ曰ク。禮器ニ莞簟之安而藁鞂之設アリ。正義ニ謂ク藁鞂《カウカツ》ハ除テ穗粒ヲ取テ稗藁チ爲レ席ト。又記ノ郊特牲ニ曰ク。莞簟之安ノ蒲越藁鞂《クワツカウカツ》之尚ホ明ナルハ之ヲ也。註ニ蒲越藁鞂ハ皆藉ク神ニ席也。正義ニ曰ク。今禮ニ以テ藁鞂チ爲ニ祭ル天ニ之席ト。蒲越ハ爲ニ配スル天ニ之席ト。鞂ハ與レ秸通ス。音戞。莞ハ音官。越ハ音活ト云々

又八重疊と稱するは貴重の至リ也。禮器に所レ謂天子ノ席ハ五重。諸侯ハ三重。大夫ハ再重と云フが如し

狛犬　狻猊。駒犬。高麗犬。兕狛犬は獅子也　定家卿
時綱云。多くは獅子狛犬と書けり　云々

狛　彼戟ト匹各白ト駕ノ三切。形似レタリ狼ニ云々　守ルハ主家チ是犬の天性也。昔シ火酢芹命ノ身ナ以て狗ニ喩ふ。言ふこゝろは奴僕とならんと也。今の隼人即其ノ後孫也。纂疏ニ云ク狗人學フ狗吠ノ聲ヲ云々　御即位見聞ニ云ク。昔ハ隼人等犬吠の事あり。今は只其ノよしのみ也云々　祭物篇ニ云。口决ニ云ク。一書ノ中ノ一説に狗人とは惡神を罵りなごして。狗の

吠る如くして事る也。大嘗會ノ日群臣初て宮中に入ル時。隼人聲を發し立定て乃止む。進ニ楯ノ前ニ手を拍て歌儛するを狗吠と云ふ。神代の遺風也云々 上賀茂之社ニ駒犬の後の板に同じき犬を書て置くこと社秘あり。是等ハ通用ならず。秘事也云々 又禁秘抄南殿の章ニ云ク。天子の御帳の前に獅子狗犬あり。又御帳の間の戸にも是を書く。又皇后の御帳の前にも狛犬ありと云へり。欽明天皇紀ニ云ク。今年新羅と狛《コマ》國と謀を通スと云々 時縄云ク。夫れ狗犬は元ト日本の犬にして禁裏にも銅犬ありと啓蒙に記せり。獅子を作れるより高麗《コマ》犬と稱す。然れば獅子狛犬と云ふは重言に似たれども。獅子は日本の獸にあらざる故。其の分別を爲んとして。かくの如く云々 時縄云ク。諸說未タ不レ是ナラ。其ノ本ハ異朝の廜又は墓處などにも置く物にて。獬豸《カイチ》と云ノ神獸也。又は神羊とも稱す。此ノ獸は諸の不祥を避け邪氣を避る德あるを以テ。異域に此ノ事ありて。何時《イツ》となく本邦にも是を模して。高麗《コマ》狗と云フと見エたり。其ノ圖形にあるも遍體獅子にして額に一角

あり。今諸社に置く處多く是也云々
(冠注)唐詩集註第四ニ引テ漢官儀ヲ曰ク。秦滅シ楚ヲ以テ其ノ冠ヲ賜フ近臣ニ。御史服ス之ヲ即今ノ獬豸
冠也ト(已上冠注)
筑紫《ツクシ》の觀世音寺へ高麗國より獻ずる處。此ノ形の獸なるべし。事言要玄
の註に。今鄧州南陽縣の北の宗資之碑の旁に兩の石獸あり。其ノ膊にえ
りて。一を天祿と云ヒ。一を辟邪と云フ。並に獸の名にして。漢の天祿圖にも
是を以テ名を立るなり。魯齊全書等にも。墓碑門外に獸を置く。亦獅子に
似たりと云々　或カ云ツ。天祿は即獬豸也。此の獸能く人の邪正を知る。一角の
獸也と云へり。又長曆三年に。齋宮の內侍に託宣ありて。伊勢荒祭の宮
に銀の獅子を獻せられしこと神宮雜事記に見えたり

獅子伎

諸社の祭に獅子頭あること。中古以來異國の散樂を學びて獅子舞狗《コマ》
樂など云へり。後々は田樂と一雙の如し。和名鈔の曲調類。高麗樂曲の

中にも。狛犬と云ふ舞曲見ゐたり。江次第大江匡房作及公事根源兼良公作にも。四月駒牽の時は右近奏納蘇利《ナソリ》狛犬と云ふ事あり。白氏文集に西京伎と云は。此舞の事也と見えたり。其略に云。西京伎は假面胡人假獅子。刻木爲頭。糸爲尾。金以鍍眼。精銀以帖齒。奮迅毛衣擺《チウチハラフ》双耳。如從流沙來萬里。紫髯深目兩胡兒。鼓舞跳梁前致辭云々 事文類集にも。唐虞世南が獅子賦あり。是も天竺より唐に渡りし意を作れり。杜氏通典にも。撥頭出西域。胡人爲猛獸所噬。其子求獸殺之。爲此舞以象也とあり。此蓋し獅子舞の元由乎。此舞國事に非ずと雖。而後田樂と一双の舞と成て禁裏に至り神社に至る事記録にある故。神事にも此獅子頭を被りて神輿の前を拂ひ。田樂も共に連て練り渡りしなれど。田樂はいつとなく止みて獅子計り遺れり。伊勢山田の中に獅子頭の神事ありて七頭を舞すと云ふ。實否をしらず云々 其田樂の起りは羅山文集などにも見えて。叡山の麓土民の戲事に起り。夫より五穀富饒の祈と稱し。後には新座本座の謠曲數十番に至る。兩座共に法師なりしとなり。是れ彼の土民の戯に舞を。山法師是を學し流弊也。其舞曲を具に竹《サ》、籤《ラ》を揺《スリ》。刀玉《カタナダマ》を取り。提足《ヌキアシ》跳躍すと。是れ彼の獅子舞と一双の田樂なり云々

鳥甲

此の元由未詳。職原抄の註に。左衛門の唐名金吾也。漢書の師古が註に。金吾は鳥也。執此象故以名官と。一云。此鳥避不祥故爲官名。又云棒名也。或記には。伊州の神人鶏鳴を勤ること。職掌は御遷宮の夜に叩冠聲を發することあり。依て鳥甲の名ある歟。其の冠形而も鶏なれば也と。且又此曲をも神樂と云へば。磐戸前鶏鳴の神役にやと云へり。此説は妄也

鰐口

一説に。蛭子足立たず。故海に棄つ。後三年にして龍宮より歸る。其時乘鰐。彼尊年を經て又龍宮を憶ふ。因て心を惱す故に。侍臣の神計を設け。

鰐口を作て令《ム》聞《カ》其《ノ》聲《ヲ》尊甚《タ》歡《ヒ》玉ふ。夫れ一人の意樂は一家の吉也。一家の喜は一國の幸也。是《ノ》故《ニ》神前佛前共に是を掛《カク》と。此《ノ》義不是也。正義常の如し

鈴

引鈴とて。御注連に鈴を繋て。之を引て祈請して斯を告しにや。内侍所の神樂は尋常は引鈴也。又内侍所の御唐櫃の上。錦の覆ひして其《ノ》本に緋の綱を引き鈴を掛《ク》と也。神前に掛くる鰐口。鈴。皆驚覺の義にして。拍手の替りと知るべし

注連

書様多品あり。印《シメ》結。標《シメ》縄《ナハ》。葦《シメ》索《ナハ》。七《シ》五《メ》三。一《シ》五《メ》三。鎮《シメ》。又假《カリ》注《シ》連《メ》。安《ア》闌《ラ》注《シ》連《メ》。八《ヤ》重《エ》注《シ》連《メ》等と云ふことも。抄物に見《エ》たり。注連と書くことは。和名抄に。顔氏家訓に云《ク》注連章斷とあり。師説に云《ク》。注連《しりくへなは》章斷《しとたち》時縄云《ク》。余按ずるに。章斷とは。禁厭の文句の章を斷ち義を取て。簡に書し芒端と雑

へ下る也。章斷とは。此國に所謂四手の事歟。彼の家訓の意を按ずるに偏鄙の俗に人死して其家に來り災をなす故に。死者の迹を忌み清めて注連を張り其厭術とすと也。又虎を畫き符を書して諸の厭術をなし。葬出の日より門前に火を燃し戸外に灰を列て家鬼を祓ひ送り章斷す云々和名鈔に葦索の注に。蔡邕が獨斷に云。懸葦索於門戸以禦凶云々風俗通八に云。按黃帝書。上古時有神荼與鬱壘昆弟二人。性能執鬼。度朔山上章桃樹下。簡閱百鬼。無道理妄爲人禍害。縛以葦繩以之食虎。於是懸官以除夜飾桃人垂葦茭畫虎於門。皆追效於前事以衛凶也云々」標字を用ゆることは。是れ標示にして繩に非ず。なれども。界は標示と意同ければならん。萬葉の歌に。祝部《ハフリラ》等が齊經社之黃葉毛標繩《シメナハ》越《コエ》而落《チル》云物《モノ》乎云々又慈鎮和尚閑居友に云。山田を返す賤の男の引く標繩《シメナハ》の打はえ云々是れ苗代に標繩《シメナハ》とよむ事。新古今等にも類歌あり。印結の類も亦同意にして。界を卜《シム》るの心なるべし。又中臣祓の古注に。注連繩のなひ様は。天の星に象り亦は天行を象る也。七五三は天道十五の數なり。左ニ斜ふは天の左旋の表なり。神道大要に云ク。不淨の處七五三に引けば清淨となる也。淨き處ニ引くは一五三也。一五三等は合して九也。九は九厄の金也。金は西方にて秋なり。秋は萬物を拂ひ落す程に四殺の金也。人身善惡を辨ずる者は九厄の金也。堅き處念慮と成りて。父母所生の肉身の惡を殺斷す。故に清淨に成る也云々　時綱按ずるに。此ノ記文至盡の論なり。然りと雖言巧にして神代の意に合ひ難し。夫れ注連は磐戸前に起れり。此ノ時なんぞ此等の巧あらん。其ノ繩の端出すも。只是れ卒爾にそなへたればなり。而るを古を好む人ありて。此の如く品類を分つなるべし。然れども此ノ口傳も尚《ヒサシキ》習ひなれば强て排すべからず云々

幣　奉幣 行幣

初に奉幣は。玉篇に幣は帛也。字彙に財也錢也。時綱云ク。按ずるに。夫れ執テ贄ヲ見ルハ之禮也。謂フ之ヲ幣ト。敬を以テて本とす。其の心物に表はるゝ厚薄ありと

云々　江次第に云ク。内外宮奉幣。五色の綾幷生綾。上ニ加フ兩面ノ錦等ヲ。其ノ上以テ柳筥ヲ盛リ之ヲ。亦以テ木綿ヲ結フ之ヲ。其ノ上以テ調布ヲ裹ミ之ヲ。更ニ以テ木綿ヲ結フ處々ヲ。其ノ上以テ薦ヲ裹ミ之ヲ。各付ク短册ヲ云々　又九月の例幣認メ樣も大抵此の如し。神馬四匹。其の中二匹は鞍置き。二匹は不ル置カと云々　又云ク。天皇中臣忌部等を召して宣く。常毛奉留長月乃神《カン》嘗《ナメ》乃御幣曾汝シ中臣能久串天奉禮と。中臣微音に稱ス唯《ヰド》ト退く也。例幣使とは。新嘗會每の使なれば名る也。又由《ヨシ》幣使と云ふことあり。是れは御即位等の臨時の事を告るなり云々

又云ク。今世此の幣帛奉幣と云フことを心得誤て。幣串に帋挾ミたるを奉幣と稱す。是れ青白の和幣を誤る也と云ふと雖。幣は神に奉る錦綾等の總名なれば。幣串とて其ノ品々幣を挿ミて奉ること。格式等の記文にも侍れば。彼の幣物其ノ品本定らざる故に。帋を裁チ垂れ串に挾みて。其ノ表とせしなるべし。是れ亦往々記録に見ゆ。本朝文粹の中に。北野の天神の供物御幣上帋百帖と侍るは。今の如く裁ち垂るゝ料には非ず。只上帋を

以直に幣物とする也。又或は此上帋百帖も帋幣の串に挾む料なりと云へり。又幣串を塗るも例あり。禁秘抄に。内侍所毎月朔日の神供廿合。又内藏寮より幣料《ヌサ》の串八筋。黑塗無紋云々 又江次第に。内侍所の定幣大盤所の帋二帖。内藏寮の絹五疋。幣串八筋。黑塗平紋云々 時綱云。想ふに此の串は總じて幣にも限らず。文挿とて文などをも挾むことあり。是れ尊前に獻ずる物は。手を觸るゝを恐るればなり。或云。上代は竹に幣をはさみ。或は衣服等をも挾みし故に。今尙挾箱《ハサミハコ》の名あり。甲陽軍鑑にも挾み竹もて打合とある。此物也と云へり。又異域にも帋幣に似たることあり。澠水燕談に。冠菜《萊イ》公貶死雷州。喪還過荊南。公安縣民懷公德以艸挿地掛帋爲祭焚之。後生笋成林。民以爲神因立公祠。目其艸曰相公艸。幣串寸尺。延喜式に幣串の長八尺二寸。又埊式に。著幣帛木の長各八尺。方一寸五分云々 其外幣によりて其尺寸各別也。或記云。大殿祭。御門祭等の時。五色の幣を立ることあり。太宮司大中臣の某難之。公卿御不審の時申して云く。五色の中の赤色は火也。御殿御門の祭に禁忌の色とすべしと。茲に因て白色一編に定りし事ありと也。又金銀の幣と云ふこと。異國にも五幣の中黄金を以テ爲レ中トと見えたり。續世繼《ツギ》物語。金御《コカ子ノミ》法《ノリ》の卷に曰ク。四月には金銀綾錦等の幣帛。神々の社に奉らせ給ひきと云ヘり。中臣祓に天津金木等とあるを。伊勢の古記にも天津金木は串の料とある事はあやまり也とす。後世の抄物には。金は西方に取て木は東方に取ルの説より。神代の卷に所レ謂青白和幣までを心得誤りて青白の帋幣とし。金銀の幣帛も金銀の箔紙を以テ作るに至れり。而も紙幣も亦久き習として奉幣を持つなど古くある也。江次第石清水御幸の義に。非參議の別當一人取ル二金銀ノ御幣各三棒ヲ一とあるの注に。付ノ二公卿別當ニ一獻スレ之ヲ。次ニ取テレ幣チ御拜兩段訖て返し給ふこと如シレ前ノ等云々又古今著聞集に。赤染の衛門住吉にて男擧《ムスコタツ》周《チカ》病を祈り。歌を御幣の四手に書付侍りけると見ゆ。是も帋幣の證也。神代ノ卷纂疏にも。幣ハ者束帛也。布帛帋ノ類也。今は紙を以テ爲《ツク》ると。是れ謂ゆる白和幣の一轉せる也。白和幣は木綿也。木綿は本楮の皮を以て麻の如くせる物にして。其ノ色白し。昏又楮の皮にてすく物なれば。昔は其ノすかざるを木綿と稱して串に挾み。今は紙を以テ是に象り。昔の木綿の垂レたる如くに裁斷して。これに代る物なるべし。舊事本記には。津《ツ》咋《クヒ》見《ミ》の命穀《カヂ》木を植て白和幣を作り。又粟國の忌部の祖天ノ日鷲ノ命造ル二木綿ヲ一とあれば。是れ異神同物を作れる也。又伊勢國麻《ヲ》績《ミノ》祖長《ナサ》白羽の神殖テレ麻ヲ作ル二青和幣ヲ一其ノ麻の能く生ずる處を上《カミ》ツ總《フサ》下ツ總と名くとあれば。總《フサ》の字は本麻の故の名にして。後に國號となれり云々木綿は結《ユフ》の和語也。時緇云ク。按ずるに。にぎの和語は和《ナギ》と音通ず。手は助聲也。或ハ幡《ハタ》手《テ》など云ふ類例也。神慮を和《ナゴ》めんとて。大古岩戸前にて作り始め玉ふ幣物なれば也。和の字はニゴともナゴとも訓て。共に和ぐるの古語也

麻

是に多種あり。一ニ云ク大麻（長八寸。帋麻各兩目有レ之）二ニ云ク（長一尺八寸行事の供）三ニ云ク。袖《ソテ》麻《ヌサ》（長八寸或四寸）制法別ニ有リレ習。四ニ云ク太麻祓（長同上入ルレ箱ニ）有リレ習云々又云ク。太麻とは。幣の字をも訓じたり。萬葉にあり。夫れ太麻は青白の和幣二本つきて少し異也。今箱に入ルるは祓の串に四手挾みたるを云ふ。本は木綿麻共に以テ爲する也。齋宮式に。御麻料の安藝の木綿四兩麻八兩とあり。又舊事紀に。天富ノ命殖テレ麻ヲ御麻を作り献ずると。是れ神武帝の御宇也。又倭姫の世記に。下樋《シタヒ》ノ小川にて乙若子の命。太麻葈靈《クサヒトガミ》を作りて倭姫に奉リし事あり。又年中行事歌合ニ太麻の題にて。大藏卿の歌に。夏引きの麻の大ぬさ取リ添へて。百の官のみそぎすらしも○是れ等の說。皆是れ太麻の事にして。其ノ作り始メは人皇の代天富の命に始るなるべし。其ノ本は神代の白青和幣是也。太神宮續秘傳問答ニ云ク。參宮の時は先づ太麻を取て解除する作法也と。爾りや。答テ曰ク然り。太麻なき時は扇を太麻と觀じて祓して參宮すべし。勅使參向にも一の鳥居にて太麻を獻ず。他國の人の參宮にも。參詣の前に太麻を出すを頂戴するは是の故也。又途中の祓に太麻《ヌサ》を持《チ》。或は太麻袋を馬の餞に贈りしは。上代の國風として。道祖神を祭るのみに非ず。故實ありて古より國記に往々載《ス》る所也。類聚神祇本源の玄義篇に。中臣氏行幸毎に御麻を獻じ奉るの間。中臣祓之號ありと云々 拾遺集に。ものべまかりける人の許に太麻を結《ヒ》袋に入《レ》て遣《ツカハス》とて。能因。あさからぬ契結へる心をば。手向の神ぞ知るべかりける。後拾遺の詞がきにも相かたらひける人の白地越《アカラサマニコシヘ》まかりけるに太麻袋など遣すとてと云々 ト部兼邦神祇百首の自註に。麻袋とは錦の袋に白米と白帋を細に切り。又榊を入《レ》て途中に祓すと見えたり。結《ヒ》袋は漉袋也。源氏にもありと見えたり。想ふに途中にては。若し太麻袋の用意なきときは。草葉木枝も手向草にして太麻なる也。源平盛衰記に。平《ノ》康頼硫《イ》黄《ワウカ》島の鸞岳の岩殿《トノ》東三郎祠に請て。小竹を切て串とし。濱木綿の御麻に挿み。蒐《カリ》艸を四手にたれ。砂子《マサゴ》を散供として誦したることあり

(冠注)濱木綿は芭蕉に似て。莖の皮うすくして多く重なるもの也。歌に白重とよめり(冠注已上)

菅公も亦行幸の供奉して手向山へ參りて。此ノ度はぬさも取あへず手向山。栬《モミヂ》のにしき神の隨《マ》意《ニ》〱々とよみ玉ふ也。萬葉に木綿裹。木綿牒《タヽミ》。木綿疊《タヽミ》等とあるは同意にして。白木綿のたゝみたるを挿《ミ》たる串の頭に。たゝみたる帋を挿む。其ノ外下より幡の手の如く長きは四手也。大和物語の抄に。大幣とは祓解するのとき。麻苧などを榊につけて。人々執て祓する也。故に引手あまたとは云へり。清輔が奥義抄には。是は祓するに陰陽師どものもたる串にさしたる四手なり。祓《ヒ》果《ハテ》ぬれば是を各々引《キ》よせつゝ撫《ナツ》る物なれば。引手あまたとはよめりと云々謂く人毎に自身を撫《ナテ》祓《ハラ》うて後水に流す物と也。總じて毎歳師職の許より遣す大麻箱も。其の年の暮には。或は火にほこらしめ。或は急流に任すも。亦祓の故實と也○上代より武將。神社に參詣して。劔馬金銀の幣物定ること丶見ゆ。是に習ひて後々雄劔龍蹄の禮贄も古き風儀となれり。天如謂。神功皇后も立大三輪社奉大刀《タチ》矛給ふことあり。是等の幣物亦是れ太麻也

榊

延喜式の註に。榊に木綿をつけたるを太玉串と名く。私記云。問玉籤と者何物哉。答坂樹《サカキ》也。玉者尊貴名也。用此坂樹刺立於地。爲祭神之木。故謂之籤也。又は重榊とは繁く榊をうゑめぐらして。神の安住する處とする也。又齋刺《イミサシ》と稱して。榊或は竹に四手つけて齋場に立て。或は神家門戸に立ることあり。是は唯潔齋の標示にして。祭神の謂には非ず。又是を齋竹とも稱す。伊勢師職の家門にも神樂の時立つ。是れも忌竹と云にや。それに掛引く注連《シメ》を八町注連と稱すること。由ありと也。吾が神國上古の風儀。上下共に祭神の時。又は至尊を恭敬せる獻物には。必坂樹を嚴に取り飾りて。其心の表とせし也。景行天皇紀にも。神夏《カミカ》磯姫が

天皇を迎へ奉る時。及《ヒ》仲哀紀にも筑紫の國の縣主熊鰐。又は伊《イ》覩《ト》の縣主五《イ》十迹《ト》手《テ》などが天皇を迎へ奉りし時も。船の舳《トモ》に堀根の榊を刺立て。上中下の枝に玉劒鏡を取りかけて。壽《ホキ》詞《コト》申して參り向ひし例あり。是を見れば其の世の風邊鄙の人までも。皆神代の遺習ありて殊勝のこと也。倩按ずるに。祭神の場に坂樹を刺立て。依らしめ奉《ル》の理り。是《レ》則神祠の因て造營あるべき階漸にして。夐古質朴の神風なれば。榊の故名比《ヒ》母《モ》呂《ロ》技《ギ》なるを執て漢字の神籬二字に附たる事と見《エ》たり云々 神武天皇の時。上時《シ》下時に於て天神地祇を祭り玉ふ。天の平《ヒラ》賀《カ》などにも。又神座ある物との說もあるが如き。皆是れ實に社いまだ備はらざる時の謂ひにや。彼の部《フツノ》靈《ミタマ》安置の時。始て白楯を圍みて其《ノ》中に安置し玉ふ由見えたり。是を五《イ》十串と稱し。又は今木とも云《ヒ》しと也。楯を稱してかく云ふは正しく是れ玉籤比母呂伎の遺習なるべし○又云《ツ》。今の川祓などにも。川原に五十串とて榊などの串を立て。幣を挿み麻を挿むこともありと見えたり。伊勢物語に。業平の禊《ミツキ》の圖に。串に挿みたる體も。是なるべし。此圖も古より易らざること也。夫木集に。季經卿伊勢三《ミ》重《ヱ》の河原にして禊の詠に。我がたゝみ三重の河原に五十串たて。木綿かたまげて夏禊しつ

茆《チカヤ》

是を神祭に用る事。神代の巻に。草祖野《カヤ》草姫。亦の名は野槌と云々　これも木の祖句々野智の例にて。千草の靈を云へること也。神代纂疏に云。草野姫は即茆草也。此草潔白之德あり。易繋辭傳に云。夫茆之爲物薄けれども而用可重也。又郊祀志云。江淮間一茆三脊。所以爲藉靈茆云々　茆は清潔の物故に。縮酌用茆とて。祭宗廟の時に茆草に酒を灑云々　也。神儒佛皆以爲吉祥也

菅

中臣祓等にあり。藻鹽草に。六月の菅貫《ヌキ》と侍るは。茅輪のことなるべし。

同書の歌に。中臣の天のすが麻を斷つみそぎ。祈りし神は今日の爲こそ。注に。是は茅と麻と二物とせり。萬葉には祓の具にあまたよみ。或は天に有る佐々良能小野之七相菅手に取り持《テ》而久堅乃天の川原爾《ニ》出立而潔《ミツキ》身《テ》而麻《マ》之《シ》乎《ヲ》などあり。梁塵秘抄《ノ》酒殿歌に。中臣の天のこすげをさきはらひ云々　註に。天のこすげとは小菅也。菅にて祓ふは。菅貫もて祓する也云々

神木

朝熊《ノ》櫻。南殿《ノ》櫻。賀茂《ノ》葵。北野《ノ》梅等。總じて其の神の降臨等種々の緣に依て不定也。異朝にも柏栗其の土地に宜《キ》を以《テ》社標とする也

幡

神功皇后神祭の時。琴頭琴尾に立て玉ふを始とすと云ふ說あれど。神代に伊弉冊尊を紀伊熊野有馬の村に祭るに。幡を用ひ皷吹等をも用ひ。歌ひ舞て祭る云々　又筑紫の箱崎八幡宮の緣起に云《ク》。昔し白幡四流。

赤四流自空降下。於其處栽松爲表故有八幡之號云々 天如謂。今神祭に
幟を用るも是に本づく歟

花

神代巻一書に云。土俗祭此（册尊）神者花の時は亦以花祭云々
那智三巻書曰。有馬村有產田宮伊弉册尊神退之地云々 舊事古事二
記册尊葬出雲與伯耆之堺比婆山云々 神代巻には紀伊國熊野之有
馬村云々 舊事古事には葬紀州。亦兩說あり。藻鹽草云。初は比婆山に
して。後紀州へ移る歟
（冠注）多田秋齋が神代巻顯要鈔五巻册尊下に云。佛に花を供ずるゆゑ。神
前には花瓶を置ぬものゝやうに意得るは非なり。菅家の御歌に紅
葉の錦神のまに〳〵とあるも。直にもみぢを手向たまふも。紅葉の
時なる故にもみぢを以て祭るなるべしと云々（冠注已上）

印璽

神紋。判占。草字印。時縄云ッ。按ずるに宗廟を始め大小神祇の諸社に於て必ス靈印と云ふ物あり。神紋の事は有無不定也。八坂瓊の曲玉を神璽と云ふに付て。神代の靈印とするの異論。古來たえず。然れども此の神璽の事。實に知るべからざる故に然り。又靈印とする說も古來よりあればなるべし。而れども三種神器の一玉の故に。別傳にあらざれば。八坂瓊の名義共に分曉ならぬ事にや。更に問ふべき耳。伊勢の御正印と申スも。舊記に侍りて。方二寸又は一寸五分計也と。是れ御隨身の寶物として天印と申スなり。又諸社の靈印と申スは。其の處々の由緖ありて。昔より守符《マモリ》などにも用ることなるにや。又賀茂上下の社などにも靈璽《チシテ》の社ありと云へり。神代諸神の靈印と云ふことを沙汰せり。甚タいぶかしき事也。又名法要集神籬の正印と云ふは。天ノ兒屋根ノ命より相承して卜部家に傳フる由。是を以テ邪神の祟りをなだめ。又其の社を移し易るにも妙なりと云へり。又祇園の神紋瓜と云ふことも。或記に。牛頭天皇播磨の廣峰より。

始て白川の南淨土寺村の上なる瓜生《ウリウ》山に移り給ふより。俗に木瓜は天皇の好み玉ふ物なりとて。木瓜を板面にゑがきて祇園の社に揚《アク》るより。神紋とも云ふなり云々 是れ及び八幡の鞆繪《トモエ》。嚴島の龜甲など。皆々流布の事なれど。其の處の別傳をきかざれば定め知り難し。天如謂ラク。春日の藤の丸等は。氏によりてしるしとするなるべし。諸社例して推すべし。時綱云ク。諸神の印と云ふこと。理より推して云はゞ。河圖洛書の如き。伏羲氏の諸卦も。天理の印なれば。是を例するに。乾坤の二卦は陰陽二神の印。諸卦は諸神の靈印とも云ふべき也

手印

時綱云ク。印相と云ふ事を。習合家には磤馭盧《オノコロ》島の本致に起ると云へど。拍手の外に手に印相を結ぶこと。神記國史に其ノ謂れを不レ見。別傳を聞カずと雖いぶかし云々

神使

使はしめの名。景行天皇記に出たり。謂日本武尊膽《イ》吹《フキ》山に至て山《ヤマ》祇《ツミ》の靈妖に遇ひ玉ふ時。不知主神化蛇。謂必荒《アラフル》神之使也。既得殺主神其使者豈足求乎と云々是なり。總じて使者と稱するは。獨り神林神山神池に生じて。御鎮座以來の由緒によりて靈異具り事に觸れて驗あり。人の狎れ近き慢るべからざること。和漢同致の理也。異朝にも稷狐社鼠と云へり云々

尊命　貴《ムチ》産《ムス》靈《ヒ》皇《スメラ》神《カミ》祇《ツミ》

漢字を以天地君臣の別を爲す也。命を出すを尊と云ひ。命を受るを命とす。然れども人の尊敬に於ては別なし。故に兩つながら訓じてみことゝ云ふ也。貴《ムチ》産《ムス》靈《ヒ》皇《スメラ》神《カミ》祇《ツミ》など稱し奉るの類。皆是れ其德稱にして。此れ等の古號も神代傳來の神階なれば。可謂尊神上天爵也と。然して後漸追尊の餘りに。神位を授け被る事あり。可謂是臣神上の人爵也と。是則非宗廟社稷天神地祇。君臣の理り幽明共に相備はる故也。吾朝の

みに非ず。異邦にも望秩して山川を祭るに牲幣祝號の次第あり。五岳は視三公、四瀆は視諸侯、其餘は視伯子男也。釋日本紀大日靈貴の註に云。私記に云。讀貴字云武智其意如何。答蓋古者謂尊貴為武智歟。自餘の諸神或は謂之尊。或は謂之命。今天照大神は是諸神の最貴也。故に云武智云々　又按ずるに貴と尊との別。其神によるべき歟。大日靈貴又は高貴の二神は天神也。土御藏貴。大巳貴は地祇也。然るに此二神も地祇の中に最たる者にして。其神徳も他の諸神にこえたり。故に此の貴號あること分明也。又産《ムス》靈の號は皆是れ別天の神の尊稱にして。靈《ミタマ》降て萬物の靈となるを以てなり。むすびは結の和語にして。萬物の靈となる義を稱する也。高皇産靈は天命の神なる等。思ふべし。又皇字沙汰文に云。徳合天地為皇智合神靈為命云々　白虎通に云。皇は美也大なり。乃至煌々人莫違。孔安國が云。皇は大也中也。又洪範蔡氏傳に云。皇は君也等云々　又伊勢兩宮共に皇の字ある事は。貞観延喜の式文。延久承徳の宣命等に分明也。或は内宮のみに稱する書傳も見えたり。然れども兩宮は本より卑尊なく稱し奉るべき事也。又內外宮とは非《ス》親疎之謂《ニ》。皇太神は宇治に坐《ヰマ》す故に內と云ふ。豐受宮は遠《ツ》宮に坐《ヰマ》す故に外と稱す。又神に位品を授け玉ふことは天武帝に始るなり。又八幡宮與伊勢同《ク》為《ル》宗廟《ト》ことは後朱雀院の長曆三年八月也。又云《ク》。八幡は第二の宗廟也と云へども。諸神記に天平勝寶元年十一月詫宣ありて向《玉ノ》京《ニ》。是の日奉《リ》授《ケ》一品《ヲ》。比咩《ヒメ》神に奉《ル》授《ケ》二品《ヲ》

神像

習合家に神像を沙汰するも。據なきには非ず。元々集又は日域本記などに神像のことを稱すれば也。こゝに世人の惑ふべき事あり。月讀宮《ヨミノ》の御靈形木馬に乘《リ》玉ふ像也。是れ比類なきこと也。此《ノ》御靈形の事。古記に侍れるを見て。既に是れ木像と云ひ乘馬と云ひ。若しあやまりにやと私に疑はざるはなし。尤其の神傳神作にして。其《ノ》いはれも畧《ホヾ》舊記に見えたれども。未曾有の神傳と見えて。子細を不《ル》記《サ》なれば。吾儕ごとき

未練の者。自他の神道を判ぜんこと。聊の僻《ヒガ》心得にて水火すべければ。臆説をなすまじきこと也。又一奇事あり。度會の神主高主が女大物忌、子良《コラ》。御贄《ベ》川《カワノ》水に墮けるを急に抱き揚げ見れば妙見星の像也。斯像今に妙見町の左の岡に安置せり。此事本朝列女傳にも載たり。彼と云ひ是と云ひ。口吻を容れ難し云々

(冠注)神代卷盟約章。皇太神改女裝爲男裝等之模樣。亦說素尊八握鬚生胸等と云ひ。又猿田彦口尻先鼻長七咫等。明々國書中略說神像非一二。有形之神作形像又何疑(冠注已上)

歌神

(冠注)或秘書。左住吉。右玉津島。天照大神爲中。是正傳也云々(冠注已上)

按ずるに。和歌の神と云ふ者。或は二神或は三神。其說一決せず。其中に三神と云ふ說尤久し云々　又云。和歌は伊弉諾尊の喜哉《ウレシエヤ》の一言の神情に本づき。亦素尊の八雲の詠を句法とせる也。古今の序に云く。久堅の

天にては下照姫に始り。庵金の地にしては素盞鳴尊より始るとあれども。下照姫は五十五萬年後也と云々 神祇拾遺に云ツ。住吉玉津島は和歌の兩神也云々 又更科の記。爲氏の判ある和歌相傳の起請文には。素尊。下照。住吉。玉津。人丸。赤人を載セて。三神二神の別も不レ見エ。卽其ノ文の末に云く。若し外の人に傳へば住吉玉津島人丸赤人。殊には下照姫。素盞鳴尊の惡みを蒙リ云々 時綱云ク。此の說によれば兩神は下照素尊。三神は住吉を加ふるなるべし。又神代傳授記。諸神記共に云く。和歌三神は住吉の表《ウハ》中《ナカ》底《ソコ》是也。人丸赤人衣《ソ》通姫《トホリヒメ》（允恭天皇ノ后）をば歌の三聖と稱すと。又神祇拾遺に云ツ。賀茂の岩本橋本は住吉和歌の兩神也。業平實方常に此の二社を拜して和歌の秀を祈る。遂に譽海內に溢れて兩神の化現と稱せらる云々 又神社考ニ云ク。蟻通宇治玉津も和歌の神也と。又膾餘錄に云ツ。尊テ二衣通姫ヲ一爲ニ玉津島ト一。玩フ二和歌ヲ一之人崇ム二三神ヲ一。所レ謂住吉玉津人丸是也と。又心敬僧都の私言《サヽメコト》に云く。等閑にせし好士は必ず兩神の御罸を蒙るなどゝ。定家卿委しく記し給へり云々 又古今集の註には。出雲の御《ミ》岬《サキ》の神と下照姫と。是れ和歌の兩神也と云へり。二神三神の説是の如くまち〳〵也云々

連歌

景行天皇紀に。日本武尊甲斐國酒《サカ》折《チリノ》宮《ニ》擧《ヒトモシテ》燭而進食《ス》。以《テ》レ歌《ヲ》問《テ》二待者《ニ》一曰《ク》。珥《ニ》比《ヒ》麼《バ》利《リ》莵《ツ》玖《ク》波《ハ》塢《ヲ》須《ス》擬《キ》氐《テ》。異《イ》玖《ク》用《ヨ》伽《カ》禰《ネ》莵《ツ》流《ル》。諸侍者不レ能二答言一。時《ニ》秉《ヒト》燭《モシ》者續《テ》二王《ミウ》歌《タノ》之末《ニ》一曰《ク》。伽《カ》餓《カ》奈《ナ》倍《ヘ》氐《テ》。用《ヨ》珥《ニ》波《ハ》虚《コ》々能《ノ》用《ヨ》。比《ヒ》珥《ニ》波《ハ》苫《ト》塢《ヲ》伽《カ》塢《ヲ》。王即美《ホメテ》二秉燭人之聰《サトキコトヲ》一而敦賞《クメクミ玉フ》云々 是れ則連《テ》レ歌《チ》相續《ク》の始也と云へり。又伊勢物語に業平齋宮《ノ》歌を續《キ》しことあり。よつて代々の先達も。折にふれて此事を翫び。終に歌集にも入り侍ると也

誹諧

是も本は歌の一體にして。古今集にも見えたり。されども今の世地下に於て沙汰する誹諧の連歌は野也。野道《ニメニ》合《フチ》以て一道とすれば。其《ノ》理は

等しく。百韻など云ふ事は抑末なり云々

詩

本朝一人一首の附錄に云ク。本朝ノ文學權輿ル於阿直岐王仁《アトキワニ》來朝ニ。其ノ後段揚《タンヤウ》爾。王辰爾《ワウシンニ》之翬揚ニ摧ス之ヲ。及テ天智帝ノ馭宇ニ雅頌初て起り篇章若干ナリ。其ノ中今存スル者大友ノ大津ノ詩賦是レ也

軍神

武甕槌。經津主ノ二神は是れ鹿島香取の兩社にして。神代卷に皇孫尊の降臨に先立て諸神を威伏せしめ給ふ。大將副將の元始として武德勝れ給へる故に。軍事に就て代々の崇敬他に異也。賴朝公など別て信仰の趣。東鑑に見えたり。曰く鹿島は武家護持之神也。又云ク。勇士を守る神也と。又以テ常陸國橘ノ鄕チ奉ル寄セ鹿島ノ社ニ云々 按ずるに。軍の首途《カトテ》を鹿島立ちと云ふ事も。彼の神の神武より起れると也

又大己貴命を軍神と云フ事は。此の命の武功最分明ニノ。八千矛ノ神と稱し奉

る。神功皇后三韓を征し玉ふ時。諸國の兵を召すに來らず。大己貴命の告《サトシ》ありしかば。即祭之諸州の兵乃集れり。是故に國家の災難にも兵革の時にも殊に祭り玉ひき。可崇の神なりと。此說筑前風土記にあり。即彼の神の社筑前にあり。仲哀紀に立大三輪社以奉刀矛。軍衆自聚云々
神代卷に。大己貴命帥八十萬神昇天。天高產靈神勅曰。宜領八十萬神永爲皇孫奉守護乃使還降云々是れ大將神謂也。日本紀問答にも。矢入の矢の鏃《ヤジリ》に三輪の神名を書することと口傳あり。此神を祭ること。軍鬪の秘事なりと云へり
又八幡太神を弓矢《ユミヤ》神と稱することは。母君の三韓を征し玉ふことも。此胎中天皇に諸神彼の國を授玉ふ故也。又御誕生の時より臂の上に鞆の形ありし瑞相と申し。一方ならぬ靈異座て二所宗廟に准せられ。代々源家の氏神として崇敬他に異也云々
(冠注)藻鹽草第三之十二丁右。盟約章の三女を以弓矢神とす。又源家の姓

神も此《ノ》三女也と云《フ》。此《ノ》神始て宇佐島上峰に降臨し玉ふ。其《ノ》處の岩上に七八寸許の穴ありて清水盡ることなし。是を天降の證とす。源の姓も是より名《ケ》たり云々（巳上冠注）

日本正統紀に云く。神功皇后元年辛巳六月履《リ》陶公と云《フ》者三略を日本へ傳へ來て曰《ク》。授《ニ》先帝仲哀《一》。仲哀（此年代ノチガヒイカヾゾヤ）復授《ク》之《ヲ》於太子應神《ニ》。應神崩御の時。此の書を飮て軍神と成《ラ》んと誓ふ。此《ノ》時より至《テ》今《ニ》祭て爲《ニ》軍神《ト》。旌にも亦八幡大菩薩と書するは是の故也云々

弓矢三天

或記に云《ク》。傳書に云《ク》。凡そ武たる者三天を以《テ》擁護の神とす。謂く摩利支尊天。大黑天。辨才天云々

三戰神

又云《ク》。三戰神と仰《イ》で稱するは。摩利闘大黑戰の二神に毘沙門天を加ふ。此の天は八刀の持物を揮て八方の魔を降せり。摩利支天。大黑天。亦猛

威同く備れり。故に鬪戰神と仰敬すと云々

（冠注）仁王經良賁ノ疏ニ云ク。摩訶迦羅ハ者此ニ云ニ大黑ト一也。鬪戰神也云々（已上冠注）

神道要集卷之下

歳德神

是れ暦家に出たる神號也。安倍ノ清明之簠簋內傳には。婆利塞女にして。稲田姫たる由見ゑたり。而れども是は大歳の神と申して素尊の御子なり。又御年の神と申スは。此ノ大歳の神の御子にして。則素尊の孫也。大己貴の甥也。大歳の神の事。倭姫ノ世記には。眞名鶴稲穗を銜で導き奉りしは。此ノ大歳の神の靈也と侍り。素尊娶テ大山津見之女ヲ生ル御子是也。又同腹にして宇賀之御魂の神を生む。大嘗會抜穗齋場八神の一にも御年の神を以てする事。是レ亦年穀豐稔の神なる故と知るべし

衣食神

神代卷を考るに。卌尊の子軻遇突智娶テ埴山姫チ生ム稚產靈チ註者云ク。草木萠芽ノ精靈也云々。此ノ神ノ豊宇氣掌ル豊年ヲ親子一體此ノ神の頭の上に蠶と桑と生ナれり。臍の中に五穀生ナれり。又

豐受太神を五穀成就の神德坐《マシマ》すと云ふことは。一水德の理より豐受の神名も得たる故なり。又延喜式神皇實錄頭書などに。神に供ずる雑々《クサ〳〵》の贄を由加物《ユカモノ》と云。是れ神語なりと云へり。宇賀由賀音通ずる故に。佛家に辨才天の同體の神に宇賀神と云を立る乎。神代の一書に。諸尊飢時生兒號倉稻魂命《ウカノミタマ》云々 即豐受宮亦是稚產靈命也 彼佛家の宇賀神は即倉稻魂神なるべし。和名鈔に云。稻魂宇介乃美太萬。俗名宇加乃美太萬云々 次に保食神○此神所向山海の味即生ず。月讀の爲に被殺。沒后遍身に諸穀を生ず。又牛馬を生ず云々 此の神は豐受稚產靈の德を受て人中に顯れ玉ふなり。牛馬等は稚產靈の德分。穀物等は豐受の德分也。稻荷。稻成。稻生等は別紙にあり○舊事古事並に云ふ素尊從天降る時。乞食物《ヒヲフミ》於御氣都姬神。神即自鼻口尻出種々味物奉素尊。怒殺之。被殺之神於身上生蠶生穀。神皇產靈取令種之云々 舊事紀に云。御食持神。神皇產靈子也云々 御食都姬を素尊の殺し玉ふは。保食神を月神の殺し玉へるに表裏する說也云々 又云。神祇拾遺有二神而同

名同字なり。宇賀魂神は伊勢の調御倉《ツキノミクラ》の神にして即稲荷也云々　倉稲魂は諾尊ノ子

又伊勢之酒殿の神は豊宇賀能賣《ノメ》の神と稱す。太田命訓傳に云《ク》。酒殿の神は從二月天一降座《テ》善釀《クツクリ玉ソチ》レ酒云々

（冠注）太田命傳記に云《ク》。冊尊ノ子稚産靈。稚産靈ノ子豊宇賀。諾尊ノ子能賣（冠注已上）

又福神也。又俗に乾の角に福神在すと云ふことも。據あるに似たり。神名秘書の頭書に云《ク》。大神宮の末社に調の御倉の神と申すは。諾冊尊の子大宜都比賣。亦の名は保食。亦の名は稻女。亦の名は專女《タウメ》と云《フ》。又古書に。大御氣都比賣神。又は屋船神。豊宇賀能賣神。又は稻靈《タウメ》とも宇賀神とも申して。調の御倉の西北の角に在《ス》云々

酒造神祖は酒解の神と云《フ》。即大山祇神也。其ノ子木花開耶姫を酒解子《サカトケコ》神と云《フ》。神代卷第三ノ一書ニ云《ク》。神吾田鹿葦津姫《カンアタカアシツヒメ》（即木花姫也）以《テ》卜部《ウラヘ》田《ヲ》號《ス》狹名田《ト》以《テ》其ノ田ノ稻《チ》釀《ル》天甜酒《アマ》ヲ嘗《ニハナイス》之於杵尊云々　今酒店の輩。松尾神社を以て酒の守護とす。其の由を知らず。彼の酒解子神は梅ノ宮ノ神也。蓋し酒家輩。松尾

と梅の宮とを思ひ誤る乎

七福神

按ずるに。世に所謂七福神の事は。何の時何の人の所爲に始ることを聞かず

(冠注)三養雜記四卷 廿八丁 七福神と云は。もと狩野家にて古く七福神遊戲の圖を繪しよりおこりて。今は世人あまねく繪てもてあそべることとはなれりとぞ。猶考證の委しきは莚響雜記に云へり云々(冠注已上)

其辨才天大黑毘沙門布袋の四は常談の如し。於壽老人福祿壽說甚多し。或記に云。俗に所謂福祿壽は卽壽老人也。五雜俎に評之云。宋嘉祐中に壽星南極變じて爲道士形飲酒不醉。夫星之精爲人所感生。理或有之。豈有在天之星變爲人物下人間遊者哉。運敞の谷響集にも。亦別名同人の由を述たり。又列仙傳の中に。邢和璞之傳中に所謂泰山老師と稱する者あり。身の長五尺。濶三尺。首居其半と。其像を見るに長頭短身にして。

今の福祿壽の像に符合せり。但し躬衣朱衣執笏鼓髯大笑。吻角侵耳作劇談。多非人間語。元是上帝化迹泰山老師と稱す。天如謂。今所謂福祿壽は即此の仙なるべし

於惠毘須古來異説多し。後に是を擧べし。先予が聞く所を言はゞ。即蛭兒也。此君は損にして盈を召く之姿也

（冠注）易云鬼神害盈而福謙　吽字義云。高而不奢損而招盈。即是損己益物之實義也云々（已上冠注）

其損の一往について棄らると雖も。至る所の邊地皆福を受く。所遊の地邊鄙なるが故に夷の名あり。此君獨り命《ミコト》尊等と稱せざるは被棄たるを以てなり。日月の神の弟なれば三郎と稱するも。亦是れ俗間の説のみ。又此君をえびすと古く稱するの證は。吉野拾遺に。將軍宮吉野河にて鵜飼の逍遙ありし時。左衛門尉康方と云人水練を善くし。烏帽子直《ヒタ》衣《タレ》ながら水底に入りて。久しくして鱸《スヽキ》と鯉とを左右の脇に挾みてあ

がり。岩の上に蹲踞せし容《スカタ》を。蛭兒のさまして岩の上にぞ居けるに。人々驚きてと書ケり。又此ノ君を福神とすることは。年代記に云く。三十四代推古帝の九年三月。聖德太子始テ市ヲ令レ知ラ二賣買ノ術ヲ一。又誓テ二蛭兒ノ神ニ一爲二商買《賈カ》鎮護ノ神ト一。後世以テ二恵毘須ヲ一崇ムルハ二福神ト一自レ是始れりと云々　時繩云く。此の說典據甚タ不審《イフカシ》云々　又西宮の本宮は蛭兒也。其ノ相殿は卜部兼熈二十二社註疏に云く。左は大巳貴。右は事八十《コトヤソ》の神也云々

神代卷ニ說下事代主以二釣魚一爲上レ樂ト。垂加翁見テ二此文ヲ一以二事代主ノ爲二恵毘須ト一

次に異說と云フは。或は云く。夷は是れ太田ノ命也。此ノ神は蛭兒の海濱に吟玉ふに感じて出現せり。或は云ク。蛭子の放タれ玉ふを拾ひあげて養育せし浦人の名を夷《エミス》と云ふより。此ノ神の號にもなれる也。又或記に云ク。水の江の浦島が事をゑびすと云フなるべし。萬葉第八に。水の江の浦島の兒が堅魚釣《ツリ》。鯛釣《ツリ》矜《カチ》テ及七日までと云フ歌。あはせ案ずべし云々　說々多端なれば略すべし

講述抄に云。伊豆國蛭兒島の名は。此神の流され玉ふ故の所名なるべしと。時縄云。源平盛衰記。平康頼流配に付硫黄島を去ること五十丁許にして山あり。峰高く谷深し。鷲岳と號す。こゝに夷三郎の祠あり。岩殿と號す。康頼就て祝祠せしこと前に記するが如し云々子祭のこと。國俗沙汰すること久し。是れ大黒天の使者福鼠《シロ子スミ》と云ふによれり。或記に云。大黒天は北方水の色也。故に北方子の神なり。故鼠を以使者とす。是れ子祭の縁なり云々

竈神

上代本記に云。止與氣大神。丹波與作坐時。御炊氷沼道主率四九三十六竈神而朝大御氣夕大御氣於炊備天御饗奉留云々　神社啓蒙には。荒神の所に出す

舊事紀云。在大和笠山所祭之神三座。大年神子奥津彦命。奥津姫之命。此二神者諸人拜祠竈神也。御供を供ふる厨下の役人也云々

氏神。産神

氏神の文字は崇神天皇紀に出たり。文ニ云ク以テ石上布留ノ社ヲ為ニ國家ノ為ニ氏神ト云々今世人氏神と稱する者は是れ産《ウブ》神也。産神とは。其ノ國其土地の靈の御德は。人物飛潜等皆其ノ神氣を得て産生す。乃至一國には國魂と云ひ。一郷には産神と云ふ。人生れて必産神に詣す。是れ神國の風儀にして。異朝の廟見と暗に相合ふ也。總じて言はゞ。陽は常に生シ物ヲ陰は常に枯スヲ物ヲ。是れ陰陽の正情也。紀に云ク。陰神は日に千頭を縊り陽神は常に日に千五百頭を生んと誓玉ふ。是レ則生々の息まざるの神靈にして。收藏枯凋の氣に勝れるゆえん。天地無窮の神誓也。此ノ神誓を受て生々する蒼生を祝稱して。天の益人とは言へり。氏神とは。子細にこれを言はゞ。春日の社は是れ藤原の氏神也。是ノ故に藤氏より立玉へる皇后は。氏神詣と稱して必大原野の行啓恒例也。八幡は世々源家の氏神にして。義家公以來の定例也。續日本紀光仁天皇紀に。鹿島香取の二神を藤原良繼の氏神也と侍るも。此の二柱は春日四座の中にして。子細ある事なるべし。前に所言布留社は是れ上中推通じて守護神とするの謂にして常に非ず。又其國の一の宮を以て其一國の氏神と申すも。其例なるべし

産《ウブ》砂《スナ》とは。嵯峨帝后以無太子常以爲愁。因茲皇后憑神代幽契祈酒解二坐神。一旦應感有妊孕。遂以當宮清砂敷御座之下。居其上生兒。其子ハ仁明帝也云々　酒解子神は即木花開耶姬也云々

結神

（冠注）或記に結神とは諸冊二尊也云々　又或抄には吾勝尊千々姬を結神とすべし。是內親外戚の別ある婚にして。後世の法ともなるべければ也云々　幸神秘訣には以猿田彥鈿女爲結神（冠注已上）

今川了俊等の解ありと雖。産《ムス》靈《ビ》は尊貴の稱にして。結の神の事に非ず。歌にも多く美濃國の結の神をよめり。今按ずるに。素盞烏命是れ結の

神なるべし。神宣あり。神社考に載す。感應寺の一演法師に告て曰く。我は是れ地の主也。神力あり。能く魔障を除き疫病を去り。又夫婦を結び適を調て産育せしむ。牛頭天皇と云者也云々　又興玉傳記云。速盞烏尊就於根國與佐須良姫神合於慮成美念思端神云々　就て思ふに。佐須良姫の名美念の事に由る歌あり。世の中に絶て思ひのなかりせば。などか心のさすらましもの。是也。次に異邦の書を引くべし。故事成語考（上巻十八丁右）婚姻章云。赤繩繫足。唐韋固見一老人對月撿書倚囊而坐。固問曰。囊中何物。曰赤繩子。以繫夫婦之足。雖仇敵之家呉楚異鄉。此繩一繫終不可遁云々　書言故事云。唐韋固求婚。旅次宋城店。客有議潘昉女。且期隆興寺門。（約相會也）固往見老人倚布囊坐堦向月撿書。固問何書。曰天下婚牘也。固曰。吾娶潘昉女可成乎。曰未也。君婦適三歲也。十七入君門。固曰安在。曰店北賣菜陳嫗女耳。及明指示之。老人忽不見。固令奴刺女中眉。（固語奴曰。殺此女與汝萬錢。奴刺之不果。少傷眉間）後十四年相州刺史王泰妻以女（女年十七容貌端麗）眉間常貼花。（鈿之遮所傷之處也）歲餘問之乃

知《ル》レ爲《タチカ》二泰姪女一　女曰《ク》。妾《ハ》郡守《ノ》猶子也　父終《フ》二宋城《ノ》宰《ニ》一　女言《ク》。妾方《ニ》襁褓《ノ》時、乳母賣《リ》レ菜《ヲ》以《テ》給《ス》二朝夕《ニ》一。常《ニ》抱《ツテ》子市《ニ》爲《ニ》レ賊《ノ》所《ル》レ刺《サ》耳。後《ニ》泰取《テ》以《テ》爲《ニ》二已《カ》女《ト》一嫁《ス》焉云々

中神《ナカカミ》

藏王には荒前《アラサキ》姫とも。あらみかみともありて。男女の中を避る神也と云へり。和抄に天一神《ナカカミ》。百鬼經《ニ》云《ク》。天一神《ハ》　和名奈加々美　天女《ノ》化身也。新撰陰陽書には太白神　和名比止比米久利云々

安產神

或記に伊弉那册也と云ふ。是れ異論なきこと也と雖。予私に按ずるに。豐玉姬の神なるべし。葺不合尊を產玉ふ時。產屋の甍を葺《フキ》未《ル》レ合《ニ》乃安產し玉ふ。諸神の中に此の神獨り是の如くなるを以《テ》なり。今產屋に鵜《ウ》の羽を挿む故實のこれる是れ也。又大和論語に。少彥名《ノ》命の託に。我《レ》子孫の產屋に至《ラ》ん。驗に瑞鳥あらん者は是れ我也と。然れば少彥名も亦是れ產神也。又與玉の傳記に云《ク》。猿田彥の太神現じて授《テ》二太田命《ニ》一曰《ク》。蒼生及《テ》二產時《ニ》一祈《リ》二氣吹戶主神《ニ》一可《ス》レ爲《ニ》二發《ハヤ》メ《メノ》牙祓《チ》一云々　此《ノ》神亦安產の神とすべし。釋日本

紀に以産屋為鳥葺屋。此鵜の羽の事和漢ともに稱す。本艸に鸕鷀藏器註曰。此鳥胎生從口出如兎吐兒。故産婦執之易生。或註云。孕鵜忌食。為其口吐雛。疏云。鵜一名蜀水花。此鳥不卵生口生其雛。以此鳥落羽葺産室。取易産之義云々　又延喜式大殿祭祝詞註。屋船久々遲命《木靈》屋船豐受姫命《稻靈》俗の詞に宇賀能美多麻《ウカノミタマ》。今世産屋以辟木《サカキ》束稻於戸邊。乃以米散屋中之類也云々　是れ産屋祈念の故實也云々

道祖神

衢神。岐神。道振《フリノ》神。幸《サイノ》神。異神同故にして是當れり。歌書には道振神とあり。紀貫之が歌に。行も今かへらん時も玉鉾の。道振の神を祈んとぞ思ふ。途中の大麻袋は此神を祭るが為也。道饗祭にも八衢彦八衢姫岐神止云々祝詞の文侍るは是神の別稱を擧たる者歟。次支那國には崔寔《サイショク》が四民月令曰。祖道神也。黄帝子好遠遊死道路。故祀為道神。以求道路福云々　説文云。出將有事於道必告其神。立壇四通樹茅以依神為軷《フツト》。既祭軷

轢於牲而行爲範云々　十八史略の註に。道祖亦謂祖道。古行者必有祖道之祭。祭畢處者送之飲其側而後行。祖道東門外陳張云々　禮曾子問註。祭道路神曰軷。城外委土爲山之形。其神曰壘。一云。行山曰軷。祀之者封土爲山象以菩芻棘柏爲神主。既祭之以車轢之而去。喩無險難也

船靈

異說は後に擧ぐべし。先づ本義を言はゞ。住吉大明神也。此神のことは。日本紀曰。諸尊所生。其底《ソコ》筒《ツヽ》男。中《ナカ》筒《ツヽ》男。表《ウハ》筒《ツヽ》男是則住吉大明神なり。神功皇后記曰。撝《サシマキテ》荒魂爲軍先鋒。請和魂爲王船鎭。是其證也荒魂は今の長門ノ住吉也。和魂は今の攝津ノ住吉也。又住吉御鎭座ノ說ニ云ク。吾和魂ハ居大津渟中倉之長峽看往來ノ船云々。昔遣唐使上船の時も。必幣を住吉に奉ること延喜式にも見えたり。如是住吉神を船玉と稱すべきこと證多けれども。自古時に臨で異靈測り難きこと多ければ。住吉一神と定むるも偏なるべし袖中抄に。隱岐國の知夫利島と云處に渡すの宮と云神あり。舟出の時は其神に奉幣して渡りを祈る也。是に因て海をも陸をも行くときに祈る幣をば知《チ》夫利の神と名くるべし。又舊事紀に。諸尊の御杖の成る神を名船戸神とあり日本紀の點はくなと此神海

陸ともに守り給ふことなれば。知夫利の神と一體別名なりと云フこと久し。又備後國隅郡の鞆と云ふ處に船玉の神あり。猿田彦にして以テ鞆ヲ爲ス神體トと云へり。齋部正通カ之口訣ニハ於海邊ニ鹽《シホ》土《ツチ》老翁チとあれども。船玉の名義に合はず。又或は天の磐橡樟船の神と云ひ。俗説には船玉と稱して。雛偶人一對奉持すれば船中難なしなど云フ説あり。又古事記等に依て考ふるに。住吉の三神（表中底）皇后に教て曰ク。欲ハ求ント新羅國ヲ則奉幣帛チ於天神地祇及ヒ山神河海神ニ。我ケ魂ハ坐ラン船上ニ。而眞木ノ灰ヲ納瓠ニ亦多ニ作リ箸《ハシ》及ヒ比《ヒ》羅《ラ》傳《テナ》散シ浮ヘテ大海ニ以テ可シ渡ル云々　如此槇の灰箸平《ヒラ》手等を散じ浮て手向とすること。本朝舊來の神傳也と云へり。次ニ異邦に崇むる神を言はゞ。五雜俎ニ云ク。海上ニ有リ天妃神甚タ靈也。航スル海ニ者多ク著ハス應驗ヲ。如風濤之中忽ニ有テ蝴蝶飛コ。夜中忽ニ現スル紅灯ヲ。雖甚タ危シト必獲ルコヲ渡焉。天妃ト者言ロハ其ノ功德可シト以テ配スト天ニ云フ耳。非ス女神ニハ。閩《ミン》郡中及ヒ海岸摩石皆有リ其ノ祠而販海不ル遑之徒往來恒ニ賽祭ス焉。香火日ニ盛ニ金碧輝煌ス。不知ラ神之聰明正直。亦吐テ而不ル享ケ否ヤ也。又云ク。今祀ル之ヲ者多ク作ル女人ノ像チ云々

四神相應 同旗

按ずるに。上世より神社の經營遷都の時。又は大厦造立等に。必ず山川の勢樹木の繁茂に就て其地理を察することあり。然るに此四神と云とも本我が事に非ずと雖も。往々神記に載ること久し。又王者の行幸にも四神の旗を先後左右とすることあり。而して此四神者是れ星宿の神にして。天文地理に則るの理り人事の至れるなり。四神の旗は。日本御即位の時。庭上にも立ることゝぞ。東家秘傳に云。東方の神を云青龍水精神也。其數に依て八龍神とも云ふ南方の神を云朱雀火精神也。其數について七鳥神とも云ふ西方の神を云白虎金精神也。其數について九虎神とも云ふ北方の神を云玄武水精の神也。其數について六蛇神とも云ふ中央の神は土神也五基神とも云ふ。其色黄也內典に堅牢地神とも云ふ也云々。又曲禮には行前朱雀而後玄武。左青龍而右白虎云々　是則四神の旗也。此旗を本朝に用ゆることは。文武天皇紀に見ゆ。神功皇后紀の琴頭琴尾に立給へるは唯幡とのみあり。四神には非ざる歟。朱子語類を考るに。玄は龜也武は蛇也。虚星危星の形似之。因て北方を玄武と名く。七星東方に至ては角亢心尾形龍に似たり。故に蒼龍と名く。西方は圭婁其形虎に似たり。故に白虎と名く。南方の張翼其形鳥に似たり。故に朱雀と名く。今玄武を以て眞武として（世祖の諱をさくる也）眞の龜蛇を作ること。已に義理なし。又云。陶安固眞武を祭り事ることあり。先生云。眞武は是れ一箇の神の披髮する者有に非ず。唯是玄武なり。謂青龍白虎玄武朱雀。亦是の四箇の斯の如き物事あるに非ず。角星を以角とし心星を以心とし尾星を以尾とし。是を青龍とす。虛危の星は龜の如くして。螣蛇其下にあり。故に玄武と爲。（翰曰。龜與蛇交玄武云）參星に四つ雙べる足あり。虎の如し。故に白虎とす。翼の星は翼の如し。軫星は項の下嗉《モノハミ》の如し。井を冠とす。故に朱雀と云ふ。又文選の註に云。長離は南方の朱雀鳳也。又蓬腮日錄に云。青龍々々雀なり。師行則畫于旌旗之上以象天示武云々 後漢書靈憲渾儀に。四神天紫微宮左右前後列星也。又云。白虎繪繡騶虞於幡上。四神鳳龜龍騶虞四靈也。又一云。朱雀赤鳳謂之鶉。南方象之。

又周禮圖註ニ云ク。鳥隼以テ象ル鶉火ヲ。畫テ朱雀與隼ヲ以テ示ス勇ヲ〇沉氏カ云ク。朱雀不知ラ何物ト云コトヲ。但謂鳥ト。而朱者天文家に朱鳥ハ乃取ル象ヲ於鶉ニ。如キ鶉火ノ是也。又崔豹が古今註ニ云ク。五路衡上ノ金雀ハ朱鳥也。口ニ銜ム鈴ヲ謂フ之ヲ鑾ト乎〇文選ノ註ニ大常ノ幡ハ上ニ畫テ三辰ヲ以テ象ル天明ニ也。左傳ニ亦云ク。三辰ノ旂旗ハ明ニス其ノ明ヲ云々

鞠神

精大明神と云ふ。即猿田彦太神也。昔久我家十五世ノ孫清道卿蹴鞠に志深く。千日の誓を立てゝ鞠を蹴給ふに。乃鞠の精神金色の文字を額に顯はし。鞠をいたゞき出現し玉ふ故。年のはじめ及ヒ蹴鞠の坪にあるはれの鞠などは。中の日中の刻に興行す。神名は清道卿の名け玉ふ所也。

御鎮座は中の御門西洞院滋野井《シゲノ井》是也

荒神

神社啓蒙ニ云ク。荒神社在リ大和國笠山ニ。三柱也。一ニ土祖神。二ニ澳津彦。三ニ澳津姫也。先代舊事紀本云ク。此ノ彦姫ノ二神ハ大年神之子ニシテ。諸人竈の神と祠る者也云々

名目類集に云ク。荒神ノ祓は竈の神の祓に非ず。人々の身中に神あり。此ノ神ある時は必ず病を生ず。災亦至る。故に是を祭るなり。卜部家の鈔に云ク。人に九萬八千五百七十二の荒神あり。是れ如ク影ノ隨カ形ニにして。其ノ眷屬九億四萬三千四百九十二神ありと云々　高貴老師ノ傳ニ佛法の名目を雜へずして云ふとき。諸神の荒魂を總束して荒神と稱すと云々

高野四社明神

丹生《ニフ》大明神　延喜式ニ云ク。大和國吉野郡丹生《ニフ》川上ノ神罔象女《ミツハメ》の神也。伊弉冊尊の化生の御子也。自ラ誓テ曰ク不ル聞カ人ノ聲ヲ之深山ニ立テ我ガ宮柱ヲ以テ敬ヒ祀ラハ者。爲ニ天下ノ降シ甘雨ヲ止ン霖雨ヲ云々　又神皇正統錄ニ云ク。高野丹生明神は是レ月讀の尊也。

此ノ神は山を領し玉ふ云々

氣比大明神　延喜式ニ云ク。越前國敦賀《ツルカ》郡氣比神社云々　日本紀ニ仲哀天皇幸ノ角鹿ニ即立テ行宮ヲ而居ス之ニ。云フ笥飯宮ト。又云ク。譽田天皇初メ爲リシ太子時行キ越前國ニ拜ニ祭スル角鹿ノ氣飯大神ヲ云々

嚴島大明神　推古帝三十二年ニ出現ス　延喜式ニ云ク。安藝國佐伯郡伊都伎島の神社三座。市杵島姫。田心《タコリ》姫。湍津《タキツ》姫也

（冠注）此三座之女神ハ者天照大神之子也。盟約之章ニ出ツ

高野明神　明神講式に云ク。丹生權現第一ノ王子大勢勇猛無雙ノ靈神也云々野山名靈集に云ク。一日帝都を立て紀州のかたに趣き玉ふに。大和國宇智郡にて一人の狩人に逢ヒ玉へり。其ノ長ケ八尺ばかり。面に赤き髭あり。身に青衣を著し手に弓箭を携へ。黒白の狗を率て道の側に立てり。大師いづくの人ぞと問玉へば。南山の狩人也と答ふ。大師の云ク。我レ一の伽藍を建てゝ秘密の教法を安置せんと思ふ。若シ山中に靈地あらば。願くは敎へ示されよと。狩人の云ク。我が住む山あり。乃至　此ノ狗よく道を知れり。彼に隨て至り玉へとて。狗を放て隱れ去りぬ。是レ則高野神明の化現也云々

庚申

幸神秘訣に曰ク。庚申の日は七の數にて。庚も申も金なれば。天曹總御決斷の日とて。天帝諸神を集メて天地總世界の善惡邪正の賞罰を行ふ定日なれば。別して人間の愼み第一の日也。故に猿田彦大神天《アメカ》下の土公にておはしませば誨を示し給ひ。申の方より寅の位に向はせ玉ひて愼みの形を示し玉ふ。三つの猿也。實は只一猿にて不レ見不レ聞カ不レ言の心を表し玉ふ也。左右の膝を立て兩手を以て面を覆ひ。頭指中指にて左右の眼を押へ。大指にて左右の耳をふさぎ。小指無名指を以テ口をふさぎ。圓く蹲踞して玉の如くせる。此レ混沌の形にして人間胎内にある時の形なり云々

觀追加
庚申縁起ニ曰ク。文武天皇大寶元年五月庚申ノ日。攝州四天王寺ノ南門に青衣の天童現じて。民部卿僧都毫範に告て云ク。我は天帝釋の使也。爰に尊あり。青面金剛と號す。庚申の夜に當て精進潔齋して祭るべし。人々身中に三尸有リ。此ノ夜に當りて三鬼となり。惱をなすを脫るべしと。

此ノ旨帝に奏し。尊像を刻し。天王寺の南門に於て是を祭る。是れ庚申を祭るの始也　已上取要　祿命書ニ曰ク。世ニ有リ司命神。毎ニ至ル庚申ノ日ニ上テ向ニ天帝ニ陳ヘ說ク衆人之罪惡ヲ。重罪ノ者ハ則徹ノツキ算ヲ。輕罪ノ者ハ則去ル紀ヲ。算盡キ紀失スレハ至ル命亡スルニ。是ノ故ニ如來為ニ末世ノ薄福短命天死ノ衆生ノ故ニ說ク是ノ一字頂輪王召北斗七星供養護摩ノ儀則ヲ云々　又青面金剛ノ軌ニ云ク。若シ患ヘハ骨蒸伏運傳尸鬼氣ヲ誦シテ呪ヲ千遍ヒヨ其ノ病即愈ユ云々　觀ニ私ニ云ツ。祿命書には庚申のこと出たれども。青面金剛のこと無し。青面金剛の軌には傳尸鬼のこと出たれども。庚申のこと是レ無し。二書を幷せ考ふるに。司命神傳尸鬼。彼の道家に云フ所の三尸鬼と趣き同なる故に。庚申の日青面金剛を祭る歟。尚後哲考ふべきのみ

神階

按ずるに。夫れ神は無極位にして。萬物の形體より以上に坐すを以テの故に。神は上なりとも註せり。然るに一元の氣上下に分れて天地位を

定めしより以來。天にかゝる者は日月星辰風雨霜雪あり。地に顯るゝ者は山川土石五行の形象あり。兩間に命せらるゝ者は皆靈を含み神魂を備て。開闢以來已に上下尊卑の神位有り。是レ則天地自然の神階也

勳位

勳位とは。たとへば從一位勳三等牧《ヒラ》岡《ヲカ》天の子《コ》屋《ヤ》根《ネ》の神。正三位勳六等石上神などの如きなり。是ハ文位の外也。勳一等より十二等以上なり。昔は神社又人臣にも。軍功あれば其ノ賞に勳位を賜ふ。其ノ例國史に載する所勝て計ふべからず。勳位文位立列の次第は官位令に見えたり。諸社に勳位を賜ふことは。逆賊等の國亂ある時。其ノ神に祈願ありて。追討の後これを賜ふ也。是ノ故に文位ありて勳位なき神社あり云々

宮社號

太神宮。八幡宮。天滿宮の類也。某神宮と稱す。勅許の號也。今ノ俗總ての神社を何《ナニ》宮《ノミヤ》と稱するは非也。伊勢神宮の社記に。風の宮元《ト》は風の社と號

す。正應六年三月廿日の官符に。社號を改て宮號を授け賜ふの由見えたり。社號は勅許なき神殿を通じて稱する也三代實錄十四卷廿五丁ニ勅メ伊勢國伊佐奈岐。伊佐奈彌ノ神。改レテ社ヲ稱レ宮ト預ニシム月次祭ニ云々

明神號

神宮を上とし。明神是に次ぐ。今世俗總ての社を何々大明神と稱するは誤也。明神は勅許の號也。勅許なきをば。何の大神又は何の神社と稱すべき也

天皇號　權現號

並に勅許の號也。天皇は祇園天皇。藤森天皇等の類也。權現は兩部習合の社に間々これ有り盂蘭盆經ニ云。或ハ十地菩薩大人權現文

靈社號

靈社とは。當時人死シて其ノ靈を封じ。有道の人に求て號を奉ず。是を靈號と云ふ。又靈號に及ばざる者には。其ノ諱の下に神靈亦は靈神などゝ加

へて稱するなり。或カ云ク。靈社とは功ある人に稱するとぞ。其ノ外は何某の神靈靈神と稱す云々

神明號　御前號

神靈を尊重して稱する也。世俗所々に齋《イツキ》祭る伊勢兩宮に限りて神明と稱する。其ノ義也○御前とは。祇園の本社美《ウツクシ》御前。貴布禰奥《ヲク》ノ御前と稱する類にて。多くは陰《メ》神也

若宮

此ノ號あまた心得あることなり。或は本宮の御子の神を祭ルを稱す。石清水の八幡に若宮と稱するは仁德天皇。水若宮と稱するは宇治の皇子なり。父神に對待して若宮なり。又勸請して稱するもあり。若宮八幡の類是也。是れ舊來鎭座の本宮に對して新宮なる故に稱するなり。又和州春日の若宮は一社の深秘にして。神主一人相承して。他人是を知ることなし。又三輪の社の若宮は大田々根子の命。梅の宮の若宮は橘ノ諸兄

公なり○此等の類○其《ノ》處々に就て尋ぬべし

大中小祀《シ》

神祇令に云く○凡そ一月の齋を大祀とし○二日の齋を中祀とし○一日の齋を小祀とす○延喜式に云《ク》○踐祚の大嘗祭を大祀とす○祈年月次《ナミ》○神嘗賀茂等の祭を中祀とし○大《オホ》忌《イミ》風神○鎭花《ハナシツメ》○三枝《サイクサ》○相嘗《アイナメ》○鎭魂鎭火○道《ミチ》饗《アヘ》園《ソノ》韓《カラ》神○松尾○平野○春日○大原野等の祭を小祀とす○右の中○大嘗は御即位の時のみ也○神嘗は神《シン》今《コン》食《シキ》と云《ノ》○六月九月十一月伊勢皇大神を禁中へ勸請して○天子自《ラ》神膳をそなへ給ふ也○年に兩度あり○大方大嘗會の神膳に同じと云へり○昔は八省院にて此《ノ》事あり○後は神祇官にてありしと云ふ○元正天皇靈龜二年六月に始る云々○新嘗は○霜月《ノ》中《ノ》卯《ノ》日に新穀を神へ奉る也○相嘗會とは○十一月上《ノ》卯《ノ》日七十一座の神を祭る也○祈年は○二月四日に豐年を祈《ル》なり○天武帝三月に始る○鎭花は大和國狹《サ》井《井ノ》社にあり○三月に行ず○是《レ》春花の散る時にて○疫神分散して人をなや

ますを鎭る也。宇多帝寛平九年に始る○鎭火は。六月晦日に行ず○鎭魂は十一月中の寅の日に行ず。若し二つあれば初の寅の日に行ず。中宮東宮にも行はるゝ也○三枝《サイクサ》。大和の率川《イサカワ》の社にあり。四月に行ず。三枝の花を折《リ》て酒樽にかざる故に名《ク》る也○道饗は六月晦日に行ず。是《レ》又疫神を鎭る祭也。京城の四方の路上にて祭り。洛に入ることなからしむるなり○風神は。延喜式に云《ク》。風神祭二坐龍田社なり。四月七月兩度五穀成就の爲也。天武天皇の時に始る。或說に。神軍の法に科戸祭あり。是れ風神を祭るなり。和軍に於て習ありといへり

編者曰。右神道要集二卷は天如師の記なり。勸修寺門跡和田大圓大僧正所藏の嘉永年中覺樹和尙書寫の本に依て之を出し。高野山大學圖書館所藏の密門宥範大僧正舊藏の寫本を以て校合し畢ぬ

此中冠注。細注及び傍注は皆量觀師の加ふる所と見ゆ

又原本には上卷の目錄は上卷の初に置き。下卷の目錄は下卷の初に置く。是れ稍や披覽に便ならず。故に今讀者に便せんが爲に皆集めて上卷の初に移し置く

又原本には本文の初に總題なし。上下二卷共に然り。是れ固より失なしと雖も體裁調はざるに似たり。故に今私に總題を置き。神道要集卷之上。神道要集卷之下といふ

神道或問

葛城傳

茲歳天保十一年庚子季夏數輩の僧來て予に神道を受んと請ふ。予不學短才にして指南に堪へずと固辭すれども許さず。依テ之嘗て天如師に承る所を以て授ケ之チ。其ノ中二三子有て時々問に預ること數件。其ノ答の當れるや否を知らずといへども。私記して吾が門弟子に與ふ。他人の披覽を望ムに非ず

或カ問フ。兩部神道の名目は。內外兩宮を以て金胎兩部に配する故に兩部神道と名くと聞けり。如何　答テ云ツ。此ノ說は名法要集。又ハ神宮續秘傳問答等に。以テ胎金兩界ヲ習ヒ內外二宮ト。以テ諸尊ヲ合スト諸神ニ云々皆此ノ說をなす。佛家にも麗氣記。理趣摩訶衍。沙石集等を始として多く此ノ說を用ゆ。恐らくは此ノ說當らざる歟。如何となれば。天照太神御ミ靈タマの鏡は吾アカ兒コ視ンコト此ノ寶鏡チ可シ

與ニ同レ床ヲ共ニレ殿ヲ以テ爲ニ齋鏡《イハヒノ》ト一との神勅のまに〳〵。皇孫《スメミマ》瓊々杵ノ尊持《チ》降り玉ひて以來。崇神帝（第十代）六年己丑に至るまで。天子御同殿に宮中に御座《マシ》〳〵しなり。此ノ時漸く神威を畏れ殿を同うし玉フこと安からず。故に神代の鏡を造る石凝姥《イシコリトメノ》神の裔を召《メシ》て鏡を摸《ウツ》し鑄せしめ。天目一箇《アマノマヒトツノ》神の裔をして劍を造らしめて。護身の璽として宮中に安置す。神代よりの寶鏡及び靈劍をば。皇女豐鍬《トヨスキ》入姫の命をして大和國笠縫《カサヌヒ》の里に安じ奉る（其後五十六年の間所々歴行。異說有り畧レ之）其ノ後垂仁帝（第十一代）二十五年に倭姫命《ヤマトヒメノ》豐鍬入姫ノ命にかはりて。太神を鎮めまさん所を求めて。所々廻りて伊勢國に到り。翌二十六年太神の託宣によりて五十鈴《イスズ》の川上に鎮座し玉ふ。扨又外宮豐受《トヨウケ》大神は神代より丹波國與佐《ヨサノ》郡にましませしを。雄略帝（第廿二代）廿一年天皇の御夢に（外宮儀式帳初丁）天照大神敎へ諭《サト》し玉て宣く。丹波國與佐眞名井《ヨサノマナ井》に座す我御饌津神《ワクミケツカミ》豐受大神を我が許《モト》にと欲《オモ》ふとの神託によりて。俄に山田原に移し奉る。天照大神伊勢に御鎮座有てより四百八十餘年の後に外宮鎮座なり。

若し雄略帝已前に密教渡らば。何を以テか兩宮兩部の配當をなさんや。今もて是を見れば理り有ルに似たれども。古へもて是を考ふれば其ノ非自らあらはる。且つ内宮大日《ヒル》孁《メ》尊は女神。外宮豐受姬命も女神にして。胎金理智等契合せず。又神位に尊卑有り。鎮座に前後有り。能く察すべし

問爾らば兩部神道と云フ名目は不可なりや　答云。兩宮に依て兩部と云フ義は不可なり。金胎兩部の玄旨。神祇の幽致に契合するが故に。眞言天台の祖師兩部の密教を以て神祇を祭祀し法樂する。是れ則兩部神道なり。神皇正統記ニ云ク。東寺は桓武遷都の始メ皇城の鎮護の爲に是を建テらる。弘仁の御時弘法大師に賜て長く眞言の寺とす。諸宗ノ雜住を許さゞる地なり。此ノ宗を神通乘と云フ。如來果上の法門にして諸教に越エたる極秘密と云へり。就レ中我國は神代よりの緣起。此ノ宗の所說に符合せり。此ノ故にや唐朝に流布せしはしばらくのことにて則日本にとゞまり

ぬ。相應の宗と云も理りにやと云々是れ則秘密の深旨神道に符合することを云へり。又弘仁十四年嵯峨上皇勅して大師を高野山より召下さしめて中務省に安宿せしめ。或時上皇問玉はく。師遠く滄海を超え明師に値遇し請來する所の密教の中ニ印多しと聞く。朕前代より傳來の即位の大事ありや。密教の中此ノ印ありやと問ひ玉ふ。大師是を拜見するに。全く密教の玄旨に契合す。則ち其ノ深義を演ぶるに上皇大に感じ玉ひ。其ノ後時々御密談に及び。御相傳の神道を大師に授け玉ふ。是を御流神道と云フ。兩部の深旨に冥合して行ずる故に。是レ亦兩部神道とも云フ

問。名法要集に云ク。顯密之諸宗入テ神道ニ述ル末書ヲ者其ノ數五百餘卷。故に是ヲ云フ大師流之神道ト云々 爾らば大師所造の神書數多あるべし。何れか眞作なりや　答云。中臣祓兩部抄(訓解云)麗氣記。理趣摩訶衍。雨寶童子啓白等。大師の作と云ひ傳フれども。恐くは僞作なるべし。時繩が神道篇ニ云ク。中臣

祓訓解は空海の述作也と古くより云ひ傳ふ。或人此事を以て釋文性に問ふ。性云ク大師御作の書目あり其中神書を綺ヘる者無シ一紙モ。則世所謂空海の神書と云フ者決して妄爲の擬作也と云々 雲石堂ノ神社啓蒙辨疑ニ云ク。大師空海口手之澤不可遽數焉。其製書有目錄。如瑣屑之文筆編爲集。其中無載諸社之緣起。亦無所傳聞。今云有大師之作者浮誕也云々

神道辨惑上卷ニ云ク。此麗氣記と云フもの。是亦後人附會の僞作なりと云々同廿丁廿一丁に委く辨ず。神宮方書五十一丁ニ云ク。神泉苑の善女龍王現じて帝々相傳の灌頂の樣を答へ奉る。是麗氣記十八卷に記する也云々 又應永廿六年良遍ノ口說。賴舜ノ聞書にも神宮方書の如く記す(冠注已上)

中臣祓訓解ニ曰ク。天照大神。天御中主。豐受神座也。天孫尊の祖神也云々是れ天御中主豐受大神を同神とし。又天孫尊の祖神とすること。外宮家の私説にして公共の説にあらざること。下に至て委く辨ずべし。豐葦

原の水穂の國と云を釋して云。大八洲神倭國也。陽谷輪王所化之下。玉藻所歸《ヨル》之島。櫲樟蔽《カクス》日之浦。銘之曰南浮提也云々　三敎旨歸の中に。公是何州何縣誰子誰資と云隱士が問に答云。頃日《コノコロ》間幻住於南閻浮提陽谷輪王所化下玉藻所歸《ヨル》之島櫲樟蔽日之浦云々　是則南閻浮提の內日本讃岐國多度郡と云ことなり。而るを銘之曰南浮提とは如何にも愚釋。高祖の御名を汚す。恐るべきことなり。又速佐須良比咩《ハヤサスラヒメ》と云所の註に。已上從天益《マス》人《ヒト》至速佐須良比咩天津祝《ノツト》詞天上梵語也と云々　是皆和語なり。豈梵語ならんや。又終に至て性靈集に出る所の藤中納言大使の爲の願文を出せり。是何の所由ぞや。其餘不審許多。今これを略す。且此題號。予先年或人所持の本に訓解と題したるを見たり。本朝書籍目錄其外諸書に訓解と有り。思ふに書林外題の版を失ひ。內題を見て私に是を改むと見えたり

(冠注)本書後批云。此訓解者雲上之珍也云々　可知。訓解と題せしことを(已上)

（冠注）聖應の院に住す（生玉持寶）神道辨惑に云ク。此ノ麗氣記と云フものも是レ又後人附會の僞作なり。眞言教に於ても取用ひざる僞書なり。察する所。外宮の神人兩部習合を立て内外同樣にせんとの巧みにて。神人の家より出たる眞言坊主などに作らせたるものなるべし。其故は此ノ麗氣記第四卷に五十川山田原豊《トヨ》受《ウケ》大神鎭座次第と云フ所に。豊受皇大神は金剛界成身會乃至神號天《アメノミ》御中《ナカ》主《ヌシノ》尊と云へり。又云ク。兩宮ハ兩部不二三世常住の神に座《イマ》す。理智の形に應ず。天照大神豊受大神の座也。是レ兩部の元祖佛法の本源也と。且此ノ麗氣記の始には沙門空海撰と書きながら。奥に至て[梵字]《ボタラ》（空海）の言く。[梵字]《サイテウ》（最澄）の曰ノなどゝ書キたるを見れば。大師の撰にあらさること明けしと云へり

（冠注）古來麗氣記には撰號有レ之。近來の本には無レ之（冠注已上）

外宮者流は外宮に祭る神豊受神は御饌《ミケ》津《ツ》神《カミ》にして。内宮天照大神の

御《ミ》饌《ケ》の事を司る神なることを忌み嫌ひ
(冠注)古語拾遺《ニ》云《ク》御《ミ》膳《ケツ》神　文　(冠注已上)
御《ミ》饌《ケ》津《ツ》神は水《ミ》氣《ケ》津《ツ》神也。水德を司る神にして。水より五穀を生じ續命の術をなす。天《アメ》水《ミ》中《ナカ》主《ヌシノ》尊國《クニ》常《トコ》立《タチ》は一神の異名也と說きなし。內外兩宮を以《テ》日月水火陰陽天神地神等と誣說を設け。內宮と相竝んことを欲す。爾れども國史官牒に此《ノ》事是れなき故に。五部書等を僞作して。古き祖先の述作神藏十二部極秘の神書也とす。此《ノ》五部の書の中種々造言して。外宮豐受大神は天御中主又は國常立尊とす。此《ノ》事吉見幸《ユキ》和《ヤス》が五部書說辨。鈴川散人の神路記。本居がさき竹辨等に。委く辨せり。見つべし。爾るに麗氣記全く五部の書に依て書《キ》たるものと見えたり。倭姬《ヤマトヒメノ》世記に。崇神第十代天皇《ノ》五十八年に倭姬命齋宮に立玉ひて國々歷行し玉ふとす。日本紀を按ずるに。垂仁第十一代天皇十五年春二月甲子丹波の五女を掖庭《ウチツミヤ》に納る。第一を日《ヒ》葉《ハ》酸《ス》媛《ヒメ》と云《フ》。秋八月朔日日《ヒ》葉《ハ》酸《ス》媛《ヒメ》を立て皇后とす。三男二女を生む。第四を倭姫命と云フとあれば。即位十五年の翌年より一子づゝ生れ玉ひても。即位より十九年か二十年の頃倭姫生れ玉ふべし。然るときは崇神天皇五十八年は倭姫出生より凡三十年計り前なり。麗氣記モ又世紀と同く是を記せり。又卷の初に天神七代ハ者過去ノ七佛轉ノ呈《アラハル》ニ天七星ニと云ひながら。初三代を以ては法報應に配し。次の稱生の神三代を七佛に配し。一神足らざる故に。大戸道尊《オホトノヂ》の異名大富道尊《オホトマヂ》を別神としてこれを出し。七代目の伊弉諾伊弉冊を以て金胎兩部に配す。是の天神七葉ハ者過去ノ七佛と云フ文と前後相違せり。又七佛の中迦葉佛を除て彌勒佛を加ふるは何ぞや。又葉木國野尊《ハコクニノ》。浮經野豊買尊《ウキフノトヨカヒノ》は豊《トヨ》斟淳尊《クムヌノ》の異名なり。爾るを葉木國《ハコクニ》漂蕩貌《タヾヨヒシカタチ》如ニ鷄子《トリノコノ》ー。又有ニ化生《ナリイツル》之神ー乘ニ浮經《フツニ》ルー。此ノ浮經《フツト》者葦ノ葉なりと訓點せり。如レ此ノ謬說枚擧に遑あらず。又理趣摩訶衍ニ云ク。大毘盧遮那如來變メ成ニ大日靈貴《ヒルメノムチト》ー。今下化ノ神是也。兩宮ノ太神ニ坐ス。雖ニ內外兩宮各別ト實ハ一味平等ナリ乃至　天上ノ御名ヲ曰フニ天照太神ト也。地下ノ御名チ曰フニ天御中《アメノミナカ》主《ヌシノ》尊ト（己上通ニ二宮ニ也）大毘盧遮那如來ハ變化所執ノ御名。現在明給火珠所成ノ神。日天子。月天子。豐受皇大神。天照皇太神。大元神。虚無神（已上各別）內外兩宮兩部大日坐《ニテスマス》眼前也（乃至）內宮ハ天女ノ像ニ坐ス。外宮ハ男天ノ像ニ坐ス云々 又鼻歸書ニ云ク。明ニ兩部大日ヲ者內宮ハ日天胎藏界ノ大日（乃至）外宮ハ金ノ大日。月輪也云々 是等ハ皆五部の書に因循し。外宮家の私說に伴ひ。皇朝の正史に背くもの。何ぞ大師の眞作吾宗の神書と云んや

問。外宮家何の利德ありて如レ此の誣說をなすや。將た五部ノ書ノ撰出何れの時代なりや　答云。五部書說辨を按ずるに。外宮を御《ミ》饌《ケ》津《ツ》神《カミ》豐《トヨ》受《ウケ》太神と有りのまゝに云ては。諸人の信仰も薄く。檀方も內宮へ屬し。參詣も少なからんことを思ひ。種々造言して內宮と等くせんとの巧みより。多くの書を僞作して衆人の耳目を蔽ひ。天《アメノミ》御中《ナカ》主《ヌシノ》尊又は國常立尊とし。天照太神も尊崇し玉ふ神なりとして。中世以來代々其ノ事を筆記し。古き祖先の述作。古事記日本紀より古き書と稱し。調《ツキノミ》御倉《クラ》に納メて。神

藏十二部の秘書。六十未滿の者は拜見を許さず。宮川を限て他へ出さゞる故禁河の秘書と名く。是に依て世間に知る者なき故に。古事記日本紀にも此事を記さずと云。又外宮者流の寶永十條に（又陽復記下卷十七丁）云《ク》。夫《レ》外宮の神は國常立尊。內宮の神は天照太神也。外宮は陽神にして水德。內宮は陰神にして火德なり。外宮の神は天神にして尊く。內宮の神は地神にして下し。內宮の神は日に象りて尊く。外宮の神は月に象りて卑し。外宮は男體にして尊く。內宮の神は女體にして卑し。外宮の神は先に出生し玉ひて後に山田原に御鎭座あり。內宮の神は後に出生し給ひて先に五十鈴《イスズ》の宮に御鎭座あり。尊卑高下自ら對待の理なるべしと云へり。是等の誣說鈴川散人の神路記に詳に是を辨せり

（冠注）古語拾遺ニ云。天照太神者惟祖惟宗。尊無二。因自餘諸神者乃子乃臣。孰能敢抗云々　豈尊卑相望して可ならん哉（冠注已上）

又五部書の中天照坐《アマテラシマス》伊勢二所皇太神宮御鎭座次第記と題す。天照の

字は內宮の神號なるに。外宮をも天照と云ん爲に。天《アマ》照坐《テラシマス》伊勢二所皇太神と書す

(冠注)三代實錄十二七丁云。伊勢太神宮及豐受神宮云々 同十丁又同之(已上)

(冠注)

夫より段々理說して。內宮は日神火德。外宮は月神水德と稱して。日月共に天《アマ》照坐《テラシマ》す故陽復記下卷十八丁天照は二宮の通稱と造言し。天照兩皇太神と祓の銘に記し。二宮兼行の旨申し出せしかば。終に內宮と爭論に及び。寬文十一年關東の公庭に於て糺明にあづかる。其時度會延佳倭姬世紀を持ち出し是を讀むと云へども。僞書也とて用ひられず。祝詞師沙汰文。元々集。神皇正統記。五部書一向用ひられず。僞りの旨顯然し。末代兼行のことを巧まば神罰を蒙るべしと外宮禰宜等連署の神文を捧し由。五部書說辨。神路記。神道辨惑等に見えたり。宮川日記に云。豐受皇大神宮と書こと能く思へば有難きことに侍れども。遠國愚民の心をはかり

太神宮とばかり書クことにはなりぬと云へり。扨又五部書撰出時代のこと。說辨第七卷ニ云ツ。東鑑時代以後の作なるべしと云フは。東鑑治承五年三月六日大中臣能親之狀に。外宮のことを皇孫尊と書たれども。其ノ比未だ天御中主國常立尊と云フことは不二云ヒ出一サと見えたり

(冠注)東鑑撰人姓氏未詳(已上冠注)

東鑑は八十代高倉院より八十五代後堀川院までの記錄也。其ノ以後に外宮祠官の中奸曲好事《コウズ》の佞者ありて五部書を僞作し。作者は古人の名を付たりと見ゆ。然れども伏見院永仁四年皇字沙汰文に五部書を引キ用ヒたれば。伏見院以前後堀川院以後に撰出と見えたりと云へり。思ふに源平亂時代より享保の頃までは。國學衰廢して國史など見ること能はずと見えて。博學高才の人と云へども。天下一同に五部書に依らざるはなし。南朝時代北畠親房卿博識の人なれども。神皇正統記。元々集。廿一社記等。皆五部書を依用して書けり。同時代ニ慈遍僧都と云ノ人

あり。吉田兼好法師の兄也。度會常昌の請に依て舊事本紀の玄義を著すの旨。神國決疑編に見えたり。予未だ彼の玄義を見ずといへども。同作の神風私記を見るに。是亦五部書に依れり。其ノ後にては吉田兼倶。林道春。松下見林。白井宗因等。皆五部書を信用して神書を書けり。尾州時縄も博學にして撰述の神書數多あれども。延佳に學びたる故に。五部書を信用して。國常立尊一名ハ天御中主尊。又豊受大神と云フと神學類聚鈔に見えたり。又山崎垂加翁博學なれども。是又初め延佳に從て學び。後儒書の理を以て神書を講じ。神儒冥契すと云て。理當神道と云フ一流を立て。數卷の神書を著し許多の秘傳を造る。貴人高家にも弟子あり。其ノ餘加茂住吉の社人を始として諸國に多の門人ありて大に天下に弘まる。然れども作書皆五部書又ハ卜部家の名法要集を信用して書けるが故に。近代文明の代になりて國學大に開け識者の爲に笑はるゝものは惜イ哉。其ノ餘五部書流の作書。説辨第五卷に委く書目を出せり。見るべし。勿論佛家に於ては尚更其ノ時代國學に疎く。五部書等眞書と心得。且は外宮の神。天御中主尊又は國常立尊にして男體とする時は。內宮女體なる故に。內外兩宮胎金兩部の配當能く契ふ故に。雷同して是に乘ずるものは宜なる哉。其ノ後僧中にも契冲出でゝ國學大に開けたり

問 外宮豊受大神男女の異說あり。內宮天照大神に於ては異論なきや

答云。日本紀等の正史。一女三男として天照大神女神とすること正說なり。日本紀神代卷云。於レ是素戔嗚尊請曰。吾今奉レ教將レ就ニ根國一故欲下暫向ニ高天原一與レ姉相見而後永退上矣。又日神曰。吾雖ニ婦女一何當レ避乎。舊事紀又同レ之。女神なること明かなり。爾るに古事記には天照大神とばかり有るに依て。度會延經。男體考證を撰して男體とし。三輪善藏は神道臆說を著して男神とす。度會常彰。荒木田久老の兩人は女神なることを辯じて男體考證を破斥せり。大中臣親宣の神語秘笈に云。或問云。天照大

神は女體と申《シ》傳ふるなれば。其《ノ》夫君《チツトキミ》なくして三女を得玉へること如何。答《テ》云《ク》。夫君《チツトキミ》有《ル》べし。事實委く傳はらざるなりと云へり。又佛神歸敬辨と春日山記とには。秀《ホツ》眞《マ》記《フミ》と云《フ》書を引て天照大神は男神にして十二の后妃有りとて。一々后妃の名を出せり。今略《ス》之《ヲ》。是れ未曾有の珍說なり。信ずべからず。聖應の神道辨惑には。上件の諸說を擧て是を辨じ。又自分の了簡を出して云《ク》。余熟《ツラ〳〵》念ふに。素尊と天照大神とは御夫婦なるべし。其《ノ》故は諾《ナキ》冊《ナミ》二尊を一說（新井白石古史通）には兄妹夫婦になり給ふと云が如し。然れどもたしかなる證據なし。故に素尊と天照大神と姉弟夫婦と成玉ふと云ては。後代に傳へがたき故に。盟約の中に珠と劔とを取《リ》かはして五男三女を生じ給ふとしたるものなるべしと云へり。是又妄說なり。上件異說區《マチ〳〵》なることは。化生の神と云《フ》ことを立《テ》ざる故に。獨神にして御《ミ》子《コ》化《アレ》生《マシ》玉ふことを怪み。種々臆度推知の說をなす。佛家に於ては胎卵濕化の四生を立る中。是等の如きは化生に當る故に疑ひを存せず。若又一神にして御子ましますことを疑はゞ。神代卷の中。以左手持玉白銅鏡則有化出之神。是謂大日孁尊。以右手持白銅鏡則有化出之神。是謂月弓尊。又廻首顧眄之間則有化出之神。是謂素戔嗚尊。乃至 爲吐化爲神名曰金山彥。次小便化爲神名曰罔象女。次大便化爲神名曰埴山媛云云 是等數多。文。其餘神代の事跡皆以解し得ること能はじ。垂加翁は元と出家なるに依て四生のことを知ると云へども。其まゝ用ひては佛家の臭なりとの人口をはかりてや。造化氣化身化形化とも云心化の四化を立てゝ。此五男三女神の如きは心化の神とす。義に於ては四生の中の化生と替ることなし。何れ日本紀の表を以て。天照大神を女神とする義を正とすべし

問御流神道と號して八十通の印信と類聚二卷とを以て一流とす。其中の血脉には大師より相承とす。眞僞如何　答云。吾れ此流を初め天如師に受く。師云。此中過ちなきもの唯二三紙のみ。其餘は用ゆべから

ずと。予思はく先哲皆用る所。何ぞ斯く云やと。疑滯更に散せず。後又高野山にて或師に隨て是を受け。再三熟讀翫味するに隨ひ。天如師の言《コト》の虚しからざるを知る。決して大師の作にあらず。後代好《コウ》事《ス》の者名を先徳に託し淺識を以て作爲し。所々に散在する三輪流の印信。又は山伏や立川流などのものを取集めたるものと見えたり。其所以は彼の類聚二卷の中。灌頂部のもの。鍛冶大工などのもの。前後混雜して更に次序なし。又同じ折帋重出せるもあり。又類聚にあるもの八十通の中に出すもあり。全く一流立チたるものとは見えず。皆三輪流の中に有ルものなれば。彼ノ流の脱簡殘缺なるべし。且つ此ノ中熊野參詣ノ大事。三種神器ノ大事。小兒懷犯ノ大事等は山伏又は立川流と見えたり。或師ノ云ク。小兒懷犯。男子犯罪。消滅兒僧大事の三通は邪流也。故に師傳を以て除て授けず。此ノ箇別を知らざる故に此ノ流を誹謗する者有れども。其ノ餘に於ては正流なりと云て。專ら此ノ流を主張すと云へども。予に於て未だ甘心せず。

類聚幷ニ八十通の中。且く一二を出して是を辨せば○岩戸灌頂の中。愛染五種相應の印明として一印一明を出せり。五種相應の印明とは。愛染法の中に息災增益敬愛調伏鉤召各々相應の印明有ルことを知らずと見えたり○三衣大事とて。衣珠數袈裟を三衣とす。三衣とは僧伽梨衣。鬱多羅衣。安陀衣也。衣珠數袈裟を三衣とすること何の書にありや○散華大事とて。香風來時吹去萎華と云フ文を出す。此ノ文は法華經化城喩品の文也。經には香風時ニ來テ吹キ去リ萎華ヲ。更ニ雨スル新ナル者ヲと有り
(冠注)同品偈ニ云ク。香風吹ニ萎花ヲ更雨ス新者ヲ云々(冠注已上)
吹去萎花とばかりにては散華の意少し。更雨新者の文こそ肝要なるに。是を除くは文盲と云フべし○鍛冶大事の中。大鎚小鎚。鐵鉆《カナトコ》火箸等に至るまで本地釋迦大日等とす。道具に本地とは何事ぞや○大工番匠大事とて。天兒屋根の子孫故に木屋と云フ。兒屋を秘するなり。大工と云フことは天兒屋根の子孫に大神工神とて二人あり。其ノ頭字を取て大工

と號すと。是れ大なる妄說なり。大工の祖神手置《タチヤ》帆《ホ》負《チヒ》彦《ヒコ》狹《サ》知《シリノ》神は天太玉命の子孫にして。兒屋根命の子孫に非ず。又八十通の中。幣の大事とて。幣祓の根元は香取大明神より初れりと云《フ》。是《レ》又妄說なり。神代磐戸前にて初て幣を造るは天太玉命なり。香取明神は經津主の神にして武神なり。幣帛に緣なし。是等の說一向日本紀など見ぬ者の作と見えたり。其《ノ》餘准じて知るべし。又此《ノ》中頌文に拙作多々。歌悉く愚作なり。鬼神をも感せしむるは歌なりといへども。かゝる愚詠神何ぞ是を感じ玉はんや。委くは天如師の神道大意の中に辨ぜり。見るべし

問三輪流の神道は灌頂部諸大事等周備して慶《ケフ》圓上人の傳也と聞けり。如何　答云。三輪慶《ケフ》圓上人神感を蒙りて神祇灌頂を行なへりと云《ヒ》傳ふといへども。元亨釋書慶圓師《ノ》傳の中《ニ》神道のこと見えず。且《ツ》安部山慶圓と有り。初め安部山に住し後三輪に移る歟。三輪の平等寺に慶圓上人の墓有れども。此《ノ》事も又傳に見えず。釋書《ニ》云《ク》。圓詣《リ》二八幡《ノ》神祠《ニ》一近《クニ》レ祠《ニ》。一

女立家門悲泣歔欷。圓憐問之。答云。去夜我母逝。我寡不能擧喪。是以泣耳。
圓愍女言中夜負屍蔽于野。又謂神忌穢不可近也。其夜宿馬場小舍持念
廻施。五更一男子來曰。無緣悲葬我歡之厚。有何忌諱。速來晤語。圓大異。乃
與男子至祠前。於時天未曙人々皆眠。圓思男子異人博咨法義。男子一々
答釋明白。又曰我本身者釋迦文佛也。言已不見乃至圓屏居室生山一千
日。還過河橋。忽貴婦人至儀服甚靚。而不露面啓白願授即身成佛印明。圓
云。姉誰人乎。授受之間必稱名字。我思聞之。女即稱曰善女龍也。圓付印明。
女曰過去七佛傳受皆然。亦無違錯乃至 貞應二年正月廿七日寂云々 然
らば源平亂時代の人なり。扨三輪流灌頂部の中に云。榊を天竺に名尸陀
林樹。亦曰波羅提木叉云々 尸陀林は寒林と翻ず。葬所のことなり。波羅
提木叉は別解脫と翻譯して戒のことなり。木叉の木の字に依て謬說
するか。是れ對譯字也。豈木のことならんや。因に云。榊は和字なり。神事
に用ゆる木故に。神木の二字を合して一字に作る。古くは坂木。板樹。賢

木。盛《サカ》木と書けり○又三種神器を授くる口決の中ニ。天照太神第六天の魔王と。此ノ國に佛法を流行せまじとの誓約あることを出せり。沙石集又是に同じ。此ノ事國史等に更になき浮說なり。八事山諦忍師の空華談叢に。此ノ魔王と誓約のことを辨じて云ク。此ノ說兒童の戯言にして論ずるに足らざるものなり。一人此の無根の談を唱へて萬人是を和し。天下に氾濫《ヒロクハビコル》たりと云へり。此等の一二を以て其ノ他を推知すべし○又灌頂授次第の中ニ。投華の後五首の秘歌師資共に唱フと有り。其ノ歌ニ云ク

榊葉に木綿《ユフ》しで付けて誰レか代に神の社と祝ひ初メけん

千早振神の井垣の内に居て。伎樂の聲を聞クぞ嬉しき

千早振昔の神の敎へにて。八重の鹽路を透るべきかな

千早振立ち舞ひ遊ぶ追風に。なびかぬ神はましまさじもの

千早振我身は神の社にて。出で入ル息は外宮内宮

右の中榊葉の歌は古くある歌なり。梁塵愚按鈔上巻　神樂採《トリ》物歌ニ云ク○

さかき葉にゆうとりしでゝたが世にか。神のみむろと祝ひそめけん
とあり
(冠注)梁塵愚按鈔上二丁　探物歌多出たり。とりしでゝはとりつがねてな
ど云心也。神のみむろは神の社なりと云々(冠注已上)
慈雲師の神道の中にも此歌一首ばかり用ひたり。次の四首は此流義
者の作と見えて愚作なり。序《ツイテ》に其外一二を出さば
　住吉大事　　歌云　諸濫項部に出ッ
千及破浮代の中に居りながら。住吉と思ふ誓なりけり
　北野本跡大事　　歌云　同
千及破北野の宮の本跡は。束帯の神又は弘法
　茶湯大事　　歌云　緇素祈誓部に出ッ
有難や茶湯の行事成す時は。佛も神も我も喜ぶ
　同

千及破天津神まで聞し召せ。無熱池水の清き茶湯を

香樒大事　歌云　同

千及破香花を𠔉字に供ずれば。自他諸共の臺なりけり

其《ノ》餘數多の歌皆此《ノ》類也。予歌のことは知らずと云へども。千早振神と云《フ》枕言葉はあれども。千早振我身。千早振香華など云《ノ》ことあるべからず。住吉北野の神の御前《ミサヽ》にてかゝる歌を唱へば。彼の神々達さこそ笑ひ玉ふらめ○又三衣大事とて。衣珠數袈裟を出せり。其《ノ》餘大體八十通及《ヒ》類聚二卷と同物なれば。前に已に辨ずるが如し。天如師の神道大意《ニ》云《ク》。問《フ》慶圓師數《シバ》々《く》神勅を蒙れりと云《フ》こと皆虚説なるべしや。答知るべからず。若《シ》實ならば彼《ノ》師或は正直或は呪力等の別德ありしならん。余斯の如く云《フ》は道理の上止むことを得ず。其《ノ》罪を惡んで其《ノ》人を惡まざるの意なりと云へり。此の天如師の救說。予に於て未だ足れりとせず。釋書に載る程の人何ぞ斯く文盲なることを有んや。思ふに慶圓師神感

を蒙て神祇灌頂など行へりと云ひ傳ふれども。其作書無きに依て。後代三輪流の末徒名を圓師に託し杜撰せるものなるべし。所謂蚰を畵て足を添るの謂ひならん乎

問聖德太子與蘇我馬子共に先代舊事本紀を撰す。是れ神書の初めなりと聞けり。正部雑部合して七十二卷の本あり（大成經と云ふ） 又十卷の本あり。是も先代舊事本紀と云ふ。何れが眞書なりや　答云。大成經は伊雑《サワノ》宮（今イソベト云）の神官と黑瀧の潮音と。心を一にして僞作する所にして。關東の公裁に預り糺明の上僞書顯然して絶板せしめ。伊雑《サワノ》宮の神官幷に潮音も咎を蒙りし由。五部書說辨に見えたれば。顯然たる僞書なり

（冠注）常憲院殿御代京都御役所被取上令絶板云々（已上冠注）

然るに依田伊織（無偽と號す。傳別にあり） と云者あり。大成經に依て一流の神道を立つ。元淨秘傳錄。神道大宗。葬儀畧禮等の書百三十餘卷を著す。東大寺新禪院智蓋此流を伊織に受け。潤飾して弘通すと云へども。根元所依

の書僞書たることを知らずして筆力を費す。惜むべし勞して功なきことを。又八事山諦忍比丘博識高見の人なれども。空華談叢。空華隨筆等の中神道に關ること悉く大成經を引證せり。空華談叢に。元亨釋書の伊勢神祠の說を論じて云。惜哉虎關や未だ曾て先代舊事本紀を讀ざる故に。其迷謬一に此に至れり。悲歎するに餘りある者なりと云へり。今時の人是を云ん。惜哉忍師博識にして大成經の僞書たることを曉らざること。悲歎するに餘ありと。此の二師の如きをして慈雲師所傳の神道を受けしめば。迷謬頓に解して神理大に開けんこと。惜むに堪たり。大和三教論云。予閱大成經蓋有不可得而信者焉。雖然凡古書可稱無瑕完璧者甚希。故不能無亡篇逸章攙入增補錯亂磨滅也。然則豈全實哉不可盡信也。雖然亦豈全虛哉不可盡疑也云々是則大成經を以て半信半疑とす。予又十卷の舊事紀半信半疑なるものと思ふなり。近世にても慈雲師。聖應。林道春。延佳。垂加翁。時綱。吉見幸和等はこれを用ふ。

多田秋齋。本居等を始として。近世の國學者は多く僞作として用ひず。日本紀推古天皇の巻二十八年十二月の文に云ク。是ノ歳皇太子島大臣共ニ議テレ之チ録ス二天皇紀及ヒ國紀臣連伴造國造百八十部幷ニ公民等ノ本紀ヲ一云々此ノ書何と題せしや知れず。其ノ書蘇我入鹿大臣の家に預り置ヤしに。皇極天皇の御宇ニ入鹿亡びし時。父の蝦夷《エミシ》大臣ノ家に火をかけて焼きけるを。王仁が子孫船ノ史《フヒト》恵坂かけ入て取出せしかども。わづか殘りしことは。皇極天皇四年六月の文に云ク。蘇我臣蝦夷等臨テレ誅ニ悉ク焼二天皇紀國紀珍寶ヲ一。船ノ史《フヒト》恵尺《エサカ》即疾《トク》取テ二所ノレ焼國紀チ一而奉ル二中ノ大兄後爲二天智天皇一ニ一云々　○取用る邊にて云ツときは其ノ焼け殘リたる國紀を脩飾して十巻の舊事紀と成すか。日本紀の神武紀ニ云ク。嘗《ムカシ》有リ二天神之子一乘テ二天ノ磐船ニ一自レ天降リ止《イテマセリ》號ヲ曰フ二櫛玉《クシタマ》饒速《ニキハヤ》日《ヒノ》命ト一。是レ娶テ二吾カ妹三炊屋《ミカシキヤ》媛《ヒメ》ニ一遂ニ有《アレマス》リ二兒息《ミコ》一。名ヲ曰フ二可美眞手《ウマシマテ》命ト一。故ニ吾以テ二饒速日ノ命ヲ一爲レ君ト而奉ル焉《ツカヘマツル》云々　然るに此ノ饒速日ノ命降臨のこと及ヒ國造本紀等のことは。此ノ舊事紀に依らざれば。古事記。日本紀に於て所見なし。中に於て年代等齟齬する所あるは。

後人の増補するものならんか○又取《リ》用ひざる邊にて云《フ》ときは。三十四代推古天皇御宇聖徳太子蘇我馬子と共に撰集せられたる國史。入鹿の兵亂の火に悉く焼け失せたることを。四十代天武天皇此《ノ》ことを嘆き思召て稗田阿禮《ヒヘダノアレ》と云《フ》人。其《ノ》時廿八歳にて一度び耳に聞《キ》しこと忘るゝと云《フ》ことなき記臆強き人なれば。此の阿禮に勅して。聖徳太子時代の老人もしや生き殘りたるものあらば尋ね出し。其《ノ》老人より覺えの通り物語りさせ口授せしめ置玉ふ。其《ノ》時今世《イマヨ》に流布する舊事紀有らば。阿禮に此《ノ》勅詔はなきはずなり。四十三代元明天皇の御時阿禮六十歳に餘りて古き事共自然忘れもやすらんと憂へ恐れ玉ひて。太《フト》朝《オホノ》臣安麻呂に勅し玉うて。阿禮に口授させ。是を書き記させ玉ふ。是を古事記と號す

(冠注)名法要集太《ニハフト》朝臣とあり。神字必用には樂人の家に多氏と云へるも神八井耳命の後葉なればをゝと讀で可なるべしと云々（已上冠注）

然るに古事記は文章簡古にして事詳ならず。舊事紀は文章義理も精密なり。若シ舊事紀慥なる實書ならば。何かと事の足らざる古事記を後に撰せしめ玉はんや。又國造本紀ニ曰ク。出羽ノ國造諸《ナ》羅《ラ》ノ御宇（元明天皇）和銅五年別テ陸奥越後ノ二國ニ置二此ノ國一（出羽國也）ヲ也云々　此ノ書撰集の時代は推古天皇三十年也。和銅五年は八十餘年後なり。是等のこと多田秋齋が舊事紀僞書明證考に委く辨せり。見るべし。右兩說取捨は意樂に任すべきなり

問　吉田家は天兒屋根命の子孫にして。唯一神道正統たる旨是を聞けり。如何　答云。吉田家ハ天兒屋命の子孫に非ず。平麻呂元祖にして伊豆國より登りたる卜術の家なること。度會延佳の辨卜抄。吉見幸《ユキ》和《カズ》の同俗解。源雅《マサ》胤《タネ》の破僞顯正問答。多田秋齋の奴奈波草紙。同遊和草。聖應の神道辨惑等に委く辨じたれば。爰に贅せず

（冠注）契冲の河社第一八丁以下委ク辨レ之（冠注已上）

又近世の神道者唯一神道に佛法を雜へずと云へども。名法要集を始

として吉田家の神書皆兩部神道也○彼の名法要集は兼延の作と有れども○林道春の神社考に云○彼名法要集者我疑後來兼倶輩之僞書而託兼延也云々　延經の辨卜抄云○至兼倶兼右矯其祖業作神道護摩神道加持以稱自神代所相傳也○且作名法要集而託兼延云々　又秋齋が奴奈波草紙に此要集のことを辨せり○見るべし○吉田家神道護摩十八神道護身神法等は眞言家に習て造れるものなり○依て彼の家に著せる名法要集○行事秘要集○神祇正宗秘要○大日本問答神道大意等○皆佛理を雜へて是を書けり○古は人淳直にして偏執なき故○舍人親王○菅亟相○大江匡房○北畠親房卿○一條兼良公等を始め○神儒の學者正知正見にして○更に佛法を排斥する者なし○六國史○類聚國史等を見て知るべし○又太平記卷廿五（自伊勢進寶劒篇）曰○卜部宿禰兼員《カス》此劒を給てぞ歸りける○翌日より兼員《カス》此劒を平野の神殿に安じ○十二人の社僧に眞讀の大般若經を讀せ○三十六人の神子《ミコ》に長時の神樂を奉らしむと云へり○偏執なきこと見

つべし。是ノ故に伊勢の祠官卜部の神職等佛法を信仰し。出家入道せる人少なからず。龍尙舍の神國決疑篇（此本近世絶板と聞く）に委く出たり。又一演。長明。慈遍。兼好。九江。梵舜等。皆神家より出でゝ佛法に入る者なり

（冠注）一演ハ大中臣知治麻呂之子也。出家メ眞如親王ノ爲ニ弟子ト。山城國乙訓郡ニ建テ寺ヲ云フ相應寺ト。住ス于此ニ。傳ハ委三代實錄十四卷廿四丁ニ出たり（冠注已上）

時繩が神道篇に云ク。或記ニ云フ。吉田の山下に有リ寺。號ス神龍院ト。卜部兼倶之子爲リ僧ト號ス九江ト。屬ス南禪寺ニ。然ノ後建テ此ノ寺ヲ修ス神道護摩ヲ云々　又云フ。駿府錄に慶長十八年六月神君有テ命吉田の神龍院梵舜に神道を令メ談セ給フと云へば。彼ノ寺九江師よりの傳義ありて。兼倶以來の由緒分明なるにやと云へり

（冠注）梵舜日記天正九年より寛永十一年迄五十四年之日記也（冠注已上）吉田の事を書たる記錄梵舜記とて八十卷有之由

其ノ時吉田に神學者有らば何ぞ僧の梵舜を召し玉はんや。是を以テ思ふに吉田家神道の行事は兼倶。九江（應仁文明頃の人也）梵舜等。兩部習合に依て造る

こと必せり。又破僞顯正問答ニ云ク。吉田社大般若經再興は元祿十丁丑年五月廿八日に權大納言藤原隆貞卿江伺候の砌。隆貞卿仰セに云ク。吉田卜部は兩部習合の神道にて。雅胤が說く所と雲泥せり。殊に此ノ頃兼連卿吉田社大般若經再興あるとて。我にも一卷書寫し給はるべしと申こされたりと被ル仰。其ノ後吉田社の神人等に一卷宛書ク べき由にて。鈴鹿平三郞正知を以て下知せらる。其ノ文言如シ左ノ

吉田社轉讀大般若經御再興候
依テ各可ニ書寫ス之旨被レ仰出サ候也

五月廿三日

鈴鹿肥前殿

大角但馬殿

• • • • •

右の如ツなれば百四五十年前までは慥に兩部習合なり。近來吉田派の

神道者佛法を忌み嫌ふを以て神道なりとする者は。吉田家祖先の素意に背くものなり。又神道加持と云フこと。即身義に云リ。加持ト者表ス三如來ノ大悲ト與チ二衆生ノ信心一。佛日之影現スルヲ二衆生ノ心水ニ一曰ヒレ加ト。行者ノ心水能ク感スルチ二佛日ヲ一名クレ持ト云々此ノ文の意を神祇感應の義に轉用したるなり。爾るに其ノ佛語なるを忌で名法要集等に鹿島香取二神の名を取る。香取は楫取《カシトリ》にして船の楫なりと妄説す。又垂加流も神代秘訓傳。神武紀藻鹽草等に楫を取て船を思ふまゝに運す義なり。加持と書クは萬葉字なりと云へり。是レ皆人を欺くの妄説。誰かこれを信ぜんや。時繩が神道篇。秋齋が奴奈波草紙に委く辨せり。見るべし

問眞言天台の兩宗。祖師以來神道兼學の者と是を聞けり。上來眞言の諸師差異有ルことを聞く。天台家の神道如何　答云。台家の神道は予是を受ケざる故に。委しく知らずといへども。彼ノ宗にも各別古傳無しと見えたり。慶長元和の頃京都に韋林庵。東府に林道春有て佛法を毀斥す。

是に依て宮中正月後七日の御修法も三年止りしに。其ノ時南光坊天海師禁裏に於て弘法大師御作と云ひ傳ふる兩部神道二圖を講讃し奉りしに。主上御感有て御修法も御再興あらせらる。又江府に於ても是を講說し奉り　御褒稱に預る由。兩部神道口決鈔に見えたり。實に佛法興復其ノ功大なり。然しながら儒見を破し佛意を顯す一時の談話故に是を書記せず。然るに慶安增補して兩部神道口決鈔を著すは。天海師の意にはあらざるべし。爰に於て鳳潭師心鏡錄を著して口決鈔を破斥せり。心鏡錄ニ云ク。嗚呼傷哉。道テ元應建武ノ頃ニ有リ秘密宗衰弊滋熾ナル邪幢崛起シ勸修ノ眞慶（眞慶之子）增瑜勝覺之弟伊豆ノ蓮念。中院派ノ下龍光ノ源照。凡ソ陷ル邪見ニ之甚シキ昧シ乎法源ニ。以テ謂ラク男女赤白二渧ヲ爲ス法性ノ本ト。號シテ曰フ兩部ト。吾ガ邦ノ神道大途似タルニ之レ混シテ成ス口決ト。金剛王院流ニモ有リ立ルコト二水和合シテ成シ一圓塔ヲ一字轉ジテ作ス齊運三業之計ヲ。以テ爲ス秘密甚深ノ臻極ト乃至撿スルニ立河ノ僞典目錄ヲ有リ第八識與九識拘ギ一訣一章ヲ併ニ一本ノマヽ衍字下妻法。諸大神職秘々中深秘口決。嵯峨清涼殿上受傳眞雅所授海師十六字秘决。及赤白身經。（寶鏡鈔目錄云。赤水身經。白水身經）吒枳尼天呪術秘傳。男女五體顯成五佛卽身成佛經。三角寶塔大日密身和合灌頂經等。若此詭笈邪峡一々皆非空海相承秘訣目錄。所採收之正統。編絲是質之蓋思天海若。門人之所繼襲圖者咸爲立河之遺慁。則慾之甚矣云々　又云。推究茲之二圖。曾無相承之來源。若謂空海之作。則彼多門人。所授于誰。誰人受之。有所承繼。未嘗聞有自檜尾高雄東寺醍醐小野廣澤而出。决知非海師之圖。惟出立河邪僞目錄第八九識均等一訣應正是焉云々　予口决鈔を見るに。婦人子宮一露文　男女交合之精如一滴露文　新產劒玉見現。劒男陰。玉女陰文　華者草木玉門與天之陽交合而生種文　是等卑劣淺陋の說多し。實に鳳潭師の說く如く立河流より出るものなるべし。又鈔云。仲尼雖爲世法之聖疎于生死乎。釋尊雖爲生死之聖疎于天文乎云々　同鈔の中了意自記云。事相の前には須彌なし。理の前には有無無差別也。なき所に須彌を立て愚痴引導の便とす。是れ此意也云々　又云。佛經の諸書を以て日月蝕を立て見玉へ。立べきやうなし。須彌等の種々無之證據なり。儒は今日より百歲の末蝕する日刻を知る。天文は儒を勝とし。佛は方便故に劣とすと云へり。是何等の妄言ぞや。了意慶安等佛家の天文を更に知らざる故。儒者の詰問を恐るゝの遁辭なり。而も我知らずと云はずして釋尊天文に疎しと。泥を釋尊に塗るものは。釋氏の罪人なり。是豈天海師の意ならんや。心鏡錄云。吾佛法中出世及出々世一切種智釋迦牟尼即毘盧遮那大日法身遍一切處法界之身。有何此彼親疎巧拙銳鈍之差殊哉。嗟々如爾愚昧甚矣乃至釋迦昧于天文等。又復豈不爾乎。必勿夸己蛙見而誘海若焉云々　此鳳潭師の辨。唯だ佛法の大理を言つて。天文須彌の事實を明辨せざるものは。其頃佛家の天文隱沒して天下に知るもの甚稀なり。天海師容膝。了意。慶安は勿論。鳳潭師も天文に疎しと見えたり。近頃普門律師出でゝ佛國曆象編。實驗須彌界說等を著して佛家の天文を發明す。嗚呼普門律師天海鳳潭二師の前に出でざることを惜むに堪たり。扨又神道深秘抄上下二卷有り。上卷の奥書には延暦二十二年癸未十月三日。下卷の奥書には弘仁十三年二月十三日とあり。上卷の初に大師傳授と有り。年號傳教大師在世の時代なれば。大師の作かと思へば。大師二十五歳の御時云々大師判云等の文有り。又遙に後代のことも有るを以て見れば。後人の作なること明かなり。同下卷に云。倶舍成實律宗一向依阿含經。唯小乘宗也。法相眞言淨土禪等四宗方等部立之。權大乘宗也。三論依般若立之。華嚴宗依華嚴經立之。此等九宗人師等皆再往勘之小乘宗々也云々此中淨土宗祖法然上人は長承二年に生る。弘仁十三年よりは三百餘年の後なり。知るべし後代の僞作なることを○又陰陽口傳と云中に云。男女和合儀則佛神三寶密行也云々○交懷欲苦秘と云中に云。夫婦と云事を。大日經堅覆藏故云秘密教也。壽量品顯本故即身成佛法華經也乃至男女和合無二念時受種子。境智和合唱妙法時受成佛種子。此心説無二無三。是名灌頂大要可秘云々○男女和合《ノ》時《ノ》頌文と云《ノ》中に云《ク》。不斷煩惱不離五欲《ト》男子可《キ》レ唱《フ》也。得淨諸根滅除諸罪《ト》女人可《キ》レ唱《フ》也。至《リ》二交懷《ニ》一即身成佛無《キ》レ疑也云々是等皆邪說なるべし。且つ其《ノ》餘神道を云《フ》こと杜撰至極なり。愚詠の歌も多し。大都八十通及《ヒ》類聚二卷と相似たり。予思ふに此《ノ》書の中餘宗を指《シ》て天魔外道亡國波句等と誹謗するを以て見れば。日蓮宗末徒の僞作なるべし。因に云《ク》。番神問答を按ずるに。日蓮上人（神祇正宗祕要ニモ出ス）弘長元年吉田兼益に就て神代降臨三十二神の神名字訓讀《コミ》樣《ヤウ》傳授を受るの旨出たり。其《ノ》後明應六年兼倶と妙本寺日芳と往復の書札。又兼倶の賀札有り。往復双方五部書を引證せり。其《ノ》時代は天下一同に五部書を信用したれば。是にても事すみたるなり。今以て是を見れば論ずるに足らず。又（天正十八庚寅五月於頂妙寺日珖五十九歲）日珖の神道同一鹹味鈔。日達の神佛冥應論（享保第五庚子）。是も五部書。先代舊事本紀（大成經也）等を依用して。而も我宗へ引附《ケ》たる僻說多しと云へども。冥應論は考索に力《チカラ》有る書なり。見るべし問今此ノ慈雲和上相傳の神道相承の次第如何　答云。灌頂ノ三印明及ヒ輪王ノ大事（四海領掌大事と云）等は高祖大師より嫡々相承して。南都西大寺に數代相傳して。高喜長老より惠猛（河州野中寺）信光（同）普攝（攝州住吉郡法樂寺）貞紀（同）歛光（河州高貴寺）慈雲（字天如　阿州之隱士。字俊山。號閑々子）と相承す。予は天如師に隨て再三是を受く。師ノ云ク。凡ソ神道は佛法の急務に非ずと云へども。吾朝に於ては聖德皇太子三教鼎足の義を立て天下之大教とし玉ふ。又吾宗は即俗而眞世間相常住の法門にして。佛法と王法と相和して神祇を敬祭し國家を鎭護す。是ノ故に神道を兼學するを宗風とす。殊に神社の別當たる者。意得ざるときは非職の謗りを受く。且は所祭の神の由緒神體等を知らざる者は社職を取り離つべしと云フ公法に違す。學ばずんばあるべからず。大和三教論に云ク。古ヘ者天子公卿士大夫兼二學スル三敎ヲ一者甚タ衆シ。且ツ釋家亦有リ二四宗ヒ八宗之兼學一也。善イ夫カナ足ル下以テ救ヒ二偏執之病ヲ一破スルニ中膠固之見ヲ上也。今尙獨リ眞言家有リ二斌ヒン々ナリトメ兼學之風一。可シレ謂ツレ不トレ失セ二古規ヲ一矣。亦海公之遺範乎　乃至　唯能ノ卓然トメ竝ヘ二脩メテ神儒佛ヲ而兼子優ル者ハ。於ハ二神宮一ニ則聖徳皇太子是ヲ爲二鼻祖一ト。於ハ二儒門一ニ則菅丞相。於ハ二佛家一ニ則海阿闍黎而已云々と。俗すら斯く云へり。何ぞ愧ぢざらんや。兩部家諸流の中に於て。此流最も三教の幽致を盡して正理純粹なり。能く信受すべしと。爾來時々往て親誨を蒙る。或ル時師ノ云ク。四海領承の印言。雲和尚より口傳を以テ是を傳へて。印信血脉を受ケざる故に相承の次第忘失せり。且つ口傳のみにては。恐らくは後來展轉して誤りを生ぜん。今幸に河州長榮寺に雲和尚の上足明堂比丘あり。汝往て受ツべしと云へり。予先年文化九壬申仲冬明堂和尚に隨て悉曇の指南を受けし因みあれば。文政九年丙戌夏（予此時阿州徳島萬福寺ニ住ス）高野登山の歸りに明堂和尚に謁して天如師の言を以て是を受んことを請ふ。時に和尚遠來の志を好ミして速に是を授けられ印信血脉を給ふ。是に依て彼の血脉には天如師を除て飲光。諦濡。量觀と續けり。後人訝《イフカ》ることを勿れ。扨又天如師曩に雲和尚に隨て受る所の神祇灌頂式は。兩部合行と愛染法と二途有る中。

愛染に付て行ずる軌則にして。兩部合行の方を漏らせり。是に依て予茲歳庚子暮春（當時大阪生玉眞藏院ニ住ス）長榮寺智幢和尚に謁して兩部合行灌頂の法を受く。則ち式法則に奥書を給て印證し玉ふ。爰に於て雲和尚の所傳悉く周備せり

問此ノ流入門よりして神代卷。大祓等數通の折紙は雲和尚の作なりや。又古來相傳なりや否や　答云。古來の相傳なり。予頃歳書林に於て神書を求たる中。今此ノ流に用る所の折紙數通を得たり。其ノ奥書に享保三年正月と有り。雲師誕生は享保三年七月廿八日なり。思ふに雲師の父安範《ヤスノリ》等の輩ノ取扱れし折紙ならん。彼の安範が著せる大祓解の奥書に云ク。一日友ニ隱《フテ》士松谿ニ而拜ニ謁ス於郊外住吉郡法樂精舍洪善普攝大和上ニ。和上道高ク學優メニ大不レ比セ世人ニ。以ノ故ニ一見服從メ諮ニ決ス心要チ。爾來多年親ク承ケ明誨ヲ。遂ニ到ル于信シ有レ佛信スル有レ神。今之所レ錄スル是其ノ所ナリ訓ル矣云々　彼ノ解の中に口傳折紙有リ別ニと書せるものは。此ノ流に用る所の折紙なり。彼の普攝和上は貞紀和

上の師なり○雲和尚は貞紀和上の資なり○知るべし古來相傳なること明けし○然れども灌頂式は舊本全備せざる故に雲和尚の所造なり○又折紙にも間ゞ和尚の潤色補闕等あるべし○扨又天如師此ノ折紙の文簡古にして後來不學の者授受に堪へざることを計りて○數卷の聞書私記を著す○草本にして未だ再治に及ばずと云へども○大に初心に益あり○是れ此ノ流雲和尚に開け○天如師に至て大成す○大器は晩く成ると云フ○蓋し此の謂ひ乎

于時天保十一年歳次庚子季夏下浣

攝陽大阪生玉社眞藏院現住量觀記之　在判

嘉永三年庚戌初秋吉祥寫了

小沙彌月洲樹

編者曰。右神道或問葛城傳一卷は大阪生玉眞藏院量觀師の記なり。今勸修寺門跡和田大圓大僧正所藏の嘉永三年覺樹和尙書寫の本に依て之を出し。編者所藏の寫本を以て校合し畢ぬ

此中冠注傍注等は蓋し量觀師自ら後に至て書き加へられたるものと思はる

大正十三年九月一日印刷
大正十三年九月三日發行

編纂者　京都市下京區八條源町廿八番地　長谷寶秀

發行者　大阪府南河内郡白木村大字平石五百三十九番地　伎人慈城

印刷者　東京市淺草區田町一丁目十三番地　沖本寅雄

印刷所　京都市下京區三哲通大宮東入一番戸　六大新報社印刷部

發行所　大阪府南河内郡白木村大字平石　高貴寺

解題

武田崇元

本書は、大正十三年に刊行された『慈雲尊者全集』第十輯（神道編）の復刻である。全集は首巻をふくめ全十七輯十九冊からなり、長谷寶秀の編纂により大正十一から十五年にかけて慈雲がその晩年をすごした高貴寺より刊行された。

首巻凡例は本輯について次のように記す。

両部神道は尊者曾て貞紀和上より之を承け、晩年に至り特に意を留めて研鑽し、遂に一家の説を成す。其の之に関する撰述頗る多く、門人天如閑々子の筆受せるもの亦少からず。今此集には皆之を網羅せり。天如師の大祓折紙私記等、量観師の神道或問の如きは、直に尊者より出たる者に非ずと雖、斯道に於て裨補の功なきに非ず。故に亦之を載す。

慈雲（一七一八〜一八〇五　享保三〜文化元）は江戸後期の真言僧侶で、俗姓は上月氏、法諱は飲光《おんこう》、みずから百不知童子、葛城山人と号し、慈雲尊者と尊称された。

十三歳にして摂津の法楽寺の貞紀（忍綱）に師事、十六歳にして師命により京都の伊藤東涯の門下に入り儒学・詩文を学び、十九歳にして河内の野中寺において秀巌より沙弥戒を受け顕密を学び、また信濃正安寺に大梅山人を訪ね禅を学んだ後、河内長栄寺、摂津桂林寺等の住持を経て、四十一歳にして生駒山中に雙龍庵を結び、サンスクリット学の世界的先駆とされる『梵学津梁』一千巻を脱稿する。その後、明和八年、五十四歳のとき、洛西の阿弥陀寺に住持し、桃園天皇の皇后恭礼門院や生母開明門院の帰依を承けるに至る。

安永五年、五十九歳で慈雲は決然と京を去り、葛城山中の高貴寺に隠棲する。高貴寺は役行者によって開基された葛城連峰行場二十八カ所のひとつで、のちに弘法大師空海が来山、密法修業中に高貴徳王菩薩を感得したことから、高貴寺と呼ぶようになったとされる名刹であるが、十四世紀に南北朝の戦乱で堂宇ことごとく焼失し、以来寺運ふるわぬまま近世に至った。

慈雲は衰微の極にあったこの寺を再建し、伽藍、僧坊を整備、天明六年には幕府より正法律一派本山の許可を得て、寺運大いに奮うところとなった。爾来、今日に至るまで高貴寺では慈雲を中興の祖師と仰ぐ。慈雲の父・上月安範は『大祓解』の著書もある神道に造詣の深い篤学者であり、慈雲自身も若くして貞紀和上より両部神道の伝を受けていたが、とくに神道に傾斜し、「雲伝神道」「葛城神道」と称される神道伝授をはじめるのは晩年の高貴寺の時代である。

ちなみに慈雲の神道に関する代表的著書とされる『神儒寓談』に関して、宝暦四年の成立とする記述が諸書に散見される。本書においても巻頭の「神儒寓談刊行緒言」に「此書慈雲大和上宝暦四年の著述なり」と言い、巻末に編者曰として「此書は宝暦四年甲戌尊者三十七歳の作なり」と言うが、野口恒樹は高貴寺時代の最晩年の著述であるとする（野口恒樹「慈雲尊者著『神儒偶談』の著作年代について」『神道史研究』第十一巻一号・一九六三年一月）。

高貴寺に隣接する山中に饒速日尊の降臨を伝える磐船神社があり、慈雲はここを雲伝神道の根本道場とした。本書三八七頁に「葛城檪宮伝入門十二通聞書」とある「檪宮」がすなわちそれである。これについて『河内名所図会』石川郡には磐船神祠《いはふねやしろ》として次のように言う。

葛城山の山中にあり。平石、持尾両村の生土神とす。例祭、六月廿三日、九月七日。（旧事紀）曰、饒速日尊《にへはやひの》、天神御祖の詔を稟て、十種の神宝を授り、天磐船に乗て、河内国河上哮峯に天降り、即、大倭国鳥見白庭山に遷座し給ふと云々。因之、此地を神下山《こうげ》といふ。神籬《かみかき》を檪祠《とがのやしろ》と号く。左右に摂社あり。八幡宮、若宮、山神、滝宮、これは当山の南、横尾滝の霊神をこゝに祭る。大和の鳥見丘は、三輪の南、外山村の東上み方にあり。磐船　社頭の所〱に見へたり。船の形に似て艫舳《ともへさき》ありて凹《なかくぼ》なり。土人曰、此山中に四十八箇所ありとなん。浪石　社頭の西壱町計にあり。石頂に浪の吹きよせたる形あり。故に名とす。

ここでは平石の磐船神社の背後の山塊が『旧事紀』の「河内国河上哮峯」に比定されている。これについては別に生駒山脈の北部、天の川の上流にある交野郡私市《きさきいち》の石船山とする伝承もあり、吉田東伍『大日本地名辞書』、谷川健一『日本の神々　神社と

聖地』は交野説をとる。同地には現在、饒速日尊を祭神とする磐船神社が祭祀されているが、明治以降になって造営されたものである。『河内名所図会』は「石船巌」の項でこれを紹介するが、絵図を見ても社殿、鳥居の類はなく、石の玉垣のみがあり、里人はこれを住吉神社と称しているとある。

もっとも、平石の樛宮に関しても『河内名所図会』以前の確たる史料はなく、その来歴は判然としない。慈雲が高貴寺を整備する以前には鳥居、社殿はなかったともいい、なんらかの景観と伝承の再編、伝統の創造が短期間の間に行なわれたことはほぼ確実である。

慈雲はその主著とされる『神儒寓談』『天の御蔭』等において、君臣の道を根本とする神道こそは、人間一切の秩序の本源、日本人のおのずからなる生活の規範、つまりは生活そのままの姿であるから、仏教との習合や儒教によって神道を説明することは誤りであるとし、さらに「万国道を建てる者、我神国より分付せる枝葉なり」とし、本邦に孔孟の如き聖人がないのは、本邦が元より神国であり、ことさらに仁義忠孝を説く必要がなかったからであると論じた。

従来の神道史学の文脈では、このような慈雲の神道論のみに焦点があてられ、同時代の本居宣長の神道説との共通性という点で評価されてきた。

だが、それは明治以降に成立した国家神道、ないしは「神社神道」の思想に引き寄せた評価であり、雲伝神道のいわば表層を撫でるものにすぎぬのではないか。本書に収録の十種神宝、神道灌頂、印信など、プラクティスに関わる所伝、あるいは樛宮の景観と伝承の再編といった観点からは、また別の雲伝神道の姿が浮上するのではなかろうか。今後の研究が待たれる次第である。

慈雲尊者神道著作全集

定価：本体一五、〇〇〇円＋税

大正十三年九月三日　初版発行
平成二十一年九月十八日　復刻版発行

発行所　八幡書店
〒108-0071　東京都港区白金台三丁目十八番一号
八百吉ビル4F
振替　〇〇一八〇—一—九五一七四
電話　〇三（三四四二）八一二九

印刷／互恵印刷・佐藤美術印刷
製本・製函／難波製本

ISBN978-4-89350-664-1 C0014 ¥15000E